漢魏南北朝墓誌彙編

（修訂本）

趙超 著

中華書局

圖書在版編目(CIP)數據

漢魏南北朝墓志彙編/趙超著.—修訂本.—北京:中華書局,2021.11(2024.12重印)
ISBN 978-7-101-15392-7

Ⅰ.漢… Ⅱ.趙… Ⅲ.墓志-彙編-中國-漢代-魏晋南北朝時代 Ⅳ.K877.45

中國版本圖書館CIP數據核字(2021)第201806號

封面題簽:張政烺
責任編輯:李　勉
責任印製:韓馨雨

漢魏南北朝墓志彙編(修訂本)
趙　超著
*
中華書局出版發行
(北京市豐臺區太平橋西里38號　100073)
http://www.zhbc.com.cn
E-mail:zhbc@zhbc.com.cn
三河市中晟雅豪印務有限公司印刷
*
880×1230毫米 1/32 · 22⅛印張 · 2插頁 · 427千字
2021年11月第1版　2024年12月第3次印刷
印數:2401-3200册　定價:125.00元

ISBN 978-7-101-15392-7

修訂説明

三十年前，工餘編集的《漢魏南北朝墓誌彙編》一書在吴樹平先生的大力幫助下，由天津古籍出版社出版。出乎意料的是：時至今日，中華書局仍然能對小書予以肯定，經天津古籍出版社放棄再版權後，予以重新製版印刷，使新版《漢魏南北朝墓誌彙編》在新的學術環境與科技水準下得以訂正很多原版的錯誤，以新的面貌就正於讀者。因此，首先要對中華書局各位領導和責任編輯李勉女史致以衷心的感謝。

李勉女史還專門邀請蘭州大學吴炯炯博士對初校進行了審正，使小書獲益良多，謹此一併致謝。

限於時間精力，這次新版，並没有在内容上作什麽改變，也没有增加新的墓誌材料。但是自從小書出版後，引起學界對南北朝墓誌研究的關注。三十年來，經考古發掘出土及民間盜掘流傳，陸續問世的漢魏南北朝墓誌數量又已十分龐大。羅新、葉煒教授所著《新出魏晉南北朝墓誌疏證》做過很好的集釋，收集材料止於二〇〇三年。而後民間流散的墓誌資料又陸續有多種圖録問世，近來又有學者在對北朝墓誌作較爲詳盡的收集整理，均可造福學林。小書只是作爲漢魏南北朝墓誌整理歷程中的一個足迹，留備參照而已。

這次新版，主要修正了一些原版中的錯字。三十年來，得益於飛速發展的科技手段，古代墓誌材料原貌的刊發大有改觀，獲得墓誌拓片圖版已經十分便利，不復當年的艱難。當初釋讀時，很多墓誌圖版不夠清晰，刊物上發表的圖版更是字迹細小，難以辨認，兼以自己學力有限及排印中的疏漏，造成很多文字釋讀中的錯誤。曾有一些學者予以考證指出，深以爲謝。現在可以通過電子圖版放大，細緻考察原石拓本，糾正了多處以前的誤釋，並在吴炯炯教授的審讀幫助下釋讀出一些以往不能確識的文字。這是新版給我珍貴的糾錯機會。在原版問世時，繁體字的使用還不是十分規範，有些文字的幾個異體同時使用。本世紀初，國家公佈了《第一批異體字整理表》等規範文字的標準。因此，這次新版也對以前使用的不夠規範的繁體字做了修正，編輯中的處理體例，仍依原書《凡例》。

陳垣先生有言：「讀碑難，校碑更難。」墓誌材料多有漫漶，別體錯字間出，且限於資料與學識，現在的釋讀中仍然可能存在謬誤，敬請讀者不吝指正。

趙　超　二〇二一年六月

目録

西晉

東晉

宋

齊

梁

東魏

西魏

北齊

北周

高昌

無年月誌及殘誌

附録

前言

漢魏南北朝墓誌，歷來是古代墓誌材料中最引人注意的一個組成部份。由於它既具有高度的藝術水平和書法價值，又藴含着豐富的歷史資料，從而被歷代史學家、金石學家、文物收藏家及書法愛好者們視若拱璧，大力收藏訪求。但也正由於這種價值，使得歷代出土的漢魏南北朝墓誌被轉買，而流散各地，給今日的搜集整理造成了嚴重不便。學者研究中如欲涉及這一階段的墓誌材料，更是難於覓求。

迄今爲止，系統收集著録漢魏南北朝墓誌的專著，僅有趙萬里先生在五十年代整理出版的《漢魏南北朝墓誌集釋》一種。該書收入當時可見的漢代至隋代墓誌六百餘種，均選用較好的拓本影印，並附有考釋。可説是這一時期墓誌整理的一個重大成果，具有較高的學術水平和實用價值。但是，該書出版時僅印行一千餘部，在近四十年後，尤其在經過十年文化浩劫後，所餘無幾。今日舊書肆中偶一得見，索價近千，遠非文人學子所敢問津。雖然近年各地時有北朝墓誌印集出版，但均爲選取部分書體精美者以供臨池之需，與學者研究所用頗存距離。

有鑒於此，我們特在趙萬里先生《漢魏南北朝墓誌集釋》一書及北京圖書館（今國家圖書館）、北京大學圖書館藏拓片的基礎上，補充收集了一九四九年至一九八六年期間全國各地出土的漢魏南北朝墓誌，均依據拓本及照片，以通用繁體字録寫成文，以供各方面研究使用。

漢代至南北朝時期，是中國古代石刻中墓誌這一大類型的産生和形成階段。關於墓誌起源的時間，曾經有過多種不同的看法。而這些看法上的出入，又在於對墓誌這一器物類型的定義有所不同。這一定義上的區别，直接影響了本書收録内容的範圍。因此，有必要就我們對墓誌的定義及墓誌起源的看法作一説明。

我在《墓誌溯源》（載一九八三年《文史》第二十一輯）一文中曾提出：爲了對墓誌起源作出符合實際的結論，應該將墓誌這一器物與誌墓這一風氣區分開來。正式的墓誌，應該符合以下幾個條件：

一、有固定的形制。

二、有慣用的文體或行文格式。

三、埋設在墓中，起到標誌墓主身份及家世的作用。

如嚴格依照這些條件分析，兩晉以前，幾乎没有可以被正式稱作墓誌的器物。我曾經將墓誌的産生及發展過程劃分爲三個階段：

一、濫觴期：自秦代至東漢末期。這一時期存在着誌墓的風習，但並没有形成固定的墓誌形式。

二、轉化期：魏晉至南北朝初年。這時墓誌開始正式形成，但還常以小碑或柩銘的形式出現，變化較多，或稱碑，或稱銘，或稱柩銘等。墓誌這一名稱尚未使用。

三、定型期：南北朝時期。墓誌的名稱正式出現，形制和文體相對固定，並成爲當時墓葬中普遍採用的喪禮用品。

基於以上分析，我們在收録時，没有逐一收入漢代的告地狀、刑徒磚、銘旌、畫像石刻銘、墓門題記、神位、鎮墓券、墓碑等各種銘刻文字。這些銘刻對墓誌的産生起過影響，可以説是墓誌的先源。但我們對這些銘刻僅在前言中擇要舉例説明。魏晉時期用模板印制的大量墓磚文字也不擬收入。但魏晉時期的墓誌往往沿稱碑或柩銘，實際上已與漢代的碑和柩銘有了質的不同，所以仍把它們作爲墓誌收入。魏晉以下，既有長篇大論、刻製精美的石誌，又有僅刻姓氏卒年的簡略磚誌，兩種體例並存，本書亦一併收録。

就此我們附帶介紹一下秦漢魏晉時期影響墓誌形成的各類器物。根據現可見到的出土器物，可以了解到秦代已經存在着標誌墓中死者身份的誌墓風氣，但還没有固定的器物。一九七九年十二月，秦始皇陵考古隊在臨潼縣趙背户村發掘修建始皇陵的秦代工人墓地，發現了十八件刻在殘瓦上的誌墓文字。其中十六件刻於殘板瓦的內側，另二件刻於殘筒瓦的内、外二側。刻文内容爲：

一、東武羅。

二、東武遂、贛榆距。

三、東武居貲上造慶忌。

四、東武不更所脊。

五、東武東閒居貲不更睢（睢）。

六、東武宿契。

七、博昌去疾。

八、博昌居此（貲）用（？）里不更余。

九、楊民居貲大〔教〕。

十、〔楊〕民居貲公士富。

十一、楊民居貲武德公士契必。

十二、平陰居貲北游公士滕。

十三、平陽驛。

十四、贛榆得。

十五、闌陵居貲便里不更牙。

十六、嫗(鄒)上造姜。

十七、……〔居〕貲□□不更□必。

十八、〔𢐂〕…〔楷〕(貲)…〔不〕更滕。

(據袁仲一《秦代陶文》釋文，(　)爲釋定正字，〔　〕爲殘字擬定，限於本文内容，此不對引文加以考證。)

這些瓦文，記録了建陵死者的籍貫身份與姓名。從這一點上看，它已經具備了標誌墓中死者的性質，可説已開後世墓誌的先聲。有人也稱它們是最早的墓誌。但是它們並無固定的程式。推測僅是利用施工中殘破的瓦片隨手刻寫，放入墓中。在該處一百十一座秦代工人墓葬中，絶大多數没有瓦文銘記。有人認爲：「這似與身份的高低有關。」但瓦文中即有八人無爵，看不出身份高低。我們認爲：瓦上刻名者均爲山東(原六國)各郡縣人氏，非秦地人氏。由此推測，刻名置墓，可能有給後人移葬時辨認屍骨使用的實用意義在内。這種辨認屍骨以利移葬的用途，曾是設置墓誌的一個重要目的。

沿襲了這類誌墓形式的，有東漢刑徒磚銘。東漢刑徒磚銘大多出土於當時的首都洛陽附近。最早見於著録是在清代晚期。端方曾揀取百餘件編入他撰集的《陶齋藏磚記》。羅振玉也曾搜集洛陽地區出土的刑徒磚二百餘種編成《恒農冢墓遺文》《恒農磚録》等書。建國以來，在洛陽地區的基建工程與考古發掘中曾經大量出土東漢刑徒磚。

可參見《考古通訊》一九五八年第六期《漢魏洛陽城刑徒墳場調査記》,《考古》一九七二年第四期《東漢洛陽城南郊的刑徒墓地》等文。東漢刑徒磚銘一般注明死者名籍、身份、卒年,有些還加注此爲屍骨所在,似爲遷葬認屍使用。行文格式上一般有八種類型,兹擇取數例如下:

「衛奴」。「龔伯」。

「無任謝郎」。「五任馮少」。

「汝南成甫戴路」。「南陽宛陳便」。

「梁國下邑髡鉗趙仲」。「無任河南雒陽髡鉗金陵」。

「無任河南雒陽髡鉗陳巨元初六年閏月四日物故死」。

「無任南陽武陰完城旦捐祖永初元年七月九日物故死在此下」。

「右部無任少府若盧髡鉗尹孝永初元年五月四日物故死在此下」。「右部無任勉刑潁川潁陰鬼新范雍不能去留官□致醫永初元年六月廿五日物故死在此下」。

「右部無任沛國與秋司寇周捐永初元年六月十一日物故死在此下官不負」。

在長安附近發掘的西漢刑徒墓中從未出土過類似器物。可能它在東漢方形成風氣,現已出土一千餘件。刑徒銘用磚均爲漢代建築用磚,臨時倉促刻成。可見還没有形成固定的形制與文體。但從效果上看,刑徒磚銘與後代墓誌的作用、埋設方式已十分相近。它對墓誌的産生與使用産生了直接的重大影響。

而在秦漢時期的官吏平民墓葬中，却從未發現過與墓磚銘相類同的器物。在這些墓葬中用於誌墓的器物可能是非磚石質地的告地狀、銘旌以及後來刻在石上的柩銘、墓門、墓闕題記、畫像石題記等等。

告地狀存在於西漢早期，它仿效陽間官司文書，將死者名籍和隨葬品移交給地下官吏。雖然它是宗教迷信用品，但標誌死者的作用是很明顯的。例如江陵鳳凰山一六八號西漢墓出土告地狀：「十三年三月庚辰江陵丞敢告地下丞，市陽五大夫燧少言，與大奴良等廿八人，大婢益等十八人，軺車二乘，牛車一兩，騶馬四匹，駠馬二匹，騎馬四匹。可令吏以從事，敢告主。」（見《考古》一九七六年第一期《從江陵鳳凰山一六八號墓看漢初法家路綫》。）

銘旌則純粹是用來標明死者名籍的。《儀禮·士喪禮》中記載：「爲銘各以其物，亡則以緇長半幅，䞓末長終幅，廣三寸。書銘於末曰：某氏某之柩。」武威磨嘴子地區出土的東漢麻質銘旌，即此類器物。例如：M22棺蓋上銘旌：「姑臧渠門里張□□之柩」，M23棺蓋上銘旌：「平陵敬事里張伯昇之柩，過所毋哭」等。（見《考古》一九六〇年第九期《甘肅武威磨嘴子漢墓發掘》。）它們在喪禮過程中樹於柩前，埋葬時覆在柩上。

西漢末年興起的畫像石墓葬形式，爲石質葬具進入葬俗打開了道路。首先在畫像石的題記中出現了墓主的姓名籍貫。如南陽出土的建寧三年三月甲寅許阿瞿畫像石題記：「惟漢建寧，號政三年，三月戊午，甲寅中旬。痛哉可哀。許阿瞿□年甫五歲，去離世榮。」（見《文物》一九七四年第八期《南陽發現東漢許阿瞿畫像石》。）嘉祥出土的永壽三年□安國畫像石題記：「永壽三年十二月戊寅朔廿六日癸巳，惟許卒史安國禮性方直，廉言敦篤，慈仁多恩，注所不可。稟壽卅四年……」（見《文物》一九八二年第五期《山東嘉祥宋山一九八〇年出土的漢畫像石》。）這些題記作爲畫像的附屬品存在，出現得不普遍，但却開創了在墓室中安放石質銘記的先例。

柩銘、神位、墓門等石（磚）刻在兩漢也陸續産生。四川蘆山出土的建安十六年王暉石棺，右側刻銘紀年。馬衡先生在《中國金石學概要》中介紹了「漢廿八將佐命功苗東藩琴亭國李夫人靈第之門」，《廣倉磚録》中收入了「漢議郎趙相劉君之墓門中平四年三月東平侯作」，等等，它們在墓中標誌死者名籍卒日，雖然形制不一，却已隱含了後代墓誌的雛型。

在東漢及魏晉時期，南方還曾流行過用模子印製成的花紋文字墓磚。這種有花紋文字的墓磚是用來修造墓室的。文字大多爲紀年和吉語，如「延熹四年太歲在辛丑，萬世老壽，陽遂富貴」（見《千甓亭古磚圖釋》卷一）、「嘉禾七年七月造，大吉祥」（同上）等。也有一些上面記下了墓主的姓名籍貫，如「太康九年八月十日汝南細陽黄訓字伯安墓」

(《千甓亭古磚圖釋》卷五)、「元康元年七月十七日陳豨爲父作萬年」(同上卷六)、「元康五年八月諫議錢丕平造作」(同上卷六)、「永和八年八月廿三作太中大(夫)黄墓黄舍人」(同上卷十三)、「尚書令史喬君略壁」(同上卷十五)等。由於它們是作磚時的表記,且内容不完整,與墓誌不可視同一類,本書亦不一一收入。

對墓誌的定型影響最大的是漢代墓碑。它的文體格式與後世的墓誌一脈相承。有人把魏晉時期由於嚴禁立碑而迫使碑以縮小的形式埋入墓中看作是墓誌的開始,也是由於二者之間有極其相似的關係而得出的看法。魏晉時期,常有仿照碑形立在墓中的墓誌,就是這一變化的明證。墓碑轉入地下,在文體、刻製工藝、形制等方面都給墓誌的形成以極大影響。由於立碑式不適於墓中使用,吸收了其他明器(如盒、奩)形制特點的盝頂盒式墓誌便逐漸成爲普遍使用的墓誌基本形狀,這種定型的墓誌興起於南北朝時期。以宋大明八年劉懷民墓誌爲代表,墓誌的名稱正式出現。

在整理漢魏南北朝墓誌的過程中,特别值得注意的一個問題是辨僞。

漢魏南北朝墓誌,歷來是金石學研究中的重點,也是書法界和收藏家們眼中的瑰寶,身價極高,一些珍品甚至被國外收藏者重金購去。石價既高,拓本價格亦隨之上升。碑賈仿刻僞造之風遂起。現在所知,凡重要的北朝墓誌,大多有翻刻本。更爲惡劣的是:碑賈私下仿造、僞造漢魏南北朝墓誌。致使真僞混淆,是非難辨,給使用這一時期的墓誌材料造成了困難。新出《北京圖書館藏中國歷代石刻拓本匯編》一書中，就將多件僞刻誤認爲真迹混雜其中，可見辨僞一事至今仍不可忽視。

筆者審閲墓誌及拓本所見，凡作僞者，大抵不出以下幾種手法：

一、將某一真品墓誌作爲底本，模仿它重刻一石，保留原誌的内容與書體，僅改刻姓名、年號等關鍵字樣。例如北京圖書館藏北魏正光四年段峻德墓誌，完全是正光四年鞠彦雲墓誌的翻版。又如北京大學圖書館藏北魏孝昌三年元恂墓誌，完全與延昌二年元演墓誌相同，僅改動了名字和年月干支幾個字。

二、自行撰文，仿照南北朝碑誌字體刻石。如河南省文物研究所藏北魏神𪊲元年垣猷墓誌，即係自行拼凑成文，文字既不倫不類，漏誤百出，時間又强提至神𪊲以顯其古老。然而北魏早期並無如此完備格式的墓誌存在，作僞者弄巧成拙。又如河南省文物研究所藏晉咸和元年黄淳墓表，文字整齊如新刻，書體全仿二爨碑，内容拼凑而成，作僞之迹十分明顯。

三、將其他朝代（如唐代）的墓誌加以修改鑿抹，冒充北朝（或漢晉）墓誌。如北京圖書館藏北魏神𪓕三年孔閏生碣，𪓕字似爲龍字改刻。該石書體爲唐代風格，名閏生也是唐代人習慣使用的名字。北朝人很少有稱閏生者。可以肯定是唐代神龍三年的墓誌。又如北京圖書館藏東魏元象元年南宗和尚之塔銘，書體與東魏碑誌不同，通篇無一異體字，與當時通用異體別字的習慣不合。刻寫形式、文中詞語也與時代不合。不能確認爲東魏石刻。

四、將原石中已殘損的某些字加以修補，或以其他誌石中的文字替換已殘損的字。這種作法多見於石刻拓片剪裱本，尤其是一些著名的貴重石刻拓本。它對原石的本來内容並無損害，在没有善本的情況下可爲參考。

歷代金石學者都曾對這一階段的墓誌加以鑒別，剔除贋品。我的導師孫貫文先生在《北京大學圖書館藏金石拓片草目》一書中對此作了大量工作。然而，由於這一著作未能正式刊印，有關成果未能普及，甚至被人竊作己有。此外，還有一些墓誌存在着明顯的疑點。也有一些墓誌雖有問題（如所記干支不符等）但還不能肯定爲僞造，尚需深入考證。爲提請注意，現將業經考證的僞誌及有明顯疑點的墓誌附列目録於後。有關判斷源於孫貫文先生及前人的著録，以及我們的考查，此不一一引證。爲慎重起見，這些墓誌均未予録文收入。

經多年彙集後，本册已粗具規模，現將它呈獻讀者。由於墓誌原石或有磨泐，雖經反復校讎，録文中仍難免漏誤。敬請批評指正。本書編集中，得到趙晶、任昉等先生的大力幫助。北京大學圖書館孫蘭風、胡海帆，北京圖書館冀亞平，中國社會科學院考古研究所郭其英，河北省文物研究所孟繁峰，河南省文物研究所李秀萍等同志都曾予以熱情協助。中國社會科學院歷史研究所吴樹平先生對本書的出版給予極大幫助，又承蒙張政烺先生題寫書簽，謹此一併致以衷心的感謝。

趙　超　再草於一九九〇年

凡例

一、本書收入漢代至北周及陳代的墓誌材料。高昌國的墓誌，以北周大定元年爲準，收至延昌二十一年。現無拓片者及原石嚴重殘損，拓片無法辨識者均不收入。

二、東漢時期的刑徒磚銘、畫像石墓題記、墓門、神位、柩銘等一般不予收入。東漢至晉代的模印墓磚也不收録，請參見《廣倉磚録》《恒農磚録》《千甓亭古磚圖釋》《温州古甓記》等有關圖録。

三、所收墓誌均以繁體標準字録文。各種異體、别體一般改爲通行正字。假借字一般不改動，保持原狀。在個别容易産生誤解的地方加注説明。原墓誌銘文中的衍字、脱字、重文、錯字等現象均保留原狀，未加改正。請在閲讀時予以注意。如有不通之處，均爲原誌刻寫中固有的問題。

四、限於條件，無法附著拓片圖版，僅能在每件墓誌録文後注明拓片出處，以資參考。爲查對便利，録文中在原誌石每行末字下加以「號區分行款。限於篇幅，原誌石中空格未予保留。

五、原誌石殘泐不清，無法確識之字，以□號注明。

六、録文均採用新式標點，惟文中書籍等專用名稱及引語不另加以引號。

七、墓誌排列以時代年號爲序。均以葬年月日爲準，無葬年者，以卒年爲準。依次爲：漢、三國、西晉、東晉、宋、齊、梁、陳、後燕、北魏、東魏、西魏、北齊、北周、高昌。同一年中年號改動者，依葬月所屬年號歸屬。

八、本書收録的新近出土墓誌材料截至一九八六年。

九、墓誌定名採用墓主姓名及墓誌（或墓記、銘、記、碑等名稱）的形式。一般取銘文中自稱名，銘文中無磚石名稱者均稱墓誌。

漢

1 馬姜墓記

【銘文】惟永平七年七月廿一日，漢左將軍特進膠東侯」第五子賈武仲卒，時年廿九。」夫人馬姜，伏波將軍新息忠成侯之女，」明德皇后之姊也。生四女。年廿三而賈」君卒。」夫人深守高節，劬勞歷載，育成幼媛，光□」祖先。遂升二女爲」顯節園貴人，其次適鬲侯朱氏，其」次適陽泉侯劉氏。朱紫繽紛，寵」禄盈門，皆猶」夫人。夫人以母儀之德，爲宗族之覆。春秋」七十三，延平元年七月四日薨。」皇上閔悼，兩宮賻贈，賜秘器，以禮殯。以九月十日葬于芒門舊塋。(下殘)子孫懼不」能章明，故刻石紀□(下殘)　國家圖書館藏拓。

2 張盛墓記

【銘文】故左郎中鄧」里亭侯沛國」豐張盛之墓。」元初二年記。」　國家圖書館藏拓。

3 繆宇墓誌

【誌蓋】無

【銘文】故彭城相行長史事吕守長繆宇，字叔異。」巖巖繆君，禮性純淑，信」心堅明，□□□備。循京」氏易經□□□恭儉」禮讓，恩惠□□，□□告」□，遠近敬薌。少秉里□□府召退辟□□執」念閭巷□相□□□賢」知命，復遇坐席，要舞黑紼。」君以和平元年七月七日物故。元嘉」元年三月廿日葬。」

江蘇邳縣出土。見《文物》一九八四年第八期《東漢彭城相繆宇墓》。

4 □通封記

【銘文】惟漢永和二年歲在丁丑七月下旬，臨乃喪慈父，嗚呼哀哉。故□」石立碑。其辭曰：」父通，本治白孟易丁君章句，師事上黨鮑公。故郡掾史治書主簿。載」□□十三，卦位蹇微。遂不□起，掩然至斯。孤子推□，痛當奈何。婦孫□」□，靡不感悲。臨兄弟四，兄□其年如伯，仲立子三人，季□子□弟□□」□過。□離春秋，永歸長夜。昭代不立，言之切痛，傷念□謂。□□□□」□□永寶。昔武王遭疾，賴有周公，爲王殘命，復得延年，等有罪□□」□若喪。由斯言之，命有短長。追念父恩，不可稱陳。將作□丘封，曰存祖夫，適」□□祠，蒸嘗魂靈，富貴無悉，傳于子孫，□之無竟。」胤此陰陽，變化四時。小子□命□長，但□才兮。改□易官，震垢□兮。」□□□清，集神門兮。日月照幽，時書昏兮。□嚴□□，惟□□□兮。悲」□永□，失壽年兮。升車下征，赴黄□□。□□□義□思兮。」□和二年歲在丁丑喪父。來年臘月□□，延熹六年□□□□積廿七年。」□爲父作封□□□度博望□□時工憲工□，功夫費凡并直」□萬七千。二月卅日畢成。」〔一〕　國家圖書館藏拓。

注釋

〔一〕本誌因殘泐過甚，斷句不盡完全。

5 郭仲理槨銘

【槨銘】故雁門陰館丞」西河圜陽郭」仲理之椁。」　國家圖書館藏拓。

6 郭季妃槨銘

【石槨題字】西河圜陽郭季妃之椁。」　國家圖書館藏拓。

三國（魏）

7 鮑捐神座

【銘文】魏故符節僕射陳郡鮑捐之神坐。」國家圖書館藏拓。

8 鮑寄神座

【銘文】魏故處士陳郡鮑寄之神坐。」國家圖書館藏拓。

西晉

9 張光墓誌

【磚誌】泰始元年，南陽張光，」字孝光。」　國家圖書館藏拓。

10 馮恭墓誌

【銘文】晉故太康三年二月三日己酉，趙國高邑導官令太中大夫馮恭，字元恪。有子曰」寧，次曰」徵，次曰」貴。」　國家圖書館藏拓。

11 王□墓誌

（誌爲圭首碑型，額有穿，僅存上半部。）

【銘文】大康八年（下殘）」乙巳朔歲（下殘）」晉故中郎（下殘）」光人姓王（下殘）」文伯年（下殘）」　河南省洛陽市出土。見《考古學報》一九五七年第一期《洛陽晉墓的發掘》。

12 菅洛墓碑

（原石爲小碑形，無蓋。）

【碑陽】

【額】晉待詔中郎」將徐君夫人」菅氏之墓碑」

【銘文】夫人諱洛，字勝，代郡人也。夫人淑質清」和，恭誠朗識。年有十七，始適徐氏。雖生自」出於督孝之門，而志存禮讓，祗奉姑舅，接」事夫主，自始及終卌一年，其謙讓之節，柔」順之行，曾無片言違慢之矢。整脩中匱，僕」御肅然。是以姻族墓其義，父黨貴其行。宜」當等壽姜任，永錫難老。年五十有八，以泰」康十一年五月廿七日罔。以永平元年二」月十九日附葬于洛之西南。大女婿崇，不」勝感墓罔極之哀，財立墓碑，略紀遺烈。其」辭曰：」

【碑陰】皇靈誕育，惟嶽絳猜，猗與」夫人，秉德淑清。聰朗內識，」接物以誠，曰仁者壽，當享」百齡。昊天不弔，大命中傾，」卜兹宅窕，永即幽冥。遺孤」號咷，姻族涕零，千秋萬歲，」何時復形。嗚呼哀哉！」國家圖書館藏拓。

13 蔣之神柩

【銘文】元康元年六月」十四日蔣之神柩。」安徽壽縣出土。見《文物》一九六三年第七期《壽縣東門外發現西漢水井及西晉墓》。

14 成晃碑

（原石爲小碑形，無蓋。）

【碑額】晉故處士」成君之碑」

【銘文】君諱晃，字叔明，陽平人也。厥年六十。君自」少爲人貞絜，篤實言行，束脩內和，外九族〔一〕，履信義，奄遭不豫，寢疾日增。以元康元年」七月十六日遂殞厥命。宗親外內，賞屬大」小，及其疇類遠近知識者，莫不悲愕，肝情」凌碎者也。故銘勒名字，立身脩行，以表之」靈祇。」大女夫河間東鄉訓，深惟成君德行純厚，」情性款密，善和遠近。願其命齊南山，極子」堂養。如何昊天，未老彫喪。路人行夫，尚有哀傷，況訓親屬，豈不惆悵。碑以叙之，嗚呼哀哉！」 國家圖書館藏拓。

注釋

〔一〕此二句中疑有脫字。

15 樂生柩銘

【銘文】元康三年八」月十七日，陽」平樂生年七十，」物故。」

【棺柩銘文】陽平樂」生之柩。」 國家圖書館藏拓。

16 裴祇墓誌

【銘文】晉大司農關中侯裴祇，字季贊，」河東聞喜人也。春秋六十有七，」元康三年七月四日癸卯薨。十」月十一日乙卯安措。」大夫人東莞東武伏氏。」夫人秦國陳倉馬氏。」

【誌陰】大夫人柩止西箱。」府君柩止北箱西面。」夫人柩止北箱東面。」女惠莊柩止北箱東入。」 洛陽古代石刻藝術館藏石。洛陽周公廟外出土。

17 荀岳墓誌

（原石爲小碑形，無蓋。）

【誌陽】晉故中書侍郎潁川潁陰荀君之墓。」君以元康五年七月乙丑朔八日丙申歲在乙卯疾病」卒。君樂平府君之第二子，時年五十。先祖世安措于潁」川潁陰縣之北。其年七月十二日，大雨過常，舊墓下濕，」崩壞者多。聖詔嘉悼，愍其貧約，特賜墓田一頃，錢十五」萬，以供葬事。是以別安措於河南洛陽縣之東，陪附晉」文帝陵道之右。其年十月戊午朔廿二日庚辰葬。寫詔」書如左：」詔中書侍郎荀岳，體量弘簡，思識通濟，不幸喪亡，甚悼」愍之。其賜錢十萬以供喪事。」詔故中書侍郎荀岳，忠正簡誠，秉心不苟，早喪才志，既」愍惜之。聞其家居貧約，喪葬無資，脩素至此，又可嘉悼」也。舊墓遇水，欲於此下權葬。其賜葬地一頃，錢十五萬，」以供葬事。」皇帝聞中書侍郎荀岳卒，遣謁者戴璿弔。」皇帝遣謁者戴璿以少牢祭具祠故中書侍郎荀岳。」尚饗！」

【誌陰】岳，字於伯，小字異姓，以正始七年正月八日癸未生於」譙郡府丞官舍。以咸寧二年七月本郡功曹史在職，廿」四日還家。十月，舉孝不行。三年七月，司徒府辟。四年二」月十九日戊午應命署部徐州田曹屬。大康元年十二」月舉秀才，二年正月廿日被戊戌詔書除中郎。三年八」月廿七日庚戌詔書除大子舍人。六年十月七日辛巳」除尚書左中兵郎。七年七月十七日丁卯疾病去職，被」壬申詔書除中郎。十年五月十七日除屯騎始平王司」馬。十二月廿七日除中郎參平南將軍楚王軍事。永熙」元年九月除參鎮南將軍事。永平元年二月三日除河」內山陽令，元康元年三月廿五日到官。三年五月四日」除領軍將軍長史，六月六日拜。四年五月五日除中書」侍郎，六月二日拜。」夫人劉，年卌五，東萊劉仲雄之女。息女柔，字徽音，年廿，」適樂陵石庶祖。次息男隱，字鳴鶴，年十九。娶琅耶王士」瑋女。次女和，字韶音，年十七，適潁川許昌陳敬祖，三曰」婦。次女恭，字惠音，年十四，適弘農楊士產拜時。晚生二」女皆不育。」

【誌右側】夫人劉氏，年五十四，字簡訓。永安元年歲在甲子三月」十六日癸丑卒于司徒府。乙卯殯。其年多故，四月十八」日乙酉附葬。」

【誌左側】隱，司徒左西曹掾。和夫卒。」子男瓊，年八，字華孫。」

國家圖書館藏拓。

18 郭槐柩銘

（原石爲小碑形。）

【銘文】夫人宜成宣君郭氏之柩。」諱槐，字媛韶，大原陽曲人也。其先胤自」宗周，王季之穆，建國東虢，因而氏焉。父」城陽大守，諱配，字仲南，德邁當時。青龍」五年，應期誕生，黄中通理，高明柔克，聰」識知機，鑒來臧往。廿有一，嬪于武公。虔」恭粢盛，緝寧邦家。武公既薨，親秉國政，敦風教，明褒貶，導德齊禮。十有餘載，饗」茲二邦，仍援妃后，而縞服素裳，顔不加」飾。遭家不造，遇世多難，不曰堅乎？弘濟」厥艱。春秋六十，元康六年薨于第寢。附」葬于皇夫之兆。禮制依于武公。」

國家圖書館藏拓。

19 魏雛柩銘

（原石爲小碑形，磚質，無蓋。）

【碑陽】

【碑額】晉故」武威」將軍」魏君」侯柩」

【銘文】君諱雛，字德義。世以仁惠積脩」爲稱。顔閑文武，軍旅名奮。尚忠」信，行履篤顔。色養恩潤，入孝出」弟。敦世骨肉，學□蘭芷，顧□俯」仰靡徊。其内顯侍閤，桓桓皇室。」德素□哲，當冠世榮。不幸卒。厥」息曰忠等禮服闋。竟基□罔極。」乃刊石揚銘冢右。其辭曰：」

【碑陰】峨峨魏君，受性清倫。終□」且惠，淑性其身。德行□泰，」動則宣群。弘猛英傑，不屈」就聲。出處合度，操不徊傾。」早失覆差，冥冥永□。」

（又二石柱柩銘，文同，其一殘缺下半。）

元康八年二月甲戌朔十日，」將軍魏君之神柩也。」　國家圖書館藏拓。

20 徐文□墓誌

【銘文】元康八年十月庚午朔[一]廿六日，」晉故東萊盧鄉新樂里徐君諱」文□，年九十七，不禄薨。其子其」女卜吉改葬。西去舊墓七有一，」郡國治卅有五，西南去縣治十。」

國家圖書館藏拓。

注釋

〔一〕元康八年九月庚午朔，十月庚子朔。原誌石誤。

21 徐義墓誌

（誌似小碑形，圭首，無蓋。）

【碑陽】晉賈皇后乳母美人徐氏之銘。」美人諱義，城陽東武城人也。其祖禰九族，出自海濱」之寓。昔以鄉里荒亂，父母兄弟終亡，遂流離迸竄司川河内之土。娉處大原人徐氏爲」婦。美人姿德，邁縱文母；立身清絜，逮矣伯姬。温雅閉閑，容容如也。居家里治，模範過於」仁夫。不下堂而睹四方。憮育群子，勳導孔明，教化猛於嚴父，恩覆誕於春陽。機神聰鑒，」聞於遠近；接恤施惠，稱於四鄰。人咸宣歌，邑室是遵。」晉故侍中行大子大保大宰魯武公賈公，平陽人也。公家門姓族，鮮於子孫。夫人宜城」君郭，每産輒不全育。美人有精誠篤爽之志，規立福祚，不顧尊貴之門。以甘露三年歲」在戊寅，永保乳晉皇后及故驃騎將軍南陽韓公夫人。美人乳侍，在於嬰孩。抱勖養」情若慈母，恩愛深重過其親。推燥居濕，不擇冰霜，貢美吐滄，是將寢不安枕，愛至貫腸。」勳語未及，導示毗匡。不出閨閤，戲處庭堂。聲不外聞，顏不外彰。皇后天姿挺茂，英德休」康。年十三，世祖武皇帝以賈公翼讃萬機，輔弼皇家。泰始六年歲在庚寅正月，遣宗」正卿泗澮子陳惶娉爲東宮皇大子妃。妃以妙年，託在妾庶之尊。美人隨侍東宮，官給」衣裳、服冕、御者。見會處上，待禮若賓。有所論道，非美人不説；寢食非美匪卧匪食；遊觀」非美人匪涉不行；技樂嘉音非美人匪睹不看。潤洽之至，若父如親。大康三年五月」廿四日，武皇帝發詔，拜爲中才人。息烈，司徒署軍謀掾。大熙元年四月廿二日，」武皇帝薨。皇帝陛下踐祚。美人侍西宫，轉爲良人。永平元年三月九日，故逆臣大傅」楊駿委以内授舉兵，圖危社稷。楊大后呼賈皇后在側，視望掔候，陰爲不軌。于時宫人」實懷湯火，懼不免豺狼之口，傾覆之禍，在于斯須。美人設作虚辭。皇后得棄離。元惡駿」伏罪誅。聖上嘉感功勳。元康元年拜爲美人。賞絹千匹，賜御者廿人。奉秩豊重，贈賜隆」溢。皇后委以庶績之事，託以親尼。宰膳同於細御，寵遇殊持。元康五年二月，」皇帝陛下中詔，以美人息烈爲大子千人督。抽擢榮覆，積累過分，實受大晉魏魏之恩。」美人以元康七年歲在丁巳七月寢疾，出還家宅，自療治。」

【碑陰】皇帝陛下、皇后慈仁矜愍，使黄門旦夕問訊，遣殿中大醫、奉」車都尉關中侯程據、劉琁等就家瞻視。供給御藥飲食衆屬，」皇后所噉珍奇異物，美人悉蒙之。疾病彌年，增篤不損。厥年」七十八。以八年歲在戊午四月丁酉朔廿有四日丙□直平」戊時喪殞。」皇后追念號咷，不自堪勝。賜秘器、衣服，使宫人女監宋端臨」親終殯。賜錢五百萬，絹布五百匹，供備喪事。」皇帝陛下遣使者郎中趙旋奉三性祠。」皇后遣兼私府丞謁者黄門中郎將成公苞奉少牢祠于家」堂墓次。九年二月五日，祖載安措，永即窈窴。子孫攀慕斷絶，」永無瞻奉。嗚呼哀哉。遂作頌曰：」穆穆美人，邁德娥英，齊縱姜姒，登于紫庭。涉歷闕闥，二宫是」經，侍側皇家，扶奬順聲。啓悟識微，國政脩明，憲制嚴威，美人」惟聽。遐邇慕賴，宣歌馳名，當享無窮，永壽青青。昊天不弔，奄」棄厥齡，神爽飛散，長幽寘寘。悠悠痛哉，千秋豈生，號咷割剥，」崩碎五情。謹讚斯頌，終始素銘。」河南洛陽出土。見《考古學報》一九五七年第一期《洛陽晉墓的發掘》。

22 左棻墓誌

（誌爲長方形，無蓋。）

【誌陽】左棻，字蘭芝，齊國臨淄人，」晉武帝貴人也。永康元年」三月十八日薨。四月廿五」日葬峻陽陵西徼道内。」

【誌陰】父熹，字彦雍，大原相弋陽大守。」兄思，字泰沖。」兄子髦，字英髦。」兄女芳，字惠芳。」兄女媛，字紈素。」兄子聰奇，字驃卿，奉貴人祭祠。」嫂翟氏。」國家圖書館藏拓。

23 張朗碑

（原石爲小碑形，螭首）

【碑陽】

【額】晉故沛」國相張」君之碑」

【銘文】君諱朗，字元明，沛國相人也。六國縱橫，氏族殊流。」其先張老，爲晉大夫，納規趙武，而反其侈。肇自春」秋，爰迄周末，弈世相韓，顯名戰國。逮于子房，黄父」授書，高祖龍飛，實賴良謨，載藉嘉焉。君其後也。君」體質沖素，芳絜淵渟，儉以自居，閨内有政，澹墨静」施，善不己名，是以其黨莫識厥誠。撫育十子，家教」脩明，示導出處，三綱有成，咸佩銀艾，重疊金紫，策」命使符，榮顯族氏，父訓致也。煢煢孤子，聞乎舊史，」祖功宗德，臣子所紀。昔我慈孝，清規遠舉，甘於退」處，榮不己慕。居盈弗溢，華繁是去，基兆肇今，宗蒙」蔭祐，宜亨永祠，世傳胤祖。可謂夾枝布葉，有則百」之祚，暉揚先烈，没而不朽者已。春秋六十有七，永」康元年三月丙戌，顧念未遂，奄忽徂卒。母氏内化，」盡中饋之禮，温慈柔惠，有三母風。年五十有六，元」康八年十二月戊申寢疾不興。旻天不弔，奪我考」妣，出入屏榮，靡怙靡恃。以父終之年十一月壬申」神還后土，合葬斯宇。令終有淑，遺教顯融。孤弱喝」摧，哀慕無窮。心剜噎，涕漣漣。刊石玄堂，銘我家風。」靈還潛逝，聲壽永宣。其辭曰：」

【碑陰】穆穆考妣，邈邈其賢。保德」含和，受兹自乾。率禮不越，」外肅内閑。可移於官，以爲」民先。宜享億齡，嵩嶽等年。」哀命不遂，早世殞顛。痛慕」罔極，嗥訴昊天。」

國家圖書館藏拓。

24
孫氏墓誌

【誌蓋】無

【銘文】晉前尚書郎北地傅宣故命婦，秦國」士孫松，字世蘭，翊軍府君之女。姿窈」窕之容，體賢明之行。在褓有淑順之」美，來嬪盡四德之稱。年廿有九，永寧」二年夏六月戊午卒。秋九月丙申葬。」杉棺五寸，斂以時服。土椁陶器，無臧」金玉。既將反之於儉質，蓋亦述其素」志也已。」新婦前産二子，長名嬰齊，次名黄元，」皆年二歲不育。緣存時之情，用違在」園之義。遂以祔于其母焉。」　河南洛陽出土。見《考古學報》一九五七年第一期《洛陽晉墓的發掘》。

25
華芳墓誌

（誌爲長方形，四面刻。）

【誌陽】晉使持節侍中都督幽州諸軍事領護烏丸校尉幽州刺史驃騎大將軍博陵公大原晉陽王公故夫人平原」華氏之銘。」公諱浚，字彭祖。」曾祖父諱柔，字叔優，故漢使持節護匈奴中郎將雁門大守。夫人宋氏、李氏。墓在本國晉陽城北二里。」祖父諱機，字産平，故魏東郡大守。夫人郭氏、鮑氏。墓在河内野王縣北、白徑道東，北比從曾祖代郡府君墓，南鄰從祖東平府君墓。」父諱沈，字處道，故使持節散騎常侍司空博陵元公。夫人潁川荀氏。墓在洛陽北邙[二]恭陵之東，西比武陵王衛」將軍，東比從祖司空京陵穆侯墓。」浚前夫人濟陰文氏，諱粲，字世暉，年廿四薨。有子女曰韶，字韶英，適潁川棗臺產。產父故大子中庶子。麗，字韶」榮，適濟陰卞稚仁。仁父故廷尉。則，字韶儀，適樂安孫公淵。淵父故平南將軍。」夫人祖諱和，字叔懌，故光祿勳。夫人張氏、解氏。父諱猗，字子課，故溫令。夫人孫氏。外祖父義陽孫朝，字恭宗，故」征北司馬。夫人樊氏。長舅諱溥，字玄平，故建平大守。夫人孟氏。中舅諱超，字玄叔，故大子庶子。夫人鄧氏。次舅」諱疇，字玄回，故南陽大守。夫人崔氏。季舅諱啓，字玄明，南安大守。夫人索氏。」中夫人河東衛氏，諱琇，字惠瑛，年十九薨。無子。」夫人祖諱覬，字伯覦，故魏尚書聞陽鄉敬侯。夫人□氏。伯父諱瓘，字伯玉，故侍中行大子大保司空菑陽公。夫」人董氏、任氏。父諱寔，字叔始，故散騎常侍聞陽鄉侯。夫人劉氏。外祖父劉□，字□□，故河東大守。」右二夫人陪元公墓西三丈。」夫人華氏，諱芳，字敬華，年卌七薨。有子曰胄，字道世，博陵世子。次曰裔，字道賢。」

【誌左側】夫人曾祖父諱歆，字子魚，故魏大尉。夫人滕氏。祖父諱炳，字偉明，故魏侍御史。夫人任氏。父諱衍，字長胄，故侍」御史安鄉亭侯。夫人劉氏。兄諱鄷，字敬始，故豫章王文學安鄉亭侯。兄諱璣，字敬珩，前西安令。姊諱茗，字宣華，」

【誌陰】適潁川荀泰章。章父故司徒。外祖父沛國劉芬，字含元，故尚書肅成伯。夫人武氏。長舅諱粹，字純嘏，故南中郎將。夫人荀氏。中舅」諱厷，字終嘏，故大常。夫人華氏。少舅諱漢，字沖嘏，故光禄勳。夫人杜氏。」夫人華氏，平原高唐人也。其氏族繁茂，中外隆盛，列爵顯號，已具之銘表。弈世載德，生自高胄，天姿發於自然，仁教漸於義訓。遭」家不造，十五而無父，在喪過哀。及居室色養，盡孝承親，清恒婉嫕〔三〕，容止有則。年十八，繼室于我，拜公夫人。爰初起家，而居有之，榮」顯在身，操行俞卑。大夫人在堂，勤執婦道，率禮不越，竭心朝夕，恭謹如也。文氏早終，有三女。鞠養隱密，訓誨兼備，慈愛發於至誠，」三孤不覺非親。雖尸鳩稱平，魏母曰慈，恐無以過矣。余承先寵，遂歷朝階。委政中匱，不失其職。動遵典度，佩無亂節。用能聿脩内」教，加濟我家道也。永興之中，王室有難，奉詔南征，義在忘家。夫人留内，惠懷有方，政成閨闈，而道周于外。緝安之勳，蓋有與焉。皇」駕及都，仍蒙增寵，爵居小君之位，身爲三事夫人。而躬自抱損，卑心降己，朝夕思念，憂在進賢。身服浣濯，衣不文繢，清約施於躬」儉，仁惠置於還下。朗解五音，而不聽聲樂，欲以終成家風，匪唯一己而已。自初敕降，繼嗣未甄，常勸余宜廣媵御，以錫衆類。和平」之性，情無矜假。有五庶子，同之一生。及牧御群下，訓導以漸，威不加嚴，而左右自肅也。天啓之願，晚育二胤。世子胄，六歲。小子裔，」年二，其實七十日。妙哉藐孤，性質所禀，有由而來，冀以此隆洪基，奉先業也。自嬪余庭廿有載，享年卅七，永嘉元年春二月辛巳」朔廿九日己酉薨于府舍。雖寢疾彌篤，言不違正。兄姊四人。姊適穎川荀氏，先亡。兄文學，有令名，早終。唯老母小兄爲居，家貧守」約，祿養未至，放遠奉迎，旦夕歸安。臨沒無言，唯以養親不終爲恨。自經事難，以勉諸難。母姑遠至，兒孫具集，軍國執事，愍其懃勞，」常欲奉一觴之壽，加一飲之賜。吾有出親之憂而未得也。垂終之日，猶見此心。出錢三百萬，以頒上下。先子有云，人之將死，其言」也善，此之謂矣。及遺令送終，斂以時服，金鐶珠玉，非徒存所不尚，力戒莫以送。殯葬之制，事從節約。蓋夫貴而無驕，富而不泰，難」矣。斯人也，少以清婉居室，長以仁賢成家，謙沖隱約，著之行事，明見達理，顯於垂亡，可謂終始不玷，存亡無虧者矣。先公舊墓在」洛北邙。文、衛二夫人亦附葬焉。今歲荒民飢，未得南還。輒權假葬于燕國薊城西廿里。依高山顯敞，以即安神柩。魂而有靈，亦何」不之。選吉日，備車徒、介士，隨命秩所應，具三府之儀仗，不衍舊典而有加禮也。凡一善必紀，古人謂之實録。況我伉儷信順之積」而可沒哉。故圖畫容儀，綴集往行，俾後之子孫，以明先母之攸操云爾。乃作頌曰：」二象合契，貞龜啓繇，於穆淑媛，體純德茂。清韶儁令，固天所授，含章内朗，蘭音外秀。曰婦惟孝，在繼斯慈，繾綣之款，情實在兹。積」善餘慶，福乃降之，誕生二胤，以構洪基。伊余屯亶，仍多斯殃，二婦短祚，前念未忘。之子之來，庶幾剋昌，上天降厲，中年夭喪。旋堂」

【誌右側】莫睹，廓焉其亡，假瘞燕都，寄情山岡。生榮死哀，終然允藏，心之云悼，慨其永傷。」永嘉元年四月十九日己亥造。」　北京西郊出土。見《文物》一九六五年第十二期《北京西郊西晉王浚妻華芳墓清理簡報》。

注　釋

〔一〕卭，誌石原作「阝亡」，爲字書不載。疑即「卭」字。下同。

〔二〕嫕，誌石原作「嫝」，爲字書不載。疑爲「嫕」別體，「嫕」即「嫕」字。

26 石尠墓誌

【誌蓋】無

【誌陽】晉故尚書征虜將軍幽州刺史城陽簡侯樂陵厭次」都鄉清明里石尠〔一〕，字處約，侍中太尉昌安元公第二」子也。明識清遠，有倫理刑斷。少受賜官大中大夫關」中侯，除南陽王文學大子洗馬尚書三公侍郎，情斷」大獄卅餘條，于時内外，莫不歸當。遷南陽王友廷尉」正中書侍郎。時正直内省，值楊駿作逆。詔引尠式乾」殿，在事正色，使誅伐不濫。拜大將軍秦王長史，計勳」酬功，進爵城陽鄉侯。入補尚書吏部郎，疾病去職。遷」熒陽大守御史中丞。國清定大中正侍中。□屢表告」疾，出爲大司農。趙王簒位，左遷員外散騎常侍。三王」

【誌陰】舉義，惠皇帝反正，拜廷尉卿，除征虜將軍幽州刺史。」軍事屢興，於是罷武脩文。城都王遣熒陽大守和演」代尠，召爲河南尹。自表以疾，權駐鄉里。永嘉元年，逆」賊汲桑破鄴都之後，遂肆其凶暴東北。其年九月五」日，奄見攻圍。尠親率邑族，臨危守節，義舊〔二〕不回，衆寡」不敵，七日，城陷，薨，年六十二。天子嗟悼，遣使者孔汰、」邢霸護喪。二年七月十九日祔葬于皇考墓側神道」之右。大子定、小子邁，致命所在。庶子恭嗣，刊石紀終，」俾示來世。」

【誌左側】夫人廣平臨水劉氏，字阿容。父字世穎，晉故步兵校」尉關内侯。」夫人琅耶陽都諸葛氏，字男姊。父字長茂，晉故廷尉」卿平陽鄉侯。」

【誌右側】長子定，字庶公，年廿八，本國功曹察孝、州辟秀才，不行。」小子邁，字庶昆，年廿三，本國功曹再察孝，不行，本州三」辟部濟南從事主簿。」女字令脩，適黃門侍郎江安侯潁川陳世範。」　國家圖書館藏拓。

注　釋

〔一〕尠，原石作「尠」，此字不見於字書。《晉書》中作「尟」。疑誌石中爲「尠」字訛變。《廣韻》云：「尠，尟俗字。」

〔二〕舊，原石如此，當爲「奮」字訛誤。

27 石定墓誌

【誌蓋】無

【銘文】處士樂陵厭次都鄉清明里石定，字庶公，大尉昌安」元公之第三孫，尚書城陽」鄉侯之適子也。秉心守正，」志節清遠，有才幹膽斷。本郡功曹察孝、州辟，皆不就。」舉秀才，不行，侍父鄉里。永嘉元年，逆賊汲桑破鄴都」之後，遂肆凶暴，鼓行東北，其年九月五日攻圍侯。侯」親率邑族，臨危奮討，衆寡不敵，七日，城陷，侯薨。定與」弟邁致命左右，年廿八，才志不遂。嗚呼哀哉！凡我邦」族，莫不嗟慟。二年七月十九日祔葬于侯墓之右次。」刊名紀終，俾示來世。」妻沛國劉氏，字貴華。父字終嘏，晉故大常卿。」　國家圖書館藏拓。

28 劉韜墓誌

（誌爲圭首小碑形。）

【銘文】晉故使持節都督青徐諸軍事征」東將軍軍司關中侯劉府君之墓。」君諱韜，字泰伯，叔考處士，君之元」子也。」夫人沛國蔡氏。」　國家圖書館藏拓。

29
劉氏墓誌

（據説原爲二石，現僅存前一石，後闕。）

【銘文】晉故大司農關中侯鄭舒夫」人城陽黔陬劉氏，魏琅耶大」守謨之孫，晉使持節領護匈」奴中郎將鷹揚將軍并州刺」史萓丘烈男欽之女。夫人年」 國家圖書館藏拓。

東晉

30 謝鯤墓誌

（誌作小碑形。）

【銘文】晉故豫章内史陳國陽夏謝鯤幼輿，以泰寧」元年十一月廿八日假葬建康縣石子岡。在」陽大家墓東北四丈。妻中山劉氏。息尚仁祖。」女真石。弟褒幼儒。弟廣幼臨。舊墓在滎陽。」 據《南京出土六朝墓誌》。

31 張鎮墓誌

（誌作小碑形，圓首，額有穿，盝頂座。）

【誌陽】晉故散騎常侍建」威將軍蒼梧吴二」郡太守奉車都尉」興道縣德侯吴國」吴張鎮字義遠之」郭夫人，晉始安太」守嘉興徐庸之姊。」

【誌陰】太寧三年太歲在」乙酉，侯年八十，薨。」世爲冠族，仁德隆」茂。仕晉元明，朝野宗重。夫人貞賢，亦時良媛。千世邂逅，」有見此者幸愍焉。」 江蘇吴縣出土。見《文博通訊》

一九七九年第十期《東晉張鎮碑誌考釋》。

32 王興之墓誌

【誌蓋】無

【銘文】君諱興之，字稚陋，琅耶臨」沂都鄉南仁里，征西大將」軍行參軍贛令。春秋卅一，」咸康六年十月十八日卒。」以七年七月廿六日葬于」丹楊建康之白石，於先考」散騎常侍尚書左僕射特」進衛將軍都亭肅侯墓之」左。故刻石爲識，臧之於墓。」長子閩之。女字稚容。」次子嗣之，出養第二伯。」次子咸之。」次子預之。」

【背面銘文】命婦西河界休都鄉吉遷」里宋氏，名和之，字秦嬴。春」秋卅五，永和四年十月三」日卒。以其月廿二日合葬」於君柩之右。」父哲，字世儁，使持節散騎」常侍都督秦梁二州諸軍」事冠軍將軍梁州刺史野」王公。」弟延之，字興祖，襲封野王」公。」　據《南京出土六朝墓誌》。

33 劉氏墓誌

（誌爲長方形磚質，無蓋。）

【銘文】琅耶顏謙婦劉氏，」年卅四。以晉永和元年」七月廿日亡，九月葬。」　據《南京出土六朝墓誌》。

34 莫龍編侯墓誌

【磚銘】永和六年太歲庚戌莫龍編侯之墓」 國家圖書館藏拓。

35 王閩之墓誌

（誌爲長方形磚質，無蓋。）

【銘文】晋故男子琅耶臨沂都鄉南仁」里王閩之，字治民。故尚書左僕」射特進衛將軍彬之孫，贛令興」之之元子。年廿八，升平二年三」月九日卒。葬于舊墓。在贛令墓」

【背面銘文】之後。故刻磚於墓爲識。」妻吴興施氏，字女式。」弟嗣之、咸之、預之。」

據《南京出土六朝墓誌》。

36 王丹虎墓誌

（誌爲長方形磚質，無蓋。）

【銘文】晋故散騎常侍特進衛將軍尚書左」僕射都亭肅侯琅耶臨沂王彬之長」女，字丹虎。年五十八，升平三年七月」廿八日卒。其年九月卅日葬于白」石，在彬之墓右。刻磚爲識。」　據《南京出土六朝墓誌》。

37 孟府君墓誌

（磚誌，無蓋。）

【銘文】泰元元年十二月十二日，晉故」平昌郡安丘縣始興相散」騎常侍孟府君墓。」

安徽馬鞍山出土。見《考古》一九八〇年第六期《安徽馬鞍山東晉墓清理》。

38 夏金虎墓誌

（誌爲長方形磚質，無蓋。）

【銘文】晉故衛將軍左僕射肅侯琅耶」臨沂王彬繼室夫人夏金虎，年八十五，」太元十七年正月廿二亡。夫人男企之，衛軍參軍。」婦彭城曹秀姜。父蔓，少府卿。大女翁愛，」嫡濟陽丁引。父寶，永嘉太守。小女隆愛，嫡長樂」馮循。父懷，太常卿。」　據《南京出土六朝墓誌》。

39 霍使君像銘

（書寫於墓室墻上壁畫後。）

【銘文】晉故使持節都督江南交」宁二州諸軍事建寧越嶲興古三」郡太□南夷校尉交寧二州刺史」成都縣侯霍使君之像。君諱」□，字承嗣，卒是荆州南郡枝江」牧，六十六歲薨。先葬蜀郡，以太元十□年二月五日改葬朱提。越渡」□余，魂來歸墓。」 云南昭通出土。見《文物》一九六三年第九期《昭通發現晉霍君壁畫墓》。

40 □琰墓誌

（磚誌，無蓋。）

【銘文】晉故豫州陳郡陽夏縣都」鄉吉遷里附馬都尉朝□」溧陽令給事中散騎常侍□」琰，字弘仁。」夫人司徒左長史太原晉陽□」濛仲祖女。太元廿一年七月十四日。」□□□□陽□□。」 江蘇溧陽出土。見《考古》一九七三年第四期《江蘇溧陽果園東晉墓》。

41 蔡冰墓磚

（誌爲長方形磚質，無蓋。）

【銘文】濟陽園蔡冰，字道堅。」 據《南京出土六朝墓誌》。

42 黄夫人墓磚

（誌爲長方形磚質，無蓋。）

【銘文】陳留周叔宣」母黄夫墓。」　據《南京出土六朝墓誌》。

43 王夫人墓磚

（誌爲長方形磚質，無蓋。）

【銘文】卞氏王夫人。」　據《南京出土六朝墓誌》。

宋

44 晉恭皇帝玄宮記

（誌爲長方柱形石條。）

【銘文】宋永初二年太歲辛酉」十一月乙巳朔七日辛」亥。晉恭皇帝之玄宫。」　據《南京出土六朝墓誌》。

45 劉懷民墓誌

【誌蓋】闕

【銘文】宋故建威將軍齊北海二郡太守笠」鄉侯東陽城主劉府君墓誌銘。」若若玄緒，灼灼飛英，分光漢室，端录」宋庭。曾是天從，凝睿窮靈，高沉兩剋，」方圓雙清。眩紫皇極，剖金連城，野獸」朝浮，家犬夕寧。淮棠不翦，澠鴞改聲，」履淑違徵，潛照長冥。鄭琴再寢，吴涕」重零，銘慟幽石，丹□□□。」君諱懷民，青州平原郡平原縣都鄉吉遷里。春秋五十三，大明七年十月」乙未薨。粤八年正月甲申葬於華山」之陽朝。」夫人長樂潘氏，父詢，字士彦，給事中。」君所經位□兹條如左：」本州別駕，勃海清河太守，除散騎侍」郎建威將軍盱眙太守。」

國家圖書館藏拓。

46 明曇憘墓誌

【銘文】宋故員外散騎侍郎明府君墓誌銘。」祖儼，州別駕，東海太守；夫人清河崔氏，父逞，度支尚書。」父歆之，州別駕撫軍武陵王行參軍槍梧太守；」夫人平原劉氏，父奉伯，北海太守；後夫人平原杜氏，父融。」伯恬之，齊郡太守；」夫人清河崔氏，父丕，州治中；後夫人勃海封氏，父憮。」第三叔善蓋，州秀才奉朝請；」夫人清河崔氏，父模，員外郎。」第四叔休之，員外郎東安東莞二郡太守；」夫人清河崔氏，父諲，右將軍冀州刺史。」長兄寧民，早卒；夫人平原劉氏，父季略，濟北太守。」第二兄敬民，給事中寧朔將軍齊郡太守；」夫人清河崔氏，父凝之，州治中。」第三兄曇登，員外常侍；夫人清河崔氏，父景真，員外郎。」第四兄曇欣，積射將軍；夫人清河崔氏，父勳之，通直郎。」君諱曇憘，字永源，平原鬲人也。載葉聯芳，懋兹鴻丘。晉徐」州刺史褒七世孫，槍梧府君歆之第五子也。君天情凝澈，」風韻標秀，性盡沖清，行必嚴損。學窮經史，思流淵岳。少擯」簪縉，取逸琴書。非皎非晦，聲逖邦宇。州闢不應，徵奉朝請。」歷寧朔將軍員外郎帶武原令。位頒郎戟，志鈞楊馮，運其」坎凛，頗爾慷慨。值巨猾滔祲，鋒流紫闥。君義裂見危，身介」妖鏑，概深結纓，痛嗟朝野。春秋卅。元徽二年五月廿六日」丙申，越冬十二月廿四日辛卯窆于臨沂縣弋壁山。啓奠」有期，幽穸長即，蘭釭已無，青松無極，仰圖芳塵，俯銘泉側。」其辭曰：」斯文未隧，道散群流，惟兹胄彦，映軌鴻丘，佇豔潤徽，皓詠」凝幽。測靈哉照，發譽騰休。未見其止，日茂其猷。巨沴于紀，」侈侵陵將，金飛輦路，玉碎宸嬛。霜酸精則，氣慟人遊，鐫塵」玄穸，志揚言留。夫人平原劉氏，父乘民，冠軍將軍冀」州刺史。後夫人略陽垣氏，父闡，樂安太守。」

據《南京出土六朝墓誌》。

齊

47 劉岱墓誌

【誌蓋】無

【銘文】齊故監餘杭縣劉府君墓志銘。」高祖撫，字士安，彭城內史。」夫人同郡孫苟公。後夫人高密孫女寇。」曾祖爽，字子明，山陰令。夫人下邳趙淑媛。」祖仲道，字仲道，餘姚令。夫人高平檀敬容。」父粹之，字季和，大中大夫。夫人彭城曹慧姬。」南徐州東莞郡莒縣都鄉長貴里劉岱，字子喬。君齠」年岐嶷，弱歲明通，孝敬篤友，基性自然，識量淹濟，道」韻非假。山陰令淬太守事，左遷尚書札白衣監餘杭」縣。春秋五十有四，以永明五年太歲丁卯夏五月乙」酉朔十六日庚子遘疾終于縣解。粵其年秋九月癸」未朔廿四日丙午，始創墳塋于揚州丹揚郡勾容縣」南鄉麋里龍窟山北。記親銘德，藏之墓右。」悠悠海岳，綿綿靈緒，或秦或梁，乍韋乍杜。淵懿繼芳，」世盛龜組，德方被今，道迺流古。積善空言，仁壽茫昧，」清風日往，英猷長晦。奠設徒陳，泉門幽曖，敢書景行，」敬遺千載。」夫人樂安博昌任女暉，春秋五十有三。以永明元年」太歲癸亥夏五月己酉朔十三日辛酉終。」父文季。祖仲章。一女，二庶男。」女玉女，適河東裴闓。」長男希文，婦東海王茂瑛，父沉之。祖萬喜。」少男希武。」

江蘇鎮江出土。見《文物》一九七七年第六期《劉岱墓誌簡述》。

梁

48 蕭融墓誌

【誌蓋】無

【銘文】□□□墓誌銘序。」□□融，字幼達，蘭陵郡蘭陵縣都鄉中都里人，」□□文皇帝之第五子也。王雅亮通明，器識韶潤，清情秀气，峨然自高，峻」□□衿，窅焉未聞。佩觿琁玦，則風流引領；勝冠鳳起，則縉冕屬目。齊永明」元年，大司馬豫章王府僚簡重，引爲行參軍署法曹。隆昌元年，轉車騎鄱」陽王行參軍。建武元年，□□初闢，妙選時英，除太子舍人，頃轉冠軍鎮軍」車騎三府參軍署□□。又爲車騎江夏王主簿。頃之，除太子洗馬，不拜。元」昆丞相長沙王，至德高勳，居中作宰，而兇昏在運，君子道消，惡直醜止，」爛」茲濫酷。王春秋卅，永元三年十二月十二日奄從門禍。中興二年追贈給」事黄門侍郎。皇上神武撥亂，」大造生民，冤耻既雪，哀榮甫備。有詔：」亡弟齊故給事黄門侍郎融，風標秀特，器體淹和。朕繼天紹命，君臨萬寓，」祚啓郇滕，感興魯衛，事往運來，永懷傷切。可贈散騎常侍撫軍將軍桂陽」郡王。天監元年太歲壬午十一月乙卯一日窆於弋辟山，禮也。懼金石有」朽，陵谷不居，敢撰遺行，式銘泉室。梁故散騎常侍撫軍大將軍桂陽王」融謚簡王墓誌銘。□□長兼尚書吏部郎中臣任昉奉敕撰。於昭帝」緒，擅美前王，緑圖丹記，金簡玉筐。龕黎在運，業茂姬昌，蟬聯寫丹，清」越而長。顯允初筮，邁道宣哲，藝單漆書，學窮緗税。友于惟孝，閒言無際，鄒」釋異家，龍趙分藝。有一於此，無競惟烈，信在闕金，清由源□。齊嗣猖狓，惟」昏作孽，望□高翔，臨河永逝，如何不弔，報施冥滅。聖武定鼎，地居魯」衛，沛易且傳，楚詩將説。桐珪誰戲，甘棠何憩，式圖盛軌，宣美來裔。」

南京北郊出土。見《文物》一九八一年十二月第十二期《南京梁桂陽王蕭融夫婦合葬墓》。

49 王纂韶墓誌

【誌蓋】無

【銘文】梁桂陽國太妃墓誌銘。吏部尚書領國子祭酒王暕造。」太妃姓王，諱纂韶，南徐州瑯琊郡臨沂縣都鄉南仁里人也。」周儲命氏，世載厥德，清源華幹，派別綿昌。祖深，新安太守。父」僧聰，黄門郎。冠冕承業，映遵前軌。太妃識備幽閑，體含貞粹，」履四海之淳範，播七行之高風。皇基積祉，本枝克盛，岐」陽之功載遠，隆姬之祚在焉。禽幣思賢，允歸卿族。既霄燭有」行，降禮中饋，親理澂漠，躬事組紃。處不踰閾，行必待傅，闔儀」觀則，娣列承風。齊季昏虐，時惟交喪，蘭玉俱摧，人綱已絶。太」妃援鏡貶貌，鴻鵠興辭，操深恭姜，慟均杞室。我皇啓聖御」天，應符受命，瞻言唐衛，利建維城。簡王無嗣，以宣武王第九」子象繼世承封，爲桂陽王。天監三年十二月策命拜桂陽王」太妃。文曰：於戲。維爾令德克昭，静恭靡忒，式儀蕃序，允樹芳」徽。是故遵以朝序，用申彝服。往，欽哉。其茂休烈，可不慎歟。太」妃禮秩愈重，身志彌約，奉上謙恭，率下沖素。傍無薰飾，服有」皂縑，慈撫均愛，弘斯教範。雖斷機貽訓，平反有悦，無以加焉。」報施空云，暉塵儵謝。天監十三年十月丙子朔廿日乙未薨。」春秋卌二。有詔曰：桂陽國太妃奄至薨隕，追痛切割，今便」臨哭。喪事所須，隨由備辦。鴻臚持節監護喪事。粤其年十一」月丙午朔十日乙卯祔窆弋辟里弋辟山。年序云邁，陵谷徂」遷，俾兹不朽，茂烈是鐫。其辭曰：悠哉洪緒，基□□□，奄」藹世猷，蟬聯餘慶。亦誕徽音，稟兹淑行，藏圖踐言，□史成□。」婦德載宣，女師以鏡，言歸王室，作嬪君子。聲穆□□，譽流□」沚，運屬屯夷，義冠終始。帝曰周親，維翰斯俟，門寓嗣□，」顯兹錫履。輜軿式耀，寵服有章，母儀蕃國，化緝蘭房。夙搴□」祉，戢景淪芳，静枝標慕，停引哀傷。祖行撤奠，紼柳在庭，寒原」眇默，松嶂葱青。輟驂夕壟，罷吹晨扃，留芳昭代，永勒沉冥。」息男象，字世翼，襲封桂陽王。年十七。天監十二年閏三月十」二日詔除寧遠將軍丹陽尹。」妃張氏寶和，年十九。亡祖父安之，揚州主簿。」亡父弘策，車騎將軍洮陽愍侯。」息怙，年二。」南京北郊出土。見《文物》一九八一年十二月第十二期《南京梁桂陽王蕭融夫婦合葬墓》。

50 蕭敷墓誌

【誌蓋】闕

【銘文】（根據剪裱本過録，無法分行。）故侍中司空永陽昭王墓誌銘。尚書右僕射太子詹事臣徐勉奉敕撰。公諱敷，字仲達，蘭陵蘭陵人，皇帝之次兄也。炳靈聖緒，體自琁源。積德景仁之基，配天經營之業。固以詳乎二策，載在六詩，今無得而稱矣。公夙挺珪璋，早標時譽。風儀□明，神容淵凝。孝友天至，率由而成。義讓因心，無待傍習。行爲表綴，動成鎔範。斟酌流品，□校群藝。莫不採其英華，振其綱領。雖墻宇重仞，而温其如玉；氣厲秋霜，而體含春露。故游之者未識涯涘，挹之者虚往實歸。加以沖謙下物，傾躬接士，愛好閑静，雅善談諷。寵辱不干懷抱，喜愠罔滯匈衿。汪汪焉，亹亹焉，固不可量已。解褐齊後軍長沙王行參軍。武陵王始開戎號，妙簡賓僚。又行參冠軍征虜二府軍事，入爲太子舍人。濯纓承華，清風載穆。衡陽王冠婚禮備問□□有，以公爲文學，稱爲盛選。俄遷太子洗馬，又爲南海王友。先馬之職，既允儀形；會友之任，□弘斧藻。長虞公幹，莫或加焉。出補丹楊尹丞，復入爲太子中舍人。三陟龍樓，仍歷坊禁。清談時論，咸以爲榮。司部濱接蠻虜，亟有充斥，漢東之國，貽夏西顧。以公兼該文武，出爲建威將軍隋郡内史。下車隱恤，威德大著。時獯獫侵逼義陽，四山互相影響。郡内孤危，兵糧□弱。公□加獎督，視險若夷，於是百姓相携入城，城中殆無復相容處。咸曰：賊若能來，必爲府君死戰。物情如□，□□遂息。於是關柝□夷，民俗殷阜。進號寧朔將軍，内史如故。久之，徵爲後軍盧陵王諮議參軍。縱容諷味，雅有弘益。天不憖遺，遠涂未至。以齊建武四年八月六日薨，春秋卅有七。知與不知，咸嗟殄悴。聖上應期革命，受終文祖。覽周南而雪涕，詠常棣而興哀。天監元年四月八日詔曰：亡兄齊故後軍諮議參軍，德履沖粹，識業淵通。徽聲嘉譽，風流藉甚。道長世短，獨塵緬邈。感惟既往，永慕慟心。可追贈侍中司空永陽郡王，食邑二千户，謚曰昭王，禮也。子恭王伯游嗣，恭王早世。子隆嗣。昭王之妃王氏，於本國爲大太妃。以今普通元年十一月九日薨。其月廿八日舉祔葬之典。又下詔曰：亡兄故侍中司空永陽昭王，墳塋當開，靈筵暫設。追慕摧慟，不能自勝。可遣使奉祭，言增感哽。惟公體道淵塞，風格峻遠，履信基仁，自家形國。寶運勃興，地隆魯衛，茂册徒休，神猷永戢。今幽埏暫啓，衮飾虚陳。皇情深孔懷之悲，縉紳仰人百之慟。爰詔司事，式改明旌。迺作銘曰：惟山峻極，群峰以構，惟海泱渙，百流是□。赫矣皇業，昭哉洪胄，布葉分枝，如彼列宿。恭惟茂德，英明在躬，該茲學行，穆是清風。令問不已，羽儀克隆，若林之蔚，若川之沖。資[一]以冥，乘心而蹈，立人之美，亦符前誥。泰靡革情，約不移操，莫睹其涯，莫窺其奥。爰初理翰，振藻騰光，出高蕃采，入映華坊。且文且會，焕彼周行，言貳河輔，綽有餘芳。關候未息，亂繩宜理，作守漢濱，威懷斯俟。既弭烽□，又清獄市，樹績來歸，優遊衡里。孰云與善，遥涂始半，倏萃繁霜，遽捐華館。歲時荏苒，松陰行□，□后天飛，典章有爛。姬公垂制，祔禮載申，幽扃斯啓，容物暫陳。窮泉一□，於焉友真，我皇□□，□德攸新。俾諸來葉，永鑒清塵。」上海博物館藏拓本。

注　釋

〔一〕「資」前原脱一字。

51 王氏墓誌

【誌蓋】闕

【銘文】故永陽敬太妃墓誌銘。尚書右僕射太子詹事臣勉奉敕撰。永陽太太妃王氏，琅耶臨沂人也。其先周靈王之後。自秦漢逮于晉宋，世載光華，羽儀相屬。既以備於前志，故可得而略焉。祖粹，給事黄門侍郎。父儼，左將軍司馬尋陽内史。並見稱時輩。太妃體中和之氣，稟華宗之烈，蹈此温恭，表兹淑慎。孝敬資於冥發，仁愛率於自然。至于四教六訓之閑，工言貞婉之德，無待教成，罔不該備。故景行著於中谷，淑問顯乎言歸。作嬪盛德，實光輔佐。親絳幕之用，躬服澣之勤。及卑世釐居，遺孤載藐，提攜撫育，逮乎成備。斷織之訓既明，闔門之禮斯洽。劬勞必盡，曾不移志。用能緝睦于中外，亦以弘濟乎艱難。雖魯姜之勤節，曹妃之敬讓，方之蔑如也。皇業有造，啟憂啓聖，追惟魯衛，建國永陽。恭王纂嗣，蕃號式顯，廷拜爲太妃。策曰：維天監二年六月甲午朔十日癸卯，皇帝遣宗室員外散騎侍郎持節兼散騎常侍蕭敬寶策命永陽王母王氏爲國太妃曰：於戲。惟爾茂德内湛，淑範外昭。國序凝芬，蕃庭仰訓。是用式遵舊典，載章徽服。往，欽哉。其肅兹休烈，可不慎歟。備褕瑱之華，而降心彌約；居千乘之貴，而處物愈厚。既而恭王不永，禮從又缺。訓導嗣孫，載光榮祉。年高事重，志義方隆。宜永綏福履，而奄奪鴻慶。以普通元年十月廿三日遘疾，十一月九日乙卯薨于第，春秋五十有九。詔曰：永陽大太妃奄至薨逝。哀摧忉割，不能自勝，便出叙哀。可給東園秘器。喪事所須，隨時備辨。祖行有辰，式弘茂典。又詔曰：故永陽大太妃，禮數有殊，德行惟光。訓範蕃嗣。式盛母儀。即遠戒期，悲懷抽割。可詳典故，以隆嘉謚，禮也。粤其月廿八日戊戌祔葬于琅耶臨沂縣長干里黄鵠山。用宣風烈，以昭弗朽。迺爲銘曰：清瀾悠邈，其儀尚矣，龍光疊照，風流世祀。猗歟罔匱，□昭不已，誕資仁淑，作嬪君子。幽閑表操，明德自躬，推厚處薄，秉默居沖。參差採芼，揄映言工，鑒昭彤管，識懋休風。凝芬載湛，芳猷允塞，徙舍爲訓，止閒成則。曹號母儀，豈伊婦德，穆兹閨闥，形于邦國。龍飛集運，禮數攸鍾，憲章盛典，車服有容。泰而愈約，貴則彌恭，蕃祉方茂，纂嗣克重。巾帚若池，朝夕咸事，雖曰任傅，承請斯備。是惟仁姑，厥德可庇，恂恂濟濟，蘭芬瓊秘。光陰易晚，祺福難留，閨儀罷映，褕華奄收。奠遷朱邸，駕指行楸，芳塵是勒，大夜方攸。」上海博物館藏拓。

52 程虔墓誌

【誌蓋】無

【銘文】梁故威猛將軍諮議參軍益昌縣開國男宋新」巴晉源三郡太守程虔，字子猷，陰時六十八。扶」業承基，辯和意續，素品積孱。安定南陽白土人」也。少烈，才過崇謀。自敢驅率六戎，鎮翼羆虎。馨」聲甘風，歌示之國寶，四鄰響僕，萬化美同。是故」忠誠，三王獻聞，天子授印，爵班三品，食邑封侯。」邽之婚□夢世，馨保金存。捨身恭造乘願正道。」詔表之神道。」太歲己巳丁亥朔二月廿八日甲寅營訖事。」國家圖書館藏拓。

53 殘墓誌

【誌蓋】無

【銘文】（殘泐過甚。滿誌約可達二千二百五十字。）□□□□□□□□□□□□□□□□□□□□□□□□」□□□□□□□□□□□□授首江陽静謚□□□□□□」

□□□□□□□□□□□□牧□干戈雖戢□□□□□□」□□遂授□□□□□□□
□□萊□會戒車外□□□□□」□□□言累降□□□□□□□太□右衛□天□□□
□□□」□有□□壘載肅□□□□□□□□南北□□□□□□」□于□□内脩旂□
□□□□□□□□足時虜將□□□□」此勢仍襲樊城議者□□□□□遏患久積
一日□□□□」□□虜衆雖多遠禁□□□□□□□□兩力猶□□□□□」□徒奔昭□
轅交□□□□□□□而捷豫□等于魚□□□」石□□軍事重□□□□□□□□□刺
史前愛未忘□□□□」加侍中□□□□□□□□□□□□年□貌賢授□□□□」鎮撫
司隆□□□□□□□□□□□□□□三州□□□□」□□列□□□□□□□□□□
□□□□以長算令□□□□」同舉□□□□□□□□□□□□□□給著皆此□□□
□」□瀛□□□□□□□□□□□□□□體國忘己□□□□」散騎□□□□□□□□
□□□□□□□□□□流。」　南京出土。見《文物》一九八一年第十二期《南京堯化門南朝梁墓發掘簡報》。

陳

54 衛和墓誌

【銘文】陳故衛將軍墓誌銘并序。」君諱和，衛姓，平陵人也。其先僻讐」來南沙，遂家焉。君少孤耽斆，有」膂力，抱風木之悲，懷馬革之志。」侯景竄觓□入海。君預毁港上」船，不得渡，遂被擒。司徒王僧辯知」之，召爲前鋒將軍。會高祖與僧」辯不睦。知有變，稱病歸里，耕鑿以終。」年四十二，于太建二年歲次庚寅十一月」葬于河陽邨引鳳池上。銘曰：」蒼天不弔，靳與壽考。黄土毋情，」長埋忠孝。樹兹碩德，終焉食□。」國家圖書館藏拓。

後燕

55 崔遹墓誌

（誌石爲兩塊同出，石已殘。）

【其一】燕建興十年」昌黎太守清」河武城崔遹。」

【其二】建興十年」昌黎太守清河」東武城崔遹。」

遼寧朝陽出土。見《遼寧文物》一九八〇年第一期《朝陽十二臺營子發現後燕崔遹墓誌》。

北魏

56 萬縱□墓記

【銘文】大魏太延二年四月九日，萬」縱□及妻樊合會」塚墓記。」　國家圖書館藏拓。

57 魚玄明銘

（磚誌，無蓋。）

【銘文】皇興二年戊申歲十一」月癸卯朔十九日辛酉，」安西將軍雍州刺史」□康公魚玄明之銘。」　據《漢魏南北朝墓誌集釋》。

58 欽文姬辰銘

【誌蓋】無

【銘文】唯大代延興四年歲在甲寅」十一月戊辰朔二十七日甲午，河內温」縣倍鄉孝敬里人，使持節侍」中鎮西大將軍啓府儀同三司都」督梁益兖豫諸軍事領護南」蠻校尉揚州刺史羽真琅琊貞王」故司馬楚之嗣子使持節侍」中鎮西大將軍朔州刺史羽真」琅琊王金龍妻，侍中太尉隴西王直懃賀豆跋女，」乞伏文照王外孫女欽文」姬辰之銘。」　山西大同出土。見《文物》一九七二年第三期《山西大同石家寨北魏司馬金龍墓》。原石正面八行，背面四行，相連刻銘。

59 司馬金龍銘

（銘爲碑形，無蓋。）

【碑額】司空」琅琊」康王」墓表」

【銘文】維大代太和八年」歲在甲子十一月」庚午朔十六日乙」酉，代故河内郡温」縣肥鄉孝敬里使」持節侍中鎮西大」將軍吏部尚書羽真司空冀州刺史」琅琊康王司馬金」龍之銘。」

（另有墓表一件，銘文同。）　山西大同出土。見《文物》一九七二年第三期《山西大同石家寨北魏司馬金龍墓》。

60 元楨墓誌

【誌蓋】闕

【銘文】使持節鎮北大將軍相州刺史南安王楨，」恭宗之第十一子，皇上之從祖也。惟王體」暉霄極，列耀星華，茂德基於紫墀，凝操形於天」感。用能端玉河山，聲金岳鎮，爰在知命，孝性諶越，」是使庶族歸仁，帝宗攸式。暨寶衡徙御，大訊」群言，王應機響發，首契乾衷，遂乃寵彰司勳，」賞延金石。而天不遺德，宿耀淪光，以太和廿年」歲在丙子八月壬辰朔二日癸巳，春秋五十，薨」於鄴。皇上震悼。謚曰惠王，葬以彝典。以其年」十一月庚申朔廿六日乙酉，窆於芒山。松門已」杳，玄闥將蕪，故刊茲幽石，銘德熏壚。其辭曰：」帝緒昌紀，懋業昭靈，浚源流崐，系玉層城。惟王」集慶，託耀曦明，育躬紫禁，秀發蘭坰。洋洋雅韻，」遥遥淵渟，瞻山凝量，援風烈馨。卷命夙降，朱黻」早齡，基牧豳櫟，終撫魏亭。威整西黔，惠結東氓。」旻不錫嘏，景儀墜傾，鑾和歇轡，委櫬窮塋，泉宮」永晦，深埏長扃，敬勒玄瑤，式播徽名。」　國家圖書館藏拓。

61 元偃墓誌

【誌蓋】無

【銘文】大魏太和廿二年歲次戊寅十二月戊申」朔二日己酉。太和十五年十二月廿七」日制詔：使持節安北將軍賀侯延鎮都大」將始平公元偃今加安西將軍。太和十」九年十二月廿九日乙未朔癸亥除制詔：光爵元偃今除城門校尉。太和廿二」年六月辛亥朔七日丁巳除制」詔：城門校尉元偃今除大中大夫。」案謚法：敏以敬謹曰順侯。」　國家圖書館藏拓。

62 元簡墓誌

【誌蓋】闕

【銘文】太保齊郡王姓元，諱簡，字叔亮，司州河南郡洛」陽縣都鄉洛陽里人，」高宗之叔子，」皇帝之第五叔也。惟王稟旻融度，資造流仁，澄」神守質，志性寬雅，冥慶舛和，端宿墜罔。以太和廿三年歲在己卯正月戊寅朔廿六日癸卯，春」秋卌，寢疾，薨于第，謚曰順王。其年三月甲午即窆于河南洛陽之北芒。迺鏤石□銘，式述徽蹤。」（下殘缺）　國家圖書館藏拓。

附：元簡妃常氏墓誌蓋

【誌蓋】太保齊郡順」王常妃誌銘」〔一〕　國家圖書館藏拓。

注　釋

〔一〕誌闕，失年月。因爲元簡妃，故附其後。

63 蘇貫針銘

【磚銘】太和廿三年六月二日畢小妻蘇貫針銘」　據《廣倉專録》。

64 元弻墓誌

【誌蓋】闕

【銘文】魏故元諮議墓誌銘。」君諱弻，字扶皇，河南洛陽人也。高祖昭成皇帝。曾」祖根，清河桓王。祖突，肆州刺史。父崘，秦雍二州刺史」隴西定公。君祏緒岐陰，輝構朔垂，公族載興，仁麟攸」止。是以霄光唯遠，綴彩方滋，淵源既清，餘波且澈。君」體内景於金水，敷外潤於鍾楚，名標震族，聲華樞苑。」臨風致詠，藻思情流，鬱若相如之美上林，子雲之賦」雲陽也。然凝神瑋貌，廉正自居，淹辭雅韻，顧眄生規。」釋褐起家爲荆州廣陽王中兵參軍。頗以顯翼荆蠻，」允彼淮夷，接理南嵎，而竹馬相迎。還朝爲太子步兵」校尉。自以股肱皇儲，温恭夙夜。然高祖孝文皇帝」思衮職之任，懷託孤之委，以君骨骾之風，」遷爲太尉」府諮議參軍。莊志焉達，禄願已終，昊天不弔，殲此良」人。春秋卌七，以太和廿三年九月廿九日薨于洛陽。」與夫人張氏合窆于西陵。趙郡李珍，悲春秋之無始，」託金石以遺文。乃作銘曰：」巖巖垂岫，岋岋高雲，鑒兹既鏡，懷我哲人。重淵餘静，」柎蕚方紛，如何斯艷，湮此青春。騷騷墟壟，密密幽途，」悲哉身世，逝矣親疏。沉沉夜户，」瑟瑟松門，月堂夕閉，」窮景長昏。感哀去友，即影浮原，攸攸靡弔，莫莫不存。」國家圖書館藏拓。

65 元彬墓誌

【誌蓋】闕

【銘文】持節征虜將軍汾州刺史彬，恭宗景穆皇帝之孫，鎮」北大將軍相州刺史南安王之第二子也。叔考章武王」絕世，出纂其後。惟君稟徽天感，發彩蕃華，襲玉聲金，章」組繼世。温仁著於弱齡，寬恭形於立載。自國升朝，出莅」爲使持節征西大將軍都督東秦邠三州諸軍事領護」西戎校尉統萬突鎮都大將夏州刺史章武王。直方悟」憲，用勉爵土，收巾散第，消遥素里。後以山胡狡亂，徽撫」西岳，綏之以惠和，靖之以威略。一二年間，群兇懷德。勳」績既昭，朝賞方委，而彼倉不弔，儵焉夙徂。以太和廿三」年歲在己卯五月丙子朔二日，春秋卅有六，薨於州。朝」庭哀悼，追贈散騎常侍，加謚曰恭，葬有隆典。以其年十」一月壬寅朔廿日辛酉附於先陵。玄宫長邃，永夜無晨，」敬述徽績，俾傳來聞。其辭曰：」綿基崇越，崐浪遐分，胤業帝緒，纂世蕃君。龜玉流彖，冕」黻暉文，弱而好惠，長則騰芬。曰自宗哲，出撫幽民，荒黎」承德，朔野怖聞。終莅西岳，胡狡歸仁，方旋德猷，與政時」勳。天乎爽祜，永即徂泯，哀纏下國，痛結朝倫。窀穸有禮，」託附先墳，松埛方晦，泉堂永曛。敬勒玄石，式揚清塵。」

國家圖書館藏拓。

66 李詵墓誌

【誌蓋】無

【銘文】太和廿三年十二月」廿五日,征平郡曲沃縣故民李詵安邑令磚墓兩堳。墓田周迴五百步。」 山西曲沃縣出土。見《考古》一九五九年第一期《山西曲沃縣秦村發現的北魏墓》。

67 韓顯宗墓誌

(誌爲小碑形,無蓋。)

【碑額】魏故著」作郎韓」君墓誌」

【銘文】君諱顯宗,字茂親,昌黎棘城人也。故燕左光禄大夫儀同三司」雲南莊公之玄孫,大魏使持節散騎常侍安東將軍齊冀二州」刺史燕郡康公之仲子。以成童之年貢秀京國,弱冠之華徵榮」麟閣。載籍既優,又善屬文,立志皦然,外明内潤,加之以善與人」交,人亦久而敬焉。仕雖未達,抑亦見知,洗善獨足,不迷清淵,可」謂美寶爲質,彫磨益光也。春秋卅有四,太和廿三年四月一日」卒於官。有赭陽之功,追贈五等男,加以繒帛之賻,禮也。其年十」二月廿六日卜窆於瀍水之西。紼引在途,魂車靡託,妻亡子幼,」無以爲主,唯兄子元雍,仁孝發表,義同猶子,送往念居,攝代喪」事。親舊嗟悼,痛兼綿愴,迺鐫製幽銘，以旌不朽之令名。其辭曰：」荆挺光璧，海出明珠，在物斯況，期之碩儒。應韓啓族，肇自姬初，」康公之子，莊公之餘。學綜張馬，文慕三閭，春英早被，秋華晚敷。」言與行會，行與心符，欽賢尚德，立式存謨。揚貞東觀，建節南隅，」惟帝念功，錫爵是孚。上天不弔，枕疾纏軀，人之云亡，永矣其徂。」昔聞晉叔，今覩齊孤，朝野悽愴，親友欷歔，銘之玄石，以表其殊。」妻魏故中書侍郎使持節冠軍將軍郢州刺史昌平侯昌」黎孫玄明之叔女。」大和廿三年歲次己卯十二月壬申朔廿六日丁酉。」　國家圖書館藏拓。

68 元定墓誌

【誌蓋】闕

【銘文】大魏景明元年歲次庚辰十一月丁」酉朔十九日乙卯，」景穆皇帝之孫使持節侍中征南大」將軍都督五州諸軍事青雍二州刺史故」京兆康王之第四子廣平內史前河間王元泰安諱定君墓誌銘。」天鑒有魏，誕降維楨，穆矣君王，實屬」斯生。德唯淵詡，道暢虛盈，聲美河間，」勳飛廣平。內光帝度，外耀人經，宜昇」槐棘，永錫脩齡。如何不弔，掩淑收榮，」星沉夏景，月秘秋明。悼盈紫天，哀滿」神京，敬圖玄石，以刊遐馨。」　國家圖書館藏拓。

69 元羽墓誌

【誌蓋】闕

【銘文】侍中司徒公廣陵王墓銘誌。」使持節侍中司徒公驃騎大將軍冀州」刺史廣陵惠王元羽，河南人，」皇帝之第四叔父也。景明二年歲在」辛巳，春秋卅二，五月十八日薨於第。以」其年七月廿九日遷窆於長陵之東」崗。龍遊清漢，鳳起丹嶺，分華紫萼，底流」天景。當春競綵，陵秋擢穎，輟衮東岳，揚」鉉司鼎。接海恩深，寰嵩愛廣，敷惠偃風，」援聲革響。棠陰留美，梁榦攸仗，二穆層」光，三獻襲朗。協讚伊人，如何弗遺，煙峰」碎嶺，雲翔墜飛。松闉沉炤，泉堂閟暉，敬」勒幽銘，庶述悽而。」 國家圖書館藏拓。

70 李氏墓誌

【誌蓋】闕

【銘文】惟魏景明二年九月三日，雍州刺史」任城王妃李氏薨於長安。粵今十一」月十九日，乃永窆於京西。輴旒孤返，」松門已閟，伊厥子臣，敢揚明誌。其辭」曰：」綿聯胄初，杳映宗緒，承光昔祐，系葩」今祜。英發前輝，光飛後武，誰其振馨，」曰祖曰父。越自初婉，摹典內閨，出妃」我后，四德斯諧。振道中饋，扇教庶黎，有類含液，物靡不懷。

於于上靈，在德」弗甄，枕痾中室，命兮弗延。哀裂光日，痛結九泉，敢述景行，以播永年。」前國大農府功曹史臣茹仲敬造。」 據《漢魏南北朝墓誌集釋》。

71 穆亮墓誌

【誌蓋】闕

【銘文】太尉領司州牧驃騎大將軍頓丘郡開國公穆文獻公亮」墓誌銘。」高祖崇，侍中太尉宜都貞公。稟蕭曹之資，佐命列祖，廓」定中原，左右皇極。曾祖闥，太尉宜都文成王。以申甫之」儁，光輔太宗，弼諧帝猷，憲章百辟。尚宜陽公主。祖壽，」侍中征東大將軍領中秘書監宜都文宣王。含章挺秀，才」高器遠，爰毗世祖，剋廣大業，處三司之首，總機衡之任。」尚樂陵公主。父平國，征東大將軍領中書監駙馬都尉。」位班三司，式協時雍。尚城陽長樂二公主。四葉重暉，三台」疊映，餘慶流演，實挺明懿。公弱冠登朝，爰暨知命，内贊百」揆，外撫方服，宣道揚化卅餘載。以景明三年歲在壬午夏」閏四月晦寢疾薨于第。天子震悼，群公哀動，賵襚之禮，有」加恒典。乃刊石立銘，載播徽烈。其辭曰：」雲巖昇綵，天淵降靈，履順開祉，命世篤生。纂戎令緒，遹駿」茂聲，朝累台鉉，家積忠英。神清氣邈，志和慮正，體仁爲心，」秉義爲性。敦詩悦禮，恩恭能敬，内殖德本，外延衮命。」暉金溢竹，組紱斯繁，四登三事，五總納言。一傅儲宮，再統」征軒，風芳冀東，澤流陝西。餘祉愆順，靈道匪仁，國喪茂台，」家徂慈親。瑶摧荆嶺，玉碎琨津，敬銘幽石，式揚芳塵。」維大魏景明三年歲次壬午六月丁亥朔廿九日乙卯。」　國家圖書館藏拓。

72 侯夫人墓誌

【誌蓋】闕

【銘文】顯祖獻文皇帝第一品嬪侯夫人墓志銘。」夫人本姓侯骨，其先朔州人，世酋部落。其」遠祖之在幽都，常從聖朝，立功累葉。祖」侯萬斤，第一品大酋長。考伊莫汗，」世祖之世，爲散騎常侍，封安平侯，又遷侍」中尚書，尋出鎮臨濟，封日南郡公。」孝文皇帝徙縣伊京，夫人始賜爲侯氏焉。」誕禀婌靈，應慈妙氣，柔婉表於自然，静恭」光於素里。入嬪紫闈，貞問踰芬；曜質椒墀，」慎徽彌遠。故能協慶承乾，載育王姬。既含」章之美，懋於早年；母德之風，志而方著。應」享胡苟，靈儀内外。昊天不弔，春秋五十三」奄然薨殞。夫存播令稱，故宜旌銘，所以傳」績幽遐，永光芳烈，今故刊石泉鄉，以志不」朽。大代景明四年歲次癸未三月」癸丑朔廿一日癸酉造訖。」　國家圖書館藏拓。

73 馮氏墓誌

【誌蓋】闕

【銘文】魏司徒參軍事元誘命婦馮氏誌銘。」魏吏部尚書常山侯第三子誘之命婦馮氏，冀」州長樂信都縣人，太宰燕宣王之孫，太師武懿」公之女。承芳誕體，淑麗前脩，弱齡懷哲，長而彌邵。」率禮從傅，准宋姬於往日；敬奉姑舅，則陳婦於」今辰。降年弗永，瑶華霜墜，春秋十八，以景明三年」歲在壬午十一月乙卯朔廿八日壬午卒穀水」里。慈姑撫慟，親里沾衿。粤八月甲申，附葬北芒」之塋。」本系葨揚，爰自文王，析華分族，肇建公畢。瑶基」霜曉，芳樤露謐，九棘聯茂，三槐疊質。克誕光軀，」實表淵實，唯姿唯行，令儀令室。四教徘徊，七」德猷逸，瞻婺兹雙，方娥是匹。天道無親，與善」虛恤，昧生滅寶，捐榮背日。命筮告祥，煬龜誨」吉，長隧深陰，高松騷瑟，鐫石傳芳，千齡有述。」　國家圖書館藏拓。

74 張整墓誌

【誌蓋】闕

【銘文】魏故中常侍大長秋卿平北將軍并州刺」史雲陽男張君墓誌銘。」君諱整，字菩提，并州上黨郡刈陵縣東路」鄉吉遷里人。源出荆州南陽郡白水縣。五」世祖充，晉末爲路川戍主，因宦遂居上黨」焉。燕趙之世，冠冕彌光。暨世祖太平真」君中，君以鄉難入京，奉策宮掖，幼有明肅」之稱，顯祖異焉。高祖嘉其祗篤，授以」太官令，除中給事中，遷中常侍立忠將軍」雲陽男。上美其勳績，加大長秋卿驍驤」將軍，委以六宮之事。春秋六十，景明四年」十月廿一日寢疾薨于第。皇上悛悼，」朝問悲惻。使持節策贈平北將軍并州刺」史，男如故。十一月廿五日葬於洛陽之西北斗泉陵。」景明四年十一月己酉朔廿五日癸酉造。」　國家圖書館藏拓。

75 崔孝芬族弟墓誌

【誌蓋】闕

【銘文】大魏□□□□□□□墓誌銘」□□□□□□□□陵安平人也。□祖國珍，中書侍」□□父□□□□□乃吏部尚書崔孝芬之族弟。因」□□□□□□公□穎連，賦性孝勤，才識卓異，□□」□文以□大□□□氣抱焜良，沖淡□具。初爲中書」□□□□□□□□和二十一年，車□南征，以爲□」□中□□□□□□不出，菽水承歡，雞豚爲連浦之」□□□□□□之□又親□徵爲御史左丞，□詔□」□□□□□□□□林壑，尋青踏翠，蘭竹眠□，坐□」室□□□□□□落拓。豈知徂輝易謝，□山不□」□□七十有三，大魏景明四年五月二十三日遘疾」□□□□□。大魏正始元年歲次甲申正月乙□朔」二十一日丙午〔一〕□□鄴城西南之高原。東望岱□之」□。□□□山□石，南據崗巒聳翠，北帶淇水菉竹。□」□□□□□□□刊石立銘。」□□曰：□□□友，志篤忠謹，天資明敏，惟儉惟勤。□」之□□，□□□民，青雲白雪，揚名顯親。功成勇□，□」□□□，□□□爵，終不回瞬。温温恭人，禮義滋醇，□」□風月，閒□山林。孤雲爲伍，野雀是群，珠光易墜，逝」水無停。於穆我君，據而難覲，□石立銘，永示後昆。」　北京大學圖書館藏拓。

注　釋

〔一〕此干支有誤，二十一日丙午，朔日應爲丙戌。而《二十史朔閏表》該朔日爲戊申。

76 封和突墓誌

（誌爲小碑形，圓首，盝頂座。）

【銘文】屯騎校尉建威將軍洛州刺」史昌國子封使君墓誌銘。」屯騎校尉領都牧令昌國子公」姓封，字和突，恒州代郡平城人」也。昊天不弔，春秋六十有四，以」景明二年春正月薨於官。帝用」震悼，遣使即柩，贈州刺史蜜印」綬，禮也。以正始元年夏四月卜」兆于武周界。刊石勒頌，式述聲」芳。其辭曰：少深岐嶷，長勖寬明，」内盡孝思，外竭忠誠。在高無危，」處端不盈，鐫模玄石，庶揮風清。」　山西大同出土。見《文物》一九八三年第八期《大同市小站村花圪塔臺北魏墓清理簡報》。

77 元龍墓誌

【誌蓋】闕

【銘文】魏故使持節平北將軍恒州刺史行唐伯元使君墓誌銘。」君諱龍，字平城，河南洛陽人，平文皇帝之六世孫也。極天爲構，帶地稱源，」盛德顯於望雲，雄圖煥於羈鹿。祖功符彼相，瞻八命以高驤；父任屬維城，守」四方而作鎮。君幼挺奇姿，生而秀穎，早深漠北之志，少禀山西之風。高祖」宸居兩楹，志清九服，有念名駒，顧懷虎子。太和之始，襲爵平舒男。雖猛志未」申，而雄姿簡帝。會北虜寇邊，烽燧時警，妙簡勳胄，以啓戎行。乃假君寧朔」將軍，襲行北討。帝親臨慰勉，獎以殊績。君前無橫陣，戰必先登，以攘敵之」功，拜奉車都尉。及大軍南伐，師指義陽，復假君龍驤將軍大將軍司馬。君被」堅執鋭，斬將搴旗。帝嘉厥庸，眷言捨爵，進授行唐伯，授前軍將軍。趙王以」帝弟之尊，作蕃列岳。司武之任，非君勿居，授開府司馬。及鑾駕親戎，問罪南」服，鼓鞞之思，允屬伊人，復以安遠將軍爲右軍統軍，司馬如故。以母憂去官。」君至性通神，哀感行路，豈唯致歎加人，故亦非扶不起。既而沔陽即序，江右」未賓，金革既興，呼門復及。復以驍騎將軍扈駕南討，還加閉野將軍，驍騎如」故。景明在運，邊亭息警，我求明哲，屬以共治，乃除清河内史，伯如故。復以荆」蠻蠢動，將毀王略，輟彼飛軨，統茲戎馬，以龍驤將軍秉麾南伐。又以義陽尚」阻，南師競進，勝負未形，先鳴莫在。以君功宣歷識，氣蓋當時，選衆而舉，朝無」異議。君臨機電決，猛志衝冠，郢城請罪，與有其力。方當騁兹果毅，運此奇謀，」掃狡冠於塞垂，追銜刀於江右，而輔善無驗，大寶多違，忽阻巷歌，奄捐館舍。」以正始元年十月十六日薨於第。葬於首陽之巔。朝廷興嗟舊德，永念勳庸，」追贈使持節平北將軍恒州刺史，謚曰武侯。今重啓幽延，聿遵合骨，故刊石」玄泉，式揚不朽。其辭曰：」長發帝緒，建德應韓，暐暐枝葉，弈弈波瀾。犬牙攸在，磐石斯觀，三千以擊，」九萬伊摶。閑和有素，道術時鑽，北掃嚴敵，南翼行鑾。旅惟正正，師必桓桓，居」難以易，處險而安。運促天長，生危事久，忽變市朝，奄淪丘阜。兩宮貽念，六轡」驤首，永酸易及，長悲夜厚。」祖諱阿斗那，侍中内都大官都督河西諸軍事啓府儀同三司高梁王。」父諱度和，散騎常侍外都大官使持節鎮北將軍度斤鎮大將平舒男。」夫人洛陽紇干氏。祖和突，南部尚書新城侯。父萇命，代郡尹。」夫人下邳皮氏。祖豹，侍中儀同三司淮陽王。父欣，侍中豫州刺史廣川公。」　據《漢魏南北朝墓誌集釋》。

78 許和世墓誌

【磚銘】正始元年歲次甲申」十二月癸酉朔十三日」乙酉。高陽郡新城縣」前鎮北府參軍事」故許和世墓」銘。」　國家圖書館藏拓。

79 元鸞墓誌

【誌蓋】無

【銘文】魏故使持節城陽懷王元鸞，字宣明，河南洛陽人。少標奇操，長而」彌篤，虛心玄宗，妙貫佛理。爲善越東平，柔慎踰萬石。出爲涼州刺史。」高祖定鼎伊洛，河内典守，非親勿居，乃擢君爲冠軍將軍河内太守。又」遷并州刺史。後轉青州平東。復遷定州安北。履歷四牧，清風一致。年」卅八，以正始二年三月廿五日薨于官。贈鎮北冀州，謚曰懷王。十一月十七日」卜窆北芒之營。銘誌：河海之精，恒代之靈，降祥摛寶，誕世之」聲。岐嶷童抱，世譽將成，九行飛稱，七德樹名。作牧四番，淳風有洙，心若冬」日，言兼夏畏。政則可摹，教□不費，先人已遠，三異自貴。唯夫輔善，唯壽與仁，」如何不弔，殞我國珍。痛擗霜孤，惟撫慈親，故刊幽石，傳美來辭。」 國家圖書館藏拓。

80 元始和墓誌

【誌蓋】闕

【銘文】元始和，字靈光，河南洛陽人也。大魏景穆」皇帝之曾孫，故使持節侍中征西大將軍儀同三」司領護西域校尉都督涼州諸軍事涼州刺史汝陰王賜之孫，冠軍將軍驍騎將軍逞之元子。春秋」一十有七，以正始二年歲在乙酉七月十二日寢」疾薨于京第。即卜其年十一月十八日遷葬西崚」之北崗。唯光天戚至重，皇室懿近，行超清韶，睿量」自遠。風節侔於古覽，雅操標于皇代。凝志陵松，忠」嘉曒見。秉文之舉，才溢於楊向；執武之籌，謀騰于」韓白。德可以範時，威足以摧敵。而昊天不弔，奄臻」薨徂。慈親悲憐如不勝，同氣號憶以自絶。國人愍」悼，寓内痛惜，故刊名建誌，而銘斯德。其辭曰：」邈矣靈化，諧陰調陽，覆載大魏，誕育英良。挺哲沖」邃，仁德遐芳，神凝内顯，體睿外彰。識達今古，澄鑒」是常，文藝穎世，聲振帝鄉。秀如不實，玉質摧亡，皇」家缺暉，庶室絶光。父母號庭，弟妹悲堂，宗人泣痛，」行路涕愴。四海悽淚，八表悼傷，咸哀賢喪，永背世」昌。」　國家圖書館藏拓。

81 鄯月光墓誌

【誌蓋】無

【銘文】（磚質）大魏正始二年歲次乙酉」十一月戊辰朔廿七日甲」午，前部王故車伯生息」妻鄯月光墓銘。」　國家圖書館藏拓。

82

李蕤墓誌

【誌蓋】闕

【銘文】魏故假節龍驤將軍豫州刺史李簡子墓誌銘。」君諱蕤，字延賓，隴西郡狄道縣都鄉和風里人也。弱冠侍御」中散符璽郎中，轉監御令，拜步兵校尉，出爲東郡太守，遷大」司農少卿。春秋卌二，以正始二年太歲在乙酉十一月戊辰」朔九日丙子薨于洛陽之城東里。詔贈假節龍驤將軍，豫」州刺史，謚曰簡。其年十二月廿四日庚申窆于覆舟之北原，」祔葬季父司空文穆公神塋之左。其辭曰：」胄延業祉，名族唯李，本系高陽，分命伊土。末葉彌昌，英賢代」起，剋誕若人，令問不已。齠年播淑，綺歲流風，清衿外朗，識韻」內融。爾既從政，聲實兼隆，逸轡方騁，夷路几窮。同位且來，日」月流遽，壟首煙凝，松關棲霧。幽埏一晦，泉庭不曙，身滅黃廬，」芳題篆素。」亡祖寶，字懷素，儀同三司燉煌宣公。夫人金城楊氏，父禕，」前軍長史。亡父承，字伯業，雍州刺史沽臧穆侯。夫人太」原王氏，父慧龍，荊州刺史長社穆侯。君夫人太原王氏，諱」恩榮，封晉陽縣君，合葬君墓，父洛成，太宰中山宣王。」君八男，四女。」　國家圖書館藏拓。

83 寇臻墓誌

【誌蓋】幽郢二州寇使君墓誌蓋」

【銘文】唯大魏正始二年歲次乙酉二月壬寅朔十七日戊午，故中」川恒農二郡太守振武將軍四征都將轉振武將軍沘陽鎮」將昌平子遷假節建威將軍鑒安遠府諸軍事郢州刺史，」皇京遷洛，畿方簡重，又除建忠將軍，重臨恒農太守寇臻，字」仙勝，春秋甫履從心，寢疾薨于路寢。禮也。資元后稷，光啓康」叔。今實上谷昌平人，漢相威侯之裔，侍中榮十世之胤。榮之」子孫，前魏因官，遂寓馮翊。公世聯冠冕，承綿華蔭。晉武公令」之曾孫，」皇魏秦州刺史馮翊哀公之孫，南雍州使君河南宣穆公之」少子，天水楊望所生。公早傾乾覆，奉嚴母以肅成，幼挺風概，」忠孝自穆，長播休譽，金聲玉振。凡所逕歷，皆求己延旌，無假」於人。及宣正文武，莫不以德革弊，方登槐棘，奄焉薨殂。朝野」酸痛，主上垂悼。乃追勳考行，顯贈驪驤將軍幽州刺」史，謚曰威。其公之所德，建功立事，皆備碑頌別傳，非略志盡」也。以正始三年三月廿六日合厝于洛城西十五里大墓所。」遂以照被圖記，勒銘泉堂云。」夫人本州都譙國高士夏侯融之女，生男五人。」後夫人本州治中安定席他之女，生男四人。」 國家圖書館藏拓。

84 寇猛墓誌

【誌蓋】無

【銘文】魏故步兵校尉千牛備身武衛將軍燕州大中」正平北將軍燕州刺史寇君墓誌銘。」曾祖真，中書侍郎大鴻臚卿幽州刺史。」夫人勃海高氏，父諱奝，于都典内，人爲三公。」祖諱婁，中書學生，東宮受比延。」夫人昌黎悦氏，父琛，司隸校尉。」父諱貴，侯懃地河，後爲光州刺史建義侯。」夫人勃海高氏，父博陵，使持節定相二州刺」史武昌公。」君諱猛，字吐陳，燕州上谷郡俎陽縣都鄉孝里」人也。英發天彰，秀光偉世，侍璣風閣，龍起遐叡。」武弼經國，策捍是計，翹揚託誕，流稱萬裔。質邁」伊陟，仁隆殷世，上願輔延，下願崇弟。未圖冥運」摧年盛，湮没命之年，年在聖會，時年卅有七，在」正始三年歲次丙戌四月十一日薨于洛陽承」華里。其年十一月廿九日窆于瀍澗之西鄉邸。」

河南洛陽出土。見《文物參考資料》一九五七年第二期《洛陽西車站發現北魏墓一座》。

85 奚智墓誌

【誌蓋】闕

【銘文】故徵士奚君諱智字洪籌者，恒州樊氏嶑山」渾人也。始與大魏同先，僕膾可汗之後裔。中」古遷移，分領部衆，遂因所居，改爲達奚氏焉。」逮皇業徙嵩，更新道制，敕姓奚氏。君故大」人大莫弗烏洛頭之曾孫，内行羽真散騎常」侍鎮西將軍雲中鎮大將内亦干之孫，兖州」治中衛將軍府長史步洛汗之子。頭年耆多」策，每蒙引議，下關之謀，時亦預焉。干受任偏」威，雄名遠振，爲夷之俗，以爲誓首，雖郅都守」邊，何以過也。君秉直私閨，不求朝利，故無任」焉。卒於洛陽，時年七十三矣。葬在瀍泉之源。」妻燉煌宋氏。大魏正始四年歲在丁亥三」妻南陽宗氏。月庚申朔十三日壬申記。」俱合葬焉。」〔一〕

國家圖書館藏拓。

注釋

〔一〕末三行上部爲妻燉煌宋氏妻南陽宗氏俱合葬焉，下部另行連續，爲大魏正始四年歲在丁亥三月庚申朔十三日壬申記。

86 元思墓誌

【誌蓋】闕

【銘文】王諱思，字永全，河南雒陽人也。」恭宗景穆皇帝之孫，侍中征北大將軍樂陵」王之子。王志業沖遠，徽章宿著，德侔區宙，功」輝四表。歷奉三皇，禮握早隆，神機徙御，授」後遺之寄，風教舊鄉，振光雲代。自撫燕地，愚」兇革化，移牧魏壤，番醜改識，自東自西，無不」開詠。方澄政三才，總調九列，昊天不弔，雲光」夙没。忽以正始三年歲次丙戌五月乙丑朔」六日庚午遇疹，十二日丙子，春秋卌，薨於正」寢。歲次丁亥三月庚申朔廿五日甲申窆於」瀍澗之濱，山陵東埠。國喪朝彥，家絶剛軌。」天子加悼，乃贈鎮北大將軍。遂刊石追蘭，表」彰幽美。其辭曰：」巍巍皇冑，日月齊命，玉幹天堰，形偉金映。廟」算幽通，閟簡神性，德充四海，弱冠從政。昂昂」朝首，三帝炳盛，含章内秀，獨絶水鏡。美不可」譽，善不可名，何忽茂年，儵焉墜暉。掩光寒暑，」閉目背時，痛實國庭，九戚同悲。」　國家圖書館藏拓，石一九五一年入藏吉林省博物館。

87 元鑒墓誌

【誌蓋】闕

【銘文】魏故武昌王通直散騎常侍散騎常侍冠軍將軍」河南尹左衛將軍持節督齊徐二州諸軍事征虜」將軍齊徐二州刺史贈齊州刺史王如故謚。王」諱鑒，字紹達，司州洛陽人也。王即道武皇帝之」玄孫，河南王之曾孫，成王之孫，簡王之子。以正始」三年歲次丙戌夏五月壬午朔廿六日丁未，春秋」卌有三，寢疾薨於第。越四年春三月廿六日附窆」於長陵之東崗。」弈弈悠徽，蟬聯遐胤，分瓊乾芳，別華景振。堂構累」榮，襲封重潤，弼化崇光，維城作鎮。靈射疊祉，詔」遷嵩宇，乃詮宗叡，京尹是撫。好爾懿哲，惟王斯舉，」剋暢澄猷，縈釐斯怙。照照鴻度，恢恢虛沖，六術内」朗，五典外融。私光子敬，公闡臣忠，喉謨帝闈，宣侍」皇風。戚類分陝，效邁伊姜，帝酬休烈，奄有海箱。化」溢東夏，淄區再汪，式遵先惠，世濟其光。撫齊慕齡，」淄岷順軌，作牧彭蕃，導德齊禮。猛協秋凝，仁迎冬」暑，燮揚道風，頌郁遐邇。」維大代大魏正始四年歲次丁亥三月庚申朔廿」六日乙酉。武昌王墓誌銘。」　國家圖書館藏拓。

88 元嵩墓誌

【誌蓋】闕

【銘文】故使持節都督揚州諸軍事安南將軍贈車」騎大將軍領軍將軍揚州刺史高平剛侯之」墓誌。」君姓元，諱嵩，字道岳，司州河南洛陽文始里」人也。」魏恭宗景穆皇帝之孫，任城康王之第二子。」年卅九，正始四年歲次丁亥春三月庚申朔」三日壬戌薨于州治。秋七月戊午朔十六日」癸酉，窆於河陰縣穀水之北崗。其辭曰：」祥映璠嶺，景衍乾緒，彪瓌鏡映，貞彩韶浦。旌」鉞再臨，節開四府，麗績兩辰，聯貂二主。宜君」宜民，顯文顯武，德昭在三，道光九五。蕃輝未」暢，報恩中止，明塗永閟，泉堂開始。人之云亡，哀」慟邦里，況我孔懷，痛何已已。人亦有言，粤仁」者壽，邦之彥臬，庶貽不朽，寂理豈恒，顯道不」拘。霜沴瓊波，冰摧蘭軀，明宇陸離，穸寢泉居。」楊門竚駟，松埏奄途，勒金重源，永銘不渝。」　國家圖書館藏拓。

89 元壽妃麴氏墓誌

【誌蓋】闕

【銘文】故城陽康王元壽妃之墓誌。」妃姓麴，沮渠時揚列將軍澆河太守麴寧孫之長女。妃姿量外洞，貞豐内效，德」比九親，行徵一國，五訓俱備，禮染家人。」天罰謬嬰，濫鍾斯亮。春秋七十有三，」維大魏正始四年歲次丁亥八月戊子」朔十六日癸卯薨于京師。葬于長陵之」東。窆于其子懷王之塋。」　國家圖書館藏拓。

90 元緒墓誌

【誌蓋】闕

【銘文】大魏征東大將軍大宗正卿洛州刺史樂安王墓誌銘。」君諱緒，字紹宗，河南洛陽人也。明元皇帝之曾孫。儀同宣王範之正」體。衛大將軍簡王梁之元子。君祖翼武皇，以造區夏。君父歷匡四朝，實」相成獻。其鴻勳桀略，英蹤偉迹，並圖績於鼎廟，灼爛於秘篆者矣。君少」恭孝，長慈友，涉獵群書，偏愛詩禮。性寬密，好静素，言不苟施，行弗且合。」不以時榮羡意，金玉濆心，雍容於自得之地，無交於權貴之門。故傲僧」者奇其器，慕節者飲其風。遇顯祖不奪厥志，逢孝文如遂其心。故得恬」神園泌，養度茅邦，朝野同咏，世號清王。及景明初登，選政親賢，以君國」懿道尊，雅聲韶發，乃抽爲宗正卿。

非其好也，辭不得已而就焉。君乃端」儼容，平政刑，訓以常棣之風，敦以湛露之義。於是皇室融穆，内外熙怡。」俄如蕭氏竊化，自詔江甸，嶓冢崎嶇，局險民勃，接豎之黔，豺目鳥望。」天子乃擇功臣，以爲非君無能撫者。遂策君爲假節督洛州諸軍事驡」驤將軍洛州刺史。君高響夙振，惠喻先聞，政未及施，如山黎知德。君乃」闡皇風，張天羅，招之以文，綏之以惠。使舊室革音，異民請化，千里齊聲，」僉曰康哉。春秋五十九，以正始四年正月寢患，二月辛卯朔八日戊戌」薨於州之中堂。臣僚慘噎，百姓若喪其親。夏四月廿七日遷柩於東都。」吏民感戀，扶櫬執紼，號咷如送於京師者二千人。諸王遺候，賓友奉迎」者，軒蓋相屬於路。五月廿七日達京，殯於第之朝堂。朝廷愍惜，主上悼」懷。詔遂贈本官，其賵襚之禮厚加焉。粤十月丙辰朔卅日乙酉，葬於洛」陽城之西北。祔塋於高祖孝文陵之東。嗣子痛慈顏之永遠，抱罔極之」無逮，鐫石刊芳，以彰先業之盛烈。乃作頌曰：」開基軒符，造業魏曆，資羽鳳今，啓鱗龍昔。淵節滄深，高勳岳積，錫宇岱」東，分齊列辟。欽若帝命，明保鴻基，玉凈金山，冰潔清沂。食道堯世，棲風」舜時，逢雲理翰，矯翼霄飛。霄飛何爲，天受作政，明心劍玉，清身水鏡。衡」均宗石，錦裁民命，霽光東岫，傾輝西映。西映焉照，寔唯洛荆，化不待期，」匪曰如成。望舒失御，亭耀墜明，流馨生世，委骨長冥。」

國家圖書館藏拓。

91 張洛都墓誌

【誌蓋】無

【銘文】正始五年五月十七」日張洛都冢。」 國家圖書館藏拓。

92 元詳墓誌

【誌蓋】闕

【銘文】故侍中太傅領司徒公録尚書事北海王」姓元，諱詳，字季豫，司州河南洛陽都鄉光」睦里人。獻文皇帝之第七子，孝文皇」帝之季弟。仕歷散騎常侍已下至于太傅。」十六除官。正始元年歲在甲申，春秋廿九，」六月十三日戊子薨，謚曰平王。永平元年」十一月六日卜窆于長陵北山。誌銘曰：」纂乾席聖，啓源軒皇，嬋聯萬祀，緬邈百王。」夙仁早睿，韞玉懷芳，德心孔淑，道問丕颺。」擅愛帝季，冠秀宗良，追英河獻，配美平蒼。」寵兼傅録，貴襲衮章，端右台極，民具攸望。」位崇世短，善慶乖長，餘休弗沫，遺詠有光。」

據《漢魏南北朝墓誌集釋》。

93 元勰墓誌

【誌蓋】闕

【銘文】魏故使持節侍中假黄鉞都督中外諸軍事」太師領司徒公彭城武宣王墓誌銘。」王諱勰，字彦和，司州河南洛陽光睦里人也。」顯祖獻文皇帝之第六子，」高祖孝文皇帝之弟。仕歷侍中已下至太師。」十七除官。永平元年歲在戊子，春秋卅六，九」月十九日己亥薨。追贈使持節侍中假黄鉞」都督中外諸軍事太師領司徒公，謚曰武宣」王。其年十一月六日窆于長陵北山。其辭曰：」承乾體極，胄皇緒聖，睿明夙躋，含仁履敬。德」冠宗英，器高時令，鉉教孔脩，端風丕映。流恩冀北，申威南郢，遵彼止遜，挹此崇盛。華衮素」心，蠲煩息競，志栖事外，頤道養性。壽乖與善，」福舛必慶，隆勳短世，遠情促命。遺惠被民，餘」芳在詠。」太妃長樂潘氏，祖猛，青州治中東萊廣川。妃隴西李氏，祖寶，儀同三司燉煌宣公。」二郡太守。父彌，平原樂安二郡太守。父沖，司空清淵文穆公。」〔一〕

據《漢魏南北朝墓誌集釋》。

注釋

〔一〕末二行上下分刻。應連讀爲：太妃長樂潘氏，祖猛，青州治中東萊廣川二郡太守。父彌，平原樂安二郡太守。妃隴西李氏，祖寶，儀同三司燉煌宣公。父沖，司空清淵文穆公。

94 石婉墓誌

【誌蓋】闕

【銘文】魏尚書江陽王次妃石夫人墓誌銘。」夫人諱婉，字敬姿，勃海南皮人也。魏故使持節都督」荊豫二州諸軍事平南將軍荊豫青三州刺史汝陽」公韍之季女。稟氣妍華，資性聰哲，學涉九流，則靡淵」不測，才關詩筆，觸物能賦。又歸心至聖，信慕玄宗，東」被遺教，無文不攬。是以道俗瞻望，内外僉敬。宜輟機」垂誡，屈身敦義，使屢遷之孟，慚擅名於魯邦；芒卯之」妻，愧見美於魏國。何圖不幸，奄然息世。臣吏號絶，親」賓悲慟。以永平元年歲次戊子十一月庚辰朔廿三」日壬寅葬於西崗。恨量石裁文，書德不盡。其辭曰：」玉生衒閏，桂出含芳，紫金天利，明珠自光。夫人窈窕，」性實稟常，心如懷月，言似吐璋。顔如秋玉，色豔春葩，」云生公室，言歸王家。委穀徐步，望若游霞，陳王羞賦，」齊女慚華。學既探玄，才亦成篇，心懷巨寶，口吐芳煙。」豪端流璧，素上題琁，阮姬格筆，昭君謝賢。平生自愛，」甚慎機微，言恐謦氣，行慮動衣。恨不自見，鑒鏡之輝，」如何一旦，與世長違。蘭刈由馨，膏盡緣明，堂潛玉迹，」室隱金聲。唯聞琴絶，但見遺經，悲言玄石，何以能名。」　國家圖書館藏拓。

95 元德墓誌

（磚誌）

【銘文】永平二年十一月十一日」昭成皇帝後常山王孫冗從僕射羽林監徧城太守元德銘。」受戒師道由。」　據《漢魏南北朝墓誌集釋》。

96 王氏墓誌

【誌蓋】闕

【銘文】魏黄鉞大將軍太傅大司馬安定靖王第二子」給事君夫人王氏之墓誌。」夫人王氏，樂浪遂城人也。燕儀同三司武邑公」波之六世孫，聖朝幽營二州刺史廣陽靖侯」道岷之第三女，冀齊二州刺史燕郡康公昌黎」韓麒麟之外孫。夫人貞順自性，聰令天骨，德容」非學，言功獨曉。凝質淑麗，若緑葛之延谷；徽音」遠振，如黄鳥之集灌。是以羔雁貴禮，疊爤階庭，」畢醮結離，作嬪蕃室。每期玄慶，福善長隆，内訓」不悟，横沴濫仁，促淪陰教。茂齡卅，永平二年歲」次星紀五月丁丑朔廿三日己亥卒于京第。粤」來仲冬乙亥朔廿三日丁酉遷窆於瀍水之東。」痛收華於桂宇，悲湮芳於泉宫，憑彤管以彰烈，」託玄石而圖風。其辭曰：」樂浪名邦，王氏名宗，殖根萬丈，擢穎千重。誕生」娍媛，實靈所鍾，慧昞自幼，韶亮在蒙。六行獨悟，」四德孤閑，尺步逶迤，寸心塞淵。微幾泉鏡，洞識」星玄，望齊躡姬，瞻楚陵樊。福仁報善，通古有聞，」如何妄言，落彩當春。掩埏明旦，鎸誌今晨，昭傳」來昆，共味清塵。」　國家圖書館藏拓。

97 寧陵公主墓誌

【誌蓋】闕

【銘文】魏故寧陵公主墓誌銘。」祖顯宗獻文皇帝。」父侍中司徒録尚書太師彭城王。」夫琅耶王君。」遥源遠系，肇自軒皇，維遼及鞏，弈聖重光。誕姿雲帷，」播彩椒房，爰居爰降，玉潔蘭芳。七德是履，六行唯彰，」與仁何昧，祚善徒聲。遐齡始茂，方春賈英，先遠既卜，」墳塋是營。銘旌委鬱，挽紼嚴清，長歸素壟，永别朱城。」白日照照，重夜冥冥，泉門既掩，寶鏡自塵。伊人長古，」風月有新，勒徽玄石，千祀無泯。」永平三年正月八日夜薨，時年廿二。」 國家圖書館藏拓。

98 李道勝銘

（磚誌，無蓋。）

【銘文】大魏幽州王治（下泐）秦」永平三年歲在庚寅朔正月廿四日，幽州范陽」郡涿縣民李道勝昌黎太守銘。」 河北涿縣出土。北京大學圖書館藏拓。

99 周午墓銘

【誌蓋】闕

【銘文】大魏永平三年」歲次庚寅十月」己巳朔十七日」乙酉，討虜將軍」□縣令沙州建」康郡□氏縣周」午建墓之銘也。」 國家圖書館藏拓。

100 司馬悅墓誌

【誌蓋】闕

【銘文】魏故持節督豫州諸軍事征虜將軍漁陽縣開國子豫州刺史司馬悅墓誌。」君諱悅，字慶宗，司州河内温縣都鄉孝敬里人也。故侍中征南大將軍開府儀同三司」貞王之孫，故侍中開府儀同三司吏部尚書司空公康王之第三子。先是庶姓猶王，封」瑯琊王。故貞康二世，並申上爵。君稟靈和之純氣，含雄姿於岳瀆，神識超暢，玄鑒洞發。」梗概之風，岐嶷而越倫；卓爾之秀，總角而逸群。臨艱亢節，建貞白之操。所謂金聲玉振」之也。年十四，以道訓之胄，入侍禁握。太和中，司牧初開，綱詮望首。以君地極海華，器識」明斷，擢拜主簿，俄遷司空大將軍二府司馬。讚務台鉉，釐格地里。」皇鑾遷洛，肇建畿域，澄簡九流。帝弟咸陽王，以親賢之寄，光莅司牧，博選英彥。自非」人地僉允，莫居綱任。以君少播休譽，令名茂實，除寧朔將軍司州別駕。翼佐徽猷，風光」治軌。君識遵墳典，庭訓雍緝，男降懿主，女徽貴賓，姻婭綢疊，戚聯紫掖。出撫兩邦，惠化」流詠。再牧郢豫，江黔被澤。折勝籌略，經謨周遠，謀拔義陽，略定隨陸，席卷三關，開疆千」里。勳績驟彰，再莅豫土，釁機竊發，禍起非慮。春秋卌有七，永平元年十月七日薨於豫」州。皇帝哀悼，朝野悲歎，死生有命，脩短定期。斯賢而遇斯禍，以其新拔，衆窘可知。遣」中黃門緌榮顯弔祭，贈帛一千匹，營護喪事。越四年二月丁卯朔十八日甲申卜窆于」温縣西鄉嶺山之陽。朝遣謁者策贈平東將軍青州刺史，謚曰莊，禮也。乃刊幽石，式照」芳烈。其辭曰：」赫赫洪宗，振暉四海，瓊根玉葉，世爲魏宰。君承華液，誕姿淑靈，玄鑒洞照，敏智早成。在」家孝睦，忠蹇王庭，比玉之潤，方響金聲。如彼孤松，干雲乃青，如彼皎冏，褰霧獨明。肅警」龍驎，兩宮荷榮，東閣西臺，出處有聲。分竹二邦，化流民詠，作牧郢豫，威振邊城，綏荒柔」附，澤沾江氓。功立名章，宜享遐齡，如何遭命，迫然潛形。卜窆有期，兆宅嶺山，飛旌翩翩，」將窀幽壥。扃關既掩，霜生壟間，式刊玄石，永祀標賢。」大魏永平四年歲在辛卯二月丁卯朔十五日辛巳建。」 河南孟縣出土。見《文物》一九八一年第十二期《孟縣出土北魏司馬悅墓誌》。

101 元保洛銘

【誌蓋】闕

【銘文】唯大魏永平四年歲次辛卯二月丁卯朔廿六日壬辰。」照成皇帝後。曾祖故素連，」侍中羽真使持節征南大將軍」都督河以西諸軍事吐万突鎮」都大將中都內都大官儀同三」司常山王，得銅虎符，謚曰康王。」祖故貸敦內三郎。父故太拔侯，出身城陽王府法曹參軍，後」除并州銅鞮令。身出身高陽」王行參軍，後除恒州別駕，督護」代尹郡元保洛銘。」 國家圖書館藏拓。

102 司馬紹墓誌

【誌蓋】闕

【銘文】魏故寧朔將軍固州鎮將鎮東將軍漁陽太守宜陽子司」馬元興墓誌銘。」君諱紹，字元興，河內温人也。晉河間王右衛將軍遷散騎」常侍中護軍使持節侍中太尉公贈車騎大將軍儀同三」司謚曰武王欽之玄孫；晉河間侍中左衛將軍贈使持節」鎮西將軍荆州刺史謚曰景王曇之之曾孫；晉淮南王秘」書監遷使持節鎮北將軍徐兖二州刺史，晉祚流移，姚授」冠軍將軍殿中尚書，大魏蒙授安遠將軍丹陽侯，贈平西」將軍雍州刺史謚曰簡公叔璠之孫；寧朔將軍宜陽子驃」騎府從事中郎鎮西將軍略陽王府長史道壽之子。君夙」稟明規，纂承徽烈，洪業方隆，生志未遂，以魏太和十七年」歲次戊申七月庚辰朔十二日壬子薨於第。以永平四年」歲次辛卯十月癸亥朔十一日癸酉遷葬在温城西北廿里。記之：」遥哉遠裔，緬矣鴻胄，承符紹夏，作賓於周。貞明代襲，弈世」宣流，誕生夫子，剋纂徽猷。崇基方構，嘉業始脩，蘭摧始夏，」桂折未秋。感戀景行，式述遺休。」 國家圖書館藏拓。

元侔墓誌

【誌蓋】闕

【銘文】魏故太尉府參軍事元君之墓誌銘。」君諱侔，字伯宗，洛陽都鄉安武里人也。昭成皇帝」之後，平南將軍冀州刺史河澗簡公之孫，光州史」君之元子。君有温柔之貞氣，栖素質於靈府，常脩」言以自約，與仁者之爲偶。以永平四年歲次辛卯」五月丙申朔十五日庚戌篤疾終於第。傷瀾源之」絶浦，哀桂渚之斷溆，既思賢以戀德，且立石以表」墓。其辭曰：」芳茂玄圃，蘭長梯柯，泉流清澨，水潔生波。其人雅」智，體義尚和，名垂州里，美稱鄉阿。寬柔恩厚，審待」如静，人高絶倫，超與俊竝。蘭音頌壤，芬揚岳嶺，既」爲洛英，伊州標挺。氣陵雲光，身滅無逞，如君生志，」□□□□，思人不見，頌君在銘。」

【誌陰】君六世祖昭成皇帝。」五世祖第八皇子諱受久，獻明皇帝之母弟。」妃王氏，昭成之舅女。高祖右丞相常山王諱」遵，字勃兜。妃劉氏，大宗明元皇帝之姨。」曾祖侍中使持節征西大將軍都督河以西諸軍」事常山康王諱素連。妃赫連氏，夏主昌之妹。」祖平南將軍冀州刺史河澗簡公諱於德。」夫人南陽張氏，驪驤將軍阜城侯提之孫女。」父鎮遠將軍光州刺史諱悝，字純陁。」夫人叱羅氏，儀曹尚書使持節散騎常侍安東將」軍都督兖州諸軍事兖州刺史帶方静公興之長」女也。」君以永平四年十一月五日窆於長陵之北崗。」國家圖書館藏拓。

104 楊範墓誌

【誌蓋】闕

【銘文】魏故弘農華陰潼鄉習仙里人楊範字僧敏墓誌銘。」君年十九，以景明元年」二月九日卒，殯於濟州。」以永平四年十一月十七日窆於里焉。」曾祖父諱仲真，河內清」河府君。夫人高陽許氏。」祖父諱懿，洛州史君弘」農簡公。夫人太原王氏，」封新昌郡君。父諱穎，本」州別駕，夫人河南侯氏。」國家圖書館藏拓。

105 楊穎墓誌

【誌蓋】無

【銘文】魏故華州別駕楊府君墓誌銘。」君諱穎，字惠哲，弘農華陰潼鄉習仙里人也。漢太尉震之」十二世孫，晉尚書令瑶之七世孫，上谷府君珍之曾孫，清」河府君真之孫，洛州史君懿之第三子。君資性沖邈，志秀」天雲，情高古列，不橈下俗。至迺孝悌始於岐嶷，恭儉終於」綴纊。及簡公薨，毁幾滅性。每讀行狀，未嘗不哀感如雨。時」人僉比之曾柴云。高祖孝文皇帝初建壁雍，選入中書學」生。及登庠序，才調秀逸。少立愛道之名，長荷彌篤之稱。春」秋代易，而志業不移，録三王魏晉書記爲卅卷，皆傳於世。」歷官大司農丞、平北府録事參軍，徵本州治中從事史，俄」遷別駕。君籍胄膏腴，朱組重映，昆弟承華，列岳八牧，榮斑」門生，禄逮僕妾。而君性靈璞亮，業素期神，食不兼膳，麻衣」必碎。豈圖輔仁無徵，報善寂寥。春秋卅有八，以永平四年」歲次辛卯五月丙申朔廿七日壬戌卒於京師依仁里第。」粤以十一月癸巳朔十七日己酉窆於潼鄉。壟柏夏摧，吴」桂春殘，夕雲悽悽，曉露冰團。朝良鯁痛，邑里增酸，鏤石立」銘，永旌芬蘭。迺作銘曰：崇華霧密，五龍氣冥，河沂」表瑞，渭濱獻精。兩才和緒，叡哲迺生，唯仁之緯，唯德之經。」登朝振響，金玉其德，列列在公，屏私正惑。穆穆閨庭，奉親」以色，狐帛匪華，麻衣是飾。行善無徵，積福空然，淵珠隧豁，」玉碎荆山。大夜一深，白日不旋，敬鏤玄石，式炳餘鮮。」曾祖母扶風竇氏。父秦，北平太守。」祖母高陽許氏。父明月，東宮侍郎。」母太原王氏，封新昌郡君。父融，幽州刺史汝南莊公。」

陝西華陰出土。見《考古與文物》一九八四年第五期《華陰潼關出土的北魏楊氏墓誌考證》。

106 楊阿難墓誌

【誌蓋】無

【銘文】魏故中散楊君墓誌銘。」君諱阿難，弘農華陰潼鄉習仙里人也。上谷府君」之曾孫，河内府君之孫，洛州史君之第七子。肇開」神迹，則配天以光道；昌構中古，則烏異以矜德。自」玆已降，亦能道素相繼，累玉承明，器襲瑚璉，刀錦」更持。君資性沖亮，能機早成，景智凝遠，名實夙知。」少淹神光，若明月之弦長漢；幼植寒心，似山松之」高五尺。貫珠唯寶，風如上世，而負杖妖至，哲人其」瘁。春秋十有三，太和八年四月七日卒於平城，仍」殯於代。高祖孝文皇帝鯁金蘭之早摧，悼嘉苗而」不秀，加贈中散，式褒盛德。粤以永平四年歲次辛」卯十一月癸巳朔十七日己酉返厝於華陰潼鄉。」迺作銘曰：

五岳降靈，英生我君，金玉早貞，夙」叡夙神。風清異俗，才高脱群，唯德弘養，納山通雲。」伊余哲人，實秀實發，早稱道高，夙以才越。志恒上」漢，情每昇月，身伏衡門，名飛帝闕。上天不弔，殲我」人良，金門奄蕙，玉圃摧芳。一辭白日，永即泉堂，刊」石千古，用顯瓊璋。」曾祖母扶風竇氏，父秦，北平太守。」祖母高陽許氏，父明月，東宮侍郎。」母太原王〔一〕新昌郡君，父融，幽州刺史汝南莊公。」

陝西華陰出土。見《考古與文物》一九八四年第五期《華陰潼關出土的北魏楊氏墓誌考證》。

注釋

〔一〕疑「王」後脱「氏」字。

107 元悦墓誌

【誌蓋】闕

【銘文】魏故益州刺史樂安哀王墓誌銘。」王諱悦，字慶安，河南洛陽人也。大宗明元皇帝之」玄孫。資皇啓蕃，崇明纂業，金璧相承，龜社世襲。王風」誕英奇，神爽魁岸，風穎連霄，聰秀獨遠。六藉五戎，不」待匠如自曉；弦簧音律，弗假習如生知。妙懈驚群，清」賞絶俗，玉振金韻，聲流帝聽。年十三，辟員外郎，歷尚」書郎中，遷太尉屬。沖明闔悟，厲於從政，排風霜而立」節，亢剛概於當年，贊槐翼鼎，聲高一時。及靖王薨，居」喪喻禮，慇憂積心，遂成結患。勉服襲王，方乃攻療。天」不弔善，歷年無瘳。春秋卅六，歲在辛卯五月丙申朔十一日丙午薨於位。天子悼焉，追贈益州刺史，以崇」盛德。冬十一月十七日葬其考靖王陵之左。乃作頌」曰：綿綿皇運，眇眇帝靈，金火相遺，麟鳳迭迎。配天建統，」演景垂明，功冠百辟，道濟蒼生。於穆君王，承乾胙土，」連晷星門，參光月户。緝義崇仁，綏文纂武，踵迹河平，」繼風梁楚，峻峙嵩巖，澄渟漢渚。猗歟哲人，實唯天」穎，物莫不關，聞無不領。望若夏日，即似冬景，處闇弗」煩，在公能整，如玉之潔，如松之挺。方隆崇構，剋廣鴻」烈，晦明弗殊，倚伏同轍。良木其摧，忽焉徂逝，即窆玄」丘，潛靈下世。松霜曉凝，蘭燈夜滅，遺愛在人，休聲無」缺。」 國家圖書館藏拓。

108 封昕墓誌

【誌蓋】闕

【銘文】魏故奉朝請封君墓誌。」君諱昕，字仲顯，河南洛陽安武」里人。少禀天奇，長懷雅亮，庶憑」遐期，永慰仁恃。方春滅綵，長乖」報施。魏永平五年太歲壬辰三」月辛酉朔〔一〕廿四日甲寅卒于安」武里。苗而不秀，有識酸嗟。越四」月十三日殯於北芒之陽。」弱齡沖德，芳聲早聞，才穎明秀，」武藝卓群。悌睦陳門，孝越曾君，」莊與時侵，命先秋淪。愍其仁德，」銘石松墳。其妻穆氏。」　國家圖書館藏拓。

注　釋

〔一〕此處原誌誤，永平五年三月當爲辛卯朔。

109 元詮墓誌

【誌蓋】闕

【銘文】魏使持節驃騎將軍冀州刺史尚書左僕射安樂王墓誌銘。」王諱詮，字休賢，高宗文成皇帝之孫，大司馬公安樂王之子。」少襲王爵，加征西大將軍，尋拜光爵，又以本官領太子中庶」子。及皇居徙御，詔王以光爵領員外散騎常侍，賫銅虎符。馳」傳往代，申勞留臺公卿，奉迎七廟。頃之，敕兼侍中，尋除持節」督涼州諸軍事冠軍將軍涼州刺史，尋又進號平西將軍。正」始之中，南寇侵境，詔王使持節都督南討諸軍事平南將軍，」攻圍鍾離。以振旅之功，除使持節都督定州諸軍事平北將」軍定州刺史。歲屬災饉，王乃開公廪，捨秩粟數百萬斛，以餼」饑民。元愉滔天，王忠誠首告，表請親征。敕王都督定瀛二州」諸軍事，餘如故。氛霧剋清，除侍中。又以安社稷之勳，除尚書」左僕射，增封三百户。春秋卅有六，永平五年太歲壬辰三月」廿八日戊午遘疾薨于第。詔賜東園秘器，朝服一具，絹布七」百匹，禮也。追贈使持節驃騎將軍冀州刺史僕射，王如故，謚」曰武康。粤八月廿六日甲申窆于河陰縣西芒山。」精緯昞靈，蘭殖帝庭，是惟盛德，有馥其馨。玄猷岳峻，雅量川」渟，堂堂武略，焕焕文經。纓紱兩禁，珩組二蕃，金鏘玉響，秋鏡」春暄。重加惠弁，再撫寅軒，彝倫式序，海水澄源。允膺納麓，且既賓門。報施徒聞，仁壽誰覿，」一夢兩楹，長淪七尺。痛纏樞宸，」哀震衢陌，遄哉夕菟，迅矣晨烏。龜筮襲吉，毀躐戒途，哀笳北轉，楚挽西徂。羡扃既掩，蘭釭已滅，泉夜冥冥，松飈屑屑。天地長久，陵谷或虧，惟功與德，不朽傳斯。」　國家圖書館藏拓。

110 李元姜墓誌

【誌蓋】闕

【銘文】魏北海王妃故李氏誌銘。」妃姓李，字元姜，相州頓丘人。太宰宣王之孫，頓丘公」奇之第二女也。曾姑元恭皇后，伉儷」高宗，與國嬋聯，實同申甫。妃稟貞英之節，體雪曜之」姿，惠性凝華，蘭音沖婉。事皇姑以夙恭，接衆媵終」無怠。玉潤金相，椒風自遠，越漢上之游妃，追洛濱之」美媛。將流芬轉馥，以衍邦家，而天不矜善，當春奄□。」以延昌元年歲在壬辰五月庚寅朔十二日辛丑，春」秋一十有七，薨于洛陽里宅。芳蘭中折，行路嗟悼。越」八月廿六日甲申附葬於長陵北山。泉扉一晦，長夜」無晨，刊兹幽石，以記徽塵。其辭曰：」星婺流光，月華昭燭，有美伊妃，方娥比旭。毓彩名宗，」作嬪皇族，組黻斯章，乃金乃玉。肅穆婦儀，優柔靖默，」女子有行，光家榮國。四德宣揚，六行允塞，彼姝名孃，」實邦之則。惜乎不壽，蘭桂夙摧，抽金罷翠，委體窮灰。」羅裳卷篋，粉黛誰開，冥冥萬古，永有餘哀。」國家圖書館藏拓。

111 鄯乾墓誌

【誌蓋】墓誌銘」

【銘文】魏故征虜將軍河州刺史臨澤定侯鄯使君墓銘。」君諱乾，司州河南洛陽洛濱里人也。侍中鎮西將軍鄯鄯」王寵之孫，平西將軍青平涼三州刺史鄯鄯王臨澤懷侯」視之長子。考以去真君六年歸國。自祖已上，世君西夏。君」初宦，以王孫之望，起家爲員外散騎侍郎。入領左右輔國」將軍城門校尉，出爲征虜將軍安定内史。春秋卌四，以永」平五年歲次壬辰正月四日薨。蒙贈征虜將軍河州刺史，」謚曰定。其年四月改爲延昌元年，八月廿六日，卜營丘兆」於洛北芒而窆焉。其辭曰：」有秩斯流，濬發瀾京，唯天縱昌，聿資厥聲。世光涼右，襲休」纂榮，豐幹絜源，邈彼姬嬴。惟祖惟考，曉運昭機，入蕃」皇魏，趣舍唯時。錫土分茅，好爵是縻，灼灼章服，悠悠車旗。」唯君韶節，夙禀門矩，室友廉蘇，賓無濫與。幼承秘寵，早參」禁宇，暫莅西服，休政已舉。體素欽仁，端風雅正，清明在躬，」昭然冰鏡，文英武果，超光朝令。將加殊命，顯茲華禄，高列」崇班，副此朝屬。遠二金埪，式昭魏録，如何不淑，摧櫟碎玉。」歲聿其徂，爰即遐崗，泉扉一奄，永謝朝光。去矣莫留，道存」人亡，列銘幽石，長述風芳。」大魏延昌元年歲次壬辰八月己未朔廿六日甲申記。」

國家圖書館藏拓。

112 崔猷墓誌

【誌蓋】無

【銘文】魏故員外散騎常侍清河崔府君墓誌銘并序。」君諱猷，字孝孫，東清河東俞人。啓源命族，其來尚矣。少典誕炎，德感火瑞；營都於魯，王有」天下。歷八世五百餘年，伯夷爲堯秩禮，四岳佐禹治洪，太師以翼周建國，穆伯因分封命」氏，君其後焉。弈葉英邵，官冕相襲。七世祖岳，元嵩，晉散騎侍郎。高祖蔭，道崇，大司農卿。祖」樂陵太守曠，元達，德懋鄉家，當世宗重。父清河太守靈瓌，言行無玷，名秀一時。故太傅領」尚書令文宣公，即君從父兄也。君風概夙成，識藝早立。年方志學，魏威南被，闔門北徙，便」堪冒險。奉饋供濟，尊卑誠孝之厚，齊代以爲美談。閨庭雍整，造履嚴嶷，樹言樹行，有禮有」法。太和十三年召補州主簿。十七年，高祖鑾駕南轅，創遷河洛。于時三府妙選，務盡門」賢。除君司徒行參軍，尋轉大將軍主簿，又補安南府司馬，除太尉騎兵參軍本國中正，除」本州別駕，又除大將軍府中兵參軍事。廿二年，兼員外散騎常侍，尉勞渦陽。還京，除司徒」府中兵參軍事，又除本郡太守。景明三年，除荆州征虜府長史，加明威將軍。永平二年，除」定州安北府司馬。歷贊府僚，所在流稱，剖符作守，治有能名。享年弗永，以四年二月廿五」日遘疾終於洛陽暉文里宅，春秋五十八。延昌元年十一月廿八日葬於本邑黄山之陰。」策贈員外散騎常侍。脱懼陵谷頽徙，遺芳寂蔑，迺作銘曰：」姜川昞瑞，炎德降祥，丕烈不已，乃葉克昌。匡堯贊禹，翼武龕商，遥基藹藹，崇構堂堂。慶流」昆後，篤生明懿，齠丱夙成，幼弘禮義。追甘疇頊，比能方智，民舉爲難，在君爲易。少離辛棘，」仁孝發中，負擔萬里，扎雨濛風。振彼餬口，濟此饑窮，救寒爲暖，拯窶爲豐。履信履順，當享」眉壽，清組未終，黄髮未久。朝露溘焉，儵同丘阜，音形有翳，遺芳莫朽。」夫人同郡房氏。父法壽，青冀二州刺史莊武侯。祖經，著縣令。」息彥進，年廿二。

息彦發，年十三。息詳愛，年九。息藁，年三。」女始憐，年卅，適同郡房氏。夫沙，父靈民，琅耶東管二郡太守。」女止憐，年廿七，適同郡傅氏。夫驥，琅耶戍主。父僧恩，早終。」女玉樹，年廿五，適武威賈氏。夫淵，州都。父長休，州主簿魏郡太守。女靜勝，年廿二。女善姜，年廿。女靜研，年十九。女遺姜，年一。」 山東臨淄出土。見《考古》一九八五年第三期《臨淄北朝崔氏墓地第二次清理簡報》。

113 元顯儁墓誌

【誌蓋】魏故處士元君墓誌」

【銘文】維大魏延昌二年歲次癸巳二月丙辰朔廿九日」甲申故處士元君墓誌銘。」君諱顯儁，河南洛陽人也。若夫太一玄象之原，雲門靈」鳳之美。固以瓊峰萬里，秘壑無津，龍櫲紫引，綿於竹帛。」景穆皇帝之曾孫，鎮北將軍冀州刺史城陽懷王之季」子也。君資性夙靈，神儀卓爾，少玩之奇，琴書逸影。雖曾」閔淳孝，無以加其前；顏子滄道，亦莫邁其後。日就月將，」若望舒盪魄；年成歲秀，若騰曦潔草。松鄰竹侶，熟不仰」歎矣。是則慕學之徒，無不欲軌其操，既成之儒，無不欲」會其文，以爲三益之良朋也。若乃載笑載言，則玄談雅」質。出入翱翔，金聲璀璨。昔蒼舒早善，叔度奇聲，亦何以」加焉。而報善無徵，殲茲秀哲，甫齡三五，以延昌二年正」月丙戌朔十四日己亥卒於宣化里第。粤二月廿九日」窆于瀍澗之濱。痛春蘭之早折，傷琴書之永穸，以追弔之未罄，更載琢於玄石。其辭曰：」愔愔夫子，令儀令哲，獨抱芳蘭，陵踐霜雪。且琴且書，俞」光俞烈，扶搖未摶，逸翰先折。春風既扇，喧鳥亦還，如何」是節，剪桂剸蘭。泉門掩燭，幽夜多寒，斯人永矣，金石流」刊。」　國家圖書館藏拓。

114 元演墓誌

【誌蓋】闕

【銘文】維皇魏故衛尉少卿謚鎮遠將軍梁州刺史元君墓誌銘。」君諱演，字智興，司州河南洛陽穆族里人也。道武皇帝」之胤，文成皇帝之孫，太保冀州刺史齊郡謚順王之長子。稟」性機明，依容端湛，規動沖詳，智政方密，囂言莫亂，耶〔一〕行無干。」淵霞雖遠，藏之於寸心；幽曉理微，該之於掌握。是以早步華」朝，夙登時政。初除太子洗馬，流聲東朝。轉拜中壘將軍散騎」侍郎，起譽西禁。尋授衛尉少卿，屢宣忠績。用能揚盛德于九」服之遥廛，聲烈光于八荒之攸塸，雖姬旦之翼周圖，良何之」贊漢籙，准古方今，蔑以踰也。而天不報善，逸翮中摧，春秋卅」有五，延昌二年歲次癸巳二月丙辰朔六日辛酉薨於位，贈」梁州刺史。其年三月乙卯朔七日辛酉葬於西陵」高祖孝文皇帝之兆域。其辭曰：」分波洪淵，承湍海汭，構基天宗，紹皇七世。厥考伊王，厥祖維」帝，威總猛功，明鑒道藝。武無遺裁，文無不制，匪賢匪親，非禮」不惠。英殞獨秀，與俗遥裔，庶延遐齡，永植蘭桂。昊天不弔，生」榮長逝，二耀慚光，白日昏星。浮雲慘蹤，翔鳥悲嚶，玉瀆哀」流，良岳酸形。臨穴思仁，盪魂喪精，命也可贖，人百殘傾。摧芳」燼菊，没有餘名，故鏤石標美，萬代流馨。嗚呼哀哉。」 國家圖書館藏拓。

注 釋

〔一〕耶，即「邪」字。

115 王普賢墓誌

【誌蓋】闕

【銘文】魏故貴華恭夫人墓誌銘。」祖奂，齊故尚書左僕射使持節鎮北大將軍雍州刺史。」夫人陳郡殷氏。父道矜，太中大夫。」父肅，魏故侍中司空昌國宣簡公。」夫人陳郡謝氏。父莊，侍中右光禄大夫憲侯。」後尚陳留長公主。父獻文皇帝。」魏故貴華夫人王普賢，徐州琅耶郡臨沂縣都鄉南仁里人」也。氏胄之萌，厥源遠矣。嵩崖整其鶴駕，洛浦萃其笙歌。惟翦」惟陽，資文允武。庸昭秦篆，道光漢牒。丞相體哲，匡維晉社；執」法克睿，蟬冕宋京。祖鎮北，以貞猷摽鯁，見免昏曆。考司空，以」桀節峻槩，延寵明朝。夫人既蹈祖考之淳懿，稟婉嫕之英姿，」淑妙絶擬，機明瞻識，端行清韶，從容柔靖。愛敬深凱風之美，」敦順單常棣之華。五教聿昭，四德孔緒。妙閑草隸，雅好篇什，」春登秋泛，每緝辭藻，抽情揮翰，觸韻飛瑛。考昔鍾家耻，投誠」象魏。夫人痛皋魚之晚悟，感樹静之莫因，遂乘險就夷，庶恬」方寸。惟道冥昧，仍羅極罰，茹荼泣血，哀深乎禮。服闋，迺降皇」命，爰登紫掖。方扇胥帷之遺風，闡似庭之鴻範。報善罔徵，盛」容斯墜。春秋廿有七，魏延昌二年太歲癸巳四月乙卯朔〔一〕廿」二日乙巳，寢疾薨于金墉之内。玉樹埋柯，薰蘭摧葉。粤六月」二日乙酉，窆于洛陽西鄉里。銘曰：」琁根寶蕚，蟬聯周紀，掩曖伊川，斌發嵩峙。弈世啓輝，綿基重」美，迺綴淑靈，實戎家祉。提思入神，挺節鄰聖，五典澄明，七德」淳鏡。緝藻瓊式，抽文瑶映，譽潤淑章，聲光蘋詠。婦圖摛績，女」史飛萱，質華星婺，德耀姬原。爰處素閑，賁軌兹存，粤昇椒掖，」燮映堯門。與善方夢，殲此淑仁，崐璧委燼，宋琲沉津。蘭闈空」月，組帳恒塵，玉墀瀉欷，翠幄凝辛。隧路陰重，泉户凍結，玄扉」一揜，幽座燈滅。埏裏埃蕪，松間荒翳，鐫德累徽，固傳芬烈。」　國家圖書館藏拓。

注　釋

〔一〕《二十史朔閏表》作四月甲申朔。

孫標墓誌

【誌蓋】闕

【銘文】魏故使持節征虜將軍都督岐州諸軍事岐州刺」史孫公墓誌銘。」公諱標，字華伯，高平人。金紫光禄大夫灌之曾孫，」散騎常侍儀之孫，豫州刺史懋之三子也。樹德鴻」基，感圖聖朝。圖構日登，天之崇堣；昭輔宸安，世」之盛業。遂乃炳蔚殿庭，光融方宇。公應山川之靈，」資乾元之慶，義方持之成童，神懷毗以清邃，道範」協於祚土。清判濁涇，日吐桑林。神資高美，風月交」晞。義節幽穆，松楊合飆。德隆日星，烟含濛谷。大樹」將軍之威，永伏作方；幽谷高武之變，曆焉式述。教」奉黃石。備詳神册，行脩素絢。儀昭聲雍，誕門眉之」光；懋宮在德，作皇帝之相。峻城樂比，行期昌」運。備宣兩儀，充遠是將。吉凶玄明，四門既奄。以延」昌二年歲在癸巳三月四日薨于照槃之宅。春秋」六十有八。越九月丁未朔〔一〕五日辛亥窆於都西帝」陵之陰。銘曰：」緜緜洪族，蟬聯龜組，胡以崇敬，淵漢於穆。教鳴內」外，户牖旭祥，如何不弔，黼命無常。寒暑曆遷，陰霽」迭伏，陰陽未曉，徽音不復。」 北京大學圖書館藏拓。

注 釋

〔一〕《二十史朔閏表》作九月壬子朔。

117 王夫人墓誌

【誌蓋】闕

【銘文】□□□□將軍左中郎將元飀妻王夫人墓誌。」□□□琊人也。周王王冀之引，氏族之興，綿」□□□，世載家訓，陰軌亦明。作配魏宗，」□□皇帝之孫陽平王第六弟元飀之妻也。」□□愍識沖固，四德連瓊，后妃之若關睢，君」□□作好仇，蔑以加焉。言告師氏，内式閑素，」□□之操，終始若一。易稱家人，美夫婦，夫婦」□□兹典。以延昌二年歲次癸巳喪於京都。」十二月辛巳朔四日甲申葬於瀍澗之東。山」河寂寂，墳壟依依，丘墓增悲，尋往多傷。其辭」曰：」惟兹夫人，關睢挺節，翹翹蔞楚，灼灼雲介，言」刈其林，作配魏桀。如何不弔，高松早折，奄同」周南，窈窕永逝。胡爲當春，摧我蘭蕙，勒石悲」秋，葨哀幽桂。」 國家圖書館藏拓。

118 孟敬訓墓誌

【誌蓋】闕

【銘文】魏代楊州長史南梁郡太守宜陽子司馬景和妻墓誌」銘。」夫人姓孟，字敬訓，清河人也。蓋中散大夫之幼女，陳郡」府君之季妹。夫人資含章之淑氣，禀懷叡之奇風，芬芳」特出，英華秀生，婉問河洲，鼓鍾千里。年十有七而作嬪於司馬氏。自笄髮從人，檢無違度，四德孔脩，婦宜純備。」奉舅姑以恭孝興名，接娣姒以謙慈作稱。恒寬心静質，」舉成物軌，謹言慎行，動爲人範。斯所謂三宗厲矩，九族」承規者矣。又夫人性寡妒妃，多於容納，敦桃夭之宜上，」篤小星之逮下。故能慶顯螽斯，五男三女，出入閨闈，諷」誦崇禮，義方之誨既形，幽閑之教亦著。然盡力事上，夫」人之勤；夫婦有别，夫人之識；捨惡從善，夫人之志；内宗」加密，夫人之恤；姻於外親，夫人之仁。夫人有五器，而加」之以躬檢節用。豈悟天道無知，與善徒言，享年不永，凶」圖横集。春秋卌有二，以延昌二年夏六月甲申朔廿日」癸卯遘疾奄忽，薨於壽春。嗚呼哀哉。粤三年正月庚戌」朔十二日辛酉歸葬於鄉墳河内温縣温城之西。實以營原興壟，窴野成丘，故式述清高，而爲頌云：」穆穆夫人，乘和誕生，蘭叢蕙糅，玉潤金聲。令問在室，徽」音事庭，方孚洪烈，範古流名。如何不淑，早世徂傾，思聞後葉，刊石題誠。」 國家圖書館藏拓。

119 耿氏墓誌

【誌蓋】闕

【銘文】大魏高宗文成皇帝嬪耿氏墓誌銘。」嬪鉅鹿宋子人也。氏胄之來，其從遠矣。標名族於西」周，炳炎宗於東漢。其先漢大將軍新興侯耿況之後」也。祖誕，燕朝使持節鎮東將軍幽州刺史。父樂，聖」世威遠將軍博陵太守。嬪稟坤靈之秀氣，資芳質於」神境，整絺服於深閑，飛喈聲於天闕。高宗誕載，選」御椒房，訓德内充，雍禮外著，乾光潛晦，任還天性。」嬪固節不移，誓畢宫掖。上以母儀聿顯，委保嬪御。」春秋七十有二，天禄永終。歲馭鶉火，月應林鍾，十九」日丙申薨于京師。哀痛感於極陽，追贈過於殊限，」依禮送終，備御東園，以七月辛酉窆於洛陽西嶺。追」述景行，而作銘曰：」英英嬪德，資業靈純，行皎素月，志潔青雲。和風已暢，」馨禮斯芬，如何不弔，殲我良人。天津永晦，金鏡無光，」松門轉蕪，石道唯荒。陰蘿落英，浮草生堂，慊塵不拂，」琴朽誰張。暝暝長夜，噎噎悠晤，景命斯墜，人謝靈存。」高山仰止，遺道餘尊，敬刊玄石，以銘幽魂。」延昌三年七月十五日刊石銘記。」　國家圖書館藏拓。

120 趙充華墓誌

【誌蓋】闕

【銘文】大魏高祖九嬪趙充華墓誌。」充華南陽白水人也。高祖孝文皇」帝之九嬪，盧氏義陽長公主之母。謙」光柔順，播夙聲於素宗；英清玉粹，登」椒華而俞馥。福慶無徵，春秋卌有八，」以延昌三年歲在甲午八月丁丑朔」十三日己丑寢疾而薨。皇上震悼，」六宫哀慟。使兼大鴻臚奉策即柩，追」贈充華焉。九月廿八日癸酉，葬於山」陵之域。敬刊玄瑶，演述泉宇。其辭曰：」穆矣充華，夙膺上靈，女儀婉娩，淑慎」其聲。承訓素里，流光紫庭，金輝玉潤，」蘭風永馨。浮光未景，秋英中摧，朱華」滅翠，組帳凝埃。泉宮杳杳，深埏莫開，」敬勒泉石，以旌餘哀。」國家圖書館藏拓。

121 長孫瑱墓誌

【誌蓋】闕

【銘文】大魏故左軍領御仗左右西川子贈龍驤將軍」洛州刺史長孫史君之墓誌。」謚曰敬。君諱瑱，字珍奇，司州河南洛陽永樂里」人也。鎮遠將軍益州刺史之孫，寧遠將軍白水」府君之子。承神胄之華風，禀祖曾之休烈，英奇」發於弱年，俊楚聲於强日。所謂天資冥悟，聰幹」秀成，用識兼流，在無不允。故統御左右，明燭天」墀，特命外蕃，威清萬里。其端心守正，若歲寒之」貞松；含光流映，如崐山之秀玉。宜其剋邁延祥，」保茲永祉，而冥造無心，殲我良人。春秋五十有」六，延昌元年八月十三日寢疾薨於家。以延昌」三年十月廿一日葬於北芒。玄宮遂密，三光閉」暉。賓親號悼而永訣，子姪泣血而長辭。乃刊石」立誌，以載神儀。其辭曰：」靈川啓育，神岳流津，二氣交祥，載生哲人。少成」家寶，長爲國珍，德匪時政，道濟生民。林高致翼，」水盛延舟，連官重襲，爵非我求。百行外郎，九德」内脩，若葩若春，如竹如秋，上天不弔，妖沴侵和，」金峰碎嶺，玉沼潛波。

良木其摧，仲尼興歌，敬銘」玄石，痛矣如何。」　國家圖書館藏拓。

122 元颺墓誌

【誌蓋】闕

【銘文】魏故使持節冠軍將軍燕州刺史元使君墓誌銘。」君諱颺，字遺興，司州河南郡洛陽縣敷義里人，世宗景穆皇帝之」孫，侍中内都大達官夏州刺史陽平王之第六子也。君抽妙緒於慶」雲，挺英蹤於崐岳，生而恢岸，幼則奇偉。恭孝之心，睦睦於齠年；忠亮」之操，蹇蹇於弱歲。韻宇神凝，雅度清簡，傾衿慕道，慇勤引德。儁士遊」於高門，英彦翔於雲館。若夫優遊典謨之中，縱容史籍之表，才逸自」天，製每驚絶，弱冠有聲，拜奉車都尉。俄如高祖鑾駕臨戎，振旅荆」宛，以君親賢見擢，作帝股肱。又龍轝北巡，仍扈行殿，暨□凱旆，除」羽林監，又爲步兵校尉，並非其好。君高枕華軒之下，安情琴書之室，」命賢友，賦篇章，引渌酒，奏清絃，追嵇阮以爲儔，望異代而同侶，古由」今也，何以别諸。遷左中郎將，加顯武將軍。雖首冠纓冕，不以機要爲」榮；腰佩龜組，未以寵渥爲貴。故常求閑任，安第養素。憘怒之色，弗形」於視聽；毁譽之端，未見於樞機。窮達晏如，臧否若一，志散丘園，心遊」濠水。善不來祥，殲此良木。春秋卌五，延昌三年歲次甲午八月丁丑」朔廿七日癸卯薨於第。聖皇興悼於□，雲枝痛惻於下，遊彦傷情，僚友悲怛。詔贈使持節冠軍將軍燕州刺史，禮也。越十一月丙寅」〔一〕朔四日己巳窆于洛陽之西陵。幽扉一閉，永夜無光。季弟散騎常侍」度支尚書大宗正卿思若哀玉山之半摧，痛良昆之中折，悲踰□聽，」慕深九泉，敬飾玄石，以述清徽。乃作銘曰：」崐丘瓊岫，雲柯妙枝，唯君誕載，綴蕚天池。以仁以孝，乃茂乃奇，藻□」冰散，文結霧馳。英振弱冠，作帝股肱，恭亮戎禁，肅旅行宮。雍容圖」篆，優遊文中，徽德徽望，光始光終。桂落秋下，蘭彫上春，雲宮毀綵，風」□凝塵。朝英缺範，家袖亦淪，悲慟邦彥，痛結宗親。禮終難奄，卜遠已」右，龍轜哀□，鳳軒楚畢。松户酸月，寒閨慘日，貞軀雖往，刊銘芳質。」 國家圖書館藏拓。

注　釋

〔一〕《二十史朔閏表》作十一月丙午朔。

123 元珍墓誌

【誌蓋】闕

【銘文】魏故尚書左僕射驃騎大將軍冀州刺史元公墓誌銘。」公諱珍，字金雀，河南洛陽人也。平文皇帝六世孫，高涼王之玄孫，征」南將軍肆州刺史襄陽公之孫，輔國將軍幽州刺史松兹公之子也。並」虬申豹變，烈氣陵霄，世號猛將之門。公誕光先桀，擢德超倫，少以忠偔」爲稱，長以風雅著仁，六藝備修，尤良射御。身長九尺三寸，容止充德，質」

不妄譽。太和中，選入武騎侍郎，轉直閣將軍。高祖南巡，才届衡嶺，□」爾南陽，不恭其職。公單馬肆焉，戎城雷駭。除冠軍將軍。景明元年，今」上即位，轉武衛將軍。時揚土中動，許叛僞齊。公屯兵淮浦，與陳伯支相」拒。伯支敗績，壽春獲存，公有力焉。胙土晉陽男，遷平東將軍。正始中，轉」衛尉卿領左衛將軍。禁閱雲儀，嚴震左右，維城之寄，實顯文武。仍加散」騎常侍光禄勳。明璫曜鬢，九棘臨顔，標德之華，京師以爲美言。俄遷侍」中。綺綜王言，經綸衮闕，出則倍駕，入參侍席，聲蓋一時，道彰遠邇。永平」中，除車騎將軍領軍將軍。始荷腹心之任，受六師之重，掩虎旅於神扉，」啓禦侮而肅警。是以四襟解紐，時用安枕。延昌二年，遷尚書左僕射。維」轄萬邦，亮采百揆，照德塞違，正色無避，利涉著於道初，庶績光於所起。」宜奉九錫於太階，諧百味於滋鼎，永齡不遂。春秋卌七，以延昌三年歲」次甲午五月戊申朔廿二日己巳寢疾不豫，薨于篤恭里第。上屢遣」問疾，聞公既終，動衷移日。朝省悲惋，行人痛泣。追贈侍中使持節驃騎」大將軍冀州刺史，謚曰。公以其年十一月丙午朔四日己酉窆于河」南東垣之長陵。刊茲泉石，式照德音。其辭曰：」苕苕聖胄，綿綿不已，乃王乃侯，世載其美。爰顯及公，奇峰特起，瓊柯重」焕，鴻基再止。湛彼天工，唯良是與，猗矣哲人，秉文經武。纘綣帝謨，裯」繆國旅，上曰腹心，唯予與汝。威旌漢洱，效彰荆楚，周有良翰，方叔山甫，桓桓武公，亦紹厥緒。如何不淑，早離伊阻，玉芷彫春，金桂朽夏。徙倚」促日，徘徊永夜，崧嶺軒驥，沙庭頓駕，鏤石記形，無識神化。」 國家圖書館藏拓。

124 成嬪墓誌

【誌蓋】闕

【銘文】大魏顯祖成嬪者，代郡平城人」也。其氏胄之由，備陳于家譜矣。」君弱齡播聲，四德昭著，年十有」五，入嬪于顯祖之宫。英清茂於」紫庭，肅雍光于椒掖。春秋七十」有二，以延昌四年正月乙巳朔」九日癸丑薨于金墉舊宫。」皇上矜悼，六宫哀慟，送終之事，」靡非禮焉。二月壬午葬于山陵」之域，敬刊玄瑜，式述景迹云爾。」 國家圖書館藏拓。

125 邢偉墓誌

【誌蓋】闕

【銘文】魏故博陵太守邢府君墓誌。」祖潁，散騎常侍冠軍將軍定州刺史城平康侯。」夫人勃海李氏，父昇，太子洗馬。」父脩年，南河鎮將。」夫人趙郡李氏，父祥，安東將軍定州刺史平棘獻子。」君諱偉，字叔儁，河間鄚人也。休原慶緒，駿發其長。后稷以功施」配天，姬旦以圣德緯地。邢侯載美於春秋，太常騰芬於魏史。王」父城平康侯，將命江吴，標隨陸之譽。考南河君，懷道韞璞，闡雅」尚之風。君資性温裕，識悟明慜，岐嶷表於綺年，業尚播於冠日。」是以令問休聲，昭然允集矣。起家除奉朝請，歷員外散騎侍郎」太尉長流參軍尚書南主客郎中加輕車將軍。君爰在志學，孝」友睦於閨庭；脱巾近禁，匪懈形于夙夜。贊槐墀，鼎味增和；登禮」闈，燮諧治本。加以學究百氏，詞藻綺贍。動容必遵禮度，發言歸」于忠信。方當永置周行，羽儀多士，而上天不弔，春秋卌有五，延」昌三年七月廿六日壬申暴疾卒于洛陽永和里。才高位下，有」識嗟惜。朝庭矜悼，追贈博陵太守。粤四年二月十一日甲申」葬武垣縣永貴鄉崇仁里，祔車騎公神之右塋。若夫山川迴互，」舟壑徂遷，篆素有時歇滅，金石理固難朽。迺勒銘黄壚，貽諸泉壤。其辭曰：」南金華銑，荆玉炳珍。聖胤基顯，名家譽芬。集靈其惠，承慶伊神。」粤時挺淑，篤生若人。展如君子，實邦之儁。如淵之清，如樂之韻。」振藻春華，摛文玉潤。孝睦家庭，朋交以信。亦既從宦，出内有輝。」往參台幕，來贊崇闈。雕章焕炳，長組葳蕤。世途方騁，遽掩泉扉。」將陳壟草，永賁清徽。」夫人勃海封氏，父休桀，河間太守安陵子。」後夫人清河房氏，父千秋，立中將軍南青州刺史。」

河北河間出土。見《考古》一九五九年第四期《記後魏邢偉墓出土物及邢巒墓的發現》。

126 山暉墓誌

【誌蓋】闕

【銘文】魏故鷹揚將軍太子屯騎校尉山君墓」誌銘。」君諱暉，字烏子，河陰脩仁里人也。君資」純和之秀氣，藉重明之高。弱冠飛聲，騰」拔群輩。郎將直後，俯仰遷登。鷹揚屯騎，」儵忽相襲。方振南溟，永申逸翮，而福善」空文，奄摧梁哲。春秋卅有一卒於宅。粤」延昌四年三月甲辰朔十八日辛酉遷」窆於北芒山恒州使君墓之東。勒銘陰鄉，傳之來世。其辭曰：」於鑠華胄，綿基代朔，百世相資，連公疊」岳。伊人誕秀，温其如玉，先秋墜彩，未申」逸足。眷言素賞，永懷清衿，凝弦罔調，湛」酌誰斟。敢勒玄石，式載德音。」延昌四年三月十八日造。」

【誌陰】（上闕）體訖于春秋，其後郭族」（上闕）九列，有稱□世。君禀三」（上闕）經始易老之玄妙，緝連」（上闕）舉。俄而有閒，辟大尉府」（上闕）郡大中正。君既甄□鼎」（上闕）而屢作國評。以體化□」（上闕）寬猛殊務。君莅以愷悌」（上闕）純。河汾之閒，有洙泗□」（上闕）檄，蜂迮騷擾，河曲郡□，」（上闕）武人鋭精，弭迹疆外，永」〔一〕 國家圖書館藏拓。

注釋

〔一〕誌陰爲另拓，字體不同，疑非山暉誌之陰，因前人附爲一體，姑暫附於此。郭玉堂《洛陽出土石刻時地記》稱：誌爲晉碑毀治，反面晉刻可辨。

127 王禎墓誌

【誌蓋】闕

【銘文】魏故恒州治中晉陽男王君墓誌銘。」君諱禎，字宗慶，樂浪遂城人也。燕儀同三司武」邑公波之六世孫。高祖禮班，散騎常侍平西將」軍給事黄門侍郎晉陽侯。曾祖定國，聖朝庫」部給事中河内太守博平男。祖唐成，廣武將軍」東宫侍郎合肥子。父光祖，寧遠將軍徐州長史」淮陽太守司州中正晉陽男。君既承先爵，除員」外散騎侍郎。在省未幾，轉恒州治中。方嚴裝述」職，而遘疾沉留。春秋卅有九，延昌三年四月己」卯朔十日戊子卒於洛陽永康里。粤來歲三月」甲辰朔廿九日壬申遷措於芒阜。」殷有三人，周訪九疇，只族王家，藉胄鮮侯。芳根」薰葉，潔源清流，軒冕疊藹，弈世載休。篤生伊彦，」寔邦之哲，器識淵邁，才穎卓絶。對璧比温，瞻松」學節，氣聳烟霞，情明冰雪。拖纓東禁，夙振蘭芬，」方毗北都，重舉瑶塵。祐順靡效，報善徒文，如何」彼蒼，殲此良人。卜遠戒期，龜筮襲吉，長訣高堂，」永即泉室。一改陵谷，千齡誰悉，憑石憑工，且鎸」且述。」

國家圖書館藏拓。

128 皇甫驎墓誌

【誌蓋】闕

【銘文】魏故涇雍二州别駕安西平西二府長史新平安定清水武始四郡太守皇甫君墓誌銘。」君諱驎，字真駒，安定朝那人也。卿士之苗胄，渡潦之瓊胤，荆州刺史之孫，辟主簿州都處士之元子。金紫」扶疏，冕冠今古，風節朝略，載在史籍。君胄藉深華，性自奇拔。是以早延休譽，夙播高問，刺史王公召簡高」梁，澄練涇土，爾日搜揚，無先君者。辟君爲州都。君詮才舉弟，稱允群望，平直之選，歌聲滿路。刺史嘉君忠」篤，即拜爲主簿。君輕賤儒術，意蔑經讀，照賞之情，自然孤解。即年中，復貢秀才。君仁恕寬洽，接賚深到，共事之」處，無不樂仰。延興中，涇土夷民一萬餘家，詣京申訴，請君爲統酋。然戎華理隔，本不相豫，朝議不可。聖」上以此諸民丹情難奪，中旨特許。太和廿年中，仇池不靖，扇逼涇隴。君望著西垂，勘能厭服，旨召爲」中書博士，加議郎，馳驛慰勞，陳示禍福。兇頑盡悟，面縛歸降，動有數萬。刺史任城王嘉其遠量，表爲長史。」君策謀深玄，聲震朝庭，復除爲清水太守，領帶軍鎮。景明元年中，旨格初班，簡選臺資，窮盡州望，除君」爲别駕。而君佐弼有方，民士悦樂。從景明三年至四年，督護新平安定二郡事。正始元年中，河州刺史梁」公以關塞地嶮，非賢不御，而君矛猛互張，善能綏撫，復表爲武始太守。正始三年，秦涇叛逆，大軍征討，都」督楊公以君權略多端，深達軍要，表君爲都長史，特稟高算。君雖胄籍安定，墳井在雍。正始四年中還鄉。」刺史元王以君量勘執物，復表爲别駕。君辭以夕年，沖讓不許。王重加厚禮，頻命乃就。凡所佐莅，血心奉」公，唯直是斷，雖伯魚之無私，楊振之賤賄，方之於君，未足嘉也。曆名宦，垂登方岳，意氣蕭條，猶若凡素。每」欽想四公，企懷商洛焉。是以逸問遠流，聲蓋四海。視片義如丘山，散千金若草土。朝野榮賤，望風送歎。方」應進登台鼎，永垂高試，昊天不弔，春秋七十有五，遘疾不損，薨于家。以延昌四年歲次乙未四月癸酉朔」十八日庚寅葬於鄠縣中鄉洪澇里。嵩山美木，誰不□仗，名賢背世，孰不痛戀。前雍州主簿横水令辛對」與君纏篤，臨棺悲慟，彌增哀切，遂尋君平志，刊記金石。其辭曰：」三才啓曜，五氣流暉，名川峻阜，靈感特微。誕生君侯，獨禀玄質，綽矣高度，希世間出。金鏘河右，飛聲挺逸，」賞不擇讎，誅不避昵。唯理是從，渾之若一，深量難惻，沖識孤融。矛能撫衆，武亦折雄，丹磨不異，鑽仰彌崇。」形羈浮俗，志味通仙。如雲開月，如松出烟。瓊巖頹嵦，至韻韜玄，親舊悼惋，痛惜綿綿，圖記金石，式揚名賢。」妻安定梁氏，主簿郡功曹洪敬女。」妻鉅鏕魏氏，鎮西將軍内都大官黄龍鎮將趙興公留孫女。」　國家圖書館藏拓。

129 王紹墓誌

【誌蓋】闕

【銘文】魏故輔國將軍徐州刺史昌國縣開國侯王使君墓誌序。」祖奂，齊故尚書左僕射使持節鎮北將軍雍州刺史。」夫人陳郡殷氏，父道矜，太中大夫。」父肅，魏故侍中司空昌國宣簡公。」夫人陳郡謝氏，父莊，右光禄大夫憲侯。」君諱紹，字安宗，徐州琅耶郡臨沂縣都鄉南仁里人也。姬文以大聖啓源，子」晉資儲仙命氏。自茲厥降，疊映崇輝，或沖素累條，或負芳聯蕚。君丕承祖烈，」寔體上操，天縱英才，幼挺岐嶷，弱不好弄，長端孝美。樹信賒由布之諾，締睦」深蕚韡之稱。若夫皎潔之性，琁碧慚其光；淵懿之聲，蘭蕙卣其采。敦詩習禮，」早敷齠歲；摛文綴翰，實懋隽年。故長卿均才，巨原埒器，汪汪焉萬頃莫踰其」量，洋洋乎澄撓曾何清濁。昔逢日戰之始，門屬參夷之辰。考司空深侔伍氏」之概，必誓異天之節，乃鵠立象魏，志雪寃耻。君年裁數歲，便慨違晨省，念闕」温清，提誠出嶮，用申膝慶。天道茫茫，俄鍾極罸，嬰號茹血，哀瘠過禮。服終，纂」膺井祚，襲侯昌國。年甫涉冠，起家爲太子洗馬。儀形儲采，馳邁春華，在漢汲」黯公方，居晉亦衛玠雅暢。握篡疇輝，君諒兼之矣。轉員外散騎常侍，飾蟬貂」玉，檀廊廟之秀；服兼蟬組，耀珪璧之姿。續遷中書侍郎，掌機近密，歷難茲授。」君地實羽儀，器惟物範。故得抽纓鳳墀，趨綦系禁，茂先管言層綺，光闡蘭册」仲祖。聯事綸闈，徽傳青簡。君獨麗一時，何慚兩妙，代曆彌曠，則哲之舉必齊；」聲芳無舛，惟允之稱靡忒。宜將緝衮槐路，永燮朝彝，福善徒唱，殲此彦士。春」秋廿有四，延昌四年八月二日遘疾薨於第。峰欲崇而虧匱，月將圓而墜采。」行旅傷魂，親遊斷骨。有詔震悼，贈輔國將軍徐州刺史，謚曰，禮也。閏十月」庚子朔廿二日辛酉窆乎洛陽西鄉里。既播孝德於衡闈，弘臣道於朝章，故」飛英而鏤金，騰實以寫續，陵谷或改，芳音詎滅，刊石賁采，永扇清風。銘曰：」迺仙之系，粵聖斯始，清瀾溟鏡，瓊基岱跱。照灼丹書，菴鬱青史，聯祥挺哲，若人」載美。義範仁規，高韻卓絶，孝切曾潁，友兼常棣。鄒子齊華，潘生等慧，爰玉其」温，爰冰其潔。克叡克明，機神是庶，六藝孔脩，九德丕著。既優而仕，登朝飛譽，」康衢未跬，歸軫先遽。嗚呼彼蒼，何善空默，惟顔與子，薄年厚德。照車徙甸，連」城去國，如寶斯亡，靡尚靡則。塵書斷義，揜酒誰琴，玄堂杳寂，絶壟凝陰。慼增」桓岫，落瞼抽心，託裁幽石，聿載休音。」國家圖書館藏拓。

130 王文愛銘記

【磚誌】

【正面】熙平元年三月四日葬」父王文愛、母劉江女。墓」三丈五尺，并息珍寶。刊」銘記。切示于後人。」

【側面】雍州京兆郡山北縣民。」

【背面】熙平元年三月日拾」送□大墓。父王文猥」江女孫子劉夫人。」國家圖書館藏拓。

131 王昌墓誌

【誌蓋】闕

【銘文】魏故威遠將軍涼州長史長樂侯王君墓誌銘。」君諱昌，字天興，太原祁縣高貴鄉吉千里人也。」魏故使持節都督幽州諸軍事鎮東將軍幽州」刺史汝南莊公之孫。散騎常侍中書監内行尚」書使持節鎮東將軍都督幽州諸軍事幽州刺史長樂定公之子。玉根肇於子晉，金枝光於太」原，弈葉冠華，領袖當世。君稟日月之輝，含川岳」之曜，孝敬之道，雍穆於閨庭；禮讓之德，顯英於」邦國。敖遊仁義之林，栖遲文藻之澤。遠氣蕭條，」叔度無以比其量；雅懷沉毅，文饒未足齊操。君」幼節居喪，孝閔宗國，童齒襲爵，譽播才訓。年十」有三，起家中散，抽賢之舉，轉員外散騎侍郎，尋」加襄威將軍。冠纓東省，蹈禮斯處，遂除威遠將」軍涼州長史。届府未旬，殲此名德，春秋卌七，延」昌四年十二月廿六日卒於涼州。熙平元年三月十七日窆於洛陽北芒之山。乃作銘曰：」崐丘英緒，丹陵妙枝，唯君誕載，綴萼雲池，桂落秋月，蘭彫上日，貞軀雖往，刊銘芳質。」國家圖書館藏拓。

132 馮會墓誌

【誌蓋】闕

【銘文】魏熙平元年歲在丙申岐州刺史趙郡王故妃馮墓誌銘。」高祖燕照文皇帝。」曾祖朗，燕宣王。」祖熙，太師扶風郡開國公。」父脩，尚書東平王。」太妃姓馮，名會，萇樂信都人。有周之苗胤。漢馮唐者，蓋其遠」祖也。列古流聲，丹青垂咏，仍葉重華，綿今不朽，悉備之典策，」不復詳論。故照文龍躍，利見時乘，宣王清淳，達兹體變。太師」以方雅範世，尚書以寵愛當時。太妃稟河月之精，陶清粹之」氣，爰静幽閨，訓兹禮室。俶容天挺，孝敬過人，婉娩既閑，敏斯」四德，絲枲紃組，無不悉練，女功心裁，内外嗟稱。又善於書記，涉」攬文史。自來媛蕃邸，恭儉踰素，作訓可摸，動止成則。可謂聖」善形家，垂芳自國者也。方當比德偕老，執敬中饋，靈應虚期，」溝兹逝隙。春秋廿二，薨於岐州。以熙平元年八月二日窆於」中鄉穀城里。國臣胤等，慕淑音之在斯，悲玉魄之長寂，恨地」久之藏舟，勒清塵於玄石。其辭曰：」遐緒承姬，因國命氏，榮與族隆，世同梁徙。猗歟照文，秉圖握」璽，穆矣太師，載光載履。河岳吐靈，爰育芳徽，挺兹窈窕，四德」來依。幽閑既顯，令問亦歸，言告師氏，作儷蕃畿。淑善天然，吐」辭斯芳，有德有行，知微知章。事兹組紃，嬪彼中房，憲法先妣，」以媚我王。千秋一旦，萬物同歇，清音如昨，玉體將没。蒼山可」悲，地久難越，爰銘寒泉，以揚輝烈。」

國家圖書館藏拓。

133 吴光墓誌

【誌蓋】闕

【銘文】大魏熙平元年歲在丙申七月丙寅朔」十六日辛巳，皇内司終於天宮，諱光，」字興貴，冀勃海人也。蓋藉隆周之苗祚，」又承司徒公之緜胄。地連天朝，出寄名」岳，因任東夏，錫封冀壤，憑業餘基，因以」氏焉。近祖吴雙，矚魏祚初興，才德竝流，」又蒙寵睠，任爲中書侍郎雍州别駕。父」以識亮眺卓，秀逸茂遠，宦爲安遠將軍」本郡太守安生之長女也。性稟天調，夙」膺庭訓，風範清華，著於外發。入履紫朝，」忝司宫闈，俯沐恩私，仰俠乾日。如何不」弔，奄登泉路，痛憒心懷，五情酷裂。今剋」卜既靈，八月乙未朔廿六日庚申窆於」西陵。題文刊石，以述淑德，其辭曰：」容容昭德，裁禮膺章，纂訓風體，識洞沖昌。凶路開肇，泉宇納殃，酸哉粉結，嗚呼悲傷。悼於遠矣，捐化違常，眇眇去邈，歸彼殊方，永翳九陌，畢穎三鄉。」 國家圖書館藏拓。

134 楊播墓誌

【誌蓋】無

【銘文】魏故使持節鎮西將軍雍州刺史華陰莊伯墓誌銘。」君姓楊，諱播，字延慶，司州恒農郡華陰縣潼鄉習仙里人也。祖父仲真，河内清河二」郡太守。父懿，廣平太守選曹給事中使持節安南將軍洛州刺史恒農簡公。君年十」有五舉司州秀才，拜内小，尋爲内行羽林中郎，累遷給事中，領内起部，又以本官進」釐北部尚書事。太和十五年，拜員外散騎常侍龍驤將軍北征都督。十六年又加征」虜將軍，都督北蕃三鎮。討破地豆于賊。其年秋加武衛將軍中道都督，率騎三萬，北」出雞鹿塞五千餘里，迫逐茹茹而還。其冬改創百官，轉衛尉少卿，本官如故。十七年，」大駕南征，二翼並進。以君爲左將軍，恒領萬騎，以衛中權。車駕至洛陽，定鼎於郟鄏。」高祖初建遷都之始，君參密謀焉。仍以左將軍與咸陽王禧等經始太極廟社殿庫。」又脩成千金堨，引瀔洛二水以灌京師。十八年陟前將軍。十九年從駕渡淮，徑至壽」春。三月，車駕進諸鍾離。司徒馮誕薨于留營。帝乃迴旆北渡，留君爲殿，壯其厥功，」賜爵華陰子，尋陟右衛將軍。廿二年從征南陽，以破鄧城制勝之功進爵爲伯。又拜」太府卿，加平東將軍。廿三年假節平西將軍，董卒三萬，討逐巴帥泉榮祖於洛州。景」明元年爲使持節兼侍中大使，宣命岳牧，巡省方俗。二年復轉左衛將軍，本官伯如」故。其年冬出爲使持節都督并州諸軍事安北將軍并州刺史。君情係舊鄉，思陰桑」梓，朝廷許之，改牧本邦。爲都督華州諸軍事安西將軍華州刺史，使持節華陰伯如」故。永平二年册授使持節都督定州諸軍事安北將軍定州刺史，伯如故。君以直方」居性，權臣所忌。帝舅司徒公高肇譖而罪之，遂除名爲民。於是閉門静處，蕭然不」以得失爲情，澹尔以時命自守。春秋六十有一，以延昌二年歲次癸巳十一月十六」日寢疾薨於洛陽縣之依仁里。嗣子號忠貞之見枉，冀追賢之有期。三年冬，權遷殯」於華陰鄉館焉。仰遵顧命，喪事之禮，儉過貧庶。四年，高肇伏辜，怨屈斯理。以熙平元」年，有詔申雪，追復爵位。册贈使持節鎮西將軍雍州刺史，華陰伯如故。考終定謚，」是爲莊。粤其年秋九月二日庚申〔二〕卜窆于本縣舊塋，乃作銘以誌墓。其辭曰：」嵩嵩華岳，浩浩河宗，仁潛智運，氣結形通。世推儒德，擅時才雄，實誕遺烈，有鬱先蹤。」體孝基忠，懷文曜武，性協剛柔，行孚出處。毓問蕃墀，觀光帝寓，金聲玉潤，清規懋矩。」逶迤秋闈，綢繆春閣，内奉王言，外宣帝略。爪牙是寄，腹心伊託，謀定中樞，威陵絶漠。」神圖廣運，寶鼎底遷，南清江沔，北輯沙燕。龍旗肅邁，鳳蓋凱旋，實衛不若，載翼中權。」帝嘉乃績，侯服故鄉，首冠兩弁，腰結參章。海府云委，言諏其良，皇華之命，允洽斯康。」西蔭關陝，北牧代趙，幃裳必褰，市獄不擾。抑絶三欺，敷懷四道，德被猶風，民化如草。」正直莫立，侮謗相傾，違升紫闥，守黜素庭。得喪如命，愔愠弗形，方恢人軌，式範天經。」智流無極，仁壽不長，曙月落景，寒谷凝霜。殞兹民望，殄彼國良，昭塗既晦，幽夜何央。」皇鑒孔明，窮怨載雪，禮隆改殯，恩重臨穴。聲逾古今，寵賁身世，陵谷可算，音塵不滅。」

陝西華陰出土。見《考古與文物》一九八四年第五期《華陰潼關出土的北魏楊氏墓誌考證》。

注釋

〔一〕《二十史朔閏表》熙平元年九月乙丑朔，二日當爲丙寅。

135 王遵敬銘記

【銘文】熙平元年九月八日」河東郡王遵敬」銘記。并妻薛。」　圖家圖書館藏拓。

136 劉顔墓誌

【磚誌】

【銘文】熙平元年歲次丙申十月甲午朔四日魏故博陵太守劉府君之銘。」祖策，散騎常侍征虜將軍東郡太守蒲陰子。夫人中山張氏。」父遂，州西曹郡功曹。夫人中山張氏。」君諱顔，字思顔，中山蒲陰永安鄉光賢里人也。大魏高祖」孝文皇帝創制國典，二儀更造。選君奉朝請。君文思淵」澄，雄武卓出，尋加强弩將軍直後。朝廷嘉其忠清，俄」遷給事中。未幾，復轉屯騎校尉右軍將軍博陵」太守。樹德養民，莅政再期。春秋五十有五而終。」行路悲酸，能言隕涕。夫人高陽許氏。」　國家圖書館藏拓。

137 元彦墓誌

【誌蓋】闕

【銘文】魏故持節督幽豫二州諸軍事冠軍將軍豫州刺史樂陵王」元君墓誌銘。」君諱彦，字景略，河南洛陽都鄉光穆里人也。」恭宗景穆皇帝之曾孫，侍中樂陵之孫，鎮北將軍樂陵密王」之世子，襲封樂陵王。王承光日隙，資輝月宇，仁峻五岳，智汪」四海。岐嶷孝敬，分曾參之譽；夙宵忠節，争宣子之響。文藹游」夏，策猛張韓。超然寰外，則扇翮於雲峰；卓爾俗表，則志陵於」星壑。王森若松圃，芳似蘭苑，奢非所尚，慕儉自德，攝基金聲，」昇朝玉振。以永平之中授驍騎將軍。翔纓肅閣，施懃帝道。於」延昌之末，遷爲持節督豳州諸軍事冠軍將軍豳州刺史，王」如故。王剋莅西番，民欽教遵風，昔文王流化，未之殊也。今古」雖邈，論道若近。方欲飛舲擢漢，藉泛霞闕，而昊天不弔，殲我」良人。厥齡四七，以熙平元年歲次丙申九月乙丑朔廿」四日戊子薨謝中畿伊洛之第。哲而不幸，唯王是焉。皇帝」悼楚，朝野泫淚，追贈豫州將軍本號，以十一月十日窆於金」陵。若夫非刊瑶銘，何以彫玉。乃作頌曰：」天地載清，二象垂輝，昂藏寶君，邈矣瓊姿。皎潔斌響，啓文剋」威，卓爾孤貞，如彼松滋。超然獨朗，似月横飛，長幼慈孝，敬尊」禮卑。攜琴曉澗，命友夕詩，岐冠金聲，玉振承基。入翔霞禁，出」莅雲州，省譽藹藹，蓄名休休。

逍遥逸趣，散誕莊周，氣秀五峰，」風波四浮。鑒今洞典，識峻古丘，宜鍾鴻壽，扇翮優游。不弔旻」天，忽殲良球，崐山墜崿，瑶池卷流。縉紳吐歎，朝朋飲憂，泉墟」易闇，鏡量難求。」　國家圖書館藏拓。

138 元延生墓誌

【磚誌】

【銘文】熙平元年歲在庚申〔一〕十一」月甲子朔廿一日甲申，」威烈將軍奉朝請元延」生銘。」　國家圖書館藏拓。

注　釋

〔一〕熙平元年歲次丙申，原誌誤。

139 吐谷渾璣墓誌

【誌蓋】闕

【銘文】魏故直寢奉車都尉汶山侯吐谷渾璣墓誌。」君諱璣，字龍寶，河南洛陽人也。其先吐谷渾國主柴之」曾孫。祖頭頽，率衆歸朝，蒙賜公爵。父豊承襲，顯著魏邦，」除寧西將軍長安鎮將，又遷使持節平南將軍洛州刺」史汶山公之世子。君禀沖虚於凝緒，盈妙氣於玄姿。英」明自遠，神朗挺然。幼懷聰慜，長秀才華。聲德令聞，高風邈世，性量寬雅，朝賢信著，鬺交舒遠，仁孝慈忠，久而益」敬。遠近服其遐邇。年廿，襲父爵，宣武皇帝簡拔英奇，」抽引内侍，遂授奉車都尉直寢，侯如故。而君處武懷文，」博暢群籍，志録經史，考合統理之明，雜襲殊暉，莫不施其所能。善文藝，愛琴書，系竹聲席，超然獨悟。澄情清霄」之外，内德湛於凝津，方纂洪基，惠敷道義，何圖霜災，禍」殲良器，神化影殞，醫治無救。春秋卅有七，熙平元年歲」在丙申六月丙申朔廿日乙卯薨于京師。十一月甲子」朔廿一日甲申葬於孝文皇帝大陵之東北。傷馨馥」之斷響，痛蘭風之餘芳，庶金石於垂詠，寄清霄以留常。」其辭曰：」叡德齊凝，輝彰挺烈，性和仁茂，重明峻發。逸韻夙成，朗」潔如月，秀令儁才，淵遐獨越。玄史兩該，素情靡闕，引物」虛懷，心焉豈惙。懿矣哲人，吐兹宏演，行年未或，致邁斯」善。朋僚悼惋，追慕奚返，深壟晝昏，幽途夜踐。松門綿遥，」永登遐闉。臨葬引路。蒙旨贈使持節寧朔將軍河」州刺〔一〕記銘後。」國家圖書館藏拓。

注　釋

〔一〕原石脱一「史」字。

140 楊胤墓誌

【誌蓋】闕

【銘文】魏故平東將軍濟州刺史長寧穆公之墓誌銘。」維大魏熙平元年歲次實沉夏四月，公遘疾不」悆，薨於京師。公諱胤，字慶孫，春秋六十五，恒農」華陰潼鄉習仙里人也。粤冬十有一月甲子朔」廿二日乙酉窆於華山之陰，迺作銘曰：」景山靈閟，維天紐地，良木森疎，風煙肅邃。資物」既醇，在德無貳，支條茂矣，陵霄擢穗。公之云令，」德音孔嘉，如彼清泉，銜珠鏤沙，如彼蕙風，剖月」開霞，方隆至道，贊我皇家。云那不幸，摧巖折木，」山陽既謝，汝南動哭，鴻啼盟津，雪凝黄屋，悽其」悲矣，蒼山之麓。」公十二世祖漢太尉公震，」六世祖晉儀同三司尚書令瑶，」曾祖治書侍御史中山相繼，」祖平南將軍洛州刺史暉，」父寧遠將軍長寧男祐。」公持節都督平東將軍華荆秦濟四州刺史。」　國家圖書館藏拓。

141 元廣墓誌

【誌蓋】闕

【銘文】魏故寧遠將軍洛州刺史元公之墓誌。」公諱廣，字延伯，洛陽人也。烈祖道武皇帝之苗裔。資乾」稟聖，衮璽相承，移玉樹之中華，茂金枝而弗朽，已流徽於」國琜，播瑶響于典章，飛文驟筆，略不載具。考使持節涼青」梁夏濟五州諸軍事濟州刺史牂柯侯之長子。稟齠端之」逸氣，偉荆巖之秀質，雅量淵澄，器懋罕世，六德含和，柔剛」兩蹈。至乃奉孝慈親，義恭孔愛，識爽陶仁，曉自生知。二九辟」爲直後，加員外郎。昇朝襲爵，仍以父位，傳踵前華，紹迹令」軌，砥厲風節，祗慎所經。未久轉襄威將軍，侯如故。冀延休」響，流芳萬紀，而天道無徵，福慶徒聞，倏光墜景，日月落暉。」春秋五十，熙平元年歲次丙申八月乙未朔廿二日丙辰」薨于第。皇上悼懷，僚及歎惜，遣謁者譚七寶追贈寧遠」將軍洛州刺史，以慰沉靈。筮龜啓吉，永即芒阜之陽，長陵之左。乃作頌曰：」崇基岳峻，遥緒淵深，世載明哲，襲紫傳金。惟台惟輔，德茂瓊林，積仁不已，誕兹英淑。貞比筠松，馨如蘭菊，名位方崇，」上壽未央。福善空言，仁亦云亡，生彫世盡，滅識泉鄉。臨壙表德，誌之黄堂。」熙平元年歲次丙申十一月甲子朔廿二日乙酉記。」國家圖書館藏拓。

142 高阿逯銘

【銘文】熙平二年二月九日（下殘）凌坊中高阿逯（下殘）」銘。」國家圖書館藏拓。

143 元懷墓誌

【誌蓋】闕

【銘文】魏故侍中太保領司徒公廣平王姓元，諱懷，字宣義，」河南洛陽乘軒里人。顯祖獻文皇帝之孫，高祖孝文」皇帝之第四子，世宗宣武皇帝之母弟，皇上之叔」父也。體乾坤之叡性，承日月之貞暉，比德蘭玉，操邁」松竹，延愛二皇，寵結三世。姿文挺武，苞仁韞哲，量」高山岳，道協風雲。周之魯衛，在漢間平，未足稱美於」前代矣。享年不永，春秋卅，熙平二年三月廿六日丁」亥薨。追崇使持節假黄鉞都督中外諸軍事太師領」太尉公侍中，王如故。顯以殊禮，備物九錫，謚曰武穆，」禮也。及葬，皇太后輿駕親臨，百官赴會。秋八月廿」日窆于西郊之兆。懼陵谷易位，市朝或侵，墳堂有改，」金石無虧，敬勒誌銘，樹之泉闥。其頌曰：」老尚簡嘿，孔貴雅言，於穆懿王，體素心閑。德秀時英，」器允宗賢，踐仁作保，履義居蕃。忠冠朝首，寵表戚先，」勳規未半，背世茂年。生榮殁哀，休光永延，刊美瑶牒，」祇告幽玄。」 國家圖書館藏拓。

144 元貴妃墓誌

【誌蓋】闕

【銘文】魏徐州琅耶郡臨沂縣都鄉南仁里通直散騎常」侍王誦妻元氏誌銘。」祖高宗文成皇帝。」父侍中太尉安豊國王。」主名貴妃，河南洛陽人也。年廿九，歲次丁酉二月」壬辰朔十四日乙巳亡於洛陽之學里宅。粤八月」庚寅朔廿日己酉窆於河陰之西北山。懼岸谷之」易遷，朝市之侵逼，乃勒石傳徽，庶旌不朽。其詞曰：祥發樞電，慶漸姬川，天祇降祉，神人告遷。穆穆高」宗，諒唯恭己，灼灼園王，令問不已。克誕淑德，懷茲」具美，如玉在荆，由珠居氾。敬慎言容，惇悦書史，爰」從爰降，騰徽素里。女儀既穆，婦行必齊，智高密母，」辯麗袁妻。霜華閫内，松茂中閨，如何不弔，宛爾徂」淪。桂銷初馥，蘭霣方春，象筵虚廓，黼帳凝塵。言歸」宅兆，即此玄扃，惟荒早駕，哀挽在庭。霜月晨下，松」風夜清，百齡曾幾，遽此長冥，生平一罷，金石徒聲。」 國家圖書館藏拓。

145 元遥墓誌

【誌蓋】闕

【銘文】魏故右光禄大夫中護軍饒陽男，姓元名遥，字脩遠，河南洛陽孝弟里人。」恭宗景穆皇帝之孫，京兆康王第二子。降寶星宫，分光帝緒，雋貌奇挺，寬」雅夙藴。雖足翮之勢未成，而鵠馬之心在遠。是以士倫擢友，入御追朋。年」十三，爲高祖所器，特被優引朝會，令與諸王同。憲章初革，出身爲下大」夫。及七祖神遷，苻鼎徙洛，百禮創源，官方改授。除員外散騎常侍兼武衛」將軍。親寵歲加，腹心唯密，轉北中郎將兼侍中。所以襟帶京門，緝釐樞近。」太和中，高祖治兵樊鄧，復攝左衛將軍。暨龍旌返旆，饗士論功，除左衛」將軍饒陽男。太和之季，僞賊侵邊，王師親討，軍次馬圈。聖躬不豫，特命」

公與太師彭城王侍疾，委以戎馬，晏駕之始，在公懷抱。雖鼎湖之神以昇，」而遺弓之感莫發。權機假旨，旬有二日，奉迎世宗於京師，會魯陽而」舉諱。功成事立，百司始伏其深謀也。景明初，除平西將軍涇州刺史。即被」徵爲七兵尚書，又遷中領軍。公文武兼能，在用著稱，出拜鎮東將軍冀州」刺史。入除護軍加右光禄大夫。延昌中，淮泗不静，加公征南大將軍都督」南征諸軍事。推轂之寄，實委心膂。熙平初，大乘之亂，傾蕩河冀，非公神武，」無以窮討，除公征北大將軍都督北征諸軍事。總督元戎，懸軍遠襲，寇旅」既强，人無鬬志。公躬擐鉀胄，一鼓而摧，勇奪三軍，氣振尪固。旨以功高」器厚，付外詳聞，追馬圈之血誠，計大乘之義勇，亦可跨騰五等，榮兼九錫。」而享年不永，春秋五十一，熙平二年九月二日薨於第。天子舉哀於東」堂，百僚倍臨，酸情所感，事越恒倫。乃傷公巨效之未酬，慨公往而不待，追」贈使持節車騎大將軍儀同三司雍州刺史，餘如故。謚曰宣公。今將徙殯」於洛陽西崚，禮也。乃爲銘曰：」莊哉氏胄，巨胤鴻源，齊光日月，等覆乾坤。公其身矣，唯帝之孫，能官任武，」委以群賁。腹心之寄，輨轄國門，内充喉舌，外當納言。忠勒於鼎，著德在蕃，」在蕃何德，忘己憂國。導民以孝，齊之以默，煞而不怒，信而不忒。汪汪海量，」崿崿正直，宿夜在公，自强不息。民之父母，朝之軌則，軌則之聲，能寬能平。」臨財剋讓，在醜不諍，入作領護，出秉專征。朱旗一掃，萬里蒷清，不伐其善，」不矜其名。勳位兩兼，器厚望隆，人慟二聖，贈不虚崇。册高帝胤，禮同上」公，朝賢怛感，士女酸沖。哀流衢塓，聲貫蒼穹，昔歌善始，今悲令終，形隨道滅，名同岱嵩。妻安定梁氏。」 國家圖書館藏拓。

146 楊舒墓誌

【誌蓋】魏故鎮遠將軍華州」刺史楊君之墓誌蓋」

【銘文】魏故鎮遠將軍華州刺史楊君墓誌銘。」君姓楊，諱舒，字延景，恒農華陰潼鄉習仙里人也。河内清河二郡府君之」孫，洛州刺史恒農簡公之第六子。漢太尉震，晉儀同瑶，即其世矣。君體河」岳之淑靈，膺積福之餘慶。淵度凝深，風流濬邈。閨門垂孝敬之譽，鄉黨流」泛愛之仁。爰自弱冠，鋭情典誥。終朝下幃，薄暮潭思。業尚三禮之學，廣采」百家之論。才藝優贍，道術通洽，汪汪焉，詳詳焉。允所謂黄中之儁髦，德音」之令准者已。太和中，以勳望之胄而除散騎郎。暨世宗即祚，壽春送欵。君」爲揚武長史，受降納附。未幾，以援接之功除大鴻臚丞。弼贊九儀，賓翼四」門，蕃衛載緝，戎陌來庭。義陽之役，君參鎮南軍事。職掌壘和，任屬防禦。嚴」栅櫓之制，峻雲梯之險。憑陵之志莫展，窺闇之望斯絶。又監别將田益宗」軍事，破僞鈞城而還，俘虜二千，收甲萬計。以功遷司空府中兵參軍。俄而」僞臨川王蕭宏敢率蟻徒，殲我梁城。以君歷試惟允，復參征南軍事。都督」元王特深器眷，杖以幃幄之任，諮以決勝之謀。及僞軍一遁，烽煙四起，君」領羽林鐵騎，長驅淮滸，救其熿燒之委，收其器械之資。乃今邊儲載衍，軍」士充仍者，君有力焉。永平初載，望府啓建，寮佐之選，妙盡時英。以君爲伏」波將軍，參太尉高陽王府事。於是翼亮台鉉，毗道鼎司，剋昭文薄之能，實」允官人之職。及遭新昌君艱，幾盡者二三。孺慕之音，晝夜不絶；漿溢之禮，」歷口莫飲。自爾尪頓，日就危惙。雖顔丁之居憂，遠有慚德；曾柴之銜恤，寧」或能擬。春秋卌有六，以延昌四年九月九日於洛陽縣之依仁里第瘠甚」而卒。皇帝悼惜，朝野嗟痛。詔遣謁者持節册贈鎮遠將軍華州刺史。」所以旌崇孝德，禮也。粤以熙平二年九月二日卜窆於本縣之舊塋焉。乃」作銘曰：於鑠使君，清風獨絶。太尉之胤，儀同之裔。冠蓋三秦，本枝百世，」粤挺明德，聿遵前列。如玉之瑩，如冰之潔。永言孝友，率志貞厲。沖年受業，」雅愛斯文。鋭情無惰，潭思能懃。終朝章句，旦夕典墳。淵才博贍，高志脱群。」九流畢鏡，八素咸分。振戟玉墀，濯纓朱廡。四門載穆，九儀率序。帝求鼎」佐，唯德是與。我有儁哲，攬衣而處。三緝戎機，再遊台府。軍政允洽，槐風克」舉。新昌殞世，瘠甚而卒。忪忪遺嗣，哀哀弟姪。書宮寂寥，琴庭蕭瑟。皇鑒乃」眷，追贈顯祑。輝賁泉門，光昭松室。輒勒徽猷，悊慚無述。」

陝西華陰出土。見《文博》一九八五年第二期《陝西華陰北魏楊舒墓發掘簡報》。

147 刁遵墓誌

【誌蓋】闕

【銘文】魏故使持節都督洛兖州(下殘)」高祖協,玄亮,晉侍中尚書左僕(下殘)」夫人彭城曹氏,父羲,晉梁國中(下殘)」曾祖彝,太倫,晉侍中徐州牧司空義陽(下殘)」祖暢,仲遠,晉中書令金紫左光禄大夫建平(下殘)」父雍,淑和,皇魏使持節侍中都督揚豫兖徐四州(下殘)」徐豫冀三州刺史東安簡公。夫人琅耶王氏,父(下殘)」公諱遵,字奉國,勃海饒安人也。姓氏之興,録於帝圖,中葉(下殘)」廣淵,謨明有晉。祖父以忠肅恭懿,聯輝建侯。所見者世往傳開(下殘)」之外,不復銘於幽泉也。公禀惟岳之靈,挺基仁之德,忠□本於立(下殘)」以小節而求名,無虚譽以眩世。少能和俗,於人無際,但昂然愕然者,有(下殘)」侍中中書監司空文公高允,皇代之儒宗,見而異之,便以女妻焉。太和中,(下殘)」尋拜魏郡太守。寬明臨下,而德洽于民。正始中,徵爲太尉高陽王諮議參軍事(下殘)」有古人之風,器而禮焉。俄而轉大司農少卿,均節九賦,以豐邦用。莅事未期,遷使持□」都督洛州諸軍事龍驤將軍洛州刺史。公之立政,惠流兩壃,平陽慕化,辟地二百。方一」江沔,成功告老。上天不弔,忽焉降疾。熙平元年秋七月廿六日春秋七十有六薨于位。」朝廷痛悼,百寮追惜,贈使持節都督兖州諸軍事平東將軍兖州刺史,侯如故,加謚曰」惠，禮也。惟公爲子也孝，爲父也慈，在臣也忠，居蕃也治。兄弟穆常棣之親，朋友□必然」之信。尊賢容衆，博施無窮，載仁抱義，行藏罔滯，温恭好善，桑榆彌篤。小子整等泣徂年」之箭駿，痛龜筮之告祥，奉靈轜而號慟，遷神柩於故鄉。以二年歲次丁酉冬十月己丑」朔九日丁酉窆於饒安城之西南孝義里皇考儀同簡公神塋之左。松門永閟，深扃」長鍵，庶鐫石於下壤，仰誌德於幽泉。其辭曰：」攸攸緜胄，帝儓之胤，驛代貞賢，自唐暨晉。明哲迭興，忠能繼雋，在洛雲居，徂楊岳鎮。氛」鯨興虐，金曆道亡，於昭我祖，違難來翔。位班鼎列，朝望斯光，顯顯懿考，奉搆腰璜。」依仁挺信，據德標明，紐龜出守，入讚台衡。惠霑千里，道懋槐庭，清風遥被，徽音遠盈。曰」登農貳，播稼是司，巍巍高廩，禮教將怡。邊城俟捍，戎氓佇治，秉旄肅命，董牧宣威。方叔」剋莊，燕奭遐齡。庶乘和其必壽，泣信順而徂傾。攀號兮罔訴，摧裂兮崩聲。銘遺德兮心」已糜，刊泉石兮慟深扃。夫人同郡高氏。父允，侍中中書監司空咸陽文公。」

【誌陰】（原石分上下兩層書寫，已多漫漶。）

（上層）長兄纂，奉宗，早亡。妻河内司馬□。」父楚之，魏使持節侍中鎮西大□□」啓府儀同三司揚州刺史琅邪□□。」第三弟紹，奉□，饒安易二縣□□□□。」妻河内司馬氏。父龍成槍□□□」第四弟獻，奉□，（下泐）東州□□□」妻燕郡（下泐）書（下泐）」第五弟融（下泐）太守，」妻同郡（下泐）中，中書監司」□□文（下泐）」第六弟肅，奉誠，□中

□侍郎，早亡。」妻清河崔氏，父龍皮，昌國令貝□」子（下泐）」第七弟（下泐）（下層）世子楷，□伯，舉秀才，早亡。」妻清河□氏。父相，宋散騎侍郎。」第二子尚，□勝。本州□中□事史。」□□□□氏。父堤，使持□侍中征」□大將軍梁雍二□□□□王。」第三子整，景□，（下泐）騎」常侍右軍將（下泐）」妻同郡高（下泐）參軍」事清河太□。祖允□□□□文公。」第四子振，□略，司空（下泐）遠將」軍，」妻同郡李氏。父磐□（下泐）」□□子宣，季達□□□□□郎太尉」□室參軍事□波□□謁者僕射中」散大夫，繼第五弟□汝陰太守，」妻河南□氏，父英侍中尚（下泐）」司徒中山獻武（下泐）」第六子隆，景（下泐）」第七子景運，（下泐）」第八子景（下泐）」□□子（下泐）」 國家圖書館藏拓。

148 崔敬邕墓誌

【誌蓋】闕

【銘文】魏故持節龍驤將軍督營州諸軍事營州刺史征虜將軍太中大夫臨青男」崔公之墓誌銘。」祖秀才諱殊，字敬異。夫人從事中郎趙國李休女。」父雙護，中書侍郎冠軍將軍豫州刺史安平敬侯。夫人中書趙國李詵女。」君諱敬邕，博陵安平人也。夫其殖姓之始，蓋炎帝之胤。其在隆周，遠祖尚父，」實作太師，秉旄鷹揚，剋佐揃殷。若乃遠源之富，弈世之美，故以備之前册，不」待詳録。君即豫州刺史安平敬侯之子。冑積仁之基，累榮構之峻，特稟清貞，」少播令譽。然諾之信，著於童孺；瑶音玉震，聞於弱冠。年廿八而儁華茂實，以」響流於京夏矣。被旨起家，召爲司徒府主簿，納贊槐衡，能和鼎味。俄而轉」尚書都官郎中。時高祖孝文皇帝將改制創物，大崇革正，復以君兼吏部」郎。詮叙彝倫，九流斯順。太和廿二年春，宣武皇帝副光崇正，妙簡宫衛，復」以君爲東朝步兵。景明初，丁母憂還家，居喪致毁，幾於滅性。服終，朝廷以」君膽思凝果，善謀好成，臨事發奇，前略無滯。徵君拜爲左中郎將大都督中」山王長史。出圍僞義陽，城拔凱旋。君有協規之效，功績隆盛，授龍驤將軍太」府少卿臨青男。忠懃之稱，實顯於兹。永平初，聖主以遼海戎夷，宣化佇賢，」肅慎契丹，必也綏接，於是除君持節營州刺史，將軍如故。君軒鑣始邁，聲猷」以先，麾蓋踐壃，而温膏均被，於是殊俗知仁，荒嵎識澤，惠液達於逋遐，德潤」潭於邊服。延昌四年，以君清政懷柔，宣風自遠，徵君爲征虜將軍太中大夫。」方授美任，而君嬰疾連歲。遂以熙平二年十一月廿一日卒於位。縉紳痛惜，」婣舊咸酸，依君績行，蒙贈左將軍濟州刺史，加謚曰貞，禮也。孤息伯茂，銜哀」在疚，摧號罔訴，泣庭訓之崩沉，淚松楊之以樹，洞抽絶其何言，刊遺德於泉」路。其辭曰：」綿哉遐胄，帝炎之緒，爰歷姬初，祖唯尚父。曰周曰漢，榮光繼武，邁德傳輝，儒」賢代舉。於穆叡考，誕質含靈，秉仁岳峻，動智淵明。育善以和，奬幹以貞，響發」邽丘，翼起槐庭。慶鍾盛世，皇澤遠融，入參彝叙，出佐邊戎。謀成轅幕，績著」軍功，僞城飆偃，蠢境懷風。王恩流賞，作捍東荒，惠沾海服，愛洽遼鄉。天」情方渥，簡爵唯良，如何倉昊，國寶淪光。白楊晦以籠雲，松區杳而煙邃，藐孤」叫其崩怨，親賓颯而垂淚，仰層穹而摧號，痛尊靈之長秘，誌遺德兮何陳，篆」幽石兮深隧。嗚呼哀哉。」 據《漢魏南北朝墓誌集釋》。

149 李氏墓誌

【誌蓋】闕

【銘文】太妃李氏，頓丘衛國人也。魏故使持節大將軍陽平幽王之妃，使」持節衛大將軍青定二州刺史陽平惠王之母。鴻基肇於軒轅，寶」胄啓於伯陽，哲人之後，弈葉官華，龜玉相承，重光不絕。祖賢，晉南」頓太守。神鑒朗悟，知名往朝。父超，宋龍驤將軍哲縣侯。風德高邁，」見重劉主。太妃禀婺光之淑靈，陶湘川之妙氣，生而端嶷，幼則貞」華，睿性自高，神衿孤遠。風儀容豫，比素月而共暉；蘭姿炤灼，擬芳」煙而等映。柔湛内恭，温明外發，凝然若雲，潔然如玉。若夫汪汪沖」操，狀蠟淵而獨邃；英英瑶質，似和璧而起照。志量寬明，性度方雅，」顧史自脩，問道鍼闕，五禮既融，四德兼朗。九族稱其貞淑，邦黨敬」其風華。於是鳲鳩延娉，玉帛盈門，就百兩之盛儀，居層欅以作配。」太妃遂内執恭謙，外秉禮憲，慕關睢之高範，遵雞鳴之鴻軌，柔裕」以奉上，慈順以接下，發言必也清穆，舉動其於令則。湛如淥泉之」發浦，皎若明月如昇漢。婦德徽於大邦，母儀光於蕃國，四育寶璋，」道映當世，奉時之績，鴻册流芬。故廟堂慶其誕載，王業賴其作」輔，烈岳之胤，太妃其有焉。太妃慈惠爲心，聰令爲德，嚴而易奉，和」而難悦，恭己以政人，剋躬以齊物，儉不侵禮，華不損誥。雖榮貴彌」隆，而志操不俞，歡恚弗形於顔，憍矜莫現於色，聽其聲則無鄙悋」之心，睹其容則失傲慢之志，故能長幼剋諧，小大斯穆。至於孝慕」仁厚之感，慈明恭允之量，垂衿泛愛之道，温柔和裕之至，信可以」踵武大姜，繼軌任氏者矣。天不報善，殲此仁淑。春秋八十，熙平二」年歲次大梁十月己丑朔二日庚寅寢疾薨於第。朝野悲惻于上，」雲宗痛慕于下，凡在有懷，莫不摧惋。粤十一月戊午朔廿八日癸」未窆于洛陽之西陵。夜宫無曉，晨光長絶，圖淑德於清泉，刊無朽」於玄石。乃作銘曰：」舒宫降彩，婺光垂曜，若妃誕載，神儀挺妙。剋令剋聰，以仁以孝，貞」華内朗，德音外照。雲姿窈窕，容禮堂堂，於穆仁妃，作配君王。温恭」有則，閑裕有章，徽聲夙振，青風載揚。皎皎玉問，穆穆淵情，談玄簡」妙，雅論飛聲。如彼泉流，彌潔彌清，如彼琳瑯，俞久俞貞。報善未徵，」雲儀奄烈，浩月沉天，白雲空結。思鳥啼霜，悲風舞雪，追慕餘芳，痛」此長絶。」

國家圖書館藏拓。

150 楊泰墓誌

【誌蓋】無

【銘文】魏故朔州刺史華陰伯楊君墓誌銘。」君諱泰，字保元，弘農郡華陰縣同鄉習仙里人也。并州刺」史之孫，秦州使君之子。其祖宗遊蔚之茂，本枝繁衍之盛，」故已昭灼於篇藉，光明於圖史矣。君負潤膏腴，承華慶緒，」少挺金璋之質，晚懷瑚璉之器，射御偏長，弓馬絶倫。以景」明三年召補伏波將軍千牛備身。七歷清斑，位昇牧伯。以」延昌四年除持節督朔州諸軍事前將軍朔州刺史。莅境」三期，政化大行，北表晏如，塞外無又塵。報善希徵，云亡奄」及。以熙平二年五月三日薨於位，春秋五十有四。追贈持」節平西將軍汾州刺史。以熙平三年二月遷窆於故鄉之」弘農華岳之東北十有五里。託玄石以記號，勒盛德於重」泉。其詞曰：」長源浩浩，遠胄攸攸，起自唐叔，發系隆周。伯喬分晉，」是曰」楊侯，皎皎赤泉，千載承流。四公在漢，實唯佐命，大才巨器，」有覺德行。綱紀四方，朝之外鏡，帝載光明，緝熙在詠。邇及」於君，盛鄴彌昌，茂緒葳蕤，潔流滄浪。冠蓋蟬聯，」黽組相望，」鳴笳出塞，作牧朔方。自古皆死，仁亡何速，命非金石，脆均」草木。未秋彫華，當春墜緑，瑶室絶響，高堂滅燭。即彼靈途，」去兹人道，逝軫不追，徂輪遂眇。妻子號兆，悲哭相繞，長夜方昏，泉門詎曉。」

陝西華陰出土。見《考古與文物》一九八四年第五期《華陰潼關出土的北魏楊氏墓誌考證》。

151 耿壽姬墓誌

【誌蓋】耿嬪墓誌」

【銘文】魏故高宗耿嬪墓誌銘。」嬪諱壽姬，定州鉅鹿曲陽人也。姓」行忠良，文謹人表，才美俱備，理儀」可遵。奉文成皇帝爲嬪。以神龜」元年歲次戊戌三月八日寢疾不」預，荒于。父紹，除建中將軍魏郡」太守。母冀州勃海吴。父爲臨」顔、白馬二縣令。兄神寶，獻文」皇帝行順定州，旨除殄寇將」軍平興令。父弟息世明，爲郡功」曹，督護本縣令。明息海賓爲郡功」曹，復爲郡中正。」　國家圖書館藏拓。

152 高英墓誌

【誌蓋】闕

【銘文】魏瑶光寺尼慈義墓誌銘。」尼諱英，姓高氏，勃海條人也。文照皇」太后之兄女。」世宗景明四年納爲夫人。正始五年拜」爲皇后。帝崩，志願道門，出俗爲尼。以」神龜元年九月廿四日薨於寺。十月十」五日遷葬於屺山。弟子法王等一百人，」痛容光之日遠，懼陵谷之有移，敬銘泉」石，以誌不朽。其辭曰：」三空杳眇，四果攸綿，得門其幾，惟哲惟」賢。猗與上善，獨悟斯緣，出塵解累，業道」西禪。方窮福養，永保遐年，如何弗壽，禍」降上天。徒衆號慕，涕泗淪連，哀哀戚屬，」載擗載援。長辭人世，永即幽泉，式銘兹」石，芳猷有傳。」一　據《漢魏南北朝墓誌集釋》。

153 李璟蘭墓誌

【誌蓋】闕

【銘文】夫人姓李，諱璟蘭，冀州勃海郡條縣廣樂鄉新安里人也。漢膠西」王太傅解之後。爰及魏氏，衣冠世襲。遠祖東夷，才華儁令，聲高晉」室。高祖中庶，温良約儉，名重燕邦。祖陳留，勳節清劭。父功曹，光毗」允稱，累葉承徽，風流不隧矣。夫人幼而聰悟，長彌謙順，諸姑尚其」恭和，伯姊服其孝敬。自來儀君子，四德淵茂，逮事太夫人，曲盡婦」道。造次靡違，巔沛必是，妙善女工，兼閑碎務。太夫人衣食服玩，躬」自嘗製，蒸礿祠奠，親潔俎豆。信不以貴敖爲心，每以卑慎在志。是」以太夫人慈遇備隆，流愛特厚，在宗必詠，在家必聞。故能六戚仰」其徽猷，五宗範其成行，慶緒遐綿，誕育冢嗣。太和廿年，武昌王以」宗室親勳，賞遇隆重，鏤龜分虎，出牧齊藩。贊治所憑，維捍是寄，妙」簡良佐，帝難其人。以公器局沉隱，識學詳明，除公爲長史，帶東魏」郡。郡去夫人桑梓經塗不過數百。河葦之路匪遥，載馳之恩餘遠。」正以禮奉異門，抑情從義，違親累稔，積思成痾。雖憂戀内侵，未敢」形諸言色。太夫人愍其孝至，聽暫歸寧。依善無效，春秋廿有六，太」和廿一年十一月廿日薨于新安里第。神龜元年歲次降婁十二」月壬子朔九日庚申遷配於洛陽北芒山之陽樂氏之里。風山裂」石，寒壟悲雲，白楊長吟，泉下無聞。悼明珠之碎朗，傷孤蘭之奄芬。」乃作銘曰：」景山降靈，宗海騰精，誕茲懋族，世載休明。太傅崇德，東夷樹聲，勳」昭地緯，道穆乾經。篤生淑媛，秉心塞違，恪懃泛愛，總孝兼慈。閑詳」外順，柔静内怡，三從無爽，四德有歸。富能廣貸，儉獨善身，恭和厲」夕，肅敬犯晨。行師六戚，藝範五姻，如萱秀夏，比蕙光春。積慶虚設，」與福安在，傾景莫留，徂川不待。始露摧芳，未霜彫彩，歡促百年，悲」萇千載。逝彼北皁，將附南巒，帶山之陽，背河之干。松門風急，泉户」深寒，一隨地久，曉夜方難。式鐫斯石，傳美巖櫕。」國家圖書館藏拓。

154 高道悦墓誌

【誌蓋】闕

【銘文】君諱道悦，字文欣，遼東新昌安鄉北里人也。世襲冠冕，著姓海右。乃祖東夷校」尉徐無侯，聲高海曲，風光前魏。曾祖尚書僕射，才輝龍部，翼範後燕。祖齊郡，清」猷孤遠，名播二國。考平州，珪璋夙樹，騰聲早年。君稟河山之秀氣，含晷電之神」精。沖齡表岐疑之風，綺歲招生知之譽。淵情峻邈，器宇難窺。青襟沿庠，業光衡」塾，羈髪籥序，童風輝茂。美清言，善賞要，好意氣，重聲節。孝敬醇深，機鑒英越，志」性端

凝，言不流雜。氣韻苕遰，與白雲同翻；風概昂藏，與青煙俱颺。年十五，除中」書學生，
拜侍御史，遷主文中散，轉治書侍御史。當官而行，豪右斂衽。荆揚未賓，」豹尾翾路，星
遣飛駟，征兵秦雍，限期季秋，閲集洛陽。而兵使褰違，稽犯軍律，憲」省機要，理膺繩究。
尚書僕射任城王，地慼人華，寵冠朝右。尚書右丞公孫良，才」望沖遠，天心眷遇。皆負
氣自高，曲樹私惠。君竝禁劾，會赦洗咎，由此聲格，遐邇」斂屬。雖二鮑之匡漢朝，兩傅
之諧晉室，無以過也。進諫議大夫。獻納風規，朝野」聳聽。高祖孝文皇帝，深相知體，
雅見器愛，臨軒稱歎，形於詔牘。既而徙」縣洛中，更新朝典，銓品九流，革易官第，妙簡
才英，弼諧東貳。乃除太子中庶子。」緝正儲闈，徽音獨韻。但河陽失圖，潛懷不軌，追纂
楚商，連規宋劭，拔劍吐心，邀」同梟鏡。君厲聲作色，抗其兇計，既殊潘崇饗羊之謀，遂
同陽原頭風之禍。以魏」太和廿年秋八月十二日春秋卅五，暴喪於金墉宫。高祖聞而流
涕，曰：非但」東宫缺輔，乃喪朕社稷之臣。嗚呼。枉殲良器，深可悼惜。迺詔曰：門下
故太子」中庶子高君，資生婞亮，稟業忠淳，作弼儲侍，匡直貞發。遂爲群小所忌，危身
禁」中。行路致歎，視聽同悲。朕甚振悼於厥心。可贈散騎常侍營州刺史，謚曰貞侯，」
兼賜帛一千匹。竝遣王人監護喪事。以其年秋九月遷葬冀州勃海郡條縣之」西南，以爲
定兆。但舊葬下濕，無可重厝，因此兇際，遷葬於王莽河東岸之平崗。」神龜二年歲次己
亥春二月辛亥朔廿日庚午穸於崇仁鄉孝義里昔太和之」世壙内。有記無銘。今恐川壟

翻移，美聲湮滅，是以追述徽猷，托晰壤陰。其辭曰：「遼海耀精，營龍輝靈，神區菴藹，世育人英。遥源昭晰，綿葉貞明，如彼芳蘭，根柯」連馨。邈哉夫子，卓矣難窺，師心曉物，□洞生知。昂昂千里，汪汪萬陂，清輝鬱映，」芳風葳蕤。聳韻西京，翻光東國，憲閣承規，儲闈仰則。二鮑著英，兩傅慚德，」高皇稱歎，形于簡墨。比干逢辛，陽原屬劭，隋庭殞光，荆門喪寶。痛貫雲煙，哀驚禽鳥，式銘泉阿，永旌風道。」山東德州出土。見《文物》一九七九年第九期《釋北魏高道悦墓誌》。

155 寇憑墓誌

【誌蓋】闕

【銘文】魏故本郡功曹行高陽縣省兼郡丞寇君墓誌。」君諱憑，字祖驎，上谷昌平人也。后稷之苗胤，周文之」裔胄，氏族康叔。遠祖威侯，翼佐漢業。侍中光弼幃幄，」華萼相承。暨于皇魏，安西將軍秦州刺史馮翊哀」公之曾孫，安南將軍領護南蠻校尉雍州刺史河南」宣穆公之孫，假節驢驤將軍幽郢二州使君威公之」第七子。君資慶於靈緒，禀氣于峻岳，秀逸超世，容豫」自得，孝性曾參，志尚晏平，師心六藝，嘲論響應，美談」笑，善草隸，文思其海，武乃標穎。弱冠本郡功曹，休聲」玉振，屈宰高陽。君以牛刀暫割，則弦歌誦路。太守遷」州，朝議簡仁，君應其舉，遂省兼爲丞，祇命暫莅，境不」拾遺。年廿，忽丁重憂，君純孝自忠，毁過禮制，遂得冷」疾，患逕十三年。善報無徵，殞此名哲。春秋卅四，神龜」元年七月廿六日奄殞于中京。葬洛陽都西廿里北」芒上。臨終明朗，不忘德義。君孝弟通神之至，款篤人」倫之前，風高儁上之氣，僚友痛蘭桂之摧折，傷單弦」之缺聽，寄泉壤以圖記，託幽堂以流咏。乃作銘頌：」古往來今，秀彦隨逝，英英奇子，超卓妙絶。志氣陵漢，」冰巖潔雪，處群若鵠，皦然獨傑。弱冠玉振，將立彌仰，」若彼暢松，騰雲萬丈。曲肱衡門，耻爲勳償，守孝茵庭，」求己流響。嗚呼彼倉，殲我良人，追痛泉宮，動彼倉旻。」如可暫勉，人無愛身。」神龜二年歲在己亥二月辛亥朔廿三日癸酉窆于大墓。次」夫人洛州刺史天水楊終敬之孫，征虜府司馬楊貞穆長女。」

國家圖書館藏拓。

156 寇演墓誌

【誌蓋】闕

【銘文】魏故汝南太守寇府君墓誌。」君諱演，字真孫，上谷昌平人也。錦裔遐彰，綿芳於姬衛，」蘭光綺萼，降世彌昌，累公熙祚，緝運神英。君稟資靈於」天秀，挺聰令而夙成，憬迹攸心，雅有志焉。時南兖州初」開，樹基譙壥。朝重蕃授，佐亦旌仁，遂屈君爲征虜府」長流參軍。風謨敏濟，叡情凝遠，後以邊城鄰偪，舉必議」賢。復除新城戍主，弋陽汝南二郡太守。猛績外潭，儒風」內朗，雖南陽美虞，會稽慶寵，未之嘉也。景政雖宣，洪珍」未闡。刺史韋嘉其冏操，延攝長史，領袖僚華，概韻渝顯。」方當享祚，光踵前脩，如何不弔，春秋五十五，以神龜元」年七月廿七日薨于位。王折擭彫，僉焉痛惜。二年二月」廿三日窆于洛陽城西北芒，附于大兆次。其辭曰：」恢恢雅亮，叡遠神融，方嵩等謂，比景齊躬。潔静能和，在」和唯沖，寄圖玄堂，永志休風。」曾祖讚，綏遠將軍魏郡太守安南將軍領護南蠻校尉雍」州刺史河南宣穆公。太夫人天水楊氏。父壽，本州都」別駕。祖元寶，本州別駕安南將軍豫州刺史再假太」尉河南簡公。太夫人馮翊魚氏。父遵苻，太師公。」父祖笑，使持節安南將軍徐州刺史三假太尉河南慎」公。太夫人京兆韋氏。父尚，秦州刺史。」　國家圖書館藏拓。

157 元祐墓誌

【誌蓋】闕

【銘文】持節督涇州諸軍事征虜將軍涇州刺史齊郡王墓誌銘。」王姓元，諱祐，字伯援，河南洛陽都鄉照樂里人也。」高宗文成皇帝之孫，太保齊郡順王之世子。登天構日之基，」闢土陵雲之業，冥慶龜書之祥，玄祚龍官之瑞，故以備載於」言事，可得而略焉。王連崿琁峰，分流瑶渚，禀二氣之純精，誕」五常之秀氣。夙藴生知之靈，早懷自成之量。崇巖千刃，景山」之不可踰；洪波萬頃，巨海之不可測。榮枯澹於一概，善惡不」形二言。

又鋭志儒門，遊心文苑，訪道忘食，徙義遺憂。雖甄城」之好士，平臺之愛賢，無以過也。景明二年，纂承基運。正始二」年，以王屬近宗親，才高時彥，除驩驤將軍通直散騎常侍。秉」筆霄墀，徽述之理惟清；珥貂霞閣，毗贊之功已顯。永平五年，」除持節督涇州諸軍事征虜將軍涇州刺史。惠化神行，道風」潛被，德禮實宣，刑政虛設。方當踵緑竹於衛川，紹甘棠於燕」境，降年不永，春秋三十有二，以神龜二年歲在己亥正月辛」巳朔六日丙戌寢疾薨於第。天子震悼，百辟悲慟，賵贈之厚，」禮越常倫。追贈使持節平東將軍冀州刺史，王如故。其年二」月辛亥朔廿三日癸酉遷窆於河南洛陽北芒之舊塋。乃作」銘曰：」寶祚剋昌，慶緒綿長，功苞四宇，化洽一匡。握蘭啓鄭，削桐命」唐，德侔往帝，道冠前王。惟齊惟魯，如楚如梁，代承嘉祉，世襲」休光。鴻基增構，徽風載揚，司文霄殿，贊軌辰房。禮備龜虎，藉」甚珪璋，仁沾涇域，澤被秦方。吉凶不理，倚伏何常，琨峰碎璧，」岱岳摧芳。星泯石户，日闇泉堂，人神同感，朝野俱傷。式述景」績，垂之無疆。」國家圖書館藏拓。

158 楊胤季女墓誌

【誌蓋】素面無文。

【銘文】魏故華荆秦濟四州刺史楊胤季女之墓誌。」女十三世祖漢故太尉公震。七」

世祖晉尚書令瑶。曾祖庫録二」曹給事京兆太守平南將軍洛」州刺史暉之曾孫。祖寧遠將軍」長寧男祐之孫。父持節都督華」州東荆州南秦州濟州諸軍事」四州刺史長寧男胤之季女。葬」華山華陰潼鄉南原。」維大魏神龜二年歲次己亥七月戊寅朔廿九日丙午起誌。」父平東將軍，謚曰穆公。」　陝西華陰出土。見《考古與文物》一九八四年第五期《華陰潼關出土的北魏楊氏墓誌考證》。

159 梁氏墓誌

【誌蓋】闕

【銘文】大魏正始元年」歲次甲申八月」乙亥朔十日甲」申。故京兆」王息遥使持節」平西將軍都督」涇州諸軍事涇」州刺史饒陽男」妻梁墓。己亥年」八月合葬儀同峻。」　北京大學圖書館藏拓。

160 穆玉容墓誌

【誌蓋】魏羽林監輕」車將軍太尉」府中兵參軍」元斑字珍平」妻穆夫人墓」誌銘」

【銘文】魏輕車將軍太尉中兵參軍元斑妻穆夫人墓誌銘。」夫人諱玉容，河南洛陽人。曾祖提，寧南將軍相州刺」史。祖袁，中堅將軍昌國子。父如意，左將軍東萊太守」昌國子。世標忠謹，冠蓋相仍。夫人幼播芳令之風，早」勵韶婉之譽，聰警逸於機辯，諠讌華於姿態。」侍中太傅黄鉞大將軍大司馬安定靖王，實惟」景穆皇帝之愛子。名冠宗英，望隆端右，清鑒通識，雅」長則哲。既鎮穆門之貞孝，又戢夫人之麗音，乃爲子」斑纁帛納焉。既奉君子，禮德汪翔，家富緝諧之歡，親」無嫌怨之責。宜闡遐齡，永貽仁範，不幸遘疾，以魏神」龜二年九月十九日徂於河陰遵讓里，春秋廿七矣。」粤十月廿七日癸酉窆於長陵大堰之東。乃作銘曰：」昌宗盛族，實鍾玆穆，漢世楊袁，吴朝顧陸。閨門仁善，」室家多福，遂誕英娥，蘭輝豔淑。言歸帝門，剋儷」皇孫，晨昏禮備，箴諫道存。奉上崇敬，接下喻温，鄰無」濁議，邑有清論。綺貌虚腴，妍姿晻曖，溢媚纖腰，豐肌」弱骨。蕙芷初開，蓮荷始發，爲玩未央，光華詎歇。明鏡」踟蹰，錦衾儵忽，翠帳凝塵，朱簷留月。慨矣天長，嗟乎」地久，婿慟賢妻，兒號懿母。飛芬一墜，誰云臧否，獨有」玄猷，脩傳不朽。」

國家圖書館藏拓。

161 **元騰墓誌**

【誌蓋】闕

【銘文】大魏故城門校尉元騰墓誌銘。」城門校尉元騰，字金龍，司州河南嘉平里人也。」太宗明元皇帝之曾孫，使持節都督秦雍涇涼」益五州諸軍事開府儀同三司衛大將軍雍州」刺史樂安宣王範之孫，使持節都督秦雍涇涼」益五州諸軍事開府儀同三司衛大將軍雍州」刺史樂安簡王良之第八子也。正始四年歲次」丁亥四月十一日薨于第。夫人廣平程氏，字法」珠。神龜二年歲次己亥七月十四日薨。其年十」一月丙子朔九日甲申合窆於長陵之東北皇」宗之兆。茫茫二造，雲雷啓靈，我皇利建，武剋文」經。道光九壤，本枝八冥，承明疊聖，民穆天清。」資華重叡，體一乾柯，飛英曜彩，含奇吐和。如金之」美，如玉之瑳，任近道遠，比德衡阿。尸鳩作配，實」惟夫人，蘋蘩以潔，四德以懃。關關喈喈，左右我」君，鍾鼓琴瑟，桂馥蘭薰。仁壽無徵，信順虛設，桂」宇凝霜，玄堂網雪。楊路鯁雲，松原風咽，鐫石題」□，式照餘烈。」　國家圖書館藏拓。

162 元暉墓誌

【誌蓋】闕

【銘文】魏故使持節侍中都督中外諸軍事司空公領雍州刺史文憲元公墓誌銘。」公諱暉，字景襲，河南洛陽人。昭成皇帝之六世孫。琁源杳藹，寶系蟬聯。厥初邁」生於商，本支茂於緜瓞。固已蔚炳丹青，播流竹素，於茲可得而略也。曁於丞相以」至德居宗，道勳光被。征西清猷繼業，克構堂基。父冀州刺史河間簡公。風飆峻整，」無殞世載，所謂弈葉重光，盛德必祀者也。公體玄元之秀氣，稟黃中以爲質，淳粹」資於降神，英明發自天縱。寓量淵富，萬頃未足擅奇；機鑑駿爽，千里將何云匹。温」源恭儉之性，得之自然；忠孝篤敬之誠，因心而厚。幼涉經史，長愛儒術，該鏡博覽，」而無所成名。太和中始自國子生辟司徒參軍事，轉尚書郎太子洗馬。世宗踐」阼，頻遷散騎中書郎給事黄門侍郎，加輔國將軍河南尹。綢繆帷幄，繾綣二宫，深」誠遠略，雅見知愛。竭心以奉上，開衿以待物，劬勞夙夜，知無不爲。由是萬機巨」細，咸相委杖，軍國謀猷，靡不必綜。俄轉侍中，領右衛將軍。執兹喉鍵，總彼禁戎，文」武兼姿，具瞻惟允。乃轉吏部尚書，加散騎常侍。銓衡攸序，管庫必昇，朝之得才，於」斯爲盛。出爲使持節散騎常侍都督冀瀛二州諸軍事鎮東將軍冀州刺史。班條」敷化，萬里歸風，明目搴帷，百城震肅。至於聖主統曆，文母臨朝，復以會府務」殷，元愷任棘。入爲尚書右僕射，尋遷左光禄大夫，尚書僕射常侍悉如故。俄轉侍」中衛大將軍尚書左僕射。頻居執法，屢處朝端，密勿禮闈，留聯臺閣。盡亮采之能，」窮燮諧之美，詠流金石，功布鼎鍾。雖復伯豪在漢，遠有慚德；巨源居晉，將何足比。」方當陟彼台鉉，永隆宸棟，福善無徵，榱崩奄及。春秋五十五，以神龜二年九月庚」午遘疾薨於位。天子震悼，群辟痛心，有詔追贈使持節都督中外諸軍事司」空公領雍州刺史，侍中如故。考德累行，謚曰文憲公。粤三年三月甲申遷葬於洛」陽西四十里長陵西北一十里西鄉瀍源里瀍澗之濱。山谷有移，縑竹易朽，敬刊」玄石，式銘幽皋。其詞曰：」在天成象，麗地作鎮，岳實佐唐，元亦輔舜。昂昂公侯，自天挺儁，澄瀾萬頃，抽峰千」刃。蕭聳瓌姿，雍容雅韻，履道克終，踐言必信。亹亹勞謙，温温淑慎，方金伊銑，比玉」斯潤。自始膠庠，爰初委質，令問孔照，德音秩秩。出侍龍樓，入華載筆，遂給黄門，延」登樞密。繾綣廟廊，綢繆帷室，成務以幾，制勝以律。不行而至，匪速而疾，介如石焉，」無俟終日。任重必勝，德輶斯舉，業懋瑣門，政清阿輔。帝曰爾諧，緯文經武，謇謇」喉唇，桓桓禁旅。知人則哲，惟昔所難，勳彰水鏡，績懋能官。往綏神岳，來貳朝端，聲」高盧衛，譽美陳韓。密勿股肱，劬勞羽翼，方亮天工，永毗衮職。福善終昧，輔仁誰測，」税駕何遽，長鑣已息。備彼哀榮，亨兹加數，挽響搏風，笳聲委霧。寂寥泉户，荒芒□」樹，陵谷或遷，芳猷永鑄。」

國家圖書館藏拓。

163 尉太妃墓誌

【誌蓋】闕

【銘文】故太尉公穆妻尉太妃墓誌銘。」太妃河南洛陽人也。層基與嵩崿同高，懸源共滄流俱遠，故以」載題史册，不復詳述焉。祖侍中散騎常侍建義將軍四部尚書」西陽公，建明略於皇家，有大功於帝室。父博陵府君，聿遵」前功，剋紹鴻構。太妃纂累代之英模，體弈世之薰烈。志業通華，」機識端爽。義光九族，禮穆二門。道訓柔嘉，德容温謐。嚴同夏景，」仁協春輝。正教内融，惠化潛被。深淵匪測，巨刃難窺。朝野欽其」懋庸，遐邇慕其徽範。方當師氏人倫，儀形風俗，昊天不弔，春秋」六十六，神龜二年十一月十日薨於洛陽之安貴里第。大魏神」龜三年歲次庚子六月癸卯朔廿日壬申附葬於景山之舊」塋。乃作銘曰：」玄源緬邈，鴻祚嬋連，慶靈代襲，清風聿宣。昭哉懋德，育道幽閑，」貞規獨秀，秉心塞淵。玉明琨岫，珠曜隨川，洪波若海，巨量如山。」禍淫莫驗，與善無甄，五福虛積，」三善徒然。倉芒楊隴，蒙没松壚，」夕陽已逝，晨光未旋。瑶琴韜軫，金鑪滅煙，星火驟變，丹壑遽遷。」式鐫景範，垂之永年。」

國家圖書館藏拓。

164 高植墓誌

【誌蓋】闕

【銘文】魏故濟青相涼朔恒六州刺史（下闕）」君諱植，字子建，勃海蓨人也。（下闕）茂烈，皆備之」國籍家傳，不復更録（下闕）」之子。君禀靈原之（下闕）」者顧賜之（下闕）」承含道於匃衿始此（下闕）」宣武皇（下闕）」皇帝尋（下闕）」衛（下闕）」理沉（下闕）」絶白駒之（下闕）我以□」方約我以（下闕）」心始□奸詐之輩（下闕）」君在（下闕）」神翻然（下闕）」泉（下闕）」至德□虛麋（下闕）」名山□衢（下闕）龍飛鳳舞[一]（下闕）」贖兮（下闕）」豪痛彼蒼者天，喪此明公。夐矣哲人，惟義是依，每見我君，終始許師。」大魏神龜（下闕）」

河北景縣出土。拓本不清。

注釋

〔一〕「龍飛鳳舞」四字疑爲後人加刻。

165 僧達法度銘

【銘文】（磚質）正光元年八月十」四日安憙僧達法度銘。」 國家圖書館藏拓。

166 韓玄墓誌

【誌蓋】闕

【銘文】魏故齊郡韓府君墓誌銘。」君諱玄，字澄寂，齊郡臨菑人也。漢故司徒公」□十世之孫。根胄新平，流移齊土，閨門孝」□，□邑□誇。籍甚聲騰，遐邇矚望，文武兼懷，」功績班宣。大魏永平初，新除臨菑令，未久，遷」□□，除齊郡。降年不永，春秋八十二，」神龜二」年冬十一月廿六日卒。正光元年歲次庚子」十月辛丑朔廿一日□□□臨菑南逢山之」□阿。大夜竟斯，長冥□□，□□□□，傳華□」□。其辭曰：」□□名族，世範流馨，□□□神，祀允單誠。□」□□心，汎□抽情，□□□桀，□松如楨。穆□」神儀，□□□□，蔚若□翻，□□霧□。卓爾□」標，名甚□□，□□□月，和序允剋。榮莅齊□，」生民仰德，□□□□，□潛幽□。」 北京大學圖書館藏拓。

167 趙光墓誌

【誌蓋】魏故元氏趙」夫人墓誌銘」

【銘文】夫人諱光，字容妃，南陽苑縣都鄉白水里人也。其氏」族之由，皆述於史删，故可得如詳。祖巖，魏故黄門侍」郎鎮南將軍相州刺史。父定，寧遠將軍盛樂太守。夫」人禀映自衷，容華外潔，金箱齠年，玉振齔歲。爾其昭」灼之儀，若望舒之拂秋幃；含璋内敏，如蕙蘭之納春」圃。淑著閨閫，芳問自揚。年十有六，爰嫡昭成皇帝」之胤、散騎常侍内大羽真太尉公使持節車騎大將」軍冀州刺史比陵王孫、冠軍將軍徐州刺史永之長」子爲妻。其在重闈，四德唯婉，既配帝胄，七教踰隆。」故令衆姒頌徽，群娣歌美，訓範兩宗，惠流庶族。而輔」仁無徵，春秋卅有八，以正光元年歲在玄枵七月癸」酉朔廿日壬辰寢疾薨於永康里。諸婦傷悼，靡不抽」惋。粤十月廿一日辛酉永窆於莀陵之側。西去瀍澗」之水五里有餘。東去武穆王陵二里之半。然千載無」恒，市朝或改，故刊石記行，式標來葉。其詞曰：」結根自遠，分萼垂芳，誕姿英淑，令問令望。金玉其質，」式範珪璋，徽音内著，休問外揚。爰匹帝族，肅雍是」侍，德則稱人，過乃收己。上虔舅姑，傍協娣姒，」恩沾兩」門，化洽邦里。七教既敷，四行已申，宜享無疆，永保遐」辰。如何不弔，殲此良人，敬刊幽石，𢗡播餘芬。」 國家圖書館藏拓。

168 劉阿素墓誌

【誌蓋】闕

【銘文】大魏正光元年歲在庚子魏宮内太監劉」阿素墓誌銘。」監諱字阿素，齊州太原人也。前使持節齊」州刺史劉無諱之孫，前太原太守劉頒之」女。遭家不造，幼履宮庭，但志心儒質，蒙策」紫極，内寵其勞，賜宮品一。春秋六十有七，」秋八月卒于洛陽宮。冬十月遷窆於陵山。」同火人典御監秦阿女等，痛金蘭之奄契，」悲紅顔而逃年，乃刊玄石，述像德音。其辭曰：」英英孤秀，煢煢哲人，陵霜吐馥，冬華表新。」獨有蘭蕙，磨而不磷，永乖人里，即彼幽榛。」宜保遐算，享茲僉珍，如何不熟，貞蘭摧春。」寄銘玄石，以記遥辰。」　國家圖書館藏拓。

169 邵真墓誌

【誌蓋】無

【銘文】魏故阿陽令假安定太守邵君墓誌銘。」君諱真，字天生，相州魏郡阿陽〔一〕人也。玄」祖京尹雍州刺史後之苗裔。曾祖黑，」魏郡太守。地籍聯輝，德厭民望，仁風四」被，英聲遐著。乃移芳秦都，徙根姚末。君」德苞量，才過後秩。春秋九十有九，枕痾」晦朔，奄辭榮世。親賓痛楚以傷摧，僚友」泫欷而慕德。以正光元年十一月辛未」朔三日癸西窆于明堂北鄉永貴里。神」姿殞謝，秘玉幽泉，無以暢志，託名旌文，」銘詠千載，萬古流芬。」

陝西西安出土。見《文物參考資料》一九五五年第十二期《西安任家口M二二九號北魏墓清理簡報》。

注釋

〔一〕阿陽，相州無阿陽縣。據《魏書·地形志》秦州有阿陽縣，西漢屬天水郡。

170 元譓墓誌

【誌蓋】闕

【銘文】大魏故假節鎮遠將軍恒州刺史謚曰」宣公元使君墓誌銘。」君諱譓，字安國，河南洛陽人也。顯祖」獻文皇帝之孫，使持節車騎大將軍都」督中外諸軍事特進司州牧趙郡王之」第五子。歷官羽林監直閣將軍。春秋卅」有一，以神龜三年三月十四日薨于洛」陽。帝用悼懷，追贈假節鎮遠將軍恒」州刺史。十一月十四日卜窆於洛陽之」西山，瀍澗之東。乃裁銘曰：」丹電流暉，慶源伊始，苞姬締構，複漢疆」理。業固維城，宗茂鱗趾，爰挺若人，風飆」秀起。琁璋内映，英華外發，亭亭孤朗，如」彼秋月，昂昂獨鶱，如彼滅没。天津未泳，」雲翮已摧，銷光秘響，暑往寒來。陳衣虛」席，奠酒空臺，九京徒想，邈矣悠哉。」 國家圖書館藏拓。

171 元孟輝墓誌

【誌蓋】闕

【銘文】魏故給事中晉陽男元君墓誌銘。」君諱孟輝，字子明，河南洛陽恭里人也。太祖平文皇」帝高涼王七世孫。祖輔國，貞標蹇愕，領袖舊京，作牧幽」州，爲朝野所重。考驃騎，以武烈承業，剋隆前緒，始遇」高祖深知，末爲世宗心旅。稠樛禁御廿餘載，自侍中」至車騎將軍尚書左僕射，八遷，薨贈驃騎大將軍冀州」刺史。君其元子也，幼而聰惠，生則孝弟。永平之季，解巾」給事中，時始八歲矣。有詔入學，聽不朝直。年七喪親，」哀毁過禮。十三亟罰，幾致滅性。兄弟少孤，善相鞠育，友」于之顯，遐邇所聞。一員東省十有餘年。朝廷以肆業不」轉，君以樂道不遷。左琴右書，逍遥自得。宜控雲轡，高步」九萬，昊天不弔，嚴霜夏墜，良苗始穎，垂實而落。春秋十」有七，以神龜三年三月乙亥朔廿二日丙申終于篤恭」里第。是歲也，十一月辛未朔十五日乙酉窆于東垣之」陵驃騎同兆也。若夫瓊柯殖崐之深，爪葛河誕之潤，弈」世山川之封，子孫象賢之論，足以播德管弦，刊彰篆素。」猶懼簡策或虧，陵谷易位，故勒銘泉石，爲不滅之紀。其」詞曰：」樊侯入贊，維周之貞，乃祖乃父，弼魏之明。象賢不絕，世」誕其英，一匡濟時，萬里肅平。貽厥孫謀，及爾君子，播構」川河，令問不已。譬仁若山，在智如水，宜盡脩期，終爲國」擬，忽遇永夜，冥冥不止。哀哉！」 國家圖書館藏拓。

172 李璧墓誌

（誌石爲小碑形，圓首。）

【銘文】君諱璧，字元和，勃海條縣廣樂鄉吉遷里人也。其先李耳，著玄經於衰周，」靈櫞神葉，輝弓劍於盛漢。載籍既詳，故余略焉。高祖司空，道協當時，行和州國，」登翼王庭，風華帝閣。曾祖尚書，操履清白，鑒同水鏡，銓品燕朝，聲光龍部。祖東莞，」乘榮違世。考齊郡，養性頤年。竝連芳遞映，繼寶相輝。君締靈結彩，維山育性，韻宇」端華，風量淵遠，俶儻不羈，魁岸獨絶，猛氣煙張，雄心泉涌，藝因生機，學師心曉。少」好春秋左氏傳而不存章句，尤愛馬班兩史，談論事意，略無所違。性嚴毅，簡得言，」工賞要，善尺牘。年十六，出膺州命，爲西曹從事。十八舉秀才，對策高第，入除中書」博士。譽溢一京，聲輝二國。昔晉人失馭，群書南徙。魏因沙鄉，文風北缺。」高祖孝文皇帝追悦淹中，遊心稷下，觀書亡落，恨閲不周，與爲連和，規借完典。而」齊主昏迷，孤違天意。爲中書郎王融思狎淵雲，韻乘琳瑀，氣轢江南，聲蘭岱北，聳」調孤遠，鑒賞絶倫，遠服君風，遥深紵縞，啓稱在朝，宜借副書。轉授尚書南主客郎，」遷浮陽太守。分竹一邦，績輝千里。以母憂去任，戚深孺慕。服闋。中軍大將軍彭城」王翼陪鑾駕，振旆荆南，召君爲皇子掾。參算戎旅，謀協主襟。府□除司空掾。毗贊」台階，增徽鼎味，每辭父老，申求鄉禄。高陽王親同魯衛，義齊分陜，出鎮冀岳，作牧」趙燕，除皇子别駕，兼護清河勃海長樂三郡，衣錦遊鄉，物情影附，既而謡落還私，」卧侍閑宇，京兆王作蕃海服，問鼎冀川，君逆鑒禍機，潛形河外。鎮東李公出軍□」北，都督六州，掃清叛命。復召君兼别駕，督護樂陵郡。君心希禄養，復乞史住州頻」表言，朝心未允。于時政出權門，事由外戚，君千里遥書，群公交轍，坐使諸王，情深」具託。尋丁艱窮，沉哀鄉地，栖遊漳里廿餘年。是故零員亡次，落緒失源，妖賊大乘，」勢連海右。州牧蕭王，心危懸旆，聞君在邦，人情敬忌，召兼撫軍府長史，加鎮遠將」軍東道别將。衆裁一旅，破賊千群，漳東妖醜，望旗鳥散。太傅清河王外膺上台，內」荷遺輔，權寵攸歸，勢傾京野，妙簡才賢，用華朝望，召君太尉府諮議參軍事。獻贊」槐庭，風輝天閣，雖希逸之佐廣陵，無以過也。天道芒昧，報善無聞，不幸遘疾，春秋」六十，以魏神龜二年歲己亥春二月辛亥朔廿一日辛未卒於洛陽里之宅。正光」元年冬十二月廿一日遷葬冀州勃海郡條縣南古城之東堈。山壠之體，義兼遷」缺，勒金石於泉阿，令聲猷而不滅。其辭曰：」至人窅眇，理絶名況，伊君之先，江海匪量。潛魂柱下，飛聲泗上，訓丘教信，玄」言以暢。靈櫞神葉，傳芳不已，漳海降祥，篤生夫子。學貫丘傳，藝洞遷史，觀物」昭心，聞風曉理。賓王流譽，昇名鸞池，齊依江澳，魏薄桑湄。

榮風未曙，雲長已」知，登員憲省，分竹海湄。投影台庭，披繡還鄉，物情聳附，賓友生光。鞆擊大乘，」猛氣煙張，獻軌宰門，槐風增芳。嗚呼天道，芒昧靡分，空傳餘慶，報善無聞。遥」途未亢，逸影已淪，骨落青松，魂追白雲。無常之理，義兼山冢，釋之獻諫，漢文」心動。汲塋紀襄，魯墳旌孔，鎸銘泉陰，永昭芳涌。」

【誌陰】曾祖祐，燕吏部尚書。」曾祖親廣平游氏。」祖雄，東莞太守。」祖親北平陽氏，父璆，」御史中丞。」父景仲，州主簿，齊郡太守。」母潦東公孫氏，字佛仁。」父楚，秘書著作郎。」妻熒陽鄭氏，字潤英。」父冀，司州都州主簿。」息男子貞，年十五。」息女孟猗，年十八，適」熒陽鄭班豚。」息女仲猗年十七。」　北京大學圖書館藏拓。

173 司馬昞墓誌

【誌蓋】墓誌銘」

【銘文】魏故持節左將軍平州刺史宜陽子司馬使」君墓誌銘。」君諱昞，字景和，河内温人也。晉武帝之八世」孫，淮南王播之曾孫，魏平北將軍固州鎮大」將魚陽郡宜陽子興之子。先室屯離，宗胤分」否，乃祖歸國，賞以今爵。弈世承華，休榮彌著。」君有拔群之奇，挺世之用，神風魁崖，機悟高」絶。少被朝命，爲奉朝請牧王主簿員外散騎」侍郎給事中，從驢驤府上佐，遷楊州車騎大」將軍府長史，帶梁郡太守。在邊有暐略之稱。」轉授清河内史。此郡名重，特以人舉。不幸遇」疾，以正光元年七月廿五日薨於河内城。朝」廷追美，詔贈持節左將軍平州刺史。非至行」感時，孰能若此。以庚子之年玄枵之月廿六」日丙申葬於本鄉温城西十五都鄉孝義之」里。刊石誌文而爲辭曰：」君侯烈烈，玉操金聲，高風愕愕，屢歷徽榮。奄」然辭往，没有餘馨，鐫兹泉石，用銘休貞。」　國家圖書館藏拓。

174 司馬顯姿墓誌

【誌蓋】闕

【銘文】魏故世宗宣武皇帝第一貴嬪夫人司馬氏墓誌銘。」夫人諱顯姿，河内温人，豫郢豫青四州刺史烈公之第三」女也。其先有晉之苗胄矣。曾祖司徒瑯邪貞王，垂芳績於」晉代。祖司空康王，播休譽於恒朔。父烈公，以才英儁舉，流」清響於司洛；杖鉞南藩，振雷聲於郢豫。夫人承聯華之妙」氣，育窈窕之靈姿；閑淑發于髫年，四德成於笄歲。至於婉」娩織紃，早譽宗闈；潔白貞專，遠聞天閤。帝欽其令問，」正始初敕遣長秋，納爲貴華。夫人攸歸遘止，能成百兩之」禮；潮服常清，弗失葛覃之訓。虔心奉后，令江汜再興；」下撫」嬪御，使螽斯重作。帝觀其無妬之懷，感其罔怨之志，未幾遷命爲第一貴嬪夫人。自世宗昇遐，情毁過禮，食減」重膳，衣不色帛。方當母訓衆媵，班軌兩宮；而仁順無徵，春」秋卅，正光元年十二月十九日薨于金墉。二年歲次辛丑」二月己亥朔廿二日庚申倍葬景陵。六宫痛惜，乃作神銘。」其詞曰：」瑜生高嶺，寶育洪淵，世隆道貴，乃長貞賢。情陵玉潔，志辱」冰堅，彰婉奇歲，顯淑笄年。翔鳴陋野，聲聞上日，尸鳩在帷，」累功欽質。靈龜定祥，長秋納吉，之子攸歸，宜其帝室。作」注天江，雖勞靡愠，如彼關睢，哀如不悋。心囑衆嬪，嘒然斯」順，小星重風，螽斯再訓。既明善始，當保令終，如何不弔，奄」謝清融。形歸長夜，魄返餘風，勒銘玄石，寄頌泉宫。」 國家圖書館藏拓。

175 穆纂墓誌

【額】穆君墓」誌之銘」

【銘文】魏故東荆州長史征虜將軍穎川太守穆君墓誌銘。」君諱纂，字紹業，洛陽人也。侍中大尉公黄鉞將軍宜都貞公崇之後，」冠軍將軍散騎常侍正國之孫，司徒左長史駙馬都尉長成之子。高」祖跋，爰登太尉而七曜貞明。曾祖壽，乃作司徒而五品剋遜。其德禮」葳蕤，洪勳彪昞，既陸離於篆素，不復具詳焉。君資岳瀆之秘靈，體重」明之純粹，挺琳琅以秀影，藴衆美而成妙。至如孝踰江夏，信重黄金，」百練不銷，九言剋慎；固自幼如老成，形於岐嶷矣。皇子高陽王之爲」太尉公，盛簡門彦，以備行參軍。時有結駟而求者。君高枕而應顯命。」又南荆州刺史桓叔興蠻夷狂勃，背國重恩，歸投僞主。時召君爲東」荆長史加前將軍，統軍追賊。君弛文振武，撫衆威恩。士不銜枚而自」嘿，馬闕秼而能强。追戰剋捷，横尸掩路。君又好文而能武。文隨風舉，」武逐雲奔。若乃鋒談電飛，興連雲水，皆率然巧妙，辭旨攸攸。先覺之」士，盛以爲王佐之才。若使永保遐齡，未可知也。而昊天不弔，景命云」徂，折玉嶺之芳枝，落中天之素月。春秋卅，从大魏正光二年二月己」亥朔十八日丙辰卒於京師宜年里宅。朝廷追傷，特贈潁川太守。弔」問繽紛，相望於路。廿八日丙寅遷窆景陵之右，往而不反，嗚呼哀哉。」君秀而不實，中遇嚴霜，曾落顔生之盛彩，復没天子之雄光。何以述」之，銘石泉堂。素骨逐玄泉而盡，清風與白日俱揚。其辭曰：」惟海之淵，惟岳之浚，济湛萬尋，蒙籠千刃。寔生夫子，因心作訓，總角」金箱，裁冠玉振。昔在簡子，有珍斯名，君之立德，恭允篤誠。秋月開霄，」子與分明，長松入漢，子與分貞。瞻彼洛矣，其水汪汪，叔度百頃，君亦」洋洋。方崇上爵，以副含章，如何如何，哲人其亡。長楊森聳，高松半雲，」荒丘蕪没，寒璲無春。何其一旦，此地安君，暮門風曀，爲是啼人。倒月」如電，崩流迅疾，天地詎央，君生已畢。旌挽飄飄，悲悲慄慄，不悟黄埃，」覆君素帙。生榮死哀，自古先民，朱帳漸疎，白楊已親。勒銘九泉，川馥」清塵，金石雖朽，德音恒新。」　國家圖書館藏拓。

176 劉華仁墓誌

【誌蓋】闕

【銘文】大魏正光二年歲在辛丑三月己巳朔」十七日乙酉。魏宮品一太監墓誌銘。」監諱字華仁，定中山人也，故太原太守」劉銀之孫，深澤、北平二縣令劉齎之女。」家門傾覆，幼履宮庭，冥因有期，蒙遭蘇門之業。禀性聰叡，忤懷曉就，志密心恭，」蒙馳紫幄。積懃累效，款策四紀，寵賞無」愆之戾，賜宮典禀大監。春秋六十有二，」春正月，卒於洛陽宮。內愍宿心，持旨贈第一品。春三月，遷窆於陵山。輜車」葬具，增加千數，吉凶雜樂，隊送終宅。同火人內傅母遺女，痛念松年之契，悲悼感結，故刊玄石，述像德音。其辭曰：」照照蘭蕙，熒熒獨芳，臨霜吐馥，冬年表香。金菊易摧，不能永康，人何不壽，一旦」乖堂。永辭人壤，褰步他鄉，親悲號哭，涕淚月將。刊石玄記，千載銘章。」大魏正光二年三月十七日造。」 國家圖書館藏拓。

177 馮迎男墓誌

【誌蓋】闕

【銘文】魏故宮御作女尚書馮女郎之誌。」女郎姓馮，諱迎男，西河介人也。父顯，爲州別」駕。因鄉曲之難，家没奚官。女郎時年五歲，隨」母配宮。慎言寡過，蓋其天姓，窈窕七德，長而」彌甚。年十一，蒙簡爲宮學生，博達墳典，手不」釋卷。聰穎洞鑒，朋中獨異。十五蒙授宮內御」作女尚書，幹涉王務，貞廉兩存，稱莅女功，名」烈俱備。姿容婉淑，衆醜怨其媚；婦禮弗虧，群」女妒其貞。顗其終始，以保天壽。春秋五六，寢」疾不喻，昊天不弔，奄辭明世。大魏正光二年」三月十八日亡於金墉宮。初沃落葩，始紅墜」色，酸感路人，痛纏近戚。其月廿六日窆於洛」陽之山陵。母弟號悼，親侶哽噎，其辭曰：」渏渏七德，婦禮濃濃，如何桃年，奄虧上容。棄」斯窈窕，忽歸堙松，如可顧兮，不遂心匈。永儭」下泉，悲塞上衝。」　國家圖書館藏拓。

178 張安姬墓誌

【誌蓋】魏宮品一」墓誌銘」

【銘文】大魏正光二年歲在辛丑三月己巳朔」廿九日丁酉。宮第一品張墓誌銘。」諱字安姬，兗東平人也。故兗州刺史張」基之孫，濟南太守張愷之女。年十三，因」遭羅難，家戮没宮。年廿，蒙除御食監。厲」心自守，莅務有稱。後除文繡大監，於時」處當明件。上知其能，復除宮作司。春秋」六十有五，因抱纏疹，綢繆彌久，醫寮伯」方，轉加增慨。昊天不弔，奄焉上世。春二」月卒於洛陽宮。内愍宿懃，旨贈第一」品。春三月遷窆於陵山。嗚鼗奏樂，隊送」終宅。親爨悲悼，痛念心髓。形去響無，刊石述音。其辭曰：」熒熒蘭蕙，其華美矣，獨穎芳臻，茂而不」始。如何生世，奄乖人理，親號躃踊，五内」摧圮。故刊玄石，銘著千紀。」　國家圖書館藏拓。

179 王遺女墓誌

【誌蓋】闕

【銘文】惟大魏正光二年歲次星紀月管南侣廿」日乙酉。傅姆姓王，諱遺女，勃海陽信人。其」夫幽州當陌高，字雒陽，官爲深澤令，與刺」史競功亢衡，互相陵壓。以斯艱躓，遂入宮」焉。女質稟婦人，性粹貞固，雖離禁隸，執志」彌純，尤辨鼎和，是以著稱。故顯祖文明」太皇太后擢知御膳。至高祖幽皇后，見」其出處益明，轉當御細達。世宗順后，善」其宰調酸甜，滋味允中，又進嘗食監。至」高太后，以女歷奉三后，終始靡愆，蔣訓紫」閨，光諷唯闈，故超昇傅姆焉。又賜品二。年」八十三，終於洛陽宮。上追愍之，贈品一，」賚東園秘器及轀輬車。奉終之具，一皆資」足。瘞于終寧陵之北阿。故鐫石刊記，以詒」後昆云爾也。」 國家圖書館藏拓。

180 王僧男墓誌

【誌蓋】魏品一」墓誌銘」

【銘文】女尚書王氏諱僧男，安定煙陽人。安定太」守觥之孫，上洛太守那之子。地華涇隴，望」帶豪胄。男父以雄俠罔法，渡馬招辜，由斯」尤戾。唯男與母，伶丁荼蓼，獨入宮焉。時年」有六。聰令韶朗，故簡充學生。惠性敏悟，日」誦千言，聽受訓詁，一聞持曉。官由行陟，超」昇女尚書，秩班品三。能記釋嬪嬙，接進有」序，剋當乾心。使彤管揚輝，故錫品二。天不」報善，殲兹良哲，年六十八，終於大魏金墉」宮。上以男歷奉二后，宿德者懃，又追」贈品一，賜東園秘器及輼輬車。喪之資費，」皆取公給。瘞于終寧陵之北阿。豐約折中，」一從禮制。故鏤石刊號，詒之來昆云爾。」惟大魏正光二年歲厘星紀月侣無射廿日」乙卯記。」　國家圖書館藏拓。

181 封魔奴墓誌

【銘文】魏故使持節平東將軍冀州刺史勃海定公封使君墓誌序。」祖懿，燕左民尚書德陽鄉侯，魏都坐大官章安子。」父勔，太原王國左常侍。夫人中山郎氏。父和，涼明威將軍。」無子。四從兄勃海太守鑒以第五子繼。」君諱魔奴，勃海脩人也。其先粤自穎陽，是遷河朔。本枝盛乎劉魏，洪」統茂乎晉燕。祖尚書，聲猷峻邈，二代歸美。考常侍，志業淹暢，一世推」高。君幼集生艱，早離家難，所蒙剋濟，唯君而已，伶俜辛毒，實備嘗焉。」然玉折丹摧，匪移其性，清芬素譽，直置能遠。調爲內行內小，任實閨」帷，職惟文秘，夙霄懃慎，上甚奇焉。既而辰序徂陽，自春彌夏，遍祈」河岳，莫能致感。帝幄帷矜，宸居以軫。流連罪己之言，慇懃拯生之」計。議者僉云：張掖郡境，實有名山，靈異斯憑，煙雨攸在。西州冠冕，舊」所奉依。宜遣縉紳一人，馳騆往禱。惟靈饗德，儻或有徵。上曰：有封」君者，侍朕歷年，誠懃允著，迹其忠亮，足動明靈。可備珪幣，遣之致請。」君於是奉旨星馳，受言雲鶩。深誠尅應，至虔有感。惟馨未徹，俾滂」已臻。上大悦。即加建威將軍，賜爵富城子。尋遷給事中，北朝此職第」三品也。又除使持節冠軍將軍懷州刺史，進爵高城侯。攬轡馳風，褰」帷樹政。孀孤飲惠，氓俗懷仁。以疾乞解，優旨徵還。降年不永，以太」和七年冬十一月九日薨於代京，時年六十有八。君性履淹詳，談笑」溫雅，方也能同，通而不雜。及其入參帷陛，出膺麾旆，嘉聲已顯，茂績」斯昭。方當式叶衡文，尅調衮曜，道悠運促，朝野酸嗟。有詔贈使持節」平東將軍冀州刺史勃海郡公，謚曰定，禮也。八年春二月，窀穸於代」郡平城縣之桑干水南。屬皇家徙馭，代洛云遥，方來拜，事成艱復。」維正光二年冬十月乙丑朔廿日甲申改葬於本邑。夫人郎氏亦同」徙窆。辰代無舍，陵壑有移。實宜備述聲徽，式流伊古。但事歷家禍，先」塋靡記，今段云遷，終天長隔。斯乃存亡之所永痛，昭晦之所難忍。是」以直書遺迹，不復立銘云。」　河北景縣出土。見《考古通訊》一九五七年第三期《河北景縣封氏墓群調查記》。

182 楊氏墓誌

【誌蓋】闕

【銘文】大魏宮内司高唐縣君楊氏墓誌。」内司楊氏，恒農華泠人也。漢太尉彪之裔」胄，北濟州刺史屈之孫，平原太守景之女。」因祖隨宦，爰旅清河。皇始之初，南北兩分，」地擁王澤，逆順有時，時來則改，以歷城歸」誠，遂入宮耳。年在方笄，性志貞粹，雖遭流」離，純白獨著，出入紫闈，諷稱婉而。是以」文昭太皇太后選才人充宮女，又以忠謹」審密，擇典内宗七祏，孝敬天然，能使邊豆」静嘉。遷細謁小監。女功紃綜，巧妙絶群，又」轉文繡大監。化率一宮，課藝有方，上下順」序，改授宮大内司。宣武皇帝以楊歷懃」先后，宿德可矜，賜爵縣君，邑兮高唐。天道」芒昧，子長昔慨，不幸早折，薨於洛陽宮，時」年七十。合宮悲慼，同聲悽淚，遂相與鐫銘」刊誄，記號云爾。其辭曰：」照照哲人，灼灼華名，善始令終，剋儁剋誠。」播兹茂稱，内司有楊，其稱伊何，孝敬自天，」典斯宗祏，嘉豆濈濈，剋廣德心，課藝有序。」上下虔虔，勖力勉歛，不幸號折，合宮悲淚。」剋石刊號，以詒來視。」正光二年歲次星紀十一月乙未朔三日」丁酉記。」　國家圖書館藏拓。

183 張盧墓誌

【誌蓋】闕

【銘文】魏故張府君墓誌銘。」君諱盧，字香盧，馮翊高陸人也。乃祖先父，埋根三輔，」殖德關西，冠冕相承，方伯不絶。考武衛，姚氏祚終，翻」然依化，蒙國寵御，側在内侍，爲給事阿干。其功未酬，」奄爾傾背。主上欽惜，賜贈并州刺史。君藉斯基，遂仕」聖世，襄威將軍大將軍府司馬。時蕭氏纂宋，帝忿」斯逆，命廣陽王元嘉而討不義。以君文昭武烈，才務」過人，任爲偏將，以先啓行。旌旆遠拂，直掃淮南，申詔」伐罪，振旅還北。帝嘉勳績，除中山太守。罷職停家，」隨京遷洛。春秋八十有三，薨於京師。夫人慈孝，老而」彌篤，臨終明悟，不忘婦道。行年八十，同月而殂。合葬」窆於瀍澗之東。道俗痛惜，乃作銘曰：」於穆斯公，德義顯著，忠孝露彰，唯功是務。帝怒興」師，提戈踊起，立勳揚名，聿脩光趣。壽越期頤，文武備」具，志年老彭，禍酷奄攄。夫人恭慈，禮儀有度，昊天不」弔，外内俱去。嗚呼痛哉，竝潛幽處。」七世祖既，前魏涼雍二州刺史。」六世祖緝，光禄大夫。高祖遐，涼州刺史。」曾祖瑀，晉扶風太守。祖雅，苻氏秦州刺史。」父善，姚武衛將軍。夫人恒農劉氏，諱法珠。」正光三年歲次壬寅三月癸巳朔廿三日乙卯造。　國家圖書館藏拓。

184 盧令媛墓誌

【誌蓋】闕

【銘文】魏故充華嬪盧氏墓誌銘。謚曰昭。」嬪諱令媛，范陽涿人，魏司空容城成侯之十一世孫，録事府」君之元女。衣冕盛於累朝，風猷懋於弈葉。固以昭晰簡牘，紛」綸秘圖，冠蓋縉紳，羽儀邦國者矣。嬪膺積善之餘慶，稟妙氣」於山川。爰始設帨，灼然秀異，姿見詳密，舉動温華，故以擅綵」平林，標聲灌木。年甫九齡，召充椒掖。天不慭遺，構疾彌留。正」光三年龍集壬寅夏四月壬戌朔十六日丁丑，卒於京室，時」年十二。以其月卅日辛卯窆於芒山成周西北廿里。銘曰：」姜水激波，大風揚烈，且清且素，載搏載颰。邁種無已，龜符相」迭，顯焉必大，宜哉仍世。仍世剋昌，遂衍英芳，萋萋莫莫，日就」月將。修娉窈窕，玉瑩金相，似星環極，如日照梁。蘋藻畢閑，蒲」椒洞啓，九十其儀，三千其禮。玉鈎曜室，金紐映陛，朝露溘盡，」山原共體。共體無際，山原有歸，靈修眷命，改物遷衣。樂池一」盡，就館長違，空嗟個顧，帷中是非。」曾祖度世，字子遷，散騎常侍太常卿使持節鎮遠將軍濟州」刺史固安惠侯。夫人清河崔氏。父賾，散騎常侍大鴻」臚卿使持節平東將軍青冀二州刺史清河侯。」祖諱淵，字伯源，散騎常侍尚書始平王師秘書監使持節安」北將軍幽州刺史固安懿侯。夫人趙郡李氏。父孝伯，」散騎常侍尚書使持節平西將軍泰州刺史宣城公。」父道約，字季恭，今司空録事參軍。妻熒陽鄭氏。父道」昭，國子祭酒秘書監使持節鎮北將軍光青相三州刺史文」恭侯。」　國家圖書館藏拓。

185 元氏墓誌

【誌蓋】（蓋爲蓮花、龍紋，四角四怪獸。依次題銘爲：唅蟜、拓仰、攫天、拓遠。）

【誌側】（誌四側題銘自右側起依次爲：烏獲、礔電、玃攝、撓攝、掣電、懽憘、壽福、迴光、捔遠、長舌、挾石、發走、獲天、嚙石。）

【銘文】魏直閤將軍輔國將軍長樂馮邕之妻元氏墓誌。」夫人元氏，河南郡洛陽縣崇恩里人也。昭成皇帝之曾孫，常山康」王之長孫，司空文獻公之元女。宗柯菴藹，拂於上天；本枝聯緜，接於」辰緒。蓋軒皇之派流，倉精之別裔。用能鬱映寰中，荴蔬六合，代承五」運，迭用三正，河圖洛璽，世襲相傳。故以彪炳玉牒，照灼金書，竹帛已」彰，可略而言也。夫人稟純粹之精，資貞順之操，貴連王姬，美兼桃李，」材貌不群，神明秀異，秉四德以基厥身，執貞高而爲行本。體備温恭，」聰慧在性，家誡女傳，逕目必持，凡所聞見，入賞無漏。每覽經史，覩靖」女之峻節，覿伯姬之謹重，未始不留漣三覆，慕其爲人也。令儀令色，」風流之盛攸歸，聲曜閨庭，譽聞王族。年廿有一，越嬪馮氏。母義三恪，」道著二王，肅穆閨闈，見重君子。迺言曰：吾少好諷誦，頗説詩書。而詩」刺哲婦，書誡牝雞，始知婦人之德，主於貞敏，不在多能。於是都捐庶」業，專奉内事，酒醴自躬，組紃由己，飲饍之味，在調必珍，文繡裁縫，逕」手則麗。三從之流，莫不遵其風教；内外宗婦，於是訪其容儀。是使長」息向冠，台府垂辟。二女未笄，皇子雙娉，雖復嬀姜取貴，杞宋見珍，何」以加也。夫人孝性自衷，情理天發，少遭閔凶，憂窮相仍，泣血歷年，遂」成心病。服制既除，療疚温湯，無效如還，中路彌甚。春秋卅有八，以大」魏正光三年四月壬戌朔日卒於艾澗之候庭。聲悲風楚，氣結行雲，」京師迎柩，車蓋連箱，莫不涕灑長衢，淚增伊洛。以其年十月廿五日」葬於景陵之南崗。迺斲誌埏門，言歸實録，宣述景行，題記氏族，」託金」石之不朽，庶德音之長燭。其詞曰：」赫赫帝宗，與日比盛，光光后族，方月均映。同類相求，咸恒結慶，男女」禮感，人倫攸正。合巹同牢，一齊無改，偕老爲期，百年相待。長短殊命，」夭壽異等，淑媛遍彫，金夫獨在。没世何早，棄此群孤，哀哀稚子，永擗」嗚呼。去兹昭路，逝軫幽途，鏡塵象箧，香滅金鑪。委魄泉扃，延宵無極，」草繁丘壟，蒼芒誰識。芻童來踐，牧豎斯陟，拱木易吟，悲風難息。」

國家圖書館藏拓。

186 鄭道忠墓誌

【誌蓋】闕

【銘文】□魏正光三年歲次壬寅十二月己未朔廿六日壬申。故鎮」遠將軍統軍將軍鄭君墓誌銘。」君諱道忠，字周子，滎陽開封人。周文王之裔，鄭桓公之後，魏」將作大匠渾之十世孫也。本枝碩茂，柎蕚重暉，冠冕相仍，風」流繼及。祖以清静爲治，化洽汾榆。考以德禮鑄民，愛留」海曲。君剋膺純粹，載挺珪璋，美行著於弱年，嘉譽盛於冠日。」太和在運，江海斯歸，理翰來儀，擇木以處。始爲高陽王國常」侍，所奉之主即承相其人，雖義在策名，而遇同置醴，邀循任」重，貳職惟才。轉衛尉丞加明威將軍，抑而爲之，非所好也。會五營有缺，俄意在焉，事等嗣宗，聊以寄息。徙步兵校尉本邑」中正，遷鎮遠將軍後軍將軍。君氣韻恬和，姿望温雅，不以臧」否滑心，榮辱改慮，徘徊周孔之門，放暢老莊之域，澹然簡退，」弗競當塗。天道茫茫，仁壽無證。春秋卌有七，以正光三年十」月十七日卒於洛陽之安豐里宅。知時識順，臨化靡傷，啓予」在言，素儉爲今，古之君子，何以尚兹。越十二月廿六日窆於」滎陽山瀝石澗北。乃銘石泉陰，式昭不朽。其辭曰：」河潁之鄉，史伯稱祥，竭來胥宇，太啓封壃。國風已細，家業嗣」昌，或潛或躍，令問令望。於穆不已，實生夫子，皎皎百練，昂昂」千里。棲息典經，騁鶩文史，潤彼璠璵，馥兹蘭芷。間平出世，玉帛」求人，薄言委質，義等師臣。帝居崇秘，警衛惟賓，既參關鍵，」仍奉鈎陳。雖則鈎陳，亦孔之賤，我有一尊，心無兩戰。風催夜」燭，弦驅曉箭，奄就北京，遂同南面。荒茫宿草，森沉宰木，迴絶」人群，朋嚾羽族。形歸泉壤，聲留簡牘，靡畏樵蘇，豈悲陵谷。」

國家圖書館藏拓。

187 孟元華墓誌

【誌蓋】闕

【銘文】大魏正光四年正月十六日。」夫人諱元華，字遺姬，清河人也。高祖孟君，宋」車騎將軍江州刺史。風識淵沈，少爲文靖。宗」祖宋征虜將軍交州刺史。祖宋黄門侍郎。少」播令譽，時詔遣在秘，造撰文史。父太常卿。器」量淵博，超忽絶世，時人讒潛，詔敕除齊州」刺史。情以不分，遂在州岳治，計立不果，即時」瓦盡。長女華，少有令姿。主上太武皇帝聞」之，即召内侍。逕歷五帝，後蒙除細謁大監。年」過七十，以正三年十二月薨於洛陽宫。葬」在西陵。以孟夫人志行貞操，内侍清結，殞命」之辰，内外痛惜，莫不涕泣。故立銘刊石云爾。」

國家圖書館藏拓。

188 元秀墓誌

【誌蓋】闕

【銘文】魏故假節督洛州諸軍事驪驤將軍洛州刺史河南元使君之墓」誌銘。」高祖世祖太武皇帝。」曾祖侍中中軍大將軍參都坐事臨淮宣王。」祖使持節侍中都督荆梁益雍四州諸軍事征西大將軍領護羌」戎校尉雍梁二州刺史臨淮懿王。」父持節督齊州諸軍事冠軍將軍齊州刺史臨淮康王。」君諱秀，字士彦，河南洛陽都鄉孝悌里人，康王之第二子也。君稟」黄中之逸氣，懷萬頃之淵量，器宇深華，風尚虚遠，清簡閑素，才見」通洽。故早樹聲徽，幼播令譽，好讀書，愛文義，學該圖緯，博觀簡牒，」既精書易，尤善禮傳，棲遲道藝之圃，遊息儒術之藪。雖伯業不倦，」宣光從横，無以尚也。及垂纓延閣，握蘭禮闈，科篆載輝，奏記彪炳。」元瑜謝其翩翩，廣微慚其多識。若孝家忠國之性，友愛密慎之風，」此乃夙稟生知，得之懷抱。方將簪貂執笏，左右帷扆，追茂實於綿」古，流英聲於後載。而福善無徵，餘慶空言，落飛月於中天，墜逸翮」於霞路。正光三年秋八月庚午卒，春秋三十三。四年二月甲申葬」於北芒之西崗。泉扃一夜，千祀不晨，陵谷儻移，埏隧更遷，故銘石」幽壤，飾旌遺壟。其詞曰：」分光若水，析綵丹陵，連華崐岫，通輝玉繩。葳蕤休緒，儁乂其興，幼」挺芳質，夙表奇徵。素情霞舉，清猷日昇，桂馥蘭芬，露湛珠凝。述遵」典誥，儒訓是膺，豔辭泉涌，藻翰雲蒸。秘室延譽，會府著稱，敬踰墻」走，慎越履冰。方騁長衢，剋隆茂績，逸驥未驂，龍駕巳夕。倏同逝波，」忽如過隙，萬古何往，千祀焉適。素幕夜褰，悲挽晨悽，既首埏路，將」即壟灰。金釭歇滅，組帳幽摧，鏤石深壤，旌德銘哀。」

國家圖書館藏拓。

189 常季繁墓誌

【誌蓋】闕

【銘文】魏故齊郡王妃常氏墓誌銘。」妃諱季繁，侍中太宰遼西獻王澄之曾孫，遼西公冏之季女。其先河」內温人。永嘉之末，乃祖避地，遂居遼西郡之肥如縣焉。初照皇太」后籍聖善之德，正坤元之位，阿保」高宗，母儀天下，惠訓邁于當時，洪勳濟于來世。朝廷式稽舊章，褒崇」懿戚，是以王爵加隆於父兄，世禄廣貽於子姪。雖丁傅揚光於盛漢，」羊庾振赫於有晉，無以過也。妃生禀淑靈之氣，弱表柔敏之姿，懷琬」琰而發暉光，蹈肅雍以穆貞懿。故明慧之鑒，允昭於載弄之春；恭順」之規，克懋於未笄之日。實所謂四訓凝湛，七行昭宣，蕈葛倫功，流淇」比德矣。年廿五，作嬪故龍驤將軍通直散騎常侍齊郡王祐。所奉大」太妃即妃之從姑也。永平之季，齊王出爲持節督涇州諸軍事征虜」將軍涇州刺史，薨，贈平東將軍冀州刺史，謚曰敬。妃祇事慈姑，緝釐」陰教，夙夜無違於婦道，終始不愆於禮度。是使柔政光被於遠邇，美」化洋溢於邦國者，誠由厥姑嚴誨之有經，抑亦妃贊諧之所致也。暨」妃姑薨殞，齊王徂棄，遺胤藐孤，負荷危綴。妃内撫惸弱，外穆親宗，理」物必究其誠，推心每極其恕。不以浮華妨女功之用，不以私恩害家」道之正，恂恂如，肅肅如，實可以踵烈樊孟，系美嬀任者已。方享遠期，」以融至善，而閔天不弔，兇禍荐臻，遘疾未旬，大漸惟棘。正光三年歲」次壬寅正月十九日薨于洛陽照洛里第，年卌有三。粤四年二月戊」午朔廿七日甲申啓齊王之墓而合葬焉。以陵谷有移，乃作銘誌之。」其詞曰：」濬源澄澈，曾構豐崇，慶昭陰德，功烈柔風。聯華戚閈，鬱美公宫，粹儀」惟遠，淑問載融。黄鳥集灌，毖水流淇，結襟遼館，釋憬蕃闈。祇勖恭懿，」肅事宣慈，循圖習禮，顧史陳詩。舉言貽範，率行成則，政立閨閫，化形」邦國。與仁芒昧，報善冥默，飛轡晨驅，遊塵夜塞。玄房洞啓，素柳禁櫕，」環珮輟響，黼帳棲寒。高松煜煜，厚穸曼曼，有鐫金石，無絶椒蘭。」 國家圖書館藏拓。

元仙墓誌

【誌蓋】闕

【銘文】魏故鎮遠將軍前軍將軍贈冠軍將軍正平太守元君之墓誌銘。」君諱仙，字延生，河南洛陽人也。大宗明元皇帝之曾孫，使持節」侍中都督秦雍涇梁益五州諸軍事衛大將軍雍州刺史内都大」官開府儀同三司萇安鎮都大將樂安宣王之孫，使持節侍中都」督秦雍涇梁益五州諸軍事衛大將軍開府儀同三司萇安鎮都」大將内都大官使持節侍中都督冀定幽相四州諸軍事開儀同」三司定州刺史樂安簡王之第四子也。君稟三珠之叡氣，承八桂」之餘風，馨香發於竹馬之年，令問播於紈綺之歲。而器寓巍巍，千」刃未足況其高；心途浩浩，萬頃不得擬其博。雖世承皇孫之貴，」家積千金之富，瘦駘支步，不願如龍之飾；湅練爲袍，無羨若月之」華。故宗黨服其遠大，鄉里欽其素風。太和中起家爲散騎。又博園」始開，龍樓初闢，君以孝敬光於閨門，忠清著於朝野，擢爲太子舍」人。尋轉員外散騎侍郎給事中輕車將軍司空皇子中兵參軍。及」珥筆雲闈，曳裾楚席。清譽之德，超孟公而獨絶；風流之稱，邁申穆」而不追。俄遷員外常侍鎮遠將軍前軍將軍。雖金璫曜首，紫綬明」腰，蔭則皇孫，貴爲通宦，約身轉敬，降志惟卑，謙虚接物，泯然無」際。方振纓天闕，高步帝宮，而冥造無心。春秋五十，以大魏正光二年八月廿二日寢疾薨於第。聖上悼賢，朝悲仁，故贈冠軍將」軍正平太守，謚曰貞，祭以少牢。四年二月廿七日甲申葬於景陵」之東阿。泉門一閉，白日淪光，行聞鳥思，日見松萇，魂兮焉在，刊石」留芳。乃作銘曰：」資玉崐山，承珠海岸，層峰罔極，萇漪無畔。之子誕生，稟茲靈幹，温」明類玉，寬富如漢。齠年結譽，丱歲風流，器延世賞，德爲時求。始登」鳳闕，即入龍樓，重官遂積，好爵方收。鉛童伺户，金雞候晨，塗車寢」駕，絲竹委塵。今人從古，古從今人，不圖泉石，誰識其新。」　國家圖書館藏拓。

191 元倪墓誌

【誌蓋】闕

【銘文】魏故寧遠將軍燉煌鎮將元君墓誌銘。」君諱倪，字世弼，司州河南郡洛陽縣都鄉照明里人。」太祖道武皇帝之玄孫，左光禄大夫吏部尚書大宗正」卿領司宗衛將軍定州刺史南平王之叔子。年廿九拜員」外散騎侍郎。太和廿一年二月寢疾卒於洛陽照明里宅。」蒙贈寧遠將軍燉煌鎮將。春秋卅四。以今正光四年歲次」癸卯二月戊午朔廿七日甲申遷葬於景陵東山之陽。乃」作銘曰：」國靈鍾美，開英帝族，載挺伊人，温其如玉。皇室千里，」清高出俗，匪直才孤，亦唯儁獨。爰始入仕，民譽斯盛，逶蛇」自公，退食從政。大道是遵，行非由徑，德音式昭，明心克鏡。」一世百齡，登之者罕，命有隨遭，壽亦脩短。歲路未央，遐年」詎滿，之子離灾，生塗中斷。貴賤同盡，熟異王孫，埋靈滅識，」委魄荒原。人鄉稍遠，鬼穸長昏，鐫聲金石，用慰沉魂。」高祖道武皇帝。曾祖廣平王。祖使持節都督涼州」及西戎諸軍事領護西域校尉征西大將軍儀同三司涼」州刺史南平王，謚曰康王。祖親南安姚氏，萬年縣君伯」之次。父左光禄大夫吏部尚書大宗正卿領司宗衛將」軍定州刺史南平王，謚曰安王。母太原王氏，謚曰恭妃。」 國家圖書館藏拓。

192 元引墓誌

【誌蓋】闕

【銘文】魏故龍驤將軍元公墓誌銘。」君諱引，字馬璁，河南洛陽人也。昭成」皇帝之胄，常山王之曾孫，使持節征西」將軍豳州刺史之元子。年十八除虎賁中」郎將。高祖遷京，轉直後，俄遷直閣將軍」龍驤將軍。春秋卌有三，太和廿有四年，」寢疾卒於洛陽靜順里宅。以正光四年」歲次癸卯二月戊午朔廿七日甲申葬」於西陵。迺作銘曰：」三律託神，靈工造極，風辰提鳥，伊年禹」稷。惟公誕哲，命天爕日，翼溢通幽，夜」鄉入職。盧根玄表，施若春情，温齊霜景，」峻潔秋貞。義高必舉，微德無輕，朝庶式」仰，令問垂聲。器謝山功，邦維喪寶，風斷」氣谷，原悲碎草。陰户長昏，名俱日造，敬」播魂丘，幽明載道。」 國家圖書館藏拓。

193
元敷墓誌

【誌蓋】闕

【銘文】魏故襄威將軍汝南太守元君墓誌。」君諱敷，字普樂，河南洛陽人也。樂安簡王之季」子，樂安宣王之孫，大宗明元皇帝之曾孫也。」若夫太一開闢之原，雲門儁彦之美，故以瓊〔一〕柯」紫引，綿於竹帛。年五十有五，始應詔命，□撫汝」南郡。敷善政於汝俗，播禮教於四民。而報善無」徵，殲兹秀哲。甫齡六十，以正光三年二月廿二」日終於治所。四年二月廿七日甲申窆於瀍澗」之濱。痛仁德之殞遠，傷慈顔而仰追。琢玄石以」記號，附寸豪以申辭。」愔愔哲士，令儀令幹，獨抱蘭瓊，志（下殘）」未舒，神顔冰散，巷陌悲泫，鄉邑（下殘）」惠下慈仁，有道可欽，有德可（下殘）」我君，清儉守節，邵響遠聞，（下殘）」正光四年二月戊午（下殘）」　國家圖書館藏拓。

注　釋

〔一〕瓊，原石作「瓊」，據文義當爲「瓊」字。

194
司馬氏墓誌

【誌蓋】闕

【銘文】大魏元宗正夫人司馬氏誌銘。」夫人姓司馬氏，河内温人也。司徒楊州刺史瑯瑘貞」王之曾孫，司空冀州刺史瑯瑘康王之孫，鎮遠將軍」南青州刺史纂之長女。夫人女工婦德，聿脩無倦〔一〕。」年廿四，歸於元氏。二族欽風，兩門稱美。餘慶徒言，春」秋廿有七，正光三年歲在攝提六月辛酉朔五日乙」丑薨於第。正光四年歲次癸卯三月丁亥朔廿三日」己酉葬於洛陽之西山，瀍水之東。黯黯深泉，茫茫大」夜，幽扃一罷，千齡永謝。迺裁銘曰：」資靈命氏，重巖累構，其德唯新，厥宗伊舊。金行造曆，」天臨海富，本枝弈世，瑶華金秀。殷亡其鹿，微子歸周，」晉失其鼎，迺祖來游。既王既牧，且袞且旒，於昭踵武，」赫矣聿脩。婉彼清閨，誕兹淑令，窈窕言容，優柔工行。」動貌無虧，發言斯正，迺貞迺潔，如淄如鏡。終遠兄弟，」來嬪王族，發響素庭，騰輝華屋。夭夭攸歸，祁祁是矚，」麗矣若神，温其如玉。譬蘭始馥，如菊方馨，含芳未實，」飄落先零。紛兮若在，依希故情，爲非爲是，帷燭徒明。」逶遲騑服，低昂旌柳，永言出宿，睠然迴首。于嗟一别，」天長地久，此其觀德，兹焉不朽。」獻文皇帝孫趙郡王第三子大宗正卿元譚妻。」　國家圖書館藏拓。

注釋

〔一〕倦，原石作「勌」，與「倦」同。

195 元靈曜墓誌

【誌蓋】闕

【銘文】魏故征虜將軍平州刺史元使君墓誌序銘。」君諱靈曜，字靈曜，河南洛陽安衆鄉崇讓里人也。恭宗景穆皇帝之」曾孫，使持節侍中征南大將軍啓府儀同三司青雍二州刺史京兆康」王之孫，荆州刺史之第二子。瓊峰芬藹之盛，琁源綿茂之華，炳符簡牒，」事光篆素者也。君天資秀逸之美，收芳於弱年；岐嶷珪璋之性，播彩於」少齡。容韻優裕，早負出群之才；風則韶綺，幼挺不羈之質。少傾乾蔭，孤」苦自立，童丱之中，灼然楚異。爰甫就學，師逸功倍，該鏡衆經，深窮隱滯。」内朗外和，神謨邃遠，風德寬明，志局恢雅。衿抱綽綽，累刃未高；匈懷汪」汪，萬頃非擬。孝友之譽，夙彰於閨門；貞白之操，備聞於鄉國。宗黨欽其」仁，縉紳慕其概。弱冠起家爲秘書郎。聲標麟閣，朋徒嗟尚。以母憂去職。」歷司徒騎兵參軍。司徒廣平武穆王以帝叔之尊，親賢攸屬，東閤啓扉，」彌崇其選。以君宗英戚髦，識宇通慜，召爲録事參軍，深相敬委。君秉笏」登朝，懔然正色，孤峰獨跱，甚有匡益。轉輕車將軍尚書殿中郎中。及懷」藺建閣，佩組崇闈，履蹈貞明，有光禮闥。遷射聲校尉鎮遠將軍右軍將」軍驍騎將軍，仍領郎任。至如小心懃敬，抱案未足加焉；廉清顯錫，月賚」豈能尚也。猶是聲價日隆，徽音驟軫，方倍鑾踐岱，揖衮承扆，昊天不弔，」以正光三年歲次壬寅十一月己丑朔十日戊戌遘疾薨於宅，時年卅」七。哀慟穹靈，感惻行路。詔贈征虜將軍平州刺史。賵賻之禮，有加常」典。越四年歲次癸卯三月丁亥朔廿三日己酉祔葬長陵。乃作銘曰：」邈矣鴻源，道邁皇軒，灼灼夫子，皎皎王孫。陵峰秀穎，書壑埋根，中貞朝」國，孝友閨門。望之儼然，即之也温，累刃豈測，萬頃非量。德宇恢恢，器貌」堂堂，爰歸入仕，爲龍爲光。芬似蘭蓀，琬若珪璋，言不可擇，令問令望。鴻」翼已泛，將馳千里，半岳頽峰，臨途斃驥。如春殞秀，由巖殘趾，報善焉期，」哀哉夫子。空悲倫友，徒鎸聲美，丘壟深沉，松門蕭瑟。秘宫鍬蘭，玄庭奄」質，永夜方久，曉晨無日。千今難再，萬古長畢，式銘幽石，播芳泉室。」夫人河南尉氏，祖元，司徒淮陽景桓王；父詡，侍中尚書博陵順公。」夫人上谷張氏，祖白澤，殿中尚書廣平簡公；父倫，前將軍司農卿。」　國家圖書館藏拓。

196 姬伯度銘記

【誌蓋】無

【銘文】正光四年五月廿四」日河内郡白水縣」民姬伯度銘記。」　國家圖書館藏拓。

197 王基墓誌

【誌蓋】闕

【銘文】魏故處士王君墓誌銘。」君諱基，字洪業，樂浪遂城人也。幼稟沖靈之氣，長懷端嶷之操。」機質霜華，器用淵謐，任性超遥，有毛關雅量；，敖然獨足，齊鴻遥」神趣。黃中挺達，耻兼子長；澄撓不渝，羞同叔度。然庭訓弗經，庠」風莫預，藉體生知，憑襟自曉，閻曦華心，鴻秋麗志，比迹疇能，豈」前斯哲。將流芳四像，翾馥三才，天不憖遺，殲此良人。春秋卌有」二，正光三年歲次壬寅二月癸亥朔廿四日丙戌薨於洛陽永」康里。哲人既徂，有識同嗟，遂使弦歌遏而無響，痛音揚而成韻。」粵四年十月甲寅朔廿日癸酉窆於洛陽城北首陽之山。金門」晝奄，脩夜無曉，銘德黃泉，傳芳世表。乃作銘曰：」二儀丕緒，四像垂靈，翩翩神燕，降卵而生。祥應唐墟，慶震」皇京，攸哉今古，介祉恒明。其一。堂堂盛貌，穆穆神儀，三德剋融，六」藝唯熙。霜翻蘭葉，風摧桂枝，緜言日遠，殊章永離。其二。離弦遂往，墜」雨不歸，逸翮未窮，遥途有期。風悲塞草，氣咽寒飈，千秋萬歲，往」矣難追。其三。白楊聳榦，崇獵僬僥，窀穸長昏，有日無朝。玉質沉壤，」蕙氣陵霄，銘思泉石，流悲冀遥。其四。」其先出自有殷，周武王剋商，封箕子於朝鮮，子孫因而氏焉。六」世祖波，燕儀同三司武邑公。高祖班，散騎常侍平西將軍給事」黃門侍郎晉陽侯。曾祖定國，聖朝庫部給事冠軍將軍并州刺」史博平男。祖唐成，廣武將軍東宮侍郎合肥子。父光祖，寧遠將」軍徐州長史淮陽太守司州中正晉陽男第三子也。」　國家圖書館藏拓。

198 李貞姬銘

【磚誌】正光四年十月」故平珍顯妻」李貞姬在此。」　國家圖書館藏拓。

199 鞠彥雲墓誌

【誌蓋】黃縣都鄉」石羊里鞠」彥雲墓誌」

【銘文】維大魏本州秀才奉朝請輔國府」長史鎮南府記室給事中尚書郎」中奉車都尉領郎中魏郡太守寧」遠將軍統軍本州司馬中堅將軍」鞠彥雲，以正光四年正月十六日」亡。祖璋，給事中。祖母昌黎韓。父延」增，東萊太守東武侯。母濟南解。妻」武威賈。中堅英才金聲，含德玉潤，」妙識朗於齠年，貞芳茂於弱冠。德」貫顔閔，文通游夏。拂纓朝伍，則冬」夏威恩；背虎邦符，則齊魯易化。而」至德淵弘，非得其門，焉盡其美。略」題闕好，豈寫真明者哉。維大魏正」光四年歲次癸卯十一月二日。」　國家圖書館藏拓。

200
元斌墓誌

【誌蓋】闕

【銘文】魏故襄威將軍大宗正丞元君墓誌銘并序。」君諱斌，字道賓，河南洛陽人，恭宗景穆皇帝之曾孫，儀同三司京兆康王之孫，」金紫光禄大夫荆州刺史河澗王之子也。其毓神啓聖之緒，連霄附景之華，固」以圖彼丹青，被兹鍾萬者矣。君器識閑雅，風韻高奇，澹爾自深，攸然獨遠。年十六，」爲并州章武王騎兵參軍事，又轉光州征虜録事參軍，又遷襄威將軍大宗正丞。」雖名拘朝員，而心棲事外，恒角巾私圃，偃卧林潮，望秋月而賦篇，臨春風而舉酌，」流連談賞，左右琴書。性簡貴，慎交從，門寮雜遊，庭盈卉木，雖山陽之相知少，潁陰」之莫逆希，以斯准古，千載共情也。方振彩流芬，光家榮國，而春蘭遽揃，報施無誠。」春秋卅，正光四年九月廿一日卒于崇讓里宅。凡在衿期，惙焉喪氣，朝野有識，莫」不嗟酸。其年冬十一月癸未朔廿七日己酉葬於長陵之東。迺裁銘曰：」帝緒綿邈，王迹嬋聯，祥符電彩，祚隆降天。分峰崐岳，藉潤滄源，本枝鬱矣，盤宗在」焉。積善餘慶，祥流不已，鍾美安憑，實誕夫子。識洞丱初，情昭弁始，樂是愛閑，研兹」文史。名位三徙，榮不改身，昔聞其語，今見其人。與善徒設，報施虚陳，長途未半，惙」彩方春。一辭國路，千秋眇别，壟月曉寒，松風夜列。芒芒原野，攸攸永歲，陵谷有虧，」聲猷無絶。」　國家圖書館藏拓。

201 元尚之墓誌

（誌爲方柱形，四面刻。）

【銘文】

【正面】魏故威烈將軍元尚之墓誌銘。」高祖明元皇帝。」曾祖樂安王範，太武皇帝第二弟，使持節侍中都督秦」雍涇梁益五州諸軍事衛大將軍開府儀同三司長安鎮」都大將雍州刺史，又徵爲内都大官，薨。贈使持節侍中都」督秦雍涇梁益五州諸軍事衛大將軍開府儀同三司長」

【左側】安鎮都大將雍州刺史，謚曰宣王。」祖樂安王良，使持節侍中都督秦雍涇梁益五州諸軍事」衛大將軍開府儀同三司長安鎮都大將雍州刺史，又徵」爲中都大官，薨。贈使持節侍中都督冀定幽相四州諸軍」事開府儀同三司衛大將軍定州刺史，謚曰簡王。」

【背面】父仙，簡王之季子，爲員外散騎常侍鎮遠將軍前軍將軍，」薨。贈冠軍將軍正平太守。」君諱尚之，字敬賢，河南洛陽人也。維正光四年歲次癸卯」十一月癸未朔廿七日己酉卜窆於景陵之東阿。儻泉地流移，刊記徽烈，其辭曰：」體靈自然，藉承皇叡，道立未冠，德播弱歲。竫莫不典，動」

【右側】皆禮制，雅尚廉約，不耻裘弊。器爲時寶，如瑶若桂，仁招世」賞，孝致時遵。高蹈曾閔，耻迹子春，六藝居心，五禮宅身。論」經出俗，談史驚群，屬辭韻綵，彪昞離文。輔人徒説，集善虚」言，未即千里，雲翮中翻。輟酒人途，掩笑松門，白楊方藹，泉户長昏，形隨塵滅，德逐時暄。」　國家圖書館藏拓。

202 奚真墓誌

【誌蓋】闕

【銘文】魏故孝廉奚君墓誌銘。」君諱真，字景琳，河陰中練里人也。其先蓋肇傒軒轅，」作蕃幽都，分柯皇魏，世庇瓊蔭，綿弈部民，代匡王」政。可謂芬桂千齡，松茂百世者矣。高祖大人烏籌，量」淵凝雅，若岳鎮矚，國祚經始，百務怠殷，幃謀幄議，每」蒙引預，故外撫黎庶，内讚樞衡。又嘗爲昭成皇帝」尸，位尊公傅，式擬王儀，蒙賜雞人之官，肅旅之衛。曾」祖使持節鎮西將軍雲中鎮大將干，氣略勇毅，威偃」邊夷，並流聲所莅，勳刊秘牒。祖治中長史翰，弱冠多」藝，書劍兩閑，佐州翼府，每著能迹。父徵君智，自生簡」亮，卷默玄賾，養德閭簷，不干榮利。君資累葉之楨，稟」氣而慧，内穆宗門，外和鄉邑。故爲邦人所宗，本郡察」孝焉。恕保永算，位登邦社，如何不弔，癭茲患禍。春秋」六十，卒於河陰西鄉。宗親嘷愕，朋故悲惻，子思禮等」既傾穹旻，結楚山河，乃刊玄石，悕銘不朽。

其辭曰：「慶自福生，驗若符契，君禀先靈，誕降而慧。易色奉親，」肅躬當世，治家外接，兩脩能濟。如何不弔，遘患殂弊，」山宇長淪，泉門永翳。」大魏正光四年歲在癸卯十一月癸未朔廿七日己」酉葬於洛京西瀍泉之源。夫人樂安孫氏合葬。」 國家圖書館藏拓。

203 元謐墓誌

【誌蓋】闕

【銘文】大魏故使持節征南將軍侍中司州牧趙郡貞景王」誌銘。」君諱謐，字道安，河南洛陽人也。太祖獻文皇帝」之孫。考使持節車騎大將軍都督中外諸軍事特」進司州牧趙郡王之世子。帝緒綿宗，備聞於金經；」瓊枝寶茂，騰芳於玉牒。世載高範，義光實錄，」鐫石圖」徽，刊茲休烈。其詞曰：」皇矣締構，悠哉綿瓞，有命自天，載懷明哲。且君且王，」迺神迺傑，如彼諸姬，世濟芳烈。周公之胤，有凡有蔣，」昭昭我王，騰風邁響。豈伊內潤，亦惟外朗，爰初矯翮，」陵虛迅上。言瞻拜後，爰自龜蒙，執玉茲禮，飲酎斯恭。」來朝肅肅，在廟雍雍，白珩朱紱，委他有容。冠冕稱珍，」於斯得人，令望令問，載楢載薪。睠然西顧，駕此朱輪，」式清氓俗，克静風塵。帝曰欽哉，唯民重食，以德以」親，作乎農棘。我忝出內，匪求彫飾，思媚一人，勞心盡」力。在昔元愷，唯允納言，翻飛建禮，如彼翔鵷。脩途未」極，中路摧轅，國沉梁棟，家喪璵璠。長捐高寢，永即泉」宮，文物備典，禮數加隆。宛其若此，何始何終，第銘玄」石，敬累清風。」正光五年歲次甲辰閏二月壬午朔三日甲申葬。」　國家圖書館藏拓。

204 元平墓誌

【銘文】大魏故宣威將軍白水太守小劍戍主元公墓」誌銘。君諱平，字平國，河南洛陽人也。其先魏」照成皇帝之後，驃騎大將軍左承相衛王泥之」孫，羽真尚書冠軍將軍使持節吐京鎮大都將」陵之次子也。君幼禀貞凝，童衿開賞，長端雅素，」姿懷肅順，氣桀雄逸，豁達大度。金玉不遷其心，」貧儉無變其色。善仁孝，好弓馬，蔑浮榮典籍，年」廿弱冠爲奉朝請。優游華僚，逍遥自得，風韻超」奇，聲隨日舉。轉爲青州安東府功曹參軍。夙懃」從政，日月高尚，故加君宣威將軍白水太守，帶小劍戍主。敷化岷蜀，愛深勿翦，宜延遐算，助隆」聖魏。昊天不弔，春秋卌七薨於家。正光五年歲」次甲辰三月十日庚申卜窆于先陵。刊石幽泉，」綴不朽於千載矣。其辭曰：瓆琅玉葉，暈蕚攸」綿，風光共馥，雲飛等遷，連華疊耀，曠代流煙。美」哉夫子，禀質殊英，沖衿振響，弱冠朝榮，輕金蔑」玉，墳籍是營。夙懃忠裂，劍蜀委節，于嗟上靈，」殲此良哲，鄰方泣慟，邦里嗚咽。」　國家圖書館藏拓。

元昭墓誌

【誌蓋】（雙龍紋，無字。）

【銘文】魏故使持節散騎常侍車騎大將軍儀同三司尚書左僕射冀州刺史元公墓誌銘。」君諱昭，字幼明，河南洛陽人也。昭成皇帝之玄孫，使持節征西大將軍定州刺史常山簡」王第三子。資靈升極之館，挺質杻陽之臺。慶應神緒，作範兩儀，沖性自天，霜情孤立。昂藏獨」秀，若槙櫨之在中皋；嶔崟自峻，猶削城之居衆埠。器宇崇遥，萬頃無以同其量；雅志淵凝，初」九詎能竝其趣。游神沖秘之典，拱默絶望之墳。思存視掌，領括幽微，識總指途，竝驅孔孟。」孝文皇帝即位，舉司州茂才。玉振天京，金聲帝邑。太和年中，賁帛丘園，遊旍招士。以君策量」淵華，委以繡衣之任，俄遷爲主文中散殿中郎中。非其情願，聊從容自得。尋除員外散騎常」侍尚書右丞兼宗正少卿，尚書左丞加平遠將軍。直繩二轄，肅穆卿軒，規違矩濁，端右聳氣，」卧虎之威，實慚今日，至性自忠，孝深難測。永平三年中，丁太妃憂，泣血苫蘆，遂縈胸塞之」疾。故天縱之，斯患漸損。自皇輿南徙，帝宅崧洛，北朔沙蕃，聞道稍迴。即日召入，面奉帝敕。以」翁忠果夙彰，威惠早著，服内屈翁北箱大使。哭請慇懃，泣盡繼血，辭不獲免，割哀從權。詔以」本官持節兼散騎常侍北箱行臺，巡省州鎮。式獎皇風，宣融帝訓，澤等春陽，恩同造化。遂使」獫狁懷仁，鳥夷慕

義，邊庭息羽檄之文，上國絶涇陽之慮。此君之略也。旋軫未幾，除給事黄」門侍郎司徒
左長史散騎常侍御史中尉平南將軍侍中撫軍將軍，領崇訓太僕。于時」武帝登遐，聖躬
晏駕，遺敕無聞，顧命靡託。君明眸在官，張膽莅事，效等劉章，勳齊平勃，扶」危定傾，安
全社稷，鳴騶天府，直筆百僚。千城萬司，莫不斂手，二鮑兩傅，事絶言次。有功必録，」
爰發明詔，析土瀛墟，胙以山河。樂城縣公食邑千五百户，丹書鐵券，藏之宗廟。又除度
支尚」書本將軍河南尹，公如故。蹇愕當朝，争同王陵讜言之直；禮讓經事，義兼蕭何子
民之惠。京」野稱仁，寓縣歌德。是日母后臨朝，匡弼四海。時縉紳嫉君能，衣冠妒君
美，遂萋菲交構，收君」封爵。君得之不憘，失亦無怨。故州閭服其廉，鄉黨懷其義矣。
后以崤咸帝宅，世號國門，秦得」百二，威隆四海，無德弗居，非親莫守，故詔司徒公胡國
珍爲雍州刺史。珍即后之父也。珍乃」言曰：臣既老矣，請避賢路。遂舉君爲散騎常侍
本將軍雍州刺史。三讓皇朝，固辭弗免。其訓」俗禮民之教，若濛雨之膏春萌；窮奸塞
暴之政，猶洪飆之墜零蘀。首尾三周，效跨齊魯。徵入」爲鎮西將軍七兵尚書。旋京首
途之際，釐婦鰥夫，挾輪抱軸。昔周旦之出東都，裁得爲喻焉。」又除散騎常侍征南將軍
殿中尚書。首旦入朝，必盡康國之思；日仄還第，即安琴書之趣。妙」想浩然，神志不
群，勢括雲松，氣籠風月。天不弔善，夙患增劇，春秋有六十，正光三年歲次析」木之津二
月癸亥朔廿二日甲申酉時薨於其第。皇帝以逸翮頽霄，崇峰落刃，非唯黔首」靡憑，信亦

皇道無託。追贈使持節散騎常侍車騎大將軍儀同三司尚書左僕射冀州刺史，」以彰夙效。五年歲在甲辰三月辛亥朔十一日辛酉窆於洛陽之西陵瀍澗之東。天遥地永，」去而無返。刊德音於泉石，傳無朽於終古。乃作銘曰：」陽臺緒慶，升館降靈，唯神之祉，哲人是生。沖襟天府，叡志淵情，凝爲物軌，動必世經。經世伊」何，唯政是匡，緝熙坤緒，撥亂乾綱。令問丕顯，德音孔章，明均其日，日均其光。識洞金經，書無」隱逸，翠藻皇羅，瓊文鏤質。靈思無窮，神機靡匹，嗟乎才難，古今唯一。昊天不弔，殲此良人，如」可贖兮，人百其身。芒芒宿草，悠悠青春，徽章日遠，玉質長淪。曾祖兜，使持節撫軍征南大」將軍右丞相常山王。曾祖親太妃劉氏。祖連，使持節侍中征西大將都督河西諸軍事」內都坐大官羽真統萬突鎮都大將常山王，謚曰康。祖親太妃赫連氏。親太妃宇文氏。」

國家圖書館藏拓。

206 王鍾兒墓誌

【誌蓋】闕

【銘文】魏故比丘尼統慈慶墓誌銘。」尼俗姓王氏，字鍾兒，太原祁人，宕渠太守虔象之女也。稟氣淑真，資」神休烈，理懷貞粹，志識寬遠。故温敏之度，發自齠華；而柔順之規，邁」于成德矣。年廿有四，適故豫州主簿行南頓太守恒農楊興宗。諧襟」外族，執禮中饋，女功之事既緝，婦則之儀惟允。于時宗父坦之出宰」長社，率家從職，爰寓豫州。
值玄瓠鎮將汝南人常珍奇據城反叛，以」應外寇。王師致討，掠没奚官，遂爲恭宗景穆皇
帝昭儀斛律氏躬」所養恤，共文昭皇太后有若同生。太和中，固求出家，即居紫禁。尼」
之素行，爰協上下，秉是純心，彌貫終始。由是忍辱精進，德尚法流，仁」和恭懿，行冠椒
列。侍護先帝於弱立之辰，保衛聖躬於載誕之」日。雖劬勞密勿，未嘗懈其心；力衰年
暮，莫敢辭其事。寔亦直道之所」依歸，慈誠之所感結也。正光五年尼之春秋八十有六，
四月三日忽」遘時疹，出居外寺。其月廿七日，車駕躬臨省視，自旦達暮，親監藥」劑。逮
于大漸，餘氣將絶，猶獻遺言，以贊政道。五月庚戌朔七日丙辰」遷神于昭儀寺。皇上傷
悼，乃垂手詔曰：尼歷奉五朝，崇重」三帝，英名耆老，法門宿齒。并復東華兆建之日，朕
躬誕育之初，每被」恩敕，委付侍守。昨以晡時忽致殞逝，朕躬悲悼，用惕於懷。可給葬
具，」一依別敕。中給事中王紹鑒督喪事，贈物一千五百段。又追贈比丘」尼統。以十八
日窆于洛陽北芒之山。乃命史臣作銘誌之。其詞曰：」道性雖寂，淳氣未離，沖凝異揆，
緇素同規。於昭淑敏，寔粹光儀，如雲」出岫，若月臨池。契闊家艱，屯亶世故，信命安
時，初睽末遇。孤影易彯，」窮昏難曙，投迹四禪，邀誠六渡。直心既亮，練行斯敦，洞窺
非想，玄照」無言。往荷眷渥，兹負隆恩，空嗟落晷，徒勖告存。停壑不久，徂舟無舍，」氣
阻安般，神疲旦夜。延佇翠儀，淹留鑾駕，滅彩還機，夷襟從化。悲纏」四衆，悼結兩宮，

哀數加厚，窆禮增崇。泉幽閟景，隴首棲風，揚名述始，」勒石追終。征虜將軍中散大夫領中書舍人常景文。李寧民書。」國家圖書館藏拓。

207 孫遼浮圖之銘記

【誌蓋】闕

【銘文】大魏正光五年歲次甲辰七月己酉朔廿」五日癸酉故蘭倉令孫府君浮圖之銘記。」君姓孫，名遼，定州人也。綿緒太原，分流樂」安，爵土有因，遂居鉅鹿焉。君稟業沖明，惠」性天聰，少懷净行，長而彌潔，悟三有之無」常，體四趣之沈溺，洞達苦空，超鑒十相。是」以童丱之年，信心三寶，厥齡十八，禁酒斷」肉，脩齋持戒，心無染縛，善能開化，方便導」物。聞其善者，欣若己身，見其惡者，引出火」宅。又不以支節之痛，示其無我之念，遂燒」兩指，盡身供養。至於經行業道之處，必捨」離親愛，敦崇在内，託心禪定，永樂道場。至」延昌年中，屬皇上宣帝褒簡舊臣，即拜」前縣，辭不獲免，俯仰從任。善於治方，敷揚」恩澤，化均魯恭，德侔西門。名振關左，限過」將代，百姓愛仰，率土戀慕，若失慈父。還京」數年，仍懃道業，將登顯位，以彰庸績。春」秋六十七，前件年日，寢疾三朝，卒於京師，」權殯此處。有子顯就、靈鳳、子沖等追述亡」考精誠之功，敬造浮圖一塸，置於墓所。」願令事與須彌等壽，理與日月齊明，永流」懿迹，式傳不朽。迺作銘曰：」一儀無像，四天傳則，靈刹開神，梵堂啓或。」伊我君公，秉心淵默，深睹正真，妙達通塞。」淹迴聖迹，寢息神光，裁辯權實，離析舊章。」十塵外遣，五陰内忘，蒸斯沈溺，作彼舟航。」出宿一廛，遄臨百里，秋蝗遠飛，春翬近止。清净未儔，簡率誰擬，方覲彌陁，遽淪濛汜。」浴余小子，末命將淪，構兹寶塔，綴此遺塵。」崇功去刼，樹善來因，舟壑雖改，永□天人。」國家圖書館藏拓。

208 李媛華墓誌

【誌蓋】闕

【銘文】魏故使持節假黄鉞侍中太師領司徒都督中外諸軍事彭城武宣王妃李氏墓誌銘。」亡祖諱寶，使持節侍中鎮西大將軍開府儀同三司并州刺史燉煌宣公。」亡父諱沖，司空清淵文穆公。」夫人滎陽鄭氏。父德玄，字文通，宋散騎常侍，魏使持節冠軍將軍豫州刺史陽武靖侯。」兄延寔，今持節督光州諸軍事左將軍光州刺史清淵縣開國侯。」亡弟休纂，故太子舍人。」弟延考，今太尉外兵參軍。」姊長妃，適故使持節鎮北將軍相州刺史文恭子滎陽鄭道昭。」姊仲玉，適故司徒主簿滎陽鄭洪建。」姊令妃，適故使持節撫軍青州刺史文子范陽盧道裕。」妹稚妃，適前輕車將軍尚書郎中朝陽伯清河崔勔。」妹稚華，適今太尉參軍事河南元季海。」子子訥，字令言，今彭城郡王。妃隴西李氏，父休纂。」子子攸，字彦達，今中書侍郎武城縣開國公。」子子正，字休度，今霸城縣開國公。」女楚華，今光城縣主，適故光禄大夫長樂郡開國公長樂馮顥。父誕，故使持節侍中司徒長樂元」公。」女季瑶，今安陽鄉主，適今員外散騎侍郎清淵世子隴西李彧，父延寔。」妃諱媛華，隴西狄道縣都鄉和風里人。遠胄高陽，遥源姬水，藴無名於柱下，播奇功於塞上。及大」據河洛，光啓霸功，道邁一匡，爵踰八命。儀同勳著西垂，司空名蓋東夏。故已寵侔五公，事鄰晝一。」妃體貞明之質，稟淑令之姿，幼志有成，率由非獎。爰初設帨，及此方笄，播彩公宫，摛光牖下。及有」行將遠，中谷時盈，瞻彼惟鳩，移天作合，河洲未比其德，琴瑟豈況其和。閨庭整峻，言不越閫。」武宣出統戎馬，入總機權，百揆一人，萬務由己，聲績允著，朝野嗟稱。豈獨外行所招，蓋亦内德之」助。及崩城結涕，朝哭攢悲，藐爾諸孤，實憑訓誘。誕此三良，形兹四國，無事斷機，弗勞屢徙，而日就」月將，並標聲價，齊名三虎，邁譽八龍。妃既善母儀，兼閑婦德，三從有問，四教無違。帝宗仰其風流，」素族欽其盛軌。方當追蹤上古，準的來今，享萬鍾之殊榮，盡色養之深願。而倚伏難思，斯心未展，」遽等流川，奄如過客。以正光五年歲次甲辰正月癸未朔十五日丁酉薨於第。春秋卌有二。」二宫貽愴，疏親軫悲，若以小大相方，故亦事兼無律。其年秋八月六日甲申合葬武宣王陵。乃作」銘曰：」惟斗垂精，惟樞播靈，比肩世秀，間出民英。八元騰實，三吏飛聲，豈伊髦儁，亦降賢明。四行必脩，六」禮無忒，立言成範，動容作則。望水齊智，瞻星比德，遠彼公宮，來嬪邦國。王賜比旦，鵲鵴興燕，功毗」下武，勳格皇天。於昭中饋，宅後光先，陸離組佩，照耀簪鏌。介茲簡簡，膺此穰穰，爰誕三胤，玉閏金」相。德音秩秩，車服光光，頒圭錫社，且公且王。必祀萬種，母儀列蕃，邢茅凡蔣，夏清冬温。節高名貴，」道盛身尊，奄如悲谷，忽去高門。哀結未央，涕流長樂，物彩爰備，聲明聿作。宛宛游魚，團團飛鶴，眷」然城輦，長歸冥漠。周附于畢，任合自魯，追遠慎終，千齡載靚。且馴麑菟，將繁宿莽，春蘭秋菊，無絶」終古。」　國家圖書館藏拓。

209 元子直墓誌

【誌蓋】闕

【銘文】魏故使持節散騎常侍安南將軍都官尚書冀州刺史元公墓誌銘。」亡祖顯祖獻文皇帝。」亡父假黄鉞侍中太師領司徒都督中外諸軍事彭城武宣王。」公諱子直，字方言，河南洛陽都鄉光里人也。高峰本於極天，長源邁於帶地，至於」經綸輔贊之業，文武將相之姿，送往事居之勳，與存與亡之績，故已播在民謡，詳」之衆口，鍾鼓日宣，丹青且蔚。若其孝友温恭之操，拔得乎心；月旦飛馳之聲，求之」於己。爰始從宦，除散騎郎。出入九重，去來三等。既而璧門載佇，鳳沼曠官，寤寐所」求，非公焉寄。仍轉中書侍郎。復以貂冕清閏〔一〕，切問俟才，往謝紫泥，來事青瑣。遷通」直常侍。喉脣任重，匪易其人。

公以譽美帝宗，聲高近侍，執戟之選，與能斯在。復轉」黄門侍郎。」先王鍊石斷鼇，功格區宇，雖身隨物化，而事與名存。朝庭永言盛烈，義深追遠，取」則邢茅，大啓真定。開國縣公，食邑一千户。公以榮非己致，賞實先勳，瞻彼遺薪，崩」心泫目。尋加冠軍將軍，仍居門下。梁山重阻，黑水遐長，實號峨眉，是稱石穴，陵履」三峽，控帶二江。刁斗夜驚，權烽晝起，西夏之任，兹焉特委。乃除持節督梁州諸軍」事本將軍梁州刺史。於是播兹簡惠，飾是戎昭，政平訟理，歲阜民和，吠犬希聲，階」庭虚寂。及解任還都，歸軒東首，吏民泣慕，老幼相嗟。公縱容博愛，雅好人流，接席」分庭，談賞無倦。會」太妃遘疾，大漸彌留，藥食先嘗，行不正履。既而脱然靡驗，並走無徵，禮踰絶漿，慕」深泣血，永懷風樹之不静，長悲欲報之匪從。雖氣序貿遷，扶而未起，朝露奄臻，嚴」霜溘萃。正光五年四月十二日薨於第。有識嗟傷，不知悽感。有詔追贈使持節」散騎常侍安南將軍都官尚書冀州刺史，謚曰穆公。日月不居，窀穸奄至。以其年」八月己卯朔六日甲申窆於長陵之東北。其詞曰：」赫赫皇魏，天保攸定，藹藹帝緒，本枝兼盛。有美夫君，實邦之令，盤石斯昌，孰云匪」競。周文負斧，八子開封，太師當國，亦有丕庸。司勳追賞，錫宇攸同，俾侯如魯，爲」光爲龍。絲綸告倦，執戟云疲，唯梁請牧，連率是縻。化行江漢，仁聲載馳，華陽俗易，」黑水風移。福極參差，惑壽惑夭，自古雖死，在君何早。生塗未半，百齡猶眇，」大夜方」昏，泉門詎曉。」　國家圖書館藏拓。

注　釋

〔一〕閏，當爲「閨」字之訛。

210 杜法真墓誌

【誌蓋】杜傅母銘」

【銘文】傅母宮大監杜法真者，黄如人也。忠孝發」自弱齡，廉平起於齠齔。年有五十，奉身紫」掖，何知遇於先朝，被顧問於今上。性姓寬」閑，世有行焉。歷任雖清，非其願也，遂隱疏」下邦，養身洛陽。天乎不淑，梁木摧傾。春秋」六十有六，殞於洛陽。兒息涕戀，攀車結慕，」朝野銜衣，西顧長悲。以大魏正光五年十」月三日空於首陽之陰。乃作銘曰：」芒芒造化，攸攸自然，影隨形變，響逐聲遷。」再清流美，惟聖惟賢，嚴霜夏墜，芝蘭早玄。」騏驎弗乘，徒枉世鞭，白楊代嚮，青松負烟。」魂兮永逝，名舉風旋。」國家圖書館藏拓。

211 元瑹墓誌

【誌蓋】闕

【銘文】君諱瑹，字孟暉，河南洛陽都鄉敷義里人也。恭宗景穆皇帝之曾」孫，陽平幽王之孫，征北大將軍營梁徐雍定五州刺史廣陵康公衍」之元子。積聖爲源，資皇啓緒。祖王分乾茂德，先公操智成仁。君體」局聰逸，器貌清奇，幼挺出群，懷不羈之譽；岐嶷金聲，收獨異之響。雖」甘生早秀，終童少穎，方之於君，無能嘉尚。麟幃妙選，振古攸難，渠閣」銓才，魏誥彌重。君以帝胄美名，夙招令問，特被優詔，擢秘書佐郎。」時尋有敕，專綜東觀，墳經大序，部帙載章，所進遺漏，緝增史續。俄遷」司徒主簿。翼彼教槐，績彰毗替，以母憂去職。君孝性深至，操喻曾閔，」豈直惙滄七辰，迴鑣勝母如已哉。荊郢蠻邦，化導匪易，自非朝英宗」彥，莫膺兹授，除君荊州長史，招來遐服。君器等瑚璉，出處多藝，首讚」幕府，流品斯允，旨行州事。既專裁襄蕃，化被南裔，志同灌荗，節慕」羊陸，恩若春風，愛均冬景，蒲鞭葦杖，再光江沔。徵拜太中大夫，仍轉」輔國將軍太常少卿。皇家富有四海，績邁虞唐，唯哲伊才，故充斯」授。君登棘飛聲，卓然峻遠，金石順諧，管弦調暢。方冀承扆陟岱，陪衮」柴天，昊靈不弔，春秋卌有三，正光五年四月廿九日薨於第。朝野嗟」酸，衣冠痛惜，贈使持節左將軍齊州刺史，謚曰文公。其年十一月丁」未朔三日己酉葬於金谷之原。乃作銘曰：」資靈託緒，積聖開源，於赫皇魏，道邁堯軒。託生夫子，實唯王孫，幼」播令問，德逸聲存。少挺珪璋，岐嶷聰峻，連翩兩龍，依希八儁。秀等終」甘，謹同馬慎，唯哲唯仁，實爲後進。登朝延譽，裁邦載緝，灌荗重美，蒲」鞭更習。德被荊郊，化刑江邑，挂牀留犢，風高獨立。攸攸大夜，冥冥下」泉，幽庭無曉，華燈詎燃。一隨地永，空列幃筵，陵谷儻改，芳徽是鐫。」 國家圖書館藏拓。

212 高氏墓誌

【誌蓋】（素面無文。）

【銘文】魏故持節征虜將軍營州刺史長岑侯韓使君賄夫人高氏墓銘。」夫人勃海條人也。左光禄大夫勃海郡開國敬公颺之長女，侍中尚書」令司徒大將軍平原郡開國公肇侍中司空澄城郡開國穆公顯之元」姊。夫人妹以儀軒作聖，姪女稟月留光，並配乾景，用敷地訓。二后褘褕，」亞瓚天極。瓊風峻舉於千仞，玉韻直開於萬古。及諸弟冠冕，龜組重暉，」贊化四皇，毗明六帝。即昔才英，悠然莫擬。夫人出自禮門，逢斯隆」沃，宜重世華，翫愛彫綺。而淵冰在性，水碧載懷，奉訓遵模，秀出閨第。又」資此令儀，招斯淑影，比婺未深，望娥豈譬。非直妙盡機杼，乃亦曲精綺」繡。時有暇日，兼悦書典，女戒及儀，常委膝席，言行自高，物所宗慕。及歸」韓氏，禮風方扇，進退折中，動成規距。班門掩響於今華，蔡氏何聞於古」茂。在生不幸，韓侯夙殞。子幼惸然，房宇寥寂。酸聲一吐，白雲夜斷。泣音」或衄，素景晨虧。貞風介氣，彰於歲暮。至景明三年，宣武皇帝以夫人」皇姨之重，兼韻動河月，遂賜湯沐邑，封遼東郡君。又以椒幃任要，宜須」翼輔，授内侍中，用委宮掖。獻可諫否，節凝圖篆。夫人以無生永逸，有陋」將危，志騰苦海，舟梁彼岸，故裁謝浮虛，敬仰方直。於是金花斷意，寶蕤」離心，物不中度，未曾觀攬。春秋七十有一，正光四年歲在癸卯十一月」十九日，抱疾薨於洛陽延壽里。卜遠有終，禮袝泉塋。以正光五年歲次」壽星十一月三日移葬於定州常山郡行唐縣宕城川蘭山之陽□河」之陰韓侯墓右。侯有宿志，故不同墳。雖在世爲異，良合古典，鐫石圖文，」永不湮墜。其辭曰：」在淄始運，臨漳業曙，茸貂昭景，華蟬委霧。勳績懷風，留聲起譽，桂味斯」珍，松芳在句。令儀既誕，載影金箱，霄精降彩，夜緯留光。穠花日見，綺愛」年將，志儷班蔡，響秀施墻。既歸嬪路，順禮斯發，芳黛交文，花丹靡闕。鬢」委春風，姿凝涼月，重閨永肅，深幃豈忽。福善寧有，輔仁蓋無，侯已夙逝，」子續幼孤。惸然焉恃，寂漠誰呼，氣斷遊霧，淚接長湖。陟位由因，沾華在」業，命服暉渙，簪珥重沓。爲善宜遥，餘慶方納，如何中褰，永辭雲閣。」

河北曲陽出土。見《考古》一九七二年第五期《河北曲陽發現北魏墓》。

213 元崇業墓誌

【誌蓋】闕

【銘文】魏故持節輔國將軍平州刺史元使君墓誌銘。」君諱崇業，字子建，洛陽人也。景穆皇帝之曾孫，大」將軍陽平幽王之孫，車騎大將軍儀同三司尚書左」僕射宗師之長子。君三光降而爲靈，六氣結而成烈，」秀若高桐，峻似孤岳，藻韻清遥，談論機發。士流挹其」萬頃，帝宗歎其千里。弱冠譽高，拜秘書郎中。秉牘麟」閣，讎校墳藝，洋洋之美，典素載清。舉上第，辟司徒録」事參軍。君器懷凝峻，神衿挺照，横藻台庭，灑落群外，」領袖之望，於焉爲首。優賢之舉，拜寧朔將軍員外散」騎常侍。君風量秀整，英拔異流，參侍軒陛，儀形獨儁，」加以文彩豐豔，草麗雕華，凝辭逸韻，昭灼篇牘。逝將」燮禮教於端闈，宣風化於槐路，而輔仁之慶虚文，草」露之危先集。春秋卌八，正光五年三月廿七日卒於」第。詔贈持節輔國將軍平州刺史，禮也。其年冬十」一月十四日葬於長陵之東北。乃作銘曰：」丹陵發輝，華渚開耀，君侯誕載，神儀挺照。英量高偉，」風骨凝峭，端思出玄，談入妙。沖衿秀整，器宇標儁，昇」朝振響，藻韻清峻。冰情外朗，謙光内潤，汪汪淵湛，亭」亭岳鎮。近隧無睽，遠期已促，霜庭飛素，松門罕緑。思」鳥啁噍，哀禽躑躅，唯兹景行，德音如玉。」國家圖書館藏拓。

214 馮季華墓誌

【誌蓋】闕

【銘文】魏故樂安王妃馮氏墓誌銘。曾祖道鑒，燕昭文皇帝。曾祖母皇后慕容氏。祖朗，燕封廣平公。真君中入」國，蒙除散騎常侍駙馬都尉。又除使持節征西大將軍秦雍二州刺史，封西郡公。薨，追贈假黄鉞太宰，進爵燕宣王。」父熙，和平四年蒙授冠軍將軍肥如侯。到六年，進爵昌黎王。又除侍中太傅，王如故。又除使持節征東大」將軍駙馬都尉定州刺史。又除太師中書監領秘書事。又除使持節車騎大將軍都督并雍懷洛秦肆北豫」七州諸軍事開府洛州刺史羽真尚書都坐大官侍中，王如故。復除太師。後以異姓絶王，改封扶風郡開國公，」食邑三千户。薨，贈假黄鉞，謚曰武公。母樂陵郡君太妃。兄思政，侍中儀曹尚書駙馬都尉征西大將軍羽真」南平王。入侍左右，即拜爲侍中征北大將軍。復除儀曹尚書，轉爲殿中尚書，後特進都督中外諸軍事中軍將軍。」異姓絶王，改封長樂郡開國公，食邑一千八百户。後遷特進，爲司徒公侍中，都督如故。復加太子太師，本官如故。復」本官加大將軍領車騎大將軍。薨於鍾離，追贈使持節假黄鉞大司馬領司徒，謚曰元懿公特加九錫，其賵」賜之隆，悉踰常典。長姊南平王妃。第二第三姊並爲孝文皇帝后。第四第五姊並爲孝文皇帝昭儀。」第六姊安豐王妃。第七姊任城王妃。」妃諱季華，長樂郡信都人也。太宰之孫。太師之第八女。大司馬之妹。清源遂遠，高峰無極，至於乃霸乃王之盛，或相或公之美，固以史牒之所」詳，於斯可得而略。妃幼禀奇姿，長標令譽，三德必脩，四行無爽，該攬圖」傳，備閑内則。年廿二歸于元氏。起家而居有千乘，貞淑而作合君子，敬」等如賓，和同琴瑟。及王薨徂，治服過禮，訓誨諸子，成兹問望。以正光五」年三月卅日寢疾薨于第。以其年十一月甲子朔十四日甲子〔二〕合窆於」長陵之東。銘曰：」周稱嬀吕，漢曰韋平，桃李仍降，儁德連聲。於惟公族，異世同禎，簪黄佩」紫，樹物揚旌。日照屋梁，鳥飛叢木，仁智外衍，幽閑内勖。爰姑及姊，如金」如玉，后聖妃賢，載榮載燭。瞻彼江漢，眷此河洲，將追盛烈，言庶前脩。六」笳熲熲，百兩攸攸，剋兹相敬，成斯好仇。涉水焉濟，陵虛忽摧，夜憂耿耿，」晨哭哀哀。留連垂帶，貽厥方來，在河無忒，居城自頹。美音足慕，義風可」仰，貞心遂邈，峻節俞上。若隙之過，如飆之往，容典虛備，鉦笳徒響。九族」必臻，三占襲奏，初墳日竦，壟根歲茂。嗟起惟私，愴興民秀，曷寄聲彩，遺」之雕籀。」　國家圖書館藏拓。

注　釋

〔一〕正光五年十一月丁未朔，十四日應爲庚申，此處原誌誤。

215　元寧墓誌

【誌蓋】闕

【銘文】魏故輕車將軍元府君墓誌。」君諱寧，字阿安，河南洛陽人也。其先唐堯之苗裔，漢」高之胤冑，孝章帝之後。君故使持節驃騎將軍雍州」刺史外都大官賀延鎮都督武陽侯竭洛侯曾孫，故」平遠將軍散騎常侍殿中尚書冠軍將軍始平公侯尼須之孫，故岐州刺史之子。君託歲懷經，羅年好帙，」孝弟之稱，朝野明聞。旨補騎官之任，釋褐殿中將」軍。稍加位號，遷授輕車將軍。暇寐龍門，振纓鳳闕。豈」悟神祇，濫羅斯罰。春秋六十有壹，以正光五年薨於」京師。皇朝失色，槐佐驚顔，衢男綴歌於巷首，鄰婦」奄相於春邊。至其年十一月十五日歲次甲辰遷兆」於大陵東北冀剛之陽。咸見爲之泣涕，挽歌之所哽」咽。嗚呼哀哉，乃作銘曰：」攸攸遠基，世綱珠瑋，或剛其帝，或制三槐。陽沙練玉，」處闇明輝，冠蓋相承，千載不頹，瑶輪華聲，嗷嗷其雷。」寧君量略，志萬星雲，排霜挺秀，獨蜕孤群。育心經户，」愠德王墳，少侍星宫，長莅邊君。片言折獄，單辭兩分，」名斑史籍，竹帛垂勳。嗚呼哀哉，殲此良人，如可贖兮，人百其身。」正光五年十一月十五日歲次甲辰丁未朔。」國家圖書館藏拓。

216 郭顯墓誌

【誌蓋】闕

【銘文】魏故中給事中謁者關西十州臺使郭顯墓誌銘。」父萇命，東兖州别駕。母趙郡李氏。顯妻濟州平原」柏氏。息金龍。息女洪妃，適段萇洛。次息女景妃，適楊」康生。龍妻劉氏。龍息文憘，次息見憘。君字季顯，并州」太原郡晉陽縣人也。以魏正光四年歲在六月庚辰朔」廿三日壬寅寢疾卒于河南洛陽都鄉受安里，春秋五」十三。越正光五年十一月丁未朔廿六日壬申葬于北」芒山之西崗。迺刊石表銘，式傳不朽。其辭曰：」世禄伊範，卿族斯甯，鬱矣華宗，亦丁其慶。高峰遠出，長」瀾眇鏡，爲龍爲光，莫之與競。

台階峻極，槐路悠凝，唯祖」唯父，克踐克昇。相門有相，公實載膺，如絳既没，條亦嗣」興。爰自弱年，樹此風概，鯁氣不群，雄才出輩。因心必盡，」率由敬愛，匪勖聲名，自然靡悔。厥始登庸，言奮其翼，事」君無隱，當朝正色。夙夜在公，逶迤退食，媚兹一人，磬此」心力。寶珮鏘，豐貂藹藹，既被華蟲，亦矯旟旆。轔轔長聲，」悠悠高蓋，六條已緝，萬里云最。來管喉唇，絲綸伊穆，迺」作中候，熊羆是肅。出則鷹揚，入爲心腹，誠著日磾，勳同」博陸。建彼元功，膺兹上賞，玄土白茅，分星畫壤。執玉有」暉，酎金無爽，利在鳴謙，吝非攸往。百揆已登，三事斯凝，」四牡騤騤，六轡耳耳。方馳逸翰，沖天不已，霞路未央，雲」車遽止。清道還山，徐軒去國，寒浦邅迴，霜源眇默。石磴」長蕪，泉扃永塞，岸谷將遷，於焉觀德。」 國家圖書館藏拓。

217 檀賓墓誌

【誌蓋】闕

【銘文】魏故驪驤將軍平陽檀府君之墓誌銘。」君諱賓，字子穎，兖州高平平陽縣都鄉箱陵里人也。氏族高華，望蓋海」冑，冠帶相尋，有國之標袖。金槃玉秀，著自前策。曾祖嶷，以風高獨遠，晉」中書侍郎瑯琊太守。祖道沖，以辭華儁麗，宋召黄門侍郎。父猷，才標」冑極，起家正員郎晉安内史。君稟鴻流之奥原，承孤峰而特秀。惠悟發」於齠丱，英粲播於弱齡。年始廿，爲齊徐州刺史裴叔業啓爲府主簿。于」時朔馬南侵，吴戈北掃，接矢徐方，交刃州境。自非雄明挺秀，無以委居」邊捍。遂表君爲渦口戍主。君乃脩陳生之奇，習黄公之策。功名申於齊」京，威略聞於魏闕。轉君寧朔將軍步兵校尉，鎮戍壽春。君識否泰於將」來，鑒安危於未兆，知雲臺將崩，葦巢難固，遂同裴氏，送城歸魏。時以君」深識魯生之機，洞照銜璧之貺，授君左中郎將，俄拜建興太守。雖帝壤」華邦，神州名邑，然北帶長山，盜徒充聚。除書始聞，群凶竄迹，車駕一臨，」則密雲垂洽，盧郡未幾，又遷魏郡太守。拜訖，以西河地接邊胡，民懷異」志，自非浮虎却蟥，何以肅其蕃愚，遂爲西河内史。且一錢之餞，祖榮愧」其清；匹絹之資，胡質慚其儉。攀轂斷途，拒輪塞路。懼玄光易流，民情難」訣，遂疎步艱行，盜至西河。脩古教以勸民，開新訓而奬士。吴公有更生」之名，卜子受不亡之美。又召君爲驡驤將軍游擊將軍。又平陽聖帝名」都，闕守有年，非高才茂遠，弗勘斯任。遂簡君爲平陽太守，以副朝望。君」神色儼然，靡識其操，恩若雲潭，威如風草，若乃樂治齊歌，道産訝其能；」要囚感志，方明謝其巧。在郡半紀，訴病歸京。春秋六十一，正光五年八」月八日薨於洛陽。其年十一月丁未朔廿七日癸酉窆於北芒之陽。悲」華光之易殞，歎人百之難追。鐫玄石以表功，託清泉以通辭。其銘曰：」美哉華琨，匪刊弗珍，猗歟君公，夙誕其神。珪璋月秀，琳瑯日新，抽芳齊」壤，發翠魏都。囊不藏穎，蚌不隱珠，爰初弱冠，秀名州府。昂昂拔群，翹翹」絶侣，聲逸兩都，華鄉四撫。風衿逍迢，雲情容與，恩而弗柔，威而不武。朱」輪方昇，鳴笳將舉，驚風峻動，太山其頹。松扇夜啓，泉門晝開，曉風空往，」夕月虚來。舉世追慕，匝宇流哀，金石有爛，德音無灰。」 國家圖書館藏拓。

218 李超墓誌

【誌蓋】闕

【銘文】魏故懷令李君墓誌銘。」君諱超，字景昇，本字景宗，後承始族叔在江左者懸同，故避改云，秦」州隴西郡狄道縣都鄉華風里人也。雅著高節，敦襲世風，言行足師，」興作成準，循情孝友，因心名義。安貧樂道，息詭遇之襟；介然峻特，標」確焉之操。弱冠舉司州秀才，拜奉朝請，除恒農郡冠軍府録事參軍」事，宰沁水縣。巨政崇治，綽居尤最。爲受罪者所誣章，憲臺誤聽，被茲」深劾，除名爲民。於是廿年中，浮沉閭巷，玉潔金志，卓爾無悶。到熙平」二年，甫更從宦，補荆州前將軍騎兵參軍事，復作懷令。已受拜，垂垂」述職，遭疾，正光五年八月十八日卒于洛陽縣之永年里宅，時年六」十一。孤貞華首，訖於二邑，門從無兩，遠邇酸恨懷之，百姓長慕喪氣，」雖陳留之哀望胡季叡，不是過也。越六年正月丙午朔十六日辛酉，」葬洛陽縣覆舟山之東南。玄壤難窮，陵谷時異，刻茲陰石，照序光塵。」泱泱顯族，斂蔓西垂，代襲清則，□炳羽儀。道妙之門，緒風屬斯，惟祖」惟考，倜儻瓌奇。昌謨迭駕，高矱明規，杳量無隄，玄契不貲。總脩異貫，」員應紛枝，灼灼伊君，山立淵渟。棲真宅正，寢繩履程，懿鑠爲質，醇素」用情。均治禮世，氣重財輕，亦既從招，旁溢鴻聲。隨牒出入，密勿力誠，」爰莅近邑，先邁儀形。絶交獨坐，化動陰賓，尚德貽咎，衆實叵蓋。拂衽」歸來，飾轅褫帶，恂恂鄉閈，萬殊一會。優柔善成，無小無大，垂白再仕，」泛爾沿流。階倫稍降，盛業愈遒，逮作後城，士女承休。響頓方馳，盡士」悲愁，剋節炯言，引賞靡徵。端恭妄砥，家俗虚膺，擢彼圮迹，事罕篇繒。」長源未輪，深圖乍卷，藴此逸機，空生徒返。兹冤易削，疇毒難遣，楨榭」踈踈，泉房寒遠。孀孤内爛，妹弟摧咺，式鏤沉石，託注幽篆。」妻恒農楊氏，父談，爲郟州主簿。息女孟宜，年卅六，適恒農王始儁，」郡中正。息女媛姿，適遼西常彪，侍御史。息女仲妃，適武威賈子」謐，涼州治中。息道沖。息女婉華。息女休顔。息女四輝。」息道逸，年十六。息道栖，年十三。」

國家圖書館藏拓。

219 甄凱墓誌

【誌蓋】處士中山甄凱墓誌銘」

【銘文】□凱石誌。」凱字義矩，小字季良，司徒文穆公之第四子也。」生資秀氣，幼挺奇標。自有識能言，無游辭失色。尤」機警，辨悟過人，纖微必察，應對如響。在兒伍之中，」見者莫不敬異。文穆公特垂賞愛，以爲類己。年」方齠齔，業深致學，因心獨悟，師佚功倍。既敦墳史，」兼好詞翰，芳心令質，日就月將。而遭命不幸，夙嬰」篤疾。降年一十有四，以正始四年二月二十七日」病遂大漸。時太夫人亦枕痾綿棘，彌留積祀。季」良自識將危，不悲天命，唯以太夫人寢疾爲言，」因而絶氣。初文穆公以其久病羸痼，憂念過甚。」季良常相寬解。未圖當困，一朝不救，内外摧傷。」太夫人悲哀感動，尋亦薨背。公愍其短折，即其」孝心，權令與太夫人同墳共殯。自云：百歲之後，」終與吾兒相從。正光六年正月丙午朔二十七日」壬申，良之諸兄奉安公夫人之宅兆，仰遵先旨，」厝良于墓後別室。永尋二三，觸情荼苦。府仰號迫，」無思爲銘。略陳影響，以照泉路。玄闥一扃，嗚呼畢」矣。正光六年正月二十七日壬申刻。」

河北無極出土。見《文物》一九五九年第一期《無極甄氏諸墓的發現及其有關問題》。

220 徐淵墓誌

【誌蓋】闕

【銘文】魏故曠野將軍石窟署□徐君墓誌銘」君諱淵，字法智，高平金鄉人也。蓋黃帝之神苗，周明」王子胤宋州牧金鄉君□駱王之後，晉車騎大將軍」司徒公三世之孫，秦驃騎大將軍駙馬都尉之曾孫，」孝文皇帝國子博士之少子。□金之美章毅於上」□；帶王之禪輝煥於□辰。君□□□騎聳蕚厥津」□□錯□□以□□衝勁風而俄□□□□之受稟自」□冥綺繡之質□□因□始得□範則璃珍弗能見」其成□其□賜則史□□□□□鄉雖復形□□俗」□神□委命天□□卒兩□□□□如纂分風六典」攬之於掌名□循□□□□□□□□抱□哂非文」殊韻夫大士□□□□□□□□人吐握□□不」以多能自矜臨坐□□□□□□□□□發璣若煙」雲□岸先宣武皇帝□□□□□宇悟邃眇啓用」曠野將軍石窟署丞□□□□□□□府運乎慮」於峞峰抽□□□□□□□□□□□□□□□□寺」形異狀□以君之思□□□□□□□□□□雙何」圖上天□善有□良□□。春秋□十四，大魏正光六」年歲次乙巳正月丙午朔四日己酉終於營舊〔一〕署。則」以其月廿七日葬於伊闕之□。排山構墓，齊壑起墳。」青松列於埏側，蘭菊□於□□。遍納白日之暉，獨引」明月之門。□見者莫不彷徨，□聞者爲之惻愴。余不」以管見孤文，敢陳陋頌。且可刊石傳風，□能熏益馨」□。其辭曰：邈哉□識，實曰伊人。雄姿挺世，猛氣逸」群。拂□□□，□之□津。守成世範，行合人神。如何灾」中，殲此良哲。玉□守□，金燈永□，□光晝闇。風雲夜」結，唯石刊文，□□□表。正光六年正月廿七日銘。」北京大學圖書館藏拓。

注釋

〔一〕舊，原石已泐，不可確識，或疑爲「福」字。

221 元茂墓誌

【誌蓋】闕

【銘文】維大魏平南府功曹參軍元君墓誌銘。」君諱茂，字興略，河南洛陽都鄉光穆里人也。」恭宗景穆皇帝之曾孫，樂陵密王之第三子。君文淪皇」源，蟬綿國緒，少秀玉山之姿，早澹金泉之量。是以孝事二」□，往藉王蔡爲行；忠奉一主，豈假劉趙爲節。君性好素儉，」器局□平，出入黔宇，去來疎苑，頗復琴詩拘意，未常榮禄」□心。或門謁八儁，日洞千數；又家無一帛，書有萬篋。此官」之來，簡在帝心，非君所好，逡遁乞歸。直以玉帛頻集，紛然」從事，君庶毗蕃牧，風憲兼舉，涉獵情理，導頭明尾。于時同」僚實役務煩，君猶歎無事，空喪良辰。又陳留曠任，紆君暫」撫，遂令下車之威未震，放筆之恩已收，復使强良餐化，無」禮移風，昔謂期月者，何以殊焉。方名班十亂，位變三槐，佐」天以祥風雲，隨地以瑞草木。直霜刃中飛，青蘭卷萼，春秋」卅有一，以正光六年歲次乙巳正月丙午朔八日癸丑而」逝洛陽。以三月十七日辛酉窆於都西金山之東。然弟洪」略悲荼蓼之頻降，痛同懷之去就，以名鐫石，方與地富。其」辭曰：」蔚矣慶門，世有餘胤，灼灼吾生，英風早俊。入養孝友，來官」忠信，爰居且處，非驕與恡。翺翔疎苑，優遊黔室，泛水斜琴，」昇山命筆。其智豈雙，斯仁若一，家無寸縑，書有盈帙。天全」地在，君矣去促，玉山變素，金泉卷淥。兄弟長悲，妻兒洞哭，」于嗟親良，如之可贖。」國家圖書館藏拓。

222 李遵墓誌

【誌蓋】魏故驪驤將軍」洛州李使君」墓誌」

【銘文】魏故驪驤將軍洛州刺史涇陽縣開國子李使君墓誌。」君諱遵，字仲敬，隴西狄道人也。世官命氏，備于史册，不足詳論。伯陽以神權應物，戎」俗從化；郎中以果毅標名，節彰竹素。自茲已降，盛德相襲。」高祖涼武昭王，屬晉曆失御，戎狄亂華，鼎跱一方，守政不易，懷柔討暴，大拯生民。元」勳記於天府，霸功以之剋隆。曾祖驍騎將軍，武志超群，聲騰朔土。王父宣」公，析瑞晉蕃，惠澤早樹。顯考昭侯，神機秀朗，英規卓異。太和末，」高祖文皇帝親統六戎，南臨樊鄧。江北僞師，守迷不變。乃進潛謀以走吴兵，獻奇略」以屠新野。功書彝鼎，胙土涇陽。君稟靈和之淑氣，誕蹤哲於齠年。愍惠夙成，行先言」後。于時國庠創改，黜陟唯明，清衿之選，實鍾秀彦。君始藻文闈，已昇高第，俄銓司空」行參軍。司簡才優，不展逸足。高陽王，帝之季弟，作鎮鄴都，傍督鄰壤。望府綱僚，」皆盡」英胄。君首充其選，爲行參軍署法曹。處煩綿載，匡弼唯明，滯理斯通，吏無停業。既而」昭侯薨，君泣血羸形，孝出人表。服闋，除員外散騎侍郎。縱容禁省，文談自娱。君歸國」三世，家於北都。先侯康素，暫當臨相，雲構居南，二促遷限，遂編户魏郡之湯陰縣。夜」光之璞，異域同珍；姜蘭之性，易地猶馥。除相州別駕，懃於施恤，孤貧忻賴焉。贊莅未」期，譽流千里。雖休徵之康海沂，伯輿之治青土，對此而言，彼何能尚。還拜奉車都尉，」出補冀州征北大將軍長史，又加中壘將軍，復除冀州安東府上僚。境帶河海，俗僞」民彫，加乘寇之妖，奸穢未蕩。君乃毗岳流惠，群情寧順。遷司空司馬。水土之務，平和」實難，規贊均明，無思不治。清風允穆，素論攸歸。君孝以奉親，恭于敬上，行著閨門，信」敷朋執，經文履義，體道弘仁，學洞儒宗，辭單林苑，在公無詖，從善若流。方將剋終令」軌，顯陟端衡，而鍾山墜玉，桂圃摧芳。降年不永，春秋五十二，正光五年五月八日薨」於洛陽顯德里第。有詔嗟悼，贈假節驪驤將軍洛州刺史。六年五月乙巳朔廿二日」丙寅窆於豹祠之南，先公神道之左。内妹夫張景淵愍玉儀之長逝，歎俎川之無返。」以舟壑易徙，縑竹難常，敬刊幽石，勒美玄堂。其詞曰：」胄烈鍾鼎，族炳金符，綿綿不已，世挺瓊瑜。惟祖惟父，功德仍敷，褒庸胙土，榮佩天衢。」誕生夫子，幼而慜勖，儔芳蘭苣，比潤金玉。優遊羽儀，徘徊橋木，如彼雲中，譬空谷。粤」惟弱齡，青衿應令，奉詩能言，執禮知命。門朋惟肅，在公伊敬，慇懃綺談，流連雅詠。入」匡台府，出贊華蕃，民胥賴止，惠化袪煩。方昇丹陛，連翼鴻鵷，共埤庶政，或侃乾元。積」善云福，謂仁者壽，嗚呼上天，良木中朽。哲人斯委，惜哉何咎，如可贖兮，身百焉有。愛」結神川，惠流冀民，帝欽乃德，還揚天津。伯禹之化，委政伊人，如何不永，奄爾」長泯。悲纏朝野，痛結朋親，丹旐夙設，龍轜戒辰。悽悽楚挽，灼灼容輴，長歸泉室，委體」幽塵，令譽無朽，清松日新。」大魏正光六年歲次乙巳五月廿日鐫記。」國家圖書館藏拓。

223 元華光墓誌

【誌蓋】闕

【銘文】魏故金城郡君墓誌銘。」故金城郡君姓元，字華光，河南洛陽嘉平里人也。光明元皇帝」第三子樂安王範之曾孫，城門騰之女，派州滎之第二妹。光藉潤」雲區，憑葉帝室，稟爽坤規，承質乾葦，蘊玉沖闈，潛花春猷，藻心」垂帨之年，慕潔弄瓦之歲。幼哲天聰，早譽休溢，及始笄纓，貞風稍」遠，每好靖女之句，恒惡桑中之篇。澄儉端響，柔廉術塾，可謂暈峰」獨秀，霄岫孤棲者也。皎皎也似曉月開暉，汪汪也若冬日之景。遂」父母禮命，下適王氏。乃備六德以和親，脩害浣以歸寧，内協外諧，」香音鏡鬱。然蒼靈降灾，移天早殞，靡神不幸，孤息夭没。乃枕衰縈」幃，獨悲標里，昔美敬姜，寧顯斯乎？遐想恭風，還宗自誓，持心守初，」欲奪弗許。皇太后聞之爲奇，恒欲慈引，未遂之閒，高春賈薤，桃」李霜抽。春秋三十七，孝昌元年九月癸卯朔十六日寅時寢疾卒」於家第。九族悲憐，五宗痛惜，二聖聞之，深有追愴云：天不憖遺，」忽致纖殞，每想伊人，用悼厥心。可贈金城郡君，以旌其善。乃卜窆」於景陵之東，龍剛之西。四屬悲焉，刊石銘記。其辭曰：」託想沖煙，栖情雲峰，眩眩春暉，灼灼貞容。澄霄獨秀，流豔飛空，霜」晦纏心，孤魂還松。玉葉淪暉，寶裔移光，飛雪霣花，桂落彫芳。嗚呼」哀哉，獨奄霄堂。」皎性不虧，貞華未歇，開峰經天，投錦緯月，二聖追恩，賜暉松闕。」纖容蕐霄，弱體浮暉，形隨風往，魂逐霜飛。遍喪煢煢，悽悽著日，還」宗自誓，死有獨室。孤秀寒峰，獨茂冰年，如彼露木，湛湛開煙。如彼」曉月，浴洛舒妍，鍾英不祐，玉墜幽泉。嗚呼哀哉！」孝昌元年歲次乙巳九月癸卯朔廿四日丙寅。」　國家圖書館藏拓。

224 元顯魏墓誌

【誌蓋】闕

【銘文】魏故假節輔國將軍東豫州刺史元公墓誌銘。」君諱顯魏，字光都，河南洛陽人，景穆皇帝曾孫，鎮北將軍城陽懷王之子」也。大啓磐石，花蕚本枝，先哲邁而流光，峻極降而爲祉。夙成之歎，播美於」知音；穎脱之姿，殊異於公族。加以孝友淳深，理懷清要，水鏡所鑒，標題自」遠。雖高翮未舉，千里之望俄然。始爲散騎侍郎，在員外；尋除給事中，加伏」波將軍。旦夕倉龍，歲時青瑣，列侍推高，儕僚久敬。仍轉司徒掾，加寧遠將」軍。始蹈龍門，實膺造士。激水之勢未申，夭秀之悲忽及。以正光六年二月」七日終於宣化里宅，春秋卅，二宮貽傷，有識嗟惜。贈假節輔國將軍，東豫」州刺史。以孝昌元年十月壬申朔廿六日丁酉葬於金陵。行滋宿草，方積」玄霜，高深有變，聲烈無忘。其銘曰：」東堵冥朊，南國化行，是惟帝烈，誰剋與京。武穆垂彩，周胤擒榮，比龍方玉，」騰實飛聲。蘊藉禮容，抑揚文史，一概險夷，忘懷憂喜。往躡丹墀，來毗黃耳，」列榮有聞，邦教斯理。沃若方騁，羊角初摶，嚴風夕緊，飛霜夜欑。恨深落秀，」悲甚摧蘭，去斯濟濟，即彼曼曼。九京寂廓，百川浩湯，朱裳曉褰，清笳旦響。」蕭蕭國路，鬱鬱幽壤，永歎生難，長嗟化往。」孝昌元年十月壬申朔廿一日壬辰剋。」皇考諱鸞，字宣明，鎮北將軍冀州刺史城陽懷王。太妃河南乙氏，父」延，故東宮中庶子。夫人長樂馮氏，父熙，故征東大將軍駙馬都尉昌」黎王，除侍中太傅；轉使持節定州刺史，侍中將軍如故；遷太師中書監；除」使持節車騎大將軍都督并雍懷洛秦肆北豫七州諸軍事啓府洛州刺」史，侍中太師如故；改封京兆郡開國公，食邑三千户。薨，謚曰武。息崇智，」字道宗，年廿四，左將軍府中兵參軍。妻河東薛氏。父和，故南青州刺」史。息崇朗，年十八。息崇仁，年十四。息崇禮，年十三。息女孟容，年」廿一，適長樂馮孝纂。父聿，故給事黃門侍郎信都伯。息女仲容，年廿，」適南陽員彦。父標，故兗岐涇三州刺史新安子，謚曰世。息女叔容，年」十六。息女季容，年十一。」

國家圖書館藏拓。

225 元焕墓誌

【誌蓋】魏故寧朔將」軍諫議大夫」驪驤將軍荆」州刺史廣川」孝王墓誌銘」

【銘文】魏故龍驤將軍荆州刺史廣川孝王墓誌銘。」王諱焕，字子昭，河南洛陽人也。獻文皇帝之曾孫，趙郡靈王之次孫，使持節」散騎常侍都督相州諸軍事中軍將軍相州刺史之第二子也。永平元年，」宣武皇帝旨紹廣川哀王焉。長源浩淼，聯光天首，鴻本扶疎，列萼雲端。攀宵宅」日，既彪炳於圖書；握符控海，又炤爛於墳史。今不復言之矣。王資玄樹操，得一」爲心，忠敬發於天然，仁孝出自懷抱。温柔惇厚，越在岐嶷，聰惠明敏，禀之獨悟。」去彼所天，來纂大國，泣盡蒸嘗，思深霜露，内表至誠，外形容色。又愛詩悦禮，不」捨斯須，好文翫武，無癈朝夕，味道入玄，精若垂幃，置觴出館，懽同林下。故皎皎」之韻，高邁群王；斌斌之稱，遠聞聖上。正光六年，有詔除寧朔將軍諫議大」夫。方欲追蹤陳楚，緝綜九家之奥；遠慕梁平，砥厲三善之樂。而仁壽徒聲，福賢」空設，以孝昌元年秋七月甲辰朔四日丁未寢疾薨于國第，時年廿一。蘭桂淪」芳，琬琰摧質，悲慟百寮，酸感二聖。迺追贈龍驤將軍荆州刺史，謚曰孝，禮也。」粤其年冬十一月壬寅朔八日己酉葬于西陵之陰。哀白日之永昧，痛玄夜之」不暘，鐫聲影於斯石，庶萬古而無亡。迺作銘曰：」玄丘振耀，黑水騰光，既誕聖哲，又播帝皇。統彼四海，奄此萬方，本枝蔚藹，」

華萼鏗鏘。分條孤挺，別葉獨秀，明發天誠，敏起懷袖。德緣心精，道非師授，高藝」月將，鴻才日就。悦文出俗，愛古入微，儀形梁孝，景行陳思。金情風舉，玉韻泉飛，」嘉譽既遠，好爵來依。乾義中斷，坤仁横絶，樑後夏彫，棟先秋折。國喪璵璠，家亡」緑結，痛毁慈顔，悲零賓血。月維仲冬，日纏上旬，庭建龜祧，堂啓龍輴。白楊思鳥，」青松愁人，一潛長夜，千載何春。」本祖幹，侍中使持節征東大將軍都督中外諸軍事録尚書司州牧趙郡靈王。」祖親南安譙氏，父釐頭，本州治中從事史濟南太守。」父諶，給事黄門侍郎使持節散騎常侍都督相州諸軍事中軍將軍相州刺史。」親勃海高氏，父信，使持節鎮東將軍幽瀛二州刺史衛尉卿惠公。」妃河南穆氏，父纂，荆州長史。」繼曾祖賀略汗，侍中征北大將軍中都大官，又加車騎大將軍廣川莊王。」曾祖親上谷侯氏，父石拔，平南將軍洛州刺史。」祖諧，散騎常侍武衛將軍東中郎將廣川剛王。」祖親太原王氏，父叡，侍中吏部尚書衛大將軍尚書令太宰公中山文宣王。」父靈遵，冠軍將軍青州刺史廣川哀王。」親河南宇文氏，父伯昇，鎮東府長史懸氏侯。」

國家圖書館藏拓。

226 元熙墓誌

【誌蓋】闕

【銘文】魏故使持節大將軍太尉公中山王之墓誌銘。」王諱熙，字真興，河南洛陽人也。

恭宗景穆皇帝之曾孫，儀同三司南安惠王」之孫，司徒獻武王之世子。幼而岐嶷，操尚不群，好學博通，善言理義，文藻富贍，」雅有儁才。丞相清河王居宗作宰，水鏡當時，特所留心，以爲宗之子政。年未志」學，拜秘書郎中，文藝之美，領袖東觀。遷給事中。王性不偶時，凝貞獨秀，得其人，」重之如山，非其意也，忽之如草。是以門無雜賓，冰清玉潔，有若月皎雲間，松茂」孤嶺。見者羨其高風，望者人懷景慕。於是美譽彰于民聽，休聲播于遠邇。延昌」中，以世嫡才明，襲封中山王。世宗晏駕，皇上龍飛，山陵嚴重，任屬親賢，拜」將作大匠。以秩宗儒棘，問禮所憑，徙太常少卿。俄以執戟近樞，瓊機所在，遷給」事黄門侍郎，轉光禄勳卿，黄門郎如故。尋以東秦險要，都會一方，宣風敷化，任」歸維捍，拜使持節都督東秦州諸軍事安西將軍東秦州刺史。導德齊禮，先之」敬讓，吏憚其威，民懷其惠。雖廉叔來暮之謳，公沙神后之歌，未之多也。熙平元」年，入爲秘書監。區分百氏，九流粲然，劉向司籍，如斯而已。神龜之初，以東魏形」勝，鎮控遐邇，鄰守任隆，非王莫可，拜使持節都督相州諸軍事安東將軍相州」刺史。清風善政，彌美於前，路不拾遺，餘粮栖畝。道無常泰，否運暫屯，正光元年，」奸臣擅命，離隔二宫，賊害賢輔。王投袂奮戈，志不俟旦，唱起義兵，將爲晉陽」之舉，遠近翕然，赴若響會。而天未悔禍，釁起不疑，同義爪牙，受賊重餌，翻然改」圖，千里同逆，變起倉卒，受制群凶。八月廿四日，與季弟司徒祭酒纂世子景獻，」第二子員外散騎侍郎仲獻，第三子叔獻同時被害。唯第四子叔仁年小得免。」王臨刑陶然，神色不變，援翰賦詩，與友朋告別，詞義慷慨，酸動旁人。昆弟父子，」俱瘗鄴城之側。孝昌元年追復王封，迎喪還洛陽，贈使持節大將軍太尉公都」督冀定相瀛幽五州諸軍事冀州刺史，謚曰文莊王，增封一千户。二宫悲悼，親」臨哀慟，行路咨嗟，莫不揮涕。孝昌元年歲次乙巳十一月壬寅朔廿日辛酉葬」于舊塋。爰命史臣，勒銘泉室。其詞曰：」寶籙凝圖，五靈代紀，金行弛御，玄符繼起。維祖維宗，迺疆迺理，騰周越漢，跨虞」邁似。赫赫景皇，本枝孫子，獻武隆蕃，令問不已。猗歟君王，時維儁哲，玉潤金」暉，霜明冰潔。蘭芬月朗，淵鑒景徹，孤心獨秀，懷貞秉節。敬讓既敷，像而不設，惠」結甘棠，聲徽往烈。誠深體國，聞難投戈，義感君子，赴者謳歌。捐軀逝命，死也靡」他，忠謨不遂，運矣如何。慷慨臨危，咨嗟中圮，宿志既申，無慚昔士。赫弈寵光，名」芳圖史，勒銘玄宫，式彰來美。」

國家圖書館藏拓。

227 元誘墓誌

【誌蓋】闕

【銘文】魏故使持節車騎大將軍儀同三司都督秦雍二州諸軍事雍州刺史恭惠元公之墓誌銘。」公諱誘，字惠興，河南洛陽人也。世載配天之功，家承從祠之業，洪」原邁於積石，層峰峻於閬風，斯固國史之所詳，於斯可得而略也。」公降靈景宿，蘊氣風雲，殊異表於弄璋，崖岸聳於負劍，及田漁庠」塾之間，揄弋天人之際，耳目猶臨萬古，魂想若對千齡。初以王子」知名，召爲散騎侍郎，在通直。朝拜青瑣，暮踐丹墀，事等絲綸，理兼」獻替。公文辭内美，雄姿外烈。天子見必動容，特留眷賞。俄而春坊」高闢，妙選官僚，自非崇盛一時，無以對揚三善。乃除太子中舍人，」仍遷中庶子，又轉衛尉少卿，從班例也。武都要害，控接攸緜，一人」荷戈，萬夫莫向，連率之任，實俟令圖。乃授公持節左將軍，南秦州」刺史。乘傳出關，褰帷入境，威刑具舉，愛敬同歸。百姓息肩，四民鼓」腹，不待期月，夷歌成章。屬今上富年，權臣執政，其兄太尉慮社稷」之傾危，建義節於鄴城。良規密謀，遥相知和，忠圖不遂，欻貽濫酷。」以正光元年九月三日薨於岐州，春秋卅七。捐珠之悲既切，罷市」之慕逾酸，雖復冤耻尋申，而松檟方合。詔追贈使持節車騎大將」軍儀同三司都督秦雍二州諸軍事雍州刺史都昌縣侯，謚曰恭」惠公，禮也。粤孝昌元年歲次乙巳十一月壬寅朔廿日辛酉窆於」西陵。怨旋蓋之難息，恨曲池之易平，綴清塵於既往，勒玄石於泉」扃。其詞曰：」於穆君公，魏之宗室，結慶挺生，含章卓出。棲息琴文，流連道術，若」彼春芳，同兹秋實。言襲纓屣，來步軒墀，化成鴻羽，愛結龍姿。情切」儲禁，綢繆宴私，諷諫有隱，探賾無遺。乃游卿寺，仍建旌旟，德隨風」靡，澤與雲舒。將隆國祉，驅馬高車，忽降淫禍，歸神大虚。冤申寵洽，」筮令龜從，颯沓墻柳，鏗鏘鼓鍾。風摇宿草，霧藹寒松，年茂雖遠，芳」彩終濃。」

國家圖書館藏拓。

228 元懌墓誌

【誌蓋】闕

【銘文】魏故使持節侍中假黄鉞太師丞相大將軍都督中外諸軍事録尚書事太尉公清」河文獻王之誌銘。」王諱懌，字宣仁，河南洛陽人也。太祖道武皇帝之七世孫。高祖孝文皇帝之第」四子。生而雅有奇表，文皇特所鍾愛。幼而聰悟，慧性自然。内明外朗之美，生知徇」齊之妙，固以擬叡高陽，同徽子晉。年方齠齔，便學通諸經。强識博聞，一見不忘。百氏」無遺，群言畢覽。文華綺贍，下筆成章。昇高覩物，在興而作。雖食時之敏，七步之精，未」之過也。太和二十一年封清河郡王，食邑二千户。高祖晏駕，居喪過禮，泣血三年，」幾于滅性。世宗之在東宮，特加友異，每與王談玄剖義，日晏忘疲。王儀容美麗，端」嚴若神，風流之盛，獨絶當時。温恭淑慎，動合規矩。言爲世則，行成師表。澹然以天地」爲心，愔怒不形于色。拜侍中金紫光禄大夫。獻納維允，民咏時雍。遷尚書僕射。舊庸」熙載，彝倫攸穆。轉特進左光禄大夫侍中司空公太子太師。鼎味燮諧，邦事脩乂。今」上龍飛，增邑千室，進位司徒，侍中如故。緝兹八刑，光明五教。遂登太傅，領太尉公。居」中論道，總攝機衡。皇上富于春秋，委王以周公之任。秉國之均，綱維萬務，理無滯」而不申，賢無隱而不舉，政和神悦，謳咏所歸。於是庶績咸熙，百揆時序，四門濟濟，「雷」雨不迷，我德如風，民應如草，輔政六年，太平魏室。雖伊尹格于皇天，周公光于四海，」擬道論功，未可同年而語。而運遘時屯，惡直醜正，釁起不疑，爲奸兇所劫。神龜三年」歲次庚子，春秋三十有四，七月癸酉朔三日乙亥害王於位。遂隔絶二宫，矯擅威」柄，四海能言，莫不悲慟。咸以哲人云亡，邦國殄悴。自此灾旱積年，風雨愆節，歲頻大」饑，京師尤甚。四方憤惋，所在兵興，七鎮繼傾，二秦覆没，百姓流離，死者太半。於是」皇上孝忿爰發。皇太后奮獨見之明，翦黜奸權，唯新時政。群寇稍清，闡明大禮。以」孝昌元年歲次乙巳十一月壬寅朔二十日辛酉改窆瀍西邙阜之陽。追崇使持節」假黄鉞太師丞相大將軍都督中外諸軍事録尚書事侍中太尉公，王如故。加以殊」禮，鑾輅九旒，虎賁班劍百人，前後部羽葆鼓吹，轀輬車一，依彭城武宣王故事。其黄」屋左纛，依漢大將軍霍光故事。備錫九命，謚曰文獻，禮也。皇輿臨送，哀慟聖衷，」乃命史臣鐫芳玄室。其詞曰：」靈光藴寶，運德應期，時乘利見，祥慶攸歸。玄符纂籙，受命龍飛，於穆君王，胤聖重暉。」重暉伊何，皇家之鎮，慧茂生知，睿隆周晉。響振金聲，比德玉閏，既明且哲，温恭淑慎。」汪汪萬頃，恂恂善誘，爲而不恃，作而不有。量苞海岳，可大可久，啓宇河墳，翼我」聖后。凝神獨秀，秉一居貞，調風作相，乾坤載清。柔遠懷邇，闡曜威靈，太平魏道，簫韶」九成。方介景福，永濟黎蒸，孔言徒設，信順無徵。山頹爲谷，酸感丘陵，巷哭市哀，萬里」拊膺。禮均齊獻，錫等桓文，峨峨鑾輅，秬鬯氛氲。功成名立，盛典不群，鴻謨不朽，萬載」垂芬。」

河南洛陽出土。見《考古》一九七三年第四期《洛陽北魏元邵墓》。

229 薛伯徽墓誌

【誌蓋】闕

【銘文】魏故使持節儀同三司車騎大將軍雍秦二州刺史都昌侯」元公夫人薛氏墓誌銘。」夫人諱字伯徽，河東汾陰人，尚書之玄孫，雍秦二州之曾」孫，河東府君之孫，尚書三公郎中之長女。靈源竇系，已詳於」書契矣。夫人資芳貞敏，蘊彩淑靈，表衛姬之高風，誕宋子之」嘉稱。伯祖親西河長公主，以母儀之美，肅雍閨闈，常告子孫：」顧吾老矣，而不見此女。視其功容聰曉，足光汝門族。年七歲，」特所鍾重，未嘗逕阿傅之訓，已有成人之操。先考授以禮經，」一聞記賞，四辨居質，瞥見必妙。及長，於吉凶禮儀，靡不觀綜」焉。雖班氏閑通，蔡女多識，詎足比也。既和聲遠聞，實求之者」不一，常以相女而授，固未之許。恭宗景穆皇帝之曾孫，司」徒獻武中山王之子，令望籍甚，無輩當時，昂昂千里，獨步天」苑。欽重門胄，雅聞德音，乃申嘉娉，崇結伉儷。夫人時年廿有」七矣。于時元氏作牧秦蕃，夫人起家而居之。至使語及刑政，」莫非言成準墨。夫氏秉忠貞之概，逢淫刑肆毒。夫人痛殲良」之深冤，逝長齡於同穴。春秋年卅，以正光二年四月廿四日」於雍州邸館薨。粵孝昌元年十一月廿日祔葬于洛陽西陵」舊塋。嗚呼！蘭薰既彫，月盈亦魄，隱隱寒山，悠悠泉陌，令終如」始，徽音孔碩。其詞曰：」開嶽降祥，稟惠辰芳，沉漸雲舉，肅穆風光　一聞無昧，四德孔」彰，内洽靈慶，外成剋昌。剋昌伊何，作範斷機，祁祁婦道，夙夜」無違。篤生君子，載誕賢妃，金箱玉照，百代俞徽。」　國家圖書館藏拓。

230 元纂墓誌

【誌蓋】闕

【銘文】魏故持節都督恒州諸軍事安北將軍恒州刺史安平」縣元公之墓誌銘。」君諱纂，字紹興，河南洛陽人也。恭宗景穆皇帝之曾」孫，開府儀同三司南安惠王之孫，尚書僕射司徒公中」山獻武王之第六子。析瑶枝於扶桑，播番衍於商魯，聲」高八龍，響踰十六。君處弟之幼，出繼季叔。資性皎成，與」松玉並質；稟氣開凝，奪霜金之潔。少而温恭，長則寬裕，」信義内發，廉讓外章，雖居帝胄，容無驕色。以延昌中」釋褐爲司徒祭酒，職參鉉司，贊揚五典，每懷濟世之經，」乃慕劉章之節。正光之始，有興不建，於是事去釁來，尋」與禍并。朝廷追愍，贈持節督恒州諸軍事安北將軍」恒州刺史，謚曰景公。幽魂佩寵於松路，虛魄乘榮而入」泉。嗚呼哀哉！以孝昌元年歲在鶉首十一月壬寅朔廿」日辛酉窆於獻武王塋之側。勒銘玄石，以頌往行。其詞」曰：」分基鳳室，析構龍庭，垂芬皇序，承華帝扃。隆崇魯」衛，蕃弼魏衡，雲棟峻舉，惟國之經。德流二八，惠澹五子，」唯懿唯哲，永光厥嗣。誕性沖和，淵清岳峙，仁義方遠，何」爲釁起。釁起伊何，於國之機，高松折彩，素月沉暉。日華」霜勁，蘭辰雪飛，聲留泉石，體與化辭。」 國家圖書館藏拓。

231 元暐墓誌

【誌蓋】闕

【銘文】魏故青州刺史元敬公之墓誌銘。」君諱暐，字景獻，河南洛陽人也。景穆皇帝之玄孫，南安惠」王之曾孫。祖司徒，以庸勳翼世。顯考太尉，以忠概成名。君」膺積善之慶，稟瑤華之質，幼而清越，雅愛琴書，孝友之至，」率由而極。風情峻邁，姿製閑遠，翠若寒松，爽同秋月，固已」藉甚洛中，紛綸許下。年十八，隨父太尉鎮鄴。俄而權臣擅」命，離隔二宮，旦奭受害，仁人將遠。太尉責重憂深，任當龜」玉，欲扶危定傾，清蕩雲霧。君忠圖令德，潛相端舉，有志不」遂，奄見屠覆。父忠於國，子孝於家，既斃同剖心，亦哀踰黃」鳥。孝昌元年十月十七日復趾申怨，大禮爰毖。乃追贈使」持節中軍將軍都督青州諸軍事青州刺史，葬以王禮，禮」也。粤其年十一月壬寅朔廿日辛酉葬於西陵。乃裁銘曰：」遥原遠系，迺皇迺帝，長瀾不已，層峰無際。握紀代興，蟬聯」明睿，應韓大啓，本枝百世。赫矣司徒，劬勞於國，蒸哉太尉，」忠爲令德。傑氣卓然，清風允塞，紛綸今古，藉甚南北。韞玉」爲宗，懷珠成子，煥此璇璋，茂茲蘭芷。鵠矯丱初，鵷飛弁始，」令問令望，日新亹亹。友于惟孝，間言不入，學書學禮，聞象」聞什。義圃辭林，優柔載緝，瞻彼遺薪，克荷克負。方踵龜蒙，」將同拜後，如何巢傾，卵亦俱剖。茫茫上天，曷云仁壽？」聖主萬機，父母翊政，申彼怨魂，膺此嘉命。雲樹徘徊，龜龍」晻映，榮哀終始，兹焉莫盛。千齡如昨，萬古悠然，同歸冥漠，」無後無先。亭亭秋月，隱隱寒山，貞芳永矣，幽石空鐫。」

國家圖書館藏拓。

232 元寶月墓誌

【誌蓋】魏故平」西元王」墓誌銘」

【銘文】魏故持節都督秦州諸軍事平西將軍秦州刺史孝王墓誌并銘。」王諱寶月，字子煥，河南洛陽人。高祖孝文皇帝之孫，臨洮王愉之元子也。分光」霄極，毓彩璿池，南史有詳，斯焉可略。王幼含奇質，早程秀氣，既邈文舉於童年，」超子烏於稚日矣。孝悌醇至，體之自然，柔裕在躬，諒非矯飾。七齡喪考，八歲妣」薨，率由毀瘠，哀過乎禮。昆季嬰蒙，止于宗正，王撫慈群弟，有人長之規焉。年十」有四，爲清河文獻王所攝養。文獻王深愛異之。王事叔恭順，一同嚴父，掬子是」哀，友于彌篤。性和雅，有度量，九德兼脩，百行必舉，介然山峙，確乎難拔，敦詩悦」樂，博聞强記，宫墻累刃，峻碣重尋。夫其體仁足以長人，嘉德足以合禮，貞固足」以幹事，寬容足以苞物，浩浩乎其不可測也，汪汪乎其不可量也。所謂君子不」器，學無成名者焉。而摛文爽麗，風調閑遠，清襟外徹，黄中内潤，皦兮若冰，温其」似玉，謙恭以接下，損挹以推賢。故可以方駕四豪，齊名八士者也。加以雄姿壯」偉，逸氣瓌殊，兹乃撥亂之巨才，濟世之洪器。嗚呼惜乎。王有容儀，善談謔，懷美」尚，蓄奇心，而幼離閔兇，未膺策命。然而遐邇傾注，咸以遠大許之矣。方騁力康」衢，與魏昇降，匡時翼化，燮調玉燭。豈其餘慶徒言，與善終謬，長乘弛禁，離倫肆」虐，秦緩虧方，夭沴成釁。遂禍均滅性，痛深卒毀。以正光五年龍集甲辰五月廿」五日遘疾薨于第，春秋廿有三。皇上震傷，朝野灑泣。有詔贈持節都督秦州諸」軍事平西將軍秦州刺史。既而倫伊比陟，況魯侔禽，實宜均彼誓河，永傳龜玉。」今者王室多難，戎馬在郊，屏翰寄重，屬乎成器。雖珪瑞徒襲，猶錫以殊禮。故又」詔曰：新贈具官，皇宗王諱，帝孫宗令，望實隆重，早世淪英，宜加褒異。可葬以王」禮，餘如前贈。考行論德，謚曰孝王。以孝昌元年太歲乙巳十一月辛未朔三日」癸酉祔葬于先考王神塋之。乃作銘曰：」赫赫宗周，振振公族，天降純嘏〔一〕，爰啓英淑。譬彼文韶，倫斯武穆，器超瑚璉，質優」松竹。若桂之芬，如蘅之馥，威而不猛，寬而能肅。奉先思孝，孔懷惟睦，操同柳下，」廉均夷叔。武略桓桓，文經郁郁，既仁且智，令終有俶。方昇論道，燮政黄屋，驥蹋」未遐，長途已蹙。爲山非止，如何簣覆，謬離九横，仍騫五福。一夢鈞天，終歌梁木，」往徂昔夏，今遷南陸。夕菟催輪，晨羲鶩軸，題凑既兆，窀塋已卜。皇情乃慟，式加」寵服，窮扉若掩，華燈罷煜。刊美泉隅，永貽陵谷，無絶終古，豈徒蘭菊。」皇妣楊妃，恒農人。父次德，蘭陵太守。祖伯念，秦州刺史。嬪南蘭陵蕭氏，齊太」祖高皇帝曾孫。父子賢，齊太子詹事平樂侯。息倩，長禕，年四。倩弟森，仲蔚，年二。」　國家圖書館藏拓。

注　釋

〔一〕蝦，當爲「瑕」之借字。

233
吴高黎墓誌

【誌蓋】無。（誌上半部爲佛龕造像。）

【銘文】魏故士吴君之墓誌。君諱高」黎，徐州瑯琊郡治下里人也。宋」世驃騎府録事參江夏太守之」孫，員外散騎侍郎梁郡太守之」子。聖世兖州城局參督護高平」郡事。資洪源於霄漢，稟神光於峻」岳。推蘭桂之英徵，發之妙嚮。才」器聰惠，事若天知。正始元年冬」十月十五日卒於洛陽。妻高陽」許樂女。樂爲江夏王常侍。以正」光五年十二月六日亡於第。孝」昌二年正月丙午十三日癸丑〔一〕」權殯於北芒。刊石立記。」　國家圖書館藏拓。

注　釋

〔一〕孝昌二年正月辛丑朔，此誌誤。疑將孝昌元年正月丙午朔記於此。但孝昌元年六月改年號，存疑待考。

234 李謀墓誌

（誌爲小碑形，無蓋。）

【誌額】大魏」故介」休縣」令李」明府」墓誌」

【誌文】君諱謀，字文略，遼東襄平人，晉司徒胤之十世孫，大」魏青州刺史貞侯之第二子也。浚源綿緒，既圖家□，」積譽連芳，亦著話言。君資性沉毅，弱不好戲。幼而父」所偏賞，目以爲千里駒。及年始十五，容貌甚偉，堂堂」然有儀望之稱。粗涉文史，略存梗概，而愛兵奇，好」劍術，慷慨有立功立事之志焉。解褐拜厲威將軍」介休縣令。彼地帶嶮岨，山胡寇亂，前後縣官，未能」遮遏。及君莅任，窮加殲討，手自斬格，莫不震肅，部」內以寧。君勇決英邁，識量淹遠，風猷意業，有可稱」者。而逸駕未馳，長路已謝，正光四年歲次甲辰七」月廿七日病卒於洛陽顯中里，春秋廿七。至孝昌」二年二月十五日葬齊郡安平縣黄山里，袝」使君之神塋。銘曰：」生如過隙，逝似驚川，收芳大夜，秘體窮泉。朝盈松」露，夕湛丘烟，一隨化往，萬古無旋。」子景躍，年六。」孝昌二年二月十日，使持節都督青州諸軍事平東」東將軍青州刺史安樂王鑒念君遺迹，追贈齊郡內史。」　國家圖書館藏拓。

235 李頤墓誌

【誌蓋】闕

【銘文】魏故南陽太守持節洛州刺史李府君墓誌。」君諱頤，字連山，南陽孝建人也。其先出自李耳，爲周」史。苗裔繁昌，千柯萬葉，秦漢以來，歷顯達貴，金紫充」庭，不煩叙述。曾祖景，洛州刺史。祖䲭，驃騎將軍。考班」猷，征北將軍豫州刺史。君生有神異，祥雲繞室。九歲，」文章高雅，超於時倫，性情友篤，重於鄉閭。年十八，徵」拜秘書郎。君辭不赴，欲博學史，得從所好。又十七年，」詔拜中書侍郎，除南陽太守，持節洛州刺史。運籌幃」幄，皇心憘悦，發惠黎儀，遠民服誠。上有魚水之歡，下」有風草之感。德覆萬物，譽冠衆僚。天朝依爲柱石，閭」閻奉爲慈親。宜享遐紀，羽翼皇家。何以昊天不弔，遽」奪賢哲。正光元年歲次庚子五月十有九日薨，春秋」卅有九。天朝哀感，追謚曰文。縱被曲奪，咸知上明。以」孝昌二年丙午三月朔八日癸未〔二〕葬於昌邑西鄉之」原里。人哀慕遐，方傷痛因，刊石墓門，傳光來世。以作」頌曰：」於穆我君，既明既仁，嵩嶽靈秀，鐘生斯人。」無冈無怠，克恭克勤，竭心王室，垂愛黎民。」碩行懿德，通帝感神，哲□摧頽，悲傷衆心。」嘉楊□陰，愁松晦雲，刊石泉户，命名永存。」 國家圖書館藏拓。

注　釋

〔一〕孝昌二年三月庚子朔，八日當爲丁未。原誌誤作癸未。

236 于仙姬墓誌

【誌蓋】大魏文成」皇帝夫人」于墓誌銘」

【銘文】魏帝先朝故于夫人墓誌。」世曾祖文成皇帝故夫人者，西城宇闐」國主女也。雖殊化異風，歆和若一。夫人」諱仙姬，童年幼齔，早練女訓，四光自整，」雅協后妃。聖祖禮納，寓之玫宇。齡登」九十，耋疹未蠲，醫不救命，去二月廿七」日薨於洛陽金墉之宫。重闈追戀，無言」寄聲，旨以太牢之祭，儀同三公之軌。四」月四日葬於西陵，謚曰恭。攸頌辭曰：」混混三饒，渾渾大夜，姝彼靈人，奚不化。」乘暉入穸，照彼玄宫，匪我留晷，銘刊永」終。大魏孝昌二年歲次丙午四」月己巳朔四日壬申行葬。」　國家圖書館藏拓。

237 昝雙仁墓誌

【誌蓋】闕

【銘文】大魏龍驤將軍崇訓太僕少卿中給事中明堂將伏君妻昝氏墓誌銘。」夫人諱雙仁，濟南平陵人也。温柔表於弱齡，」閑和章於早歲，婉然攸慎，敬此言容。及來儀」君子，恭惟無癈，造次靡違，府仰必禮。至乃絺」紟是刈之宜，採蘩于澗之事，莫不亹亹躬爲，」有懃無殆。酌禮而言，吐辭物爲範；斟善乃行，」舉動稱爲則。信可以道映前列，聲藹今芳，而」與仁無應，報善徒言。春秋卅有八，以孝昌二」年五月己亥朔廿六日甲子奄焉云及。即以」其月廿九日丁卯窆於北芒之山。雖終同灰」壤，而芳迹宜鎸。其詞曰：」務靈發映，方斯淑令，望桂儔芬，瞻霜比浄。展」轉四德，徘徊六行，發言以順，動應斯敬。穆穆」在容，温温表性，永錫弗當，妙美摧傷。帷幌合」綺，旌柳分光，一辭白日，長翳松楊。生辰既促，」幽路未央，陵谷或徙，鎸石留芳。」 國家圖書館藏拓。

238 元乂墓誌

【誌蓋】（蓮花雙龍紋，無字。）

【銘文】魏故使持節侍中驃騎大將軍儀同三司尚書令冀州刺史江陽王元公之墓誌銘。」公諱乂，字伯儁，河南洛陽人也。道武皇帝之玄孫。太師京兆王之世子。派道天河，分峰日觀，川岳合而」爲靈，辰昴散而成德。清明内照，光景外融，標致玄遠，崖涘高峻，皂白定於是非，朱紫由其標格。加以思極」來往，學貫隱深，奇文異制，雕龍未爽，樞機暫吐，詎越談天。楊葉棘刺之妙，基衛未之踰，蛇形鳥迹之術，張」蔡熟能比？於是遠近推慕，藉甚京師。遭太妃喪，哀毀過禮，幾於滅性。太師敦喻，乃更蘇粒。年方弱冠，應物」來仕，掩浮雲而上征，摶積風而鼓翼。初除散騎侍郎。尚宣武胡太后妹馮翊郡君。以親賢莫二，少歷顯官，」尋轉通直，遷散騎常侍光禄勳。職惟談議，任實總領，選才而舉，民無閒然。非唯獲賞參乘，見知廉清而已。」轉侍中領軍將軍，領左右，尋加衛將軍。雖秩班近侍，而任居時宰，朝權國柄，僉望有歸。類公旦之相周，等」霍侯之輔漢，妙識居龍之道，深體亨鮮之術。振綱而萬目理，委轡而四牡調。人無廢才，官無廢職，時和俗」泰，遠至邇安。田疇之謡既弭，羔裘之刺亦息。于時三雍締構，疑議紛綸。以公學綜墳籍，儒士攸宗，復領明」堂大將。公斟酌三代，憲章漢晉，獨見卓然，經始用立。志性廉隅，非禮不動，雖涓人童隸，必冠而見。愠憙不」形於色，蔕介未曾經懷，積而能散，貴而能貧。湛湛然若滄瀛之靡浪，汪汪焉如江河之未流。深達廢興，鑒」誡滿覆，自以爲大權不可久居，大功難可又樹，周公東征，范蠡浮海，乃頓首歸政，固乞骸骨。聖上謙虚，屢」詔不許。表疏十上，終不見聽。夫任首三獨，禮均八命，自非外著九功，内含一德，俞往之誥，未見其人。乃」詔解領軍，更授驃騎大將軍儀同三司尚書令侍中，領左右如故。公沖讓懇款，煩於辭牘，既不獲已，復親」庶政。翼亮王猷，緝熙治道，濟斯民於貴壽，弼吾君於堯舜。春氣生草，未足同言；夏雨膏物，曾何竊比？至於」異流並會，文墨成山，言若循環，筆無停運，商較用捨，曲有章條。文若之奇策密謀，清塵未遠；伯師之匪躬」亮直，獨亦何人？公儀範端華，音神秀徹，言稱古昔，景行行止，多能寡欲，員中方外，孝爲行本，信作身輿。運」斗柄而長六官，擁大瑺而釐萬務。一人拱已無爲，百司仰而成績。正色危言，獻替無殆，送往勞來，吐握忘」倦。論玉不由小大，求馬忘其白黑。管庫咸舉，關析靡遺，猶如挹水於河，取火於燧者矣。至於高清臨首，宮」徵鳴腰，懷金拖玉，陟降墀陛，故以儀形列辟，冠冕群龍。信廣夏之棟梁，大川之舟楫。豈唯一草之根，一狐」之腋而已哉？方贊玉鼓之化，陪金繩之禮，隆成平於天地，增光華於日月，而流言傳沓，萋斐成章。公乃垂」淚謁帝，遜還私宅。俄而有詔解公侍中領左右。尋又除名爲民。公遂杜門奉養，曾無愠色。公少好黃老，」尤精釋義，招集緇徒，日盈數百。講論疑滯，研賾是非，以燭嗣日，怡然自得。邢茅之報未嘉，藏甲之謗已及。」孝昌二年三月廿日，詔遣宿衛禁兵二千人夜圍公第。公神色自若，都無懼容，乃啓太師，開門延使者，與」第五弟給事中山賓同時遇害。春秋卌有一。公臨終歎曰：夫忠貞守死，臣之節也。伊尹不免，我獨何爲？但」恨不得辭老父，訣稚子耳。仰藥而薨。天下聞之，莫不流涕。雖秦之喪百里，漢之殺蕭傅，何以匹諸？所謂人」之云亡，古之遺愛者也。既而聖上追遠，叡后傷懷，贈使持節侍中驃騎大將軍儀同三司尚書令冀」州刺史。皇太后親臨哭弔，哀動百寮，自薨及葬，賵贈有加。遣中使監護喪事。賜朝服一襲，蠟三百斤，贈」布帛一千三百匹，錢卌萬，祠以太牢，給東園轜車，挽歌十部，賜以明器，發卒衛從，自都及墓。太師悼世子」之夙泯，愍孤魂之靡託，乃表讓爵土，追授于公。朝廷義之，哀而見許，乃改封江陽王。粵七月戊戌朔廿四」日辛酉窆於成周之北山長陵塋内。丹青有歇，韋編易絶，銘兹琬琰，幽塗永晰。其詞曰：」名世寥廓，非聖伊賢，資靈象宿，稟氣河山。英哉上德，有從自天，百世隨踵，千里比肩。仁爲經緯，孝作終始，」學海不窮，爲山未止。識同四面，辯非三耳，徘徊語嘿，優遊宴憙。人官奚寶，天爵斯貴，合信四時，齊明五緯。」斧藻川流，雕篆霞蔚，業通鄒魯，聲高梁魏。畜寶待價，藏器須時，通夢協下，命世應期。三事俞住，百揆允釐，」鼎實斯屬，鹽梅在兹。方賴股肱，弼諧元首，緝我王度，永作先後。天鑒孔明，宜登上壽，豈云不弔，如禽度牖。」暑往秋來，笳從龜襲，金鐸夜警，龍轜曉立。寂寂原田，蕭蕭都邑，逝矣何期，瞻望靡及。昔遊國道，華轂生塵，」今首山路，迴望無人。短生已夕，脩夜不晨，唯蘭與菊，空播餘芬。」妃安定胡氏。父珍，相國太上秦公。息亮，字休明，年十一，平原郡開國公。亮妻范陽盧氏。父聿，駙馬都尉太尉司馬。」息穎，字稚舒，年十五，秘書郎中。舒妻清河崔氏。父休，尚書僕射。女僧兒，年十七，適瑯琊王子建。父散騎常侍濟州刺史。」 國家圖書館藏拓。

239 元恪嬪李氏墓誌

【誌蓋】闕

【銘文】魏故世宗宣武皇帝嬪墓誌。」夫靈曦垂曜，星月贊其暉；大人有作，椒庭翼其化。用」能德充四字，澤沾八表，斯則陰陽之極數，人事之嘉」會。二儀以之成功，皇猷用之協暢。惟我先嬪，乃魏故」使持節冠軍將軍安州刺史固安侯趙郡李静之孫，」殿中將軍領齋師主馬左右續竇之女也。若夫體坤」元之厚德，禀南離之淳精，應期誕載，發自天真，「聖善」之性，生而充備。爰在父母之家，躬行節儉之約，葛覃」不足踰其懃，師氏莫能增其訓。是以灌木之音遥聞，」窈窕之響彌遠。遂應帝命，作配皇家，執虔烝祀，「中」饋斯允。事先帝以成，奉姑后以義。柔順好和，讜」言屢進，思樂賢才，哀而不傷。後宫有貞信之音，椒掖」流愷悌之澤。若功建而頌不興，德立而辭不作，則千」載之下曷聞？百代之後曷述？故簡工命能，而作是頌」焉。其辭曰：星月垂暉，陰精降祉，誕生懿德，温柔剋」己。爰在家庭，慎終若始，作配皇家，惠及媵矣。恭承」先帝，惠下慈仁，有道可欽，有德可遵。執虔烝嘗，翼」佐我君，均精守志，邵響遠聞。何以表功，刊石後陳。」維大魏孝昌二年歲次丙午八月丁卯朔六日壬申」葬於洛陽景陵垣。」　國家圖書館藏拓。

240 鮮于仲兒墓誌

【誌蓋】闕

【銘文】大魏孝昌二年八月十八日故乞銀曹比和真曹匹」紇曹四曹尚書奏事給事洛州刺史河南河陰丘使」君之長子威遠將軍太尉府功曹參軍之命婦鮮于」氏墓誌。」夫人諱仲兒，漁陽人也。父鎮遠將軍趙興太守之女。」夫人敬姜順典，恭姬率禮，道慕二妃，德齊一婦。天玄」少惠，折我金蘭，地廣無心，不別珪璋。年五十有三，孝」昌二年丙午五月己亥朔廿八日丙寅薨於家。内外」悲慟，痛婦功之不遐；表裏號悼，傷母道之中摧。立銘」墓門，終光宿志，刊石泉户，冀不朽道。其辭曰：」皎皎德躬，英英容止，動静靡靡，威儀偉偉。家範日新，」令問不已，道穆群宗，德矛娣姒。外協親家，内和諸子，」敬祭如在，順終若始。處上善謙，居先必退，操重關雎，」性和歸妹。覆育家僮，温深春愛，信著群姻，言怡黨輩。」義心是府，禮躬是珮，母績有餘，婦功無殆。慈母之惠，」子孫詵詵，凡我疏屬，則百斯人。天高少鑒，碎没荆珍，」地厚無衹，不茂蘭芬。悲滿松風，痛結楊雲，形迹雖湮，」聲德猶新。」

【誌上側】魏之」

【誌下側】萬年銘記。」

國家圖書館藏拓。

241 崔鴻墓誌

【誌蓋】（素面無文。）

【銘文】魏故使持節鎮東將軍督青州諸軍事度支尚書青州刺史崔文貞侯墓」誌銘。」

君諱鴻，字彦鸞，齊州清河人也。發系朱襄，啓邦青土，茲焉已降，羽儀世襲。」祖闕内侯，器業遠大，縉紳資以成談。父梁郡，德政弘美，令名久而彌著。君」膺積善之餘慶，體高人上〔一〕美。理裁淹和，風寓清潤。多識博聞，竝驅劉孔；豔」藻鴻筆，埒名張蔡。於是狼藉之譽，置郵非擬；清徽令望，高絶當時。釋褐彭」城王左常侍，雖位從委質，而禮均納友。轉員外散騎侍郎，尋除尚書三公」郎中。大小以情，片言無爽。五流三就，各盡其宜。除員外常侍，轉中散大夫。」任城文憲王得一居宗，風猷峻邈，納揆司會，論道執蕃。方導德齊禮，還淳」改薄，綱紀之選，妙盡一時。迺請君爲右長史。從容上度，出言有章，雖文饒」之弘益五品，淵源之燮諧九德，不能珽也。除散騎常侍黃門侍郎。獻替轝」宸，造次以之，切問近對，復同指掌。君伯父太傅文宣公，文宗儒肆，邁古軼」今，典策書言，年將二紀，繼踵東觀，豈直廣平。楊竅群才，非君莫可。詔君」修續史事。興公武舊，遠未茲匹；子長世載，聊欲相視。方謂常與有徽，棟陰」斯屬，登三壽於華髮，窮九命於上衮。不幸遘疾，春秋卌有八，粵孝昌元年」十一月壬辰〔二〕朔廿九日庚午薨於洛陽仁信里。窀穸於黃山之陰。雌黃難」久，殺青易蠹，君子萬年，冥之琴路。迺爲銘曰：」非虎稱師，穆伯高讓，分邑命氏，世廷〔三〕民望。峨峨奉常，桓桓郎將，梁郡聿修，」享〔四〕鮮攸狀。皎皎夫君，高蹈拔群，出忠處孝，外儻內淳。徘徊名理，栖息藝文，」淵淳峰秀，玉潤蘭芬。聲擅瑣闈，譽高粉壁，效彰助鼎，美敷執戟。肅肅晨興，」乾乾夕惕，永懷自己，宜窮遐曆。言登遠算，空期仁者，會等亡羊，歸同息馬。」蕭蕭松上，幽幽泉下，陵谷若靈，德音非假。」

君次弟鸝，輕車將軍太尉記室。君第四弟鵾，奉朝請。」君妻清河張慶之女。父州主簿別駕齊郡太守。」君長息子元，爲齊州主簿。次息子文。次息子真。次息子長。次息」子發。次息子房。」君長女元華，適河東裴藹之。之爲員外散騎侍郎。」孝昌二年歲次丙午九月丁酉朔十七日癸丑造。」 山東臨淄出土。見《考古學報》一九八四年第二期《臨淄北朝崔氏墓》。

注釋

〔一〕原誌「上」字上脱一「之」字。

〔二〕孝昌元年十一月壬寅朔，此原誌誤。

〔三〕廷，原誌即此，疑爲「迋」，即「匡」字別體。然「廷」有正義，亦通。

〔四〕享，原誌即此，當爲「亯」字。

242 秦洪墓誌

【誌蓋】魏故東莞太守秦府君墓誌」

【銘文】唯大魏孝昌二年歲次丙午十月丁卯朔十八日甲辰」東莞太守秦府君墓誌。」君諱洪，字文度，郚陽人也。其先少昊之苗裔，秦襄王之」下冑。清風遐廓，曜紫日而皦素月；暉沖淵猷，皓明舒而」朗靈曦。體俠鴻鸞，懷乘煙之操；抱潔貞秀，則貫雲而上。」金柯朱萼，銀紫相承，茂松幹於往代，盛碧葉而不陵。太」祖平，與漢光武爰定赤眉，加鎮北大將軍使持節并州」刺史。高祖凱，晉泰始授持節東羌校尉鎮西將軍秦州」刺史，封郃陽侯。斯二君皆以才雄器溢，秀異玄鑒，故能」鏘佩於漢朝，朱輪於晉闕。其中重光玉牒，喚章纂素，未」可稍論也。君少協雅量，淵度長翻，廓海融風。然鴻潛於」陸，居玄養素，履霜寒而懷竹碧，逕俎暑而增冰潔。皇上」嘉其秀志，垂年拜尊府號。而君執素松蕚，矯節陵霄，懷」道遺榮，不撓山雲之氣，獨拔清英，爲世之標。行年期頤，」寢疾七日，卒於京師，窆於北芒。唯茲子孫，慕窀穸之萇」夜，悲泉堂之永閉，故刊石作頌，以揚芳緒。其辭曰：」巖巖泰山，衆山所仰，如彼良木，排峰秀上，如彼朝霞，披」雲獨朗。擁茲岑幹，我將安放，群孫號慕，痛無所杖。貞素」貫雲，皓氣冰潔，鶴潛於皋，聲聞遠戾。雅量淵猷，器高巖」雪，静慤龍蟠，加聖不悅。嗚呼哀哉，眇矣萇絕。」妻鉅鏕耿鍾葵。」國家圖書館藏拓。

243 侯剛墓誌

【誌蓋】魏侍中車」騎大將軍」儀同三司」武陽公誌」

【銘文】魏故侍中使持節都督冀州諸軍事車騎大將軍儀同三司冀州刺史武陽縣開國公」侯君之墓誌。」公諱剛，字乾之，上谷居庸人也。其先大司徒霸，出屏桐川，入釐百揆，開謀世祖，道被東」漢。高祖魏昌公相州刺史，經始王業，勳隆佐命。曾祖江陽侯并州刺史，秉文誓武，有聲」關隴。祖鎮南平原鎮將，世號禦侮，功著淮濟。父內小，以儒雅稽古，清韻夷放。數君皆弈」葉忠孝，北京民譽也。爰逮于公，慶餘藉甚，貞和簡粹，本乎其性，少私寡欲，不脩自遠。太」和五年，文明太后調爲內小，季年從駕襄沔，以軍功轉虎威將軍冗從僕射，嘗食典」御。世宗即位，除奉車都尉，累遷至武衛將軍通直常侍。延昌元年，進右衛將軍。及春」宮始建，選盡時良，仍以本官領太子中庶子。四年，散騎常侍衛尉卿，尋加撫軍將軍侍」中衛將軍本州大中正。初先帝晏駕，天造唯始，紫宫連艮，承華習坎。公迺保迎東儲，」剋濟屯否，故啓國武陽，食我千室，封當其功，禮也。神龜二年，遷車騎將軍御史中尉。密」網初結，有觸即離，霜風暫吹，所加必偃。蕃牧庶政，惏心斯絶。京師權豪，即不垂手。三年，」復入居常伯，還領禁戎，王言克諧，軍政緝穆。正光初，加車騎大將軍。三年，儀同三司。四」年五月，總兼憲職。九月，復拜御史中尉，餘官如故。于時朝政頗寬，貪欲滋競，邇及四方，」苦音切路。公平生好善，獨憎耶暴，及繩簡所施，事多貴戚。是以驄傳告清，繡衣漸歇，四」五年間，民稱吏治。初以暮年多病，頻上表，求解侍中中尉。每答不許。六年正月，復拜領」軍將軍加侍中，車騎儀同中尉如故。四月，改授使持節散騎常侍都督冀州諸軍事本」將軍冀州刺史，儀同開國如故，給班劍廿人。行達汲郡，敕令還京。公確焉平直，不以」貴賤改心；湛然純一，不以顯晦易行。至有怀假，常危坐獨思，不交賓客，門廬希簡，不異」凡舍。朝廷之士，亦無造請。家臣外戚，自非吉凶弔慶，動逕歲序，莫覿其面。常論臣子之」急，以忠孝爲心，清慎爲體，曾不以榮利關言，産業經意，所可自得者，守一而已。方當增」命九錫，分風二陝，毗升平之逸化，陪宗山之盛禮。而天不憖遺，巖頹奄及，春秋六十有」一，以魏孝昌二年歲次鶉火三月庚子朔十一日庚戌寢疾薨于洛陽中練里第。越十」月丁卯朔十八日甲申葬于馬鞍山之陽。若夫沸騰易川，岸谷變位，縑竹炳于俄頃，金」石載於永久，故銘泉刊德，以照不朽。其詞曰：」啓胄燕河，世振其芳，派彼清流，胤此岳方。經周緯漢，綽有餘光，始云其美，終然允臧。德」祖承祀，下武唯新，驅車出衛，推轂［一］入秦。功濟平俗，建等茂親，令問不已，實顯伊人。公既」誕載，實隆家國，撝謙不伐，懷明如默。情有餘款，心無詭或，展如斯人，四方之則。入宣戎」政，出倍鑾翼，再敷王言，」三治憲職。豺狼斯道，兩觀俱息，民詠史魚，朝稱司直。嶷如岳峻，」湛若川平，當官正色，在法斯明。簡繩一舉，遠震邇驚，有威必服，在感忘生。眷惟昔寵，禮」茂明朝，穆穆承華，炫炫金貂，三槐綺植，九棘連霄。爲山始覆，前路尚遥，毀梯稅駕，頓我」神鑣。我將祖奠，言徂西阜，楚楚酸紼，遲遲箜柳。生滅相尋，誰無誰有，一隨川逝，方從地」久。孝昌二年十月十八日侍御史譙郡戴智深文。」

國家圖書館藏拓。

注釋

［一］轂，原誌石作「轚」，當爲「轂」別體。

244 元玹墓誌

【誌蓋】魏故豫州」刺史元玹」墓誌銘」

【銘文】魏故左軍將軍司徒屬贈持節督豫州諸軍事」驢驤將軍豫州刺史河南元君墓誌銘。」君諱玹，字珍平，景穆皇帝之孫，侍中太傅大」司馬黄鉞大將軍安定靖王第五子也。君降年」不永，春秋卅三，寢疾不悆，以孝昌二年七月廿」八日薨於遵讓里第。以十月丁卯朔十九日乙」酉遷窆西陵。懼山移谷徙，金丹變化，故作銘誌，」以記玄塗。其辭曰：」猗歟帝族，德懋扶桑，誕兹懿猷，早令珪璋。禀」教成敏，依訓惟良，煥如春照，懔若秋霜。藍田明」玉，荆岫琳瑯，拂冠應命，輕舉雲翔。如松之鬱，如」桂之芳，始參台教，終昇鼎議。器麗食工，才華騁」騎，期以託孤，言從受寄。祲氛横加，霜風濫吹，琨」嶺摧芳，瑶池奄翠。望壟雲悲，看松鳥淚，何以記」功，鐫名永世。」 國家圖書館藏拓。

245 元壽安墓誌

【誌蓋】魏侍中」司空元」公墓誌」

【銘文】魏故使持節侍中司空公都督冀瀛滄三州諸軍事領冀州刺史元公墓誌銘。」公諱壽安，字脩義，河南洛陽人也。景穆皇帝之孫，使持節侍中征西大將軍領護西戎校」尉儀同三司涼州鎮都大將汝陰靈王之第五子。赤文緑錯之權輿，壽丘華渚之閥閱，豈生」商之可侔，何作周之云比。固已鏤諸金板玉牒，於兹可得而略焉。公含川嶽之秀氣，表珪璋」而挺出，岐嶷異於在褓，風飆茂於就傅。孝以事親，因心自遠，友于兄弟，不肅而成。弱而好學，」師佚功倍，雅善斯文，率由綺發。自是藉甚之聲，遐邇屬望；瑚璉之器，朝野歸心。年十七，以宗」室起家，除散騎侍郎，在通直。優游文房，卓然無輩。俄轉揚州任城王開府司馬，還爲司空府」長史，入補散騎常侍，出行相州事，仍除持節督齊州諸軍事左將軍齊州刺史，復授使持節」都督秦州諸軍事右將軍秦州刺史。東齊侈繆之風，西秦亂心之俗，公化等不言，政若户到，」有同一變，無敢三欺。以奏課第一，就加平西將軍，徵爲太常卿。禮云樂云，於是乎緝。遷安南」將軍都官尚書，又授殿中尚書，加撫軍將軍。龍作納言，其任無爽。遷鎮東將軍吏部尚書，轉」衛大將軍，加散騎常侍，尚書如故。既任當流品，手持衡石，德輶必舉，功細罔遺，涇渭殊流，蘭」艾自别，小大咸得其宜，親疏莫失其所。既而隴右虔劉，阻兵稱亂。以公愛結民心，威足龕敵，」改授使持節開府假驃騎大將軍兼尚書右僕射行秦州事，本官如故。爲西道行臺。即除使」持節散騎常侍都督雍州諸軍事衛大將軍開府雍州刺史。亂離之後，饑饉荐臻，外連寇讎，」内苞奸宄，圖城謀叛者，十室九焉。公自己被人，推誠感物，設奇應變，化若有神。是使剽群惡」子，無所施其狡算；巨猾大盗，相率投其誠款。俾六輔匪戎，三秦載底，公實有力焉。復以本官」加開府儀同三司秦州都督兼尚書左僕射西道行臺行秦州事。公内定不戰之謀，外有必」勝之策，陳師鞠旅，指辰殲蕩。軍次汧城，彌留寢疾，薨於軍所。于時大小撫膺，如失慈父，雖鄭」女捐珠於子産，荆人罷市於鉅平，無以過也。五月十一日薨還京師。二宫軫悼於上，百辟」奔走於下。有詔追贈使持節侍中司空公都督冀瀛滄三州諸軍事領冀州刺史，謚曰」□公，禮也。越孝昌二年歲次丙午十月丁卯朔十九日乙酉遷窆於瀍水之東。乃作銘曰：」周公之胤，或邢或蔣，詵詵衆多，金明玉朗。迺蕃迺牧，鵷鴻接響，君公猶子，高松直上。爰自齠」齔，克岐克嶷，始於成童，令儀令色。大度恢恢，小心翼翼，依仁履義，發憤忘食。學稱緻密，文爲」組繡，不肅而成，如蘭之臭。惟孝惟忠，因心則宄，盛德亹亹，日新爲富。志立而仕，翻飛紫闥，天」禄崢嶸，文昌膠葛。無雙出群，有聲特達，令譽愔愔，清徽藹藹。往弼蕃幕，來佐台門，入華金紵，」出耀旌軒。左右獻替，夙夜便繁，政成期月，化若不言。齊地絲紊，秦川桂蠹，西怨東悲，咸稱來」暮。宗卿高視，禮闈獨步，美等龍淵，號均武庫。淆亂九流，滋章百姓，乃作銓衡，彝倫攸正。有隱」必揚，無幽不聘，魏之得人，於斯爲盛。蠢爾荒戎，梗兹西服，民思俾乂，帝曰方叔。投袂勤王，眷」言出宿，我后其來，行歌鼓腹。五陵六輔，世號難治，亂離斯瘼，饑饉荐之。匪親匪德，誰克允釐，」愛民活國，欽兹在兹。惟帝念功，就加寵異，任同二陜，儀比三事。式副朝端，參和鼎味，秉文經」武，兼之爲貴。神謀奇策，獨用衿抱，方厲熊羆，芟夷蔓草。如何良人，而不壽考，悲纏象魏，痛貫」蒼旻。陳數送往，備物追終，笳鐃轉吹，羽蓋翻風。冥冥此室，黯黯泉宮，敬刊幽石，式播無窮。」　國家圖書館藏拓。

246 楊乾墓誌

【誌蓋】魏故清」水太」守墓誌」

【銘文】魏故清水太守恒農男楊公之墓誌。」父諱乾，字天念，恒農人也。晉故大司馬從事中郎驢驤將軍」都督瀰北六郡諸軍事開府竟陵太守咸之曾孫；」宋員外散」騎常侍領著作佐郎、魏故七郡太守冠軍將軍洛州刺史恒」農子辨之孫；魏故鷹揚將軍南鄉太守恒農男悦之子。其分」基霄漢，枝樗之美，備著於典，不復申如也。公藉胄蘭根，抽芳」巖岸，玉幹陵雲，金柯覆月。資性寬雅，識聽英逸，朗達發自天」機，岐嶷彰於懷抱。幼不好弄，貧而樂道，内静外融，慕崇中孝。」齠齔襲爵恒農男，後加鷹揚將軍公士。君不求慕達，執事不」以爲懃政，優游衡門，洗心玄境，愛賢好士，文武兼幹。務濟樂」施，常君謝其美；清約節儉，焦生裁以爲譬。故乃騰芳聲於下」邑，播實響於上京者矣。何其枉風横起，嚴生晦物，冰柏摧根，」雲松玉折。公年方耳順，忽遇瘿疹，卒於洛陽中練里第。孝昌」二年歲次丙午十月丁卯朔十九日乙酉窆於旦甫中源鄉」仁信里。皇帝詔曰：故鷹揚將軍恒農男楊乾，志量沖邃，識」達明遠，何其災禍濫流，奄此良人。朕甚悼之，可贈秦州清」水太守，以追逸迹。公臨終明悟，讖略辭善，可謂峭峰忽頹，椿」蘭墜滅，金聲與倉旻俱遠，輕軀與四時等謝。望轜撫拒，道俗」齊酸，故鎸遺芳，永圖泉石。其詞曰：」鬱矣蘭胄，茂也芳幹，禀均兩義，三才履半。純貞皎潔，志抽巖」岸，頤神清境，積而能散。騰響下邑，德名京觀，寸心容裕，蔭情」海漢。峭峰奄墜，椿蘭忽摧，金聲無爛，現形永灰。流川長寫，石」至弗開，愁松蔽路，邑里含哀。」　國家圖書館藏拓。

247 高廣墓誌

【誌蓋】闕

【銘文】魏故員外郎散騎常侍西陽男高府君墓誌。」君諱廣，字天德，勃海條人也。其先英暐，世鎸冀壤。父州都，舉秀」才，應對□方。文成皇帝憚之，徵員外郎，俄遷秘書郎，加散騎」常侍。于時南僞請和，皇上以才過王朞，器邁伊藉，慇懃簡遣，」便充國使。宣揚此化，多非彼僭，而齊主諱過，無理見終。皇上」悼惜，世加榮品。君居邦清祭，歷代炤灼，蘭枝桂本，發葉芬芳，載」弄機明，剋岐俊異。性沉深寡慾，不好劇談，涉獵書記，不專章句。」八歲遭憂，在喪過禮，一漿歷旦，半溢跨旬，朋情親愛，三年莫見」其面。雖仲康居痛，無瘠茲容，毛義遇哀，何毀斯貌。信可以儀表宗」邦，範章後載。由是弱歲拜揚烈將軍西揚男。在朝騫騫，居官愕」愕，尋除上郡太守。輕車入治，風略先馳，勞心獄市，有軫聲旨。」俄遷天水太守。莅邑愛民，刑書良慎，罪驗雖窮，每流漣不能已；」辭單釁結，實九死其猶疑。徵朝謝郡，爲魏重臣。方當緝熙情猷，」翼讚皇明，而福善無甄，名哲仍委。春秋七十七，以孝昌二年」歲次丙午七月薨於洛陽。朋舊悲悼，貴賤淹淚，所謂義結遐邇，」眷流内外者也。即其年十月窆於洛陽之北𡸣。泉扉一淹，曉夜」無光，式刊玄石，以詠餘芳。其辭曰：」綿貌英茂，仁德豐隆，既文既武，乃藝乃雄。在朝烈烈，居鄉融融，」如彼君子，有始有終。金玉弗永，蘭桂仍折，人綱缺矣，誰不悲咽。」卜云其吉，松停將設，刊斯幽石，銘兹清節。」　國家圖書館藏拓。

248 于景墓誌

【誌蓋】魏故武」衛于公」之墓誌」

【銘文】魏故武衛將軍征虜將軍懷荒鎮大將恒州大中正于公墓誌銘。」祖拔，尚書令新安公。父烈，車騎大將軍領軍將軍太尉公鉅鹿郡開國公。」夫人元氏，東陽公主，汝陰王女。長息貴顯，司徒府參軍事。次息建宗。」君諱景，字百年，河南洛陽人也。祖尚書，以佐命立功。父太尉，以燮釐著」積。君稟長川之溢源，資高岳之餘峻，志度英奇，風貌閑遠。年十八，辟司州」主簿。昇朝未幾，玉響忽流，九臯創叫，聲聞已著。解褐積射將軍直後宿衛。一」年，父太尉薨。君孝慕過禮，殆致窮滅。於後，主上以君昔侍禁闈，有匪解之懃，世承風節，著威肅之操，復起君爲步兵校尉，領治書侍御史。君以粗〔一〕斬在躬，號天致讓。但以帝命屢加，天威稍切，遂割罔極之容，企就斷恩之制。」及至莅事獻臺，則聰馬之風允樹；朝直西省，夙夜之聲剋顯。至永平中，除寧」朔將軍直寢恒州大中正，從班例也。至延昌中，朝廷以河西二鎮，國之蕃屏，」總旅率戎，實歸英桀，遂除君爲寧朔將軍薄骨律高平二鎮大將。君乃撫之」以仁恩，董之以威信，遂能斷康居之左肩，解凶奴之右臂。西北之無虞者，實」君是賴。逮神龜二年，母后當朝，幼主莅正，爪牙之寄，實擬忠節。復徵君爲」武衛將軍。至乃職司鈎陣，匪躬之操唯章；總戟丹墀，折衝之氣日遠。及正光」之初，忽屬權臣竊命，幽隔兩宮。君自以世典禁旅，每濟艱難，安魏社稷者，多」在于氏，即乃雄心内發，猛氣外張，遂與故東平王匡謀除奸醜。但以讒人罔」極，語泄豺狼。事之不果，遂見排黜。乃除君爲征虜將軍懷荒鎮將，所謂左遷」也。君雖不得志如去，聊無憤恨之心，猶能樹德沙漠，綏静北蕃。使胡馬不敢」南馳，君之由也。至正光之末，限滿還京，長途未窮，一旦傾逝。以孝昌二年歲」次丙午六月遘疾，暨十月丁卯朔八日甲戌薨於都鄉穀陽里。即以其年十」一月丙申朔十四日己酉窆于北芒山之西崗，太尉公之陵，禮也。若夫蕭蕭」壟樹，杳杳〔二〕玄堂，刊茲幽室，千齡未央。其辭曰：」

幽蘭有根，將相有門，皎皎夫子，壘構重原，世作鷹揚，迭司納言。没如不朽，清」風猶存，亹亹時英，昂昂秀儁。入翼臺省，出撫邦鎮，驄馬收威，白珪取信。方嚮」金聲，比德玉潤。霜心内發，武德外雄，當朝正色，臨難匪躬。威潛塞馬，猛遏胡」風，如何不淑，未百已終。龜筮既戒，吉日唯良，龍軒且引，服馬齊行。泉門窈窈，」大夜芒芒，舍彼瓊室，宅此玄堂。」　國家圖書館藏拓。

注　釋

〔一〕粗，原誌石作「麁」，爲「粗」字俗體。

〔二〕杳，原誌石作「沓」，當爲「杳」誤。

249　公孫猗墓誌

【誌蓋】魏并夏」二州使」君公孫」公墓誌」

【銘文】魏故假節東夏州刺史公孫猗墓誌銘。」高祖豊，燕殿中尚書御史中丞使持節鎮南將軍豫州刺史上洛公。」曾祖壽，燕給事黄門侍郎。」祖國，寧遠將軍平秦武都二郡太守雍城鎮將平原男。」父臻，南部尚書都郎車騎府長史。」君諱猗，字榮賨，遼東襄平人也。遥源遠派，横地無窮，磐基峻構，排雲」孤上。故以青編煥其高門，緑帙蔚其鼎食矣。君生資積善，自然仁智，」識稟過庭，獨立詩禮。折旋懷潁，已見眸子之奇，；俯仰藴匱，俄開通理」之賞。締交善信，望利能廉，久要無虧，生平一致。弱冠武騎常侍，積射」將軍給事中。君既文且武，著稱於時，儼然難犯，見憚于世。入除直後，」超進直閣，出補趙興太守，非其好也。雖人惡其上，此無慍容。還京授」冠軍將軍中散大夫，俄爲假節東夏州刺史，尋加征虜將軍。君乘轓」出守，擁節爲牧，化移禮革，遠至邇安。與善不存，春秋六十有五，孝昌」二年三月九日遘疾薨于州治。萬里止相，四壤贖身，難逢不追，誰繼」長泣。追贈持節平北將軍并州刺史。粤十一月十四日遷葬於終寧」陵。乃作銘曰：」壽丘降祉，遼海藴祥，基堂爲帝，累構成王。德深疊綵，道遠重光，高門」剋叡，鼎食惟良。惠結綺襦，業峻紈袴，黄中流潤，席上飛譽。彈冠絳闕，」曳組青暑，膝前有歡，到屣多顧。敷竹有績，擁旄有庸，獸馳新壤，珠還」舊邦。廉均劉寵，善邁魯恭，搏風將舉，高軒中降。早奠已撤，晚駕方馳，」如在空慕，備物徒施。一辭往路，長絶還逵，陵隰有改，聲猷無虧。」大魏孝昌二年十一月丙申朔十四日己酉葬。」

國家圖書館藏拓。

250 寇治墓誌

【誌蓋】魏故尚」書寇使」君墓誌」

【銘文】魏故使持節衛將軍荆河雍四州刺史七兵尚書寇使君之墓□銘」君諱治，字祖禮，上谷昌平人也。康叔以賢達懿親，敷官族而丕顯。漢大將軍恂以」河内光祚，蟬聯攸映。十一世祖侍中榮，應圖踵武，聲休素牒。魏秦州刺史馮翊哀」公之曾孫。王考讚，雍州刺史河南宣穆公。假節幽郢二州刺史威侯臻之第二子。」君誕世鴻蹟，篤秀延光，懷瑜握瑾，陸離於崐崿。一匱初覆，山岳之望鬱起；萬頃不」測，清濁之華難見。年十九，辟本州主簿。由乃門□里奥，風飆高絶。洎夫從政兩京，」縉紳皆出其下；歷奉三主，冠冕未始其先。釋褐中散平憲司直司府令，加强弩」將軍。乃以能官取譽，當時見重。尋除冠軍府長史，帶舞陰太守。君志性高遠，以任」荒不就，即拜太子翼軍校尉。帝鄉務紛，天居任切，古號難裁，今稱易擾。徙洛陽令。」公下車興政，民見知方，□恭推化，王敬慚道。轉步兵校尉，俄授建威將軍魯陽太」守。地實封畿，山蠻死棘，一康善化，期月用成。以父憂解任，獻子加禮，連生在喪，曾」豈□□。服未闋，起前將軍，尋遷假節督東荆州諸軍事鎮遠將軍東荆州刺史。方」城負固，漢池素邊，喻以晉吴，綏以羊陸。朝廷深嘉公誠，就拜驍驤將軍，復授征虜」將軍。世宗晏駕，入奔山陵，除將作大匠。其邦雖舊，其制唯新。時荆淮慕澤，沔北思」仁，重除持節督東荆州諸軍事前將軍東荆州刺史。公懷惠夙沾，民歌再穆，乃相」率樹碑，著顯德頌於沘陽城内。遭繼母憂解任，居喪踰禮，蒙著里名爲孝親里。時」以河蕃多虞，隴右曠德，復除持節督河州諸軍事河州刺史。威愍既宣，載興皇惠，」故使金城留美，玉門見思。遷廷尉卿度支尚書。大理明斷，崇闈禮曹，察察若神，愔」愔自化。蠢爾千種，儵焉萬落，無捨間諜，有切邊患。天子命將遣師，非公安可，使」持節鎮南將軍都督三荆諸軍事金紫光禄大夫行臺尚書。昔彭殞漢地，周亡晉」日，節同時異，人是物非。春秋六十九，以正光六年正月廿日薨。皇上震悼，遐邇」殤悴。

公九德在躬，孝家忠國，兼姿文武，識具將相。遂贈使持節都督雍州諸軍事」衛將軍雍州刺史七兵尚書昌平男，謚曰昭。越孝昌二年歲次丙午冬十一月」丙申朔十七日壬子窆於洛京西大墓次。夫緗竹以爲不朽，雕石復能不墜。乃作」銘曰：」六典周建，十子衛叔，因官命氏，高明敦睦。方迹秦區，實光河奧，有志王佐，皇心」莫違。往綏神邑，亦轄朝機，式毗戎禁，高議端闈。猗歟我公，赫矣餘輝，荆蠻敢距，我」是用之。上天不弔，福善自欺，魯傾龜武〔一〕齊竭繩淄。華徒聲茂，實光于時，成蔭寒隴，」松永萇期，陵谷積毀，芳彩在茲。」母譙郡夏侯氏，父融，本州都。」母安定席氏，父他，本州治中。」夫人河內司馬氏，父慶安，中書郎典寺鑒。」　國家圖書館藏拓。

注　釋

〔一〕武，原誌作「倵」。

251 元則墓誌

【誌蓋】闕

【銘文】魏故齊州平東府中兵參軍元君墓誌銘。」君諱則，字慶禮，河南洛陽人也。大宗明元皇帝第」二子樂安宣王範之曾孫，樂安簡王良之孫，左衛將」軍大宗正卿營州刺史懿公之第二子。性聰敏，有孝」弟，好風慕義，才行兼舉，恬澹寡欲，超然自得。弱冠爲」齊州平東府中兵參軍。孝昌元年十一月二十九日」卒于官，春秋三十一矣。粤二年閏月七日窆于景陵」之東北。迺作銘曰：」樞光流慶，弱水開源，於昭利見，三后在天。本枝斯茂，」載誕英賢，如和出岬，若隋曜淵。丱日有成，觿年通理，」愛仁尚義，敦詩悅史。結軼名駒，方駕才子，豈曰連城，」抑亦兼市。千秋雖一，百年有程，如何哲人，秀而不成。」行雲暮結，悲風旦驚，儀形閟矣，餘烈徒聲。」　國家圖書館藏拓。

252　于纂墓誌

【誌蓋】魏故銀青」光禄大夫」于君墓誌」

【銘文】魏故銀青光禄大夫于君墓誌銘。」君諱纂，字榮業，河南洛陽人也。軒轅降靈，壽丘祏緒，導積石以」争流，混滄溟而俱浚，分系焕乎旻區，在野鬱焉命氏。曾祖新安」公尚書令，端委銓衡，式謨群辟。祖太尉成景公，燮道上台，司董」中候，故以周宗方邵，漢世平勃，書勳緗繢，勒功彝鼎。父散騎，以」儒雅稽古，清韻夷放。數君皆弈葉忠孝，北京民譽者矣。君陶氣」鈞和，鎔神稟善，幼以聰慧，長而機悟。用能茂實之名，羈角已高；」藉甚之稱，巾弁踰遠。釋褐爲秘書郎。石渠載芬，麟閣斯蔚。尋轉」符璽郎中。行信增巖，虎竹方重。俄遷通直散騎侍郎。贊景九重，」禆暉一德，賁是絲言，曄茲綸誥。復除輔國將軍中散大夫。扞城」既委，夙夜攸在，物號静恭，人稱正直。後加恒州大中正。執權州」部，提概鄉國，昇黜得中，斟酌式允。方將追嗣前休，克踵先構，葉」傳衮衣，世襲補闕，而與仁寂寥，奄焉徂殞。春秋卅有九，孝昌二」年歲次鶉火五月己亥朔廿八日丙寅卒於洛陽穀陽里第。追」贈銀青光禄大夫，禮也。越其年閏十一月七日遷窆於先塋之」北。惟君少藉重光，宿承締慶，睟子擅奇，神童標異，孝友絶倫，節」義勳等，未仕播聲，昇朝緝譽。信可以縻爵登槐，繼調鼎餁，光國」五公，榮家四世。豈圖停波輟流，中霄墜翮，哲人其委，百身焉及。」乃刊石傳輝，式揚不朽，俾與天長，永共地久。其詞曰：」瓊海何産，育必琛瑞，衡岳奚殖，挺兹松桂。重光載蔚，英才罩世，」處邦斯聞，在丘伊賁。爰初入仕，天禄是司，中年徙秩，皇言攸」記。落落遒韻，昂昂奇志，匪伊文情，亦乃劍氣。空言與善，謬云報」道，方池殞珠，圓淵碎寶。曾未强仕，遽收難老，溘同朝露，奄先秋」□。三荆懽株，四鳥悲林，矧兹一别，長闊天潯。重扃既晦，幽夜彌」□，銘彼玄石，誌此德音。」國家圖書館藏拓。

253 元朗墓誌

【誌蓋】闕

【銘文】魏故安西將軍銀青光禄大夫元公之墓誌銘。」君諱朗，字顯明，太武皇帝之母弟樂安宣王範之孫，處士萇生之仲子。其」先龍飛創曆之元，鳳翔出震之美，丹青垂之無窮，國籍炳其鴻烈，文傳已詳，」故可得如略也。君稟乾元之派流，資崐岳之神氣，器亮早凝，英明夙發。弱冠」除步兵校尉直後。及至宿衛紫宮，忠懃之迹每彰；列侍丹墀，匪解之音剋遠。」俄遷左中郎將直寢，轉直閤將軍。朝廷以平城舊都，形勝之會，南據獫狁之」前，東連肅貊之左，保境寧民，實擬賢戚，乃除君持節征虜將軍平城鎮將。」君遂禦夷狄以威權，導民庶以禮信。其時十餘年間，凶奴不敢南面如坐」者，殆君之由矣。逮神龜二年，以母憂去職。君孝行過禮，哀深孺慕，初喪一旬，」水漿不入於口，苫塊二期，鬢髮皓然俱白。勉喪之後，還復緇首。天子嘉之，」敕下有司，標其門蘆，以彰純孝。縱王褒朽樹於前，孟仁變竹於古，方之於君，無」以過也。屬皇家多難，妖氛競起，河西之地，民莫安居。朝廷以君果毅早聞，」戎照夙著，乃除君持節行河州刺史。道屆長安，未獲前達，尋被別敕，兼行」臺尚書節度關右。君乃淹思内凝，神機外發，折勝之籌，舉無遺算。當爾隴賊」未夷，秦妖尚蠢，雍華之民，屢相扇動，或屠没郡縣，煞害王人，群行不軌，劫絶」公使。致令奔命之符，潛行夜川；告慶之驛，偷馳宵谷。京師懷欃幕之憂，西軍」有綴流之顧。朝廷患之，未或能禦，復以君爲使持節安西將軍都督迴鎮衝」關。君遂撫衆以馴雉之仁，董盜以倉鷹之猛。於是奸軌潛形，寇賊遠迹，京西」無苟吠之虞，周疆絶問鼎之客。王室之不壞，實君是賴。方將躡三階以上馳，」邁九樹如餘遠，豈圖皇天不弔，與善愆期，殘蘭桂如早亡，摧青松以夙」殞。春秋五十一，以孝昌二年九月丁酉朔戊申日薨於師。於是朝廷爰案故」典，加以二等之禮，贈使持節安北將軍并州刺史，禮也。閏十一月丙寅朔十九日」甲申葬景陵東岡。若夫天長杳眇，地厚深沈，刊石泉門，式照德音。其詞曰：」葳蕤鴻緒，世載攸長，惟公之先，且帝且王。龍昇日道，鳳翥雲鄉，言發朱邸，來」朝未央。降逮夫公，夙踵高風，才爲世範，器實人雄。執官廊廡，給事清宮，守玆」恭愿，保是虔忠。資仁以性，禀孝自天，騰蹤柴閔，豈伊二連。爰喪先妣，素首」立年，亦既闋止，皓鬢徂玄。或鎮蕃要，或司莫府，策禀兵韜，慮深鈎拒。動必窮」忒，算無遺舉，言開六郡，載清三輔。雲途未騁，鴻路已騫，寂寥泉户，如何夜天。」霜悲墓道，風急松阡，匪資玄勒，孰響幽埏。」　國家圖書館藏拓。

254 興龍姬墓誌

【誌蓋】（無，磚誌。）

【銘文】故元伏生妻興龍」姬銘。孝昌二年十二」月廿日送終。」　國家圖書館藏拓。

255 寇偘墓誌

【誌蓋】魏故舞」陰寇府」君墓誌」

【銘文】寇偘字遵樂，上谷昌平人也。肇祚光」於有周，文明綿邈而遐焕。漢故大將」軍恂之遺英，侍中榮十二世之胤。曾」祖讚，魏雍州刺史河南公。祖臻，幽郢」二州刺史。順陽太守軌之第三子。君」苞五運之純精，體坤元之善氣，孝友」著於閨庭，信義播於鄉國。貞明皦潔之性，自少而成；温柔雅毅之風，不嚴」而令。河南帝鄉，冠冕百辟，以君懿望，」遂辟郡中正。品鏡唯允，彝倫載叙。督」護舞陰太守。威惠既興，風移俗易。春」秋卌一，孝昌二年十二月十二日殞」於家。即廿六日葬。銘曰：昂昂岳峻，」愔愔囦〔一〕澄，有賢在德，德亦世興。猗歟」斯子，名行俱昇，仁于不朽，没而踰徽。」　國家圖書館藏拓。

注　釋

〔一〕囦，古文「淵」字。

256　董偉墓誌

【誌蓋】闕

【銘文】魏故宣威將軍騎都尉董偉，字」大環。不幸遘疾，春秋卌有九，以」正光四年四月廿五日卒于洛」陽咸安鄉安明里。孝昌三年歲」次丁未二月甲午朔十六日己」酉葬於芒山之陽。」　國家圖書館藏拓。

257 蘇屯墓誌

【誌蓋】闕

【銘文】魏故密陽令武功蘇君墓誌銘。」君諱屯，字平德，武功人也。其先周之苗裔。高」祖太平，以逸韻標時，剖符作守。祖武邑，以道光前代，膺兹百里。君稟氣中和，資靈獨秀。□」純孝敬之聲，發自丱年；蹇蹇不諭之操，起於」盛歲。爰初釋褐，在朝之稱已章；末年從政，童」雉之謡更起。報施無徵，浸雰横許。春秋八十」一，以孝昌二年二月十三日寢疾殞於第。粤」以三年太歲丁未二月甲午朔廿一日甲寅」葬於北芒小山。痛出泉之一閉，君長去而不」追，故歎玄石，永鐫不朽。其詞曰：」開祥在岐，發慶於周，世唯冠冕，代則王侯，侍」芳不已，繼葉仍休。夫君皎皎，百練弗矛〔一〕，居家」善治，出任能謀，鳴琴作宰，高枕自脩。長途忽」盡，百年中休，芒芒宿草，藹藹松丘，泉門一閉，」去矣攸攸。」大魏孝昌三年二月廿一日。」 國家圖書館藏拓。

注釋

〔一〕矛，當爲「柔」字省寫。

258 元融墓誌

【誌蓋】闕

【銘文】使持節侍中司徒公都督雍華岐三州諸軍事車騎大將軍雍州刺史章武武莊王墓誌銘。」公諱融，字永興，春秋四十有六，河南洛陽寬仁里人也。恭宗景穆皇帝之曾孫，征南大將」軍開府儀同三司雍州刺史南安惠王之孫，鎮西大將軍都督東秦邠夏三州諸軍事西戎校」尉統萬突鎮都大將汾夏二州刺史章武王之元子也。蟬聯瓜瓞之緒，眇邈瑶水之原，固已炳」發河書，昭明玉版，於兹可得而略也。公含坤嶽之純液，秉金玉而挺生，宇望魁悟，風情峻異，堂」堂乎，物莫能量也。性至孝，善事親，因心則友，率由斯極，閨門之內，人無間言。澹若秋水之清，曖」似春雲之潤。故朋徒慕義，鄉黨歸仁。弱而好學，師佚功倍。由是瑚璉之器，遐邇屬心，楨幹之才，」具瞻無爽。年十二，以宗室令望拜秘書郎。景明中襲封章武郡王，除驍騎將軍，俄而假征虜將」軍，隨伯父都督中山王爲別將。復梁城已陷之郛，摧陰陵鯨鯢之賊，公實豫有力焉。既而揚州」刺史元嵩被害，壽春兇兇，人懷危迫。都督表公行揚州事。公私怙然，民無異望。還京除假節征」虜將軍督并州諸軍事并州刺史。尋拜宗正卿，復爲使持節散騎常侍平東將軍都督青州諸」軍事青州刺史。頻牧二州，澤隨雨散，化若不言，政理明密，有聞五袴，無敢三欺。又以本將軍除」

秘書監，尋遷長兼中護軍加撫軍將軍領河南尹，護軍如故。遷征東將軍，護軍、尹如故。于時權」臣執政，生煞在己，以公是太尉中山王從父昆弟，中山既起義鄴城，忠圖弗遂，便潛相疑嫌，濫」致非罪。於是官爵俱免，静居私第，頤神養性，恬然自得。尋以公枉被削黜，詔復王封，仍本將」軍，爲使持節征胡都督。既而大明反政，罪人斯得照。公忠誠密款，奇謀獨著，乃加散騎常侍本」將軍左光禄大夫。及親御六軍，躬行九罰，除公衛將軍遷車騎將軍領左將軍，」與前軍廣陽王」先驅嵩邁，討定州逆賊，相持積旬，指期龕殄。季秋之末，蟻徒大至，並力而攻。公部分如神，容無」懼色，雖田横之致士命，臧洪之獲人心，弗能過也。但以少禦多，莫能自固，鋒鏑亂至，取斃不移。」古之輕生重節，亡身殉義，復何以加焉。賊帥以公德望隆崇，威名震赫，不敢久留營壘，厚送而」還。二宫動容於上，百僚奔走於下。給東園秘器，朝服一具，衣一襲，賻物八百段。追贈使持節」侍中司空，復進司徒都督雍華岐三州諸軍事車騎大將軍領雍州刺史，王如故。特加後部鼓」吹。魏孝昌三年歲次丁未仲春甲午朔廿七日庚申葬於邙山，乃作銘曰：」葳蕤赤文，氛氲緑錯，帝圖爰炳，玄功已爍。握紀代興，大人有作，分唐建魯，麟趾旁薄。令望令問，」乃牧乃蕃，詵詵公子，穆穆王孫。英華挺出，焕若瑜璠，克岐克嶷，載笑載言。容止可觀，德音可佩，」如彼王人，堂堂誰輩。行著閨門，風成準裁，有矩有規，無玷無悔。勿稱千里，翻飛九重，」逶他龍沼，」獨步無雙。逢兹克讓，值此時雍，一見入賞，寧待爲容。遭離閔憂，蒸蒸幾滅，毁甚寅門，哀踰泣血。」形乎兄弟，被之甥姪，遠邇欽風，華夷仰轍。亦既君王，朱紱斯煌，酎金無爽，執玉有光。建旍絳北，」持斧晉陽，信乎白屋，恩結緑棠。再擁旌旄，于彼青土，馳傳褰幃，問民疾苦。萬里晏然，六條云舉，」四履若齊，一變如魯。綴旒下岳，亦尹上京，目己被物，先教後刑。遘伊貝錦，逢彼營營，獲非其罪，」高志彌清。睿明反政，害馬斯除，崇章峻秩，暢轂高旟。作翼鑾左，受脤出車，運兹奇正，密算潛圖。」封豕縱突，長蛇肆噬，義厲其心，衝冠裂眥。奮殳刺逆，抽戈自衛，力屈勢孤，俄然取斃。悲同黄鳥，」痛貫蒼旻，哀纏逆衆，悼感凶群。徐輴而反，其送如雲，魂歸帝壟，身穸金墳。」二宫軫慟，百辟傷」哀，爰登下衮，俄陟中台。龜龍掎抳，雲樹徘徊，萬春自此，一去不來。河水之南，邙山之北，芳草無」行，寒松黯黑。丘墓崔嵬，泉扃眇默，深谷爲陵，於焉觀德。」　國家圖書館藏拓。

259
和邃墓誌

【誌蓋】故肆州」刺史和」君墓銘」

【銘文】魏故使持節後將軍肆州刺史和君墓誌銘。」君諱邃，字脩業，朔州廣牧黑城人也。其先軒黄之苗裔，爰自伊」虞，世襲纓笏，或秩命三朝，亦分符九甸。因食所采，故世居玄□。」及大魏應圖，構宇幽朔，曾祖干以佐命元勳，職居鼎列。祖柒以」鉉冑風高，宦參崇禮。父頭以道侔四能，治周三善，故除爲河北」郡二千石。君沖齡夙凝，辯惠早成，孝敬之至，鄉閭軌其風，摛藻」陸離，廛邑師其藝。」高祖孝文皇帝，徙御嵩區，機延儁逸，以君門胄清深，文華秀」叡，辟爲奉朝請。時選部以瑚璉虛設，未有斟養。俄遷員外散騎」侍郎領南臺侍御。君莅職公平，温威昭著，採風折獄，有仲由之」明，省方察化，齊山甫之度。正始中，蠻夷逆節，千穢」皇略。時簡師鞠旅，以掃不順，以君有模算機權，授以行臺之任。」師不餘時，犬夷熸虐。於是迴軍轉旆，獻俘授賞，以君勳深忠毅，」正光四年，遷寧朔將軍左衛司馬。宿衛虎闈，撫綏介旅，貞亮之」成，簡著兩聖。孝昌元年，授以鎮遠將軍，左衛司馬如故。」君以量弘授淺，職未稱譽，昊天降瘼，齡算不遐。儵以孝昌二年」歲次丙午九月丁酉朔十一日丁未薨于京師脩民里。時君春」秋五十有六。聖上哀其不永，慟怛天衿，以窀穸有期，追褒」勳册，贈使持節後將軍肆州刺史。越歲乙未二月庚寅朔〔一〕廿七」日丁丑葬於西山之阿。寸光飛駟，於焉以絶。其詢曰：」贊命之門，曰伊斯族，弈弈載徽，彪然世禄。孝以光家，昇朝義足，」文翰班如，使光遠岳。出諧臺憲，入衛黄屋，韜組暈曄，方貽戩穀。」景應未徵，齡命短促，息馬長驅，藏舟夜速。日月以期，泉營已卜，」鐫銘幽墜，以紀世録。嗚呼賨命，往矣不續。」 國家圖書館藏拓。

注釋

〔一〕此處干支有誤，孝昌三年當爲丁未，二月甲午朔。乙未爲延昌四年，在此前十二年，且延昌四年二月爲甲戌，均不相符。

260 于纂墓誌

【誌蓋】闕

【銘文】魏故假節征虜將軍岐州刺史富平伯于君墓誌銘。」君諱纂，字萬年，河南郡河陰縣景泰鄉熙寧里人。使持節安西大將軍」燕州刺史混泥之孫，持節後將軍朔州刺史染干之子也。開源命氏之」由，肇基榮宦之序，鴻勳濟世之功，蟬聯疊耀之美，實史籍之所載，固不」附詳録焉。君承積慶之休烈，資逸氣之淑靈，性識明敏，神情爽發，齠日」振穎，綺歲騰徽。是以貞白之操，足以厲俗；仁恕之風，可以矜物。優游儒」庠之肆，逍遥禮義之圃。所謂心期高尚，志袒清雲者也。太和十三年，襲」品富平伯。景明二年，解褐明威將軍冗從僕射。正始元年，轉威遠將軍」平城鎮平北府長史。永平元年，授寧遠將軍懷朔鎮冠軍府長史。君毗」贊二府，服懃九稔，釐簡庶事，實無停滯，清風遠著，徽譽藉甚。蕃牧敬其」能，縉紳欽其美。延昌元年，遷秀容太守。君綏民以恩惠流稱，理物以平」直是務，請謁不行，奸軌革心，勸課有途，氓隸仰德，化穆下邑，聲衍上京。」昔宗均去虎，魯恭飛蝗，今古雖殊，厥績一焉。孝昌元年，除輔國將軍中」散大夫兼大鴻臚卿。君在朝隱德，意慕和機，枉理弗踐，直道是從。取適」朋僚之中，恒以泛接爲仁；恭事臺省之間，每以匡政爲效。方將振翮紫」墀，奮足台階，而昊天不惠，寢疾彌留。春秋七十，孝昌三年歲次丁未二」月甲午朔四日丁酉卒於洛陽城永康里宅。聖上聞乃制詔曰：君意」懷和瑾，歷任勤明，不幸殞没，用悼于懷。宜追加襃贈，以旌厥善。可假節」征虜將軍岐州刺史，伯如故。粤以五月癸亥朔十一日癸酉窆于芒山」之西垂，帝陵之東波，南枕脩逵，北負崇原，與妻叔孫氏合塋焉。乃作銘」以誌之。其辭曰：」至功必祠，鴻勳無絶，誕載淑靈，丕承休烈。既踵前華，亦纘後轍，蘭趾芙」疎，秀幹遥裔。穎悟早懋，岐嶷夙成，優柔學業，黼溢文□。唯仁是緯，非義」罔經，桂欝松滋，玉振金聲。員荷遠胤，剋構崇基，藉兹品秩，解褐明威。執」笏丹禁，恭事虎闈。一莅聯城，再翼鎮府，弼諧蕃岳，緝熙邦宇。威厲秋霜，」恩潤春雨，化流北朔，德越南楚。仁壽虚誥，福履空傳，如何不淑，殲此良」賢。滅影明世，委體黄泉，式銘玄石，芳迹永宣。謚曰孝惠。」　國家圖書館藏拓。

261 胡明相墓誌

【誌蓋】魏故胡」昭儀之」墓誌銘」

【銘文】魏故胡昭儀墓誌銘。」昭儀諱明相，安定臨涇人也。虞帝以應曆奉乾，胡公以」資靈祚土，登天構日之基，宅運輔辰之業，故以備諸史」册，不復詳載焉。聖朝散騎常侍征虜將軍使持節豫」州刺史誕之曾孫。散騎常侍征西將軍金紫光禄大夫」使持節岐雍二州刺史高平侯洪之孫。散騎常侍征虜」將軍都督并州諸軍事使持節并州刺史陰槃伯樂世」之女。宣武皇帝崇訓皇太后之從姪。體坤元之至性，」資星月之玄圖，神懷清邃，淵謨崇遠，風美巫山之陽，節」高漢水之上。四德聿脩，六行光備，户牖之教既成，有行」之義攸在。遂以懋德充選掖庭，拜左昭儀。内毗陰教，外」協宸華，義穆四門，聲高九宇。方當緝是芳猷，永隆鴻範，」以俟大虹之祥，有顧倉龍之感。豈圖八眉之門不樹，兩」童之慶未融，如何不弔，春秋十有九，以孝昌三年歲在」丁未四月癸巳朔十九日辛亥薨于建始殿。越五月廿」三日，遷窆於西陵。乃命史臣作銘曰：」玄黄始判，清濁已甄，桑林吐日，濛谷含煙。神原杳杳，洪」祚緜緜，德應昌曆，道照皇天。車旗炳蔚，龜組蟬聯，於穆」昭儀，資神懋族。禮盛漢濱，風清阿谷，峻比城隅，標華灌」木。絢素幽宫，作嬪黄屋，毗影軒光，霽此鳴旭。吉凶有兆，」倚伏無期，奄辭黼帳，方即泉扉。寒暑交變，日月迭微，楊」烟曉合，松飆夜威。西陰已滅，東方未晞，敬鐫幽石，式述」音徽。」　國家圖書館藏拓。

262 侯愔墓誌

【銘文】大魏車騎秘書郎侯君墓誌銘。」君諱愔，字景明，燕州上谷人也。其先蓋黄」帝之苗裔，冠冕連衡，纓貂累襲。曾祖龍驤」將軍代郡太守，祖冠軍將軍諫議大夫，父」車騎都尉濟安太守。君質如披錦，文采焕」然，器若珪璋，光輝朗潤。崇峰架月，齊峻崿」於紫城；長源浩汗，啓洪濤於宸紀。幼篤儒」素，品高琳琅，長敦行誼，處重典型。縉紳服」其景行，朝野慕其鴻烈。方翔九萬，戢翼南」溟，何期不永，奄從逝水。以孝昌三年歲次」丁未九月三日遇疾無瘳，悠然而卒，春秋」五十有六。粵以其年十月十有三日葬於」漳水之陽。恐泉壤丕變，陵谷代遷，刊石泐」徽，表揚遺烈。乃作銘曰：」崇功偉烈，建主開國，傳芳衮豫，播美城郭。」户等三□，氣興雲發，銘□泉石，千載同託。」

國家圖書館藏拓。

263 元固墓誌

【誌蓋】闕

【銘文】魏故使持節車騎大將軍儀同三司雍州刺史元公墓誌銘。」公諱固，字全安，河南洛陽人。景穆皇帝之孫，使持節征西大將」軍儀同三司汝陰王第六子也。生而明悟，幼若老成。太和中，釋褐」太子舍人。轉給事中。除通直散騎侍郎散騎侍郎兼大宗正少卿。」遷太子庶子通直散騎常侍宗正少卿。復加冠軍將軍兼將作大」匠，俄正大匠，常侍如故。重除宗正少卿，大匠如故。出爲征虜將軍」東秦州刺史，不行。加左將軍。轉安南將軍大宗正卿，還領大匠。遷」撫軍將軍衛尉卿行河南尹。轉中軍將軍右衛將軍，加散騎常侍。」出爲鎮北將軍定州刺史，常侍如故。後除金紫光禄大夫太常卿，」鎮北常侍如故。以孝昌三年歲次丁未九月辛酉朔二日壬戌薨」於位。有詔追贈使持節車騎大將軍儀同三司雍州刺史。謚曰」也。十一月庚申朔二日辛卯葬于長陵之東。乃作銘曰：」草昧締構，權輿經始，曰帝曰皇，乃壇乃理。鬱矣本枝，詵然鱗趾，含」英挺出，實惟夫子。爰初齠齔，亦既弁兮，克岐克嶷，如璧如珪。縻茲」好爵，陟彼雲梯，騰聲望苑，騁足龍闈。委他在公，便繁左右，鳴珮垂」腰，清蟬加首。優游文義，流連琴酒，瞻彼遺薪，永言載負。攸攸列棘，」茫茫關輔，且尹且卿，兼總心膂。斯寔折衝，亦唯禦侮，休風式播，奇」功乃舉。易水之南，恒山之北，邯鄲舊風，叢臺故國。誰蕃誰屏，以親」以德，帝曰爾諧，分銅樹則。煌煌禮樂，肅肅宗枋，選衆而舉，乃作元」卿。方沖九萬，搏風上征，奄同芳草，飄忽先零。生榮死哀，禮有加數，」何以贈行，玄雲芳樹。蕭瑟寒原，邅迴芒路，一去不還，清徽永鑄。」妻河南陸氏。父琇，散騎常侍給事黃門侍郎太子瞻事祠部」尚書金紫光禄大夫司州大中正太常卿建安公。祖拔，使持」節侍中征西大將軍相州刺史都督中外諸軍事太保建安」王。息静藏，年九歲。女令男，年十二。」　國家圖書館藏拓。

264　胡三進墓誌

【誌蓋】闕

【銘文】大魏孝昌三年歲次」丁未十一月庚申朔」十三日壬申安定郡」臨涇縣胡三進墓誌。」涇州主薄宣威將軍」猗氏令諫議大夫鎮」遠將軍汝南太守使」持節輔國將軍豫州」

刺史。」 國家圖書館藏拓。

265 劉玉墓誌

【誌蓋】闕

【銘文】魏故咸陽太守劉府君墓誌銘。」君諱玉，字天寶，弘農胡城人也。厥初基胄，與」日月同開；爵封次弟，通君臣之始。周秦大漢，」並班名位。遠祖司徒寬之苗。其中易世，舉一」足明。值漢中讖凶奴之患，李陵出討，軍勢不」利，遂没虜廷。先人祖宗，便習其俗，婚姻官帶，」與之錯雜。大魏開建，託定恒代，以曾祖初萬」頭，大族之胄，宜履名宦，從駕之衆，理須督率，」依地置官，爲何渾地汗。爾時此斑例亞州牧。」義成王南討萇安，以祖可洛侯名家之孫，召」接爲副，充子都將。與王策謀幃内，制定雍境，」遂以土荒，即今鎮府。君數世重蔭，成應引内，」爲西征子都。出祺之挺，屢有薰迹，宜可昇接，錫之矛土。假咸陽太守。春秋七十八，以孝昌」三年歲次丙午十一月廿四日卒於家。」肇基雲景，神綵重映，是曰劉族，世立堅明。位」綖台司，志含中貞，翼輔王室，唯安唯寧。弈踵相」繼，其器易新，召莅矛土，四裔來冥。綏接恩化，」富壤殷民，體含玉潔，不磨自鄰。」

國家圖書館藏拓。

266 甯懋墓誌

【誌蓋】無

【銘文】魏故橫野將軍甄官主簿甯君墓誌。」君諱懋，字阿念，濟陰人也。其先五世屬延秦」漢之際，英豪競起，遂家離邦，遥寓西涼。既至」皇魏祐之，遐方慕化。父興，以西域卒陋，心戀」本鄉。有意東遷，即便還國，居在恒代，定隆洪」業。君志性澄静，湛若水鏡，少習三墳，長崇典，」孔氏百家，睹而尤練。年卅五，蒙授起部曹□」事郎。在任虔恭，朝野祇肅，至太和十三年，聖」上珍德，轉補山陵軍將。撫導恤民，威而不猛，」矜貧惠下，黎庶擇心。至太和十七年，高祖孝」遷都中原，定鼎伊洛，營構臺殿，以康永祀。復」簡授右營戍極軍主。宮房既就，泛除橫野將」軍甄官主簿。天不報善，殲此懿。春秋卌有八，」景明二年遇疾如喪。妻滎陽鄭兒女，太武皇」時蒙授散常侍。鄭兒女遺姬，以去孝昌三年」正月六日喪。以今十二月十五日葬於北芒」睦和鄉。刊石立銘，以述景迹。」　河南洛陽出土。見《河南文博通訊》一九八〇年第二期《北魏甯懋石室和墓誌》。

267 薛慧命墓誌

【誌蓋】魏故元」氏薛夫」人墓銘」

【銘文】魏前將軍廷尉卿元公妻薛夫人墓誌銘。」夫人諱慧命，河東汾陰人也。其曾祖晉朝衣錦，三河聲玉，」襲爵汾陰侯，徽號安西。丈節秦蕃，進爵陪陵公。祖貂瑺煥」日，劍玉明霞，遷鎮西大將軍左光禄大夫啓府南豫州刺」史駙馬都尉河東康公，即是西河長公主之貴婿也。考鎮」西大將軍玄瓠鎮將河東敬公之第五女也。夫人禀淑令」於二儀，總六德而應生。審道求賢，伯鸞是匹，隱服心披，和」光別古。夢轉動規，巧懷竝喆，所育如金，誰云非寶，象月象」華，唯虺猶神。且誠則有章，斑母恧其先；禮脩臺讚，魯宫慚」其昔。敬上接下，娣姒貴其仁；尊佛盡妙，禪練尚其極。内外」冥鑑，女功直置。以二月十日神熊雙誕，瑞璋兩曜，劍崿韜」穎，俄來倏去，一骨一血，辭我安速。夫人囑指悼悲，慈傷於」心裂氣塞，未旬而殞。江妃喪子，何復異也。以武泰元年歲」次戊申二月己丑朔十七日乙巳薨於澄海鄉綏武里舍。」葬於邙山之陵。然匹夫懷痛，思王極筆，嬰咳哭我，寧不篆」石，略鎸日者，乃作銘曰：」惟令惟淑，迹邃難書，作配有天，逸志同符，宛轉成則，玉秀」金珠。才豐女典，禮重母儀，古今所傳，有矩有規。洞鑑妙法，」化耋效畀，雙龍不育，殞君斯逐。嬰咳滿堂，割裂吾腸，悼亡」撫存，孤涕無央。君其如桂，生死懷芳，鏡兹玄石，泉下圖光。」曾祖法順，曾祖親裴奣女。祖初古拔，祖親西長公」主。父胤，母梁氏。門師釋僧澤書。」　國家圖書館藏拓。

268 元舉墓誌

【誌蓋】闕

【銘文】維大魏武泰元年歲次戊申二月己丑朔廿一日己酉故員外散騎」侍郎元君墓誌銘。君諱舉，字景昇，河南洛陽人也。恭宗景穆皇」帝之玄孫，征南大將軍開府儀同三司雍州刺史南安惠王之曾孫，」鎮西大將軍都督東秦邠夏三州諸軍事西戎校尉統萬突鎮都大」將邠州刺史章武烈王之孫，寧遠將軍青州刺史之元子也。其玉瓞」綿天之緒，金流定海之原，固已焕乎龜鼎，鬱明璽牒，於兹可得而略」也。君稟山川於氣象，戴日月而挺生，邕容秀異，神儀風骨。亹亹焉莫」測其深，洋洋乎誰鑑其始。孝悌生知，即心爲友。言不苟合，朋故訝其」信；恭長慈幼，遠近歎其奇。齔而小學，師心功倍，冥識迅捷，卓爾殊佚，」墳經於是乎寶軸，百家由此兮金箱。洞兼釋氏，備練五明，六書八體，」畫妙超群，章句小術，研精出俗，山水其性，左右琴詩。故潛穎衡門，聲」播霄岳，弱齡時知，爲青州騎兵參軍。事伯父章武王。俄頃還都，轉員」外侍郎。履朝獨步，倫華非匹。一見卿卿，宋朝更生；久狎咄咄，平仲何」奇。暨大駕纂戎，禁衛須人，伯王申舉，簡充直後，雖迫日月，非其好也。」易尚隨時，隱顯由心，至性醇孝，禮莫能書。時年九歲，頻丁二憂，毁泣」血，幾滅過衷，十八年間，疹等初哀，報善無靈，殞兹閔輩。春秋廿五，孝」昌三年三月廿七日薨於京師澄海鄉綏武里。粵於武泰元年歲次」戊申仲春己丑朔廿一日己酉葬于邙山倍帝之陵。小弟景文，怨瑶」璧之無響，痛同氣之永隔，故託金石以鐫聲，圖風輪以刊德。乃作銘」曰：」有哲公子，帝葉王孫，洸洸萬里，玉重金尊。懷風白雪，氣挺春温，鏡心」日月，瑕朗才根。雍雍父佐，雅雅雲門，如桂如璋，貴出崐崙。象松象月，」清照乾坤，素琴泛菊，山水遊魂，五明園苑，六圃芝蓀。冥靈何酷，分氣」蒿村，季方其夢，慟哭晨昏。撫兹緦姪，孤咽難論，託心玄石，鐫德長存。」曾祖南安惠王楨，字乙若伏。曾祖妃馮翊仇氏牛之長女，牛爲本」州别駕。祖章武烈王彬，字豹仁。祖妃中山張氏小種之女，種爲」郡功曹。父湝，字安興，爲寧遠將軍青州刺史。母馮氏，昌黎王第」三女，南平王誕妹。妻勃海高氏，父聿，爲黄門郎武衛將軍夏州刺」史撫軍將軍金紫光禄大夫，母即君姑也。」

國家圖書館藏拓。

269 元暐墓誌

【誌蓋】闕

【銘文】魏故使持節散騎常侍衛大將軍尚書右僕射都督雍岐南豳三州諸軍事雍州刺史」南平王墓誌銘。」王諱暐，字仲冏，河南洛陽人，太祖道武皇帝六世孫也。自出作蕃維，入爲卿□，盛」烈高功，焕于帝藉。王資神秀桀，自得温恭，岐嶷表於髗年，樂善著於冠日。故以千里興」嗟，萬夫攸仰，是稱磐石，斯曰犬牙。自增構爰歸，象賢繼及，盛業惟新，風聲日廣。背淮之」客，接踵而來遊；鄒枚之侣，慕義而斯至。雖東閤未啓，補衮之望俄然。予違汝弼，望隆任」顯，假借之寄，時無異歸。除諫議大夫，王如故。鳳沼嚴責，王言攸委，綵綸所出，匪易其人。」轉中書侍郎，王如故。東濱巨海，西望長河，四會所纏，五方伊在，亨鮮是屬，興利時憑，總」轡褰帷，允當物議。除使持節都督光州諸軍事輔國將軍光州刺史，王如故。王去兹荷」政，黜彼亂群，曾未期年，風移俗化，瑣門注望，其來日久，將委喉唇，事資執戟。除給事黄」門侍郎將軍，王如故。王固遵後外，深秉謙撝，敷衽陳誠，久而獲許。改授散騎常侍，王如」故。秦川構亂，巨滑滔天，大將軍太傅以安危所鍾，總戎西伐，而晨昏之寄，實歸猶子，帷」幄之筭，是賴高謨。乃授使持節假平西將軍，以本官爲西討別將。既而涇陽告警，隴首」未康，龕亂字民，特難其選。除使持節都督涇州諸軍事右將軍涇州刺史。屬狡虜實繁，」遊魂未息，周旋誅討，歲歷兹多。乃授平西將軍銀青光禄大夫假安西將軍使持節爲」征討都督。三令靡違，五勝無舛，遂北追奔，繫頭將及。朝廷以山西猶梗，民庶未寧，作」鎮班條，實佇英略，進授使持節都督秦州諸軍事本將軍秦州刺史假鎮西將軍都督，」王如故。王脂車秣駟，擁節抗旗，竹馬盈郊，壺漿繼道。會前驅覆衆，大督雲亡。王案鉀徐」歸，抽戈後殿，慨東隅之有缺，思改旦於後圖，却就長安，方申更舉。□□悔禍，隆緒興妖，」履霜已見，燎原行在。以王遠近注心，雅相猜忌，醜正有徒，奇謀未展，□招延義勇，糾散」收離，東向告誡，西轅述職。而維城之志以懃，靖亂之心未逞。忽離盜增之禍，奄及推墻」之灾。以孝昌三年十月廿日薨於長安之公館。春秋卅八。朝廷詠言忠烈，念深追遠，」褒德紀勳，禮崇加數。詔贈使持節衛大將軍尚書右僕射都督雍岐南豳三州諸軍」事雍州刺史，增邑三百户，王如故。王孝情天至，友愛特深，悦善好名，寬仁容衆，學涉墳」史，雅好斯文，草隸之工，邁於鍾索。及臨民撫衆，既寬能猛，基忠履孝，善始令終，勁質表」於疾風，貞柯冠於歲暮。抑所謂廣夏之棟樑，斯民之領袖者矣。以武泰元年歲次戊申」三月戊午朔十六日癸酉歸窆於景陵東山之陽。懼山淵之有變，悲丹壑之徂遷，儻青」編之毁滅，庶斯美之長宣。其辭曰：」極天作構，帶地爲源，載毗載輔，或屏或蕃。懷黄佩紫，繡軸朱軒，八命單寵，十等窮尊。餘」烈所鍾，時惟繼體，聲標入宧，譽宣居邸。四馬駿駕，千乘大啓，逾下其志，益卑其禮。瑣闥」瞻儀，鵷波屬望，濯鱗尉羽，既潛且颺。風表閑詳，衿情簡曠，夕拜有聞，拾遺靡尚。東牧流」聲，西龕有截，義同致雨，事等湯雪。猛志徒勇，雄圖空結，遽隕貞心，奄淪峭節。哀榮總被，」望實兼採，朱旌委霧，清吹從風。誰言易踐，所貴要終，丹青有歇，郁烈無窮。」

國家圖書館藏拓。

270 元洛神墓誌

【誌蓋】魏故穆」氏元夫」人墓誌」

【銘文】魏故侍中司徒公太子太傅宜都宰王穆君之曾孫故冠軍將」軍散騎常侍駙馬都尉恭侯孫故司徒左長史桑乾太守之元」子伏波將軍尚書北主客郎中大司農丞之命婦元氏墓誌銘。」夫人諱洛神，河南邑人也。故使持節散騎常侍都督雍州諸軍」事驃騎大將軍儀同三司西道行臺尚書左僕射行秦州事開」府雍州刺史後遷侍中都督滄瀛冀三州諸軍事司空公冀州」刺史之長女。君纂氣承天，聯暉紫蕚，疊祉連華，紛綸累仁，積德」之休，隨世代而菴藹，故以丹青載其高風，緗皓傳其茂實，綿祀」以俞芬，望無窮而彌永矣。夫人禀質岐嶷，沖神雅素，婉順恭肅，」出自天骨，教敬仁敏，聲逸外著。至於麻枲系爾〔一〕之庸，織紝組紃」之藝，雖復生自膏腴，故亦宿閑顔訓。時年十四，言歸穆氏，二族」姻婭，猶兄若弟，錦績交輝，軒冕相映。及其虔順舅姑，撫遺接幼，」居室弼諧，閨房悦睦，乃有識之所景行，達者之所希羨。宜享難」老，垂此庭範，而昊天不弔，景命云逝。摧玉嶺之芳枝，落中天之」净月。春秋廿有三，四月戊子朔十八日乙巳卒於洛陽。窆於芒」山之陽。嗚呼哀哉。君秀而不實，中遇嚴霜，何以述之，銘石流聲。」其辭曰：」務靈協祉，娥芬流瑞，嬪儀載時，媛德降世。婉性春蘭，馥質冬桂，」温如玉潤，皎如月麗。居閑女訓，歸習婦容，絺絡是務，織組唯工。」蕈筵莫莫，集灌雍雍，問名納綵，陽唱陰從。朝事舅姑，奉接娣姒，」郁穆風儀，鏘翔容止。既配瑗夫，復誕寔子，嘉聲無沫，令問不已。」冥不壽善，灾弗擇人，璧碎洧沼，珠亡漢濱。鏡無停照，粉絶遺巾，」千齡萬古，閟此芳塵。」國家圖書館藏拓。

注　釋

〔一〕系爾，當爲「絲璽」之省形。「璽」爲「繭」之俗體。

271 元悌墓誌

【誌蓋】魏故侍中」太尉公冀」州刺史廣」平王墓銘」

【銘文】魏故侍中使持節驃騎大將軍太尉公尚書令冀州刺史廣平文懿王銘。」祖高祖孝文皇帝。考諱懷，字宣義，侍中使持節都督中外諸軍事司」州牧太尉公黄鉞大將軍廣平武穆王。」王諱悌，字孝睦，河南洛陽人也。析緜麗天，泳源帶地，鴻光昭晰，清爛自遠。」祖重華疊曜，握天鏡以臨萬國；考蹈德齊禮，總三事以調四氣。王資靈川」岳，居貞若性，博覽文史，學冠書林，妙善音藝，尤好八體。器寓淹凝，風韻閑」遠，麗藻雲浮，高談響應。信可以兩堯年之一足，九漢世之八龍，望紫烟以騰」驤，陵清風而鶱翥。故能殊異公族，獨出群輩者矣。年十四，襲王爵，除散騎」常侍。獻替帷幄，忠讜屢陳，慎等夜金，密同温樹，千里難追，萬頃莫測。尋加」平南將軍，從班列也。復增安南將軍，怙河南尹。務存簡易，疏而不漏，百姓」歸仁，畏之若雷。於是途絶赭衣，邑罕遊手，髟髮〔一〕行謡，童牙巷歌，功踰期月，」惠化若神。雖子翼善政，未足方其一迹；細侯賢良，豈能喻其九里。是故殿」中號曰無雙，大内稱爲第一。俄遷中軍將軍。爪牙所歸，禦侮攸寄，静難一」方，折衝萬里。轉大鴻臚卿。九賓斯贊，四門順緒，撫柔遠人，莫不緝穆。換護」軍將軍。翼宣戎政，世稱武烈。惟王蹈禮爲基，履仁成性，道冠梁楚，業茂間」平，自家刑國，善始令終。而運鍾陽九，世屬横流。方當躡驃騎之遺蹤，踵任」城之高軌，掃烟霧於五都，蕩妖氛於四海，倍玉鑾之盛禮，贊虚中之三唱，」遥途未窮，促運遽至，黄金靡化，餘香已遠。春秋廿有三，以武泰元年四月」十三日薨於河梁之西。于時朝野追慕徽猷，實深殄悴。皇上嗟悼，有加」傷慟。故以悲結朱烏，痛酸黄鳥，哀榮既備，寵贈有章，禮也。粤以建義元年」六月丁亥朔十六日壬寅窆於西郊之兆。託銘泉陰，以傳不朽。其詞曰：」惟嶽降靈，誕兹淑令，處嶷號神，在童稱聖。文敏曹楊，業隆陳鄭，從横無準，」菴鬱獨映。學鄙三冬，問嘉知十，優游書圃，敖翔子集。刊彼己亥，正兹省立，」芳風遂遠，清塵靡及。孝既天至，義亦生知，率攸蹈禮，瘍巨愈遲。慕結衣鏡，」哀慟風枝，甘露爰降，鸞鳥來儀。乃剖京甸，以振朝綱，不唯去虎，亦曰飛蝗。」脂膏莫潤，懸魚靡嘗，儀形帝宇，萬民所望。行爲世範，言成軌則，方坐論道，」襲此究職。豈謂大造，運兹巨力，奄然一化，息非今息。

玉衣夕列，厨鹿朝駕，」奄溯丘隴，遽捐館舍。去此短晨，歸於永夜，千齡未曉，萬事長謝。」　國家圖書館藏拓。

注　釋

〔一〕髮，此字不見於字書，疑即「髮」字。

272 元卲墓誌

【誌蓋】闕

【銘文】魏故侍中司徒公驃騎大將軍使持節定州刺史常山文恭王墓誌銘并序。」王諱卲，字子開，高祖孝文皇帝之孫，丞相清河文獻王之第二子也。導黄源於壽丘，鬱帝□於」若水。平城恢百世之基，洛陽構千載之鄴。故以超蹤炎漢，邁迹昌周。記言盈於五都，書事茂於三代。」王稟連漢遠祥，極天正氣，體備通理，神炳異眸，墻宇沖邃，涯涘淵曠，宗廟難窺，澄撓不測。若夫知來」後素之業，師逸於綺襦；升堂入室之功，道備於紈綺。文情婉麗，琴性虚閑。射不出征，辭參辯囿。故以」總三端於一身，兼四科而在己。年十八，爲侍書，拜通直散騎侍郎。衣青典闈，珥筆鴛沼。起予唯新，涣」汗載密。俄領符璽郎中。傳代秘重，六紐難窺。事有授命之期，理無威逼之請。及妖起孽宗，雰結閹隸，」桐宫徙逼，寶胙將遷，虐盛道消，毒流顧復。泣血四載，嘗膽六春，餘喘若存，尪骸如朽。非枯林之可匹，」寧癈祖之能方。逮兩曜還明，三兇克屏，蟬侍侯德，密衛須才。乃除通直散騎常侍，領領左右。王風」範端凝，幹局淹整。允金貂之華，延禦侮之實。又廣内紛詭，流略殘訛。子政之務有歸，子駿之任斯在。」仍以本職監内典書。折簡無遺，絶編咸舉。陳農之功未遠，河間之業重還。尋封廣川縣開國公，食邑」一千户。進封常山郡王，增邑千室，餘並如故。磐石命親，寔膺維城之重；葙茅爲誓，實允礪帶之期。尋」遷平南將軍散騎常侍中軍將軍。王德茂於朝，器優於世，高蹈列國，獨翥群英。風行草偃，有心所以」同慕；煙消月上，物情於是咸懽。願龍門之一遊，思同舟之暫往。模楷不足爲名，月旦此焉而出。後除」衛將軍河南尹。王御下以清，示民以信，威恩適物而動，真僞單辭以決。乳禽不撓，捐魚莫收，逝虎可」追，還珠詎遠。方將延祉無疆，陪鑾封岱，光國榮家，無輩今古。而洪湍蕩隰，巨燬燎原，不自先後，實鍾」遭命。武泰元年太歲戊申四月戊子朔十三日庚子暴薨于河陰之野，時年二十有三。惟王孝乎天」縱，忠實化遠，閨庭睦睦，無可間之言；朝廷侃侃，有匪躬之譽。賦山詠水，辭曖三春之光；誄喪褒往，文」悽九秋之色。至於西園命友，東閣延賓，懷道盈階，專經滿席，臨風釋卷，步月弦琴，目矚五行，指窮三」調，布素之懷必盡，風流之貌悠然。道長命促，嗚呼悲矣。皇上龍飛入纂，鼎祚維新。嗟小年之可哀，」愍大夜之無返。爰發德音，以旌休烈。追贈侍中司徒公驃騎大將軍定州刺史，謚曰文恭王。建義元」年七月丙辰朔五日庚申葬于瀍水之東二里黄堈堆之上。若夫寒往暑來，市朝爲之亟變；山頽隰」舉，丘壟良亦不恒。雖勒鍾圖閣，無解風埃之患；刊泉誌石，式昭不朽之容。乃作銘曰：」霄電降祥，乃育軒黄。天姬下儷，是生元帝。分峰玉衡，鬱爲削成。望日齊照，比月鈞明。膚寸寫惠，觸石」抽英。弄璋伊在，璧粹金貞。沖鑒外發，叡質内朗。藍田是嗟，黄中招賞。曾墉已秘，清潭自廣。皎皎不群，」昂昂孤上。春詩秋禮，師暇功殊。彫蟲緑綺，盡麗窮模。惠苞舟稱，辯同日餘。臨碑可復，在騎非虚。入朝」謦洽，登庸風委。愼深曳踵，文工操紙。緜綸有蔚，緘籥無褫。異署追芳，同列歸美。延華蕃邸，結采戎章。」貂組共映，劍玉同鏘。式静中禁，讎藝西堂。隱敵有託，懸金載光。敷風上京，流範下國。宿訟有歸，片言」無或。易使有規，愛人有則。暫爲水擊，將舉霞翼。彼蒼如何，與善虚假。蹟影河上，罷驅芒下。」原隰爲塵，」草木塗野。泣重徂光，怨深逝者。棄明初夏，即闇始秋。泉途寂寂，壟道悠悠。山迴去翼，路泫行睟。嗟乎」千載，終爲一丘。」太妃南陽張氏。父道始，陽邑中都二縣令。」王兄亶，字子亮，侍中車騎將軍清河王。」姊胡氏，字孟蕤，長安長公主。」妹司馬氏，字仲蒨。」妹盧氏，字季葱。」妃胡氏。父僧洸，侍中車騎大將軍儀同三司濮陽郡開國公。」息羅睺羅，年五。女鳳容，年五。女恒娥，年三。」

河南洛陽出土。見《考古》一九七三年第四期《洛陽北魏元邵墓》。

273 元順墓誌

【誌蓋】闕

【銘文】魏故侍中驃騎大將軍司空公領尚書令定州刺史東阿縣開國公元公墓誌銘。」

公諱順，字子和，河南郡洛陽縣人也。恭宗景穆皇帝之曾孫，侍中大都督開府儀同三」司任城康王之孫，侍中假黄鉞都督中外諸軍事太傅太尉公任城文宣王之子。憑天漢」以啓源，罩辰極而構岳，符玄鳥之嘉膺，契舟陵之聖緒。綿瓞瓊華而遠茂，盛業邁封叔而」重輝，固以昭晰青編，布濩素册矣。公丕丞顯烈，體兹上操，清才雅譽，挺自黄中，蹇直峻概，」成乎壯日，忠規孝範，麗國光家，處貴毋貪，崇儉上朴。身甘枯槁，妻子衣食不充，嘗無擔石」之儲，唯有書數千卷。雖復孫弘居相，王脩處官，曷以過也。年十七，起家爲給事中。歷遷中」書侍郎，太常少卿，銀青光禄大夫領黄門郎。抽華藻其如綸，當問禮而延譽，每振奇謨於」瑣門，登異政於層闕。正光五年，總六條，頻屏兩岳，初爲使持節安北將軍都督恒州諸軍」事恒州刺史。俄而徙莅齊蕃，爲安東將軍，持節都督如故。下輦未幾，風政宣洽。至孝昌元」年，復還，徵爲黄門郎。尋以本官除護軍將軍加散騎常侍。續遷侍中，護軍如故。既任屬喉」脣，亟居近侍，國容朝典，知無不爲，斟酌禮度，鶩補漏闕。公迺忘潛潤之工言，誓捐七尺以」奉上，有犯無隱，讜言屢陳，或致觸鱗之失，其志在磨而不磷也。出爲中軍將軍吏部尚書」兼右僕射。續加征南將軍右光禄大夫，掌選如故。轉兼左僕射。又孝昌二年中，有詔以」文宣王於高祖孝文皇帝晏駕之始，跪玉几，受遺託，輔宣帝之功，追加嗣子任城王彝」邑千室。析户五百，分封公爲東阿縣開國公。公雖去樞唇之近密，而居衡石，帝所難，兼總」禮闈端要。更乃聲實彌廣，遐邇挹其蹇愕，有識欽其清貞。宜享衛武之脩年，以成二南之」隆業。福履虚誥，與善何徵。以建義元年四月十三日奉迎鑾蹕於河梁。于時五牛之旆在」郊，三屬之甲未卷，而墟民落編，多因兵機而暴掠。公馬首還，届於陵户村，忽逢盜賊，規奪」衣馬，遂以刃害公，春秋卌有二，乃薨於兇手。命也。嗚呼！有詔震悼，贈驃騎大將軍司空」公領尚書令定州刺史。謚。禮也。粤其年七月丙辰朔五日庚申遷窆於京西谷水之」北剛。式裁空石，用傳不朽，豈徒鍾鼎，獨播徽猷。其詞曰：」瑩實玉瑶，光惟金銑，灼均伊賢，洞兼兹善。莫測語默，孰見舒卷，淵哉沖哉，高深誰辯。鬱藹」清徽，嵒巖岳峻，落落風采，楞楞高韻。才名幼彰，忠孝早振，轥轢前脩，式軌後進。瓊珮鳴腰，」金蟬映首，彤騶是導，紫荷是負。處貴能貧，儉身約口，布被脱粟，斂衿見肘。愕愕夫君，昂昂」特挺，殊氣動猷，異節紆婞。志貶啜欙，情深獨醒，任會樞端，心存和鼎。格言干后，庭諍匡朝，」德延帝寵，聲被氓謡。運屬凌替，時鍾道消，命也不淑，禍豈身招。長皐蒼芒，深泉寒寂，隅燈」已暗，松筵永閴。片石石飛響，鴻名盛績，賀谷爲陵，扇美方遏。」

國家圖書館藏拓。

274 元均之墓誌

（誌爲長方形，三面刻銘。）

【銘文】

【一面】魏故平西將軍瓜州刺史元君之墓銘。」君諱均之，字仲平，河南洛陽人也。大宗明皇帝之」玄孫，使持節侍中都督秦雍涇梁益五州諸軍事開」府儀同三司衛大將軍雍州刺史樂安簡王之孫，「河」澗太守昭之中子也。君器識夙成，神儀卓爾，弱冠之」【二面】年爲嬴州平北府中兵參軍。後淮南王臨定州也，「召」君爲録事參軍。敷陳五教，導以知方，衆情所舉。以君」行趙郡太守。雖復旬月之間，甘棠之詠有矣。但積善」無徵，殲我良人。春秋三十有八，武泰元年四月戊子」【三面】朔十三日薨于洛陽。蒙贈平西將軍瓜州刺史。建義」元年七月丙辰朔六日葬于長陵之東。墳隴低昂，千」載莫記，故鎸石勒銘，傳美遥年。」國家圖書館藏拓。

275 元彝墓誌

【誌蓋】闕

【銘文】魏故使持節都督青州諸軍事車騎大將軍儀同三司青州刺史任城」王之墓誌

銘。」王諱彝，字子倫，恭宗景穆皇帝之曾孫，使持節侍中大都督開府儀」同三司任城康王之孫，侍中假黄鉞使持節都督中外諸軍事太傅領」太尉公任城文宣王之世子也。長瀾起乎霄漢，瓊光發自崐峰，侔弱水」之聖裔，等豐岐之隆緒。自天攸縱，器並生知，學年標乎令問，冠歲備以」成德。熙平之始，王猶在佩觿之辰，孝明皇帝春秋富沖，敦上庠之學，」廣延宗英，搜揚儁乂。王以文宣世子，幼緝美譽，參兹妙簡，入爲侍書。升」降詳雅，藴藉可觀，每從容輦陛，君臣留矚，由是聲實兩盛，朝野希風。至」神龜二年，除羽林監，非其好也。性樂閑静，不趣榮利，愛黄老之術，尚恬」素之志，清思參玄，高談自遠，賓延雅勝，交遠游雜。至神龜二年十二月」七日以文宣王薨去官。慕同泣血，毁幾滅性。服闋，襲承王爵，仍除驍騎」將軍通直散騎常侍。見時政之將替，王綱之不紐，雖復豐貂長組，而任」處虚閑，迺杜門下帷，簡從朝宴。暨聖上龍飛中興，率土懷來蘇之望。」以武泰元年四月十三日奉迎鑾蹕於河渚，忽逢亂兵暴起，玉石同」焚，年廿三而薨逝。粤以建義元年歲次戊申七月丙辰朔六日辛酉葬」于京西谷水之北皋。年德不永，哀哉哀哉。有詔震悼，贈使持節都督」青州諸軍事車騎大將軍儀同三司青州刺史，王如故，謚曰文昭。鐫石」傳名，庶流复古。其詞曰：」瓊枝挺秀，瑶源汩清，猗歟令德，早振才名。基忠履孝，幼播英聲，揚光下」國，飛譽上京。比物連類，蘭馥筠貞，帝曰崇學，惟賢是畘。搜德簡能，入」侍釋奠，灼灼君王，允膺兹選。揚句執經，是毗是薦，恩密視草，榮均共研。」道爲時秀，器亦民標，高志灑落，逸韻寂寥。玄言内蘊，遠鑒外昭，英聲茂」實，顯國光朝。宜享遐壽，台階是超，伊何不淑，折棟摧梁。斂魂玄壤，委氣」崇芒，况逢非禍，殞體亂場。嗚呼百六，悼民傷，幽幽墓田，森森蒿逕。重泉」無曉，殯惟永冥，叫叫孀孤，號咷天性。對窮筵以漣濡，望晃燈而涕迸，迺」命典臣，鎸銘述盛，庶芳徽與日月共遠，流鴻猷與陵谷俱夐。」太妃長樂馮氏，父熙，侍中太師扶風開國武公。妃長樂馮氏。」　國家圖書館藏拓。

276 元瞻墓誌

【誌蓋】闕

【銘文】魏故散騎常侍撫軍將軍金紫光禄大夫儀同三司車騎大將軍司空公光兖雍三州」刺史元公墓誌銘。」公諱瞻，字道周，河南洛陽人也。恭宗景穆皇帝之孫，任城康王第三子，司徒公尚書」令任城文宣王之弟。長瀾浩瀁，遊氛坱軋，有物憑焉不爲夭閼者，固以寄之惇史，不復」詳於兹矣。公資靈川岳，藉氣風烟，浥河漢之滄浪，蒂玄圃之蓊蔚，既昭灼於芳鯉，亦蟬」聯於胎教。至乃幽鑒自性，明悟天成，周童恧其奇，魏齔蔑其妙。及夫切瑳爲寳，佩瑜象」德，游演應頏，相羊適度，架群輩而崚嶒，超流品而苕蒂。雖未符於兆夢，抑相合以魚水」也。初爲步兵校尉，次轉員外散騎常侍。翮毛孤翻，千尋獨遠，操量日暄，芳音稍廮。又遷」前軍將軍，顯武將軍。先驅肅路，途絶囂蹕，部下無違，羽儀攸攝。徙宗正少卿。辨鼇族食，」而帝宗隱賑。皇胤扶蔬，華蕚相資，驕敖難理，公訓之以家風，示之以律慮。令王子」興振振之風，人懷驎角之詠。遂丁重憂，辭宦來寢，徒踊無滄，幾於滅性，情均攀柏，循墓」稱在。于時以即默爲用奇之邦，成山乃美遊之所，遠接沉黎，近交梁部。餘皇浮水，或乘」我疆，戈船停塢，每伺此隙。緝矛之寄，寔屬茂實。爾乃嗟我懷人，以敬俞住。便假公節督」光州諸軍事龍驤將軍光州刺史。公遂憑軾而東征，望淄川而舉策。豪右捨周旋而孤」逃，汙吏投印珮而獨竄。吴人息烽，夜犬莫吠。仍加征虜之號，以旌忠善，還爲散騎常侍」左將軍，復換平南將軍持節行兖州事。而高山擁璽，星言遄邁，就拜平東將軍即真刺」史。公乃布愷悌，濟寬猛，體三無以還風，宣五至以調俗。百民歡心以戴仰，移死地而無」貳。故能翦沈預之梟情，仆橫尸於萬頃。而特旨褒讚，并金劍雜賜。豈徒持鬚而稱能，狄」杜勞旋而已也。公乃繫犢言歸，臨軒告逝，轝卧轍而前車，攘抱馬而後去。俄授撫軍將」軍行雍州事。於是新有盩厔之師，繼以涇川之役，民苦虐政，鳥散而叛。公便約法裁章，」華夷面化。以世道紛若，心不樂煩，又以金紫光禄大夫加散騎常侍，撫軍如故。遂得怡」情寂室，逍遥養志。後爲汝南王以茂德懿親重臨京牧，妙簡忠良，銓定鄉品，召公爲州」都，委以選事，區别人物，涇渭斯叙。公之爲性，雅懷亮直，憂公忘私，思賢若渴，執志堅厚，」不爲勢屈，絶迹權寵之門，息步佞諛之室。故雖居損金市首之價，未逞吴坂九折之氣。」方當就槐論道，左右分治，而覆匱伊半，爲山未極，夢奠先徵，殆將奄及。春秋五十一，以」建義元年四月十三日薨於位。折柱之悲，事同捐珠；崩維之怨，情深罷市。天子嗟而群」龍致惋，褒贈車騎大將軍司空公加散騎常侍雍州刺史，備物有加，禮也。以其年七月」六日窆於京西谷水之北皋。懼圓方改度，舟壑異徙，乃託玄石，語之不朽。其詞曰：」汁光降靈，神女下娉，攸縱自天，重輝疊映。配極居微，物共首政，公其體而，膺兹大慶。洞」曉無疆，懸解如聖，惟彼陰鳥，厥聲猶彰。魚水好合，乃陟周行，入言良才，出曰民望。道猷」瀾漫，績用芬芳，仁者必壽，顔頤不實。夏公盛長，卉木萎質，鼎湖事變，魂歸泰一。身贖不」追，何爲空慄，貴在表庸，終然允吉。」　國家圖書館藏拓。

277 元譚墓誌

【誌蓋】闕

【銘文】魏故使持節衛大將軍儀同三司青州刺史城安縣開國侯貞惠元公墓誌銘。」公諱譚，字延思，河南洛陽人也。」獻文皇帝之孫，使持節都督中外諸軍事車騎大將軍特進司州牧趙郡」靈王之第三子。締構連珠，開峰合璧，綿基雲藹，故以焕乎圖緯矣。若夫玉板銀」繩之言，華渚丹陵之事，斯已炳灼金匱，彪汗石室，伊余故可而略，無得而稱耳。」公瑶臺藉慶，瓊宫麗景，實琨山之琬琰，鍾岳之琳瑯。虢雌黄而豈媲，著煞青而未盡。高祖既神且聖，望雲就日。公嘗以王子入見，年在紈綺，占謝光潤，晬容」温華，出言而可雕蟲，下筆而成霧縠。高祖玉色金聲，留屬忘倦，諸侄衆中，特加」愛重。初爲羽林監，遷高陽太守。鄧攸化民，言念相似。還除直閤將軍，延内侍書，」起予聖懷，發言中旨。轉太僕卿冠軍將軍大宗正卿。雖石侯篤慎，劉德允釐，」比公之器，未足云擬。乃授持節假左將軍行徐州事，折衝之任也。還轉光禄卿，」行兖州事。捍城之舉，除征虜將軍涇州刺史，遇患不行。遷平南將軍武衛將軍」銀青光禄大夫使持節假安北將軍幽州大都督。雖曹彰變伐，何以過也。還京，」授司徒左長史，銀青如故，仍平南之號。朝廷以公地重應韓，戚親芃蔣，分星裂」土，執玉磬石，封城安縣開國侯。俄除使持節安西將軍唐州刺史。又改授秦州」刺史，仍本號。既累荷榮爵，頻蒙重寄，方圖神算，康一區宇。何圖上靈不弔，餘慶」空言。春秋卌有一，建義元年歲次戊申四月十三日龍飛之會，横離大禍。昔西」晉横流，東海交喪，比德稱概，異世同揆。詔贈使持節衛大將軍儀同三司」青州刺史。惟公雅識沉毅，儁明獨步，在高而卑，居益而損，不以公子敖物，不以」王孫自異。固三才之梁棟，百代之羽儀。而天爵徒掞，人壽莫與，龜筮已從，龍櫬」將撤。其年七月丙辰朔六日辛酉遷窆瀍澗之東。雖清塵盛烈，寫弈於緗素，而」幽美沉華，兼寄於泉石。乃作銘曰：」皇電遂初，虹月永久，貴顯玉筐，親隆石紐。華蕚則天，本枝元首，時乘利建，光宅」曲阜。思文弈世，桓武載德，爲後必推，争長誰克。山礪東西，河帶南北，亦既茂親，兼」

以淵塞。唯王炳靈，自公積慶，懷抱英雄，庶幾亞聖。逕寸表燭，盈尺内鏡，雙珠韋」炫，二王荀映。始趨羽翼，出紐邦印，金華休沐，温室密慎。居棘割雞，在蕃遊刃，王」良教舉，周亞戎鎮。譎而不正，狩於乃河，天威咫尺，人任干戈。公朝其所，大禍以波，」夷甫墻壓，馬越灰磨。長辭白日，空喪青天，玄夜莫艾，黄鳥徒憐。中山豈湎，汲冢」遺箋，金波無藥，玉樹非仙。」 國家圖書館藏拓。

278 元信墓誌

【誌蓋】闕

【銘文】魏故假節龍驤將軍晉州刺史元君墓誌銘。」君諱信，字子諒，洛陽人也。昭成皇帝七世孫。神蹤與」姬夏同初，靈源共積石争峻。緜世章黼，蔚乎有聞。承相」以帝者懿親，論道朝端；征西勒馬風驅，聲弭邊服。考司」空，儁氣獨清，神衿秀遠。昂藏伊洛之朝，規矩一時之望。」君令質挺生，雅懷嚴净，幼入書堂，無竹馬之歡；長尋墳」誥，有月旦之異。行義以會仁，專信以集友。愛敬發於天」然，將慎由於性理。所謂魏國之白駒，元族之千里。司空」元公秉哲經朝，緯文綏武，旗弓以待賢，蒲帛以邀德。聞」君識素既奇，情靈洞遠，辟君爲參軍事。君稟氣沖高，資」懷剋讓，本無城國之榮，豈圖佐人之職。方乃接翮翻飛，」高步閑俗。年十有五，卒乎官。天子痛悼，親賢同泣。有」詔贈龍驤將軍晉州刺史。粵其年七月丙辰朔十二日」丁卯穸於舊塋。其詞曰：」王僚至重，鉉府非輕，在山訪竹，在世求英。卓哉夫子，節」行凝明，情圖高尚，時不見聽。陳家早令，禮辟以申，公車」滿路，雁帛成群。旌弓之召，豈越兹人，聞之古語，驗之徵」君。伊公司鼎，朝稱良政，自君之舉，孰云非令。稱闕有聞，」貢言方盛，百事剋諧，澄明如鏡。福善有聞，斯焉豈實，情」節方申，中年喪質。痛矣蘭摧，惜哉何暨，」三良苦秦，孰如」兹日。」 國家圖書館藏拓。

279 元悛墓誌

【誌蓋】闕

【銘文】魏故驃驤將軍太常少卿元君墓誌銘。」曾祖諱於德，選部給事寧西將軍冀州刺史河間公。」曾祖親南陽張氏。」祖諱暉，字景襲，使持節侍中都督中外諸軍事司空文」憲公領雍州刺史。」祖親遼東公孫氏。父順，振威將軍義平子北平太守。」父諱逸，字仲儁，使持節散騎常侍都督冀州諸軍事衛」將軍冀州刺史。」母頓李。父平，侍中車騎大將軍司空武邑郡開國公。」君諱悛，字士愉，河南洛陽人也。昭成皇帝之七世孫。年」七歲召爲國子學生，即引入侍書。以建義元年四月十」三日卒於河梁之南。天子言念永往，悼切於懷，有」詔特贈驃驤將軍太常少卿。粵其年七月丙辰朔十二」日丁卯窆於洛陽西卌里長陵西北一十里西鄉瀍原」里瀍澗之濱。乃作銘曰：」長瀾浚遠，層緒攸緜，餘慶所及，鋋美在焉。稱神綺歲，曰」聖雕年，猶如白鵠，有若青天。石渠問道，金華侍學，比竹」加羽，如玉斯琢。謂蹠三台，期臨四岳，奄落魏珠，忽淪荆」璞。駸駸素騏，昱昱丹旐，既出國門，將歸神道。墳路荒芒，」泉門窈窕，空願與歸，徒嗟絶倒。」　國家圖書館藏拓。

280 元愔墓誌

【誌蓋】闕

【銘文】魏故輔國將軍廣州刺史元君墓誌銘。」曾祖諱於德，選部給事寧西將軍冀州刺史河間公。」曾祖親南陽張氏。」祖諱暉，字景襲，使持節侍中都督中外諸軍事司空文憲公領」州刺史。」祖親遼東公孫氏。父順，振威將軍義平子北平太守。」父諱逸，字仲儁，使持節散騎常侍都督冀州諸軍事衛將軍冀」州刺史。」母頓丘李氏。父平，侍中車騎大將軍司空武邑郡開國公。」君諱愔，字士悕，河南洛陽人也。昭成皇帝之七世也。導源天」池，構緒辰極，長波共江漢俱流，層峰與嵩崿比峻。祖體道佐時，」爲物宗極。父含貞緯世，作民軌儀。君風神清舉，氣韻高暢，孝友」天至，學藝通敏。起家爲司空府參軍事，又轉員外郎。風流名譽，」擅美一時，物情期屬，方希致遠。而火起巫山，芝艾同滅；水陷歷」陽，愚智俱殞。以建義元年四月十三日卒於河梁之南。天子言」念永往，悼惜於懷，有詔贈輔國將軍假節廣州刺史。粤以其」年七月丙辰朔十二日丁卯窆於洛陽西卌里長陵西北十里」西鄉瀍源里瀍澗之濱。作銘曰：」招摇南極，赤水東流，三珠粲爛，八桂幽繚。亦有君子，世載清猷，」望兹爲侣，匹此成儔。名則由人，義實在我，屣履黄扉，曳裾青瑣。」既曰無雙，方期獨坐，忽矣逢灾，遽然遘禍。行遵長薄，將歸壽堂，」哀哀黄鳥，蕭蕭白楊。千秋萬古，永閟巖埸，若遷陵谷，有昭餘芳。」 國家圖書館藏拓。

281 元誕墓誌

【誌蓋】闕

【銘文】魏故元君墓誌銘。」君諱誕，字那延，河南洛陽人也。驃騎大將軍左丞相都督中」外諸軍事得銅虎符冀州刺史常山王之曾孫，征西大將軍」都督河以西諸軍事儀同三司侍中太尉公常山王之孫，北」中郎將華肆燕朔相五州刺史征北大將軍定州刺史簡公」之第五子。君世魏胄殊，志氣不仕，守儀舊都。景明中，辟召不」就，蹇萼陵居。雖非宗子，親族遵扶，意静無爲，蕭堵自虚。帝胄」之子，官召不須，名詳海溢，聲徹四宇。既直難還都。天不遂善，」忽致濫釁。年卌四，奄卒於世。建義元年歲次戊申七月丙辰」朔十七日壬申葬於芒山。愍霄光中漸，春華奄滅，託鏤誌功，」名傳後詠。其辭曰：」美哉帝胤，世紹私槐，静志端卓，夙久自台。名功若□，□□」股肱，慈庭追慎，不識順哉。心優遊於卒世，卒爾凶沉，昊天不」弔，圖善滅摧。良木其壞，哲人委哉，酷慭終天，世去無來。麻衣」獻前，泉室答培，永矣蒼天，了然無之。刊記茲石，永久識期，身」没名存，揚波遠開。」　國家圖書館藏拓。

282 元端墓誌

【誌蓋】闕

【銘文】魏故使持節儀同三司都督相州諸軍事車騎大將軍相州刺史元公墓誌銘。」君諱端，字宣雅，河南洛陽人也。其先道武皇帝之胤，獻文皇帝之孫，丞相高陽王之」長子。君其神迹杳妙之形，皇基浩汗之事，故以地載群流，乾覆萬象，纂自帝經，文於方」策矣。君資太一之純氣，禀列聖之餘塵，業賞貞固，風機萌於夙心，發自兒童之時，故以麟」止其儀，而殊於公族者也。及五典六經之籍，國策子集之書，一覽則契其歸，再聞則悟其」致。所以遠邇服其風流，朝野欽其意氣。至如孝踰江夏，信重黄金，百練不銷，九言剋順，固自幼而老成，形於岐嶷矣。宣武皇帝訪舉皇枝，以華鳳閣，召君爲散騎侍郎。孝明」皇帝初祚萬國，推賢門彦，擢君爲通直散騎常侍鴻臚少卿。以在棘瑜名，清風遠扇，轉除」太常卿，常侍如故。莅之撫誨，禮樂翔穆，瑶響遐著，聲聞海嶽。又遷散騎常侍安東將軍都」督青州諸軍事青州刺史。君乃聲金辭闕，肅駕東轅，玉軑載途，弓旌亦發。其教也，不猛如」成；其政也，不嚴如治。迴軒入朝，即爲度支都官二曹尚書。則能禁闥清謐，百揆脩緒。至孝」昌五年，魯地寇亂，民情勃逆，以君威名遠震，除爲撫軍將軍都督兗州諸軍事兗州刺史」當州都督。而僞賊羊烏兒，天欲喪亂，迷不量力，敢聚蟻徒，侵勃州境。傾國從戎，連勢遠集，」重營疊栅，圍城數匝，强心固志，規一攻剋。君祗順所履，戮力王略，威恩早著，風綏以禮。士」不銜枚如嘿，馬不昧如無聲。師師衆桓桓，軍徒肅鋭，有苦同芳，矢石共當，軍賞不足，私財」斑賚，俠纊之衆，人百其勇，以實禦危，雲鋒暫震，誓旅前驅，一鼓外潰。功堅易於折枯，摧强」甚於湯雪，偃骸積尸，野成京觀，獲將獻俘，千有餘級。實乃殊機異詭，應時剋捷也。雖陳韓」子房，論策語謀，何以過焉。故能建功于百代之前，垂德于千載之下，泄雅亮於八區，震威」猛於四裔。豈窺管韜天所能論其光歟。徽遂集更，遷散騎常侍鎮軍將軍金紫光禄大夫」安德郡開國公。而昊天不弔，景命云徂，折玉嶺之芳枝，落中天之静月。春秋三十六，大魏」武泰元年四月戊子朔十三日戊子卒於邙山。化治績於平辰，震榮名於身後。故贈使持」節儀同三司都督相州諸軍事車騎大將軍相州刺史，開國如故。以七月十七日壬申遷」窆於邙山之陽。往而不返，嗚呼哀哉。君秀而不實，中遇嚴霜，曾落顔生之上彩，復没夫子」之雄光。何以述之，銘石泉堂。素骨遂玄泉而盡，青風與白日俱揚。乃鐫乃堅，乃目乃遠，以」圖髣髴，寄舒玉篆。其詞曰：」惟海之淵，惟嶽之峻，渟湛萬尋，蒙籠千刃。實生夫子，因心作訓，總角金箱，戒冠玉振。昔在」簡子，有珍斯名，君之立德，恭允篤成。秋月開霄，子與分明，長松入漢，子與分貞。瞻彼洛矣，」其水汪汪，叔度百頃，君亦洋洋。方崇上爵，以覆含章，如何如何，哲人其亡。長楊森聳，高松」半雲，荒丘蕪没，寒遂無春。何其一旦，此地安君，墓門風咽，爲是啼人。倒月如電，崩流迅疾，」天地詎央，君往已畢。旌挽飄飄，悲歌慄慄，不悟黄埃，覆君素帙。生榮死哀，自古先民，朱帳」漸疎，白楊已親。勒銘九泉，以馥清塵，金石雖朽，德音恒新。」又追贈司空公謚曰文。」維大魏建義元年歲次戊申七月丙辰朔十七日壬申。」　國家圖書館藏拓。

283 陸紹墓誌

【誌蓋】闕

【銘文】故司空城局参軍陸君墓誌銘。」君諱紹，字景宗，河南河陰人也。其先蓋軒轅之裔胄。曾」祖大羽真南部尚書使持節散騎常侍都督諸軍事定」州刺史酒泉公。祖冠軍將軍俟懃地可蒙，贈幽州刺史。」父散騎常侍安西將軍燉煌鎮都大將，在官未幾，奄然」棄背。君承膏腴於北都，綴聯葩於南京。弱齡庠序，幼立」寬仁之美；長處鄉邦，每著恂恂之操。儼然自居，不蠲世」物。出身勃海公郎中令。臨官自剋，寶璧不撓其心；刊物」庭立，懷直不避刑憲。俄遷司空城局参軍。板帶逍遥，抱」純彌譽，雖折轅之奇，不足比其潔。懷行好古，内外俱兼，」文藻富麗，矯翰當途。而天不哀善，禍濫及仁。春秋五十」有一，武泰元年四月十三日卒於京廛。可謂當夏摧芳，」臨秋散菊。粤建義元年歲亞涒灘七月丙辰朔十七日」壬申葬於京西十八里。西據芒山，北帶鞍道，故勒銘云」爾，其辭曰：攸攸歲月，芒芒今時，寒來景往，有榮有衰。四」時尚爾，今去無期，千齡萬祀，泉下何依。何依何仗，空入」空堂，皓冠變碧，青苔滿床。新卷千餘，盡成舊章，蘭杜芬」馥，奄被秋霜。天不擇善，專取良人，高峰墜壑，深谷摧榛。」蘭園喪彩，玉山彫瑎，棄茲華机，忽染幽塵。幽塵寂寞，昏」昏綿綿，日照孤幃，日映空筵。風埃滿室，淚宇多相，形沉」四域，魂飛九天。」 國家圖書館藏拓。

284 元宥墓誌

【誌蓋】闕

【銘文】魏故征北將軍相州刺史元君之墓誌銘。」君諱宥，字顯恩，河南洛陽人也。魏太宗元皇帝之玄孫，」樂安宣王之曾孫，樂安簡王之孫，巴州景公之元子也。」若夫分源巨壑，析本高林，拖玉鳴鑾，傳華弈世，固無得」而稱焉。君資神特挺，禀質瓌奇，孝友幼成，忠貞匪習。肇」自文皇，迄於明帝，爰歷三朝，光榮驟履。末年轉前」將軍武衛將軍，當時之名進也。君既職奉嚴凝，位鄰」日月，雖寵望稍崇，而志彌挹損。至於閨門之訓，時人觖」其無簡；事君之節，朝士仰其高山。方將鼎翼皇家，流」功帝藉，而天不報善，殲此名器。以孝昌四年正月丁」重憂，遂寢伏苫土。其居喪之禮，雖曾顔無以過焉。春秋」五十四，以武泰元年夏四月既旬越三日薨於廬。秋七」月既望後二日窆於西陵。主上深垂悼愍，痛此云亡，」乃策贈征北將軍相州刺史，謚曰孝公。夫明瑶雖毁，猶」挺質於沙礫；薰蘭見析，尚流芬於卉莽。故刊此玄石，垂」之不朽。其辭曰：」渾渾大水，鬱鬱長林，維君挺秀，攸殖攸斟。孝友天發，忠」貞自心，朝遵景行，門無簡音。方陵九棘，爰歷三槐，彌兹」衮闕，味此鹽梅。豈其峻嶽，忽已傾頹，聖上流愍，朝士」銜哀。痛哉懿哲，惜矣高梁，邦之不幸，人亦云亡。明瑶碎」質，薰蕙埋芳，勒此玄石，銘之未央。」　國家圖書館藏拓。

285 元略墓誌

【誌蓋】闕

【銘文】魏故侍中驃騎大將軍儀同三司尚書令徐州刺史太保東平王元君墓誌銘。」君諱略，字儁興，司州河南洛陽都鄉照文里人也。大魏景穆皇帝之曾孫，南安惠王」之孫，司徒公中山獻武王之第四子。源資氣始，號因物初。高祖深鏡品族，洞曉宗由，」窮萬象之本，則大易氏。君高朗幼標，令問夙遠。如璧之質，處琳琅以先奇；維國之楨，排」山川而獨穎。遊志儒林，宅心仁苑，禮窮訓則，義周物軌，信等脱劍，惠深贈紵，器博公琰，」

筆茂子雲。汪汪焉量溢萬頃，濟濟焉實懷多士。世宗宣武皇帝識重宗哲，特蒙鍾愛，」以
貂璫之授，非懿不居。釋褐員外散騎常侍，復遷通直。歷步龍淵，聲最東省。又以君煥」
才挺生，將雕龍樞内，尋轉給事黄門侍郎加冠軍將軍。正光之初，元昆作蕃，投杼横集，」
濫塵安忍，在原之痛，事切當時，遂潛影去洛，避刃越江，賣買同價，寧此過也。僞主蕭
氏，」雅相器尚，等秩親枝，齊賞密席。而莊舄之念，雖榮願本；渭陽之戀，偏楚心目。以
孝昌元」年旋軸象魏。孝明皇帝以君往濫家難，歸闕誠深，錫兹茅土，用隆節胤，封東」平
王，食邑二千。雲綱既收，迅翮復舉。即授侍中左衛將軍加車騎大將軍，尋遷驃騎大」將
軍儀同三司領國子祭酒，俄陟尚書令。吐納兩聖之言，總裁百揆之職。三游非心，」四維
是務。臨財不願苟得，有佷無求取勝。奉公廉潔，刻妻之流；處事機明，辯碑之類。雖」
伊姜播譽於殷周，曹何流稱於漢晉，古今同美，千代一時。但民悖四方，主棄萬國，則」百
莫儲，唯虺斯應。母后握機，競權宗氏，將使産禄之門，再聞此日。大將軍榮遠舉義旗，」
無契而會，效踰叔牙，中興魏道。乃欲賞罰賢諛，用允群望，而和光未分，暴酷麾下，皓」
月沉明，垂棘喪寶。甘井先竭，莊惠言徵；鬼神依德，宫奇匪驗。春秋卌有三，以大魏
建」義元年歲次戊申四月丙辰朔十三日戊辰薨於洛陽之北邙。故黄鳥之篇，哀結行
路；」殄瘁之文，慕縈遐邇。楚老於是長號，春相於是嘿音，悲感飛走，惋動人神。宸居
追歎，」暱倖博陸，詔贈太保徐州刺史，謚曰文貞王。窀穸于洛城之西陵。夫星周紀易，

循環」莫息，泉靈綿代，或頹或徙，故樹鐫琢之文，永題不朽之石。其詞曰：」維天挺氣，維嶽降靈，猗歟顯哲，資和誕形。學由心曉，智以性成，辟强幼達，令思早名。一」彼一此，不獨擅聲。藉德蹈榮，緣懿履秩，神儀優婉，貂璋曜逸。螭藻樞中，陪宸皇室，惠」乃盡人，益不先損。忠矣清朗，淵焉冰日，令問令望，誰黨誰比。鶺鴒懷感，喪亂未申，岐」肆」北海，君寓東岷。績高雙化，才富二鄰，前徽洛渚，後曜江濱。越聲興歎，秦音獨欽，首丘斯」遂，長軒此來。納言歸致，冢社誠開，八列光矣，十六盛哉。義旗創植，忠儇未析，同爐薰莠，」渾挫玉礫。梁木頓摧，宿草奄積，歌笑停音，琴觴罷席。世宇方塵，墳堂彌寂，永淪泉壤，長」焕金石。大魏建義元年歲次戊申七月丙辰朔十八日癸酉建。」妃范陽盧氏，字真心。父尚之，出身中書義郎皇子趙郡王諮議參軍事司徒府右長史，」俄轉左長史除持節都督濟州諸軍事左將軍濟州刺史，後除光禄大夫贈散騎常侍」使持節都督青州諸軍事安東將軍青州刺史，謚曰。」世子規，字景式。」大女摩利，未嫡。次女足華，未嫡。次女定華，未嫡。」國家圖書館藏拓。

286 元湛墓誌

【誌蓋】闕

【銘文】魏故使持節征東將軍儀同三司都督青州諸軍事青州刺史元使君墓」誌銘。君諱湛，字珍興，河南洛陽寬仁里人也。」恭宗景穆皇帝之曾孫，使持節征南大將軍開府儀同三司涼雍相三州」刺史南安惠王之孫，使持節鎮西大將軍都督東秦豳夏三州諸軍事西」戎校尉統萬突鎮都大將荆汾夏三州刺史章武王之第四子，使持節散」騎常侍宗正卿秘書監中護軍撫軍將軍領河南尹司州大中正征東將」軍左光禄大夫衛將軍車騎大將軍侍中司空公司徒公都督雍華岐三」州諸軍事并青雍三州刺史章武武莊王之令弟。其乾元應圖，事炳金册，」疊聖繼天，備刊秘録。君稟靈和之正氣，協晨暉而誕降。淵深岳峻之操，」希」言慎密之性，受之自天矣。美姿貌，好潔净，望之儼然，狀若仙客。愛山水，玩」園池，奇花異菓，莫不集之。嘉辰節慶，光風冏月，必延王孫，命公子，曲醼竹」林，賦詩暢志。性篤學，尤好文藻，善筆迹，遍長詩詠。祖孝武，愛謝莊，博讀經」史，朋舊名之書海。永平四年，旨徵拜秘書著作郎。追揚雄之蹤，義賞名」賢，文貶兇黨。司空公任城王聖朝東阿，愛君文華，啓除騎兵參軍，」尋補」尚書左士郎中。握筆禁省，名振朝廷，遷左軍將軍。後以才麗，旨除中書侍郎。詔策優文，下筆雨流，以君德茂清政，敕兼吏部郎中。詮衡得稱，」復遷前將軍通直散騎常侍。貂璫紫殿，鳴玉雲閣，優遊秘苑，仍賞文藝。又」以仁明公政，除廷尉少卿。賞能未盡，尋拜正卿。定國釋之，何以加也。口不」論人，玄同阮公，雖爲王人，公事未曾漏泄，時人號曰魏之安世。清等胡威，」家徒四壁，孝友忠篤，出自天性。春秋卅有八，建義元年歲次實沈月在仲」吕戊子朔十三日庚子薨。朝野痛惜，慘結行雲，可謂荆山崩，玉樹折。聖」上哀念，追贈使持節征東將軍都督青州諸軍事青州刺史。即以其年月」在夷則丙辰朔十八日窆于邙山。聊刊景迹，以彰後代。其辭曰：」赫赫元公，氣連乾光，金姿玉質，令問早揚。脩身立德，休音彌彰，清宦累辟，」寔由才良。澤雖天降，顯須人茂，非賢非哲，基業誰遘。荆璧獨朗，靈芝孤秀，」三台冀登，慶雲不覆。三臣逝矣，詩人咸哀，羊公薨殞，淮南心摧。鳳子不壽，」飛鳥徘徊，長辭白日，絶望雲臺。皇天無親，應祐善人，如何灾濫，禍纏青真。」哀感行路，朋舊酸辛，敬宣嘉迹，敢書芳塵。西河宋靈烏文。」大魏建義元年歲次實沈月在夷則丙辰朔十八日癸酉造。」

國家圖書館藏拓。

287 元廞墓誌

【誌蓋】闕

【銘文】魏故使持節中軍將軍征東大將軍散騎常侍瀛州刺史元君墓誌銘。」君諱廞，字義興，河南洛陽人也。恭宗景穆皇帝之曾孫，使持節侍中啓」府儀同三司征西大將軍都督相州諸軍事相州刺史南安惠王之孫，吏」部尚書司徒公中山獻武之第四子。君擢秀玄峰，縟芝白水，生而岐嶷，長」而温敏，配美瓊瑩，等輝泉錦，致竭兩深，衆善備茂。年暨堪仕，爲員外散騎」侍郎。翘蔓錯薪，言見其楚。尋辭上台，爲騎兵參軍。助調醽味，餗實伊湑。仍」復本任，加襄威將軍。以援戈之效，遷員外散騎常侍。君閲實九區，贊奏山」海，三品所出，靡不知曉。於是密敕爰來，委以總事，爲十州都將，主採金」鐵。功用垂就，遭變停罷。輔國將軍通直散騎常侍。爾乃其實離離，觀鳴稍」遠。時上黨黔黎千有餘衆，携手連名，言事公府，云：長子舊城，險要攸在，求」置一州，永固兹守。以君皇胄懿重，操執端謹，六事淵塞，三正明爽，必能」代厥神工，爲民良主。帝既下命，衆議又允，便爲胡氏所破，請事中罷。匪直」怨結折鉥，亦悲同去衮。君志業益深，績功方絢，爲稼未穡，如漢就廣，簠簋不施，舟楫莫設，而望舒示祲，山頹奄及。春秋卌有三，以建義元年四月十」三日薨於位。天子慟懷，百寮哀怛。乃贈使持節中軍將軍瀛州刺史。以君」在朝清懃，公顯累著，前贈未盡，復加征東大將散騎常侍，備兹禮物。即其」年七月十八日窆於竟陵之東。彫戈勒不朽之名，既遺轍於先民；鎸石傳」無窮之稱，又莫捨於兹日。遂嗚呼而揚輝，崩潰而陳質。其詞曰：」皇矣哲命，伊緯伊望，誕維雄兆，發見其祥。剋和貞邃，既温且良，少而不輊，」長遂龍驤。德以昇朝，義以食禄，懸猷無譏，鳲鳩有録。絁紱表容，蜲虵顯足，」于嗟驎子，振振王族。歷奉著誠，勳庸簡樹，方引蕃棘，騁逸遐路。豈不憖遺，」厭世遄去，人百崩城，莫類斯慕。式告後昆，在仁必恕。」 國家圖書館藏拓。

288 **王誦墓誌**

【誌蓋】闕

【銘文】魏故使持節侍中司空尚書左僕射驃騎大將軍徐州刺史王公墓誌銘。」祖奐，齊尚書左僕射鎮北將軍雍州刺史。」父融，給事黄門侍郎東宫中庶子。」公諱誦，字國章，徐州琅邪臨沂人。導遥源於神迹，啓盛胄於仙儲，洪流與江河並逝，峻」峰共嵩岱争聳。離翦擅於興秦，吉駿稱乎隆漢，積仁義而爲門，累台槐而成族。八世祖」丞相文獻公，德邁五臣，功齊十亂。迺祖司徒，師表雅俗。高祖特進，羽儀冠冕。祖僕射使」君，器惟瑚璉，才實經邦。考黄門使君，民之秀極，物之領袖。公膺慶積善，資靈川岳，遠大」表自髗辰，珪璋發乎綺歲。年甫十二，備遭荼蓼，泣血孺慕，幾於毁滅，寅門之慟，不曰是」過。既面告靡依，趨庭闕範，勉躬砥礪，動不逾節。處家雍穆爲本，治身恭儉自居，敏學同」於生知，好善由乎不及。於是徽譽藉甚，親朋揖慕。值齊季道銷，天下競逐，懼比屋之禍，」求息肩之地，遂尊卑席卷，投誠魏闕。解褐員外散騎侍郎司徒主簿。仍轉府屬，遷司空」諮議參軍通直散騎常侍領汝南王友。復爲司徒諮議，加前將軍。旬日除光禄大夫，諮」議如故。俄解諮議，領散騎常侍。公道兼大小，才允出内，凡所經涉，並樹聲芳。正光之末，」燕薊多虞，兵民叛命，威懷邊服，諒難其舉，以本官行幽州事。下車裁化，褰帷求瘼，剛柔」迭用，寬猛兼治，無待期月，能聲是著。仍除左將軍幽州刺史。屬石渠闕寄，讎校佇司，稽」古之選，僉議惟允，乃徵公爲秘書監。折轅初届，承明始謁，於日即兼度支尚書，又兼都」官，尋正除度支。雖平叔之贊正本，茂先之居禮閣，弗是過也。瑣門清切，任亞衡宰，自非」時宗戚右，罔或斯授。以公爲平南將軍光禄大夫給事黄門侍郎。俄遷鎮軍將軍金紫」光禄大夫，黄門如故。公自居近侍，星紀逾周，非王事職司，未嘗横有干攬，諸所薦拔，皆」是世彦時華。雖寵任日隆，謙光彌至，早多羸恙，少慕栖偃，難進好止，非爲假飾，觸鱗之」請雖屢，丘壑之志未從。嗚呼天道，福善褰應，崐岫摧峰，鄧林褫蕚，衣冠罔庇，縉紳奚仰。」春秋卌有七，以魏建義元年歲在戊申四月十三日薨于洛陽。粤七月丙辰朔廿七日」壬午祔葬芒阜之隈。有詔追贈使持節侍中司空公尚書左僕射驃騎大將軍都督」徐州諸軍事徐州刺史。惟公風神峻傑，容止可觀，體苞舒卷，識洞機寂。孤情與青松比」秀，逸韻將白雲共遠，譬崐玉之爲潤，等冬冰而成潔。矧可謂世之模楷，朝之棟樑者歟。」弟衎，戀儀形之方閟，悲綈竹之難久，謹序遺行，寄之鐫勒。撫軍將軍頓丘李奬，投分有」素，藻贍當時，輒憑以爲銘。庶可述不朽之鴻烈，申陟崗之永思。其詞曰：」

翦離上將，駿崇公卿，爰及東晉，莫之與京。篤生夫子，弱冠知名，亦既來仕，實惟朝榮。紫」綬金章，班條擁節，外參八元，内居喉舌。民詠來蘇，遠至邇悦，鑒同水鏡，清如冰雪。性愛」林泉，情安貧苦，退食自公，優遊環堵。散書滿筵，交柯蔽户，一時無雙，當求於古。

嗟嗟鬼」神，悠悠天道，徒獲令名，終不壽考。熒熒春芝，奄同霜草，誰言福謙，豈錫難老。昔忝光禄，」及子同官，玄冬永夜，耳語交歡。奠案不食，實忘饑寒，願言思此，痛切心肝。悲風動旆，嘶」馬飛輪，北臨芒阜，南望穀濱。幽扉暫掩，几帳虛陳，痛哉此地，瘞我良人。」

國家圖書館藏拓。

289 元昉墓誌

【誌蓋】闕

【銘文】魏故使持節撫軍將軍光州刺史元懿公墓誌銘。」公諱昉，字子朏，河南雒陽光睦里人也。」顯祖獻文皇帝之曾孫，使持節車騎大將軍都督」中外諸軍事特進司州牧靈王之孫，侍中使持節征」南將軍司州牧貞景王之少子。公挺妙策於玄緒，資」風雲以發邁。峰源之峻邈，遐矣不可追惻；摛墳之英」秀，烈矣垂布於區宇。弱冠投褐爲給事中。享年不永，」春秋十有九，建義元年四月十三日薨於洛陽。痛金」貞之晻潔，流激響於穹旻。策贈使持節撫軍將軍光」州刺史。建義元年七月卅日葬於西陵之兆。刊石垂」文，圖芳萬葉。乃作銘曰：」資神四序，禀淑乾靈，仁競外朗，内潔珪精。才貫今古，」卓絶群聲，三墳頗習，九籍斯明。四岳垂德，育此良人，」如金如玉，焕乎有文。松原閒黛，苔野流雲，瞻天識遠，」步壑唯兢。奇骨出世，器實玄黄，無先項室，寧謝顔堂。」德齊逼種，道越三良，如何是人，獨碎珪璋。龜筮既從，」鳳駕言張，隴雲烈烈，松霧蒼蒼。天不假德，年世唯萇，」銘茲休烈，誌石玄房。」國家圖書館藏拓。

290 元毓墓誌

【誌蓋】魏故宣」恭趙王」墓誌銘」

【銘文】魏故使持節衛大將軍儀同三司冀州刺史趙郡宣恭」王墓誌銘。」王諱毓，字子春，河南雒陽光睦里人也。顯祖獻文」皇帝之曾孫，使持節車騎大將軍都督中外諸軍事特」進司州牧靈王之孫，侍中使持節征南將軍司州牧貞景」王之長子。王稟奇鑠於天然，資妙緒於山岳。岐嶷之稱，」垂藻於芻蕘；弱冠之譽，流慕於京甸。四德靡違，六行斯」具。雖曹氏之英僮，顏生之秀邁，弗或加也。年十六，襲爵趙」郡王。十有九，釋巾通直散騎常侍。垂簾百帙，方丈千經。」蕭散而居，弗窺華薄之觀；韻致淵凝，性以儒素爲高。斯」乃異世之神偉，殊俗之英才。方當羽儀九命，毗亮台階，」而福報無徵，殲我良人。春秋廿，建義元年四月十三日」薨於雒陽。追贈使持節衛大將軍儀同三司冀州刺史，」王如故。建義元年七月卅日窆于西陵之兆。傷春芳之」晚暉，哀珪璋之喪質，嗟送往而悲今，悼永閟於泉日。其」詞曰：」綿綿遐代，罔鑒其則，爰茲中古，是通是塞。兩儀載聖，乾」坤降德，誕斯神叡，夙有岐嶷。器越生知，文侔先識，武決」韓張，文兼曹植。高峰無際，絶岫難尋，芳蘭不息，世有琅」琳。蓑源如繡，其質如金，瞻山識峻，眄海知深。天不崇德，」鵾鳩先吟，松原晻黛，青燈永沉。」　國家圖書館藏拓。

291 吐谷渾氏墓誌

【誌蓋】闕

【銘文】魏故武昌王妃吐谷渾氏墓誌銘。」妃吐谷渾國主胄胤，安西將軍永安王斤之」孫，安北將軍永安王仁之長女，太尉公三老」録尚書東陽王之外孫。魏建義元年七月三」日，薨於崇讓里弟。粤八月十一日遷期同窆」王陵。實亦痛感有識，哀驚朝野，思銘德」音，用貽來葉。其辭曰：開元巨胄，系緒乾方，浚流」未極，弈世載昌。其宗唯帝，厥考伊」王，蘭枝散」馥，桂胤垂芳。六行外顯，四德内彰，金華比耀，」玉質承光。雙娥佇映，素體」凝霜，媛德雍雍，婌」問濟濟。涉月懷春，遊漢思禮，百兩來儀，終遠兄弟。同車去國，作」嬪魏庭，行未半古，中年分」體。貞心遂遠，慎性方愈，低慊獨守，莒帳空居。」衰容去鏡，蓬髮辭梳，悲眷夜景，泣對晨孤。錦」衾晦卷，□□〔一〕明舒，終言悴綏，奄焉淪諸。荒涼松户，蕭瑟」泉扃，來雲闇色，去鳥悲聲。烟凝楚室，水激寒庭，楊原稍故，」幽遂長冥，玄石無刊，焉寄斯貞。建義元年八月十一日。」　國家圖書館藏拓。

注釋

〔一〕此二字原刻不清，疑爲「奩匳」二字。

292 元子正墓誌

【誌蓋】魏故始」平王之」墓誌銘」

【銘文】魏故始平王墓誌銘。」王諱子正，字休度，河南雒陽人。顯祖獻文皇帝之孫，文穆皇帝之少子，」今上之母弟。乘龍御天之業，膺符握曆之基，既昭著於域中，故可得而略也。」王資岳靈而降生，應天鑒以挺質。金玉光明之姿，自懷抱而有異；蘭蕙芬芳」之美，始言笑而表奇。器宇淵凝，風神穎發，齊萬頃而爲深，望千里以比峻。至」於孝友謙恭之行，辯察仁愛之心，乃與性俱生，非因飾慕。自始服青衿，爰啓」綈帙，好問不休，思經無怠。遂能搜今閲古，博覽群書，窮玄盡微，義該衆妙，諒」以邁迹中山，超蹤北海者矣。加以雅好文章，尤愛賓客，屬辭摛藻，怡情無惓，」禮賢接士，終醼忘疲。致雖馬之徒，懷東閣而並至；徐陳之黨，慕西園以來遊。」於是聲高海内，譽馳天下，當年絶侶，望古希儔。初高祖親御鑾轝，威臨荆」楚，陟方不反，昇湖永逝。文穆皇帝體同姬旦，屬負扆之尊；任隆霍光，當受」遺之重。洪勳格於天地，大德光於日月。熙平年中，朝廷追懷茂績，言念酬庸，」故並建三子，咸啓千室，乃封霸城縣開國公。贄玉王庭，酎金清廟，風儀晻映，」珪組鏘祥。固以領袖生民，非徒冠冕列辟。除散騎侍郎，不拜，尋改中書。青囊」是職，紫泥斯奉，絲綸載叙，渙汗增輝。又轉太常少卿。七祀無爽，六宗咸秩，蒸」嘗既允，鬼神斯著。及時曆中否，啓聖膺期，雖業匪權輿，而事均經始。念百揆」之未叙，嗟五品之不訓，自非妙簡良才，深求懿哲，將何以安擾邦國，總持綱」紀。唯王德允汝諧，器膺僉屬，乃除侍中驃騎大將軍司徒公領尚書令，封始」平郡王。方謂永作棟梁，長爲舟楫，而遭隨有命，倚伏無常，遽等山頹，奄同川」逝。春秋廿有一，以建義元年歲在戊申四月戊子朔十三日庚子薨於河陰。」友于之感，悲纏一人，殲良之痛，哀流四海。乃贈相國録尚書事，加黄屋、左纛、」虎賁、班劍一百人，謚曰文貞，禮也。粤其年八月丙戌朔廿四日己酉葬於山」陵。乃作銘曰：」派流大漢，分光辰極，誕此哲人，育兹明德，言爲世範，行成民則，才備四科，情」祛三或。觀書問道，究指尋源，登朝愕愕，處己温温。騰聲鳳沼，馳譽棘門，皎如」琨玉，湛若衢樽。天數中圮，肇聖膺祥，頹基已構，寶命再昌。磐石既樹，鳴玉有」鏘，允敷邦教，實總朝綱。於周比鄭，在漢猶梁，仁壽每爽，與善虚陳。摧芳始夏，」滅采當春，小年莫返，大夜無晨。嗟乎此地，蘊我名臣。」　國家圖書館藏拓。

293 寇慰墓誌

【誌蓋】闕

【銘文】魏故冠軍府長史寇君墓誌。」君諱慰，字欣若，上谷昌平人。自履迹肇生，」伏翼呈祥，延□周文，遂作司寇，因以氏焉。」簪纓相襲，曆數十世，備列青史，略而不述。」君安西將軍秦州刺史馮翊哀公之曾孫，」安南將軍領南蠻校尉雍州刺史河南宣」穆公之孫，假節龍驤將軍幽郢二州刺史」威公之第五子也。君資稟超逸，逈異常穉，」弱冠之年，辟爲牂牁令，堅辭不就。後洛州」王卓又舉爲燉煌鎮都將。在官未几，適以」丁艱旋里。讀禮之餘，未嘗與聞外事。孝昌」四年，起爲冠軍府長史，以焦思勞慮，遂遘」沉疴。天不祚善，竟至彌留。春秋四十有九。」寔七月之廿六日也。粤九月壬申朔〔一〕三日」甲戌葬于先人墓次。爰作辭曰：」惟公誕降，氏族云遥，后稷之裔，姬周之」苗。賦質超邁，遵道而行，湖月其心，松竹」其貞。世承簪笏，作帝股肱，萬方永賴，」際彼昇平。天不祐善，殃及哲人，億萬斯」年，泉門長春。」　國家圖書館藏拓。

注釋

〔一〕孝昌四年正月改元武泰。是年九月乙卯朔，此誌干支不符。

294 元周安墓誌

【誌蓋】闕

【銘文】故使持節衛大將軍儀同三司定州刺史俊儀縣開國男」墓誌銘。」君諱周安，河南洛陽人也。叡緒崇天之基，遥源構日之祚，」遠契龍圖之徵，玄符龜緯之瑞，具彰於玉牒，允備於金騰」者矣。恭宗景穆皇帝之孫，侍中征西大將軍儀同三司」汝陰靈王之第九子。器識温雅，志業清簡，明義在躬，徽風」被物。永平二年，除羽林監。又以君思量恢敏，風清裁曠，延」昌三年，遷都水使者，尋除游擊將軍。五門禁重，心膂所歸，」九室崇嚴，典謨攸在。神龜元年，除城門校尉營構明堂都」將。兩服載驅，六閑莊逸，緝御之政，實委楨幹。其年兼太僕」少卿，本官如故。孝昌三年，除通直散騎常侍，加驡驤將軍。」武泰元年，以宗胄勳望，封開國男。建義元年，主上聖德」應符，中興啓運，奉迎河陰，遇此亂兵，枉離禍酷。皇上痛」悼，朝野悲惋，追贈使持節衛大將軍儀同三司定州刺史，」開國如故。以建義元年歲次戊申九月乙卯朔七日辛酉」遷葬於長陵之東。乃作銘曰：」大哉乾像，緬矣坤天，追光辛似，踵迹農軒。靈圖協慶，神祚」唯繁，同資帝緒，分命公門。於穆君侯，承華徽烈，秉武經文，」既明且哲。玉潤内融，金貞外潔，高岸難尋，鴻源無際。震彼」風聲，勖此名節，初縻虎閈，徙步龍闈。四闥斯闢，三雍以熙，」圭璋載集，茅土相依。方騰海浪，仰構嵩基，高峰既毁，良木」中衰。泉陰曉闇，楊隴晨悲，式鐫徽範，永晰山暒。」　國家圖書館藏拓。

295 **唐耀墓誌**

【誌蓋】闕

【銘文】魏故持節左將軍襄州刺史鄒縣男唐使君墓誌銘。」君諱耀，字仲徽，魯郡鄒人也。始祖伊祁之苗裔，周大將軍唐」莊之胄，漢司空公子真之後。君聰慧自然，機穎天發，文祭珠」琬，韻等金球。故齔年處素，譽該邦倫；冠歲登榮，義播朝右。正」始初，出身中山王國中尉。延昌末，除東秦州水曹參軍。解府」還京，怡神典素，忘懷文史，攸然自得。十數年中，闔門觀書，不」交世務。孝昌中，爲侍中尚書令車騎大將軍儀同三司左光」禄大夫領國子祭酒。東平王雅訪才能，傾竚明德，早屬令音，」實相知侍，引爲宣威將軍領門下録事。繆綢幃幄，同文共規，」造次清機，縟思雲陛。俄遷奉車都尉寧朔將軍。獻贊相須，秘」要詢委。復轉游擊將軍散品鄒縣男。方將翼道合符，用彰魚」水，報施無誠，殞茲良器。春卌有七，魏建義元年歲次戊申」四月戊子朔十三日庚子薨於洛陽。秀而不實，有識銜歔。粤」十一月甲寅朔二日乙卯葬於河陰縣西原鄉斜坂里之誌」銘：」軒轅伊裔，陶唐厥遺，雄圖豹炳，雕製龍暉。職宣假寐，孝堪無」遺，清規雲秀，英略泉飛。鴻聲綺靡，令績葳蕤，交武功遂，庶履」無疆。學海已究，爲山未央，云如不淑，聞此殲良。中天隧羽，半」秋摧芳，化往禮遷，軀筮云急。叩隴鏘歌，望郊灑泣，思繞河鄉，」悲纏雒邑。松徑蒼茫，泉途杳溜，玄石徒銘，終天奚及。」永安元年十一月甲寅朔二日乙卯葬。」

國家圖書館藏拓。

296 元欽墓誌

【誌蓋】闕

【銘文】大魏故侍中特進驃騎大將軍尚書左僕射司州牧司空公鉅平縣開國侯元君之神銘。」君諱欽，字思若，河南洛陽人也。恭宗景穆皇帝之孫，陽平哀王之季子也。長源與積石分流，」崇峰共斗極齊峻。丹書寫其深玄，緑圖窮其妙迹。固以備諸篆素，磬於金石者矣。君資五行」之秀質，稟七耀之淳精，生而瓌奇，幼而儁異。磊落拔俗之韻，發自天衷；俶儻逸群之操，起於」衿抱。三墳五典之秘，丱歲已通；九流七略之文，綺年盡學。齒在僮稚，雅爲獻文所矜；未及」弱冠，偏蒙高祖流愛。出入之際，與衆不同，醼會之日，每見優禮。太和中出身元士，俄遷正員」郎，尋轉左中郎將。景明初，除司徒右長史。正始末，爲輔國將軍尚書吏部郎中公。神兼物表，」識洞人先，毗台闡譽，贊省有聲。即授散騎常侍給事黃門侍郎。羽儀華閣，絲綸紫幃，凝然若」山，涣乎如水。於時陰衡泛極，降沴荆楊，原濕滔流，民用惛墊。辰居耿慮，弔彼萌藜，思杖才良，」慰兹齊庶。以公望實宗賢，仁潤兼暢，光揚之寄，實唯伊人。即以本官持節慰勞，銜命載馳，皇」澤攸孚。

於是人飽注川，家蒙挾纊，洪濤斯弭，鼃鼉不勃。還除大鴻臚卿，尋授度支尚書，轉大」宗正卿七兵尚書。頻昇九棘，聯涉五省，官人以能，朝野榮之。又加撫軍將軍仍尚書。遂丁太」妃憂，泣血消魂，哀號毀骨，水漿不入，扶杖不出，一二年間，幾於滅性。服闋，除鎮南將軍金紫」光禄大夫，又遷衛大將軍中書監。任維國秘，職司王言，筆下雲飛，紙上風起，忠規良謀，内外」稱焉。又除尚書右僕射加車騎大將軍儀同三司，復授宗師侍中尚書左僕射驃騎大將軍」仍儀同。端衡政本，百揆斯歸。薄領紛騰，文翰委積，公心閑治要，性練鴻綱，舉凡而巨細無遺，」撮目而隱顯俱曉，虛來實返，浩浩同歌，千條萬緒，遊遊共咏。雖荀公之明辨未然，陳君之預」瞻不或，方之於公，遠有慚色。既如壟右匪民，荆蠻蠢服，蔓草將延，淫根待滅。皇帝酬咨鷹揚，」僉屬攸歸，遂以公爲大將軍二道都督。公乃仰稟廟勝之規，俯荷推轂之寄，長旌西指，豳雍」風靡，秉鉞南麾，荒夷草偃，洪勳茂積，簡在帝心。振旅旋旆，除司州牧仍驃騎將軍儀同三司。」赫赫之威既備，巖巖之重攸鍾。三河六輔之民，敬之如神明；七相五公之家，畏之如雷電。以」病乞解，蒙授侍中特進左光禄大夫。未幾，復除侍中司空公開國侯，食邑五百户。公宦通兩」京，首登三事，燮陰陽於四海，諧水土於天下。汪汪乎若大川，陶陶乎若巨壑。注之不盈，泄之」不竭者也。至於秋臺引月，春帳來風，琴吐新聲，觴流芳味，高談天人之初，清言萬物之際。雖」林下七子，不足稱奇；巖裏四公，曷云能上。方將望北辰以未移，指南山而亢壽，參稷契如並」馳，共旦奭而齊軫。而上天不弔，降禍斯人，春秋五十九，以建義元年四月十三日遇害於北」芒之陰。金玉隨瓦礫同泯，蘭蕙從茾蕕俱盡，哀乎悲矣，何酷如之。天子悼傷，迺贈侍中太師」太尉尚書令驃騎大將軍定州刺史，謚曰文懿，禮也。使鴻臚太常監護喪事，賜東垣秘器、朝」服一襲，祭以太牢。粤永安元年十一月甲寅朔八日辛酉遷窆於西陵之阿。痛德音之滅響，」傷神影之潛輝，題斯言於一石，庶萬古而可期。迺作銘曰：」綿邈帝始，杳眇皇初，迹潛緑帙，名隱丹書。金道移運，水德應符，赫哉大魏，勃矣其敷。恭宗纂」曆，陽平闡蕃，握圖龍躍，裂璧鸞翻。功兼九有，績覆三元，麟趾既茂，椒聊亦繁。惟公誕載，寔資」妙氣，精褒五像，神融七緯。識洞玄文，學窮秘記，指岳方仁，瞻河比思。憑海濯鱗，摶風聳翼，一」舉圖南，九萬不息。再飛青槐，三栖丹棘，淹留樞揆，從容禁闥。官以德設，爵用才行，若人出處，」所在文明。楝樑廣夏，鹽梅大羹，水流土止，地平天成。報善參差，酬仁淼漫，逸翮方騰，駿足將」半。中途頓駕，陵空落翰，山頹何悲，良折豈歎。日沉朱陸，月次黃鍾，室卷組帳，庭設轀龍。泉門」幽隱，隴户深重，一去永矣，歸來無從。」

國家圖書館藏拓。

297 蘭將墓誌

【誌蓋】魏故蘭」夫人之」墓誌銘」

【銘文】魏元氏故蘭夫人墓誌銘。」夫人諱將，昌黎昌黎人也。營州刺史隱陵閔侯之曾孫，散」騎常侍江營二州刺史壽陽簡公之孫，趙平太守之第二」女，武衛將軍景略之妻。夫人幼懷四德，聲實兩著。年十」二，嬪于元氏。恭孝之性，發自天然；倒裳之志，未笄而」備。是以舅姑欽其至誠，娣姒敬其高軌。覆愛之心，」義姑未加其善；勞己下人，敬姜不比其量。方應母儀」天下，禮範將來，而靈不弔善，奄然徂逝。春秋」五十有一，以建義元年九月廿一日終於第。粤永」安元年歲次戊申十一月甲寅朔廿日癸酉葬」於西陵。恐岸谷更遷，勒玄石以傳之。其詞曰：」清系緜遠，峻氏攸長，慶鍾遐胤，累葉傳芳。祖休」燕代，父魏留光，後季承馨，官列周行。降生令淑，」早歸天族，伊其滿堂，如金如玉。稱善高門，富美」華屋，絲笙之所，誰理膏沐。玄扃方奄，此夜何脩，」徒懷禮範，傍有誰求。青松稍長，白楊漸抽，寄言」泉石，播德魂丘。」 國家圖書館藏拓。

298 元禮之墓誌

【誌蓋】闕

【銘文】魏故安東將軍光州刺史元使君墓誌。」君諱禮之，字休，河南洛陽人也。高宗文成皇」帝之曾孫。祖太保齊王，自岳登台，儀形帝室。父」雖派奉天波，早懷隱遁，故在始終，遂辭纓玉。君幼」稟沖和，夙懷清雅，恭孝溫篤，友悌慈仁，愛學敦書，」好琴善□。

起家爲給事中，叔父河間王整軍南邁，」引爲軍主。既參戎務，威略載寧，及至旋師，名聞」朝闕。方欲藉甚日新，飛芳竹素，積善虛言，遂同萬」古。以建義元年四月十三日遘疾薨於京師，時年」廿三。嗚呼哀哉。上甚痛焉，追贈使持節安東將」軍光州刺史，以寵亡魂。越廿有二旬，永安年元年」太歲戊申十一月甲寅朔廿日癸酉窆於荒山之」西嶺，崎嶬之北崗。痛清猷之方永，乃依風以表志。」其辭云爾：」昔在上聖，建國維城，若此令哲，繼世敷名。憑河藉」幸，依岳挺生，珠暉玉朗，桂采松荼。蘭心忽卷，清波」已竭，親友涕流，孀孤慟絶。深隴上寒，泉燈下滅，寂」寂空帷，塵絲網結。」世婦魯國唐氏。」　國家圖書館藏拓。

299 元子永墓誌

【誌蓋】闕

【銘文】魏故鎮軍將軍豫州刺史元使君墓誌。」君諱子永，字□休，河南洛陽人。祖太保齊郡順王，啓」天四履，光纂二南。父夙離固疾，事絶纓冕。叔父河間」王，地屬維城，養君爲子，撫愛特隆。君禮逾天性，生而」母没，養自王宮。稟質沖和，操履貞白，風儀閑敏，才華」穎秀，容止有規，憙愠無色。學洞經史，辭兼博麗，門信」榮家，朝稱寶國。出身爲給事中。王既任允推轂，君從」鎮秦嶺。邊羌違化，啓爲別將南征，英略載敷，兇醜時」

散。俄而吴楚内侵，徐楊外動。王復秉律東川，掃定紛」逆，以君謀謨剋濟，假冠軍將軍。定策重帷，決勝千里，」淮海還流，君之績也。獻捷入朝，遷爲員外散騎常侍。」方期遠驅長轡，結采春暉，積善何寃，奄從朝露。武泰」元年太歲戊申四月十三日薨於京師，春秋廿五。」帝甚悼焉，追贈使持節鎮軍將軍豫州刺史。顯光泉」駕，□照丘門。其年十一月甲寅朔廿日癸酉窆於大」陵之右。痛清猷之永滅，乃表誌於幽扃：」清源何已，瓊枝方茂，似桂孤榮，如蘭獨秀。結潤滄波，」抽陰崐岫，璧鏡始懸，高堂初構。盛衰忽改，今古以遷，」早離華館，遽掩荒埏。冥冥永夜，杳杳深泉，山泉曉月，」壟路朝烟。親賓殞慟，僕御流連，哲人惟往，竹帛方傳。」

國家圖書館藏拓。

300 王翊墓誌

【誌蓋】闕

【銘文】魏故散騎常侍鎮南將軍金紫光禄大夫領國子祭酒濟州刺史王使君墓誌。」祖諱奂，齊故尚書左僕射使持節鎮北將軍雍州刺史。」夫人陳郡殷氏。父道矜，太中大夫。」父諱琛，齊故司徒從事中郎。」夫人彭城劉氏，嘉興縣主。父義恭，宋太宰江夏王。」公諱翊，字仕翔，徐州琅耶郡臨沂縣都鄉南仁里人也。綿瓞開源，本枝流緒，長」瀾遠濊，層峰峻極。然其世載金紫之榮，族茂銀黄之貴，四海尚其羽儀，九流重」其冠冕。祖懷文抱質，道貴當時；父愠古知新，名傳後世。公膺積善之餘烈，體鍾」美之粹靈，標叢桂於八樹，茂兹蘭於九畹。亦既翻飛，羽儀上國，雅號南金，盛稱」東箭。而宗致玄遠，志尚清高，有如水鏡，無異珠玉。解褐爲秘書郎中。望延閣以」載飛，臨廣除而一息。庶士仰之而推高，衆流慕之而歸美。俄轉員外散騎侍郎，」又除襄威將軍補司空主簿。追申起家之屈，遷爲從事中郎，特除中書侍郎，加」鎮遠之號。又爲清河王友，餘官如故。公自通籍承明，贊道玄武，理翮鳳沼，曳裾」菟園。辭采蔚其秀出，諷議暢而清舉，裴王愧其通要，邢劉謝其花實。而監方察」部，任重望隆，我求懿德，用膺嘉選，乃除使持節都督濟州諸軍事左將軍濟州」刺史，又加平東將軍。於是照之以冬日，潤之以夏雨，聊示蒲鞭之威，必存竹馬」之信，至如賈父北臨，羊公南撫，異世同規，殊途共轍。又行定州，以患辭免。乃除」平南將軍散騎常侍，尋轉安南將軍銀青光禄大夫加散騎常侍。及中興統曆，」寶命惟新，屬想上庠，留意東序。乃除鎮南將軍金紫光禄大夫國子祭酒，常侍」如故。仍養沉痾，未嬰職事，縱容宴喜，優游歲時，閉閤垂帷，獨運心識，左琴右書，」獨王懷抱。而精義解頤之奇，麗藻陵雲之異，固以道鏡儒林，辭華文苑者矣。謂」此高門，有驗多福，何期冥昧，終愆與善。春秋卌有五，永安元年歲在戊申十二」月壬午朔〔二〕廿日辛丑終於位。朝廷悼惜，行路霣涕。粤以二年歲次己酉二月癸」未朔廿七日己酉窆於洛陽西鄉里。念高下之相傾，恐陵谷之遞變，藴黄泉而」靡作，託玄石以留絢。其詞曰：」昭哉卿族，鬱矣公門，家慶所在，世禄攸存。曜卿之子，叔茂之孫，猶如桂馥，有若」瓊温。器成瑚璉，才標楨幹，居鳳比翼，在龍稱翰。言等泉流，文同雨散，始登麟閣，」終臨虎觀。高風濟濟，遠氣昂昂，如金如錫，令問令望。方期海運，有冀雲翔，遽然」毁玉，忽矣摧樑。彯彯墻柳，凄凄薤露，出墎銜悲，臨穴興慕。將繁叢棘，行遊狡菟，」無復春秋，空哀丘墓。」國家圖書館藏拓。

注　釋

〔一〕永安元年十二月甲申朔，原誌誤。

301 元遒墓誌

【誌蓋】闕

【銘文】魏故使持節征東將軍青州刺史元君墓誌。」君諱遒，字道明，太祖道武皇帝之玄孫，武昌簡王第五子。其」先允籙圖而龍飛，承五德以啓運，建殊迹於唐基，敞祏聲於周」業。君少禀岐嶷之容，長懷韶量之操，孝友稱於邦閭，悌順著於」宗邑。年十七拜太尉府咸陽王參軍事，又除宣威將軍給事中。」君深尚洗耳之高風，不貴吹竽之濫職，乃解瓔辭紼，請歸林壑。」帝方體君器幹，維縶不已，教府清要，任鍾五典，毗贊之重，未易」其人。乃璧君爲鎮遠將軍司徒掾，又除冠軍太僕少卿。暉棘崇」華，務唯帝難。君控鳌克諧，官無廢職。正光之末，三輔馳烽，五陵」傳檄，杏李倒懸，危若累卵，長蛇邀路，遂同綿徑。上乃除君右將」軍東秦州刺史。君奉命鷹闞，載驅狶陌，拯將溺於深洩，救垂炭」於猛烈。又州南接崇華，因便徙稱。復授君安西將軍北華州刺」史當州都督。君績譽轉彰，帝尤嘉焉。及還京洛，秦華二州，請蔭」繼路。方製錦瓊璣，和羹鼎溢，百六箅謝，中興當璧，蘭蕕共摧，玉」石同粉，與善之文徒張，輔仁之義空説。春秋卌七，薨於河陰鑾」駕之右。哀踰止相，痛過罷市，皇上震悼，禮賻有加。詔贈使持」節征東將軍青州刺史。有子禮宗，孤慕窮廬，獨思靈枕，怨風樹」之不留，恐金芳之永墜，故鐫玄石，仰述徽藻。其詞曰：」析彩星潯，分光離埏，克誕英哲，唯君獨擅。作蕃西岳，政宣民譽，」化洽橋枝，愛留棠樹。胡寧不慭，運鍾百六，素體雅融，德音仍淑。」龜筮獻吉，先遠戒期，庭森紼柳，門蔚輴轜。挽聲悽楚，葆吹徘徊，」千秋萬祀，顧有餘哀。」永安二年歲次己酉三月壬子朔九日庚申。」都合五百一十七字也。」　國家圖書館藏拓。

302

元維墓誌

【誌蓋】闕

【銘文】魏故安西將軍涼州刺史元君之墓誌。」君諱維，字景範，河南雒陽崇讓里人也。烈祖道武皇帝之玄孫。」鎮南將軍兗州刺史之第五子。其先建國命氏之由，備宣圖史，」

不復詳焉。君稱奇孺子，擅美聖僮，利等楚金，美稱稽箭。然其多」聞博識，睹奥窮源，辯折秋豪，論光朝日，碎金爲文，連芝成韻，器」懷恬雅，志度清立，疾風未虧其節，迅雷不擾其心。及其受教二」庠，聲高兩觀，縉紳慕其風流，蒭蕘仰其聲藻，故遊梁敖楚之容〔一〕，」接袂而同歸。曳裾躡蹻之賓，連袖而共至。以宗官望典，親賢是」寄，乃壁君爲大宗正丞。毗贊宣翼，備其僚彩，辭翰鋒出，諷議川」流，借乎不側，蕭然無際。而風格素高，崖岸清舉，振衣獨立，不雜」塵埃，道秀人間，才標當世。以兹名望，屬此中興，方當籥浮雲而」上馳，雜涑雨以高邁，而歷陽之水遽流，至止之火奄及。春秋廿」六，以建義元年四月十三日河梁之下，非命卒世。痛軫蒼泉，毒」流皎日，家國含酸，行路殞泣。有詔曰：故宗正丞元維，道業洪」曠，文義詳正。方委維誠，以康治道，豈圖非慮，奄離禍酷。言念遺」烈，殤悼兼懷，窀穸有期，宜申追遠。可贈安西將軍涼州刺史。」痛金蘭之奄潔，悼遐峰之中隧，嗟幽户之莫開，傷泉門之永閟。」其詞曰：分流湯谷，析照曦庭，我宗盤石，唯德唯馨。三才降」哲，河嶽裁精，藏往既構，雲峰削成。斐亹朱續，葳蕤緑文，名踰虎」閣，義軼龍墳。美同會竹，馨等稽芬，高唐樹雨，至止鬱雲。舒原點」黛，顔岫摛紅，始披風氣，將展雲客〔二〕。必慶無徵，鵾鳴既鍾，團扶中隧，靈構頹峰。葵筮言兆，七飯將臨，龍軒止轍，鳳吹虚音。狐埸町」疃，松檟簫森，九重無曉，泉門永深。」大魏永安二年歲次己酉三月壬子朔九日庚申。」

國家圖書館藏拓。

注釋

〔一〕容，當爲「客」字之誤。

〔二〕客，當爲「容」字。誌文中常有相近字偏旁互易現象。

303 笱景墓誌

【誌蓋】魏故儀」同笱使」君墓銘」

【銘文】魏故使持節衛大將軍儀同三司冀州刺史博野縣開國公笱君之」墓誌銘。」君諱景，字景巒，河南洛陽人也。源流浩汗，鴻波浚於委水；基構隆崇，」長峰邁於積石。固已騰翠薇而孤上，映滄海而獨深。祖侍中司空河」東王，既以器秀見知，跨龍翰於代京。考平北將軍并州刺史，復以才」儁取識，擅鳳翅於洛都。君禀天地之氣，資川岳之靈，幼而有知，長而」通敏。神慧起自蒲車，眸辯發於竹馬。故清規之稱，於是號爲世襲；」素」範之美，自此言其可遠。大丞相柱國太原王雄規出世，英略不群，監」裁所歸，物望爰屬。以君清徽宅身，風華在己，特所留愛，偏見器重。遂」以妖氛未滅，遊塵仍梗，秉律之任，注意斯在，加君寧朔將軍帳内別」將，舉仁勇也。乃屬武泰在運，昏后亂政，魏道中微，社稷無主。丞相以」世荷蕃屏，志存匡復，起兵晉陽，問罪伊闕。而君識洞機萌，深鑒未兆，」遂同經謀，豫此規略。及日角有歸，龍顏在曆，丕業既就，大賞斯行，以」君誠效有著，鴻勳可録，崇章須被，廣土宜及，乃授撫軍將軍金紫光」禄大夫博野縣開國伯。後以酬庸未盡，宜更褒錫，進爵爲公，食邑千」五百户。君器度詳雅，風韻恢正，一藝無違，百行斯備。故憙愠之色，未」形於家人；譏論之言，上弗聞於朝廷。方當籍此多善，用享餘慶，如浮」未幾，若休奄及。春秋二十九，以永安元年十月十六日薨於并州之」晉陽。天子哀悼，百寮痛惜，賵贈之禮，有隆常數。乃下詔追贈衛」大將軍儀同三司冀州刺史。粤以永安二年四月三日遷葬於洛陽」城西四十五里，當穀城之北。哀景行之不追，悲德音之莫揚，緝遺烈」於松户，綴餘芬於泉室。乃作銘曰：」盛德之後，仍世克昌，將相之裔，莫不重光。唯公載誕，實屬餘芳，如玉」之潤，如桂之香。粹衿内朗，雅韻外敷，捨兹巾褐，曳彼長裾。武議一託，」戒章再紆，聲華鞭板，績茂戈殳。皇曆以圮，帝業將昇，毗功踐土，贊道」中興。金龜是紐，山河是膺，朱紫共襲，劍玉相承。輔仁空術，報道徒文，」駿足罷駕，逸翮摧雲。幽夜莫曉，寒穸不春，同彼千載，殲此良人。」 國家圖書館藏拓。

304 馮夫人墓誌

【誌蓋】闕

【銘文】魏故車騎將軍司空公元故夫人馮墓誌。」夫人馮，冀州長樂信都人也。燕王之孫，燕州使」君第二之女。公體量沉隱，爵望凝高，除建興太」守中散大夫。後清恭道順，除燕營二州刺史。公」寬恭忠愨，任著恒朝。夫人品聰精之休氣，承積」貴之英風，貞姿彰乎總日，閑淑譽于笄辰，閨中」有婉娩之稱，閫外聞四德之聲。脩家理閣，樊姬」莫與其量；恭夫罔忌，鄭袖不二其懷。好讀諸義，」巧於辭令。春秋卅四，永安二年歲次己酉閏月」十五日薨乎第。以八月十一日葬乎京城西北」□里北芒之南。其辭曰：」□松久緑，石瀨長清，洪芳積世，乃育斯馨。言功」幼日，婉淑鬌齡，冰堅等譽，玉潔齊聲。冰堅伊何，」泛流斷娉，玉潔伊何，有行唯令。遥風弗移，罩然」雅性，如彼塵珪，潰中獨浄。累功巢室，之子攸歸，」□維齊季，夙夜靡違。居仁必壽，義保遐期，如何」霜隕，夏折貞徽。入幽寧質，出景飛魂，楊兆多烈，」松庭□□。長歸夜室，永謝晨門，痛矣，人去名存。」國家圖書館藏拓。

305 元繼墓誌

【誌蓋】魏故大」丞相江」陽王銘」

【銘文】大魏丞相江陽王墓誌銘。」王諱繼，字仁世，河南洛陽人也。太祖道武皇帝之玄孫。左光禄大夫儀同三」司南平王之仲子。王鍾陰陽之美，膺命世之期，辭氣光潤，雅性寬善，靡競於人，」與物無際，憙怒夷而弗形，是非混而難識，湛若委水，峻如削成，未有測其高深，」知其崖涘者。備九德以治身，總百行而脩己，博之以文章，加之以禮樂，負經國」之具，懷王佐之才。雖在王族之中，未有貴位。然當時論者，咸以遠大許之。俄有」公輔之望。年十八，以皇興二年出後伯祖江陽王，即以其年襲承蕃爵。奉荷成」構，於是撫翼北冥，摶扶南舉。爰始弱冠，逮乎歲暮，遍歷尊顯，備盡榮要，亟臨方」鎮，累登連率，往來帷幄，頻煩司會，再居上將，七蹈台階。平北、安北、鎮北、柔玄、撫」冥、懷荒、青州、恒州、司州牧，儀同、司空公、司徒、太保、太傅、大將軍、録尚書各一。侍」中、尚書、左衛將軍、領軍將軍、驃騎、特進、太尉、太師各再。其莅之也，宣威略於幽」都，布柔嘉乎海岱，盡拾遺以規衮闕，罄獻替而濟可否，控熊羆以誓禦侮，嚴八」次而衛皇宫。昇季鉉，平水土，纘維禹，達坤性，作中台，均霜露。庶姬友慕善，職登」上階，莅元輔，宿離以之不忒，日月於此重明。及運屬興皇，作牧京甸，不設鈎矩」而奸盗已息。至乃桃李之垂於術者弗敢援，玉帛之亡於路者莫之取。鞭朴委」而無施，縲紲縈而勿用。若夫孝盛家聲，子行也；忠繁國譽，臣節也；功能潤世，茂」庸也；作宰逾恭，勞謙也。具總衆美，詳兼四德，故能出内丕顯，受遇兩京，光輔四」帝，歷年三紀，窮生民之大寶，極人臣之尊貴。自皇魏已來，雖帝子帝弟之親賢，」宗臣重臣之令望，至於綢繆榮慶，被服寵靈，保身全名，與禄終始，未有如王者」焉。雖伯獻五蹈三事，方兹猶劣；伯始七登九命，況此非優。方當受獻上庠，爲國」元老，而禀命不融。春秋六十有四，永安元年薨於位。天子愍悼，群后咨嗟，詔遣」使持節撫軍將軍大鴻臚卿陸元慶奉册即柩。贈使持節丞相都督雍涇岐華」四州諸軍事大將軍雍州刺史印綬，侍中、王如故。粵二年歲次己酉八月庚戌」朔十二日辛酉葬於洛陽之西山。善二妃之不從，鄙自周其未改。前佐司徒府」諮議參軍事太常卿瑯琊王衍，前佐司徒府記室參軍事大將軍府從事中郎」新平馮元興等，慮陵谷貿遷，丘隴難識，故鑿誌埏陰，刊載氏族。乃作銘曰：」峨峨峘嵑，爲岳作鎮，宣氣炳靈，開英育儁。比德削成，豈伊重刃，嗤彼丘陵，及肩」非峻。爰初撫翼，起自北冥，圖南不已，負日上征。懋才尊爵，重器隆名，大寶兼萃，」七陟槐庭。既平水土，亦理陰陽，和風燮雨，均露調霜。貧賤易久，富貴難長，明台」遄没，倏矣淪光。窀穸有期，卜遠云及，酸鐸悲歌，送歸原隰。長即丘墓，永辭城邑，」遺德猶存，清風可挹。」

國家圖書館藏拓。

306 元純陁墓誌

【誌蓋】闕

【銘文】魏故車騎大將軍平舒文定邢公繼夫人大覺寺比丘元尼墓誌銘并序。」夫人諱純陁，法字智首，恭宗景穆皇帝之孫，任城康王之第五女也。蟠根玉」岫，擢質瓊林，姿色端華，風神柔婉，岐嶷發自齠年，窈窕傳於丱日。康王偏加深」愛，見異衆女，長居懷抱之中，不離股掌之上。始及七歲，康王薨俎。天情孝性，不」習而知，泣血茹憂，無捨晝夜。初笄之年，言歸穆氏，懃事女功，備宣婦德。良人既」逝，半體云傾，慨絶三從，將循一醮，思姜水之節，起黃鵠之歌。兄太傅文宣王，違」義奪情，確焉不許。文定公高門盛德，才兼將相，運屬文皇，契同魚水，名冠遂」古，勳烈當時。婉然作配，來嬪君子，好如琴瑟，和若塤箎，不言客宿，自同賓敬。奉」姑盡禮，剋匪懈於一人；處姒唯雍，能燮諧於衆列。子散騎常侍遜，爰以咳褓，聖」善遽捐，恩鞠備加，慈訓兼厚，大義深仁，隆於己出。故以教侔在織，言若斷機，用」令此子，成名剋構。兼機情獨悟，巧思絶倫，詩書禮辟，經目悉覽，紘綖組紝，入手」能工。稀言慎語，白珪無玷，敬信然諾，黄金非重。巾帨公宫，不登袨異之服；箕箒」貴室，必御浣濯之衣。信可以女宗一時，母儀千載，豈直聞言識行，觀色知情。及」車騎謝世，思成夫德，夜不洵涕，朝哭銜悲。乃歎曰：吾一生契闊，再離辛苦，既慚」靡他之操，又愧不轉之心，爽德事人，不興他族，樂從苦生，果由因起。便捨身俗」累，託體法門，棄置愛津，栖遲正水，博搜經藏，廣通戒律，珍寶六度，草芥千金。十」善之報方臻，雙林之影遄滅。西河王魏慶，穆氏之出，即夫人外孫。宗室才英，聲」芳藉甚，作守近畿，帝城蒙潤。夫人往彼，遘疾彌留，以冬十月己酉朔十三日」辛酉薨於滎陽郡解別館。子孫號慕，緇素興嗟。臨終醒寤，分明遺託，令別葬他」所，以遂脩道之心。兒女式遵，不敢違旨。粤以十一月戊寅朔七日甲申卜窆」於洛陽城西北一十五里芒山西南別名馬鞍小山之朝陽。金玉一毀，灰塵行」及，謹勒石於泉廬，庶芳菲之相襲。其辭曰：」金行不競，水運唯昌，於鑠二祖，龍飛鳳翔。繼文下武，疊聖重光，英明踵德，周封」

漢蒼。篤生柔順，剋誕温良，行齊橋木，貴等河魴。蓮開渌渚，日照層梁，谷覃葛藟，」灌集鸝黄。言歸備禮，環珮鏗鏘，明同折軸，智若埋羊。惇和九族，雍睦分房，時順」有極，榮落無常。昔爲國小，今稱未亡，傾天已及，如何弗傷。離兹塵境，適彼玄場，」幽監寂寂，天道芒芒。生浮命促，晝短宵長，一歸細柳，不及扶桑。霜凝青檟，風悲」白楊，蕙卧蘭畹，無絶芬芳。」維永安二年歲次己酉十一月戊寅朔七日甲申造。」　國家圖書館藏拓。

307 山徽墓誌

【誌蓋】闕

【銘文】魏故諫議大夫建城侯山君之墓銘。」君諱徽，字阿敦，河南洛陽人。其先啓蹤遼右，世雄啄鹿之野；資」賢輔聖，建業溺水之陽。故能翼樹生民，遂造區夏，會同諸侯」之列，朝聘萬國之序，惟君爲上焉。曾祖散騎常侍安南將軍金」部殿中二曹尚書鎮南將軍冀州刺史泰山公。祖安南將軍内」都幢將比部尚書定州刺史泰山公。父散騎常侍虞曹尚書使」持節平東將軍東徐州刺史建城侯假長廣公。英靈疊照，華冕」重暈，令問相承，賢明繼軌。君少禀休哲之資，長蹈承明之緒，雅」氣獨峻，器望孤遠。怡心典素，追勝白於長篇；擁思文池，尋斑馬」於秘苑。雖雲陽五能，銅爵一儁，未云比也。起襲父爵爲建城侯，」釋褐定陽太守。君體閑共治，走合唯良，始届有來暮之歌，浹興」誰嗣之詠。真曰民之父母，愛結百族者矣。又遷威遠將軍冗從」僕射。君登朝有譽，處仕流聲，朝廷稱爲有禮，外内欽其貞概。又」轉平北府司馬。贊釐剋允，燮諧彌著，調風易俗，遐邇流音。方引」良謀於紫極，納正言於樞衡，東影未移，西虞已及。春秋五十八，」永安二年三月八日終於洛陽篤恭里。蒙粤贈諫議大夫。永安」二年十一月七日遷葬於叔父安東將軍相州刺史之塋。古往」今來，山川亟改，鏤帛或移，鎸金難朽。故刊石泉門，永久其詞。曰：」遥哉遐胄，邈矣玄源，龍槃鹿野，虎視雲門。陰鄉謁帝，溺水承尊，」祚流遂遠，子子孫孫。收軒遼右，納言上京，祖華父美，子貴孫榮。」開芳山岫，流芬建城，高軒藹藹，翠冕英英。重樞累耀，疊岳連暈，」鸞聲孤邁，珮響雙歸。化不周月，民愛同思，徐方虎逝，定陽蟥飛。」天不報善，神亦無親，蘭薰淹夏，桂綵埋春。寶琴埃起，組帳生塵，」風悲結霧，雲泣凝津。」 國家圖書館藏拓。

308 尒朱紹墓誌

【誌蓋】闕

【銘文】魏故使持節侍中驃騎大將軍司徒公都督冀州諸軍事冀州刺史」趙郡開國公尒朱公之墓誌銘。」公諱紹，字承世，北秀容人也。其先出自周王虢叔之後，因爲郭氏，封」居秀容，酋望之胤，遂爲尒朱。祖東宮詹事内都大官使持節黃龍鎮」大將鎮南將軍安并二州刺史始昌侯真之孫。父征虜將軍武衛將」軍持節平西將軍燕濟華三州刺史散騎常侍大司農卿贈使持節」侍中驃騎大將軍司空公雍州刺史謚曰孝惠買珍之第四子。長源」與濫觴竝流，高峰共削成俱遠，貞賢繼軌，冠冕相襲。公幼抱英奇，弱」不好弄，志行凝厲，器用淹雅，惟懷寶望時，斂翼待騁。遭風雲於開闢」之始，逢飛龍於中興之年，遂能輸力帝幃，劬勞王業。乾綱再造，地網」惟新，實我公是賴。雖申甫之翼周，仲華之宰漢，蔑以尚也。起家爲寧」朔將軍步兵校尉，俄遷撫軍將軍金紫光禄大夫，即除散騎常侍左」衛將軍，後授侍中欒城縣開國伯，食邑五百户。金貂耀首，玉佩鳴腰，」行實時宗，言爲世範。獻可替否，每著於青蒲；順美匡非，屢彰於朝彦。」轉拜御史中丞。君冰心獨峻，松節孤清，雷電無以懾其懷，歲寒不能」易其操。故登臺蹇蹇，振夏日之威；昇車愕愕，布秋霜之厲。貴戚絶聚」斂之權，宰衡息貪陵之暴。雖二鮑兩陳，未能加也。方當燮四序於台」階，正五緯於槐路，齊十亂於周篇，等八元於唐典，遠氣未申，横流奄」及。春秋廿八，永安二年六月廿三日薨於位。聖上慟哀，百寮灑淚，悲」崇山之墜嶺，痛良木之摧柯。故追贈使持節驃騎大將軍司徒公都」督冀州諸軍事冀州刺史。猶以勳業未盡，進爵趙郡開國公，食邑一」千三百户，謚曰文貞侯，禮也。粤永安二年十一月七日遷於司空公」之塋。千秋易往，萬古難追，舟壑既遷，陵谷方貿，故刊石泉門，以圖永」久。其詞曰：」遥哉遐胄，邈矣玄蹤，崇基千刃，長瀾九重。惟祖惟禰，乃侯乃公，載文」載武，爲光爲龍。

若人鬱起，時逢運開，峨峨崇闕，鬱鬱層臺。高蓋出入，」長轂往來，珥金容歟，鳴玉徘徊。若蘭始茂，如日方融，駿轡將騁，遠路」已窮。摧鱗凍雨，折翮頹風，長辭高館，永閟泉宮。丘壟寂漠，松檟成行，」悲風旦舉，愁雲夜張。前臨濟濟，却背洋洋，藴於此地，于嗟未央。」

國家圖書館藏拓。

309 尒朱襲墓誌

【誌蓋】魏故儀」同尒朱」君墓誌」

【銘文】魏故使持節車騎大將軍儀同三司都督定州諸軍事定州刺史萬」年縣開國伯尒朱君之墓誌銘。」君諱襲，字顯伯，北秀容人也。其先出自周王虢叔之後，因爲郭氏，封」居秀容，酋望之胤，遂爲尒朱。祖東宮詹事内都大宮使持節黃龍鎮」大將鎮南將軍安并二州刺史始昌侯真之孫。父征虜將軍武衛將」軍持節平西將軍燕濟華三州刺史散騎常侍大司農卿贈使持節」侍中驃騎大將軍司空公雍州刺史謚曰孝惠買珍之第六子。君承」風弈葉，禀氣降神。圖城起於戲竹，畫陳發自遊蒲。故邑里號曰神童，」在世言其可大。司空以君機警特甚，偏所鍾愛，嘗謂人曰：此兒乃是」家門之千里，但恐其勇於授命，終不得卒其天年。暨元顥肆逆，毒流」神甸，涓涓不擁，蔓蔓將及。主上方欲危冠練服，跨茲驥騄，親御六軍，」躬行九罰。以君雄才不世，神武自天，推轂所歸，注意斯在，乃起家，拜」君中堅將軍員外散騎常侍右軍都督。君於是受脤廟堂，擁麾嵩邁，」徑自轘轅，趣賊右股。醜徒望風，深相畏憚，斂師迴避，莫敢前進。屬熒」陽不守，人情駭動，軍士逃散，莫有固心。君乃顧謂左右曰：今日之事，」義在必死。遂自率部曲數百騎，徑越賊所，與之格戰。而賊衆我寡，强」弱勢殊，事窮力屈，方見羈執。君雖身處囚虜，而壯志踰厲，未能見容，」淫辟遂加。春秋十八，粵以永安二年六月廿三日薨於京師。天子哀」悼，百僚痛惜，賵贈之禮，有隆常准。乃追贈使持節車騎大將軍儀同」三司都督雍州諸軍事雍州刺史。猶以聲望未褒，轉贈定州刺史萬」年縣開國伯，食邑三百户。考德立行，謚曰武恭，禮也。粵以永安二年」十一月七日遷葬於司空公之塋。悲天地之長久，痛陵谷之遷徙，綴」遺芳於泉石，覬千載之猶是。乃作銘曰：」天地發祥，川岳降祉，餘慶在焉，若人生矣。邑號神童，世稱才子，駿足」方馳，逸翮將起。擊水初騫，摶飄始翥，心存王室，志康世務。乃屯細柳，」實稱大樹，狂風忽起，横流是遇。昂昂儁秀，烈烈奇英，抗言異所，執操」不傾。志在必死，義無求生，淫禍乃加，非命斯纓。雲結朱旗，風悽素柳，」蕭瑟丘楊，滄茫松阜。始共天長，終隨地久，式照景行，永揚不朽。」

國家圖書館藏拓。

310 元恩墓誌

【誌蓋】（無字，中央蓮花，四邊四象紋。）

【銘文】魏故員外散騎侍郎元君墓誌銘。」君諱恩，字子惠，河南洛陽人也。若夫太一玄像之光，「靈」門帝室之美，固以仰藉先資，聯暈紫葉，迺祖迺父，胡可」詳言矣。太宗明元皇帝玄孫之子，高祖孝文」皇帝之族弟，征虜將軍夏州刺史静侯之孫，撫軍將軍新」興侯之元子也。君自少及長，典籍是務，禀性純和，久而」弥亮。言不苟合，則朋友稱其信；恭長慈幼，則遠近歎其能。」至於載笑載言，琴書逸響；堂堂于貌，張也之姿；揵揵于陵，」雍也之辨。若乃卓尔岳立，有不可量之高；湛尔澳停，有不」可測之深。此其亦以自立也。斯乃睹兵亂之未息，悼王道」之未寧，故潛鱗撿翼，頓駕侍時。雖在朝日淺，事公亦雅，無」所長益，不留意焉。年廿有五。永安二年六月廿有九日，遂」遘重瘵，至七月三日終於崇仁鄉嘉平里第。收精西澳，潛」神蒙海。粤十一月十九日遷葬於長陵之左。親戚惜碩」德之云亡，父母戀仁子之永穸，故刊石表功，以彰厥德。」其辭曰：」峻岳堙峰，瓊山巨壑。易俟其高，可測其搏。伊人德量，奚可」忖度。寶器自成，焉用磨錯。年未强士，揚名河洛。其一。愔愔懿」德，敬長慈仁。固約守窮，不貴榮津。有道可務，有懷可遵。運」策吐奇，樂道安貧。九族敦穆，室家詵詵。其二。吾子逝矣，喪我」寶器。龍虎摧斑，秋椒夏墮。圓研積埃，方奏永闋。攸攸路賓，」靡不垂淚。如可贖兮，人百其備。」 國家圖書館藏拓。

311 丘哲墓誌

【誌蓋】闕

【銘文】魏故使持節征虜將軍華州諸軍事華州刺史丘」公之墓誌。」君諱哲，河南洛陽人也。鎮西大將軍都督定州諸」軍事定州刺史臨淮公庫堆之孫，乞銀曹比和真」曹宿衛曹四曹尚書洛州諸軍事洛州刺史乞直」之子。少質纓資，冠華藻望。高祖孝文皇帝，猥以」照重。七歲之年，擢爲内行内小。然行錦群朝，冰心」柱在司。未幾，復轉爲中散。而乾機運兆，遷鼎伊洛，」萬服歸誠，千畿貶政。但邀吴踰越，遐息江南，硤石」偏城，趑趄暫異。世宗宣武皇帝以知仁不易，簡」師必忠，遂召將軍從事。默哀麾鉞兵，不時剋剪東」南。雖蒙倫功廟授，未盡餘誠。昊天少鑒，絶我孤蘭，」地廣無心，淪屠八桂。春秋五十有七，以去武泰元」年正月廿一日薨寢於家。十一月戊寅朔十九日」丙申〔一〕葬在城西十五里北芒之南。然金玉摧感，增」慕而流詠；松蘭湮殤，追痛以申抱。故作銘，其辭曰：」皎皎之夫，陵雲自遠，灼灼三秀，漪漪器婉。行質名」華，如榮若卷，纓珮之資，冠組之儀。珪璋以惠，蘭竹」之靡，抽文錦就，舊〔二〕武霜奇，金玉爾懷，何期永斯。」　國家圖書館藏拓。

注釋

〔一〕誌稱去武泰元年薨，十一月戊寅朔十九日丙申葬。查永安二年十一月戊寅朔，故定爲永安二年。

〔二〕舊，當爲「奮」字之訛。

312 穆彦墓誌

【誌蓋】魏故穆」君之」墓誌銘」

【銘文】魏兖州故長史穆君墓誌銘。」君諱彦，字世略，河南洛陽人也。其先藉聖開基，憑靈慶緒，氏」胄之興，焕乎方册。侍中太尉公黄鉞大將軍宜都貞公崇之」後，侍中司徒公太子太傅駙馬都尉宜都文宣王壽之曾孫，」使持節寧西將軍秦州刺史國之孫，中山太守仁之子。弈葉」扶疎，分柯瀾漫，冠冕相承，珠輪結轍。君稟五行之秀氣，資四」象之純精。孝友自天，風韻詳遠，名譽早播，英猷外朗。神龜中，」司州牧高陽王辟君爲主簿。志器明棨，贊務有聲。朝廷欽其」德音，四海服其令問。立節嶕嶢，若寒松布彩；置行昂藏，如秋」月登霞。正光初，解褐員外散騎侍郎。當官正直，入仕忠貞，躬」履華墀，操尚山泉。俄而遷大司農丞，加伏波將軍。慧性深沉，」言不苟合，玉潔自居，惟義是好。于時否泰暫屯，世道紛阻，帝」京神縣，舉須其人。建義中，以君才高氣遠，拜中堅將軍，行洛」陽令。曆任顯績，敷化多美，民詠來蘇，愛留棠樹。永安中，逆顥」侵洛，避難東遊，囑兗州刺史司空公從兄紹假輔國將軍，屈」爲長史。君蘊寶懷愚，願建忠誠，冀逢中興，思暢奇策。不圖飛」禍橫臻，春秋卌一，以永安二年六月廿三日暴薨於兗州。落」彩先春，彫光始旭，有識含嗟，朝野悲惜。即年十二月廿六日」窆於芒山。其辭曰：惟海之淵，惟岳之峻，湛淡萬尋，蒙籠千」刃。誕生夫子，金聲玉振，德冠時儒，道光世訓。英英秀萼，烈烈」□姿，九夏蓊蔚，三冬葳蕤。如何如何，一旦傾輝，良木其折，終」□長悲。玄夜芒芒，幽庭萌萌，在生未盡，淪光已逝，人謝名飛，」原行流惠。永安二年歲次己酉十二月戊申朔廿六日癸酉。」　國家圖書館藏拓。

313 寇霄墓誌

【誌蓋】闕

【銘文】魏故先生寇君墓誌。」先生諱霄，字景潤，上谷昌平人也。韶起周文，穆舉」康叔，樊柯後漢，懋葉魏邦。徐州刺史太尉河南公」之孫，弋陽汝南府君之第五子。先生胎禀乾坤之」姿，長有天然之行，彰貞白於學時，異恭寬於未冠。」所以炳煥於英儁之群，灼麗於文彥之域。育德不」先，遇世夭起，遂能卷經操而不申，括胸懷而避咎。」處心九三，置身元一，一日俏俏，冀養坤年。後以第」二兄與相州刺史安樂王名德相知，隨王在相，逕」一期不還，如州覲問，遇桀賊於路，殞於湯陰。時年廿」五矣。以永安三年歲次庚戌二月丁未朔日在奎」律中俠鍾窆於洛陽城西廿五里高祖雍州刺史」墓次。朋人司馬彧痛道範之速隤，哀松蘭之早折，」故望泉門而泣德，託玄石以誌音。其辭曰：」□□三元，灼灼剛紀，躬讀有文，推之無理。育德似」明，罰善不子，殲我良人，□聲若始。痛哉君子，昔矣」良人，信能敬友，孝能安親。邦家之寶，唯代之珍，身」沉月積，景德日新。倚倚哲人，攸攸志道，温若樛木，嚴」如松栲。振影公庭，歸靈紫寶，抽光唯晚，隱德唯早。」國家圖書館藏拓。

314 **元液墓誌**

【誌蓋】闕

【銘文】魏故使持節鎮東將軍冀州刺史長平縣開國男元公墓誌銘。」君諱液，字靈和，河南洛陽人，世宗景穆皇帝之曾孫也。鴻基嵬屹，均文武以開」元；丕緒紛綸，等毛南而作胄。祖康王，擢秀懸圃，先後震樞。考滄州，繼茂宗垣，弼諧」朝闕。並以克壯忠烈，邁種德音，銘徽號於太常，刊殊勳於王策。君資靈演地，禀映」層城，霜操内凝，金聲外發。四術六書之業，覽自弱年；」三略八陳之規，通於壯歲。神」龜初，司徒江陽王以天宗宿望，」洪道中台，收陟英髦，用光槐列。以君器冠時彦，行」藝兼優，乃辟君爲外兵參軍。亦既受命，忠概具宣，贊教府之儀，獎金鉉之昭。謨明」獻可之策，視五典其必從；允迪替否之宜，顧慎徽而弥設。正光中，朝綱稍紊，邊網」絶維，鬼漠生塵，廬山結霧。雪居髽首之貊，越虎落而南侵；投俾戍北之氓，棄天田」而作暴。車騎大將軍大都督儀同李公誕應推轂，爰董戎麾，换纂才雄，振兹薄伐，」乃以君爲開府屬，加征虜將軍。君既從戎律，爰方啓行，出納經謀，志掃窮孽。軍威」所擬，翰海繹騷；桴鼓所當，榆關震疊。尋以李公遇患，被旨還京，君以府僚，固從」解落。大都督大行臺廣陽王任均方邵，廟算所歸，敕總三軍，龔言繼伐，以君帥貞」宿習，涉用有成，即假君平北將軍別將，仍留討叛。君觀敵形勝，設固守之規；視寇」氣衰，陳進取之略。經論屢發，密算亟陳。庶蕩虔劉，克寧有北，而廣陽趣乖城濮，内」念雄規，雖握强兵，恐無救亂。君遂因疾，苦請還京。自發之後，威略弗周，妖賊糾紛，」果亂東夏。當世名哲，咸服之識機者焉。及中興啓運，宰輔丕融，委束帛以求賢，騁」翘車而納德。君懷能屬世，抱器遇時，方將抗逸翮以摶風，指天池而高騖，穹靈弗」憖，朝露溘臻。春秋卅有四，以建義元年四月十四日薨於洛陽孝弟之里。粤永安」三年二月十三日遷窆於長陵之東崗。股肱增愴，元首興悼，贈使持節鎮東將軍」冀州刺史長平縣開國男，謚曰貞，禮也。悲徽猷之莫展，痛名器之中摧，勒銘黄廬，」以旌休烈。其辭曰：應韓開緒，毛畢分源，資乾聳茂，禀叡增繁。於鑠皇胄，郁烈宗」垣，聯光日宇，系寵宸門。康王邁德，滄州繼軌，内贊宸樞，外任蕃鄙。忠烈上騰，清明」下委，惠政雲披，仁澤風靡。及君襲構，載振餘芬，氣攏兵鈐，志押經墳。當年兼操，允」武允文，猶蘭處澤，如鶴在雲。名行既立，榮任所歸，三能侍贊，六軍俟治。翹車斯届，」束帛載依，投書從策，奮袂應機。爰討鬼方，翼茲幕府，虎落收艱，天田屏阻。密略亟」陳，英規仍舉，冀掃虔劉，克清蕃圉。後軍異執，事爽英圖，因疾辭策，解任還都。既屬」休運，方肆經謨，鴻規中掩，罔卒權輿。日月有時，易名斯届，賞發乾哀，贈茲榮列。朝」野含酸，親朋泣血，鐫石泉門，式昭永訣。」曾祖世宗景穆皇帝。祖使持節都督中外諸軍事開府儀同三司中都大官」長安鎮都大將清雍二州刺史京兆康王，謚曰恭。太妃浮海吴，父遷冠軍將軍」建寧魯郡二郡太守南宫子。父坦，元士，後除步兵校尉城門校尉，薨贈冠軍將」軍滄州刺史，謚曰宣。親浮海吴，敕贈第一女郎。父醜，北京子都將，後除昌平」太守，死贈征虜將軍清州刺史。靈和，出身司徒外兵參軍，後除開府屬，除征虜」將軍別將，薨贈鎮東將軍冀州刺史長平縣開國男，謚曰□。」□父馮次興，太師之子，出身内小內行，後除給事中。」

國家圖書館藏拓。

315 陸孟暉墓誌

【誌蓋】闕

【銘文】魏故大宗明皇帝之玄孫使持」節安東將軍營幽二州刺史元懿」公之元子妻陸夫人孟暉墓誌銘。」若夫大魏開化之原，蘭條桂胤之」美，固以仰藉先資，聯婚紫葉，逌祖」

迺父，烏可詳言矣。故司空公東郡」莊王之孫，著作郎之長女也。爰在父母之家，躬行節儉之約，葛蕈不」足踰其懃，師氏無以加其訓。於是」灌木之音遠聞，窈窕之響彌著，遂」應父命，作配皇枝，恭虔烝嘗，中」饋崇順。粤永安三年二月十五日」終於善正鄉嘉平里第。親戚惜叔」德之已亡，人子戀慈顏之永旁，故」刊石記功，以彰厥德。」 國家圖書館藏拓。

316

王舒墓誌

【誌蓋】無

【銘文】魏故王君墓誌銘。」君諱舒，字進壽，樂梁」遂城人也。以大魏永」安三年歲次庚戌九月甲戌朔十二日甲申葬於北芒之陽。」夫人慕容。」 國家圖書館藏拓。

317

附：王真保墓誌

【誌蓋】（無。誌爲上下二方，均刻銘文。）

【第一石】王司徒墓誌。」君諱真保，秦川略陽人。寔軒轅之裔，后稷之胄。蓋隆」周即豫，霸者專征，陳生嗟去，獲兆西域。遂飛實武威，」别爲王氏。歷代名位，左右賢王。暨漢世大統，諸國內」屬，因朝入士，鳴玉西都。後中國失御，魏晉迭昇，或龍」騰白馬，鳳颺金城，所在立功，圖勳帝室，受晉茅土，遂」家略陽。高祖擢，晉龍驤將軍寧夷校尉。趙顯美侯，石」虎之子。於時沖年立操，二九登庸，布萼蕃方，聯暉相」襲，分金益部，片珪井野，入服貂璫，出任推轂。非雖槃」根海底，即亦抽柯入漢。後石室告屯，苻宗策馬，張氏」承機，撫劍河西。豪傑鼎跱」於三方，壯士偃蹇於斯年。爵命繽紛，競湊如霧。公匪義張祚，東轅入秦。明帝置」席，建師賢之禮；分土南安，託殊常之寄。將欲問策幃」中，委戈廟門，不幸寢疾，薨於京師。翼讚之功未宣，六」奇之謀掩發。秦后痛之，追謚曰莊。曾祖陵，撫軍將軍」梁州刺史。烈祖伏仁，乞伏世祇連漢陽二郡太守。父」潤，隴西太守。秦畿戎裔，習俗悠獷。民負巔礙，世爲囑」慮。乃是將軍仞鋒之場，帝王彫威之地。世祖爲之徘」徊，曹公於是遜遁。自代國啓基，洮隴初開，撫新御險，」時難其委。以公器略淵明，經緯有方，濟時所託，以爲」

【第二石】德人。公體敦惠和，化鄰兩岐之風；育渚千里，治□□」欺之術。年未致仕，暴患而薨。民懷市哭之戀，吏抱野」祭之哀。魏苞餘善，贈龍驤將軍交州刺史。君氣品淵」澄，資含玉質。良工不能僥其勁，脩綸未足度其深。弱」冠仕郡，歷政功曹。刺史山陽公，魏之懿德，識亮高明，」光臨申舉，擇必良彥。自非累代豪家王公之族，才逸」孤群，都無以豫其選。於時民豪列庭，冠帶鱗萃。公獨」被囑眄，留目丁寧，即補西曹，用强貞幹。在公清雅，聲」馳北京。孝文加之，策授廣武將軍城都侯。公執操自」高，每多慷慨。志兼擇翮之規，情含矯鱗之望。風隨之」節未申，騰霧之誠未舉。寢疾不豫，晻然即世，時年六」十，豪友痛之。自魏道曆終，大趙應期，尋仁戀德，望墳」追贈。加使持節大都督西道諸軍事驃騎大將軍司」徒公天水郡開國公太原王，謚曰懿。使持節即柩宣」策，祭以太牢。仰述美績，鐫銘記德。頌曰：」孤根特秀，繙條映月。悽風雖至，容不暫怹。非霜不酷，」自有貞骨。倜儻不群，資狼亦别。巖巖荆山，遏遏藍田。」下積瑶琨，上插雰間。時遇善琢，寶器在焉。記斯明德，」響玉相綿。金石永勒，千載長宣。大趙神平二年」歲次己酉十一月戊寅朔十三日庚寅記。」〔一〕　甘肅張家川出土。見《文物》一九七五年第六期《甘肅張家川發現「大趙神平二年」墓》。

注　釋

〔一〕據干支推定，大趙神平二年當爲永安二年。

318 元誨墓誌

【誌蓋】魏故司」徒范陽」王墓銘」

【銘文】王諱誨，字孝規，河南洛陽人也。高祖孝文皇帝之孫，廣平武穆王之子。」理識淹長，氣韻通雅，在紈綺之中，灼然秀出。少忼慨，有大節，常以功名」自許。含詠雕篆，涉獵油素，同北宫之愛士，齊東苑之好賢。故已德高雅」俗，聲暢遐邇。年十二，爲散騎侍郎，轉城門校尉。後爲通直常侍。入奉青」蒲，出陪黄屋，簪金帶組，鳴珮垂紳。

閨闈仰其音彩，冠冕慕其風裁。九曜」任隆，三禮務重，官方所授，罕屬其人。而貴親右賢，總在明德，爾諧之舉，」理自有歸。乃除太常少卿兼武衛將軍。既如命將出車，罰罪南服，千金」日費，三捷無聞，等翶翔之師，同遷延之役。遂增榮左珥，杖節催軍，謀無」遺算，有功而反。遷散騎常侍河南中正，封范陽王。既而沸騰在辰，炎燎」不息，乃眷西顧，聽朝不怡，式遏所寄，朝無異屬。乃假撫軍將軍平西將」軍，爲潼關都督，仍兼尚書，爲行臺。宗伯任重，事歸賢戚。乃除宗正卿。及」蜀虜孔熾，關河未静，上將出車，天淵獨運。以王兵權帷略，動出人右，遂」敕令赴軍，豫謀戎政。拾遺摧朽，皆指麾之力。綸綍望隆，唯才是與，雖曰」多士，特寡其選。轉衛將軍中書監。鵷沼載清，王言允穆。除侍中左光禄」大夫，加車騎將軍。内參衽席，外同輿輦，朝政大小，多所獻替。尋除尚書」左僕射。任居彼相，道濟斯民，虛來實反，酌而不竭。方謂天德唯輔，神聽」無違，垂旒曳衮，作鎮邦國，而斯理一愆，長從化往。春秋廿六，永安三年」十二月三日薨。追贈使持節驃騎大將軍司徒公冀州刺史，侍中王如」故，謚曰文景。王稟性和理，率由閑素，尤好文典，雅善事功，而方年夭秀，」聞見傷感。普泰元年三月廿七日窆於西郊之兆。懼山隤谷徙，無聞芳烈，乃」作銘壤隧，俾傳不朽。銘曰：」帝軒誕聖，皇魏受命，御運視寶，披圖握鏡。啓國承家，維城樹屏，鴻烈載」融，本枝膺慶。伊王嗣世，實茂天爵，孝德夤亮，忠規允鑠。出典宗禮，入事」帷幄，近穆清暉，遠宣威略。執官青瑣，肅列鈎陳，一董麾節，再奉喉脣。緝」熙端揆，變正彝倫，方諧袞職，永濟時屯。禍淫莫驗，福善徒設，泰山已頹，」良木斯折。松路一閟，泉門長閉，斜漢晚傾，晨光早滅。載銘徽風，式揚休」烈。」

國家圖書館藏拓。

319 赫連悅墓誌

【誌蓋】闕

【銘文】魏故使持節鎮北將軍都督建兖華三州諸軍事華州刺史臯平縣開國伯赫」連公墓誌銘。」公諱悅，字欣歡，河南洛陽人也。其先茂德雄圖，作霸河夏，懷仁輔義，襟帶通都，」郁郁之美，焕炳金經，綿瓞之盛，龜書具載。曾祖略，魏安州刺史。祖柔，庫部郎中。」皆以持經獲舉，朱紫代襲。公即撫軍將軍汾夏二州刺史儒之次子也。」公資二儀之慶緒，體川岳之妙靈，風氣温雅，神衿洞遠。温涼恭儉之量，始自蒲」車；孝友廉貞之志，茂於竹馬。藴道懷經，才驚俗韻，騎上之能，頗亦知矣。年十八」起家，奉朝請。在朝之敬，不失握曶之勤；旦朔之虔，未違别色之禮。遷寧朔將軍」員外散騎常侍領直寢。俄而世逢屯極，運屬惟新，天地之德斯歸，人神之望云」改。主上中興，克丕帝業。復拜散騎常侍，在通直之員。於是濯鱗遐舉，理翰高」翔，嘉聲與日月同暉，令響共芝芳等蔚。佩玉鏗鏘之盛，跨映群后；簪貂羽儀之」飾，照爛周行。遷領直閣將軍，轉刀劍主。又以河北名邦，顯授須才，京南盛岳，任」東宜重。除持節龍驤將軍建州刺史，尋徙冠軍將軍河内太守。公徽猷日被，鴻」德歲揚，外布威恩，内施經略。紬折柳之枉，糾争桑之亂。流蝗遠集而去灾，暴虎」慚愆以就戮。雖古之善政，孰蓋於斯。屬永安之年，多難啓階，除使持節北道大」都督。公式遏寇虐，銷革蟊蠹，入鄉挹道，望境移風。雖黄巾相誡，遠有慚德。以寧」緝之功，封皋平縣開國伯，食邑七百户。於是猛氣彌高，雄聲日盛。雖爵寵稍隆，」接物踰下，轉拜使持節平東將軍都督西兖州諸軍事兖州刺史。未及届治，屬」兹革政，復以勳著前朝，功銘史閣，還除河内太守，仍本將軍。入治未旬，斑白異」路，來甦之澤，咸同是詠。公閑素道德之宗，沉深將相之度，方欲摶扶摇而高引，」乘騏驥而遐聳，報善之慶無徵，摧樑之痛云逼。春秋四十有四，普泰元年五月」十八日在郡而薨。詔贈使持節鎮北將軍華州刺史，開國如故。遂灼龜問兆，卜」日啓遷，粤以普泰元年七月己巳朔十四日壬午葬於梓澤舊塋。故樹德松門，」題芳泉户，乃作銘曰：」嗚昔有晉，不競其風，我有盛德，來爲霸功。寶以環成，德由師潤，孰若夫子，因心」吐韻。幽無不索，理無不順，所謂神功，不疾而駿。聖人餘事，賢人共之，我行其野，」王言如絲。不整斯振，既緼則治，匪書王府，亦動民詩。利見之始，時惟多故，曷用」弭諸，我有王度。錫惟黑社，謙以湛露，亦既九五，迭兹丹素。限生誰我，交臂何追，」心圖猶是，人事已非。曰貞管曆，體協陳龜，騷騷寒隴，徒有餘悲。」夫人劉氏，諱虎兒，洛陽人也。司徒公東安王之孫，新平太守東安公榮之元女。」　國家圖書館藏拓。

320 元天穆墓誌

【誌蓋】黄鉞柱國」大將軍丞」相太宰武」昭王墓誌」

【銘文】魏故使持節侍中太宰丞相柱國大將軍假黄鉞都督十州諸軍事雍州刺史武昭王墓誌。」王諱天穆，字天穆，河南洛陽人也。層構與乾元同極，鴻祚共坤載爲基。赤字天啓之徵，緑圖靈」命之瑞。故以式光於玉板，備紀於金縢者矣。太祖平文皇帝之後。高梁神武王之玄孫。領軍」將軍松滋武侯之曾孫。太子瞻事使持節左將軍肆州刺史襄陽景侯之孫。使持節侍中驃騎」大將軍司空文公都督雍州諸軍事雍州刺史之長子。誕累葉之崇基，繼重光之盛烈，協七緯」之精，苞五常之性。淵乎若仁，悠然似道，千刃莫測其高，萬頃不知其廣。神質自成，孤貞特秀，八」素九區之理，靡不洞其幽源；三墳五典之書，故以極其宗致。又雄光桀出，武藝超倫，彎弧四石，」矢貫七札，白猿不得隱其層林，紫貂無以逃其潛穴。子房幃幄之謀，田單攻取之術，故以囊括」於心衿，載盈於懷抱矣。起家除員外散騎侍郎。以王器量清懋，識裁通敏，除員外散騎常侍、嘗」食典御。臺府初開，爰祇顯命，領太尉掾。于時塞虜叩關，山胡叛命，封豨寔繁，長蛇荐筮。以王忠」義夙章，威略兼舉，董率之任，僉議斯歸。充西北道行臺，除征虜將軍并州刺史。及王師電擊，妖」寇霜摧，威略既明，庸勳有典。除聊城縣開國伯加安北將軍，餘官如故。遂假撫軍將軍兼尚書」行臺。孝昌三年，牝雞失德，雄雉亂朝。肅宗暴崩，禍由酖毒。天柱爲永世恒捍，王實明德茂親，」同舉義兵，剋定京邑。除太尉公，爵上黨王，食邑三千户。仍除侍中兼領軍將軍使持節驃騎大」將軍京畿大都督。魏雖舊邦，革命唯新，王業艱難，事同草創。王内奉絲綸，中總周衛，謨明之道」以宣，捍城之寄踰重。逆賊葛榮，鳩率凶攩，攻逼鄴城。以王道鏡臺端，德清槐列，文以興邦，武能」定亂，爲使持節都督東北道諸軍事大都督，本官如故。天柱驅率熊羆，南出釜口；勒貔虎，北赴」漳源。兩軍雲會，三十餘萬，雷舉星奔，並驅濟進，鋒鏑暫交，醜徒鳥散。生擒葛榮，并其營部，斬級」十萬，馬牛千億。於是殷衛剋定，河朔載清，文軌復同，車書更一。增邑通前三萬户。加録尚書事，」本官如故。又以王纂蔭乾暉，本枝皇幹，體密君親，義形家國，與天柱潛結玄圖，顯成大義，一舊」威靈，再造區夏。雖疏畫山川，開錫土宇，禮命光照，器像雕蔚，猶不足以詶静難濟時之功，報扶」危定傾之績。除世襲并州刺史，本官、王如故。流民邢杲，肆毒三齊，屠村掠邑，攻剽郡縣。以王爲」行臺大都督。王神武所臨，有征無戰，伏尸同於長平，積器高於熊耳。遷位太宰，加翼保鼓吹，增」邑通前七萬户。永安三年九月二十五日，運巨横流，奄離禍酷。春秋四十二，暴薨於明光殿。年」及中興造運，聖明在馭，追贈侍中丞相都督十州諸軍事柱國大將軍假黄鉞雍州刺史，王」如故，謚曰武昭，禮也。以普泰元年八月戊戌朔十一日戊申遷葬於京城西北二十里。痛結三靈，哀纏四緒，泉扃晝昏，松關夜楚，氣盡一朝，悲深萬古。其辭曰：兩明交逝，五運代興，素精既謝，玄祚告徵。道符玉版，慶結金繩，若天之覆，如日之昇。神武秉德，福善冥應，義均採藥，無德而稱。於穆君王，合和誕哲，道契淹門，義昞洙汭。聿奉休蹤，式揚清烈，令問緝熙，徽風昭晰。厥初嘉合，戴筆鎖闈，高栖雲術，遠映辰暉。俟時龍躍，待運鵬飛，立功以義，成務惟機。數鍾九六，國步未康，北狄孔熾，西戎方强。旗鼓競進，烽候相望，秦隴幽没，趙魏丘荒。於昭我后，應期作宰，五典剋從，九工亮彩。雰沴時消，妖逋自潰，上協三靈，下清四海。蹈禮循刑，崇仁履信，有亨有通，無悔無吝。雲雷遄動，霜風驟震，遠無不歸，邇無不順。道邁伊周，勳侔齊晉，吉凶同域，禍福相依。泰山其毁，良木不持。蕭蕭楊隴，杳杳泉扉，斜漢滅影，落日潛輝。縉紳曷仰，社稷焉歸，敬鐫玄石，銘頌山基。國家圖書館藏拓。

321 元弼墓誌

【誌蓋】闕

【銘文】君諱弼，字思輔，河南洛陽人也。明元皇帝之玄孫，衛大將軍開府儀同三司樂安王範之曾孫，衛大將軍開府儀同三司内都大官樂安王良之孫，張掖太守治書侍御史靜之子。瑶源湛於靈海，瓊峰峻於神岳，」蓋已備龍圖，詳之帝篆。自分花徙照，轉實移暉，貂金鉉玉，蔚炳丹青，連」華疊映，可得而略矣。君稟淳風於妙谷，含粹抱於叡苑。鵷毛鴻羽，標於」齠齔之年；韶資雅亮，著於童冠之日。逍遥澄渾之際，比萬頃而難量；優」遊德義之間，同千里而自得。孝兼香臣，業并墳素，藻麗春華，節勁秋松，」神章綺發，若此金蘭，霜心月照，如波水鏡。年廿有五，解褐司空府行參」軍直後。于時妙算國英，實充邦彦之舉，風韻當時，縉紳所推。轉羽林監」直寢，從容闈闥，琴書自閑。除驪驤將軍郢州防城别將。轉南兖州刺史」使持節智武將軍新興縣開國侯。俄遷侍中使持節征北大將軍尚書」右僕射司州牧新興王，食邑一千户。左命内綏軍旅，恩同俠纊，外撫壃」埸，無懈叔子，體文經武，遠緝邇安。將騰鑣三君之首，争駕八龍之群，陟」此槐陰，變茲鼎味。如何青山頹嶺，丹桂埋光，昊天不弔，殲此明哲。春秋」卌，永安二年七月廿一日卒于孝義里宅。粤普泰元年歲次辛亥八月」戊戌朔十一日戊申遷窆於蒼山之陽。日往月來，地厚天長，陵谷可毁，」竹素易亡，不鐫玄石，何以流芳。其詞曰：」承紫帝緒，□實皇綿，資神降哲，纂聖膺賢。議玄齔歲，計象觽年，機同君」祠，氣等文淵。志明秋月，思麗春芳，執素泉飛，舉翰煙翔。文超公幹，器邁」元方，敦詩悦禮，獨秀陵霜。懷忠履孝，遊藝依仁，辭金輕富，樂道安貧。樂」無餘帛，坐有盈賓，少應台辟，早越龍津。將翼王衡，方讚瓊機，報善無徵，」輔仁有疑。青風斂吹，素月收暉，仁亡誰則，道喪何依。河桐落彩，山桂彫」英，魏悲奉孝，漢念子卿。哀同鄭産，痛等齊嬰，如可贖兮，人百其形。愁雲」夜咽，思鳥晨吟，墳楊蕭瑟，壟霧陰沉。燈闇天長，户晦松深，鐫石幽壤，永」刊徽音。」　國家圖書館藏拓。

322 張玄墓誌

【誌蓋】無

【銘文】魏故南陽張府君墓誌。」君諱玄，字黑女，南陽白水人也。」出自皇帝之苗裔。昔在中葉，作」牧周殷，爰及漢魏，司徒司空。不」因舉燭，便自高明，無假置水，故」以清潔。遠祖和，吏部尚書并州」刺史。祖具，中堅將軍新平太守。」父盪寇將軍蒲坂令。所謂華蓋」相暉，榮光照世。君稟陰陽之純」精，含五行之秀氣，雅性高奇，識」量沖遠，解褐中書侍郎，除南陽」太守。嚴威既被，其猶草上加風；」民之悦化，若魚之樂水。方欲羽」翼天朝，爪牙帝室，何圖幽靈無」簡，殲此名哲。春秋卅有二，太和」十七年薨於蒲坂城建中鄉孝」義里。妻河北陳進壽女。壽爲巨」禄太守。便是瓌寶相映，瓊玉參」差。俱以普泰元年歲次辛亥十」月丁酉朔一日丁酉葬於蒲坂」城東原之上。君臨終清悟，神誚」端明，動言成軌，泯然去世。于時」兆人同悲，遐方悽長〔一〕泣，故刊石」傳光，以作誦曰：」鬱矣蘭胄，茂乎芳幹，葉映霄衢，」根通海翰。休氣貫岳，榮光接漢，」德與風翔，澤從雨散。

運謝星馳，」時流迅速，既彫桐枝，復摧良木，」三河奄曜，坤堰喪燭，痛感毛群，」悲傷羽族。扃堂無曉，墳宇唯昏，」咸韜松户，共寢泉門，追風永邁，」式銘幽傳。」 國家圖書館藏拓。

注　釋

〔一〕「長」字在右方加刻「…」，當爲衍字標記。

323 賈瑾墓誌

（誌爲圭首小碑形。）

【誌額】賈散騎」之墓誌」

【銘文】君諱瑾，字德瑜，武威姑臧人也。祖父天符，以才地高腴，仕宋爲本州主□，□□」府中兵參軍條縣令南陽太守。父敬伯，族美才華，州辟主簿，頻翼二政，後轉別」駕，入府爲司馬，出廣川平原濟南魏郡太原高陽六郡太守。皆以才效昇轉。君」稟玄中之妙氣，資海岳之沖精，生而秀異，偉貌端雅，齠年敏悟，志度開廓。儼爾」有望畏之威，怡然有就恩之惠。學不師授，理無隱伏。越數刃入孔公之富室，披」玄奥開李老之妙門。性仁恕，好博施，上泛愛，貴人要，性至孝，謹瞻□。侍疾嘗藥，」同痛瘍於一體；進饍奉湌，共虚飽於五内。恩恭悌順，協穆閨門，弘和肅整，稟悦」邦邑。爾其九思慇懃，三端鋒鋭。清談寫注，則吻間泉涌；執管造素，則筆端火然。」於是聲發丘園，響聞京國，爲皇宗英彦元恒之所友愛，就家逼引爲征東府中」兵參軍，進入省爲散騎侍郎。端静守分，不窺權門。時或遊集，必是四方英彦。後」爲帝兄梁州抑爲録事參軍。凡所履歷，皆非意趣，負氣鬱怏，才志不伸。而時無」德操，令栖鳳檝翼。不遇徐崔，故卧龍睡伏。禍不甄善，年卅而終。主君哀慟，僚友」悲惜，未婚無子，兄膠州以第二息晶爲嗣。晶字士光，幼而聰令，齠年後叔，哀毁」有聞。罷祖〔一〕之童，古今而異。其業尚英駿，識智剛決。志學之年，稽三經之奥；弱冠」之歲，精五典之原。言談清婉，若齒間含鏡；援豪投默，則素上綴珠。才爲時□，就」家徵奉朝請，俄轉通直散騎侍郎直寢。方立效明世，樹德當年，日使暫歸，卒於」家，時廿一。即見悲悼，與聞嗟惜。膠州痛弟息之早終，悲志業不遂，惟緣情以折」中，述二亡之存意。故二柩而一墳，乃鐫石而作誌云爾：」峨峨靈岳，浩浩東溟。昭昭君子，含氣誕生。資天樹義，禀日開明。不德之德，可名」之名。咨嗟五孝，優矛六經。行唯道迹，興言德音。州閭敬羡，京國祇欽。文如錯」寶，□若砥金。遐賢湊訪，邇彦臻尋。朋寔蘭藪，友必芳林。」伉儷未媾，胤嗣將替。伊何繼體，若子唯姪。云誰剋堪，在兹令哲。烝嘗肅恭，享薦」芳潔。義形沉淪，聲芳不滅。」大魏普泰元年歲次辛亥十月丁酉朔十三日己酉。」

北京大學圖書館藏拓。

注釋

〔一〕祖，據文義疑爲「社」字之誤。《三國志·魏書·王脩傳》：「年七歲喪母，母以社日亡。來歲鄰里社，脩感念母，哀甚。鄰里聞之，爲之罷社。」

324 穆紹墓誌

【誌蓋】闕

【銘文】侍中尚書令太保使持節都督冀相殷三州諸軍事大將軍冀州刺史司空穆公墓誌銘。」公諱紹，字永業，河南洛陽人。乃祖應期佐命，勳書王府，爵允元侯，位居上將。自斯已降，並國」而昌，或以忠貞作輔，或以文武登相。公陶漸禎和，生而内美，克岐表乎初載，成德茂乎立年。」體局閑嚴，風情簡曠，伏膺雅道，敦好經術，鑽六藝之膏腴，遊文章之苑囿。由是風流藉甚，朝」野傾屬。爰初立節，崖涘莫窺，乘迅風而遐舉，負清天而一息。除太子舍人。選尚瑯琊公主，拜」駙馬都尉。襲爵頓丘公。除散騎常侍，在通直，尋轉正員。俄然闈闥，儀形蟬冕，朝議以緗素紛」蕪，文篆淆雜，司藉廣内，事歸儒雅。乃授秘書監。俄遷侍中，領河南邑中正。獻納帷扆，懸衡邦」族，流品既清，喉唇式叙。世宗晏駕，末命匪聞。儲后沖藐，内□猜懼。公任參時佐，憂深責重，」維持國命，匡濟時艱。民言不流，朝政緝穆。以功增封八百户。復以本官加撫軍將軍光禄勳」卿。未拜，仍除衛將軍中書監。公深鑒止足，有懷酌損，固辭鳳沼。改授太常卿，侍中如故。司樂」攸在，問禮所歸，有典必從，無文咸秩。信都民物阜盛，方夏莫先，横大河以樹屏，表滄海而爲」界。雞犬傳聲，若臨淄之四境；風俗異制，猶安陵之五方。部政臨蕃，僉議攸屬。乃授使持節都」督冀瀛二州諸軍事衛將軍冀州刺史。公以太夫人年在秋方，情存就養，雖降朝旨，固辭」不行。復即本號，爲中書令。不拜，仍除殿中尚書。贊政文昌，追功二八，元氣彼序，帝載已熙。除」衛大將軍左光禄大夫，加散騎常侍。孝昌在運，憂虞荐至，國柄内移，邊鋒外擾。以公民望朝」右，安危注意，乃授侍中車騎大將軍儀同三司。未幾，復以本號開府，爲定州刺史。辭疾不行，」還除前任，加位特進。公以叔世道消，淪胥莫拯，願言退息，斂衽歸來。冠冕慕其清塵，雅俗欽」其盛則。永安紹曆，復延嘉命。國步暫清，人思自盡。不得不癈己殉物，屈道從時。乃拜司空」尚書令。上調緯象，下建民極，道孚日用，功著百司。若列宿之表天綱，山岳之宣地氣。聖上」龍飛，眷言舊德，求瘼之任，經邦所先。除使持節都督四州諸軍事驃騎大將軍開府儀同三」司青州刺史。屬東土稱亂，暫爲匪民，遂輟朱驂，方申後命。公姿此謙晦，達乎出處，榮觀之來，」事唯嬰拂。雖復居端作宰，當軸秉均，標名義以檢俗，託吟諷以弘道。出入夷險，五代歷兹。既」以明哲保身，故能令終全譽。倉倉正色，與善徒言，大命近止，山頹奄及。春秋五十一，以大魏」普泰元年九月十三日薨於洛陽修政鄉文華里。宸居軫悼，列辟同哀。詔贈侍中尚書令」太保使持節都督冀相殷三州諸軍事大將軍冀州刺史頓丘郡開國公。粤十月丁酉朔廿」四日庚申遷窆於京城西北廿里。式刊盛烈，貽之重壤。其詞曰：」時惟我祖，實作鷹揚，翼兹大運，經啓朔方。受言弓矢，奄有封疆，青社瓛玉，衮衣繡裳。征西邁」德，高風可詠，司空作宰，楝梁稱盛。爰此達人，弱而居正，奇姿外發，清猷傍映。帝曰伊爾，令問」日新，好爵方命，元女來嬪。乃司流略，遂作喉脣，是稱良佐，斯謂具臣。自兹媚主，匪躬正色，直」道匡時，清心奉職。克宣帝命，允敷皇極，同列歸美，聯官仰式。東夏膏腴，北蕃殷阜，三延嘉」命，推而弗有。復贊樞機，終荷託負，横流已及，徒然授手。相時而動，斂衽徘徊，不俟終日，謝病」歸來。從屯反泰，自揆登台，實爲領袖，乃作鹽梅。聖主御天，欽咨舊德，方寄元輔，治煩去或。」逝彼寸陰，不留短刻，忽捐館舍，長違邦國。皇心載傷，追遠有光，車旗備物，鐃吹啓行。日落」山道，風晦巖場，金石方固，德音不忘。」

國家圖書館藏拓。

325 韓震墓誌

【誌蓋】闕

【銘文】魏故使持節都督恒州諸軍事前將軍恒州刺史韓使君墓誌銘。」君諱震，字元震，昌黎郡棘城縣人也。漢大司馬曾之後。自斯已降，世濟」其德，縉紳並軌，枝幹相輝。

祖寧朔府君，清規素譽，標映儕等。考平州使」君，檢格峻舉，藉甚當世。君稟粹開靈，含元挺質，始自擁樹，爰及拊塵。風」彩潤徹，意思清遠，在紈綺之中，灼然秀出。有識之士，咸共異之。及長，儀」表端華，姿製閑美。雖令君取匹玉瑩，平叔見疑粉色，對而爲言，彼未盡」善。又藝踰六鈞，工齊百步，髣髴蝨心之妙，影響蜻翼之奇。起家爲平北」主簿，轉襄威將軍秀容令。後爲桑乾太守。爲政清静，風化大行。方謂應」兹與善，剋饗盈數，以斯天爵，置彼人官，而天道無徵，忽隨世往。以孝昌」二年十月十三日卒於晉陽。時年六十二。君孝友立身，仁信爲本，發行」無違，出言靡擇，無終無始，實保中庸。而自去生徒，歲云已久。天子睠」言盛德，念在追榮，乃詔有司云：君門胄華美，標映昌黎，中因爵宦，遂」處恒壤。弈世忠款，所在流譽，兼其姿貌魁偉，器韻淹和，裁錦毗蕃，政績」唯允。方仗徽猷，以康國命，早從運往，追悼兼深。可加餘階，除持節都督」恒州諸軍事前將軍恒州刺史。以普泰二年三月廿日窆於成周之西。」第四息光，懼川移岳毀，無聞聲烈，乃刻石壤陰，用傳永久。其辭曰：」不顯弈世，休有烈光，自漢徂晉，位與德昌。唯祖唯父，身没名揚，餘美安」屬，亦有令望。在邦斯達，于政稱良，增榮古烈，嗣武前芳。方期遠大，永錫」無疆，豈云不淑，仁焉已亡。二龍齊首，四馬成行，逝辭旅舍，言歸壽堂，徒」御灑泣，行道悲涼。眷言出宿，于嗟未央，高深或徙，有晣幽房。」

【誌陰】普泰二年歲次壬子三月乙丑朔廿日甲申韓使君墓銘。」曾祖業，字世隆，太尉屬匡之子，萇子令綦真内小上黨太」守。曾祖親遼西孟氏，常山太守孟融女。祖達，字大度，上黨」府君業之子，綏遠將軍虎牢司馬。祖親東燕慕容氏，玄氏」令慕容干女。父曜，字伯驎，綏遠達之子，綏遠將軍本州治」中寧遠將軍桑乾太守，後除驩驤將軍平州刺史。母東燕」俟文氏，内行給事俟文成女。君妻南陽娥氏，羽真南平公」魚曹尚書使持節秦雍二州刺史仇池都督娥清之女。」長息紹顯，娶南安趙氏，父本州别駕趙儁女。次息子捷，字」顯安，起平南府中兵參軍征東將軍金紫光禄大夫高邑」縣開國伯；娶弘農楊氏，父鎮遠將軍并州城局參軍高平」男楊殖女。次息暉，字貴顯，起大丞相府行參軍中堅將軍」奉軍都尉；娶天水乞伏氏，父爲桑乾善無二郡太守乞伏」歸女。次息光，字遵顯，本州主簿通直散騎常侍中書侍郎」征虜將軍領中書舍人鉅鹿縣開國伯；娶河南長孫氏，父」爲朔州長史平壽子長孫果女。次息欽，字遵和，本郡功曹」威烈將軍奉朝請；早喪，墓在君墓西五十步。次息遵雅，字」阿醜，中軍將軍金紫光禄大夫定陽縣開國伯。次息阿谷，」字遵巖，靈壽縣開國子。次息車兒，字遵道，廣宗縣開國子。」並未婚。」 國家圖書館藏拓。

326 元延明墓誌

【誌蓋】闕

【銘文】魏故侍中太保特進使持節都督雍華岐三州諸軍事大將軍雍州刺史安豐王謚

曰文宣元王墓誌銘。」公諱延明，字延明。高宗文成皇帝之孫，顯祖獻文皇帝季弟安豐王之長子，高祖孝文皇帝從父昆弟，河」南洛陽熙寧里。啓厥初於天地，擬峻趾於崐鍾，群神歸其福祉，衆靈降以精魄。故其多才大位，獨表諸姬，」斯乃編藏延閣，於兹略而不載矣。公稟此中和，誕兹上德，吐納純粹，陶練英華。音中律吕，乃威鳳之恒事；」動輿雲霧，亦神龍之自然。兼以虎鼻表奇，河目呈異，舟航所屬，始復斯在。及齒半九齡，陟岵無見，同孝孫」之吐哺，均榮祖之畫象。服闋，初襲爵土，雖先王制禮，不敢而過。奉詔册以流漣，猶榱桷之在目。爰及弱冠，」荼蓼再丁，先食而哭，非杖不起。固使素蛇縈絰，匪獨白菟馴庭。自有大志，少耽文雅，肆情馳騁，鋭思貫穿，」强於記録，抑亦天啓，必誦全碑，終識半面。故河間所不窺，陳農所未採，莫不袪疑辯或，極奥窮微。雕蟲小」藝，譬諸綺縠，頗曾留意，入室昇堂。實使季長謝其詩書，伯喈歸其文籍，聲播九重，於焉歷試。乃兼西中郎」將。職是要害，茂實剋宣。起家太中大夫，從容談論，譽彰朝列，奉六條，實司舉奏，昔在漢季，出自九卿，魏晉」因循，其選尤重。公縉紳所歸，遂應僉曰。除使持節都督豫州諸軍事征虜將軍豫州刺史。風宣入境，德被」下車，豪强屏息，奸酷自引。仍加散騎常侍，所以旌是堅鋼，表兹温捍者也。宋之彭城，大都之舊，地交吴楚，」乃樹懿親。除使持節都督徐州諸軍事左將軍徐州刺史。騑驂沃弱，旄旆緋纚，亦既憩止，化成期月。黑水」西河，實名天府，巖嶮縈帶，風俗混并，舊號難治，今劇斯任。乃除使持節都督雍州諸軍事右將軍雍州刺」史。公久勞外莅，遂不之部，留拜廷尉卿，將軍如故。秋官任重，天下之平，折以片言，民心乃慰。仍除前將軍」給事黃門侍郎，又除秘書監平南將軍中書令，並仍黃門。或外典圖書，或内掌絲綍，朝趨玉陛，夕拜瑣門，」經綸帝則，翼宣王度，詔誥衣草而行，議論寄名而已。俄除侍中安南將軍，又除鎮南將軍，仍侍中。同輿操」劍，允屬民英，非直强項見奇，固以長乳斯對。又除衛將軍，仍侍中，領國子祭酒。周之師氏，代作儒官，專門」異户，歷世滋競。公鑽堅仰高，鈎深致遠，以德詔爵，時無二言。自河海不歸，桑濮間起，鏗鏘或存，雅頌誰析。」公博見多聞，朝所取訪，金石之樂，受詔增損，乃詳今考古，鑄鍾磨磬，已蔑吾陵之韻，信鄙昆庭之響。屬受」事征罰，遂中寢成功。又以本官兼尚書右僕射。雖復暫臨端右，便以聲動邦國。又監校御書。時明皇則」天，留心古學，以臺閣文字，訛僞尚繁，民間遺逸，第録未謹。公以向歆之博物，固讎校之所歸，殺青自理，簡」漆斯正。而神鉦告警，釁起邊垂，竊寶叛邑，爰自徐部，禦侮招携，非公誰託。除衛大將軍東道僕射大行臺，」本官如故。僞人乘間，驅其烏合，爰命假子，盜我府城。始寤畫地之廬，仍誓決目之報，銜璧告讎，志存假手。」蕭綜來奔，蓋匹馬歸命，群師趑趄，鴟張碁跱，據金湯之嶮，跨勝害之地，全州蕩蕩，咸爲寇場。公智力紛紜，」一麾席卷，以兹文德，成此武功。增封二千六百户，仍以本大行臺本官行徐州事，仍除使持節都督三徐」諸軍事本將軍徐州刺史侍中大行臺僕射如故。復除使持節都督雍州諸軍事本將軍雍州刺史。俄聞」復除徐州刺史，仍侍中本將軍。尋加驃騎大將軍儀同三司，給後部鼓吹。公視下如傷，愛結氓庶，仰之若」雲雨，慕之若椒蘭。是以馳傳四臨，位踐八命，聲明流瀾，文物照彰，東土著神君之聲，南鄰有靈人之懼。仍」除侍中驃騎大將軍開府儀同三司領國子祭酒兼尚書令。位鄰三事，任首六官，儀表都野，隆替是屬。除」大司馬。屯邅距運，禍自昵蕃，車駕北巡，事起倉卒，秘事難聞，遂乖奔赴，以斯民望，仍被縶維，諮謨所在，用」壓群議，皇輿南反，誅賞方行，政出權强，深猜俊桀。公位尊德盛，冠帶傾心，民惡其上，忌毒惟甚，言思大雅，」出自近開，既覩涊莽之形，實深宗祏之慮，方借力善鄰，討兹君側。而江南卑濕，地非養賢，隨賈未歸，忽焉」反葬。以梁中大通二年三月十日薨於建康，春秋卌七。公神衿峻獨，道鑒虛凝，少時高祖垂嘆，以爲終能」致遠，遂翻爲國師，鬱成朝棟。既業冠一時，道高百辟，授經侍講，琢磨聖躬，明堂辟雍，皆所定制，朝儀國典，」質而後行。加以崖岸重深，風流曠遠，如彼龍門，迢然罕入。惟與故任城王澄，中山王熙，東平王略，竹林爲志，藝尚相懽。故太傅崔光，太常劉芳，雖春秋異時，亦雅相推揖。其詩賦銘誄，咸頌書奏，凡三百餘篇，著五」經宗略，詩禮別義，注帝皇世紀及列仙傳，合一百卷，大行於世。殆五百之期運，儻一賢之斯在。方將翼此」會昌，致諸制作，比堯舜而不愧，顧湯武而有餘，憂能傷人，溘從霜露，悲纏雅俗，痛結民黎。今上天臨，深追」盛美，贈使持節侍中太保特進都督雍華岐三州諸軍事大將軍雍州刺史，王如故。歲聿其暮，幽泉方啓，」敬勒徽猷，永貽蘭菊。其詞曰：」形象列位，附儷分輝，握鈐神往，駕羽民歸，日皇秉曆，赫赫巍巍，本枝百世，祥慶攸依。漢則間平，魏惟彪植，」君王邈矣，曾嶠峻極。舊是龍鱗，鼓兹鵬翼，蒸雲不已，摶風未息，言初紫綬，越始瑜珮，援筆立成，應聲而對。」標此孝德，樹斯清裁，質邁珪璋，文遺錦績。搢笏來仕，彈冠入朝，遠遊藹藹，朱組飄飄。聲由德被，爵以能高，」抑揚風景，趺宕雲霄。冠冕列位，儀形群后，四支六翮，獻可替否。國之光輝，朝之淵藪，連踵九佐，比肩七友。」亂離瘼矣，邦家殆哉，我馮上哲，振墜匡頽。天人匪懕，圮剥時來，死歸生寄，樑木斯摧。瞻彼川流，滔滔靡舍，」遽從短日，奄歸長夜。八旒終卷，四牡誰駕，城郭或存，人民適謝。稟秋時戒，具物蒼蒼，薤歌悽咽，柳飾低昂。」風悲秋檟，鳥思松楊，一捐朱邸，永閉玄房。」太昌元年七月癸巳朔廿八日庚申葬於洛城西廿里奇坑南源，歲次壬子。」

國家圖書館藏拓。

327 元項墓誌

【誌蓋】闕

【銘文】魏故使持節侍中太尉公尚書令驃騎大將軍都督雍華岐三州諸軍事」雍州刺史東海王墓誌銘。」王諱項，字幼明，河南洛陽人也。天臨聖系，日躋神基，焕星電而炳靈，鬱虹」月而效祉，固已逐鹿西朝，得雄東晉。祖獻文皇帝，垂衣馭宇。考太傅北海」平王，負圖作相。王麟趾間生，鳳鳴秀出，珪璋琬琰，麗於情性，蘭芷松筠，茂」於衿抱。無魏陳之所追，非晉齊之能及。雖復樂善腰腹，方同畫餅。初以王」子來朝，留愛主上。即拜散騎侍郎，在通直。晨遊赤墀，暮謁青瑣，冕旒延屬，」表色動容。加朱衣直閣。明帝春秋方富，敦悦墳典，命爲侍學。王執經禁内，」起予金華。轉正員郎。裴楷阮咸，玆焉蔑爾。移中書郎。潤色絲綸，麗則涣汗，」飄飄視草，翩翩苦風。遷武衛將軍。昭毅五營，振舉六郡，列棘望標，作行任」重。徙光禄卿。執戟清途，樞要美選。轉給事黄門侍郎，仍卿。鄴都前臨殷衛，」却背燕趙，人物紛綸，風俗雜沓。遷平北將軍相州刺史。王帶默綬於一方，」駕朱驂於萬里，脂膏不潤，貪泉必酌。入爲中軍將軍大宗正卿。雖彤伯居」周，劉德處漢，援類相擬，故有慚色。先王親賢命世，勳猷載光，高祖薄伐江」陵，明德留守。至是如後，分封樂平縣開國公，邑九百户，仍本將軍。復授黄」門郎。及永安初，遷侍中車騎將軍左光禄大夫。斯位天下英俊，海内髦傑，」於我而方蘇。則劉毅未之匹也。尋以諸姬並建，争長孰先，因封改加汝陽」郡王，食邑千室。又更封東海郡王，轉中書監本將軍，復侍中尚書左僕射。」昔張華振聲於京洛，王導羽儀於楊都，山濤以清猷而後結，周顗以素德」而來踐，及至光朝燭野，比此爲輕。嗚呼！輔仁理難，遭命倏易。時年廿九，永」安三年七月廿七日薨於位。内外士女，遠邇賢愚，莫不泣若捐珠，悲如墮」淚。惟王忠孝君親，禮義家國，固能秀發瓜瓞，英標葛藟。少有顔子之稱，幼」得曾生之號。由乃經業貴於金贏，文采重於玉屑。加以風貌瓌奇，清暉映」世，亭亭如建木之形，赫赫猶燭龍之影，質麗夜光，實異明月。既卜遠期近，」藴地歸天，有詔追贈使持節侍中太尉公尚書令驃騎大將軍都督雍華」岐三州諸軍事雍州刺史，王如故。以太昌元年歲次壬子八月壬戌朔廿」三日甲申窆於山陵。舟壑徂遷，丘陵迴徙，白楸若見，青編未毀。乃作銘曰：」配天瑶緒，就日瓊枝，帝唯出震，王乃生知。慶踵當世，靈貺自斯，誕膺辰昴，」載協重羲。有符降祉，曰惟公子，風飄綺年，雲披紈齒。學海方大，爲山非止，」激水上征，摩天遐起。青瑣藹藹，紫泥峨峨，執戟伊茂，共輿載和。蕃岳鎮」地，磐石帶河，國華寔允，時秀匪他。自昔來朝，朱組丹轂，于今山野，雜樹異」木。天道芒芒，人生慼慼，一化何許，百身不贖。妃胡氏合葬於斯。」 國家圖書館藏拓。

328 元顥墓誌

【誌蓋】闕

【銘文】魏故北海王墓誌銘。」公諱顥，字子明，河南洛陽人也。昔高辛之胄，言才有八；姬昌之胤，稱賢者五。若夫奄」宇宙而爲家，分河山以建國，固當天和咸萃，靈貺畢歸矣。公獨稟上才，牢寵萬物，鬱」爲命世，神祇斯啓。壯情孤峙，邈與瓊琨等峻；英心特立，眇共瑶碣齊高。肇自弱年，天」機秀發，念存九合，志在三匡。蓋當見異何生，受託公祖者矣。若其始嗣爵土，初理衣」簪，無待羊角之搏，便有鵬翼之勢。或司政棘樹，或敷奏瑣門，或官如北斗，或牧是東」岳。位以名高，任隨才遠，清猷被國，遺愛在民。百僚延首，猶衆飛之赴雁塞；千品注目，」若群泳之仰龍門。瞻其崖崿，不測官富之美；濯其波瀾，盡得相忘之意。歲在執徐，榆」關大擾，王師每喪，獯獫橫行。仍以徒役苦虐，吏之浸，流戍積懷歸之思，緣邊萬里，影」響群飛。天子乃睠不怡，早朝晏罷，言廉李而悵然，顧鄖宛之無擊。公有濟世之才，深」救樊之志，啓行薄罰，肆兹神武，英風暫馳，戎夷震懾，義聲所及，種落知歸。言還魏闕，」仍總端揆，將相所在，安危攸屬。於時運距交喪，金革方始，茫茫燕趙之地，化爲射獵」之埸，連烽千里，控絃萬騎，逐春草以西移，俟秋風而南首。加以猛將精兵，驟見摧挫，」君子懷沉淪之懼，小人有呑噬之憂。公慮兼家國，舊身授手，府朝並建，作鎮鄴城。屬」明皇暴崩，中外惟駭，尒朱榮因藉際會，窺兵河洛，始稱廢立，仍懷覬覦。群公卿士，磬」於鋒鏑，衣冠禮樂，殆將俱盡，行李異同，莫辯逆順。公未知鴻雁之慶，獨軫麥秀之悲，」而北抗强竪，南鄰大敵，事在不測，言思後圖，遂遠適吴越，觀變而動。孝莊統曆，遥授」師傅，磐石之寄，於焉在斯。既而政出權胡，驕恣惟甚，爰自晉陽，遠制朝命，征伐非復」在國，牧守皆出其門，天下之望，忽焉將改。公仰鼎命之至重，瞻此座之可惜，總衆百」越，來赴三川。而金縢未刊，流言競起，兵次牢洛，輿輦北巡。既宗廟無主，而雄圖當就，」不得不暫假尊號，奉祭臨師。覬當除君側以謝時，復明辟而歸老，此志未從，奄隨物」化。以永安三年七月廿一日薨於潁川臨潁縣，時年卅六。惟公道業淵通，德範標峻，」孝友篤誠，率由斯踐。弱承丕緒，少縻好爵，清輝素論，領袖人群，貴則王公，親亞梁楚，」愛才賤寶，輕生重義。外接士林，極謙恭之德；傍納細民，盡寬仁之美。萬官挹之而不」竭，四海注之而不盈。滔滔乎苞委水而爲深，灼灼乎並麗天以俱照。雖氣蓋寰中，聲」振域表，而永隨川逝，空與山傳。皇上緬追休烈，載申盛禮，詔贈殊榮，一無所假。以太」昌元年歲次壬子八月壬戌朔廿三日甲申窆於舊塋。天地無窮，陵谷驟徙，敢勒餘」芳，垂之金石。其詞曰：」三才隆祥，百靈納祉，乃資人傑，實縱英跱。叡皇之孫，哲王之子，曾嶠迴立，崇峰崛起。」誕兹神表，茂是天爵，激水而飛，蒸雲斯躍。文德時序，武功伊爍，致君堯舜，拯民溝壑。」至道不言，窮妙無象，其神莫測，在迹徒仰。天綱暫弛，鼎命疑歸，眷言寶器，託迹觀機。」見危發憤，投袂揚威，風雲方扇，霜露同晞。長天運節，短日催年，言歸黃壤，永秘玄泉。」墓欑榱木，塋聚寒烟，生民共此，無聖無賢。」

國家圖書館藏拓。

329 李彰墓誌

【誌蓋】闕

【銘文】魏故通直散騎侍郎左將軍瀛」州刺史司州河南郡洛陽縣澄」風鄉顯德里領秦

州隴西郡狄」道縣都鄉和風里李彰，年廿二，」字子煥。」維大魏太昌元年歲次壬子九」月壬辰朔廿九日庚申殯於石」人亭大道北，覆舟山之陽。」祖沖，司空文穆公。」父延寔，使持節侍中太師太尉」公。」

據《漢魏南北朝墓誌集釋》。

330 和醜仁墓誌

【誌蓋】闕

【銘文】魏故平州刺史鉅鹿郡開國公于君妻和夫人之墓誌銘。」夫人諱醜仁，字醜仁，河南洛陽人也。祖天水侯，以英標雅」量，緝熙王業。父他莫汗真，侍中北部吏部二曹尚書安北」將軍幽州刺史天水侯。風韻閑正，鬱爲樑棟。夫人稟純和」於四緒，資妙質於山岳，令淑著自綺年，婉順彰於笄歲。兼」志在女工，躬存儉約，温良慈惠，慎而寡言。師氏之訓，昭晰」閨庭，媛德之隆，儀形邦國。既身光四善，譽流五行，言告言」歸，來嬪明哲。夫人恭理婦業，畢力中饋，動合規矩，言成均」的。後生仰以爲模，鄉邑被其清猷。方陟此遐年，永隆家道，」而穹旻寡施，貞徽遽掩。春秋六十有四，以太昌元年歲次」壬子九月廿一日寢疾薨於穀陽里。粤以其年十月辛酉」朔廿四日甲申葬於西陵之舊塋。夫人有德有行，乃孝乃」慈，邁金蘭於往古，挺芳神於盛世。壿堂已構，蕙芷長埋，銘」玆懿德，寄之不朽。其辭曰：」粤惟淑美，資此孝仁，未奉著性，其道彌新。克隆智母，誰無」令人，志同鬒髮，情慕徙鄰。其德如玉，其智如津，所存唯義，」所好唯貧。優遊翠帳，容與羅塵，雖仇有國，織衽猶親。家慶」方展，徂光奄淪，百齡一謝，萬古同泯。埏門落旐，羨道迴輴，」壟霜易白，松風不春，冥冥長夜，何當復晨。」維大魏太昌元年十月廿四日。」 國家圖書館藏拓。

331 宋虎墓誌

【誌蓋】闕

【銘文】魏故中堅將軍桑乾太守宋府君墓誌銘。」君諱虎，字安威，燉煌人也。蓋微子啓之遠裔。曾祖」茜，龍驤將軍涼州刺史。祖龍周酒泉太守之元孫。」父嗣祖新鄉令之長子。君稟訓過庭，志尚清韶，少礪名節，長播聲美，内懃孝弟，閨門敬讓，外施篤信，」義結交友。故風亮泱泱，深爲鄉黨之所雅器。家貧」干禄，便任將作曹掾。歷事明決，幹莅剋濟矣。君幽」情通悟，妙識玄理，志慕虚寂，榮優匪願也。於是屢」申遜勉，栖誦家林。降年有期，春秋七十遘疾，建明」元年二月廿六日終于安義里。酸感内外，有識含悲，」朝廷追傷，褒贈中堅將軍桑乾太守。太昌元年十」一十八日窆於周城東北首陽之麓。慮陵谷遷移，」乃銘之泉石。其詞曰：脩源蔚矣，聲流萬祀，寔有」餘慶，在君承祉。外敦敬讓，内穆妻子，廉信著潔，風」猷芳美。方深靈貴，降命不淑，精魂既往，神氣亡復。」言從窀穸，事悲出宿，山松慘裂，隴樹摧覆。」　國家圖書館藏拓。

332 元襲墓誌

【誌蓋】闕

【銘文】君諱襲，字子緒，河南洛陽人也。恭宗景穆皇帝之曾孫，京兆康王之」孫，洛州刺史武公之子。系連宸極，派流天漢，康王弘道以濟俗，武公調風」以協時，並勒名關闕，紀績圖篇。君稟和氣象，鍾美川岳，廉貞孝友，因心自」得，清風峻節，秉襟獨遠，不假色於朱藍，寧資深於羽栝。兼錯綜古今，貫穿」百氏，究群言之秘要，洞六藝之精微。藻思綺合，摛文錦爛，信足方駕應徐，」連横潘左。又工名理，善占謝，機轉若流，酬應如響，雖郭象之辨類懸河，彦」國之言如璧玉，在君見之。弱冠除著作佐郎，轉司徒主簿。緝鼇東觀，毗讚」槐庭，藉甚有聞，聲實無爽。除輔國將軍直閤將軍司州治中。京輦混并，諠訟紛雜，君神明警悟，鑒裁清慜，綱領一振，毛目斯理。尋除後將軍河東太」守。于時此郡，西接羌虜，北連胡寇，絳蜀乘間，遂相扇誘，屠村破柵，縣其小」利，兇勢既張，頑守郡邑。朝廷以釁發皇畿，憂深旰食，以君文武兼資，故有」此授。既應皇命，仍馳傳赴職，廣設方略，開示誠信，喻以安危，曉以利害。賊」懼威懷德，便相率降散，曾未少旬，部内安輯，乃厲精治端，留心政緒，察言」得理，覩色知情，冤詐曲盡，奸伏備彰。匪唯澤洽一邦，固亦潤兼京邑。以茂」績剋宣，勳庸有著，遂割裂山河，開建茅社。復轉平東將軍潁川太守，未□」之任。君珪璋内映，風飆外發，聲邁雲中，才超日下。加以□獵道德，組織仁」義，行同規矩，言若準繩。方羽儀宗國，領袖縉紳，而與善芒昧，非命奄及。春」秋四十四，以永安二年六月廿一日終於第。冕旒矜悼，寵錫有加，詔贈使」持節散騎常侍都督青州諸軍事中軍大將軍青州刺史，謚曰文公。太昌」元年十一月十九日倍葬長陵。天地長久，陵谷或遷，庶陳遺烈，勒銘窮泉。」其辭曰：」周曰維城，漢稱磐石，本枝爰敷，華萼允迪。莘莘侯國，峨峨懿蕃，篤生琬琰，」誕出璵璠。高峰獨秀，逸翮孤騫，紈辰則仕，綺年從政。延閣有聲，台階無競，」出内禁牧，實賴我康。共治畿甸，化止災蝗，世亂道消，貞風難立。高芳徒振，」□輝永戢，圖南未至，歸北已及。出門耿耿，去國悠悠，親賓泣隴，徒御悲丘。」初松將密，細草方稠，一朝寂漠，萬古迴遊。」國家圖書館藏拓。

333 元文墓誌

【誌蓋】闕

【銘文】魏故車騎大將軍儀同三司林慮哀王誌銘。」王諱文，字思質，河南洛陽人也。」體獻文皇帝之曾孫，文穆皇帝之孫，侍中太師大」司馬太尉公假黄鉞陳留王之第三子。乾坤之粹精，含二儀之妙氣。生而奇骨無雙，孩而日」新月就。五歲誦論、孝，聲韻清辯，以爲有祖之風焉。」孝莊皇帝特加寵愛，永安二年，封林慮郡王，食邑」一千户。方當瑉琢其章，終成國寶，靈不祚仁，始春」霣彩。九歲薨於第。贈車騎大將軍左光禄大夫儀」同三司，謚曰哀王。太昌元年十一月十九日遷窆」於西陵。乃作銘曰：」黄軒之裔，本枝百世，自遼徂嵩，聖鏡日躋。茂葉扶」疎，鬱陵雲際，既明且哲，又聰與慧。金姿玉質，令問」孔昭，愛結」皇心，幼啓土茅。方悕合抱，右戚于朝，風霜早至，未春已彫。天道消息，神理盈虚，苗而不秀，信有矣夫。」窀穸方遠，精爽焉如，敢鏤遺影，以勒黄爐。」　國家圖書館藏拓。

334 元恭墓誌

【誌蓋】闕

【銘文】魏故使持節假車騎將軍都督晉建南汾三州諸軍事鎮西將軍晉州刺史大都督節」度諸軍事兼尚書左僕射西北道大行臺平陽縣開國子元君墓誌。」君諱恭，字顯恭，河南洛陽人也。恭祖景穆皇帝之曾孫，城陽懷王之第二子。原高日宇，」業廣星區，本枝有始，鴻祚無窮。蚣斯之福已繁，麟趾之慶彌遠。君稟上善之資，啓生知」之志。崇峰峻極，千刃不得語其崇高；長瀾澄鏡，萬頃無以擬其洪量。孝敬之道，發自天」真；信順之理，出於神性。曠懷海納，憘愠不見於言；雅量山容，得失不形於色。是以口無」擇言，身無擇行，温顔外穆，嚴心内明，節比松筠，操同金石，再思有道，三省無違，文洞九」流，義貫百氏。遊仁者霧集，慕義者雲從。是以名實載隆，風流藉甚。正光三年，除揚州別」駕，加襄威將軍。事上盡匡救之理，綏下極仁惠之方，温洽冬輝，猛同夏日。壽春邊鎮，即」麓多虞，去留無恒，情爲難測。爰有狂妖，潛結數萬，填壍踰城，中霄突入。兵火沸騰，士民」荒懼，鋒刃相交，奸良莫辯，是日危逼，幾將陷没。君神志平夷，謀慮淵遠，部分諸將，方軌」直進，旌鼓暫搗，醜徒冰散。淮南肅清，君之功也。賞兖州平陽縣開國子，食邑三百户。又」爲司徒主簿，俄遷中書侍郎。復以北中機要，維捍所依，永安二年，轉授北中郎將。尋除」持節督東徐州諸軍事左將軍東徐州刺史，不拜。永安三年，除安東將軍大司農卿河」南邑中正，仍除使持節都督東荆州諸軍事中軍將軍東荆州刺史，假征南將軍當州」都督，餘官並如故。權臣尒朱榮既休其辜，遺種餘類，遊魂未已。以君地唯國威，器實宗」英，心旅所憑，社稷攸賴，受蜃專征，翦撲妖殄，率領禁兵，西援平陽。兼尚書左僕射西北」道大行臺大都督節度諸軍事。屬值羯胡吐萬兒肆逆，徑襲京都，主上蒙塵，暴崩汾音。」君天誠發來，千里奔赴。大行棄背萬國，君亦枉見禍酷。自亂極治形，寶圖唯永，追思舊」德，言念鴻勳。贈車騎大將軍儀同三司都督并州諸軍事并州刺史，餘官如故。以太昌」元年十一月十九日己酉遷窆於山陵谷山。乃作銘曰：」鴻源攸邈，寶祚載昌，累仁成聖，積慶重光。咸陵九服，德被八荒，分周宅陜，如衛如唐，以」賢以威，且公且王。於昭我君，體基辰緒，既哲且明，允文斯武。内贊禁闈，外毗疆禦，乃委」捍城，實爲心膂。釁發九江，雰藹三楚，擊矢晨飛，高烽夜舉。率是熊羆，厲兹貔虎，克固崇」墉，截彼醜虜。帝嘉厥庸，錫之土宇。始登台幕，徽風繼〔一〕宣，爰遊鳳沼，翰飛戾天。絲言落雨，」綸綍騰煙，疎通自遠，潔静窮玄。黄津浩淼，丹山崇峻，惟機唯宜，是綏是鎮。湯池百重，金」城千刃，仁惠潛流，嚴風遐震。體國經野，與存與亡，式蕃荆甸，奉册徐方。淵府攸在，歲會」禳禳，九列斯穆，六條有章。天步未夷，艱虞相屬，遇是厲階，離兹禍酷。怨滿松崗，痛深泉」谷，黄鳥惟悲，人百豈贖。徽範永揚，淪光難續。」母范陽盧。婦茹茹主之曾孫，景穆皇帝女樂平長公主孫，父安固伯閭世穎。」長息前通直散騎侍郎寧朔將軍領尚書考功郎中彦昭。次息前秘書郎中彦遵。」次息前給事中彦賢。」　國家圖書館藏拓。

注　釋

〔一〕繼，原石作「𢇍」，當爲「繼」字之異體。

335 元徽墓誌

【誌蓋】闕

【銘文】魏故使持節侍中太保大司馬録尚書事司州牧城陽王墓誌銘。」王諱徽，字顯順，河南洛陽人也。耀星電以啓基，駭風雷而成業，楨符相屬，靈命不窮。」祖康王，蘊德摛華，蹠四岳而特立。父懷王，資圖叶運，膺三傑以挺生。固用昞發名山，」照燭驎閣，於余可得而略也。王台耀降祥，世德鍾美，機鑒爽悟，神理精徹，體仁依義，」基孝履忠。貞飆與松筠等茂，逸韻共風烟俱上。迅雷過耳，不擾其情；駭獸逕目，詎移」其慮。及研商隱賾，遊息丘山，玄旨幽而更揚，微言絶而復闡，膺五百之遐運，擊三千」而上征。天爵以脩，地芥伊拾，不行而至，無翼載飛。入處股肱，式衛元首，出應分竹，流」潤帝畿。擁旆華陽，迴驂冀北，擾獸依轂，翔鳥滕軒。天府任隆，内相爲切，輟兹分命，來」司樞揆，斟酌元氣，抑揚衡石。陳群之裁定九品，杜預之損益萬計，毛玠之華實必甄，」山濤之官人稱允。總而爲言，綽有餘裕。爰自功高，迄於專席。既挹江海，又管喉脣。内」外總己，朝野屬望，悉心正色，知無不爲，葵織斯除，衮蓋靡設，鹽梅雅俗，舟楫生民。及」天鏡且移，人謀忽改，白囊日警，赤羽交馳。乃作牧帝京，兼開幕府，運籌衽席，制勝廟」堂，萬里承風，九區斯謐。五品俟教，允應主人；九伐方申，仍陟司武。訓範支葉，保乂一」人。地兼四履，位窮八命，居盈彌損，在泰俞沖。不以吐茹移心，不以晦明易志，萬頃泳」之而莫測，百姓日用而不知。方當終散馬之休運，倍射牛之秘札，而天未悔禍，時屬」道消，一繩匪維，我言不用，銅駝興步出之歎，平陽結莫反之哀。孰謂推墻，遽同析脂，」春秋卌一，永安三年歲次庚戌十二月五日薨於洛陽之南原。今否運有極，罪人斯」除，一息不追，人百靡贖。有詔：王體業貞峻，風概英遠，清猷被國，遺愛在民。可贈使持」節侍中太師大司馬司州牧，謚曰文獻，禮也。粤以太昌元年歲次壬子十」一月辛卯」朔十九日己酉窆于洛陽之瀔山。迴遊亟謝，岸谷互遷，敢刊泉途，式銘遺烈。其詞曰：」裁峰四見，分華三接，招摇謝蕊，廣都著葉。道有襲耕，德無殞獵，金玉既振，青紫相躡。」都良産馥，槐江發潤，遠識淵渟，沖襟岳峻。聞義遽徙，當仁必殉，蔚昺爲文，鏗鏘成韻。」誰縻好爵，爰在學優，分符帝閫，負傳仍遊。華陽結訟，冀北興謳，司會居本，比穆凌攸。」上圓在務，下方用序，九伐言臨，七營伊舉。納揆奚屬，鄰台安與，清虚獨邁，温恭無侣。」如珪如璧，匪羆匪熊，槐庭易觀，鉉路增崇。豈唯調氣，爰兼順風，仁威遠扇，至德潛通。」愍憂距運，多僻在辰，聰耀爲虐，冠履飄淪。壓焉斯及，殄瘁奄臻，剖心奚痛，殲我良人。」夕波東騖，朝晷西奔，忽貿朝市，遽易涼暄。叶兹三兆，方從九原，嘉數以積，文物徒尊。」醴酒誰設，菀園靡開，歸驂踡跼，去蓀徘徊。寵暉無色，松風自哀，芳猷爰謝，玄石空裁。」太妃河南乙氏，廣川公之孫女。妃隴西李氏，司空文穆公之孫女。弟旭，顯和，征」東將軍徐州刺史襄城王。弟虔，顯敬，通直散騎常侍安東將軍銀青光禄大夫廣」都縣開國伯。妹適熒陽鄭氏。世子須陀延年十歲。息女長華年十二。」　國家圖書館藏拓。

336 元馗墓誌

【誌蓋】闕

【銘文】魏故司空府參軍事元君墓誌銘。」君諱馗，字孝道，恭宗景穆皇帝之玄孫也。君」以擢榦層基，派源天漢，故能姿神夙成，文義早」著，經通行脩，遠邇傾矚。雖年在稚弱，高齒莫先。」司空楊公雅稱其才，徵爲參軍事。年尚童幼，如」儀神遠暢，凡厥府僚，莫不歎伏。君楊氏之甥也。」及太保遇害關右，君亦濫同其禍。于時朝野莫」不痛惜。以普泰元年六月廿九日卒於華陰。時」年十七。蒙贈使持節都督徐州諸軍事輔國將」軍徐州刺史。以太昌元年歲次壬□冬十有一」月辛卯朔十九日己酉葬於斯原。迺作銘曰：」巖巖外方，滔滔河洛，誕降瓌奇，夙闡洪略。神童」發齔，英聲自弱，才慧昭晰，風儀峻削。始陟槐途，」方縻好爵，有苗不秀，光霜殞擇。丹旐翩翩，龍輴」岌岌，漸即鬼途，稍辭人邑。冥冥長夜，昏昏闇濕，」豈伊可見，聞之歎泣。」

國家圖書館藏拓。

337 宋靈妃墓誌

【誌蓋】魏故廣平」郡君長孫」氏宋墓誌」

【銘文】侍中太傅録尚書事馮翊郡開國公第四子散騎常侍征東將軍金」紫光禄大夫西華縣開國侯長孫士亮妻廣平郡君宋氏墓誌。」夫人諱靈妃，廣平烈人人也。祖弁，識悟恢朗，才美當時。高皇帝賞」遇，顧命斯託，歷位給事黃門侍郎吏部尚書相州大中正烈人子使」持節鎮北將軍瀛州刺史。父維，機亮沖敏，少播令響。襲爵除冠軍將」軍營洛二州刺史。夫人稟二象之淑靈，資五行之秀氣，儀止妍華，器」宇凝明，承上以敬，接下以温。女德光於未笄，婦功茂於已醮。聲逸諸」姑，譽騰伯姊。閨閫嗟羡，九族歸仁。非玉潔在性，蘭芳自天，其熟能若」斯者哉。夫人早年喪父，至慕過禮，毀幾滅性，哀實動物。婦人不杖，於」兹濫矣。爰初外成，脩粟告虔，盡恭孝於舅姑，竭信順於叔妹。子侄被」慈惠之恩，室家顯終身之敬。德流二宗，人無閒然。方當作誡夫氏，垂」訓母儀，齊芳曹婦，等美伯姬。而輔仁虚設，與善靡徵。春秋廿，大魏永」興二年〔二〕正月十四日終於洛陽永和里第。嗚呼哀哉！皇上振悼，親」賓灑泣。詔曰：追往褒庸，列代通典。録尚書稚第四子婦宋氏，柔儀」内湛，婌問外揚。積慶之門，方膺茂祉，而不幸徂殞，良用嗟悼。宜崇寵」數，以慰沉魂。可贈廣平郡君，祭以太牢，禮也。粤其月廿日葬於洛陽」城西廿里，漢原陵南七里，魏長陵東南十里，馬鞍山之陽。夫亮悲瑟」琴之乖好，痛伉儷之不終，既結怨於天道，乃鏤石於泉宫。其詞曰：」氤氲瑞氣，昭晰靈祉，迺降淑媛，作嬪君子。九十其儀，七德自己，令問」令望，悦繹女美。爰始幽閑，蕙質冰心，亦既有行，誕嗣徽音。姻婭嗟讚，」娣姒遵欽，進退可度，如玉如金。温温韶性，抑抑容止，芳馥蘭桂，色麗」桃李。意淡善惡，情夷愠憘，亹亹德音，詳詳盈耳。悲生昇嶺，怨結臨川，」掩耀夏晷，堙采春年。過隙弗追，逝者豈旋，無云厭世，如何上仙。昬明」迭襲，日月交馳，卜云其吉，言宅泉闉。庭列翣柳，車蔚龍螭，玉爵虚湛，」寶帳空垂。深夜冥昧，山路滄茫，聲影若存，松柏已行。

睠言無及，跂予」何望，嗚呼遠矣，于嗟未央。世子山尼，次道客。女始蘭，次瞿沙。」

【誌側】大魏永興二年歲次癸丑正月庚寅朔廿日己酉。」 國家圖書館藏拓。

注　釋

〔一〕永興二年，據《魏書·孝武紀》，孝武帝於中興二年四月即帝位，改元爲太昌；十二月丁亥「大赦天下，改太昌爲永興，以太宗號，尋改爲永熙元年」。可知永興實無二年，「永興二年」當爲「永熙二年」。

338 元肅墓誌

【誌蓋】闕

【銘文】魏故使持節侍中司徒公魯郡王墓銘。」公諱肅，字敬忠，洛陽人也。啓神基於地符，派浚源於天漢，世」有山岳之祥，家傳樑棟之業。祖南安王，德範貫時，被於鉛素。」考扶風王，道動出世，列在歌謠。公納慶上靈，峨然獨秀，樹勝」賞於人外，置清猷於俗表，固以號萬頃於國都，稱千里於宗」室。天爵既隆，人寶自至，起家兖州平東府録事參軍，仍轉徐」州安東府録事參軍。屬彭城外叛，公拔難還闕，特除給事中，」尋補直寢，遷直閤。故天柱大將軍尒朱榮建義旗於晉陽，公」預參遠略，及扶危翼聖，特加班賞，除散騎常侍，封魯郡王，邑」千室。於時并肆之地，分置廣州。以公高明在躬，群望所屬，乃」

除持節後將軍廣州刺史，仍除衛將軍肆州刺史，常侍王竝」如故。莊皇幽執，宗祏無主，建明稱制，暫馭兆民。公以茂親懿」德，位在不次，除侍中太師録尚書事，都督青齊光膠南青五」州諸軍事東南道大行臺青州刺史。禪讓之後，仍除太師，王」如故。公體韵英奇，風標傑立，爰初入朝，及於致遠，功隨任重，」德與位高，貴極人臣，譽滿邦國。道隆命促，忽與運遷，幽埏戒」辰，復申禮數。詔贈侍中驃騎大將軍司徒公都督并恒二州」諸軍事并州刺史，王如故。以永熙二年二月己未朔廿六日」甲申窆於西陵。敢勒餘芳，永傳陵谷。乃作銘曰：葳蕤龍序，」菴鬱龜書，啓兹魏德，握鏡宸居。深根布護，茂葉扶疏，爰有人」喆，早集英譽。孝以聞家，忠而仕國，激水圖南，摶風自北。朝□」素範，民歌遺德，天子式瞻，群僚取則。將爲舟楫，濟世匡時，□」斯鑪炭，變化于兹。玄泉有卜，白日無期，嗟乎大夜，樽□□□。」　國家圖書館藏拓。

339 乞伏寶墓誌

【誌蓋】闕

【銘文】魏故使持節都督河涼二州諸軍事衛大將軍河州刺史寧國伯乞伏君墓誌。」君諱寶，字菩薩，金城郡榆中縣人也。冠冕蟬連，英賢世濟，故已傳諸史策，不復」詳焉。祖尚書，清規雅量，藉甚前朝。父豫州，據德依仁，傳芳後世。君資和餘慶，稟」靈峻極，岐嶷表於弄璋，明悟形於負劍。及其器宇恬憺，風猷閑遠，愠憘無異於」色，雷霆豈變其神。高祖文皇，以君名家之子，爰在綺紈，調居禁内。後襲侯爵，仍」除中散。屬惟新在運，解而更張，普改群官，降侯爲伯。俄遷給事中，尋轉威遠將」軍羽林監。頃之，拜步兵校尉，隨班例也。蕞爾西戎，蠢焉東向，侵淩關塞，摇蕩邊」居。帝乃赫怒，言思薄罰。便爲統軍，假號寧朔。君受蜃闕庭，躍馬閫外，色有難犯，」志在勲王。韞六奇之謀，申三令之法，赴湯火而不顧，望旗鼓而争先。鯨鯢於焉」用剪，凱歌於是還國。又信都塵起，不逞潛圖，置鳳鳥而爲妖，畫龍播以相惑。四」鄙由其入保，百姓以此騷然。乃爲持節假振武將軍井邢關都將。星言出宿，蓐」食遄征，張犄角之勢，振御侮之威。用使醜徒泥首，兇渠就戮，冀北無警，君有力」焉。還除顯武將軍左中郎將，俄遷鄯善鎮將，將軍伯如故。以母憂解任，泣血茹」憂，幾將毀滅。日月未終，起莅南中郎將。君既體襲哀麻，理乖纓紱，固陳哀苦，終」以公事見違。後徵拜武衛將軍，仍兼左衛。又除平南將軍銀青光禄大夫太府」卿。山海之税，供養爲難，乃屬於君，物議不起。鴻臚任掌諸侯，職兼歸義，自非尚」德厚賢，莫能居此，乃以君爲大鴻臚卿。贊引九賓，敷禮郊廟，府仰咸則，容止可」模。雖暨號宿德而來踐，宣云稱職而馳名，對而爲言，曾何足尚。南中地接荆蠻，」面臨淮泗，鎮衛尤重，所寄非輕。以君膺彼物情，還除斯任，監蕃察部，刺舉稱難，」調風化俗，其人不易，乃以君行廣州事。望境若真，決遣無滯，及罷朱驂，言歸絳」闕，靡不當九逵而卧轍，追五里而攀車。未幾，復除鎮南將軍襄州刺史。褰帷廣」眺，肅厲之聲已彰；布政期月，仁明之謡復起。煩荷自除，賢愚知敬。景山西撫，匹」此非優；子虞北臨，比之更劣。君居家能孝，事君盡忠，華夷服其德音，朝野欽其」令望。方當極台鼎之位，窮獻替之美，逝川不留，樑木斯壞。以太昌元年十一月」薨。冕旒銜酸，縉紳殞涕，乃贈使持節衛大將軍河州刺史，以永熙二年三月廿」一日窆於北芒之西嶺。天道既遠，大夜難晨，式刊玄石，用勒清塵。乃作銘曰：」公侯必復，山岳降神，膺此餘慶，挺兹哲人。稱奇月旦，見異日新，沖年來仕，少襲」纓紳。屣步不息，翰飛詎已，入釐九棘，出裁萬里。化洽政平，治高訟理，績用遂成，」民謡載起。方期眉壽，遽等若休，華堂旦發，泉室夕留。永同萬古，終爲一丘，顧言」可作，於此相求。」 國家圖書館藏拓。

340 張寧墓誌

【誌蓋】魏故岐」州刺史」張君銘」

【銘文】大魏永熙二年歲次癸丑八月丁巳朔廿八日甲申故持節督南」岐州諸軍事前將軍南岐州刺史張君之墓誌。」君諱寧，字太安，南陽人也。帝嚳之元胄，張衡之後焉。安東將軍兖州刺史子之孫，鎮軍將軍朔州刺史渾之子。開國承家，冠冕弈世。」公禀二儀之和性，資三光之順氣。抽柯雲圃，拔幹霄園。貌是垂髮」之童，行等班鬢之老。年始有七，諮祖請學。祖審其奇志，置館延師。」歲將二九，五教自敷；年未四八，三才獨朗。學染天情，器非近習。英」膚夙至，非藉脂在之綵；儁骨早通，無階書學之能。風飄千刃，衿帶萬」頃。自以桂林一枝，崐山片玉，學歲不群，冠年獨立，容豫鄉國，逍散」閭閻，卷書辭親，彈冠問世。時禁仕華要，賢良罕授，以公才貫天人，」風度詳雅，永平元年拜殿中内監，任以幃禁。淵柔其裏，岳峻其表。」高風雅雅，若清天之臨白日；洪辭侃侃，如西江之瀉東海。勤王剋」允，尋陟考積，普泰元年加廣武將軍，内監如故。性潔金蘭，情居水」鏡，道惟公行，化無私立。朝章席説，則行懦春波；格言訟理，則聲雄」電猛。志在屠龍，非期小割，聲藝方融，蘭摧奄及。春秋六十有五，永」熙二年歲次癸丑五月戊子朔廿七日甲寅薨於上京脩睦之里。」眷言皇心，爰發天情，追贈持節督南岐州諸軍事前將軍南岐州」刺史。粵八月廿八日窆於孝明皇帝陵西南二里，馬村西北亦」三里。痛賢悲德，淚自朝市，雖齊哀晏平之殞，趙戚樂毅之亡，無以」過也。長子貴顯，第二子仲顯等，哀崩山之永晦，痛終天之長慕，憑」翰泉冥，寓言於鎸石者也。」其詞曰：」湯湯委水，峨峨削成，厥伊君子，唯哲唯英。澄江寫志，轉日裁明，化」中玉字，素上金聲。鳳骨既舒，龍文復表，上天不弔，殲仁喪道。滄淵」彫璣，鍾巖墜寶，律谷罷喧，龍車輟曉。」　國家圖書館藏拓。

341 石育及戴夫人墓誌

【誌蓋】魏故滄」州刺史」石使君」墓誌銘」

【銘文】魏故使持節都督滄州諸軍事滄州刺史石使君戴夫人墓」誌銘。」君諱育，字伯生，樂陵厭次人也。稟精少昊，開基有夏，世襲風」概，雅亮相傳。曾祖瓚，以秀才仕燕，釋褐鷹揚將軍中書博士」太子少師，稍遷鎮東將軍平州刺史關內侯。祖邃，遼東護軍。」從燕歸闕，領户三千，賜爵昌邑子，建威將軍遼東新城二郡」太守。父襄，襲爵，除威遠將軍豫州司馬，例減爲男。君資靈獨」立，器兼文武，性重然諾，語必千金，加以門訓慈良，世純忠孝。」弱冠仕代，爲殿中將軍。出除京兆縣令。丁窮去官，三年泣血，」雖高柴曾閔，弗之加也。君遂絶宦途，志在追慕，合門掃軌，不」關時事。至延昌中，以三荆初啓，蠻左始附，戎遠能邇，實難其」人。朝廷以君蔭重當時，衣冠舊齒，拜君虎威將軍彭山戍主。」綏静夷民，招慰荒俗，恩感僞疆，威振傖楚，民謡歌頌，於今猶」結。方亨山河，爲國作鎮，徂陰不息，逝水日遥。春秋七十三，永」熙二年三月七日薨於河陰延沽里第。上天降詔，追贈使」持節都督滄州諸軍事龍驤將軍滄州刺史。即以其年十一」月乙酉朔廿五日己酉以夫人戴氏合葬洛城西北邙山南」崗。乃作銘曰：」鬱矣洪源，攸哉遠注，如彼天津，玄流長霧。開山始兆，通河彌」著，金玉連聲，珪璋疊譽。早聞夙智，晚著老成，奉親以孝，事君」惟貞。漢稱數馬，衛識龜靈，川嶽無固，良木有傾。白日匪長，玄」夜何久，空置丹經，徒陳琴酒。丘隴易泯，金石難朽，謹題德音，」永燭幽阜。」據《漢魏南北朝墓誌集釋》。

342 元爽墓誌

【誌蓋】闕

【銘文】魏故使持節都督涇岐秦三州諸軍事衛大將軍秦州刺史尚書左」僕射元公墓誌銘。」君諱爽，字景喆，河南洛陽人也。姬水導源，縉雲結慶，盛業鴻基，儀天」比極。祖明德茂親，冠冕當世。父居中作相，領袖一時。君禀氣藍田，資」靈漢水，兼市爲珍，連城起價。然其理識開悟，體量通率，立身唯孝，因」心則友，固以道德潤己，忠信被物，有是九能，兼之百行。起家爲員外」散騎侍郎，遷秘書郎中尚書起部郎，加輕車將軍。而握蘭複道，含香」綺閣，致譽起草，見奇伏奏。又轉寧朔將軍，郎中仍本。又除給事黄門」侍郎，加平東將軍。及其晨趨文石，夕拜青瑣，運是智能，應兹世用，當」途歸美，所在揚名。屬大盜侵國，乘輿墜駕，政由甯氏，仍見維縶。以普」泰中，除散騎常侍征東將軍金紫光禄大夫領左右直長，又遷衛將」軍領領左右，餘如故。雖纓紱日加，位業彌峻，處是榮貴，澹若浮雲，獨」運虚舟，與物無競，卷懷得所，是用難及。暨太昌在曆，世屬興王，眷言」右戚，群望攸在。方當擁玄雲以上騰，摩赤霄而高鶱，長驅之力未窮，」短晨之露奄及。以永熙二年二月二十五日終於京師。朝廷嗟悼，追」加禮秩，乃贈使持節都督涇岐秦三州諸軍事秦州刺史左僕射。粵」以其年十一月二十五日窆於洛城西十五里瀔水北。乃作銘曰：」帝出於震，高門九重，維城構趾，磐石爲峰。龜組爰及，冠蓋相從，或文」或武，爲光爲龍。若人挺生，寔邦之儁，道風所及，德音彌振。豈但孝友，」實唯忠信，若蘭之芳，如玉之潤。濯纓華沚，歸飛阿閣，列宿是膺，喉唇」斯託。乃駕大車，載馳沃若，春秋非我，花實遽落。嚴風動樹，凝霜被草，」騢騢素騏，翩翩丹旐。永辭上國，長歸神道，白日不見，黄泉詎曉。」公春秋三十三。」妻頓丘李氏，儀同三司彭城文烈公平之女。」息德隆，年十三，娶大將軍齊王蕭寶夤之女。」二女未出。」　國家圖書館藏拓。

343 元鑽遠墓誌

【誌蓋】闕

【銘文】魏故使持節都督齊州諸軍事平南將軍齊州刺史廣川縣開國侯元使君墓誌銘。」君諱鑽遠，字永業，河南洛陽人。恭宗景穆皇帝之玄孫。祖濟陰康王，神情儁拔，道」冠今古。父文王，才藻富麗，一代文宗。構本枝於帝緒，導鴻原於江漢。君體川岳之」靈，稟辰宿之氣，挺珪璋之質，資文武之才。生五歲，遭文王憂，唯兄及弟，亦並童幼，」太妃鞠育劬勞，教以義方。夙興省視，孝情斯極，性開達，好施與，不事産業，道素自」居，虛己待賢，傾身下士。賓客輻輳，冠蓋成陰，綢繆賞會，留連琴酒。風韻恢爽，與青」松等峻；逸氣高奇，共白雲俱遠。不持小節，有倜儻之才，雖鴻翼未舒，固以遠大許」之。年漸成立，志閑丘壑，遂負帙入白公臺山，下帷潛讀，學貫儒林，博窺文苑。九流」百氏之書，莫不該攬；登高夾池之賦，下筆成章。風流閒起，談論鋒出，時觀魚鳥以」詠懷，望山川而卒歲。屬明皇在運，寤寐求賢，賁束帛之禮，委弓車之聘。乃辟爲員」外散騎侍郎。自秉筆龍淵，來儀青瑣，容止可觀，進退可度。遂轉兖州司馬。值僞賊」孔熾，逼迫壕隍，易子朝飡，析骸夜爨，乞師援絶，飛書路阻。君内定不世之謀，外騁」必勝之略，神功洞發，寇賊冰消。河濟止烽火之候，洙泗無簡書之請。合城士庶，咸」言司馬之力，遂蒙賞廣川縣開國侯。又以鳳水凝深，綸門峻舉，自非思敏食時，辭」遒騎上，何以緝綜王言，彪炳絲綍。遷中書侍郎，不拜。俄轉東太原太守。以井邑空」虛，人物彫弊，未稱德望，徵而弗起。東秦形勝，地分十二，俗雜輕薄，號曰難治，剖符」之要，非親勿寄。轉爲齊州東魏郡太守。爰始下車，威嚴斯洽，導之以德，齊之以禮，」返澆薄之風，迴宿食之念，恩等蒲鞭，惠同竹馬，政平訟息，民不忍欺。雖東海善政，」未足云擬；南陽良守，詎言比德。方當論道太階，澄清天下，摶飛九萬，逸駕千里，雲」途未半，翹車已息。降年不永，春秋卅有二，以永熙二年二月廿七日終於位。哲人」已逝，梁木斯摧，長兄暉業痛在原而莫追，悲桓山之絶響，一離同體，永辭偕老，淚」結親知，哀動行路。今卜遠戒晨，嚴櫝將撤，乃詔有司，追贈使持節都督齊州諸軍」事平南將軍齊州刺史，賻錢三萬，祭以太牢，謚曰武侯，禮也。以其年龍集赤奮若」十一月乙酉朔廿五日己酉陪葬長陵之東崗。先秋落實，當夏摧蘭，高隴氣寂，長」夜深寒。松櫝將合，風露已酸，遽如流水，一去不還。季弟昭業爲其銘曰：」長發載禎，麟趾攸緒，猗哉帝胄，篤生翹楚。金玉其箱，德音斯舉，光家被族，允文剋」武。孝既揚名，忠唯作幹，上馬成功，入帷能算。驥騄並驪，鴛鸞比翰，數刃莫窺，萬頃」焉亂。天工人代，所資先覺，夫君製錦，移我風俗。浮虎慚仁，還珠謝渥，慕同立祠，感」如市哭。福壽無象，駒露忽催，文翣啓道，長挽告哀。寒風騷屑，龍馬徘徊，玄門一閉，」白日攸哉。」　國家圖書館藏拓。

344　王悅及郭夫人墓誌

【誌蓋】（無字，爲蓮花龍獸雲氣紋飾。）

【銘文】魏故使持節平西將軍秦洛二州刺史王使君郭夫人墓誌銘。」君諱悅，字文歡，略陽隴城人也。蓋黃帝之所出，后稷之枝裔矣。曾」祖符氏東宮中庶子秘書監太子詹事儀曹尚書使持節平遠將」軍益州刺史文鄉侯，清暉令譽，聲播於秦朝。祖赫連時散騎常侍」金部尚書使持節平西將軍河州刺史。父沮渠時東宮侍講，以太」延二年歸闕，爲第一客。並以風標峻整，名高一時。君承弈世之」英華，挺珪璋之秀質。岐嶷肇於弱年，瑚璉成於早歲。名高鄉塾，器」重閭閻。及其孝敬忠篤之誠，信義仁恕之美，卓犖雄儁之風，秉文」經武之業，固以綴美前脩，儀形邦族者矣。弱冠拜黄秩，轉强弩將」軍，尋與御史中尉東海王世榮，光州刺史勃海高世表，冀州别駕」清河崔文若等並爲侍御。續遷都水使者寧遠將軍奉車都尉冠」軍將軍本郡略陽太守。專城之寄，所任非輕，自非望重當時，莫膺斯舉。君以才第兼華，剖符舊邑，後遷中散大夫，加征虜將軍侍御」師。方當騁力康衢，亨兹榮寵，福善無徵，春秋六十一，以正光五年」八月五日卒於京師。詔贈持節平西將軍洛州刺史。即以其年」窆於洛城西北。然龜筮謬卜，兆入定陵，嚴敬理殊，事當遷改。至永」熙二年，夫人薨逝，言歸同穴，更營墳隴。上天降愍，有顧存亡，追尋」往册，聲實未隆。復贈本州秦州刺史，餘官如故，謚曰簡公。合葬於」芒山南嶺，定陵西崗。乃作銘曰：」蟬聯遠系，氤氲餘烈，如彼江河，長源靡絶。金玉連輝，咸恒相結，桂」馥筠貞，淩霜負雪。見善則遷，聞諫必受，孝以事親，信以期友。不玷」不虧，能敬能久，内恬憘愠，外夷藏否。虬鱗方泳，鴻翼將騫，淩風矯」翰，綴彼翔鵷。西光難合，東流易奔，悲泉尚遠，徂鑣已翻。攸攸霜旆，」肅肅寒帷，道淪幽室，路隔玄扉。短辰遽曉，長夜莫晞，徒塵珠玉，空」想聲徽。」

國家圖書館藏拓。

345 杜法師墓誌

【誌蓋】大魏故昭」玄沙門大」統令法師」之墓誌銘」

【銘文】魏故昭玄沙門大統僧令法師墓誌銘。」法師緣姓杜，京兆人也。幼而慜惠，志尚清虛，爰在兒童，脱」俗歸道。學既多聞，善亦兼濟，散帙濡翰，怡然自得。若其涉」獵群品，富同河漢，討論徽賾，殆剖秋豪。良以三空靡遺，九」典咸達，居室遐應，鳴皋自遠。高祖光宅土中，憲章大備，存」心釋氏，注意法輪。由此聞風欽想，發於寤寐，嘉命萃止，荷」錫來遊。至若振塵式乾，洞窮幽旨。故以造膝嗟善，徘徊忘」倦。武明之世，禮遇彌隆，乃以法師爲嵩高閑居寺主。飲泉」庇樹，嘯想煙霞，一丘一壑，得之懷抱。實有高蹈之志，非無」遂往之情。雖迹出塵中，而尚羈世網，尋被徵爲沙門都維」那。屢自陳遜，終不見許。既弗獲以禮，便同之畏法。莊帝聿」興，仍轉爲統。自居斯任，彌歷數朝，事無暫壅，衆咸歸德。今」上龍飛，固乞收退，頻煩切至，久而方允。於是隱輪養志，保」素任真，形影難留，心神已化。俄遘篤疾，奄然辭世。行年八」十有一。臨終自得，安然若歸。天子追悼，敕主書任元景詣」寺宣慰。二月三日丙辰窆於芒山之陽。弟子智徽、道遜、覺意等，痛慈顔之長往，懼大義之將乖，興言永慕，乃作銘曰：」天生英德，志逸旻穹，孤拔塵表，獨得環中。道與物合，行共」時融，百代飛譽，千載垂風。道逸緇庭，聲飛朱闕，見重高帝，」尺書屢發。雅論移天，清談動月，其人雖往，斯音未歇。」大魏永熙三年歲次甲寅二月甲寅朔三日丙辰。」 國家圖書館藏拓。

346 長孫子澤墓誌

【誌蓋】闕

【銘文】魏故使持節都督雍州諸軍事車騎將軍雍州刺史」江陵縣開國男長孫使君墓誌銘。」君諱子澤，字元恩，河南洛陽人也。柱國大將軍太尉」公北平宣王嵩之曾孫，使持節散騎常侍征西大將」軍都督秦雍荊梁益五州諸軍事仇池鎮都大將外」都坐大官蜀郡莊王陵之孫，左將軍光州刺史康之」子。年二十四，闢太尉行參軍進記室轉尚書郎。邢杲」之役，爲行臺郎，以軍功封江陵縣開國男，邑二百户。」稍遷平西將軍太中大夫征東將軍金紫光禄大夫。」永熙二年十月十七日，春秋四十有五，卒於官。贈使」持節都督雍州諸軍事車騎將軍雍州刺史，開國如」故。越永熙三年三月甲寅朔〔一〕二十七日己卯祔葬於」北芒之舊塋。乃作銘曰：」玉孕方峰，珠生圓沚，席彩淵渟，銜温峻峙。將相時初，」經綸運始，命世誕興，天工鬱起。顯允令望，積慶所歸，」出言無玷，在行必思。禮閣藹藹，台宇巍巍，上席載靡，」粉壁重輝。時屬遊塵，言從戎旅，餌彼餘香，籌兹莫府。」稱伐酬庸，遂荒啓宇，報道莫期，壽仁誰與。哀榮有恒，」先遠云吉，文物修階，聲明長術。宿草從風，佳城照日，」徽猷空存，春秋永畢。」國家圖書館藏拓。

注　釋

〔一〕永熙三年三月癸未朔。原誌干支有誤。

東魏

347 元玗墓誌

【誌蓋】魏故元」使君」之墓銘」

【銘文】魏故平南將軍太中大夫元君墓誌銘。」君諱玗，字叔珍，河南洛陽人也。高祖廣平王，烈祖道武皇帝之第」七子也。曾祖儀同南平康王。祖尚書南平安王。父燉煌鎮將。兄光」州刺史南平王。伯父太傅司徒京兆王。世以左戚右賢，出爲蕃，入」爲輔。君資生鷹積德之門，立身稟爲善之教，容止每攝威儀，進退」不踰規矩。至乃賢賢於受體，非日用其三牲；怡怡於同胞，乃投八」力於四海。紛綸琴書，會文當世，慷慨弓馬，慕氣終古。蓋兼資之偉」人，豈倜儻而已哉。起家爲秘書郎中，俄兼中書舍人。綜叶皇言，吐」納是司。後轉光禄丞。雕薪畫卵，竭心盡誠。屬泮宮初構，璧水將澄，」君從父兄領軍尚書令乂爲營明堂大將。君爲主簿，尋以憂解，乃」兼司州别駕。威恩相濟，贊翼有聲，復除司徒府從事中郎。毗宣五」教，雅愛四民，剖符任重，共治爲難，非簡英規，莫允斯寄。遂行熒陽」郡事當郡都督。義感還雉，威踰却波，改授寧遠將軍太尉屬。于時」戎馬生郊，職司慇掌，君臨事不或，應機能斷，除平南將軍太中大」夫武衛將軍。負劍星闈，承神月户，出入青蒲，往來紫閣。冀享期頤，」以彰厥善，而上天不弔，遘疾云亡。春秋卌四，以天平二年四月十」四日薨於洛陽之正始里。葬於景陵東山之處。逝者如斯，由來尚」矣，朝露溘臨，夜臺何已。其詞曰：」清源浩蕩，派流仍浚，直置自衷，匪求爰進。衮職伊補，犬牙爲鎮，任」重名揚，德尊身潤。建社相傳，分珪世襲，天割星河，地封原隰。親賢」兩兼，功名載立，嘉慶有鍾，淑人兹誕。文武不墜，忠貞克纘，忘懷榮」辱，遺情長短。贊鼎播聲，臨邦有稱，仕以學優，戰唯道勝。去來泉石，」流連比興，謂善必徵，福兮斯應。何言天道，非仁若是，過隙忽焉，逝」川俄爾。眇謝龍光，詎悲簪履，宛異百年，冥同一指。」大魏天平二年七月朔廿八日壬申窆。」

國家圖書館藏拓。

348 司馬昇墓誌

【誌蓋】闕

【銘文】魏故南秦州刺史司馬使君之墓誌銘。」君諱昇，字進宗，河内温縣孝敬里人也。其先晉帝之」苗裔。曾祖彭城王，擅金聲於晉閣，作蕃牧於家邦。祖荆」州，才地孤雄，震玉譽於江左，來賓大魏，爲白駒之客。始」踐北都，遥授侍中使持節征南大將軍開府儀同三司」十州諸軍事封瑯琊王，後遷司徒公。父□□鎮剖隴西，」關右著唯良之績。君纂帝王之資，憑萬乘之胤，夙慧早」成，絶於群輩。君志性貞明，禀操鯁直，又能孝敬閨門，肅」雍九族，鴻才峻邁，聲溢洛中。以孝昌二年釋褐太尉府」行參軍，又除懷縣令。雖牛刀耻雞，且錦遊邦里，莅政未」幾，禮教大行。君臨茲百里，承流敷化，故能申述典謨，奉」遵皇猷，使盜息如奸藏，令行如禁止，懷邑之民，咸稱良」翰。方縻好爵而窮仕路，極纓冕以官王寮，如天道無徵，」弔善徒言，遘疾一朝，哲人云亡。以天平二年歲次乙卯」二月廿一日春秋卌有一薨於懷縣。贈使持節冠軍將」軍都督南秦州諸軍事南秦州刺史。以其年十一月七」日葬於温縣。但以日月不停，遷窆有期，墓門刊誌，勒銘」泉扉。其詞曰：」盛矣攸源，發業晉軒，隴西之子，瑯琊之孫。如冰斯潔，如」玉之温，往賢謝美，今儁何言。纂武彭城，承流金晉，萬乘」之冑，龍德之胤。辰極方高，蒼海比潤，崇基卓立，鬱矣孤」峻。少播令問，弱冠飛聲，克莊集譽，讚彼槐庭。帝嘉明」德，作邑懷城，義風烟舒，道化雲行。才明不壽，自古在先，」顔生二九，萎哲殲賢。之子之亡，如仕之年，永辭白日，萇」歸黃泉。遠送平原，葬於温縣，隴樹冬寒，夏凝霜霰。勒銘」德埏，誌其鄉縣，萬歲千齡，誰聞誰見。」

國家圖書館藏拓。誌左下角有「乾隆己酉馮敏昌觀」題刻。

349 姜氏墓誌

【誌蓋】魏故趙氏姜」夫人墓誌銘」

【銘文】夫人姓姜氏，長安天水人也。南頓太守□之孫，奉」朝請壽之女。其靖恭内照，婉娩聿脩。年十有四，歸」於趙氏。既嬪君子，肅穆閨庭，兩族欽風，二門稱美。」而天不弔善，牉合中傾。志牟共姜，誓而弗許。二女」一男，並訓義方。三徙崇德，罔或加也。何期風樹未」静，欲養靡留。春秋五十六，以普泰二年三月十日」卒於洛陽城休里。粵天平歲次單閼十一月甲辰」朔十七日辛酉葬於太行之陽河内府君神營，祔」於君墓。泣飄風之長往，悲蓼莪之在兹。追昊天而」罔極，叩幽而永辭。迺裁銘曰：」秦晉爲匹，齊宋乃良。禮稱從命，詩曰鯉魴。古謂德」茂，今亦義芳。作嬪君子，家慶以光。女功克允，母儀」式章。中饋斯盛，内訓伊昌。肅承箕帚，□事蠶桑。才」能巧備，思用善詳。晝夜機杼，晨久裘裳。孝慈上下，」柔順等旁。仁和疎戚，貞敬閨房。如蘭之發，如桂之」揚。二門嗟美，九族懷方。宜保遐曆，膺永無壃。當□」不弔，落景未央。空芬丘隴，虛映巖崗。親愛□□，□」子攀傷。」　河南沁陽出土。現藏沁陽縣博物館。

350 王僧墓誌

【誌蓋】滄州刺史王僧墓誌銘」

【銘文】維大魏天平三年歲次丙辰二月壬申朔十三日甲申故驃驤將」軍諫議大夫贈假節督滄州諸軍事征虜將軍滄州刺史王僧墓」誌。君姓王，諱僧，字子慎，滄州浮陽饒安人也。其先蔚炳，弗復」重詳。顯祖□，有功漢室，剖符東夏，仍因家焉。曾祖衮〔一〕，以大魏太常」年中除建威將軍北平太守。祖清，少履庠門，以清貞自處，洪鑒雅」粹，不以世事逕懷。故刺史張儒辟爲茂才，昂然不拜。父願，以真君」年中黄輿南討，策功天府，除平遠將軍步兵校尉。在政未幾，功名」顯署，不幸如卒，贈東平郡。君洪源淵邈，眇若嵩峰，稟質瓊根，湛如」滄海。故童年志學，聲播稚齒，遊心八素，必以禮義爲任，汪汪焉弗」可量也。以正始年中除盪寇將軍殿中將軍。後以清顯之任，實歸」才令，廟算之功，良復懿望。神龜年中，冀土不賓，民懷叛扈，命將出」師，掃除逋穢。以君才優器秀，召爲都督。辭不獲命，遂乃擁麾東指，」群凶奔競，埒鼓始交，賊徒冰潰。正光中，除清州高陽令。未及下車」而芳風亟聞，不俟期月而民知且格。雖魯恭之在中牟，密子之治」善甫，無以過也。俄遷白水太守，招慰酋渠，令塞外無塵，撫孤矜寡，」廓清漢右。後除驡驤將軍諫議大夫。宜保頤年，享茲遐授，豈圖不」弔，奄摧良木。春秋五十八，天平二年三月十日薨於平陽。窆於饒」安。贈假節督滄州諸軍事征虜將軍滄州刺史。於是閭里戀景行」之潛徽，悲靈蹤而思結。乃作銘曰：」邈緒蟬聯，遠奚綿莀，弈葉載德，踵世傳芳。惟君綺日，蘊寶懷璋，年」始强仕，朗秀垂芳。而彼蘭桂，載馥載香，比之秋月，影矚啥光，狀之」冬日，暉景攸長，春風始昫，奄摧嚴霜。迴翔鳳罕，翻飛下國，視民軌」義，咸班禮則。雲柯落彩，頌聲由勒，景行孤存，魂兮潛默。彫蘭折玉，」摧賢墜德，翠木霜枝，哲人維剋。白楊初殖，松栝始生，幽扃永閉，闇」室未更。黃泉多晦，蒿里不明，曉夜未央，路斷人行。」

國家圖書館藏拓。

注釋

〔一〕誌中墓主曾祖名及祖名均爲另行補刻，字迹草劣。

351 張玉憐墓誌

【誌蓋】無

【銘文】夫人姓張，諱玉憐，齊國西安人也。父慶□，」本國大中正。深源峻遠，胄自炎皇。子房處」漢，秩窮衮命；茂先在晉，位實台鉉。自茲已」降，龜組相尋。夫人幼而明惠，容德絕倫，」孝敬自天，貞風內潤。事父母以孝謹著稱，」撫弟妹以仁惠垂問。笄年既及，爲文貞侯」所娉。事舅奉姑，懃孝有聞。承郎接妹，婉順」見美。故以流譽於鄉黨，傳芳於州閭矣。文」侯少宦，夫人留居奉養，温清視膳，廿餘載。性不妬忌，寤寐思賢，撫視庶子，同之自生，」降恩厚澤，平等無二。正光二年，入朝長信」宮，引見顯陽殿。神儀律穆，進止閑庠。皇太」后爲之動容，歎曰：令問令望，如珪如璋，其」此婦之謂乎。夫才於朝，妻賢於室，頊在一」房矣。孝昌中，文侯薨徂。子女煢稚。夫人慈」撫訓導，咸得成立。居家理治，嚴明著稱。推」尚佛法，深解空相，大悲慟心，惟慕慈善，聞」聲見形，不食其肉，三長六短，齋誠不爽。福」善徒施，上天不弔。以魏天平三年正月乙」□奄焉薨逝。道俗行泣，少長進慕。亡上之」痛，異口同音；人百之謡，朝野僉詠。嗚呼哀」哉！粤四年二月丙寅合葬於黄山文侯之」□陵。謹述餘芳，傳美金石。其辭曰：」女德幼成，婦容夙彰。金□稟潔，令問令」望。如日之曜，如蘭之芳。蘭芬□何，芬似桂」林。峨峨貞峻，婉孌德音。有信有行，如玉如」金。金玉惟何，含弘清慎。四德□炳，慈明内」潤。烈烈貞規，温温婉婉。順順如□，□□□□。」白日照照，長夜攸攸。如何奄忽，□□春秋。」□儀永淪，餘芳空留。」

山東臨淄出土。見《考古學報》一九八四年第二期《臨淄北朝崔氏墓》。

352 崔鶼墓誌

【誌蓋】無

【銘文】有魏使持節冠軍將軍濟州刺史崔使君墓誌銘。」君諱鶼，字彦鶤。清河俞縣人也。梁郡府君之第二子焉。」玄源殊軌，著不朽於遐齡；盛德深庸，顯丕業於方册。至」如苴茅錫土，分命司邦，信以弈葉傳徽，蟬聯終古。君立」志种[一]年，道隆弱歲，温仁博敏，取譽當時。年廿三，起家益」州冠軍府長流參軍盪寇將軍，又除本州别駕。翼讚之」美，藉甚有聲。康此滄隅，王祥非能獨美。即授司徒府城」局參軍，尋授徐州驃騎齊王府倉曹參軍。彭城邊鎮，金」帛盈積，水清玉潔，絲毫無犯。府解，授輕車將軍太尉汝」南王録事參軍，又轉記室參軍事。府解，除護軍司馬。君」涉歷衆官，剋潭民譽。方履台階，緝衮闕，而與善希微，輔」仁綿邈，逸步未移，康逵已盡。春秋卌三，武泰元年四月」十四日終於京師。册贈使持節冠軍將軍濟州刺史。便」以天平四年二月丙寅朔十九日甲申窆於先君舊兆。一」二親友，望巖皋而歎息，覩行奠而增抽，敬鎸幽石，以誌」徽猷。其銘曰：亹亹泱風，攸攸姜水，浚渚」湍流，發源蘭涘。兹慶效靈，世載其美，如月之暉，如離之」咎。孝友閨門，在朝清慎，人謀剋中，朋交能信。若彼層墉，」窺墻累刃，寬雅夙成，上斯鄙恡。杳杳靈途，遥遥天道，慶」善靡酬，熙融徒皎。楚喪明珠，鍾山墜寶，爰棄照明，奄同」秋草。言惟衿紼，睠此龍輴，徂轅如慕，還軫如疑。爐燈已」滅，泉户停扉，一從長夜，幽露無晞。」 山東臨淄出土。見《考古學報》一九八四年第二期《臨淄北朝崔氏墓》。

注　釋

〔一〕种，當爲「沖」字。

353 公孫甑生墓誌

【誌蓋】闕

【銘文】魏侍中大司馬華山王妃故公孫氏墓誌銘。」祖順，字順孫，給事中義平子。」夫人河南長孫氏。父諱壽，字敕斤陵，散騎常侍左光禄大」夫都督秦雍荆梁益五州諸軍事征西將軍東陽汍池鎮」都大將征東將軍都督青州諸軍事青州刺史蜀郡公，謚」曰莊王。」父冏，字九略，大鴻臚少卿營州大中正使持節冠軍將軍」燕州刺史義平子。」夫人河南長孫氏。父諱遐，字樂延，使持節撫軍將軍兗秦」相三州刺史。」妃姓公孫，字甑生，遼東襄平人也。年廿七，降嬪侍中大司」馬華山王元孔雀。凡生二男一女。天平四年歲次丁巳六」月乙丑朔十九日癸未寢疾薨於魏郡鄴縣敷教里。春秋」卌七。即以其年七月甲午朔十六日己酉卜窆于鄴城之」西，武城之北。乃作銘以誌之。其辭曰：」脩風鬱氣，麗月遊光，藉慶遼部，擅美燕方。凝華戚里，烈望」衡鄉，誕茲婉淑，艷彼端莊。處穆女容，出昭婦德，立行柔敏，」秉心淵塞。習禮明詩，鑒圖訪則，政洽閨壼，化流家國。道尚」曹孟，德邁樊嬀，好和琴瑟，契合塤篪。七儀如矩，四訓成規，」清暉方遠，仁善載馳，白珩或毀，驪珠不固，倏若朝菌，溘似」晨露。隴首恒昏，松阿不署，聊誌玄石，終期大暮。」　國家圖書館藏拓。

354 高雅墓誌

【誌蓋】闕

【銘文】君諱雅，字興賢，勃海條人。締構已降，道被功成，中葉而來，綰金曳〔一〕紫。固以嬋」媑千祀，世不乏賢。祖兗州使君，大器高名，鬱爲時傑。考樂陵府君，璞玉渾金，」

年不侍位。載德餘慶，俄然有歸，秀子異才，榮〔二〕乎繼軌。君稟孝成本，體仁爲質，」總角之歲，見歎龍門。未待礱礪，自曰傾都之寶；不揉而直，視假金羽之功。若」乃十翼九變之精微，除三辯五之幽奧，非似學知，殆自天啓。至於惠子連車，」南遊累載，三餘之隙，一以貫之。器高望遠，公卿注目，辟書首降，好爵是縻。景」明中，釋褐司徒行參軍，轉員外散騎侍郎，仍除厲威將軍郢州征虜府録事」參事，入除給事中，仍加宣威將軍，徙司徒録事參軍。熙平中，除定州撫軍府」長史。刷羽來翔，屢更出内，臨以高明，咸著遺美。姿儀俊偉，風神簡暢，士不眩」物，學豈爲人。懷道自居，安於澹薄，榮利之際，意忽如也。自巾褐未捨，藴兹遠」致，宦昇名立，大量方酋。每獄訟牽連，文簿堆積，片言暫目，簫然無擁。應機如」響，臨謀則斷，從善不或，詢古折疑。凡所策名，風謇獨立，率性清白，義而有取。」博識曠覽，多能好奇，有問必該，施無不可。至夫尊貴滿堂，民英溢座，談天人」之際，擢區俗之表。樞機暫吐，名言致歎，簡至所得，王衛咨嗟。加以章詠綺合，」屬興清遠，有可異貴，良非一端。晦能藏器，遇適便已。不持識遠驚近，未以神」高忤俗。率由舊章，動可師範，所謂伊人，邦之楨幹。方當騁彼大途，矯迹雲雨，」入閶闔〔三〕而高視，步玉岑以顧眄。曾不中路，遽頓高蹤，有志無年，知音軫悼。以」熙平四年遘疾卒於孝義里，年卌四。逮天平在運，帝道昭明，念舊惟賢，篤終」追遠。有詔：定州前撫軍府故長史高雅，地華望美，器度閑正，歷任周行，實」著聲績。志業未申，早隨化往，宿草蕪蔓，松櫝成陰。言念幽壟，有懷追悼，宜加」褒錫，以慰沉魂。可贈使持節散騎常侍都督冀州諸軍事平北將軍冀州刺」史，謚曰貞。以天平四年十月壬辰朔六日丁酉即安於孝義里。思所以」播揚盛烈，貽之後來。乃作銘曰：」大風之後，世德爲門，爵以才茂，貴由道存，貞康秉哲，作範後昆，光光祖考，民」立謡言。投玉産玉，桂實生桂，積德所鍾，弱成早慧。學啓堅高，詞窮典麗，慕藺」希顔，合符擬契。昌我家風，茂祉方融，匪求於外，英聲在躬。樹茂禽往，壤集峰」崇，眷言入仕，譽滿諸公。或往或來，歷選而舉，秉笏簫散，曳〔四〕裾容與。愛留趙比〔五〕，」風馳南楚，藹藹槐陰，亦賢斯處。有兹高價，日改朝衣，大言何立，顯禄方歸。才」明罕遂，報與多違，何言火鏡，滅照沉輝。生者若浮，視非可久，人亦有言，德爲」不朽。葳蕤文物，簫條原阜，短晨不再，深夜方序。其年歲次丁巳。」

【誌側】夫人河内瑯琊王司馬金龍之孫，豫州刺史悦之長女，字顯明，」年卌九。」大女，孝明皇帝嬪，字元儀，年卅二。」第二息，鎮東府騎兵參軍，諱德雲，字仲武，年廿一。」

河北景縣出土。見《文物》一九七九年第三期《河北景縣北魏高氏墓發掘簡報》。

注釋

〔一〕曳，誌石原作「电」。

〔二〕榮，誌石原作「桊」，疑爲「榮」訛。

〔三〕闔，誌石原作「闔」，當爲「闔」訛。

〔四〕曳，誌石原作「电」。

〔五〕比，當爲「北」誤字。

355 張滿墓誌

【誌蓋】魏故司」空公張」君墓誌」

【銘文】魏故司空公兗州刺史張君墓誌銘。」祖暉，輔國將軍天水太守特進中書令。」父德，使持節都督冀滄殷三州諸軍事中軍將軍冀州刺史。」君諱滿，字華原，南陽西鄂人也。漢相留侯之苗裔。君幼挺黄中，早播眸照，經目必記，歷」耳不忘，求籍人間，閲書肆裏，不知雨風，豈悟坑阱。遂能學窮墳素，才單辭藻。由是響振」雒中，聲高許下。九貽府辟，五來州召。君方結繩爲樞，編蓬起室，逡巡王命，優遊翫道。屬」勃海王權衆晉川，東出釜口，夢想才良，同興霸業。君以家貧母老，義無擇官，懷刺投袂，」委質幕府。登蒙引納，驩然若舊，雖魏王徒跣而接子遠，沛公攝服以禮食其，比事校情，」無以過也。兼驃騎法曹參軍，換平遠將軍奉車都尉。竇固因季舅而居之，曹植乃仲弟」而不可。轉儀同開府中兵參軍，掌管記。文同宿構，辭並立成，託乘後車，侍謀帷幄。群兇」告殄，巨禍云亡，誠無先登後拒之效，信有文墨□筆之勞。錫土新城縣開國，食邑五百」户。朝廷除王丞相，君亦尋補府屬。元瑜以文章見徵，子通由博識致命，言之此授，非君」莫允。妖寇作逆，蝟聚咸陽，相公爾日親乞征討，天子降敕詔王罷行。公私路阻，間諜」未至，欲事動發，先須訪採。昔仲華前軍入秦，君叔太中伐蜀。即除君前將軍太中大夫，」乃令馳駟，覘彼形勢。君徑到賊所，宣其禍福。逆黨守迷，終然莫反。尋即報命，具陳事機，」千秋盡地，文淵聚米，掌内目中，一何相類。俄遷衛將軍右光禄大夫加散騎常侍丞相」長史。子尼被留，後事皆委；季才見仗，庶無反顧。今昔假異，準況寧殊。未幾，從驃騎大將」軍。杜茂勳降五校，劉隆績復三齊。各以功格一代，德流萬古，當時縻此，猶用爲榮，而君」來踐，實符物望。建忠王万俟普撥，既等隗囂，據河西以狼顧；又似孫淵，跨遼東而鴟張。」命師日損，誘之不復，散則天下清夷，聚則遠邇鼎沸。以君語通書革之國，言辯刻木之」鄉，遂輕傳告曉，示導成敗。霧解雲除，翻爲我有。爵移郡公，位轉特進。賈復謝執金吾，傅」喜辭大司馬。褒寵盛德，始登兹授。酬君庸烈，方之更美。太山嶮岨，瑕丘空曠，朝野推擇，」僉議攸屬。除兖州刺史，餘悉如故。君褰帷陳禮，下車布政，放囚赴期，逃吏伏罪。伯達舊」臨斯部，文行昔莅此蕃。懸牀癈杖，足相陵亂。方當逐扶搖而高翥，循康衢以遐征，此理」茫昧，云亡奄迫。天平四年五月九日薨於州解。其年十一月十二日葬在山陵北。」詔贈使持節侍中都督恒定幽燕四州諸軍事驃騎大將軍恒州刺史司空公尚書左」僕射。陵谷或易，名德無窮，且雕且琢，粗記餘風。其詞曰：」湯湯氾水，藹藹穀城，奉履標敬，見石知靈。累仁爲本，積德相并，世數雖遠，繼踵公卿。若」人桀出，是曰民英，清規素範，雅操端貞。勤如映雪，厲比聚螢，遂拾地芥，寧存滿瀛。賦政」六條，錫壤千室，飛蝗莫反，去珠還出。西景儵徂，東川更疾，一隨化往，萬事長畢。送我何」行，軀書言□，白日蒼茫，佳城鬱律。先後幾何，古來非一，税駕於此，松風簫瑟。」謚爲恭惠。」

國家圖書館藏拓。

356 崔令姿墓誌

【誌蓋】大魏征北將」軍金紫光禄」大夫南陽鄧」恭伯夫人崔」氏之墓誌銘」

【銘文】夫人諱令姿，清河武城人也。魏中尉琰」之後。曾祖喬，宋清河太守。祖靈之，廣川」太守。父延伯，清河太守。芳源降自聖」烈，徽蘭茂於海岱。瓊葉炳日，寶萼騰霄。」夫人禀氣慶緒，姿德挺月。風婉早著，幼」嘉禮合。方範儀永室，殖繁門令，而天不」祐善，殃災謬集。春秋廿有九，以武泰元」年三月卅日卒於第。天平五年太歲戊」午正月辛酉朔一日辛酉窆于歷城縣」榮山鄉石溝里。昏霞沃蔽，青羅變塵。痛」春光之墜曜，悲明鏡之中毁。鎸石圖勞，」寄哀千祀。乃作銘曰：」寔寶造世，殞善若流，瓊山始葩，昏霜已」收。皎皎素風，落落明月，埋芳萬尋，金聲」誰發。寒柏摧蘭，哀鳥悲闕，山河易裁，痛」音難歇。」

山東濟南出土。見《文物》一九六六年第四期《濟南市東郊發現北魏墓》。

357 比丘浄智墓誌

【誌蓋】闕

【銘文】大魏比丘浄智師圓寂塔銘。」夫佛教遠訖，自西徂東，普天率土，」咸與企仰。良以至道無上，括六合」而靡遺；堂奥可窺，攝衆生而迅悟」也。浄智師以太和六年戒念奉佛，」超神塵壤。藐衣冠之藻繪，契禪悦」之通靈。是以河雒沙門，識解無此」敏慧；鄴都緇侣，講貫遜其静深。春」秋七十有三，於元象元年四月十」一日圓寂於隆慮山摩雲峰下浄」室。諸檀越建墣一塸。永懷高潔，喪」挹古芳，蓮花浄土，貝葉上乘。時華」淹苒，□釋迦其再生；日月遞輝，悵」如來其何逝。陵谷有遷，佛國久在。」銘曰：」法力幽邃，超生衆妙，降龍緯神，伏」虎證道。至德無爲，廣慧深造，一旦」圓寂，雲煙去邈。建茲顯墣，卓然物」表，以寄高瞻，日星炳耀。」　國家圖書館藏拓。

358 崔混墓誌

【誌蓋】（素面無文。）

【銘文】魏故鎮遠將軍秘書郎中崔君墓誌銘。君諱混，字子元，東清河鄃人也。黄門文貞」侯之長子。啓濬源於姜川，肇崇基於大岳，宅四履以建侯，垂大風而一變。若夫弈葉」冠蓋之華，積世累仁之美，諒已備於往牒，在茲可得而略焉。君挺質藍田，抽根蘭薄，」温貌芳資，自然昭遠。幼聰敏，愛經史。爲山不倦，學海忘疲，藝盡琱龍，術窮炙輠，摛文」綴翰，綺麗金暉，鮫泣行間，蚌開勾哀。加以風神儁爽，言吐閑華，早擅休聲，夙播令譽。」故太常袁翻，文貞侯之友也，俱以高才懋德，文會相知。契協尹班，交同李郭。孝昌中，」翻臨齊岳，辟君爲主簿。受署未幾，因使還京。翻致書於文貞侯曰：賢子此段入洛，所」謂鮫龍得雲，而非復池中物也。君隨憂遊京里，專翫丘墳，垂簾一室，裁通三徑。始逾」弱冠，禍延陟岵。居喪毀病，肌削形存。雖及授琴，餘哀尚切。永安二年拜秘書郎。尋被」中詔，參史渠閣。後除鎮遠將軍。時尚書李神儁，亦先侯之故交，親唯舅族，職預詮衡，」水鏡攸歸，人倫宗慕，雅悦於君，方相申薦。尋值孝莊失御，天步仍艱。君以分違聖善，」温清有闕，於茲掛幘，歸養故鄉。燧木未移，坤暉奄晦，感風樹之永奪，痛顧復之長違。」絶食連朝，殆將滅性，飲粥頻年，幾致傷生。孝誠之感，飛走革心，虎鹿同遊，鷹雉共宿。」天平之季，王略未康，霧委崤秦，氛結熒鄭，亭烽夜舉，傳鼓朝聞。海代之間，地牟百二，」山川險固，勢擬西京，負阻乘間，紛或易起，忽有群兇，密圖不逞。以君德望既重，物情」所屬，希藉聲援，潛來推逼。君時在疚，守侍几筵，事出不虞，變起慮外，造次之間，未能」自拔，遂被推迫，低眉寇手。然泣臨如常，縗絰不解，逕逾信宿，方免豺狼。雖妖醜尋散，」大宥繼敷。然君操烈冰霜，心貞松玉，慕魯禽之高情，追齊歜之清節，憂聞伐國，恥見」燕封。況被逼匈人，欲謀非義，虧盛德於當年，替淳風於先軌。遂乃飲粒不嘗，聲泣相」繼。宗姻妻子，靡能開喻。以元象元年二月五日奄至物故，時年卌四。衛賦乘舟，未過」此哀，秦言黃鳥，豈喻新痛。粵以其年十一月五日庚申遷窆於本邑黃山之舊塋。嗟」行尚感，寧況親知。灤水浸潤，周墓以崩；牧火既遺，秦墳用毀。陵谷非恒，金石唯久。勒」述餘芳，垂之不朽。其辭曰：攸哉世禄，胤自炎皇，典岳伯夷，唯師吕望。族宗唐后，膺」夢周王，自兹而降，弈世載昌。高冠長組，玄衮朱裳，俱荷析薪，並構基堂。篤生伊子，玉」閏金相，叡心瑝涌，逸思霞張。節均王扆，孝等丁姜，家理剋治，乃陟官方。曾未貴仕，邈」此不藏，如何烈感，遂致云亡。哀深二子，痛甚三良，鎩翮高雲，頓足遥莊。長陵昭世，永」即玄房，松原深迴，楊野寒荒。春團湛露，秋結霏霜，泉扃一晦，千祀未央。生榮行立，没」貴名揚，故鎸幽石，用紀清芳。夫人南陽趙氏。父遐，使持節車騎將軍豫州刺史」牟平縣開國伯襄公。亡祖敬友，字仲禮，本州治中梁郡太守。夫人平原劉氏。」父休賓，宋寧朔將軍幽州刺史。亡父鴻，字彦鸞，使持節都督青州諸軍事度支尚」書鎮東將軍青州刺史文貞侯。夫人同郡張氏。父慶之，本郡中正。」(上闕)一□□六□□□，年四。□女婉戀，年二一〔一〕。」

山東臨淄出土。見《考古學報》一九八四年第二期《臨淄北朝崔氏墓》。

注釋

〔一〕末行已泐，僅可辨識此九字。

359 李憲墓誌

【誌蓋】闕

【銘文】魏故使持節侍中都督定冀相殷四州諸軍事驃騎大將軍定州刺史尚書令儀同三司文静李公墓誌銘。」君諱憲，字仲軌，趙國柏仁人也。自姬水開原，商丘肇構，或以感夢垂範，或以非道無名。世復公侯，門兼將相。長瀾寫而不竭，」□葉布而彌芳。大父太尉宣公。位隆庶尹，功高列辟，故已流美筌鏞，圖烈尊鼎。考安南使君。陪遊博望，侍講金華，惠民辟國，」□存舊老。公禀川嶽之秀气，資辰昴之上靈。琬琰積而成德，珪璋達而爲寶。儀製瑰華，音神秀徹，仁惠由己，孝友自天。言爲」□的，行成規矩，業備齊韓，辭兼鄭衛。落落有千刃之姿，堂堂成萬夫之目。初在庚寅，遭家多難，事切趙孤，獲全魯保。有客汲」□，□義忘身，慕程嬰之高範，懷李善之忠節，恩斯鞠我，同群虎狼。雖事窮人迹，而年周天道。忠而爲戮，卒逢寬政，遺薪復荷，」□□還興。年十有二，爲秘書内小。投刺公卿，拊塵街巷，等偉器之傾坐，同璧人之迻市。高皇深加寵異，禮秩稍增，及爾同」□□而不逮。年十七，繼立爲濮陽侯，尋除散騎侍郎。既德隨年上，亦位逐恩隆，入參帷席，出倍輿輦，綢繆樞禁，左右生光。屬」養禮云及，念切閭井，始露丹衿，終迴白日。乃除建威將軍趙郡内史。懷組下車，衣繡從政，化同春氣，澤侔時雨，枳棘靡遺，藿」

蒲自息。非直廣陵興頌，襄陽作歌而已。及將巡五嶺，親御六師，幕府上寮，事歸僉屬。乃徵爲大將軍長史，尋除吏部郎中。以」憂去任。復徵爲太子中庶子。公孝思天至，羸頓過人，屢表求哀，久不獲命。既而一人在天，百官總己，司轄朝端，任殊往日。」徵爲尚書左丞。復固辭不起。後除驍騎將軍尚書左丞，未拜，仍除吏部郎中。經綜流品，抑揚雅俗，草萊自盡，隱屈無遺。轉司」徒左長史，守河南尹。外家貴臣，舊難爲治，而水火兼行，韋弦具舉，曾未期月，風化有成。獄犴蕭條，桴鼓虛置。邵公流稱於前，」清徽未遠；子華垂譽於後，芳塵在目。出爲使持節都督兗州諸軍事左將軍兗州刺史。先之簡惠，重以廉平，縫掖相趨，絃歌」成韻，風動雲行，無思不偃。褰帷從事，遠未爲匹；露衮酬庸，詎云能擬。既而萋斐内構，瘢疵外成，反顧三河，龍門日遠。未動終」窮之歎，故絶行樂之辭。酌醴焚枯，高□古昔。以詩賦爲錦綺，用經典爲膏腴。處常待終，不從流俗，闔門靖軌，十載於兹。既體」中庸，時來不逆。乃爲光禄大夫，銀章青綬。屬西戎滑序，蝟起狼顧，玉石靡分，芝蘿同盡，陸海神臯，化爲巢窟。自非政同豹産，」謀協方邵，無以作鎮陵輔，式遏艱虞。加安西將軍，以本官行雍州事。未幾，徵爲撫軍將軍，七兵尚書。龍淵礪而逾明，江海酌」而難竭。臺閣不理，於此有歸。轉鎮東將軍。于時長蛇荐食，憑陵南鄙，孤亭遠戍，所在到縣。徐州刺史元法僧竊邑與賄，策名」境外。朝廷乃眷東顧，日昊忘飡，以公爲征東將軍東討都督。清濟河如拾遺，舉彭沛於覆手。皆奇聞竝立，聲實俱行。所以役」未踰時而功不世出。尋除使持節都督揚州諸軍事征東將軍揚州刺史淮南大都督。梁氏舉吴越之衆，堙桐柏之流。刁斗」沸於堞下，艕歌起於城上，負户而汲，易子而炊，事等丸積，勢若棋累。國家經營内難，非遑外圖，故載離寒暑，而終於淪陷。吴」人雅挹風概，義而還之。乃盤水氂纓，自拘司敗。雖蘗異人生，而禍從地出。知與不知，莫不銜涕。時年五十八。惟公志識貞遠，」器局淹峻。昭冥不改其節，風雨無異其音。耕道獵德，枕仁藉義。熹怒不形於色，得喪俱遺於懷。不諂不驕，無怨無斁，資仁成」勇，移孝爲忠，周於御己，達於從政，故以德秀生民，聲動天下。而報善無徵，云亡奄及，道消遂往，逝水不歸，運開追復，幽泉已」閉。乃贈使持節侍中都督定冀相殷四州諸軍事驃騎大將軍定州刺史尚書令儀同三司，謚曰文静，禮也。雖復賜地城傍，」陪陵有託，思鄉動夢，歸本成禮。越以元象元年十二月廿四日合葬於舊墓。昔胡公有銘棺之義，熙伯著書版之辭，故敬述」徽範，貽諸長世。其銘曰：」巖巖秀嶺，浩浩豐原，既稱世禄，亦號儒門。揚風上緒，播美來昆，文武不墜，風俗猶存。此德山川，資明象緯，道雖日損，學乃□」費。非齒而尊，捨爵而貴，藝貫鄒魯，聲傳梁魏。摶風上運，驤首高馳，終年四轉，卒歲三移。高冠岌岌，騑組陸離，迴顧敵齒，傍望」肩隨。牧州典郡，化成期月，來儀少陽，實應僉曰。官方務本，動爲功伐，東建旌麾，南專鈇鉞。方期難老，永作棟梁，逶迤衮職，邦」家之光。斯望既舛，如何彼倉，老少有慟，朝野悲涼。葬等反周，魂同思沛，風翼歸幰，雲承還蓋。

鷲冕加榮，龍旗追會，泉門長掩，」芳塵永壒。」夫人河間邢氏。父肅，州主簿。」長子希遠，
字景沖，州主簿，少喪。子長鈞，字孝友，開府參軍事。第二子希宗，字景玄，散騎常侍中
軍大將軍出後（下殘）」第三子希仁，字景山，輔國將軍中書侍郎。第四子騫，字景讓，散
騎常侍中軍將軍殷州大中正。」第五子希禮，字景節，征虜將軍司空諮議修起居注。」長女
長輝，適龍驤將軍營州刺史安平男博陵崔仲哲。父秉，司徒静穆公。第二女仲儀，適冀
州司馬勃海高（下殘）」侍御史。第三女叔婉，適兖州刺史漁陽縣開國男博陵崔巨。父
逸，廷尉卿。第四女季嬪，適司空公安樂王（下殘）」銓尚書左僕射武康王。第五女稚媛，
適驃騎將軍左光禄大夫熒陽鄭道邕。父瓊，青州刺史。」希遠妻廣平宋氏。父弁，吏部尚
書。孫祖牧，字翁伯，太尉外兵參軍。長鈞妻河南元氏。父孟和，司空公。（下殘）」譚亮，
開府參軍事。第二孫譚德。第三孫摩訶。第四孫毗羅。孫女迎男。」希宗妻博陵崔氏。
父楷，儀同三司。孫祖昇，字孝舉，司徒參軍事。第二孫祖勳，字孝謀。孫女祖猗，適安
（下殘）」希仁妻博陵崔氏。父孝芬，儀同三司。孫伽利。第二孫黄父。」騫妻范陽盧氏。
父文翼，開府諮議。孫女寶信。」希禮妻范陽盧氏。父文符，正員郎。孫僧藏。」祖牧息白
石，僧德。女阿範。」 國家圖書館藏拓。

360 高湛墓誌

【誌蓋】闕

【銘文】魏故假節督齊州諸軍事輔國將軍齊州刺史高公墓誌銘。」君諱湛，字子澄，勃海滌人也。靈根遠秀，啓慶兆於渭川；芳德遐流，宣大」風於東海。作範百王，垂聲萬古者矣。故清公勢重，鄭伯捐師；元卿位尊，」管仲辭禮。皆所以讓哲推賢，遠明風軌。祖冀州刺史勃海公。文昭武烈，」望標中夏，惠沾朝野，愛結周行。考侍中尚書令司徒公。英風秀逸，儁氣」雲馳，虬顧帝鄉，威流宇縣。君稟慶緒於綿基，挹餘瀾於海澳。幼尚端凝，」長好文雅，非道弗親，唯德是與。逍遥儒素之間，纂申穆之遺風；徘徊文」史之際，追牧馬之逸藻。至於憑春灑翰，席月抽琴，邁昔哲以孤遊，超時」流而獨遠。熙平啓運，起家爲司空參軍事，轉揚烈將軍羽林監。天平之」始，襄城阻命，君文武兩兼，忠義奮發，還城斬將，鑾左同歸。朝廷嘉其能，」縉紳服其義。假驪驤將軍行襄城郡事。君著績既崇，賞勞未允，尋除使」持節都督南荆州諸軍事鎮軍將軍南荆州刺史。於時僞賊陳慶，率旅」攻圍。孤城獨守，載離寒暑，終能剋保邊隍，全怙民境。復除大都督行廣」州事。享年不永，春秋卌三，元象元年正月廿四日終於家。皇上動哀，」能言灑淚，迺有詔曰：故持節都督南荆州諸軍事假鎮軍將軍揚烈」將軍員外羽林監行南荆州諸軍事南荆州刺史當州大都督高子□」識用開敏，氣幹英發，權攝蕃翰，誠效剋宣。臨難殉軀，奄從非命。言命遺」績，有悼于懷。宜申追寵，式光往烈。可贈假節督齊州諸軍事輔國將軍」齊州刺史。粵元象二年十月十七日遷葬於故鄉司徒公之塋。千秋易」往，萬古難留，故鐫石泉門，以彰永久。其詞曰：」丹虬降祉，姜水載清，大人應期，命世挺生。垂竿起譽，罷鈎流聲，經綸宇」宙，莫之與京。胤司下蕃，公衡上宰，既顯營丘，復標東海。四履流芳，五城」降綵，繁柯茂葉，傳華無改。伊宗作輔，忠義是依，清盪昏霧，橫掃塵飛。日」月再朗，六合更暈，玉帛斯集，福禄攸歸。仁壽無遠，積善空施，風酸夏草，」霧結春池。崐山墜玉，桂樹摧枝，悲哉永慕，痛矣離長。」　國家圖書館藏拓。

361 公孫略墓誌

【誌蓋】魏故大」尉公公」孫墓誌」

【銘文】魏故使持節侍中都督嬴幽營三州諸軍事驃騎大將軍營州刺史尚書左僕射太尉公清苑」縣開國公公孫公墓誌銘。」公諱略，字永略，遼東人也。疏源姬水，派流公邑。鞅以作法富秦，弘以欽賢光漢，世載簪裾，事傳」方册。祖格尚高整，令望有千里之姿；父風流典雅，惠性兼五行之目。公體四時之元氣，總三光」之通精，墻宇標曠，神采凝遠，悵鴻鵠以大息，顧燕雀而罔窺，道架丘陵，志清天下，矯身思爲弓」矢，持仁義爲羈絆，立心堅於鐵石，聽言樂於鼓鐘。至於專對通人，逢迎長者，既解襲而見重，亦」撫頭而載歎。遊必部伍，量未能儔；戲畫星辰，豈宜相匹。及投分師友，綜意儒術，貫五經之異饌，」討六藝之喉襟，筆力如神，口才惑鬼，故以發穎上京，聲流遠國。起家爲侍御史，繡衣直指，驄馬」高驤。鄭據之當官舉奉，何楨之世稱平理，自此言之，有兼其德。釋巾奉朝請，敕補直齋散騎侍」郎，在員外。俄轉給事中，領直後。仍遷羽林監，加威遠將軍直寢。而紫殿神嚴，彤庭弘敞，翼衛之」重，在已兼焉。復爲直閤將軍領乘驥令。正光之始，汧隴跋扈，」三輔五陵，鞠爲茂草。詔充八使，宣」勞四方。還除武衛將軍，監驊騮令。而荆蠻狼戾，萬里重山，慠法侮吏，歷世云久，屠村害邑，有切」民患，興言薄伐，實佇英規。迺兼右衛將軍，應機致討。公妙識三術，深通十守，明動静之機，體開」塞之節，下車謝蛙，投醪醉士，感斷頭裂腹之勇，戰握炭流湯之卒，隨方奮擊，所向灌然。趙充自」是，緬慚上代；馬隆功速，遠愧此時。欸至册勳，科奉三百户，開國子。會壯帝玉斗表匈，金鏡在」握，龍潛代邸，鳳隱歷山，天眷爰鐘，人謀未贊。公深睹葉書，早悟雲氣，託身結附，竭誠委質，勳參」世極，績肩公〔一〕河，建社清苑，食縣之邑一千三百户，改授安西將軍銀青光禄大夫，後還撫軍金」紫，從班例也。其年徙光禄勳卿兼右衛將軍，尋加車騎將軍右光禄大夫。戎禁務切，非才莫與，」復爲左衛將軍儀同三司加散騎常侍。越六官而爲長，眷三事而比貴，衮闕賴以云補，庶寮仰」其成則。普泰元年，又增封三百户，尋除使持節驃騎大將軍都督華州諸軍事華州刺史，餘官」如故。察山妖之誦，理亭婦之怨。帝嗟有德，以歌奇政。及掛牀來下，留櫝言歸，人切棄子之怨，」吏深遮道之慕。天平元年，復授光禄勳卿。襄國奥壤，任切要蕃，前臨漳滏，水陸之會同歸；旁趣」井邢，風雲之路無遠。士女充盈，冠帶交錯，秦稱天府，未足□高；趙有地德，兹焉所重。乃□□列，」出總六條，除使持節都督殷州諸軍事驃騎大將軍殷州刺史，餘官如故。將辭絳闕，來駕朱驂，」□帷之望未褰，市巷忽及。以元象二年四月十四日丁酉遘疾薨於鄴城嵩寧里舍，春秋六十」七。朝野聞之，莫不灑淚。王人弔賵，有加恒數。追贈使持節侍中都督瀛幽營三州諸軍事驃騎」大將軍營州刺史太尉公尚書左僕射，謚曰，禮也。公孝友基心，仁讓成性，勇於行義，果於」尚德，兼公達之師表，體叔則之清通。禄厚施博，爵高忘下，門杜縫腋之賓，座滿通家之少，死友」□之歸骨，遊客籍以爲家。至於出身事主，當朝正色，火燭百寮，水鏡一世，開清夷之路，塞邪枉」之門，猛均夏日，熹復春暖，守君子之一心，達丈夫之百行，信足以弼揚景化，昇贊隆平矣。粤以」□年十月廿九日己酉遷窆於漳水之西，野岡之東。雖立功行事，方謡於身後；而刊名泉臺，冀」詳於來世。其詞曰：」綿綿遥緒，赫赫遠系，卿相累朝，公侯弈世。□藻不絶，既温且麗，琬琰嗣興，琳琅罔替。篤生哲人，」機悟罕倫，少經從仕，長襲纓紳。秉麾南楚，銜命西秦，迷徒識變，逆黨知新，既居列棘，兼掌鈎陳，」三吏奉帝，六條字民。章程緝穆，災戾消淪，庶因積善，永享遐齡。誰謂虛爽，遽還九京，文物如在，」賓從平生。薤露掩抑，蒿里淒清，悲風急樹，寒草衰同。誰不湮此，所貴揚名，翻棺若露，壁□□□。」 據《漢魏南北朝墓誌集釋》。

注　釋

〔一〕 厶，疑即「山」字。

362 劉懿墓誌

【誌蓋】闕

【銘文】魏故使持節侍中驃騎大將軍太保太尉公録尚書事都督冀定瀛殷并涼汾晉建郟」肆十一州諸軍事冀州刺史郟肆二州大中正第一酋長敷城縣開國公劉君墓誌銘。」君諱懿，字貴珍，弘農華陰人也。自豢龍啓胄，赤鳥降祥，磐石相連，犬牙交錯，長原遠葉，」繁衍不窮，斧衣朱紱，蟬聯弈世。祖給事，德潤於身，民譽斯在。父肆州，行成於己，名高當」世。君體局强正，氣幹雄立，剛柔並運，方圖備舉。棄置書劍，宿有英豪之志；指畫山澤，早」懷將率之心。起家拜大將軍府騎兵參軍第一酋長。莊帝之初，以勳參義舉，封敷城縣」開國伯，食邑五百户；除直閣將軍左中郎將左將軍太中大夫。帝圖時意，以爲未盡，進」爵爲公，□邑五百，拜散騎常侍撫軍將軍；乃除使持節都督涼州諸軍事本將軍涼州」刺史假鎮西將軍，常侍開國如故。又爲征南將軍金紫光禄大夫兼尚書右僕射西南」大行臺。復除使持節都督二汾晉三州諸軍事驃騎將軍晉州刺史。又行汾州事。大丞」相勃海王命世挺生，應期霸世。君既同德比義，事等魚水，乃除使持節都督肆州諸軍」事本將軍肆州刺史，又加驃騎大將軍儀同三司，餘如故。及聖明啓運，定鼎鄴宫，乃睠」西顧，權烽未息。遂以君爲使持節都督郲州諸軍事本將軍郲州刺史，儀同開國如故。」又以本秩爲御史中尉。復兼尚書僕射西南道行臺加開府，餘如故。式遏奸寇，鎮静河」洛，復路還朝，仍居本位。君自解巾入仕，撫劍從戎，威略有聞，强毅著稱。其猶高松，有棟」梁之質；類如金石，懷堅剛之性。既時逢多難，世屬慇憂，群飛競起，横流未歇。折衝行陣」之間，運籌帷幄之内。雄圖莊志，與韓白連衡；將略兵權，共孫吴合契。猛烈同於夏日，嚴」厲等於秋霜。去草逐雀，懷鶻鷹之氣；誅豺制兕，起卧虎之威。降年不永，奄從晨露，以興」和元年十一月辛亥朔十七日丁卯薨於鄴都。追贈使持節侍中太保太尉公録尚書」事都督冀定瀛殷并五州諸軍事冀州刺史，餘官如故。粤以二年歲在庚申正月庚戌」朔廿四日癸酉葬於肆盧鄉孝義里。乃作銘曰：」淼淼長瀾，巖巖峻趾，就日成德，聚星效祉。家風未沫，世禄不已，於穆夫君，一日千里。昂」昂風氣，烈烈霜威，進退有度，信義無違。行高州里，聲滿邦畿，抗足高鶱，理隔奮飛。秉麾」執鐸，南臨北撫，肅清邦國，折衝壃宇。駿足未窮，逸翮方舉，奄異金石，遽同草莽。眷言歸」奔，有嗟臨穴，荊棘方生，松櫝將列。千秋萬古，光沉影絶，陵谷若虧，聲芳有晰。」夫人常山王之孫，尚書左僕射元生之女。」長子撫軍將軍銀青光禄大夫都督肆州諸軍事肆州刺史元孫。妻驃騎大將軍司徒公元恭之女。」世子散騎常侍千牛備身洪徽。」妻大丞相勃海高王之第三女。」次子肆州主簿徽彦。」少子徽祖。」　國家圖書館藏拓。

363
郗蓋族銘

【誌蓋】闕

【銘文】興和二年閏月廿」一日齊州太原郡」祝阿縣安東將軍」前山茌縣令郗蓋」族銘。」　國家圖書館藏拓。

364
王顯慶墓記

【誌蓋】闕

【銘文】興和二年九月十」三日太原王顯」慶墓記。」　國家圖書館藏拓。

365
閭伯昇及妻元仲英墓誌

【誌蓋】闕

【銘文】閭儀同墓誌銘。」公諱伯昇，字洪達，河南洛陽人也。昔大電啓祥，壽丘生聖，貽厥繁茂，代雄朔」野。高祖即茹茹主之第二子。率部歸化，錫爵高昌王，仕至司徒公。曾祖」襲王爵司空公，贈司徒。祖齊州，器業淵長，鬱爲時望。父儀同，風德淹遠，道被」衣冠。公稟靈秀氣，資慶岳神，體度閑凝，識理清暢，磨道德以成行，率禮樂以」田情，積和順於胸中，發英華於身外。加之孝友淳深，温恭亮直，亭亭共白雲」等潔，肅肅與清松競爽。閭里欽其仁，朋儕慕其德。初以名公之胄起家，除散」騎侍郎，在員外。仍轉司徒任城王府記室參軍事，徙司空府清河王功曹參軍事，除白水太守，不拜，仍敕爲三門都將，轉司空屬。正光中，除渭州刺史，不」拜，仍爲諫議大夫。建義初，拜給事黄門侍郎，敕爲京西慰勞大使，除司空長」史兼大鴻臚卿，轉太尉長史，遷散騎常侍本國大中正。君文武兼資，雅於從」政，爰自彈冠，任逕出處，聲芳藉甚，所在流譽。降年不永，以興和二年五月寢」疾，薨於館第。皇上嗟悼，群后摧傷，賵贈之典，每加恒數。有詔追贈使持節都」督冀州諸軍事驃騎大將軍冀州刺史儀同三司，中正如故。」惟公器懷通濟，風力酋舉，忠爲令德，仁實行先，善始令終，自家形國，徽猷剋」茂，人無簡言。方當論道太階，贊禮東岳，遥塗未盡，峻軌遽淪。悲夫，粤以興和」二年十月葬於鄴城西南十八里。式銘玄石，永播芳塵。其詞曰：」陰山峻極，瀚海瀠渟，昌源不已，世載民英。司徒桀立，夙播奇聲，儀同嗣美，高」視上京。於鑠君公，剋傳家風，清徽外映，謙順内融。神衿獨遠，逸氣孤沖，豈徒」邦彥，抑亦人雄。爰初濯纓，薄言入仕，齊蹤驥騄，連陰杞梓。在玄能素，爲而不」恃，未盡東隅，遽淪西汜。卜云其吉，將窆泉門，皇慈已降，盛禮斯繁。松檟方合，」鐃吹暫喧，貞芳永謝，虛謚空存。」

魏故儀同三司閭公之夫人樂安郡公主元氏墓誌銘。」公主諱仲英，河南洛陽人也。顯祖獻文皇帝之孫，太尉咸陽王之女。稟祥」星月，毓采幽閑，風德高華，光儀麗絶。年十有五，作嬪閭氏。女節茂於公宮，婦」道顯於邦國。永熙在運，詔除女侍中。倍風闈壼，實諧内教。而餘慶不永，春秋」五十五，興和二年二月十五日薨於第。粵十月廿八日合葬於此。乃裁銘曰：」春秋迭運，晝夜相催，年浮世短，樹竫風來。山門一固，松柏行摧，幽芬長往，墮」淚空哀。」　國家圖書館藏拓。

366 范思彥銘

【誌蓋】（無，磚質。）

【銘文】興和三年正月廿九日，瀛」州河澗郡中水縣民」范思彥銘上記。」有灰，并有炭」爲記。」　國家圖書館藏拓。

367 元阿耶墓誌

【誌蓋】無

【銘文】撫軍將軍静境大都督散騎常侍方城子祖子碩妻元氏墓銘。」夫人姓元，字阿耶，河南洛陽人也。恭宗景穆皇帝之玄孫，濟陰」靖王之長女。樞光啓聖，導鴻源於姬水；神霧感應，構峻極於靈」山。配天光宅之功，本枝百世之緒，固已圖録丹青，懸諸日月矣。」曾祖濟陰宣王，字小新城，恭宗景穆皇帝第三子，使持節征西」大將軍濟相冀兖四州諸軍事。祖偃，右衛將軍太中大夫始平」侯。父濟陰王，征東將軍幽齊冀三州刺史，薨，謚曰靖王。竝明德」茂親，風神清秀，翼亮皇家，股肱帝室。夫人生禀淑靈之氣，標幽」閑之質，懷琬琰而發暉，蹈肅雍以貞懿。故蘋蘩有度，絺綌爲功。」莫不率由自極，因心必盡。其猶明月之寶，生於海浦；夜光之璧，」出自崐崗。加以留心女史，存意典圖，亦既教成，言歸異室。年十」三，乃適范陽祖氏。肅奉慈姑，敦穆娣姪。曲盡歡心，特留顧盼。彤」管有輝，白珪無玷。夫人率下行己，非禮不動。雖冀婦相敬如賓，」□曜齊眉舉食，不能過也。及喪禍荐臻，旻凶在疚，含酸茹痛，思」□泣面。豈蓼莪之足陳□□人之無□。假鳥獸易心，水火變節，」□之加也。且夫人篤於同氣，孔懷特甚，惟弟及妹，傾心愛友。夫」□□□男，莫不令問令望，爲龍爲兕。教同訓□，義等成軻，故長」□□志業清尚，才鑒明遠。寔曰瑚璉，終成棟梁。故能誕儀鳳之」毛羽，附神龍之鱗翼。望東閣以表道，登□朝而爰止。豈伊擅美」蕃采，固以揚名顯親矣。夫人方隆家慶，永貽多福，而與善無徵，」奄從物化。春秋卅，以永安二年歲次己酉七月辛亥朔十六日」丙寅終于西界安城中。痛纏親戚，哀動行人。暨興和三年歲次」辛酉二月癸卯朔十八日庚申葬於范陽遒縣崇仁鄉貞侯里，」并上附先姑之塋。風樹相摧，遷窆云及，負土莫追，瞻屺無見。懼」舟壑易□徙，聲塵難久，迺銘金石，式昭不朽。其詞曰：」維日之精，維月之靈，降神挺哲，有美刻生。方華桃李，比德娥英，」巫山謝麗，阿谷慚貞。禮備泉源，德配君子，去彼清閨，來嬪素里。」婉娩聽從，温其容止，觀圖踐禮，陳詩問史。母氏聖善，體夫成性，」允兹四德，聿脩百行。雙珠等潤，兩龍齊騁，婦德之宗，母儀之盛。」敬事慈姑，敦穆娣姪，言告言歸，有行有節。中饋尤善，女工妙絶，」豈言婦人，實稱明哲。風樹遽留，慈親不待，高堂已捐，曲江未改。」簪珥備陳，牲牢具宰，空悲若虬，徒深如在。松柏青青，脩壟峨峨，」一塵黃壚，長灰綺羅。終天何及，太息良□，託體山原，勒美泉阿。」 國家圖書館藏拓。

368 元寶建墓誌

【誌蓋】闕

【銘文】曾祖高祖孝文皇帝。」曾祖母清河王太妃河南羅氏。父雲，使持節侍中鎮東將軍青州刺史。」祖相國清河文獻王。」祖母河南羅氏。　父蓋，使持節撫軍將軍濟兖二州刺史。」父相國清河文宣王。」母安定胡氏。　父寧，使持節散騎常侍右將軍都督岐涇雍三州諸軍事雍州」刺史臨涇公，謚曰孝穆。」王諱寶建，字景植，河南洛陽人也。　世有崇高之業，家開邦家之基。　文獻標榜千」仞，懷袖萬頃，獨秀生民，唯善爲樂。　文宣道冠周燕，聲高梁楚；及永熙棄德，自絶」民神，居中承制，載離寒暑，大道功行，朝無粃政。　王資靈天縱，禀氣神生，幼而明」察，弱不好弄，出言必踐，立志無違。　仁義之道，因心被物；孝友之行，自己形人。　同」齊獻之竺學，等梁王之愛士，内無聲色之好，野絶犬馬之娱。　於是德潤生民，譽」滿邦國。　主上運屬樂推，應期入纘，乃除驃騎大將軍開府儀同三司。　及丁」艱苦，遂主喪事，顧禮僅存，扶而後起。　服闋，除光禄勳，開府儀同如故。　周盛本支，」懿親竝建，乃大啓山河，封宜陽郡王。　方謂天聰輔德，神鑑祐善，錫此大年，申茲」遠業。而旭旦收光，中霄墜羽，以興和三年七月九日薨於位。　慟發宫闈，哀感氓」庶，非唯收珠解佩，釋耒捐鈎而已。　詔贈使持節侍中假黄鉞相國太保司徒」公録書事都督雍秦涇渭華五州諸軍事雍州刺史，王如故，謚曰孝武，禮也。　粤」以八月廿一日祔葬於文宣王陵之右。　懼山崩川改，餘美無傳，故敬勒聲徽，奮」諸來世。　其詞曰：」大君有命，利建親賢，應茲磐石，光啓山川。　身照日月，德潤淵泉，入爲卿士，乃作」宫連。　天眷方竺，恩光鼎盛，九曜連輝，三台比映。　謨明國道，弼諧朝政，禍福無」門，遭隨有命。　命之不淑，曷云能久，忽如開電，奄同過牖。以斯辯智，同之先後，永」捐華屋，長歸芒阜。賓徒噭噭，服馬蕭蕭，挽悽野夕，笳亂霜朝。狐兔方窟，豺狼且」嘷，一經岸下，方覩地高。」姊河南長公主。適潁川崔祖昂，散騎常侍光禄勳武津縣開國公。」妹馮翊長公主。適勃海高澄，侍中尚書令領軍開府儀同三司勃海王世子。」弟徽義，驃騎大將軍儀同三司清河王。」弟徽禮，驃騎大將軍儀同三司潁川王。」妻武城崔氏。父悛，驃騎大將軍徐州刺史。」 國家圖書館藏拓。

369 元鷙墓誌

【誌蓋】闕

【銘文】魏故假黄鉞侍中尚書令司徒公都督定冀瀛滄四州諸軍事驃騎大將軍冀州刺史華山」王墓誌銘。」祖陵，散騎常侍征虜將軍并州刺史。父肱，散騎常侍撫軍將冀州刺史。祖王諱鷙，字孔雀，司」州河南郡洛陽縣天邑鄉靈泉里人。蓋瑶水之清源，帝宗之秀烈。祖以鴻勳冠冕先朝。父以懋」德榮華後代。王體凝粹之淑靈，涵岳瀆之逸氣，純敏在襟，寬仁爲度。故懿德亮於初辰，而全盛」冠於成歲。緝熙之績自亮，庸勳之效久著。是以負荷先構，忠幹之業方隆；師誠無殆，祗畏之心」自遠。太和廿年，釋褐爲給事中。尋有馬圈之勳，賜爵晉陽男。正始中，轉直寢。永平中，拜直閤將」軍如故。延昌中，拜左軍將軍，直閣如故。奉敕使詣六州一鎮慰勞酋長而還。延昌中詔除龍驤」將軍武衛將軍。熙平元年，除散騎常侍，撫巡六鎮大使。神龜中，詔除銀青光禄大夫，武衛如故。」正光詔除金紫光禄大夫。二年，詔除使持節都督柔玄懷荒撫冥三鎮諸軍事撫軍將軍柔玄」鎮大將。王廣設耳目，備加參伍，故能政懷内外，綏和遠近，惠可依也，德可懷也。若乃陪駕遊巡，」立氣河陽，清我干紀，掃彼郊紛，誠由宰相之功，抑是我王之力也。正光五年十二月，朝廷遣都」督章武王融討胡蜀賊失利，即令王分頭討之。以融失利，乃遣王代充都督，除北中郎將，將軍」如故。建義元年，大將軍尒朱榮入洛，除征北將軍護軍將軍，領左衛將軍，詔封昌安縣開國侯，」食邑八百户。即以晉陽男迴授第三息季彦。其年七月以本官除領軍將軍京畿都督。十月，詔」除衛將軍，本官如故。至永安二年隨駕北巡，即達建州，遂與天柱大將軍尒朱榮重出河陽。行」幸建州，詔書拜車騎大將軍儀同三司中軍大都督，改封華山郡王，食邑一千户，通前合一千」八百户，護軍領軍如故。其年八月，敕營法駕仗都將。十一月，詔除散騎常侍驃騎大將軍儀同」三司，王餘官如故。普泰元年四月，詔加侍中兼尚書僕射慰勞大使，驃騎、王並如故。永熙二年」四月，詔除使持節都督徐州諸軍事，本將軍加開府當州大都督徐州刺史，侍中、王如故。天平」二年三月還京，詔除大司馬，侍中、華山王如故。方將陪昇中之慶，行封岱之禮。而上天不憖，道」喪奄及。春秋六十有九，寢疾不豫。興和三年六月九日，王薨於京師。粤十月廿二日卜窆於鄴」縣武城之北原。詔贈假黃鉞侍中尚書令司徒公都督定冀瀛滄四州諸軍事驃騎大將軍冀」州刺史，謚曰武烈王，加鑒護事，禮錫備焉。於是友人車騎大將軍秘書監常景惜白珩之掩曜，悲懋德之未融，鐫金石而爲誌，託賓實以宣風。乃作銘曰：」鬱鬱帝宗，緜緜遠祖，道駕雄英，德藉神武。義風前馳，仁聲後舉，鄴濟先構，功光遂古。唯王基命，」實誕貞烈，矯矯忠誠，稜稜峻節。閨庭內穆，謙恭外結，金銑玉粹，鑒明水徹。自亮天爵，仍荷朝命，」方藉國靈，即膺家慶。便繁禁侍，繾綣官政，金紫載烈，龍光無競。肅事朝采，久職周行，勾陳聳烈，」交戟燿鋩。外清干紀，內掃欃槍，立謀建部，氣振河陽。監護上將，專守中權，左右輦轂，翰禦柔玄。」遠氣自邁，威命更宣，督慰區夏，柘戍天山。懋爵兼劭，聲望載融，安時信命，養晦遵蒙。位以車騎，」寵以儀同，淑慎爲本，清明在躬。牧我彭汴，懷此玉市，濟寬以猛，篤終如始。惠政既施，高風云峙，」至德載馳，清規更起。及登邦政，實諧袞職，出入帝扆，左右皇極。志效忠貞，誠盡心力，事發仁衿，」義形正色。天監攸眷，禮錫更厚，崇以中台，加之端右。山門風烈，隴首雲驚，累累曲阜，鬱鬱佳城。」幽關兮寂寂，泉路兮冥冥，舟與壑兮徒可誌，名與德兮終自榮。」大魏興和三年歲次辛酉十月己亥朔廿二日庚申。」

國家圖書館藏拓。

封延之墓誌

【誌蓋】魏故侍中」司徒尚書」左僕射封」公墓誌銘」

【銘文】魏故侍中司徒尚書左僕射封公墓誌銘。」公諱延之，字祖業，勃海條人也，司空孝宣公之季子焉。綿爪播於上誌，英聲被於中古。鉅以」帝師命氏，具用世家啓胄。祖冀州，出總二難，聲高羊杜。父司空，入登三事，道光稷契。公藉連」芳之盛緒，蘊生靈之秀氣。水至而藿蒲以茂，土積而風雨自興。如彼華星，臨四遊而無等；似」此明珠，湛九淵其誰匹。弱冠，州辟主簿。正光末，起家爲員外散騎侍郎。會大將軍江陽王杖」鉞西討，僚彩之選，妙盡時英。乃以公爲田曹參軍，仍轉長流事。公比翥鴻鶴，齊驤驥騄，神謀」上算，每出等夷。永安二年，孝莊流葵，潢池氣梗，赤子盜兵，既欲安之，非公莫可。乃敕假節假征虜將軍防境都督行勃海郡事。長旍首塗，光風先路。東北無塵，蓋公之力也。三年，除」中堅將軍散騎侍郎。會大丞相勃海王練石補天，斷鰲柱地，以期四友，志訪五臣。乃以公爲」大行臺右丞，委之群務。職是司直，正色繩非，省闔衆官，望風自肅。尋除持節平南將軍濟州」刺史當州大都督。公剖符作鎮，秉旄制部，雰祲已澄，行雨斯至。雖張寬世號通神，王閎時稱」獨坐，及其字民察物，故何以尚斯。未幾，加中軍將軍，從班例也。太昌元年，復除征東將軍大」丞相司馬。於時天步未康，軍政繁廣，戎機驟發，羽檄亟馳。公實外作股肱，內參心膂，既曰魚」水，亦處鹽梅，熊虎爲資，鷹鸇是務。真所謂社稷之衛，匪躬之臣者矣。永熙二年，除衛大將軍」左光禄大夫郯城縣開國子，邑三百户，司馬如故。賞忠勳也。葵丘地接開輔，四分五裂，鄰守」之重，非賢莫居。復以本官行相州事。天平之始，兖州刺史樊子鵠據州反噬。蛙鳴洙泗，蠅飛」宋魯。民未忘禍，從亂如歸。至乃竹鳳綵成，毛面蝟起，揚桴舉斧，頑抗王師。公受命忘身，推鋒」衛國，旬月之間，剋殄兇醜。乃除使持節散騎常侍驃騎大將軍青州刺史。於時侯淵叛換，據」有全齊，擇肉四履，庖厨百姓。公龍旗雲動，蛇鼓雷賁。地綱前張，天羅後設。曾未浹辰，逆淵授」首。遂乃褰帷問苦，下車布政。百城於兹斂迹，萬里復見陽春。更滿還鄉，屬大軍西討，仍行晉」州事。及秦賊蟻集洛陽，黑泰遊魂河渚。大丞相發赫斯之怒，命虎豹之師。星陣風驅，月章電」駕，文馬犀車，事屬後拒。軍次河内，復以公行懷州事。公善文詞，好酣醼。其所留連，皆一時秀」士。九蘊餘行，六肴間設。既閉門投轄，亦開閣忘疲。故以賓友相趨，朋徒慕響者矣。而逝川靡」息，日月無窮，與善何言，摧我良木。以興和二年六月廿四日遇疾卒於晉陽，時年五十四。朝」廷痛惜之。有詔追贈使持節侍中司徒公尚書左僕射都督冀瀛殷三州諸軍事驃騎大」將軍冀州刺史郯城縣開國子。粤以興和三年十月廿三日歸窆於廣樂鄉新安里。雖黃縑」綈帙，紀迹傳功，恐玄途幽壤，聲沉事滅。乃作銘曰：」鬱矣公族，朱軒丹轂，連貂疊組，懷金拖玉。家擅杞梓，門多鵷鵠，納納光風，峨峨世禄。若人挺」生，復作民英，奇文麗則，比迹雲卿。身同規矩，志等繩衡，似覺而卧，若晦斯明。爰□濯鱗，或躍」盛府，五登方岳，再毗霸于。世號人師，民稱慈父，始爲鴻翮，終成鳳羽。皎皎風絲，奄奄西日，素」秋忽矣，丹淵已畢。徒降聲榮，空存寵秩，文物威蕤，笳管蕭瑟。靈輿戒道，徙就幃荒，賓親佇列，」車騎成行。去斯麗宇，即彼幽堂。徂輝〔一〕。」興和三年歲次辛酉十月己亥朔廿三日辛酉刊。」　河北景縣出土。見《考古通訊》一九五七年第三期《河北景縣封氏墓群調查記》。

注　釋

〔一〕原石刻銘至此而止，下應仍有銘文，不知爲何未刻。

371 畢脩密墓誌

【誌蓋】無

【銘文】大魏興和三年歲次辛酉十月己亥朔廿三日辛酉，綏遠將軍」東安東觀二郡太守封仲靈第三息妻畢墓誌銘。」祖衆，宋徐州長史沛郡太守，贈兖州刺史。父文慰，散騎常」侍安東將軍滄州刺史，贈撫軍將軍兖州刺史，謚曰恭。」兄祖彦，黄門侍郎，追贈衛大將軍濟兖二州刺史。」夫人姓畢，諱脩密，兖州東平郡人也。文王以受命作周，畢」公以稱昭建國。世踵利建之榮，家承滿嬴之業。祖珪璋特秀，」軒冕縉紳。父風標峻立，領袖多士。

是以世禄所鍾，積慶攸在。」琬琰内華，芝蘭外馥。窈窕幽閑之性，率由自中；婉娩温柔之」志，非因物獎。至於蘇横波翠羽之麗，削城結素之美，起榮曜」華華〔一〕於春松，挺繁繁於秋菊。及袾馬于歸，來儀盛族。德考惟房，教成」閨閫。躬儉節用之行，見異於階庭；織紝組紃之能，取則於風」俗。城隅既峻，信有彤管之輝；美玉自温，實無白珪之玷。既而」君子膺命，陳力就列。雖曰南金，寔由砥礪。方當服絺綌以成」師，纘紘帶而爲傅。從三之義未終，難再之辭奄及。春秋五十」一，以興和三年七月十一日卒於辛〔二〕安里。其年十月廿三日」辛酉，乃作銘曰：」黄河帶地，□岳陵天，含靈藴德，挺俊生賢。軒冕樓葉，」衡珮蟬」聯，剋誕淑令，秉心塞淵。婉孌高閣，窈窕深宫，皎如白雪，穆若」□風。貞静爲性，幽閑在躬，英華外澈，機悟内融。亦既歸止，執」箒來嬪，如蘭始旦，如蕙初晨。剋恭似鹼，肅敬如賓，斷機戒」子，觀牖知人。輔祐寂寮，灰琯局促，忽違嘉慶，奄同風燭。月照空房，風彯虚幄，今古共然，先後非獨。」　河北吴橋出土。見《考古通訊》一九五六年第六期《河北吴橋縣發現東魏墓》。

注　釋

〔一〕華華，原誌石作「華厶」，當爲「華華」二字，後一字爲同文符號。下文「繁繁」亦同。

〔二〕辛，原石作「亲」，因下文中「辛酉」亦作「亲酉」，故定此字爲「辛」。

372 李豔華墓誌

【誌蓋】闕

【銘文】魏博陵元公故李夫人墓誌銘。」夫人字豔華，隴西狄道人，武昭王皓之五世孫也。月華」遠冑，星光遥緒，締構五回，派流九折，種德積善，世有達」人，軒冕聯華，龜玉交映。雖十紀七葉之門，銀鉤金社之」族，自我相望，有兼厥美。祖蕤，司農豫州刺史。父該，散騎」常侍濟廣二州刺史。夫人資和方天，禀命淑靈，孝乃自」天，仁實由己，婉娩四德，肅雍六行，曲盡柔順之方，雅極」聽從之道。至於嚬笑歸美，點畫見傳，方圓貽範，朱紫成」則，雖南國容華，北方絶世，光影相鄰，是非無辯。年十七，」歸於元氏。□母事姑，婉然作合，居不言容，敬等如賓，奉」上温恭，逮下慈惠，斯須無怠，造次靡失。絲繭組紃之功，」蘋蘩醴酏之品，從今行古，人無閒言。信可模範一時，矩」儀當世。而滄浪不弔，事隔與善。年卅，以興和三年大梁」之歲應鍾之月二日庚子卒於家。於黄鍾之月十七日」乙酉□窆於鄴城之西北十有五里。嗚呼！寒暑進退，陵」谷斡流，式銘員石，永播芳猷。乃作頌曰：」高門何有，素論攸歸，鍾美奚屬，淑女嗣徽。譬諸蘭蕙，自」有芳菲，白馬已駕，黄鳥載飛。來自素里，居此朱扉，春花」始茂，朝露已晞。月臨長簟，風卷靈衣，雜珮輟響，寶鏡潛」輝。野荒霧晦，樹拱風威，千秋萬古，寧知是非。」

國家圖書館藏拓。

373 司馬興龍墓誌

【誌蓋】無

【銘文】魏故司徒司馬公墓銘。」公諱興龍，字興龍，河内温人也。其先官有世功，是爲世禄。因之命氏，不隕其名。及」周人不競，布在列國。自斯以下，或將或侯，竝著令績於當年，垂鮮軌於來世。有晉」時乘，遂家天下，大啓懿親，以蕃王室。太傅隴西王泰，公之八世祖也。祖征西，作牧」關隴，遺愛在民。父常侍，從容獻替，其言未没。門極崇高之緒，家傳道義之風。冠冕」相映，風流繼軌。雖袁作人物之主，楊爲載德之門，高下相傾，故無以匹。丹沙之地，」必出黄金；玉田之所，故生白璧。公受五行之秀氣，應百世之餘祉。風力爽儁，志氣」如神，動爲准的，發作模楷，雅好博古，備涉文詞，尤習短長之書，彌重從横之説。雖」幅巾在御，藜杖未投，養素閭里，寄情丘壑，蕭條身世，道王一時。於是德高遐邇，聲」動真俗。朝廷聞風虚想，思與共治，乃起家，拜魯陽太守。爲政清静，廉公有威。雖」慈明不次之遇，元始移風之化，不能尚也。方謂輔德與善，錫此大年，而天地不仁，」鬼神多爽。遠業未舒，短期已迫。以太和十四年以正月八日薨於朔州城内舍，春」秋四十。屬世道太康，帝德廣運。乃眷土隴，非惟致祭之誠；有懷明德，故兼追榮」之禮。乃詔曰：故魯陽太守興龍，黼藻爲德，瑚璉成器，瞻言既往，空念與歸。可特」

贈使持節司徒公都督定瀛滄幽殷五州諸軍事驃騎大將軍定州刺史。凡在禮」物，有加恒數。粤以興和三年十一月己巳朔十七日乙酉葬於鄴城西北十五里」釜陽城西南五里平岡土山之陽。公墻宇淵曠，姿神秀遠，立行無擇，出言有章，亡」禮必中，疑事靡惑。禮樂不墜，文武在人，天然信厚，率由愛敬。善無小而不爲，過無」微而不改。所富非財，所尊非位，闔門静軌，不求聞達。師友道德，隨運行藏，斟酌前」賢，與之趣舍，訓獎家風，貽厥孫子。故剋成嗣德，爲世棟梁。故已任長群龍，道高百」辟，爲千載之冠冕，成一代之羽儀。孝思惟感，追遠增慕。今隴隧已昏，泉塗就永，懼」天地或改，山川有迻，一瞚之後，百行靡記。故勒銘壤陰，貽之長久。其銘曰：」綿綿曠緒，眇眇遐胄，建氏自先，踵德唯舊。譬以成長，方岳爲秀，原積流深，枝繁葉」茂。天厭魏德，神器有歸，分川析壤，能軾龍旂。天地消息，日月遞微，亦白其馬，比映」連暉。鍾美自斯，含華佩實，秉德無爽，問道唯一。枝幹兼茂，尊榮厚秩，比慶陳門，方」美荀室。聞之前載，天道無親，宜其萬壽，光此四鄰。一隨化運，屢涉秋春，蕭條城市，」寥落人民。左都右岫，面原背道，形勝所歸，安其宅兆。哀笳遠奏，輕旗上矯，雲生雜」樹，風摇百草。彭殤俱逝，仁勇同傾，没而不朽，所貴令名。方流百代，無恨一生，嗟乎」自久，且照沈銘。」

河北磁縣出土。見《文物》一九七九年第九期《北魏司馬興龍墓誌銘跋》。

374 李挺墓誌

【誌蓋】闕

【銘文】公諱挺，字神儁，隴西狄道人也。蓋理官興祭，事祖庭堅，道家命氏，咸推藏室。將軍樹功易水，衛尉」擬德成蹊，逮茲爰降，龍光世及，神鈎謝祉，昭社慚榮。高祖涼武昭王，風雲命世，開霸河右。曾祖酒」泉公，精芒集慶，因岳峻基。祖侍中使持節征西大將軍開府儀同三司沙州牧并州刺史燉煌宣」公，拔茅以彙，委質來庭。父尚書昭侯，英圖茂業，存諸王府。公奇才格世，美相標形，龍駒是屬，鳳毛」攸在。書同班子，静類楊生，德穆芷蘭，言成潘沐。飂飂共松風等韻，爛爛與巖電齊明。太常劉貞公，」一代偉人也，特相賞異，申以婚姻。僉謂冰清玉潤，復在茲耳。釋褐奉朝請，轉司徒祭酒從事中郎。」擿綴新遒，吐屬閑遠。朋僚推慕，府内增華。頃之，拜驍騎將軍中書侍郎。阿閣巖深，鳷池清浚，絲綸」之寄，於此得人。遷太常少卿。乃疇諮故實，斟酌世典，不墜斯文，號爲稱職。穰城跨躡樊沔，衿帶王」畿，威敵字氓，允鐘朝望。乃除前將軍荆州刺史。於是持綱振領，匪尚小察，班條設教，期在便民。赭」綎之謀弗施，奸豪自肅；簪轄之權靡用，人莫能欺。俄屬關隴騷然，燕代烽起，朝廷方憂内難，專事」澄清，句吴幸釁，憑淩邊鄙。水軍飇鋭，事均關羽之來；臼竈生蛙，不異趙衰之急。公拊循有素，應變」無方，九地神幽，百樓崛起，莫不輸心畢力，窮而益固。故知挹河所以稱醉，俠纊非謂同袍。竟使敵」人棄鉀，侵田自反，德流沔漢，威震江湘。以功封千乘縣侯，食邑一千户。就徵入拜大司農卿。公本」以文雅爲名，不存武力，及在南蕃，威略遐靡。至是朝野歎息，咸以兼資許焉。既而葛榮作釁，流毒」漳滏，仍勞威望，寄以北門。授鎮軍將軍行相州事。遵途未達，有詔徵還，會尒朱入朝，莊皇纂統，即」拜散騎常侍領殿中尚書中書監兼吏部尚書。公器實國華，德唯民望，攝總樞要，義兼賢慼，所懷」無隱，苟利必爲，有若戴天，其如挹海。尋解餘任，正位選曹。若乃年代氏族之書，人倫當世之事，猶」兹達味，不舛淄澠。譬彼知音，妙探蟬鼠，抑揚無所阿避，苞苴由此弗行。剖盈尺於荆巖，拂奔騠□」吴坂，垢面羸衣，更不足異，舉才見彈，適彰其美。遷衛將軍右光禄大夫。永熙登極，授散騎常侍驃」騎大將軍左光禄大夫儀同三司兼尚書左僕射。天平初，行并州事。尋以本官除肆州刺史。俄而」徵補侍中。切問近對，良資博物，獻可替否，是曰王臣。仲宣之在魏朝，延祖之居晉代，無以加也。公」早歷清途，夙延嘉譽，年逕盛衰，世變朝市，禮樂繫其癈興，縉紳仰而成則，辭豫章之美，懷寢丘之」陋，當時罕爲對，天下服其名。加以尺蠖居身，虚舟在物，浮沉用捨，脱略威儀，躡有道之清塵，想太」丘之爲德，斯所謂通人靡滞，歷半千而一遇者已。方登正鉉，永調玉燭，豈言報施，曾不憖留。以興」和三年六月十七日薨於位，春秋六十四。停沽罷飾，非唯鄒鄭，破琴息斲，豈獨牙周。朝廷愍惜，追」贈使持節侍中都督雍秦涇三州諸軍事驃騎大將軍雍州刺史司徒公尚書左僕射，謚曰文貞，」禮也。粤以興和三年歲次辛酉十二月廿三日葬於鄴城之西南七里豹祠之東南二里半。迺作」銘曰：」

世稱右族，族號世臣，冠冕方盛，風流日新。駢組若若，長轂轔轔，舊德鐘美，挺兹俊民。俊民之生，夙」知早慧，外標眸子，内藏心計。立善有徵，去過無細，譽集韶日，名成綺歲。亦既來仕，綽有餘暉，司綸」載穆，典禮無違。四張蕃旆，再襲戎衣，謀從效立，政緝民歸。入管衡石，出參輿輦，抑揚獨行，推察衆」善。前疑罔滯，後車自辨，行作士模，德爲民鮮。論道緯國，允屬邦良，應兹後命，衮衣繡裳。作鎮雅俗，」邦家之光，于何不淑，折棟摧梁。伊昔宴喜，相樂時暇，顧眄生榮，剪拂增價。留連美景，徘徊良夜，好」音自留，清顔永謝。庭除已蔓，賓遊稍斷，悽悽祖徹，掩抑鐃管。哭聲何遽，挽聲弗緩，座上無留，尊中」自滿。昔忻有遇，謬忝爲容，延譽朝宰，譯意民宗。霜凝隴柏，風鼓寒松，公知必至，獨恨無從。」

元妻侍中太常文貞公彭城劉芳第二女，字幼妃，未期而亡。又娶丞相江陽王繼第三女，字阿妙」，薨於穰城。又娶太傅清河文獻王第三女，字季聰。」　國家圖書館藏拓。

375 元悰墓誌

【誌蓋】闕

【銘文】王諱悰，字魏慶，河南洛陽人。原流浚發，望滄海而稱大；基構崇高，臨天下以爲小。祖雍州」康王，拂衣獨往，脱屣千乘。父青州穆王，軀車不息，褰帷萬里。公以天地交泰，日月光華，」乃得精靈，以挺英儁。而神宇瓌奇，天姿秀異，體局沉凝，風度閑遠，不待規矩，直置成器，無假」琢磨，自然爲寶，立言必踐，有志無違，德合珪璋，信同符挈。乃襲舊爵，爲西河王。設醴待賢，擁」篲趨士，雅有明德，實著高義，河間之好禮不群，東平之爲善最樂，彼各壹時，豈足多尚。初爲」中書侍郎，又轉武衛將軍大宗正卿滎陽太守。存緩急於弦韋，濟寬猛於水火，思與春露俱」深，威共秋霜比厲。蓋亦立祠表德，配社稱功，豈直后來興歌，不留致恨而已。又爲使持節都」督北華州諸軍事安西將軍北華州刺史。政等神明，化同風雨，廉平致治，信義成俗。是使西」河之童，躍竹候反；北漠之虜，懷金願閑。又除侍中衛將軍金紫光禄大夫，進拜驃騎大將軍，」左光禄大夫如故。至於出入詔命，喻指公卿，强識博聞，潛功内補。又以本將軍爲司州牧。都」邑隱軫，風俗雜錯，競爲氣俠，争逐名利。於是振領持綱，誅豺制兕，德刑既舉，奸軌不作。故亦」閈闊止行，恐當諸葛之路；休沐不歸，慮有校尉之貴。乃遷太尉公。及其論道台階，補闕衮職，」鹽梅自和，陰陽得序，眷言政本，寔曰喉脣，天下樞機，人倫淵藪，自非德表民宗，器光國望，無」以總一朝綱，折中天府。乃加侍中録尚書事。既而喧訟盈階，薄領填席，獨運神機，常有遊刃。」又以王者之居，實稱根本，舊德不忘，去思結慕。乃復爲司州牧驃騎大將軍開府儀同三司。」來朝獨坐，出遊分乘，機鑒外照，清明内朗，導民用德，率下以信，無思犯禮，莫敢隱情，海岱之」間，都會斯在，降德東夏，義實得人。乃除使持節都督青州諸軍事本將軍青州刺史，開府儀」同如故。公望重一時，道高萬物，未言已信，不肅而成，亦既登舟，鴟梟自徙，甫及下車，萑蒲輒」散。至止未幾，構疾彌留，以興和四年十一月廿日薨。工女停機，商人罷市，設祭滿道，制服成」群。公爲國棟梁，作民舟楫，嚴而不害，温而難犯。唯德是據，内無聲色之娛；非禮不行，外絶犬」馬之好。簡通賓客，獨隔囂塵，苞苴弗行，請託自息。若乃驂駕四馬，謁帝承明，冠冕庶尹，領袖」群辟，風神爽發，儀貌端華，進退有度，折旋成則，動淵泉於衿袖，懸日月於匈懷，九流歸之若」江海，百僚仰之若嵩岱。夷甫之巖巖壁立，詎可比其清高；會稽之軒軒霞舉，未足方其秀出。」春秋鼎盛，志業方隆，天道如何，人亡奄及，追贈使持節侍中太傅司徒公假黄鉞都督定瀛」滄三州諸軍事驃騎大將軍定州刺史，謚曰文靖。以武定元年歲次癸亥三月辛卯朔十九」日葬於鄴城西北十五里。恐兩宫夾墓，後代未詳其名；九圖出壙，來世不記其德。乃作銘曰：」自天生德，維岳降神，膺期名世，實在斯人。忠孝爲寶，瓊銑非珍，空城比寂，澮水方真。數刃難」窺，萬頃誰測，鳴佩鏘鏘，驂駕翼翼。雞樹唯才，鳳池聊即，磐石增美，王言以飾。作衛稱嚴，司宗有」序，兩岐在詠，二難皆去。切問俄及，司會攸佇，八區益峻，萬事咸舉。帝曰亞獻，實資全德，金鉉」用貞，玉墀非忒。睠言畿甸，誰除枳棘，降道開中，刑清訟息。天齊形勝，表海控河，褰襜未幾，來暮」已歌。舟無緩舳，壑有驚波，清暉奄謝，遺愛徒多。斧座哀隆，彤庭樂弛，雖加文物，詎榮青紫。」地久天長，陵移谷徙，空傳蘭菊，誰遮螻蟻。」 國家圖書館藏拓。

376 王偃墓誌

【誌蓋】魏故勃」海□王」君墓銘」

【銘文】魏故勃海太守王府君墓誌銘。」君諱偃，字槃虎，太原晉陽人也。其先蓋隆周之遐裔。當春秋」時，王子城父自周適齊，有敗狄之勳，遂錫王氏焉。丹車紫蓋」之貴，雄俠五都；調風渫鼎之豪，聲華三輔。祖芬，安復侯駙」馬都尉相國府參軍給事中太子虎賁中郎將，遷江夏王司」馬，帶盱眙太守。父五龍，起家鎮北府參軍建威將軍臨淮」太守太尉諮議參軍右衛將軍兗冀二州刺史，封新塗縣開」國侯，邑七百户。君稟黄中之妙韻，資南佋之禎祥。爰始齠年，」載誕剋岐之性；亦既童冠，收名老成之譽。温良本於率由，孝」友始於天縱。解褐奉朝請，俄遷給事中。屬天步在運，嵩原沸」騰，君乃輸力四方，翼戴王室，掃難披艱，血誠著績。遷右衛將」軍光禄勳，又除盧陵勃海二郡太守。疊履專城，再揚邦彩，化」潭禽簞，恩結生民。方申遺老，俾贊乘輿，如何災濫，奄同造化。」春秋七十五，以武定元年閏月廿一日卒于第。粵以其年十」月廿八日葬於臨齊城東六里。凡厥士友，至於賓僚，咸以爲」泉門一閉，陵谷代遷，鐫石題徽，式揚景烈。乃作銘曰：」雲昇月鏡，漢舉星明，於照遐烈，弈世有聲。厥祖皇考，接武維」城，和光地緯，穆是天經。三山降祉，二象凝神，爰播妙氣，剋挺」哲人。如彼隨侯，聲價遠聞，如彼鳴鶴，振響騰雲。巖巖安復，履」道懷貞，赫赫新塗，繼體承英。八龍登號，三虎馳名，繁霜夏降，」蘭蕙萎丘。白雲四卷，素月淪收，形隨歲往，貌與年流。刊石揚」名，庶傳千秋。」　國家圖書館藏拓。

377 賈尼墓誌

【誌蓋】闕

【銘文】武定二年歲次甲子正月丙戌」朔廿八日癸丑，琅琊王相西太妃」賈尼，春秋五十，不幸遘疾，」薨於鄴城景榮寺。故立誌記。」　見《文物》一九六五年第十期《從晉磚文字説到〈蘭亭序〉書法》。

378 陳平整銘記

【誌蓋】闕

【銘文】武定二年四月廿五日」冠軍將軍中散大夫」北豫州鎮城都督長」孫伯年妻陳平整銘」記。」　國家圖書館藏拓。

379 元湛墓誌

【誌蓋】魏故假」黄鉞廣」陽文獻」王之銘」

【銘文】魏故使持節假黄鉞侍中太傅大司馬尚書令定州刺史廣陽文獻王銘。」祖諱嘉，太保尚書令司徒公冀州刺史廣陽懿烈王。」祖母河南穆氏，宜都王壽孫女，司空亮從妹。」父諱淵，侍中吏部尚書司徒公雍州刺史廣陽忠武王。」母琅邪王氏，父肅，尚書令司空宣簡公。」公諱湛，字士深，河南洛陽人也。受命於天，造我王室，誓河疏流，瞻山作鎮。祖位當彼相，任屬保衡，」送往事居，負圖分陝。父才爲國楨，望稱人傑，功最天下，名播海内。既而日月成象，山川出雲，乃感」中和，剋生上德。器宇清明，風神秀整，音韻恬雅，儀表閑華，天資孝友，自然忠信，率禮而動，非法不」言。既夙有成德，弱不好弄，致賞高明，實標清識。固能採菽中原，求珠赤水，心遊河漢，志在丘山。乃」引入侍書，除爲羽林監，又轉散騎郎，在通直。鵷鴻始颺，便有摩天之資；驥騄初騁，自懷弭塵之氣。」及遭不造，殆將毁滅，哀感庭禽，悲燋壟樹。乃襲爵爲廣陽王，除通直散騎常侍，轉給事黄門侍郎，」而王如故。及居顯處，爰拜青門，等務伯之矜嚴，同昭先之淑慎。又爲持節督膠州軍事左將軍膠」州刺史。及其驂傳案部，班條察事，未言已信，不肅而成，念室於是自空，桴鼓所以且息，行人解裝」而莫犯，遊客散馬而無虞。又兼侍中行河南尹，尋除使持節都督冀州諸軍事中軍將軍冀州剌」史。竭忠貞之心，盡廉平之節，潤之以夏雨，照之以秋陽。遠至邇安，不能比其效；外平内成，無以喻」其績。又除侍中，軍號仍本。至於仰瞻府視，切問近對，當渭橋之後車，坐殿中之重席。又以本官行」洛州事。文武兼運，威德並施，政若神行，化如風偃。又除太常卿，王如故。未幾，還爲侍中。又以本官」行司州牧。乃揚清激濁，舉直厝枉，貴戚斂手，豪右屏氣。然其情存去惡，合柱不能藏其形；心在窮」奸，重轑無所隱其迹。又除驃騎將軍，仍侍中，俄以本官監典書事。逸文脱簡，罔不捃摭，毁壁頽墳，」必所窮盡。既質含百練，公輔之望自高；氣逸千里，王佐之才久立。乃除太尉公，王如故。位冠人爵，」任總天綱，贊傑遂賢，興仁隆化。其猶伯始温柔，子魚和理，天下中庸，後世難繼。方當黜位而朝，以」成師臣之禮；獨拜於屏，用饗養老之秩。曰仁者壽，所期必信，積善不報，終自欺人。春秋卅有五，以」武定二年歲在甲子五月十四日丁酉薨於鄴。天子舉哀東堂，鴻臚監護喪事。贈賵之數，隆於常」禮。惟公風猷峻遠，器量清高，望儼即温，外明内潤，雖名重一時，位高四累，務在謙光，情無矜尚。」是以虚衿待物，折節從人，當沐而休，據饋以起。至乃北遊竭石，南陟平臺，風影飛閣，草蔓中渚，賓僚」率止，親友具來，置酒陳辭，調琴寤語，思溢河水，言高太山，繡綵成文，金石起韻，耻一物之不知，總」四科而備舉，積珪璋於匈懷，散雲雨於衿袖。然據則德蹈禮之基，秉文經武之業，重義輕財之量，」匡主庇民之功，求之古人，希世罕有。千載一期，且云旦暮，哀哉奉孝，乃悲逝者，安得征虜，實痛良」臣。追贈使持節假黄鉞侍中太傅大司馬尚書令都督定殷瀛幽四州諸軍事驃騎大將軍定州」刺史，王如故，謚曰文獻，禮也。粤以其年八月庚申葬於武城之北原。乃作銘曰：」壽丘若水，開原發系，立功立德，或王或帝。繁衍不窮，蟬聯相繼，九畹滋蘭，百畝樹蕙。自天生德，唯」岳降神，孰膺名世，實在斯人。剋隆遺構，載荷餘薪，乃稱惠王，實曰宗臣。攀桂有叢，拔茅以類，赤霄」易摩，青雲可致。惟德命官，以仁守位，令行禁止，功成身遂。作時領袖，爲世冠冕，立行堂堂，秉心謇」謇。執戟趨事，抱劍來踐，星神易識，豹文可辯。連率侯服，攝官帝城，導民由德，斷獄以情。化感風雨，」政通神明，一虎垂首，二老變形。論道台階，補闕衮職，送日騁步，摶風使翼。高飛詎遠，長途未極，朝」露已銷，夜舟誰力。芒阜臨北，魚山望東，安厝不異，託葬攸同。三臨出祖，五會送終，歸骸真宅，寧神」□□。」 國家圖書館藏拓。

380 王令媛墓誌

【誌蓋】魏故黄」鉞廣陽」王妃銘」

【銘文】魏故假黄鉞太傅大司馬廣陽文獻王妃墓誌銘。」祖琛，齊司徒從事中郎。」祖母彭城劉氏，父義恭，宋太宰江夏文獻王。」父翊，魏侍中司空孝獻公。」母河南元氏，父澄，假黄鉞太傅任城文宣王。」妃姓王，諱令媛，琅邪臨沂人，齊尚書僕射奂之曾孫也。」既望冠海内，爲天下盛門。祖席上稱珍，白珩非寶。父立」德成名，懸諸日月。妃藉采華胄，膺和淑靈，體韻閑凝，識」懷明悟，尊敬師傅，鑒誡圖史，進退合軌，折旋成則。亦既」有行，來儀蕃邸，率禮公宫，剋循法度。方當致偕老於君」子，成好仇於哲王，鼓琴之志詎申，擊缶之期奄及。春秋」廿，以興和四年歲在壬戌十月戊午朔〔一〕廿日丁丑薨於」鄴。粵以武定二年歲在甲子八月庚申合葬於武城之」北原。乃作銘曰：」榛枯濟濟，瓜瓞綿綿，降鳳岐嶺，御鵠伊川。羽儀世載，冠」冕蟬聯，功勒鍾鼎，聲被管絃。藉此膏腴，挺兹窈窕，如雲」蔽月，猶蓮出沼。有澁清原，翻追黄鳥，兼市爲珍，連城稱」寶。湘水潺湲，巫山晻曖，暫薦枕席，遽空環佩。吉凶糾纏，」日夜相代，忽嗟易及，終悲難再。風彯帷薄，月照房櫳，居」室且異，臨穴方同。人生詎幾，身世已空，城闕日遠，松柏」爲叢。」 國家圖書館藏拓。

注釋

〔一〕興和四年十月甲午朔。原誌誤。

381 元顯墓誌

【誌蓋】闕

【銘文】祖大汗司徒淮南静王。」父萬，并州刺史淮南王。」王諱顯，字顯，河南洛陽人也。

蓋自帝挺枝，從天聳幹，波瀾濬而不已，峰岫高且」未休。祖司徒，盛德懋親，綢繆佐命。父并州，風飆儁邁，繾綣龍顔。王降精惟岳，資」靈懸象，上善是凝，中和載洽。肇自岐年，王佐之目已表；甫將丱歲，弼諧之寄更」宣。至於偉屬殊倫，瓌望異等，識宇通曠，智局淹融。爰始志學，遊心墳典，耽道知」名，淫書結譽，三冬足用，五行俱下，彼自稱奇，我無慚德。於是郭生願謁，許子請」交，而千丈徒知，萬頃不測，於焉遠近，翕爾留心。自當苞倉含植，豈唯濤下舒上」而已哉。出身散騎常侍，在通直，便奉詔金馬，謁帝承明，辭綵抑揚，風儀閑」遠，目送稱善，深簡帝念。由是聲價稍隆，珪璋彌重，尋轉散騎常侍。標榜周行，」羽儀多士，時談歸厚，世論推高。八翅徒夢，三事莫踐，餘慶無徵，山頽木壞。以太」和之廿四年薨於第，春秋卌四。哲人云亡，殄悴斯及，一人悼慟，百辟嬋媛，知與」不知，家悲户泣。詔贈使持節都督梁州諸軍事安西將軍梁州刺史散騎常」侍，王如故，謚曰僖，禮也。王澡身持操，積德修仁，顧義是依，望禮斯蹈，奉忠資孝，」事父移君，家罔簡言，國無口過，博施濟衆，易色親賢，知善必揚，聞惡斯遏。豈唯」擅美當時，抑亦今古絶倫者矣。然工名理，好清言，善草隸，愛篇什。及春日停郊，」秋月臨牖，庭吟蟋蟀，援響綿蠻，籍茲賞會，良朋萃止，式敦讌醑，載言行樂，江南」既唱，豫北且行，詩賦去來，高談往復，蕭然自得，忘情彼我。一從物化，五紀於茲。」皇居徙鄴，墳陵遷改。以大魏之武定二年歲次甲子八月癸丑朔廿日壬申移」葬於鄴城之西陵。嗟乎！人世不留，陵谷終易，後雨毀防，巒水侵壁，年來或忘，傳」功歲去，有淪遺迹，盛德不朽，寄之金石。其詞曰：」依天起峻，託日垂明，長瀾浩汗，高岫峥嶸。藍田玉出，赤野珠生，雖或剋構，莫之」與京。本枝攸盛，貽厥斯阜，作相稱一，禮命備九。長劍佩腰，高蟬映首，君有實授，」臣無虛受。入標孝第，出騁忠烈，七術亡陳，六奇閒設。中國禮興，邊城烽滅，非平」非種，是英是哲。德厚無稱，才高不器，覆持乃輔，舟航以寄。萬鐘納享，千乘總位，」協彼野談，允茲朝議。秋風起樹，春水生塘，賓延鄒馬，友召枚楊。笙竽叫咷，旌蓋」低仰，留連辭賦，慇勤羽觴。報道不恒，酬仁云變，逝川一往，終淪再見。賓御濡衣，」親知雨面，哀振松楊，悲深郊甸。」國家圖書館藏拓。

382 元均墓誌

【誌蓋】闕

【銘文】王諱均，字世平，河南洛陽人也。太祖道武皇帝之玄孫，涼州使」君淮南憘王之次子。基峭極天，源深紀地，固以備諸緗績，於茲可」得如略。公理識淵長，風宇清潤，學不爲人，行必求己。故千里之譽，」縉紳同集；萬頃之高，通人共許。年未弱冠，除員外散騎侍郎。時宸」居凝粹，乃睠民瘼，以公宗英秀令，爲關右大使。黜惡旌善，譽發皇」華。還拜員外散騎常侍寧朔將軍，尋轉冠軍將軍。屬群飛在運，横」流將及，天子旰食不怡，夙興有念。乃以公爲關中大都督。公受脤」出郊，威信兼著，故欃槍所指，妖氛自息。莊帝欽咨茂績，乃除征虜」將軍通直散騎常侍。天未悔禍，釁鍾王室，元顥肆逆，敢弄神器。公」志踰子房，義等包胥，投袂而起，有懷匡復，乃繕甲河梁，迎返鑾輿。至」是論功，封安康縣開國伯，食邑五百户，尋加散騎常侍安東將軍。」公墻儀峻整，操尚貞深，蹈禮據德，依仁遊藝，孝於奉親，恭以事長，」接下唯寬，交友必信，慎言慜行，善始令終。方當剋壯難老，補茲廟」闕，誰謂與人，遽同過牖。以永安二年六月廿一日春秋五十二薨」於洛陽里宅。詔贈使持節都督冀滄幽三州諸軍事驃騎大將」軍儀同三司冀州刺史，謚曰孝武，禮也。夫人京兆杜氏，漢御史大」夫周之後。稟粹固天，理懷明潔，年甫初笄，爰適我公，禮敬踰於奉」蘋，懃誨過於訓歡。故凡所誕育七男六女等，莫不如珪如璋，令問」令望者矣。天平二年七月廿日薨。皇馭中徙，定鼎漳陰，粤以武」定二年八月廿日遷祔神柩，與公合葬於鄴西憘王塋次。銘曰：」長源浩蕩，崇基緬邈，肇自配天，降茲視岳。明德繼軌，靈蛇在握，誕」斯上智，窮此下學。好謀如成，臨戎弛析，肆力懃王，陳師掃惡。綸紼」攸主，乘輿是託，疏爵以庸，分星建社。言尋履信，宜應純嘏，苒苒不」留，滔滔日瀉。溘辭華屋，遽歸中野，斡運如流，代序方積。鳥聲空曙，」月光徒夕，幽谷若遷，青燈儻闢，無絶終古，冥之沉石。」　國家圖書館藏拓。

383 赫連阿妃銘記

【磚誌】大魏武定二年十月壬子」朔四日乙卯張氏妻」赫連阿妃銘記。」　國家圖書館藏拓。

384 侯海墓誌

【誌蓋】魏故伏」波侯君」墓誌銘」

【銘文】魏故伏波將軍諸治令侯君墓誌銘。」君諱海，字景海，上谷居庸人也。其先蓋黃帝之苗裔。崇峰」架月，齊峻崿於層城；長源浩汗，啓洪濤於光紀。爰兹丕緒，」弈世重離，鏘金曳組之豪，駢蓋兩都；和風渫鼎之貴，聲華」三輔。君禀黃神之妙韻，資南侶之禎祥，越自繦緥，載誕剋」岐之性；亦既童冠，收名老成之譽。至乃提弓矍相之門，問」道西河之館，藝單六德，學盡琴書，擊劍投鋒之術，談天鏤」素之能，彎弧騁馳之功，神機辯悟之略，莫不籠罩武文，陵」轢儁艾者也。若乃肅穆德音，井邑歎其仁；脩身踐言，多友」稱其信。器韻淹通，風神峻遠。起家爲威烈將軍諸治令，俄」遷伏波之號。緝釐王猷，在物咸熙，光贊宸徽，世稱善績。媚」兹槐棘，協此百僚，縉紳服其景行，朝野□其鴻烈。方昇九」萬，戢翼南溟，如何未永，奄從逝水。以武定二年歲次玄枵」夏四月卒于第。粤以其年十月十日葬於漳水之陽。恐泉」宮一閟，陵谷代遷，鐫石題徽，式揚遺烈。乃作銘曰：」風騰月浄，漢舉星明，於昭遐烈，弈世有聲。丹車繼軌，冠蓋」連城，和光地緯，穆是天經。皇皇太微，鬱鬱懸象，剋挺哲人，」霜筠千丈。如彼隨和，陵巖開朗，如彼鳴鶴，乘離振響。聲□」德盛，迹以位隆，猗猗令問，運禮調風。在官夕惕，旰食匪躬，」居高彌遜，處溢思沖。繁霜降戾，蘭蕙萎丘，白雲四卷，素月」淪收。形隨地久，貌與年流，銘音泉石，庶傳千秋。」 國家圖書館藏拓。

385 呂覎墓誌

【誌蓋】闕

【銘文】魏故詔假河東太守呂君墓誌。」君諱覎，字羌仁，汲郡汲人也。自炎帝啓基，」營丘層構，因承靈緒，本枝翹桀。祖瑚，風姿」峭絶，神情爽悟。父生，行愍言難，立名爲寶。」君英度巨量，才鑒遐朗。性儉貞淳，聞利未」逕其心；志閑沖素，言禄不干其慮。孝明」皇帝以君年涉耆耄，特加禮命，乃假君爲」河東太守，以顯老成。且茂林蔚蔚，尚枯悴」以致摧；驚流洋洋，亦逝川而不返。以春秋」八十三，正光二年五月中終乎家。越以武」定二年十一月辛巳朔五日乙酉改窆於」朝陽鄉太公里。乃作銘曰：」姜水淵澄，營丘岳秀，葉蔚花光，根深枝茂。」雕玉齊珍，良材並構，震雷争響，驅馬等驟。」駿足有疲，路窮靡厝，空乘夜舟，泛之安渡。」長寢石宮，言歸無路，唯有松柏，蔚我丘墓。」 河南汲縣出土。現藏汲縣文化館。

386 李希宗墓誌

【誌蓋】魏故司」空李公」之墓銘」

【銘文】大魏武定二年歲次甲子十一月辛巳朔廿九日己酉司空李君墓銘。」君諱希宗，字景玄。電照郊野，附寶所以降神；雲映高丘，扶始於焉見帝。雖天不」賜姓，而官實命氏。嬋聯昌阜，世有餘休。逮于入周作史，出關稱霸，或息偃陽魏，」或弼諧全趙，寫弈紛披，難可具載。太尉宣王，道冠生民，德高列辟，居中作相，鴻」烈格天。是以紀在太常，藏於盟府。祖兖州，政齊豹産，聲被笙鏞。父儀同，望重縉」紳，事光油素。君稟天地之大德，膺辰宿之委和，懷琰琬於靈臺，懸水鏡於巍闕。」清猷素論，袁閬仰而心慚；瑰姿奇表，王武覩而自穢。加以研尋道術，陶冶性靈。」平府之策必單，群玉之書斯盡。逢祛衣而靡或，遇捧耳而未驚。如懸鍾之應扣，」似衢樽之待酌。思侔造化，雅極機杼之工；談出精微，妙盡天人之際。備舉細行，」遍觀小道，物極至精，智周能事。於是宫角相求，風雲應感，聞來見去，虛往實歸。」顧眄定其駑駔，吹嘘使其榮落。行滿天下，德被斯民。無翼而飛，不行斯至。及解」巾從宦，結綬登朝，始辟公府，遂陪帝幕，糾策蘭臺，談議青璅，乃綰銀艾，以任扶」持。高潔表顏，勁捍承弁，提挈四佐，聯衡七友，及陽爻在運，天網弛綱，小雅俱寢，」大盜移國。丞相勃海王擁長彗以掃除，納蒼生於仁壽，經營四方，唯日不暇。君」受磻溪之神策，得穀城之秘圖。冥契等於雨沙，神交密於魚水。幕府既開，任長」□吏，綢繆榮寵，契闊□行。借箸而數利害，聚米以圖夷嶮。陰謀不唯九事，奇策」非止六條。及西登隴頭，北臨皐耳，繆言交通，軍書狎至，起草騎上，飛文□端。曹」公省以愈疾，燕將執而垂涕。所以同心同德，幽贊冥符，撫背扼喉，共成匡合。蔚」爲社稷之臣，俄有台輔之望。但術乖却粒，遊舛赤松，委事齊而瞑目，屬城郢而」没齒。以興和二年薨。春秋四十。相王舍繁騆而行哭，登鴻波而垂涕，情深奉孝，」念切弟孫。於是天子詔贈使持節都督定冀瀛滄殷五州諸軍事驃騎大將軍」殷州刺史司空公，謚曰文簡，禮也。以武定二年十一月葬黄石山東。墓首表將」軍之目，員石傳逸士之風。敬挹此義，勒銘玄壤。乃作頌曰：」原流積遠，慶靈長發，繫本繞樞，生因貫月。鳴玉禁闈，高步雲闕，風流未改，芳塵」詎歇。爰有達人，是膺餘慶，高風獨遠，清輝可映。微言每吐，藏理咸鏡，積實爲賓，」生名於行。膺物卷舒，隨時默語，車乘斯華，舟人載佇。龍躍在淵，鳴飛遵渚，鱗翼」蕭散，羽儀容與。從軍塞外，追虜關山，仰視飛鳥，還望秦川。軀蛇曉引，刁斗夜懸，」計符投水，勢類轉員。取目太官，見稱武庫，爰贊霸功，實康國步。方即三壽，式清」王度，遽藴九原，寂寥泉路。山頹川竭，丘夷壑徙，曲池已平，高墳會毀。天井蘭干，」陰溝瀰瀰，吾生不化，于嗟居此。」

河北贊皇出土。見《考古》一九七七年第六期《河北贊皇東魏李希宗墓》。

387
隗天念墓誌

【誌蓋】闕

【銘文】大魏武定二年歲次玄枵十一月」辛巳朔廿九日己酉，」司州林慮郡共縣城内人板授城」陽太守汲郡太守隗天念在城東北」三里葬。合十三喪塤五塸銘。息世洛，」息紹，寧遠將軍林慮郡丞共汲二縣令；」息寧，輕車將軍員外給事中。」孫叔和，孫早生。」

國家圖書館藏拓。

388
叔孫固墓誌

【誌蓋】闕

【銘文】魏故使持節都督三州諸軍事驃騎大將軍東梁州東徐州刺史當州大」都督儀同三司兗州刺史臨濟縣開國侯叔孫公墓誌之銘。」公諱固，字萬年，河南洛陽人也。我皇應符授録，歷數不窮，槃基與紫宫同」高，長源共滄海等浚。分珪錫土，以次命氏，故能明竝日月，功侔天地者矣。」祖石洛侯，并州刺史尚書令。風度穎脱，體蘊珠玉。父俟懃，真安州刺史倉」部尚書司空公。温明内發，秀采外彰，竝是當世之儁才，家國之偉器。大哉」六德，無所成名。公身資五才，人備百行。韞櫝詩書，聊與枚賈同風；馳騁弓」馬，乃共管樂等桀。閑庭廣坐，運清言於席上；烽警塵起，畫戰陣於指掌。闇」合其書，動成禮式。館富荆朱，才磬四海，立信行義，起家形國。太和中，解褐」奉朝請。稍遷直寢左中郎將直閣將軍燉煌鎮將武衛將軍。入侍九重，居」鈎陳之任；出屏邊裔，處都護之官。内秉心口之委，外屬六翮之用，運籌帷」幄，折衝千里。雖關右三明，無以比其績；汝穎二祭，詎能等其雄。永安多難，」欃槍互起，玉斗殆喪，乘輿棲幸。公負弩案劍，備嘗嶮岨，重繭剖肝，義存家」國。預補天之功，參扶危之力。册勳有典，封臨濟縣開國侯，拜鴻臚卿散騎」常侍左光禄大夫。青緺紫綬，十腰銀艾。荀氏八龍，未能比其盛；袁家五公，」裁可齊其美。忠亮之誠，截車鞅以箴規；密慎之至，數馬足以謁上。除驃騎」大將軍梁徐二州刺史。公齊民用禮，去盗以德，懸魚輟味，卧轍潛歸。騫幃」之化，更行於令俗；借乞之書，日填於闕下。豈直歌謡成韻，去後見思而已」哉。信人倫之模楷，衣冠之准的。豈期過隙倏忽，良木斯壞。春秋七十八，薨於德遊里。亦既云亡，凡百殄悴，接閈罷相，行嗟連響。帝用悼惻，崇以禮」數，贈使持節都督兖州諸軍事本將軍儀同三司兖州刺史，謚曰武恭，禮也。粤武定二年歲次甲子十一月辛巳朔廿九日己酉窆於紫陌之陽焉。」歎九原之不歸，悲仁賢之長逝，寫芳塵於玄石，楊不朽於遠世。其詞曰：」龍飛燕代，卜年攸長，爲魯爲衛，建國侯王，分根命氏，花萼重芳。天地竝德，」日月齊光，丹轂轔轔，朱紱煌煌。蕩蕩其德，巍巍其仁，忠信皎潔，孝敬紛綸。」文麗自綺，武藝八神，如鳥之鳳，爲玉之珍。奄從晨露，儵然雕泯，金鞍染塵，」駿足不馳。寶劍生瑕，良弓莫施，慘慘高臺，芒芒曲池。叫咷挽響，嵬峨龍轜，」於兹一去，萬古長違。」　國家圖書館藏拓。

389 元光基墓誌

【誌蓋】魏故侍中」司空公吴」郡王墓銘」

【銘文】魏故侍中征西將軍雍州刺史」司空公吴郡王墓誌銘。」王諱光基，字昭德，河南人也。」孝武皇帝之四子。春秋十有九，」以武定三年歲在辛未二月丁」巳朔十九日癸亥薨于私宅。越」六月廿八日遷窆於西陵。銘曰：」玄黄始判，清濁已甄。桑林吐日，」濛谷含煙。神原杳杳，洪祚緜緜。」德應昌曆，道照皇天。敬鐫幽石，」式述音焉。」　國家圖書館藏拓。

390 宗欣墓誌

【誌蓋】魏故荆」州宗使」君墓誌」

【銘文】魏故荆州刺史宗使君墓誌銘。」〔一〕祖儒宋□□□給事□司州刺史毛德祖冠軍府録事參軍振威將軍帶陳」□□□宜□□□□□其忠於本朝，堅志虎牢，賜品寧遠將軍安衆子。」祖親同郡□□。父□□，建威將軍潁川太守。」父□，聖世□寧遠將軍□□□

□北府司馬度斤鎮子都將。」親曰□馮氏。父茂，□□□□□士，後除昌黎太守。」君諱欣，字豐，□□陽安□□□洪源導於□石，磐祉蔚彼龍山。天乙以上聖」奮飛，武丁以□幼隆基。胙土起以□□，□□由於崇德。軒冕盛在周漢，纓紱」光著魏晉。故能□衣之養三師於□庭，□席之舉六著於京輦。祖以忠烈當」朝，父以敦敏居世。勳籍庸競，有暉於時□者矣。君承彼積善，宗兹餘慶，少而」岐嶷，長號千里，樂道忘榮，晚乃入宦。永安中釋褐殿中將軍威□將軍。普泰」二年，旨除洛谷令。永熙三年，加拜宣威將軍積射將軍。興和三年，大丞」相勃海王以君謀用早聞，才堪從政，□□旨除爲平遥縣令。愛物侔於武城，」慈恕有踰蒲□。牛刀不共朝莧，魚鮮同之夜愍。惠迹流於旁午，令望溢至九」天。主上欽懷，又加異賞。詔曰：宣威將軍平遥縣令宗君妻韓，能循法度，」多所閨習，出入宮掖，抑有劬勞。可北□州定□郡君。使君春秋六十有七，以」武定三年七月戊寅朔七日甲申寢疾薨於縣□。家□夫人之□，邑號□悴」之悲。其年九月遷柩鄴都崇仁里宅。有詔曰：故宣威將軍平遥縣令宗君，」殷懃戎旅，□□多年。雖宰百里，未之酬功。奄隨化往，□有愍焉。可贈持節督」北荆州諸軍事冠軍將軍北荆州刺史。以十月丙午朔廿八日癸酉就窆於」鄴都之西野馬崗之左。陶器可朽，山林□□，聊述□□，以志泉路。其詞曰：」嵩華惟岳，蘊氣存靈，若人□義，□□□□。□□□□，□素潔情，博聞强志，茂」實飛聲。藏器□□，觀光鳳舉，□□□□，漫遊霸府。□□□□節，正直是與，往來」生光，去夕有叙。受命惟恭，令□□□，□□明廷，委之□□。惠德近懷，明治遠」肅，儀革迺翹，風移俗穆。欲仁斯□，□□□傳，温風逝矣，嚴霜悴焉。芒芒幽壟，」杳杳下泉，榮名可誌，金石之鐫。」夫人同郡韓氏，[]陽郡君。父始□鎮遠將軍□野鎮將。」長息仲彦，人□□尚書□□□彭城王開府墨曹參軍。」次息仲年，太□淮陰王府行參軍。」 國家圖書館藏拓。

注　釋

〔一〕因殘泐過甚，部份文字與斷句僅供參考。

391　元睟墓誌

【誌蓋】闕

【銘文】魏故散侍郎汝陽王墓誌銘。」王諱睟，字子沖，河南洛陽人也。恭宗景穆皇帝之玄孫，儀同京兆」康王之曾孫。穆帝諸子封王者十有二國，莫不政如魯衛，德勱閒平，」入長百僚，出踰五等，故能積慶流祉，本枝寔繁。祖使持節征南大將」軍雍汾二州刺史西河王。父使持節侍中太師録尚書事都督定」冀瀛殷四州諸軍事定州刺史汝陽文獻王。並將相應期，才賢繼軌，」盛德百世，自古然哉。王降神山岳，資靈辰昂，生不肅之深宫，禀自然」之秀氣。裁離繦緥，便遊庠塾，月習禮儀之事，體安仁義之風。幼以宗」室入隨朝覲，容止閑華，風神通敏，折旋合度，笑語中規，衆共異之，咸」以遠大相許。及長風摇樹，欲養無期，毁不勝喪，幾將滅性。雖濟北之」草廬土席，甄城之居哀過禮，即事望彼，曾何足稱。服闋，襲爵，除散騎」侍郎。爰以弱冠，膺受多福，既謁承明，仍居青瑣，博觀舊史，泛愛通儒，」禮過申穆之賓，流連枚馬之容。良辰美景，滿座盈罇，神王一時，自得」千載。庭儀六佾，驂駕四馬，内奉蒸嘗，外脩朝聘。庶當齊齡衛武，同壽」杞桓，得以輔佐王室，剋隆根本。而天道茫茫，翻成寡思，春秋卅，以武」定三年閏月廿日薨於位。福謙之言，於兹罔信；與善之望，自此難期。」粤以其年十一月廿九日遷葬於鄴城西北十五里武城之陰。陵谷」方遷，縑竹易朽，聊因玄石，用垂於後。其詞曰：」崇基邐迤，鴻源浩汗，别嶺崐峰，分流天漢。周封千八，姬實居半，是稱」蕃屏，斯爲楨幹。必復其始，復挺賢王，多才多藝，剋構剋堂。論議衎衎，」車服煌煌，來自國邸，□□瞻望。方窮八命，庶極三壽，晨露俄晞，朝華」非久。世多夭折，民鮮皓首，氣反清虚，形歸山阜。遠日有期，虞歌已切，」同盟畢會，内宗成列。蒿里既召，郭門行閲，城闕長辭，榮華永絶。昏霾」氣色，悽慘行露，大夜無晨，千齡不寤。莫識螻蟻，安知狐兔，罕鐫金石，」徒封丘墓。」國家圖書館藏拓。

392 封柔墓誌

【誌蓋】無

【銘文】魏故諮議封府君墓誌銘并序。」君諱柔，字思温，冀州勃海條縣人也。其先封臣，是爲皇帝之師。擁九葩以」上征，馳八龍而輕舉。世襲軒冕之榮，家傳儒素之業。八世祖仁，魏侍中。博」學洽聞，奉玉壺以挺譽。六世祖釋，晉平州刺史領護東夷校尉。秉文經武，」駕朱驂以流聲。祖景，冀州別駕從事史。分乘万里，標海沂之詠。父仲靈，東」莞東安二郡太守。再莅專城，敷河潤□績。君器宇恬曠，風格清遠。幼稟駿」逸之才，長懷亮拔之氣。敦詩悦禮，孤絶朋儕；索隱探賾，獨悟衿抱。有禮有」節，信追蹤於往代；無藴無憘，乃踵美於昔人。厲精鴻門，弱不□弄。藴范子」之術，苞卜生之伎。捨端木車服之華，同文淵贈恤之惠。中外資其□範，州」閭仰爲淮〔二〕的。再辟州主簿本國大中正。詮衡士族，貽詠鄉部。除輔國將軍」諫議大夫。獻可替否，當官正色，循名擢實，無慚白馬。除驃大府長史，俄遷」征虜將軍中散大夫，從班列也。除滄州驃大府司馬。在任未幾，流詠鄉部。」尋除安德太守。盡鹽梅之致，極緯隱之方。民和政善，刑清訟息。除平東將」軍開府諮議參軍事。縱容談謔，席上生光。得人之美，於斯爲盛。方高蹠三」階，永戩百禄，而神聽終爽，奄先晨露。以大魏武定二年三月十九日遘疾」卒於廣樂鄉新安里，春秋六十七。嗚呼哀哉。知與不知，莫不掩涕。越以武」定四年歲次丙寅二月甲戌朔十一日甲申窀穸於本甸。龍駕難久，鯨鐙」易滅，勒銘泉壤，清塵永晰。其辭曰：」堂堂盛烈，玄縱遠樹，崇基岳峙，長源河注。聚散雲龍，抑揚風霧，伊人載挺，」搏空高煦。才穎籠礪，嗜慾堤坊，紐軀桂馥，曳組蘭芳。止吠夜犬，息飲朝羊，」娓鴻等翥，猶驥齊驤。方騁遥途，未單遐迹，欻同塵草，儵如火石。空歎馳駒，」徒悲行客，時翻四緒，象表三易。嘍唳薤歌，逶迤稚柳，逝兹華屋，即斯幽埠。」玉樹終淪，金烏寧久，攸哉白日，揚名不朽。」夫人博陵崔氏，年廿九，以熙平二年八月十日奄遭非命云亡。以來廿九」載。今便改櫬合窆玄宮。」繼夫人東平畢氏，以去興和三年七月十一日遘疾卒。回葬樂陵，別刊誌銘。」今亦同遷窆。」　河北吴橋出土，見《考古通訊》一九五六年第六期《河北吴橋縣發現東魏墓》。

注　釋

〔一〕淮，當爲「準」字。

393
劉强墓誌

【誌蓋】闕

【銘文】劉强，字力世，中山上曲陽平」洛城内人，靖王之苗胄，上曲陽令」之孫。春秋卌三，正始三年二月十」六日卒。維大魏武定四年歲次」丙寅十月廿八日丁酉，夫人」楊氏同穴。」　見《文物》一九六五年第十期《從晉磚文字説到〈蘭亭序〉書法》。

394 盧貴蘭墓誌

【誌蓋】闕

【銘文】魏故使持節侍中司徒公都督雍華岐并揚青五州諸軍」事車騎大將軍雍州刺史章武王妃盧墓誌銘。」祖巘，燕太子洗馬，魏建將軍良鄉子。祖母魯郡孔氏。」父延集，幽州主簿。母趙郡李氏。」太妃姓盧，諱貴蘭，范陽涿縣人也。魏司空毓之九世孫。氏」族之興，詳於典故，弈世載德，不殞舊風，名望之重，冠冕海」內。太妃承家之慶，自天生德，體韻閑和，心神明悟，言德兼」脩，工容備舉。萋於幽谷，翹彼錯薪，亦既言歸，繼之王室。奉」上接下，曲盡婦儀，用之家人，剋成內政，遵其法度，爲世模」楷。加以敦穆宗親，貽訓子姪，唯禮是蹈，非法不言，故能望」楚宮而軼樊姬，瞻齊堂而超衛女。而與善之言弗膺，物化」之期奄及。春秋五十有四，以武定四年十一月八日薨於」鄴都。越以其月廿二日葬於漳水之北，武城之西。乃作銘曰：」導源姜水，構趾嵩山，大風之後，弈葉蟬聯。家風不墜，門業」猶專，外挺儁造，內啓幽閑。秀質神成，淑性啓天，動止應圖，」折旋合禮。示既有行，來儀朱邸，令望媞媞，德音濟濟。鄭音」弗聽，鳥肉不食，停輪待期，闔門成式。

彼日不居，川流未息，」逝者如斯，喀嗟何極。靈轜夕進，楚挽晨哀，松楊蕭瑟，丘隴」崔嵬。日月代謝，寒暑去來，若戲高岸，有昭夜臺。」長子章武王，字景哲。出身司徒祭酒，俄遷尚書祠部郎中通直散騎常侍朱衣直閤鉀仗都將征虜將軍肆州刺史」當州都督侍中車騎將軍左光禄大夫護軍將軍領嘗食典御兼太尉公奉璽紱侍中驃騎大將軍西道大行臺僕」射殿中尚書散騎常侍開府儀同三司護軍將軍侍中章武王。」第二子字叔哲，出身員外散騎侍郎征虜將軍中散大夫。第三子字季哲，出身秘書郎中征虜將軍中散大夫。」國家圖書館藏拓。

395 趙胡仁墓誌

【誌蓋】魏故堯」氏趙郡」君墓銘」

【銘文】魏故南陽郡君趙夫人墓誌銘。」夫人諱胡仁，南陽苑人也。南陽太守之女，相州刺史平陽公之第六子散騎」常侍之妻。稟公族之洪胄，洞清瀾而激鏡。資性端華，含仁履順。貞規峻節，芳」蘭獨遠。孝恭之稱，起自齠年。幽閑之著，爰發冠歲。加以七德允敷，四教肅明。」故昧寅雞以早興，竟夕烏而不倦。箕帚必先，初未表於顏色；劬勞愔執，終平」生而無愠。食鄰磬誠，未之儀比。參奇九策，曾何軌述。一見洞曉，萬事精閑。端」凝靜思，明發機神。雖憲英之妙識，罕以論德；昭姬之潔操，詎可秤名。夫人誕」生三子，聲駕一時，咸有王佐之略，命世之才。長子雄，使持節散騎常侍驃騎」大將軍儀同三司城平縣開國公燕瀛青膠徐豫六州刺史都督楊潁楚霍」十州諸軍事司徒公，謚曰武恭公。第二子奮，使持節散騎常侍驃騎大將軍」汾潁兗豫梁五州刺史安夷縣開國公司空公。第三子宗，使持節征虜將軍」東郡太守南岐州刺史主衣都統。劍佩鏗鏘，蟬組陸離，青紫掩映，冠蓋相暉。」當世以爲貴盛，縉紳慕其藉甚。羊氏七卿，遠慚世載。袁族五公，近謝羽儀。夫」人自少至耋，孝敬敦睦，長孤撫幼，親加鞠養，好施能贍，去奢就約。凝霜之操，」歲寒彌厲。九族仰其嘉猷，六姻慕其景行。是以譽滿兩京，聲溢九服。大丞」相中外諸軍事渤海王高，地居戚重，位望尊崇，親慕夫人慈訓，躬展誠敬。朝」廷標賞，詔曰：輔國將軍岐州刺史難宗母，前以身德子勳，光啓邑號。因諱」陳改，理宜見從。可西荊南陽郡君。庶追大家之號，不獨擅於漢後；賢哉之録，」豈止記於魏公。夫人年七十八，以武定三年遘疾，薨於第。天子震悼於厥心，」丞相慟情以崩慮。賵贈之禮，有餘恒典。以武定五年歲次丁卯二月戊辰朔」廿九日丙申葬於鄴城西七里之北，左帶漳水五里之西。痛蘭摧於秋旻，傷」桂亡於霜月。追金石之不朽，永傳芳之無歇。乃作銘曰：」猗歟盛烈，照晰夫君，誕生令淑，秉德含仁。肅穆禮敬，言厲温恂，風儀介操，蔚」彼貞筠。松生標峻，桂性柔芳，清暉早映，緝譽幽房。才同班蔡，望等齊姜，孝至」精感，節義播揚。如風春暢，若月秋明，憘愠之色，何曾暫生。女工婉娩，母德儀」形，謝家耻譽，袁婦慚名。

錫圭分土，主爵是加，禮遇綢繆，昇寵暉華。崇庸顯德，」超彼雲霞，日唯慶造，光國隆家。百年無永，萬古同然，虧盈有數，舟壑代遷。玄」房一閉，終此深埏，松楊結霧，丘壟生煙。寒霜曉切，悲風夕起，雲悽代色，人酸」邑里。淑懿云亡，將何仰恃，敬銘餘徽，蘭薰不已。」

河北磁縣出土。見《考古》一九七七年第六期《河北磁縣東陳村東魏墓》。

396 馮令華墓誌

【誌蓋】闕

【銘文】魏上宰侍中司徒公領尚書令太傅領太尉公假黄鉞九錫任城文宣王文静太」妃墓誌銘。」太妃姓馮，諱令華，長樂信都人也。太師昌黎武王之第五女，曾祖東燕昭文帝，」祖」太宰燕宣王。若夫帝王有命，將相應期，鍾鼎相傳，冠冕繼襲，固已功流載藉，道被」笙鏞。昔在有周，齊爲甥舅之國；爰及大漢，陰實鄉里良家。非夫皇天鍾美，神靈覆育，」孰能作合聖明，爲天下母？姑文明皇太后，正位臨朝，二姊並入主坤宫，配」高祖孝文皇帝，翻成外戚，屬此盛門。太妃承奕世之休緒，稟太清之秀氣，生道」德之家，長禮儀之室，目不覩異物，耳不聞外事。而聰明温惠，與本性而相符；仁信」規矩，乃率行而自合。正始二年，年十九，四行聿脩，五禮閑習，造舟且及，百兩爰備，」乃言告師氏而言歸焉。正始三年正月，皇帝使中侍中兼大鴻臚卿策拜任城」國妃。帝乙歸妹，聊可比其元吉；

齊侯之子，未足方其美正。文宣王歷作王官，至於」宰輔，居棟梁之任，荷天下之憂，昧旦入朝，不以私室爲念。太妃恭懃婦業，助治家」道，中饋是宜，内政有序。務先窈窕，不有妬忌之心；博進才賢，而無險詖之志。至若」遥聽車聲，識伯玉之有禮；當朝晏罷，責叔敖之未登。輔主君，古今英異，易稱一人」得友，詩著三五在東。以兹樛木之恩，成此螽斯之業。撫養異宫，恩同己子，故能化」自閫闈，聲聞邦國。神龜二年十二月，文宣王薨，朝依典禮，策拜太妃。諸子布在周」行，並縻好爵。每分至紀節，内外備在，未嘗不鍾鼓懸庭，蟬冕滿室，胥徒駱驛，軒蓋」成陰。文物聲明，此焉獨盛，忠臣孝子，頓出斯門。雖先王積善餘慶，抑亦太妃德教」所及也。昔慈母八子，咸爲卿士大夫；泰姬五男，俱登郡守牧伯。尚稱榮舊史，著美」前書，揚擢而言，曾何髣髴。動中典禮，言必稱於先姑；脩德苦身，以爲子孫之法。公」將復，世業日昌，厚禄未窮，流年不待。武定四年四月四日丙子遘疾薨於國邸，時」年六十。粤以武定五年歲次丁卯十一月甲午朔十六日己酉窆於鄴城西崗漳」水之北。金石可久，高深或遷，敬圖徽美，寄彼幽玄。其詞曰：」基起覆匱，源資濫觴，連峰既遠，清瀾遂長。桂生必馥，蘭挺而芳，如金振響，如玉含」光。顯允淑人，天降休祉，門高馬鄧，恩侔許史。言歸大國，來自戚里，作配哲王，德音」不已。作配如何，車服以盛，德音安在，民胥攸詠。七穆遂興，二惠方競，剋享福禄，坐」應嘉慶。慶乃日隆，禄亦彌厚，光陰遽迫，榮華難久。竊恃報施，庶過眉壽，一朝冥漠，」歸全啓手。

思惟平素，瞻仰靈軒，神儀永戢，幃帳虛存。卜云其吉，靈轜在門，且辭京」輦，夕赴山原。悲風何厲，愁雲自屯，叢楊且合，思鳥方喧。聲名徒顯，墳壟空尊，千秋」萬代，已矣何論。」 國家圖書館藏拓。

397 陸順華墓誌

【誌蓋】闕

【銘文】大魏故驃騎大將軍散騎常侍濟兗二州刺史二州諸軍」事東安王太妃墓誌銘。」

太妃姓陸，諱順華，河南洛陽人也。稟靈川嶽，既因生以啓」姓；取則星雷，亦祚土以命氏。五葉公門，復在今日；九世卿」族，徒稱往時。至於贊殷翼周之功，方稷比契之績，固載之」於敦史，此可得而忘言。祖受洛跋，相州刺史吏部尚書太保建安貞王。器宇沖深，宰輔當世。父琇，襲爵建安王，給事」黃門侍郎太子左瞻事祠部尚書太常卿司州大中正衛」大將軍儀同三司。風度邃遠，領袖一時。太妃長自公宮，聲」標中谷，容止閑華，識悟柔婉，照梁未可爲並，委衣不足爲」儔。亦既言笄，來從百兩，四德本脩，六行弥著，室中生光，事」高蕃邸，家内之肥，名踰列國。及東安詔赴，魚山告窀，訓撫」咳幼，剋紹家業。朝旨褒其風德，物議重其高順。而中年構」疾，奄從朝露。春秋五十有九，以武定五年歲次丁卯五月」丁酉朔十一日丁未薨於鄴城脩正里之第。粤以其年十」一月甲午朔十六日己酉窆於武城之西北，去鄴城十里。」世經十一，吴王之墓復開；時歷三千，滕公之廬重啓。居諸」送生，陵谷相貿，終同侵毁，庶表遺鎸。乃爲銘曰：」高門□□，弈葉重光，世禄世載，令問令望。珠生麗水，玉出」崐崗，誕兹明叔，如彼珪璋。聲流中谷，嚮溢平林，既方桃李，」復諸瑟琴。用履厥操，以秉其心，婦德無爽，母儀可欽。畢至」難違，各云其命，華堂湓阻，荒原且敻。嚴霜夜切，悲風曉勁，玉體長潛，金聲可詠。」　國家圖書館藏拓。

398 馮氏墓誌

【誌蓋】闕

【銘文】魏故使持節侍中太保特進都督雍華岐三州諸軍事」大將軍雍州刺史安豐王妃馮氏墓銘。謚曰太貞太妃。」太妃姓馮，皇后之妹。厥初卜仕，爰啓大名，自兹以降，」世德弥遠。其建功立事之美，鳴玉貂金之盛，固以良史」書之豐碑無愧者矣。太妃夙承陰教，早備柔儀，取則彤」管之詩，求箴青史之記。蘋蘩藴藻之潔，則季蘭無以過；」珮玉瓊琚之禮，乃孟姜不能及。亦既有行，作合君子，百」兩斯訝，九十其儀。內有椒房之親，家同金穴之賜。而朝」夕憂勤，歸於節儉，安兹浣濯，無廢紘綖，致肅雍於友嬪，」盡尊敬於師傅。轔轔霄動，便知伯玉之車；薨薨旦聞，仍」起雞鳴之戒。訓誨諸子，雅有義方，恩切倚閭，喻均斷織。」兼以信向大乘，邀遊衆善，翹到不已，依止無倦。方將獻」寶燈之樹，施清浄之水，而叢蘭欲脩，秋風奄及。春秋六」十四遘疾薨於鄉義里。以武定六年十月廿二日窆於」風義里地。素旗有託，玄石宜鐫，乃作銘曰：」周有姜任，漢稱許史，公侯之胤，必復其始。赫赫后門，煌」煌戚里，異人間出，爲王卿士。誕兹淑媛，言告言歸，來嬪」上宰，實惟元妃。静恭内位，作主中闈，魚軒翟茀，象服褘」衣。觀彼列圖，成其婦道，室靡重茵，帷加舊皂。逝川已駛，」藏舟何早，枯魚銜索，輕塵栖草。將先遠日，乃挈元龜，澗」西膴膴，墎北壘壘。薤歌曉急，松風墓悲，于嗟大夜，鍾漏」何遲。」 國家圖書館藏拓。

399 鄭氏墓誌

【誌蓋】魏故鄭」夫人墓」誌之銘」

【銘文】魏驃騎將軍都水使者頓丘邑中正頓丘男頓丘李府君夫人鄭氏墓誌。」夫人滎陽開封人也。祖尚，濟州刺史。父貴」賓，荆州刺史。世擅膏腴，家傳冠蓋。稟和有」素，籍慶自遠。柔嘉著於齠日，容德表於笄」年。儀範宗姬，譽滿閨閫。結離受訓，匹事君」子。迴此孝慈，因心祇敬，奉上接下，莫不雍」穆。積善無徵，降年不永。以武定七年四月」十一日卒於鄴，春秋卌壹。以二月廿八日〔一〕」遷于舊塋。懼陵谷推移，清芬或晦，刊美泉」穴，用昭不朽。其詞曰：」珠明隨浦，玉潤藍田，士操弘毅，女節貞堅。」爰在稚質，秉志幽閑，松柏比茂，桃李争鮮。」偃息圖史，服玩箴篇，斯言無玷，容止何愆。」方隆繁衍，介以遐年，芒芒天道，滔滔逝川。」寶釵戢耀，虚房翳然，音徽永隔，令淑徒鐫。」　河南濮陽出土。見《考古》一九六四年第九期《河南濮陽北齊李雲墓出土的瓷器和墓誌》。

注釋

〔一〕此處未載何年，姑認爲武定七年後一年。原報告定爲武平七年。同出李雲誌爲武平七年立，稱齊不稱魏，且記李雲官職不同。定爲武平七年有誤，不從。

400 蕭正表墓誌

【誌蓋】魏故侍中」司空公吴」郡王墓銘」

【銘文】魏故侍中使持節都督徐陽兗豫濟五州諸軍事驃騎大將軍徐州刺史司空公蘭陵郡開國公吴郡王銘。」君諱正表，字公儀，姓蕭氏，蘭陵人，梁臨川靖惠王之第六子也。其盤石鴻基，固以彪炳驎渠，焕乎史策。烈祖」文皇帝，以瓌奇命世，匡讚齊朝。伯梁武皇帝，膺運受圖，負兹寶曆，天飛江左，光宅四方。考以雄姿桀舉，作宰」家國。王誕乾坤之靈和，禀台華之純粹，内苞九德，外兼百行。弘敏以衛其神，貞明以堅其志。是以延譽令聞，」發於齠齔，端凝岐嶷，肇自跬遊。性恬静，寡聲慾，寬裕泛愛，器量淵沈。巍巍焉入煙霞而秀上，浩浩焉湛滄波」於無際。清規素德，足以勵俗懷來；言行威風，足以陶時範世。幼含通理，闡思幽微，雖七步之章未遒，權象之」能過智。生長深宮，年殊及學，而韍〔一〕絃敧器之誡，皆已闇冥勾腑者矣。弱冠爰啓土宇，封山縣開國侯，食邑一」千户。除給事中，俄轉太子洗馬。以憂去職。徵爲驍騎將軍光祿勳，不起。王孝思天然，毁頓過禮，慟血恒流，守」墳逾縞。廬藏猛獸，兔狎階廡。服闋，出爲寧遠將軍淮南太守。畿内股肱，去京密邇，寬猛貪廉，纖釐必著，前後」剖符，尠不黜辱。而王秉行逸群，動多異績，潛惠若神，糾奸猶聖。豈直弭獸反風，留犢縣魚而已。以王達於從」政，鞠育生民，遷爲征東將軍假節晉安太守。閩區澳壤，地産金瑠，煮海擊鍾，探珠連騎。能懷掌握，富潤雲孫。」而王蕭然卧治，號爲神父。責功丞掾，齊道是脩，蒲帛遯肥，廣延仄陋，故得禮變文身，化行殊俗，感幽讚於童」謡，結珮言於民口。雖杜畿之撫河東，陸納之臨震澤，曷以加旃。王既儉能率下，民不敢欺，匪懈恪勤，簡乎帝」聽。左眄豐貂，僉議攸屬。特徵爲侍中，縣侯如故。倭迤禁闥，出内秘言，庠序朝端，萬夫傾首，覆是腰腹，未之過」也。淮岱任重，控接關華，土帶汧隴之風，人多六郡之氣。咸以王文武兼姿，剋諧盛選，乃授使持節都督北徐」西徐仁睢安五州諸軍事北徐州刺史。王以天下膏腴，莫尚京邑；兼以猶子之寵，翕習當時，邊岳建旗，非其」所好，固辭不免，擊楫濟江。褰帷入境，豪族喪其精；問政下車，奸吏屏其迹。採儁乂於窮鄉，求民瘼於穹谷。勸」農閲武，愚智影隨。繦負來趨，邊方響應。故能抗御中華，嘯咤淮右。扞固蕭條，蒲鞭靡設，階少訟言，路多遺劍。」在州六稔，申請亟聞，伏闕表留，歲有千數。雖夕殞之戀朝光，枯苗之思洪澤，未足比焉。俄而賊臣構逆，天步」艱難，而王號哭霄征，驅車弗息，鞠旅誓衆，哀感三軍。但封豕遊魂，長蛇假氣，未伏辜誅，猶爲時蠹，於是散髮」秦庭，投身魏闕。朝廷嘉王忠孝奮發，義勇兼弘，著美號於姑蘇，啓苴茅於舊里。爰遣中使，道授蘭陵郡開」國公，食邑五千户，封吴郡王。承榮猶慘，聞命若弔。以王身筠竹箭，貴極東南，擁地移氓，勳符不賞。及屆近畿，」王人接軫，士女堵墻，若覩靈瑞。亦既入朝，特蒙殊禮，即拜車騎大將軍侍中特進開府儀同三司太子太」保，甲仗一百人，班劍廿，加羽葆鼓吹一部，王公如故。賜甲第一區，布帛肇計，紅粟萬鍾，田畜車輿，靡不必備。」王以本朝阽危，志殉社稷，尊官厚俸，一不關心，懇惻莫言，誓之丹石。頻敕斷表，敦喻交馳，弗獲拜恩，形立」枯槁。方當借威大國，剿彼豺狼，進效功庸，退雪私耻。而天地無心，與善茫昧，景命頹齡，不登黄耇。春秋卌有」二，以武定七年歲在己巳十二月壬午朔廿三日丙午薨于私第。嗚呼，知與不知，遠近戎華，莫不痛悼失圖，」罷厘〔三〕輟相。惟王識鑒通神，藏納爲器，仁潭昆木，澤洽燋苔。不以飆急變音，不以幽居改操。珮蘭桂以外薰，懷」琬琰而内映。風韻弘雅，度亮淹劭，憙怒弗形，得二猶一，虚己重士，輕財好施。抽尺璧其若蒿，散寸珠如遺迹。」不迷惑於綺羅，不嬉柔於諂佞。馳騁道德之場，遊獵忠義之圃。畏黄金於四知，耻白玉而詒罪。處貴益恭，「居」豐逾約。咨可謂剋己謹身，善始令終者已。故能濯穎皇支，聲芳宇宙，但研精之業，恨一匱而喪功；殄悴勤王，」等高巖而落仞。報施無徵，幽冥奄及。乃贈侍中使持節都督徐陽兗豫濟五州諸軍事驃騎大將軍徐州刺」史司空公，其開國王並如故，謚昭烈王，禮也。雖復賜地郊園，封壝有託，而感夢歸懷，喬松云靡。粤以八年歲」在庚午二月辛巳朔廿九日己酉窆於鄴城之西垧。若使川爲橘岫，地軸成津，櫝隧攸長，和如山固，敬述徽」音，播之來世。迺作銘曰：」大哉王胄，峻矣其嵩，齊明二曜，比德虛沖。緯文經武，既哲且雄，志高殄越，智邁和戎。惠腴時雨，嚴烈秋風，謀」猷淵塞，術藝旁通。居朝特達，伊家棟隆，如辰不轉，似月縣空。長標藹藹，盛業融融，入侍紫微，出臨蕃岳。期浹」化成，變澆還樸，論道屬書，談玄入覺。似岱多峰，如河少濁，韞櫝溫溫，舒英卓犖。氣溢江東，形儀涼朔，堅白聿」懷，靈蛇斯握。善價方臻，良工始琢，千里未光，如何潛邈。髮齒痛心，翾馳悲注，幕幕山雲，濛濛隴樹。曲蓋收陰，」時驂解馭，東閣尚開，西陵爰遽。永隔親賓，長留仙處，翳翳泉□，何當旭曙。」

國家圖書館藏拓。

注釋

〔一〕皸，此字不見於字書，疑爲「韋」字之訛。

〔二〕厘，當爲「廛」字假借。

401

源磨耶墓誌

【誌蓋】闕

【銘文】大魏武定八年歲次」庚午三月庚戌朔六日乙」卯，司州魏郡臨漳縣魏故」源貳虎之曾孫磨耶，年」六歲，卒於北豫州。遂殯」於城南二里澗南臨坎。但」恐年歲久遠，懼徙陵谷，」同置祇桓一區，在其壙頭。」聊題刊記，埋在壙南六」尺。謕其千載，永存不滅。」

國家圖書館藏拓。

402

穆子巖墓誌

【誌蓋】闕

【銘文】魏故太原太守穆公墓誌。」公諱子巖，姓穆氏，河南洛陽人。實膺茂祉，早協昌運，豐沛既遷，關」河是宅。迺祖以降，世誕民英，公王代起，蕃牧聯事。望燭兩都，榮高」七葉，公族之大，莫或斯擬。祖司空録尚書長樂王亮。考太保大將」軍頓丘王紹。追毛畢之佐周，懷□禹之匡漢，家圖國史，可得詳言。」公資氣辰象，稟靈川嶽，幼誕珪璋，夙標譽望，學山學海，宗聖宗儒。」峰碣與千刃比高，波源與萬頃同極。愛仁好士，存舊篤終，雅洞篇章，尤曉音律。正始之風弗墜，建安之體真存。蔡邕可以致書，衛瓘」宜其命子。

釋褐給事中，轉司徒記室參軍。振纓華閫，參文盛府。縉」紳佇其高義，冠冕揖其清猷。匪直增輝衮席，式亮槐采。允當世之」龍門，屬通人之水鏡。我皇留情俗弊，篤懷民隱，日旰罷朝，思弘吏」職。出除左將軍太原太守。昔侯黄兩霸，妙辯亨鮮之術。詩譏二杜，」深達製錦之方。公兼彼四政，肅兹千里，期月有成，頌聲載路。稍遷」朱衣直閤司徒諮議參軍。若華方映，扶摇未聳，天津急其夜波，地」遊鶩其曉軸。武定七年十二月十八日，春秋卌有五，遘疾卒于鄴」京。玉樹長埋，痛深終古，市朝含識，莫不墮淚。粤以八年歲次庚午」五月己酉朔十三日辛酉卜窆于鄴都之西西門豹祠之曲。嗚呼」哀哉。斧柯潛壞，」桑田屢改，松柏爲薪，碑表非固，敬刊幽石，永置窮」泉。其詞曰：」濬哲有祥，昭假不已，於赫著姓，克隆載祀。貞王之孫，匡王之子，」衮」章弈葉，聲明繼軌。積慶允鐘，勳德在兹，耽耽大夏，繡拱雲楣。道有」必貫，學靡常師，紛綸藝業，掩映文詞。九皋初響，八翼方振，佐鉉教」寬，治邦河潤。直宿雲陛，匪躬克慎，諷議台階，謙光逾峻。摛藻問服，」絶翰感麟，茫茫天道，殄我哲人。泉燈一夜，壟樹無春，千秋萬祀，永」播芳塵。」國家圖書館藏拓。

403 閭叱地連墓誌

【誌蓋】魏開府儀」同長廣郡」開國高公」妻茹茹公」主閭氏銘」

【銘文】魏驃騎大將軍開府儀同三司長廣郡開國公高公妻茹」茹公主閭氏墓誌銘。」公主諱叱地連，茹茹主之孫，諳羅臣可汗之女也。源流廣遠，」世緒綿長，雄朔野而揚聲，跨列代而稱盛。良以布濩前書，」備諸歷史矣。公主體弈葉之休徵，稟中和之淑氣，光儀婉」嫕，性識閑敏，四德純備，六行聿脩，聲穆閨闈，譽流邦族。若」其尊重師傅，訪問詩史，先人後己，履信思順，庶姬以爲謨」楷，衆媛之所儀形。皇魏道映寰中，霸君威棱宇縣。朔南」被教，遐外來庭。茹主欽挹風猷，思結姻好，乃歸女請和，作」嬪公子。亦既來儀，載閑禮度，徽音歲茂，盛德日新。方亨遐」期，永綏難老，與善徒言，消亡奄及。以武定八年四月七日薨於晉陽，時年十三。即其年歲次庚午五月己酉朔十三日辛酉葬於釜水之陰，齊獻武王之塋內。天子下詔曰：「長」廣郡開國公妻茹茹鄰和公主，奄至喪逝，良用嗟傷。既門」勳世德，光被朝野。送終之禮，宜優常數。可敕并州造轀輬」車，備依常式，禮也。乃銘石壤陰，永傳餘烈。其詞曰：」祁山發祉，蒙野效靈，雄圖不競，世載民英。於惟淑女，膺慶」挺生，德兼柔慎，質儷傾城。皇德遠臨，霸功遐震，紫塞納款，」丹邀思順。有美來儀，作嬪世儁，惠問外揚，貞情內峻。思媚」諸姑，言齒同列，衾幬有序，大小胥悦。方亨遐期，儀範當世，」如何不弔，蘭摧玉折。卜云其吉，將窆玄宮，榮哀總備，禮數」兼崇。輕輬轉轂，飛旐從風，清暉永謝，彤管無窮。」

河北磁縣出土。見《文物》一九八四年第四期《河北磁縣東魏茹茹公主墓發掘簡報》。

西　魏

404 吴輝墓誌

【誌蓋】魏故李」氏吴郡」君之銘」

【銘文】魏使持節假鎮北將軍征虜將軍大都督散騎常侍」原州刺史上封縣開國公李賢和妻故長城郡君吴」氏墓誌銘。」郡君諱輝，高平人。祖興宗，父洪願。其先勃海徙焉。世」家豪贍，禮教相承，爰自邦鄉，門居顯稱。郡君資性矛〔一〕」静，立身婉順。少習女功，長成婦德。四行既充，六禮云」暨。始自笄年，言歸茂族。夫氏積善所鍾，福禄攸降。伯」叔以勳德昇朝，且台且牧；子姪稟訓過庭，以文以」武。濟濟列位，藹藹盈門，繁衍剋昌，一時罕匹。舅姑夙」逝，不逮恭奉。身居長姒，内正所歸。警誡相成，動遵禮」度。敬接衆娣，慈訓諸婦。内外斯穆，人無閒焉。方冀亨」萬石之遐福，終九十之盛儀。而與善無徵，淪芳盛日。」春秋卅八，以大統十三年歲次丁卯九月乙未朔廿」六日庚申薨於州治。朝廷以夫門功顯，夫人行脩，」追贈長城郡君。即以其年十二月廿一日葬於高平。」即遠莫旋，幽扃遂密，鐫石銘志，以備陵谷云。」長子東宮洗馬永貴，貴妻馮氏。」次子永隆。次子孝軌。」次子孝譚。」　寧夏固原出土。見《文物》一九八五年第十一期《寧夏固原北周李賢夫婦墓發掘簡報》。

注　釋

〔一〕矛，當爲「柔」字省寫。

405

任小香磚誌

【磚誌】大統十五年」□月廿八日右」□坊任小香。」　國家圖書館藏拓。

406

元氏墓誌

【誌蓋】無

【銘文】魏故平西將軍汾州刺史華陰伯楊保元妻華」山郡主元氏誌銘。」夫人姓元，河南洛陽人。高柳府君臨慮侯鳳皇」之長女也。分跗萼於瓊岫，聯氣象於紫微。故其」世載可得而略。夫人幼明慧，長矛順，教自公宫，」來儀君子，擁箕帚而致養，奉俎案而齊眉。暨二族」咸休。邦家斯慶，雖夭桃之賦其灼灼，常棣之歎」其穠矣，論德比義，綽有裕焉。華陰伯薨徂，夫」人以母儀訓世。朝廷乃拜縣君，以萬年爲夫」人湯沐邑。後遷敷西縣主。長子熙之，位大鴻臚」卿。次子叡景，夙年零落。方冀享萬石之禄，扇大」家之風，而樹静難期，奄從化往。春秋七十一，以」大統之十五年薨於長安。册贈華山郡主，禮也。」

粤十七年三月廿八日同窆於華陰潼鄉。合葬」非古，始自周公，式鐫玄石，傳之不窮。」長子名熙之，驃騎大將軍北華州刺史大鴻」臚卿，華陰縣開國男。次子叡秀。次子叡景。次子叡和。次子叡弼。次子叡邕。」

陝西華陰出土。見《考古與文物》一九八四年第五期《華陰潼關出土的北魏楊氏墓誌考證》。

北齊

407 趙子問銘記

【誌蓋】無

【銘文】天保二年潤月」五日趙苟生」亡息子問銘」記。」 據《漢魏南北朝墓誌集釋》。

408 元賢墓誌

【誌蓋】闕

【銘文】大齊故使持節都督揚懷潁徐兖五州刺史驃騎大將軍太府卿山鹿縣開國伯洛川縣」開國子安次縣都鄉男元使君墓誌銘。」祖吐久伐，使持節都督涇州諸軍事征南將軍涇州刺史汶陽男。父廣達，使持節散」騎常侍都督夏州諸軍事撫軍將軍夏州刺史。君諱賢，字景伯，河南洛陽人，魏平文」皇帝之後也。君姿彩雄潤，器韻脩明，逸調與清風並流，氣岸共温雲俱上。是以年在與玄」而神奇可識。元禮知其偉器，德操覺其通理。出身司徒府行參軍，尋除中堅將軍步兵校」尉。普泰中，除安北將軍銀青光禄大夫。既居張子之官，繼阮公之任，蕭條謇諤，極兼諸美，」故魏來此職於今始貴。及永熙在律，火照甘泉，申息之門，於焉未啓。朝廷以豫州襟帶，邊」要所資，才非吴李，罕勘斯寄，乃以君爲鎮城大都督。南土之不壞，君之力也。暨興和之間，」海外有截，天子盛選明德，欲安土宇。乃以君爲楊州刺史，加車騎將軍。君褰車廣視，積水」求情，寒暑不移，民瘼俱盡。雖君公之與人合，叔父之共神通，光篇昭史，夫何足云。復詔君」行懷潁二州事。文襄皇帝以河陽近服，作國南門，砥躡蠻荆，斜湊秦隴，有其才則一丸」而守，無其人則三河淪没。乃以君爲大都督而鎮之。雖馮異之在機軸，無以加也。武定七」年，復以君爲永固鎮大都督。時皇帝刷羽依桐，翻霄未即，只求明哲，經綸王緒，遂表除」君安次縣都鄉男，食邑一百户。及運在天黿，笙筦變節，蛟龍慶雲，同歸有道。天保元年，特」除洛川縣開國子，食邑三百户。至於股肱名岳，羽毛上台，出鎮形勝，入贊心膂，乃生平常」役，故不復□矣。既累善作基，縈德爲宇，恕永天爵，慰此遥年，而曳杖當門，山歌及耳，日落」崦嵫，相□□至。以大齊天保二年歲在汁洽四月八日遘疾終於家，時年五十有五。天子」聞而旰食，□剡諸色，乃發詔曰：追遠念終，抑唯故實。前陽州刺史賢，業尚閑遠，識略淹長，」出總戎陣，效成□莅，不幸云亡，言念傷惜，宜加褒榮，慰兹泉路。可贈都督徐兖二州諸軍」事，以本將軍太府卿兖州刺史開國如故，謚曰文宣，禮也。君爰自總髮，至於華首，交無忤」色，閨有敬容。楷模可爲世範，言行便成士則。憘愠莫窺，榮辱誰改。庶弘理三台，和治五教，」而逸翰中夭，美志空摧。有識哈嗟，同聞共惜。粵以其年十一月辛未朔三日癸酉窆於鄴」城西漳水之陽十有二里，即魏之舊陵也。若夫環海三竭，峪山再移，自非鐫勒，誰或終存。」乃作銘曰：」韞玉作峰，貯珠成岸，派彼濫觴，鬱茲浩汗。既稱帶地，是曰削成，猗與俊哲，應時挺生。弱年」標譽，丱日傳聲，武同樊噲，智匹陳平。自受嘉命，劬勞跋涉，爰居連率，民心是愜。澤被三軍，恩同纊挾，德流萬姓，名稱史牒。及擁朱旄，相佯蕃岳，如荀宅兖，似王居蜀。攸來膏雨，號在」能獄，況盡六條，復兼三欲。謀讚帷幄，折衝樽俎，功唯帝念，勳書王府。庶弘美業，光斯讚輔，」華屋便辭，山丘遽處。龜謀襲吉，儀衛方屯，殯車首轍，服馬鳴轅。朱旗日映，素旐風翻，蒼芒」寒阜，蕭瑟荒原。嚴霜暮夜，苦霧朝昏，辭茲國路，及此泉門。漫漫大夜，寂寂孤魂，風猷永秘，」容範空存。拔山少力，日車難挽，誰能止淚，看茲踰遠。」夫人河澗邢氏。長子長琳。次子子琳。第三子子琅。第四子子瓌。」第五子子瓚。第六子子璆。第七子子琛。第八子子珍。」國家圖書館藏拓。

409 □道明墓誌

【誌蓋】闕

【銘文】居士諱道明，字靈仙，潁州永陰人也。祖蚝，昌黎郡。」坦有大度，命世作則。父騷，汝南郡。君弱不好弄，長」而可師。垂誨門庭，言行無擇。居士稟先人之誨，有」儒雅之風。年在沖幼，德已大成。魏太和之初，邦國」禮遣，對揚紫闕。第處甲科，爲當時之冠。俄爾釋褐」奉朝請。其後表奏陳聞，其辭炳蔚，爲帝所知。後從」高祖孝文皇帝南征壽春，見干戈拂天，旌旗若日，」虎臣一鬫，伏屍百萬。乃慈悲自中，喜捨外發。背當」世之榮，志在閑獨之境。尋千嶺以求其安，換萬壑」以覓其處。乃見其所於陸真之山，石城之上。遂營」天宫以存聖容，脩祇桓以安尊像。樓閣驚飛，文彩」間出。菴羅給孤，豈異於此矣。居士脩禪習定，惠心」内起。十二等唱，方丈之説不殊；五典時言，洙泗之」風若一。是以四部雲歸，若百川之注江海。天不遺」慭，上算弗延。春秋八十有四，以武定七年十月二」日卒於石城之舍。以齊天保三年正月十五日窆」於石城西南三里之所。乃作銘曰：」於赫嵩山，居乾之和。靈養八龍，莫適與過。詢詢善」誘，等以四科。猷猷君子，閨門有則。行脩釋氏，志述」彌勒。六度爲心，無爲爲德。哀哀哲人，泰山其頹。冥」冥泉壤，燼爲土灰。世無可杖，嗚呼哀哉。」妻安定胡胡山海大女。海，魏故鎮遠將軍。」

河南焦作出土。現藏焦作市博物館。

410　明姬記

【磚誌】大齊天保三年歲次壬申七月」丁卯朔四日庚午，孫槃龍妻明」姬記。」　據《漢魏南北朝墓誌集釋》。

411 司馬遵業墓誌

【誌蓋】闕

【銘文】齊故使持節都督冀定瀛滄懷五州諸軍事太師太尉公懷州刺史陽平郡開國公司馬文□□墓誌銘。」公諱遵業，字子如，河内温人也。自締基兩正，騰照四海，盛範藹於民神，奇功潤於天地。英人□□，□爵相聯，□」烈商周，光華嬴漢。洎玉牀已跨，金鏡且懸，繁弱貽錫，密須啓分。晉隴西王泰即九葉祖也。長□□□，□嶠逾構，」或舒或卷，有實有聲。昔魏德甫基，大開雲朔，思隆根本，驟引良家。祖乾，魏侍中。風飆俊逸，崖岸□□，□彼漢臣，」豈存關外。父興龍，魏司徒。氣韻恢舉，波瀾浚發，迹留東觀，事入南宫。而合浦孕珠，荆山韞玉，降神□□，爵啓人」龍。刷羽將飛，便懷江海之志；高鳴欲騁，即辯滅没之工。靈府洞開，天機迥暢，高擅帝師之目，實有王□之風。既」譽曝群言，聲馳邦國，辟書且及，屈迹雲州主簿。大行臺尒朱梁郡王，蓄兹五變，將尋九合，振率諸侯，□尾隰管。」即假中堅將軍領民都將。尋以明皇厭世，牝雞遂晨，志父之甲，興於義憤。以公爲司馬持節假平南將軍監前」軍事。設奇運正，隼擊鷹揚，三令之間，士百其勇。長平斜鄰戎藪，多貽北顧，暫辭帷幄，寄以折衝。遂行建興太守」當郡都督。逮奥主已立，司動有典，乃封平遥縣開國子，邑三百户，仍爲大行臺郎中。戎機是湊，文檄相□，口占」筆馳，圓轉非媿。葛榮詭署三官，遣攻舊鄴，將傾九卯，亟舞雲梯。行臺以公謀發涌泉，跱如敵國，間行入守，□□」懸炊。遂齊竦百樓，振奇九地，完州復境，筥墨已輕。仍進爵爲侯，增户四百。又除持節都督鄉郡襄垣諸軍事□」撫軍將軍平北將軍上黨太守。登以母憂去職。號毀之際，動用加人，雙凫擾其誠血，單鵠赴其冥感。朝廷奬異」褒賢，仍申本授，綸言狎委，牛酒相交。公遠協再化之心，無取百乘之寵，敷衽不允，俯同魯侯。及盜烏見察，猾令」受記，五原輕其二君，琅邪鄙其三尺。遇東周不守，莊帝蒙塵，攸攸夏迹，所在狼顧。葵丘遠控華夷，兼通水陸，永」言作捍，寄深關鍵。行相州事鎮鄴大都督。案部行春，班條騁化，彈壓梁道，陵蹴巨源。屬一戎已定，天門迴闢，徵」爲武衛將軍，領中書舍人。總營麾旅，霜行岳峭，展誓銜絲，如吐金石。徙給事黄門侍郎。矯斯逸足，遊茲顯處，茂」先慚其指掌，藺石便非異才。仍授散騎常侍征東將軍金紫光禄大夫。職在扶持，任參户牖，縱容談諷，光跨曩」□。梁郡猜逼已萌，斃於一劍，凡厥部將，多離其禍。公義勖趙狐，方思後釁，變化之頃，遂出近關。長廣入統，除侍」中車騎將軍左光禄大夫兼尚書右僕射。俄值普泰受推，還除侍中驃騎大將軍儀同三司。雅存撝損，未祗八」命，邈言古迹，林叔何人。而抱劍上征，竦瑠高侍，參決可重，喻指增華，圖勞未洽，且致後命。進封陽平郡開國公，」一千七百户。出除使持節都督岐州諸軍事驃騎大將軍岐州刺史。公善於綏馭，剖析若神，控馬調雞，洞得其」術。皇情乃眷，重申前祀，徵還，除儀同三司，又加侍中。太祖獻武皇帝虎據一匡，龍騰九域，握鈐秉鉞，鞭撻區」夏。公義結子陵，恩深和季，將延草廬三駕，豈似伊生五友。乃除大行臺尚書。以文若之才，受留侯之寄，傑然轉」册，霧踴雲飛。天平初，除尚書左僕射。控納萬流，譬之江海，准繩出手，水鏡引物。尋除開府，餘官如故。遷鼎之後，」帝業權興，天綱既闊，風俗頗弛，遂詔公出使燕趙，專行陟黜。攬轡慨然，登車長想，迴度宣光之迹，真體孟博」之心。除懷州大中正。禾莠即分，銀鉛遂辯，將令仲雄寢奏，便使德璉慚詩。遷尚書令。道光彼相，杖正立朝，陋文」□於魏年，嗤伯玉於晉日。尋行冀并二州事，録前後聲效，別封野王縣開國男，邑二百户。及謳歌去魏，符命歸」齊，戕馬書丹，用旌勳懿，更封須昌縣開國公，邑一千户。情敦夜起，愛甚還書，藐是之間，觸遇生厚。以須昌之封」迴授兄子膺之。除司空公。優遊熙載，道冠天下，七賦已洽，五星畢從。遷太尉公。宅心玄妙，投迹厚重，瑞邀白鹿，」冥弄金印。惟公宫墻峭立，□□疏朗，方材松箭，並量河山。偃曝道藝之場，縱横書劍之域。掩晨山之雄辯，折狙」丘之誕説。門閥軼於桓應，家聲振於陳范。總立人之具，有君子之方。自飛裾入仕，往來從務，迴張條刺，高置權」衡，列鼎開扉，調笳奏管。令績標其棟幹，徽風立於柱石。負青天而鼓舞，陵赤霄以鶱翥。齊驅吴鄧，結駟鐘王。方」謂青門旭設，庶其再見，而赤松可追，奄爲徒語。以齊天保三年十二月廿五日薨於鄴都中壇里第，時年六十」四。天子悲深操玉，平民戀甚捐珠。有詔追贈使持節都督冀定瀛滄懷五州諸軍事太師太尉公懷州刺」史，開國郡公如故。賵物一千段。以天保四年二月甲午朔廿七日庚申窆於鄴城西北十五里山崗之左。雖存」存青簡，事書鉛筆，三鼎已鏤，四碑且雕。猶懼天長夜厚，陵移谷貿，敢題玄石，式旌黄壤。其銘曰：」疏源自遠，命官惟舊，德水均流，鄧林齊秀。道資世廣，禄緣人構，青史月書，業隆聲富。中葉兆聖，碑金孕靈，光□」區有，大啓維城。競抽高蓋，再獵長纓，名世安屬，惟公挺生。瑳象不已，扣鐘無歇，馳騁煙霞，苞持日月。鳳翼將矯，」龍文遂發，高控朱驂，仰□玄闕。陪遊雕輦，鼇緝文昌，樞機可則，喉舌生光。迹敷金鼎，功宣玉堂，寰中霖藥，日下」舟梁。攸哉天壤，茫然造化，尺波不息，分陰豈借。魯北遂氓，齊南已謝，哭市收懸，公捐館舍。令龜一協，即□荒□，」朱□空調，文物虛寫。徘徊送客，悲鳴去馬，萬古如□，勒誌泉□。」國家圖書館藏拓。

412 崔頠墓誌

【誌蓋】闕

【銘文】魏開府參軍事崔府君墓誌銘。」君諱頠，清河東武城人，尚書僕射貞烈公之」孫，涇州使君第二子也。冠冕世德，福慶餘緒，」曜車爲寶，荆玉成珍。文慧之志，著自弱年；孝」友之情，表於冠歲。藻翰與春華比美，景迹共」秋菊均榮。而宦止開府參軍事。輔仁之道便」虛。年廿六，武定六年七月遘疾，七日卒於鄴」都寢舍。粵以天保四年二月甲午朔廿九日」歸窆本鄉齊城南五十里之神塋。日月不居，」感臨川之歎；有德無位，致殞秀之悲。其銘曰：」於穆不已，世載其英，朝端岳牧，衮紱璁珩。休」芳必嗣，有美誕生，黃中闡譽，敏内標名。膺斯」府檄，稱是才實，器懷明悟，文情委逸。方此□」期，宜從厚秩，命也不融，朝駸遽日。故□□□，」塵書廢笥，一辭華屋，言歸蒿里。原隰□□，□」風鬱矣，刊石泉陰，永傳蘭芷。」 國家圖書館藏拓。

413 □弘墓誌

【誌蓋】闕

【銘文】君諱弘，字法雅，出自武公□□□」後。崇仁鄉孝義里人也。承靈□□，」世載名德，與日月而俱暈，崧□□」峻，錦鏡相傳，衣冠弈世，懸諸子□，」不假備詳。君禀粹五才，資和六□，」風度閑凝，器韻清朗。值開闢之秋，」遇河清之會，君乃辭親歷宦，優遊」帝邑，勳效逾美，授爲征虜將軍永」平太守。下車布惠，登榻施風，邁扣」轅於往蹤，豈治河之足喻。又除東」濟北武邑二郡太守。治法欽明，恩」深卧轍。而天不念德，奄墜明珠。人」之云亡，實唯殄萃。以大齊天保四」年歲次癸酉十一月己未朔廿六」日乙酉窆於肇山。刊德記功，遂作」銘焉：「玉生自潤，蘭秀如芳。有美君子，亦」顯其光。昊天不弔，奄同摧櫟。」於穆府君，莅政清平，乳虎浮河，犬」罷夜驚，銘誌不朽，没有餘聲。」 據《漢魏南北朝墓誌集釋》。

414 敬氏墓誌

【誌蓋】闕

【銘文】妃姓敬，平陽平陽人也。其先太尉受終之盛，公子居卿之美，」家風不殞，世禄猶傳。雖復層城九重，未方其峻；扶摇九萬，詎並其高。」祖風識清雅，名重汾晉。父器理標桀，譽滿華夷。若夫漢水之中，明珠」間出；稽山之上，竹箭叢生。是以高門多福，餘慶斯在，虺蛇先兆，挺斯」良媛。妃禀神鼇地，資靈菟月，風操閑婉，儀度端華。藍田五德，無以方」其潤；丹山五彩，詎可匹其暉。然其女功婦德之能，温恭孝友之性，動」而合軌，言而成則。於是閨闈擅美，遠邇流音。亦既言歸，好合君子，宛」如琴瑟，穆似塤篪。舅姑愛其恭肅，娣姒欽其雅尚。可謂聲超集木，德」美聽輪者矣。王即太祖獻武皇帝之從弟也。連暉辰極，比曜樞衡，」業履貞粹，幹局沉果。或持斧字民，或剖符觀俗。風移化洽，妃有謀焉。」至如衛女治内之名，班氏大家之號，與之方駕，争爲稱首。大齊膺籙，」撫有八荒，帶礪既盟，晉鄭斯啓。惟王利建，詔爲襄樂國妃。雖鏘珮鳴」鸞，擊鍾陳鼎，而素懷謙約，情無驕物。乃脩家業，又毗蕃務，非法不行，」得符而動。由此内外雍熙，尊卑傾慕，無不挹是朱藍，遵其軌轍。方謂」永延嬪德，長祚姆師，嵫山尚遠，石火已謝。春秋五十三，以天保五年」歲離閹茂月在俠鍾廿五日薨於晉陽。即以其年十月七日歸葬於」鄴城獻武陵之西。四序如流，三千或出，恐德音而無寄，迺託銘於泉」室。其銘曰：」峨峨締構，藹藹緜茋，挺斯令善，降此穠華。資靈夜月，稟質朝霞，德成」閨閫，道被邦家。爰始外成，嬪風斯備，秉心厲節，夙興夜寐。刻懃蘋藻，」虔恭醴饋，徙家成德，陳詩取義。情猶指豹，智並埋羊，景福攸止，諸子」剋昌。徽音秩秩，令問堂堂，廉超田母，訓邁師姜。朝露易晞，夜舟難久，」誰知孔聖，徒言仁壽。嗟我母儀，如駒渡牖，忽辭城闕，翻歸林皐。滔滔」水逝，忽忽年遒，親賓永絶，牧豎長遊。風衰拱樹，氣慘荒丘，勒銘玄室，」傳此徽猷。」天保五年歲次甲戌十月甲寅朔七日庚辰。」

據《漢魏南北朝墓誌集釋》。

415 竇泰墓誌

【誌蓋】闕

【銘文】故使持節侍中太師大司□□□□録尚書事顯蔚相冀定并恒瀛八州刺史廣阿縣開國公武貞竇公墓誌銘。」公諱泰，字寧世，清河灌津人。昔章武以退讓爲名，司空以恂恂著稱。仍與王室，迭爲甥舅，故已德隆兩漢，任」重二京。雖將相無種，而公侯必復。

世載有歸，名賢間起。祖盛樂府君，父司徒，皆才雄北邊，有聲燕代，志驕富」貴，不事王侯。公稟弧昴之精，負雲霞之氣。容表瓌雄，姿神秀上，英規傑量，無輩一時。少以劍氣有聞，長以俠」烈標譽。力折魯門，勇高齊壘。長者多遊其室，少年時借其名。歷尋經史，不爲章句之業，偏持三略六韜，好覽」穰苴孫子。上下若飛，驅馳成畫，捨矢如破，命的必中。賦騏驥以攄憤，歎鴻鵠以明志。屬獫允内侵，疆埸外駭，」注意鼓鞞，陳師授律，有聲簡在，遂總兵車。起家爲襄威將軍帳内都將。連年動衆，功實居多。屬靈后臨朝，政」移權蘖，辟惡之酒爲虚，神福之觴成禍，四海痛心，三靈憤惋。天柱大將軍尒朱榮鞠旅汾川，問罪君側。爲寧」遠將軍虎賁中郎將前鋒都督。及永安御曆，豫定策之功，除射聲校尉諫議大夫。及巨釁滔天，長戟内指，既」等闕南之敗，遂成山北之災。獻武皇帝茹荼切蓼，志在匡復，操盤大誓，辭涕俱流，義動其誠，實參本□。尒」朱氏擁傾山之衆，驅竭洹之旅，氣比雲霓，聲成雷電。雖把旄杖鉞，風摧電掃，功歸上將，慮在中權。東還所依，」伯舅是賴。公亦志在不二，任實同心，氣厲風霜，精貫金石，冰泮瓦解，非無力焉。以功拜輔國將軍驍騎將軍」廣阿縣開國子，食邑三百户。又授撫軍將軍銀青光禄大夫，復還侍中。又除使持節都督顯州諸軍事車騎」將軍顯州刺史，增邑四百户。入參輿輦，出擁旌麾，軒冕照人，光華滿室，顧瞻儕伍，實有餘暉。轉除使持節都」督蔚州諸軍事本將軍蔚州刺史。及太昌入纂，神寶有歸，唯帝念功，大開慶賞。進爵爲公，增户四百，本將軍」儀同三司，又除使持節都督相州諸軍事本將軍開府相州刺史。公威而不猛，仁而能斷，示之好惡，宣以惠」和。大小必情，幽明以察。囹圄虛置，桴鼓無聲。民識廉耻，俗興禮節。異國喬之先謗，同史起之後歌。耻以荆部」見稱，羞以豫州爲法。及幼主君臨，問對爲重，新邦肇建，糾察增隆，二難之道，匹此爲易。復除侍中領御史中」尉京畿大都督，將軍開府儀同悉如故。君既屬刺舉，兼秉繩墨，弼回厝枉，知無不爲。權豪屏息，貴戚側視，社」鼠不得成群，稷蜂無以自固。庶事咸理，内外肅然，可謂古之遺愛，邦之司直。西土不恭，王略遂梗，遊釜巢□，」天刑未加。君以鳴轂爲耻，遺賊是念，將發函谷之泥，驅渭橋之警，洗兵灞涘，糾馬終南。而蜂蠆有毒，困獸難」犯，凶器死官，忘身償節。以魏天平四年正月十七日薨於弘農陣所，春秋三十八。公材力宏舉，雄姿傑出，宮」室奧遠，崖岸弘深。霜雪未易其形，風波不改其操。言諾之重，黄金自輕；榮辱之來，白珪可玷。孝爲行本，忠爲」令德。劬勞旍甲，契闊風塵。扞城四國，折謀萬里。翼贊昆彭之業，經綸周漢之初。攀鳳羽而高騫，託龍鱗而迴」逝。注輪四牡，賓御成行。鳴玉雙金，左右相照。加以寬而得衆，惠以使民，言笑之恩，暖同布帛，欬唾所及，和若」暘春，世經夷險，身有屯盛，咸守任安之節，不署翟公之門。故能剋成山海，致茲遠大。而虎步未逞，馬革已歸，」傾千尋於斧柯，頓六轡於蟻垤。武皇奔車起慟，登城致哀，貽訓魏后，加以殊數。詔曰：存立大功，没而加等，」眇尋盛典，莫匪斯遵。故使持節侍中車騎大將軍開府儀同三司御史中尉京畿大都督廣阿縣開國公竇」泰，理識明悟，風格峻遠，協規上宰，勠力勳王，愛結萬里，譽宣三獨。及擐甲持矛，埋輪縶馬，臨危固節，赴難忘」身，曾不憖遺，奄焉莫及。興言茂烈，震悼兼深。宜峻彝章，用崇徽秩。可贈使持節侍中太師大司馬太尉公録」尚書事都督冀定并恒瀛五州諸軍事定州刺史，開國如故，謚曰武貞，禮也。以齊天保六年歲在乙亥二月」壬子朔九日庚申改定於京城之西二十里。翟泉淄水，王侯共歸，邢領瑕丘，賢明所志。左右山川，顧瞻城闕，」地臨四野，道貫二都。卜云其吉，安兹宅兆，刊德壤陰，終古無絶。銘曰：」橋木表國，名族題家，食舊接武，載德非遐。世無昇墜，道或隆洿，降生人傑，是謂國華。望重百夫，聲高六郡，藏」器有待，乘風撫運。猛略從横，英圖四奮，見義能勇，當仁投分。魏道威遲，生逸相踵，大人有作，拯溺疏擁。誰協」其謀，竭誠所奉，兩手何貴，一國非重。詔爵以德，命服以庸，沃若四馬，流衍萬鍾。治民事上，禦侮折衝，文武不」器，軍國其容。遏矣西人，憑險逆命，横戈躍馬，志康急病。不弔自天，亂靡有定，歛至終爽，出車徒詠。沙丘既兆，」天邑有徵，榮華且畢，禮數逾興。壞容雖墜，徽烈方昇，有來自古，無恨丘陵。」〔一〕 國家圖書館藏拓。

注 釋

〔一〕另有誌下側刻銘。殘泐過甚，無法録文。

416 婁黑女墓誌

【誌蓋】闕

【銘文】故使持節侍中太師大司馬太尉公録尚書事武貞竇公夫人皇姨頓丘郡長君婁氏墓誌銘。」夫人諱黑女，代郡平城人也。長瀾注於紀地，層嶠竦於半天。翹楚羅生，」鍾鼎間出。祖平北府君，漁道獵德，望標衣冕。父司徒太原王，闊調高風，」績隆軍□。世緒之盛，必有餘休，陰靈薦祉，克誕良媛。神情雅潤，志見閑」明，持四□爲隄防，以六行爲關鍵。求箴待傅之操，率自天真，含柔履度」之迹，事非因假。徽音迥暢，淑問載揚，爰在華門，思委鳴雁。太師人雄魁」傑，將崇内主，永言秦晉，移天作合。密勿箕箒，釐綜帷房，遊息仁義，服膺」孝謹。婦順宣於蘋藻，女業擅於針纊。弦無衛操，案屏鮮禽。榮朝貴室，昔」聞彝典，車服有暉，雍容在列。乃封頓丘郡君。洎哀緣晝哭，義深解瑱，孀」情岳峭，釐節冰嚴。窺窗止閭之業，抑揚前範；還魚反金之愛，頡頏曩烈。」皇齊握紀披圖，承天括地，貴親尚德，焕於綸璽。錫以從母之名，仍加長」君之號。夫人温恭表質，禮讓爲心，契符銘戒，行苞雅俗。均得喪於在生，」混輕重於一致。閨室不聞夷倨，家人未瞻愠喜。矜凡惠物，屈己周人，謙」尊而光，貴□在我。河南發貞義之稱，廣漢有仁明之目。埒古循今，高擅」遐祀。方謂終母儀於千室，保禄養於萬鍾，兹義忽違，遂愆與善。以大齊」天保五年三月丁亥朔二十四日庚戌以疾薨於鄴都允忠里第，春秋」五十九。慟興長樂，悲纏帷扆。飾終所逮，事切哀榮。以天保六年二月壬」子朔九日庚申合葬於武貞公之穴，鄴城西二十里。恐陵移谷換，或見」前和，敬鐫琬琰，置彼巖阿。其銘曰：」大門右地，構積流深，鵷鸃接羽，梓柒成林。宦聞鏘玉，誓有雕金，衣裾切」影，鐃管諧音。餘美安鍾，英柔互起，皎同冰霰，芬如蘭芷。留連組織，栖暴」圖史，業隆集灌，風傳讓齒。鴻妻秀立，軻母儀形，遺塵可嗣，以節侔聲。捐」華採實，蹈損持盈，譽宣戚里，寵洽朝經。浮管忽移，還波遂少，日侵行幄，」風揚去旐。隴縈晨霧，松吟夜鳥，嗟矣佳城，終天未曉。」

國家圖書館藏拓。

417 趙氏墓誌

【誌蓋】闕

【銘文】夫人趙氏，出自南陽。父槃虎，領袖南金，羽」儀東箭。夫人少禀家風，長垂令範。并州主」簿王憐之妻也。琴瑟未幾，便失伉儷，唯有」一女，甫就口食。及長，適潁川陳氏。值」大齊肇構，陳有力焉。除光州刺史。妻封襄」城郡君。而郡君政訓陳門，恩逮衆妾，肅穆」閨闈，皆趙夫人慈育之所致也。夫人精心」練行，遍覽諸經。臨終遺屬，委財三寶。朔望」奠祭，不得輒用牲瘠。以天保六年四月七」日，夫人年七十，薨於光州子城内。即以七」月六日葬於城西正山之上。洞房石室，珉牀雕户，庶畢天地，永旌不朽。其詞曰：「二儀合德，陰陽佐時，内外和睦，治道雍熙。」如何不弔，少撫孤遺，成斯顧復，實曰母儀。」冀保遐延，庶幾多福，天不我矜，殞兹令淑。」風樹不待，慈顔永伏，嗚呼哀哉，萬春長宿。」 據《漢魏南北朝墓誌集釋》。

418 高建墓誌

【誌蓋】齊故齊」滄二州」刺史高」公墓銘」

【銘文】公諱建，字興國，勃海修人也。蓋聞種穀烈山，播鴻功於萬世；執珪負海，征列國於五侯。門」□霸風，家傳岳祉，卿相有業，文武不隧。雖復世殊三代，年易兩京，張青蓋以連陰，駕朱軒」而結轍。曾祖湖，燕散騎常侍吏部尚書，魏涼州鎮都大將秦州刺史東阿侯。皇上之高」祖也。德高王季，藩屏殷朝，功邁景皇，匡輔魏室。祖拔，廣昌鎮將燕州刺史。屯兵蒲類，偅充」國之殊勳；都督祁連，追廣明之茂績。父猛，鄯善鎮録事參軍。任居心腹，似見取於焚林；職」參謀議，如有求於榜道。故以兩河效祉，四岳降靈，體識貞華，風姿酋爽。鳳生一母，即有應」律之心；麟産十洲，便表不群之志。器同竹箭，加金羽而益美；質類梓材，施丹漆而轉麗。用」信期友，情同俟食；以孝事親，勤侔視枕。下帷制述，信非懈於三餘；秉筆屬辭，實見奇於五」字。才堪王佐，不殊林宗之語；器爲師表，還同馬越之言。起家爲馬場大都督。時屬河陜未」夷，崤衝尚梗，犬羊萬計，揃覆五陵。而大行臺尒朱天光受脤廟中，揚旌閫外，公入參謀畫，」出摧妖旅，殲彼鯨鯢，迺爲京觀。除寧遠將軍奉車都尉，遷前將軍太中大夫。既而誅行跋」扈，寇結晉陽，城雉失金湯之固，河洛無藩樆之限。災生置閣，酷甚漢君；禍發桃鄉，釁踰窮」后。獻武皇帝覩白虎之戲，受赤雀之符，眷陞陑以陳罪，抗義旗而揃虐。公既地屬維城，」戚當宗子，同心戮力，組鉀持戈，誅九黎於赤縣，極三苗於白壤。玉門除斥候之警，金華奉」樂推之君。除鎮東將軍金紫光禄大夫，又轉武衛將軍加衛將軍右光禄大夫。號比宋昌，」轉不因於代邸；位方許褚，遷豈須於斬級。除驃騎大將軍散騎常侍。才稱簡亮，宜居獻可」之職；詔使驂陪，無累清談之任。又除太府卿，將軍如故。比蹤漢室，則與君高連轡；方軌魏」朝，復共偉臺齊衝。除使持節都督齊州諸軍事本將軍齊州刺史。清約自守，一物不留。聽」哭無哀，便知殺夫之女；持戟問老，自變争山之蟲。轉北豫州鎮城都督。又敕行滄州事。請」租一年，民歌賴得，決囚三縣，帝歎無憂。瑞生松木，未成出腹之祉；妖見瓊環，忽有盈懷之」歎。春秋五十六，以天保六年三月七日薨於晉陽。惟公備九能於懷抱，圓六德於匈衿，俠」書劍之雄規，負雲霞之逸氣。及時逢孔棘，運屬横流，經始霸圖，締構王道。獻謀帷幄之裏，」決勝行車之間。翼厥主於桓文，致其君於堯舜。攀龍峻舉，附鳳高騫。入侍兩宮，出臨九列。」駕朱驂於大國，佩紫綬於名都。至如日華飛觀，庭燃百枝，風清曲沼，水文千葉，牀施象席，」階陳鳳爐，親友雲屯，賓寮霧集，促膝成賞，幣帛是將，終醼忘疲，敬愛斯盡。爲舟楫於江海，」作柱石於廟堂，望四輔以連鑣，追六佐而齊軫。而羽頹南海，身閟北芒。以其年十月十四」日葬於鄴城之西北十里漳水之陽。若夫五丁立誌，未毁蜀王之墳；」三千見銘，復記滕公」之墓。乃作詞曰：」神感華陽，業成姜水，任征九伯，地居四履。世經衰盛，時遭休否，佩組摩肩，乘軒接軌。藍田」生玉，赤野生珠，紐蘭佩芷，懷瑾握瑜。文高入室，學邁反隅，宗稱龍種，鄉名鳳雛。關陝霧結，」犬戎雲聚，往事軍門，言參幕府。除兇六郡，獻捷三輔，天爵既縻，人官自取。狂虜肆虐，構禍」上京，弼諧周漢，翼佐昆彭。天居克静，王道載平，禁旅攸託，蟬冕加榮。入當九棘，出應萬里，」政似聖儀，化同叔子。方調鼎味，忽夢辰巳，朝哀棄玦，鄉悲罷市。言遵國路，遂次山門，丹旐」霞舉，素駕雷奔。凄風曉勁，寒雲夜昏，花石既勒，英聲永存。」

據《漢魏南北朝墓誌集釋》。

419 元子邃墓誌

【誌蓋】闕

【銘文】齊故征西將上洛縣開國□□□□元子邃墓誌銘。」君諱子邃，字德修，河南洛陽人也。曾祖魏高家文成皇帝，祖太尉安豐匡王，」父太保大司馬文宣王。懷珠握鏡之由，建國辯友之盛，光啓南陽之基，遂荒大」東之業。左史右史，記言記事，簡於鍾鼎，略此文辭。公藉潤天池，資靈崐岫，生□」官之中，長婦人之手。卓爾不群，嶷然挺出，朝野所以欽風，縉紳於是屬意。旌賢」樂善，味道求書，博極古今，洞觀墳籍。既有公才，非無公望，聲馳遠近，譽滿宮闕。」起家爲給事中，非其好也。從文宣王討徐州，擒殄賊師王思遠，賜爵開封男。尋」除直閤將軍。又自安東府佐遷東徐州刺史。亟歷名官，遂昇方岳。旗行部皂，善」宣條，變俗移風，畏威懷惠。又除鎮西將軍銀青光禄大夫，進號撫軍將軍，改封」博陵郡開國公。追録舊勳，以襲父爵，利建有歸，時望斯允。又遷金紫光禄，進號」征西將軍。有魏高遜，皇齊勃興。天保元年隨例降爵，改封上洛縣開國男，將」軍如故。方騁康衢，用熙庶績，溟海未圖，鈞天奄奏。以天保六年歲次乙亥十月」十五日卒於鄴城西□里之第。其年十一月七日與夫人李氏遷窆於鄴城之」西南，去城廿里。三千見日，八百流□，陵谷相貿，市朝或變，不刊玄石，孰宣清猷。」或備□訛，乃爲銘曰：分源天漢，引照扶桑，置功厚德，國阜家昌。丹帷屢舉，朱紱」斯煌，聯輝晉鄭，比曜陳梁。剋生夫子，顯允承嗣，名著當年，效彰歷試。魏嘉劉曄，」晉寵曹志，論世或殊，在人匪異。運鍾改物，時逢啓」聖，東岳告成，南風起詠。丕承家業，夙膺朝命，遂欺積善，徒稱餘慶。遺孤望父，季」弟懷兄，緬尋疇昔，永念平生。親朋掩淚，鄰里傷情，哀深四鳥，恒切三荆。古無合」葬，詩有同穴，先後幾何，夫妻並滅。泉宮暫啓，埏門永閉，死者若知，魂兮儻怳。

言」辭柏寢，往記楸棺，虞歌罷曲，送馬迴鞍。桂月霄映，松風曉寒，墓木行拱，墳土方」乾。」今葬後九百年必爲張僧達所開。開者即好遷葬，必見大吉。」 國家圖書館藏拓。

420 車延暉銘記

【磚誌】大齊天保七年八月」廿五日，魏世儁妻車」延暉銘記。」 國家圖書館藏拓。

421 □奴子墓誌

【磚誌】纂息奴子以大齊天保」七年九月十九日生，」八年五月廿四日終殛夭往，傷切于懷。」 國家圖書館藏拓。

422 楊六銘

【磚誌】天保八年歲在丁丑」七月戊戌朔十二日己酉」弘農郡楊六銘。」 國家圖書館藏拓。

423 □子輝墓誌

（誌爲小碑形，螭首，額無字。）

【銘文】君諱子輝，字景安，高柳人也。崇基峻於維岳，源流」深於江漢。扶疏共鄧林等茂，芬芳與蘭桂俱生。祖」羽儀當世，領袖一時。父養素丘園，清風遠□。君禀」粹山河，承露月宇，頤神養性，小習大成。孝敬表於」閨門，仁義著於閭里。輕金重諾，湛若凝淵，好施愛」士，玉帛匪珍。中興之始，天步久難，與獻武帝同拯」難危，志存匡輔，迭禀成規，共相魚水。勳重於時，功」高佐命，舍爵酬庸，除直盪大都督魚龍縣開國子」白水縣開國男。豈悟與善無徵，山木頹殞，遽逐川」流，奄從物化。以天保七年歲次丙子十一月朔」十八日終於晉陽。君清猷素範，標映當時，先德餘」風，歌謳莫已。雖叔寶未遂，輔嗣天年，有識嗟傷，曷」以過此。以天保七年十二月朔三日葬於晉陽。」去城廿里汾水之左右。慮陵谷貿遷，山隤川毁，故潤石題芳，貽之不朽。其詞曰：」山岳構峰，崇基自遠，既建高門，弈世冠冕。蟬連邦」邑，家慶繁衍，或公或侯，唯願與善。其一。懿斯俊異，篤」此嘉猷，尋師進德，待問不休。雕章綺合，高論雲浮，」譬諸山水，自我風流。其二。躍水濯鱗，陵風拊翼，□途」方遠，清雲未倚。天遂何目，浮休誰力，徒振金聲，終」（下接誌側）

【誌側】爲大國。其三。杳杳素旌，幽幽蒿里，白楊鬱翳，風驚□起。桂酒空□，□年□閉，金燈□照，□□□□。天保九年歲次戊寅二月甲子朔十八辛巳。」

山西太原出土。見《文物》一九六三年第六期《太原市南郊清理北齊墓葬一座》。

424 謝歡同銘

【磚誌】大齊天保九年歲次戊」寅十月辛酉朔十六日丙子」洛陽縣故人謝歡同銘。」　國家圖書館藏拓。

425 皇甫琳墓誌

【誌蓋】齊順陽」太守皇」甫公銘」

【銘文】齊故直閤將軍員外散騎侍郎鎮東將軍金紫光禄大夫」順陽太守廣州大中正皇甫公墓誌銘。」君諱琳，字洛起，安定朝那人也。秦州史君之嫡孫，涇州刺」史之仲子，太尉真度之堂息，豳州寬之兄子。其先少昊之」苗裔，帝嚳之胤緒。遠胄標於三墳，仁迹著於九京。公侯□」□，卿相罕絶。鸞衛二祖，聲振漢朝，重商兩君，瑁珅晉世。曾」祖預，赫連時荆州刺史大將軍大司馬。進與鄧禹以連鑣，」退與平勃如齊軫。祖奇，才越二疏，用當觀國。貢秀魏庭，除」北地太守秦州刺史。父洪度，司徒府參軍事魯陽邑中正」隴東太守，詔贈涇州刺史。公以先蔭，復資天性，羽翼未」成，以發陵霄之氣。孝友超殊，參閔莫譬。屬魏道不安，吴楚」騰沸，上曰欲救，非公不當，遂徵爲都督，極静三鵶。荆揚夷」泰，效彰王府。方加茅封，忽遇焚限。後除正任，秉質權衡。蕃」伯咸譽，朝野同詠。年向懸車，專崇三寶，内閑於」二形，昇彼」圻徂。爲山未用，摧樑奄及。所壽七十有六，以天保九年□」月廿三日卒於京户。其年十一月庚寅朔廿日己酉遷於」鄴城西北廿餘里。思仁之風無極，託金石如申悲。頌曰：」滔滔江漢，湛湛攸長，興由五帝，茂歷三王。朱衣華轂，奕代」珪璋，周秦漢魏，豈絶貂璫。初安散騎，又静荆揚，一居衡石，」母事兼臧。仕逕八帝，軌則四方，何期謬算，禍及此良。徒聞」一世，忽背三光，萬機致泣，百辟咸傷。奄辭東育，潛邃西岡，」□□□道，永記泉鄉。」　國家圖書館藏拓。

426 徐徹墓誌

【誌蓋】闕

【銘文】公諱徹，字伯通，高平金鄉人也。昔運開若水，秉歷數於商丘；號啓徐方，脩仁義於淮浦。陳蕃著」論，才稱傑出；袁術授公，忠傳守死。祖廣，淵泉子濟州刺史。令績英猷，治高雅俗。父仙，淵泉子南」安太守。休風盛烈，德邁人倫。故以器度淹華，風神秀舉，懷抱川澤，襟帶山淵。望等松喬，不待馭」於雲鵠；駿方騏驥，詎受性於媒龍。遒文間作，花開筆下，清言時吐，豪剖舌端。藝善六韜，常懷杖」鉞之志；術閑八陣，恒思麾扇之心。初襲爵淵泉子，加鎮遠將軍諫議大夫。然尒朱氏酷甚曜殄，」虔劉京縣，害深懷愍，屠翦衣冠。獻武皇帝慮屬三分，意存九合，龍驤冀部，虎據信都。廣召良」平，建大謀於帷幄；遠徵信布，對勍敵於旗鼓。除大行臺郎中，遷安東將軍銀青光祿大夫。尅成」舊鄴，獻奇策於九攻；制敵寒陵，決雄機於兩陣。遷征東將軍昌陽縣開國男，俄除北趙郡太守，」除東雍州別駕，除中川太守持節假衛將軍當郡都督。布衣蔬食，乘二馬以之官；勸民務農，養」五雞而作畜。加車騎將軍，除洛州鎮城加衛大將軍，轉陳郡太守帶陳城戍主持節當郡都督，」除驃騎大將軍左光祿大夫加常山王開府長史，出鎮北荆州。又除使持節都督廣州諸軍事」廣州刺史。而僞署儀同韋法保躬率兇黨。無鐘來襲，事似疾雷，理符激電。於是五申壯士，三令」雄兒，矢石纔交，奸雄折首。還除使持節都督北徐州諸軍事北徐州刺史。一炊十日，異尼父之」乏糧；開懷受金，乖蘇子之得贈。而陟屺徒立，昇堂弗睹，鹽酢絶口，雞骨支牀。還除廣陵城主，而」□梁司空公陳霸先竊號金陵，偷生石首，率兹蛙黽，迫我城墎。於是嬰城固守，登陴力戰，援師」□著，魄徒潛駭。逐北追奔，聚鯨鯢而起觀；擒魁執訊，積甲冑以成山。還兼大鴻臚卿，轉太尉長」史，敕鎮新城。遷使持節都督陽州諸軍事陽州刺史。朝陳鉀卒，夜擊刁斗，乘邊守險，威虜服戎。」就州除大司農卿。而僞東道大行臺步六孤、儀同陳忻等，驅氐擁蜀，騁其煞厲之勇；據要立城，」斷我班師之路。於是手持雄戟，身服水犀，覆軍煞將，没腕漂杵。然魯墓不平，奄數窮於浴鐵；周」易未注，忽釁成於老子。以天保九年七月廿日薨於州府。時年五十七。惟公八能備體，六行在」躬，智若涌泉，識如懸鏡，手不釋卷，學窮馬世之書；池稱盡黑,草究張英之巧。金壇玉帳,不習友」朋,六奇三略,自知心府,翼贊帝圖,弼諧霸業。極四凶於洹浦,奉一人於洛濱。鳴玉紆青,分符大」國,帶金佩紫,主刺名都。作將榆關,鄰邦畏其雄略;屯軍柏塞,敵國怵其英風。德盛爵高,初無自」矜之色;功夫祿厚,終杜勁卒之言。至如春遊東閣,日明蘭砌,秋宴西園,月華蓮沼。束紳陪侍,莫」非刺虎之客;垂纓至止,悉是雕龍之賓。而劉楨之病,十旬無簡;周興之疾,一往不蘇。漢主流淚,」慇懃於君叔;吴人灑泣,眷戀於王思。乃詔贈使持節都督懷洛二州諸軍事懷洛二州刺史」大鴻臚卿,贈帛一百匹,將軍開國如故。以天保十年歲次己卯正月己丑朔廿一日乙酉葬於」鄴西南野馬崗之東,去城廿里。若夫豐都之縣,化成淵水;舞陽之嶺,移居江岸。興霸夜臺,會見」鑿於吴主;恭祖幽室,宜取誌於賈公。乃作銘曰:」石間東跱,胡蘇北注,靈睨所存,美德無度。文抽黼藻,學持章句,粲似瑶林,皎如玉樹。爪牙伊吕,」羽翼桓文,誅兇殄唐,定策扶君。專城掌賦,社立珪分,行師出洛,去煞成勳。剖竹名邦,」參和幕府,」化美求鳳,風高去虎。乘驂作牧,揮戈制虜,建節大蕃,褰帷沃土。妖徒蟻聚,暴黨蜂屯,風馳雷擊,」霧卷雲奔。車張皂蓋,馬駕朱軒,蟲變山老,亭絕怨魂。任括河海,職和鼎味,條敷壇場,秦中怵畏。」香絕反魂,命徂少氣,一生可贖,百身非貴。皇哀弟孫,民悲平叔,賵優贈厚,華軒翠轂。霧掩孤山,」風吹拱木,金石不毁,椒蘭永馥。

齊使持節大都督廣徐陽懷洛五州諸軍事」驃騎大將軍五州刺史司農鴻臚二大卿昌陽縣

開國男徐公之墓誌銘。」 國家圖書館藏拓。

427 張承銘記

【磚誌】天保十年潤四月八日，」真定人張承年卅」六死。銘記。名遠〔興〕。」 河北石家莊出土。見《考古》一九五九年第七期《河北石家莊市趙陵鋪鎮古墓清理簡報》。

428 尉孃孃墓誌

【誌蓋】齊故郡」君尉氏」墓誌銘」

【銘文】特進驃騎大將軍開府儀同三師前朔州刺史領太尉」丞厙狄氏尉郡君墓誌銘。」郡君字孃孃，恒州代郡平城人也。發顓頊之遐源，資有」夏之苗裔。開基命爵，世酋漠表。安西將軍東徐州刺史」尉天生之女也。積德聿輝，千載彌盛。播玉潤於金箱，鬱」瓊枝以煩衍。郡君生在名家，風神悟出。迴玟織組，起自」天知。女戒針言，無假師授。匪直體狀豐奇，實亦光彩剋」異。及來託君子，寤寐思賢，志存大雅，無希風什。灼似度」雲之月，有類三春之松。宜終伉儷，同茲偕老。豈悟風摧」黄卉，霜封夏渌。春秋五十一卒於晉陽之里。以五月十」七日穸於并州三角城北五里。恐美響莫流，加以鐫刻。」其詞曰：」緜哉茂緒，弈世鬱騰，開雲望景，禪冕相承。往我郡君，閨」訓是徵，婉豔始華，組淪易應。貞芳一謝，有没無興，逝川」非速，赴此高陵。」昔處華房，庭刻雅曲，婦駕朱輪，夫佩鳴玉。晝景未移，奄」同風燭，夜月空暉，白日誰續，嗚呼世道，我去非促。」大齊天保十年五月十七日。」 山西壽陽出土。見《考古學報》一九七九年第三期《北齊厙狄迴洛墓》。

429 董顯□銘記

【磚誌】大齊乾明元年歲次庚□□」月壬子朔廿一日壬申，雍□」京兆郡杜縣人董顯□」銘記。」 國家圖書館藏拓。

430 高淯墓誌

【誌蓋】闕

【銘文】王諱淯，字修延，勃海修人也。太祖獻武皇帝之第八子，世宗文襄皇帝」之母弟也。若夫將相之貴，象列圓天；公侯之重，秩標方地。然則王門賦命，精」降穹旻，帝家稟秀，祉應河嶽。王含靈誕德，體機協道，納陰陽之和，處剛柔之」正，瑰姿奇表，咳笑如神，英心絶韻，趨拜驚俗。魏珠自負，照車多乘，趙玉見美，」割地連城，比質知其多穢，擬價何關人寶。既而鑑徹窅冥，聽彈寥寂，智包拓」落，度盡深沈，崖岸上竦，波瀾長邁，自含潤黷，動漾符彩，門興霸道，室啓王業，」殊方共會，異術同歸，垂牙巨獸，立知其重，注瑟暝臣，蹶然已謝，獨悟真宰，藴」兹全德，思極神理，藝盡生民，大行小道，咸舉其契，於是聲飛海外，迹超日下。」魏朝式仰家勤，敬引人傑，拜通直散騎常侍加平西將軍，封章武郡開國公，」食邑二千户。久之轉驃騎大將軍開府儀同三司。金圖蟬翼，冠飾貂羽，朝國」大啓，臣寮廣列，詔德褒賢，爵服非齒。玉鞍瑙勒，蔑河曲而弗游；高蓋駟馬，指」平臺而方宴。及天統有歸，弓輅云錫，封襄城郡王，邑三千户。周稱毛畢，漢曰」梁河，異世竝親，殊年俱重。秉哲宣猷，居宗體叡，抑揚名教，弘獎風流。足使淮南上才，掞藻争傑；東平賢吏，懷德忘老。執瓛服衮，將極一相之尊；秉禮兼樂，」且居前拜之厚。朝烏初矯，晨馬遽息，承明罷謁，獻劍空留。以天保二年三月」二日薨於晉陽，時年十六。運遠時來，塋陵改卜，崇申寵命，允穆舊章。詔贈」使持節假黄鉞太師太尉録尚書事都督定滄瀛幽寧朔懷建濟兖十州諸」軍事定州刺史，謚曰景烈王。載以轀輬車。以乾明元年歲次庚辰四月壬午」朔十六日丁酉措於鄴城西北廿八里。東州神草，相與未見，西域奇香，失之」已久。唯當賢王之迹，永晰於絲編；高義之聲，長留於泉隧。乃作銘曰：」曜帝之精，崐嶽之靈，昨祉大國，多才降生。派海作潤，分日爲明，浮川俟楫，裁」象資衡。秀氣斯感，實兼其妙，弱竦奇峰，早張高調。體發五色，華開四照，韻逸」江海，才驚廊廟。篤兹文雅，顧斯武節，書盡經緯，劍窮論説。爲青跨藍，染緇踰」涅，請或必辯，稽疑則折。王子稱英，帝弟惟秀，天爵特表，人寶懸授。名非秩」優，尊由道茂，淵深魚薄，林橋鳥赴。

席加儒禮，車從詞雄，亦有劍客，左右生風。」笳傳上路，蓋聳空中，徘徊九陌，淹留二宮。金符傳世，玉瑞貽久，陸漸方征，溟」飛初負。行煎金液，當持瓊酒，次匪泉桑，淪同申酉，東堂先悼，南望今徂。白若」銜兆，青子披圖，是歸玄壙，詎往清都。綢繆典策，終慰黃壚。」

國家圖書館藏拓。

431 高湜墓誌

【誌蓋】闕

【銘文】王諱湜，字須達，勃海修人也。太祖獻武皇帝第十一子。疏流自遠，締構逾邈。與滄海而方深，共崐山而比峻。地祉攸憑，天縱斯在。毛骨異衆，精彩被物。同鳳章之五色，等若華之四照。神仙不能喻，玉人未之比。重其黼藻，加以琢磨。群藝咸舉，衆流總挹。闊略小道，志存遠大。傑乎千刃，邃矣九重。不得宮門，莫睹百官之富；入其廊廟，乃見禮樂之美。及蛟龍遷事，謳訟在門。周興藉其本支，漢盛由於磐石。詔空而奉圖，爰御茲青土。且有後命，入佐王室。奉玉壺於帝座，統絲綸於鳳水。内參百揆，外倫三事。揚歷去來，咸熙庶績。顧蚩曹植，徒奏奉車；還笑劉倉，止除驃騎。以斯茂親，兼此明德。天眷綢繆，褒錫日委。非唯密須之鼓，寧直繁弱之弓。固亦輦駕香衣，馬漂朱汗。而雅懷挹損，不以憍人。視金如沙，輕財若土。庭有履珠之士，門無彈鋏之客。每清風朗夜，佳景名辰，甲第臨衢，平臺瞰野。合罇促席，申以談笑，機警絶倫，神氣獨遠。楊循弗之睹，邯鄲所未逢。上天不弔，元首下席。還自晉陽，臨護喪事。攀髯之哀未割，遏密之思猶纏。常棣之華，忽其復落。以乾明元年二月癸未朔六日戊子薨於鄴都之第，春秋二十有三。痛結衣簪，悼興旒冕，朱軒駿舉，黄素驟裂。詔贈使持節假黄鉞太師司徒録尚書事都督冀定瀛汾晉雲顯青齊兖十州諸軍事冀州刺史，謚曰康穆，禮也。以其年歲次庚辰四月壬午朔十六日丁酉措於鄴城西北二十七里。千秋萬歲，時移世易。孤竹之墳已毁，長沙之墓且問。不有所記，終古何述。是用勒銘玄壤，貽諸後昆。俾英聲與茂實，共峴岳而長存。其詞曰：「明珠孕海，寶玉生崐，大風之胤，靈祉寔繁。□兹五五，出自軒轅，桐珪命服，丹書誓藩。體韻瑰奇，風鑑俊朗，孝友自性，仁義非獎。文武竝馳，書劍共往，淵深不測，山高可仰。毛畢佐周，東平仕漢，我有懿烈，出内兼贊。爰負龍□，來掌綸翰，朱鶩抑揚，華蟲燐爛。王言已睦，移步禮闈，恪居端貳，臺閣增暉。百齡未幾，三壽忽微，當霄落照，中天墜飛。加榮廣數，紀終旌伐，陸離軒冕，參差戈鉞。空華道路，徒喧城闕，柏梁不陪，承明詎謁。長辭兔苑，永即魚山，白楊含霧，青松曳煙。悲哉萬古，瑣語終傳，立言無愧，聲飛管弦。」〔一〕

國家圖書館藏拓。

注　釋

〔一〕據國家圖書館藏割裱本録文。原本中有缺字，且無法斷行，據《金石文鈔》補字。

432 邢阿光墓誌

【誌蓋】齊故是」連公妻」邢夫〔一〕銘」

【銘文】齊故大都督是連公妻邢夫人墓誌銘。」夫人諱阿光，河間鄚人也。昔載主誓師，克剪殷國，析珪命」氏，作翰周京。市朝亟移，不墜文武之業；河山屢改，仍傳軒」冕之貴。祖公義，龍驤將軍代郡太守。茂績英規，名高朔北。」父萇山，冠軍將軍武川鎮將。弘功盛烈，聲振漠南。故以芷」出而芳，蘭生自馥，風姿爽悟，識具淹雅。幽閑之性，得自匈」懷；窈窕之容，成於進退。製錦刺繡，實出意而成巧；織縑剪」綵，詎因教以爲工。由是淑德遐聞，和聲遠布，禮有外成，作」合君子。出入帷房，能遵師氏之誥；施設俎豆，不違傅母之」則。及良人下世，自誓無愆，斷機戒子，徙宅成胤。惟兄及弟，」立勳建節，服玄衮以儀台，駕朱輪而刺舉。然不死之藥，十」齡罕值，反生之言，一朝云及。以皇建元年十月十六日遘」疾卒於鄴城西宣平行土臺坊中之宅，時年八十三。以二」年十一月十九日葬於漳河北四里之山。若夫高山必隙，」名都會化，雕翠石以立言，揚徽音而不謝。乃作銘曰：」珠珍明月，玉寶夜光，欲知比類，獨有才良。明詩習禮，日就」月將，氣芳蘭蕙，操潔冰霜。歸配哲人，作嬪庭宇，恭奉祭祀，」恪勤針縷。識有聽輪，告無投杼，名聞邦國，行乎廊廡。孀居」獨處，懷貞抱潔，事同梁義，理符陳節。烏景難停，蟾光易缺，」始隨雲卷，終追雨絶。永辭華屋，言渡漳川，南瞻虎澗，北眺」龍山。風吹拱木，霜被荒田，兹辰一閉，方涉千年。」 國家圖書館藏拓。

注釋

〔一〕夫，當爲「夫人」二字合文。

433 石信墓誌

【誌蓋】闕

【銘文】齊故使持節都督豳夏寧秦濟鄭恒靈趙九州諸軍事驃騎大將軍開」府儀同三司右衛將軍中書監趙州刺史南鄉縣開國子陳留郡開國」公石公墓誌銘。」公諱信，字敬仁，樂陵厭次人也。昔后稷居堯之官，亶甫致岐山之徵。枝」葉繁而未窮，源流浚而不竭。公稟氣山河，神華挺秀，千刃難階，萬頃無」度。孝敬表於閨門，仁義洽於州里。幼而研精，博極群書，下幃同三載之」勤，拊劍懷萬人之敵。中興之際，迺從齊太祖獻武皇帝建義信都，授公」伏波將軍虎賁中郎將，除子都督，遷前將軍灌津縣令，增號安東將軍」銀青光禄大夫太原郡丞，加征東將軍金紫光禄大夫，補帳内正都督，」又除代郡太守行夏州事。褰帷入境，又追賈牧之蹤；樹恩布化，再履廉」君之政。改授使持節豳州諸軍事征東將軍豳州刺史白馬縣開國伯。」敷五教以齊民，約三章而厲俗。除使持節寧州諸軍事本將軍寧州刺」史，開國如故，特優兩大階，遂授車騎將軍，進爵平舒縣開國侯，增邑二」百户，並減勃海王國内之封。策勳雖爲不次，帝圖猶言未盡。復除驃騎」大將軍平舒縣國公，增邑三百户。又除使持節秦州諸軍事驃騎大將」軍秦州刺史領民都督。轉除三泉領民都督驃騎大將軍儀同三司。俄」除馬邑總綰領民都督。尋徵右衛將軍右箱都督。令申靡違，表期無舛。」復除濟州行事。廉平致治，德義成俗。復除定州中軍。俄授鄭州刺史南」鄉縣開國子陳留郡開國公。春秋鼎盛，志業方隆，天道如何，人亡奄及。」春秋六十八，以皇建二年六月廿一日薨於鄭州府内。吏民等莫不泣」涕，行哭罷市。策贈開府儀同三司使持節都督恒靈趙三州諸軍事驃」騎大將軍趙州刺史中書監。以大齊大寧元年十一月十九日葬於鄴」城西十里漳河之陽。摧瑶林於小年，埋玉樹於長夜。恐灤瀕之遷毁，衡」阿之淪謝，乃作銘曰：」洪源廣浚，門大方高，連甍接漢，棟起干霄。五侯竝進，十相俱朝，榮我邦」族，衢路歌謡。懿德不群，藝能罕譬，學通河瀉，辭窮皎日。孝慕拯拯，腹心」王室，義彰内外，表裏譽揚。忽從逝水，奄逐西光，幽泉永謝，松櫝方長。」

國家圖書館藏拓。

434 法懃墓誌

【誌蓋】闕

【銘文】雲門寺法懃禪師，俗姓張氏，原出南」陽白水，襲爵河東伊氏縣人也。割素」景明寺，據邑鉅鏕。蓋龍潛迅起，翻翥」入道之心；裁華輟繡，鶩飛出塵之意。」理御七殳，栖禪照智。流珠散玉，綺麗」變略之才；清章雅韻，妙會八音之響。」義掐真玄，嗣休弘化。懷方擬物，伺機」情而卷舒；移耶獎正，駕風儀而偃草。」收聲罷應，影謝遷靈。時年六十九臘。」大寧二年歲在壬午正月辛未朔五」日薨於雲門寺。奉殯龍巖。致使岫帶」霜衣，山被素草，猨啼逗谷，鳥墜高林。」鐫石銘記，芳傳不朽。其辭曰：」跨風誕應，接物昇沈，巨變莫惻，細入」難尋。形山匪秀，量海非深，秘引三車，」説辯八音。育同春日，均潤過霤，世羡」若玉，益物如金。聲輟雜會，影託花林，」哀哉喪蔭，群方痛心。悽雲雨血，悲木」啼吟，聊記短韻，百代思欽。」 國家圖書館藏拓。

435 斛律昭男墓誌

【誌蓋】齊故厙狄」氏武始郡」君斛律夫」人墓誌銘」

【銘文】郡君諱昭男，朔州懷朔人也。第一領民」酋長左光禄大夫廣漢公可知陵之女。」賜姓命氏，與日月而俱懸；冠冕蟬聯，共」滄波而竝注。郡君資質姸婉，曠世無倫，」顔豔豐葩，絶域罕輩。年始加笄，伉儷庫」狄。奉深謁廟，誕育兩男，長曰光先，次曰」天智。武定元年授武始郡君。但天不報」善，武定三年春秋三十有三，遘疾薨於」夏州。大齊河清元年八月十二日與定」州使君太尉順陽王合葬於朔州城南。」陵谷易遷，金玉可朽，用勒徽音，寄之泉」石。其詞曰：」非禮勿動，言必有章，六行備舉，四德兼揚。敷訓閨闥，日就月將，玉縝芳臭，踰潔」踰香。」

山西壽陽出土。見《考古學報》一九七九年第三期《北齊庫狄迴洛墓》。

436 庫狄洛墓誌

【誌蓋】齊故定州」刺史太尉」公庫狄順」陽王墓銘」

【銘文】王諱洛，字迴洛，朔州部落人也。大□長公之孫，小酋長公之子。王禀資靈岳，啓質」懸星，隨運匡朝，應時贊世。傅說之翼高宗，吕望之輔太祖，年代雖殊，人何優劣。鴻」源與帶地均長，隆基與於天比□。石氏一門萬石，楊家四世五公。物論愧其勳朱，」有識多其冠冕。王少逢艱險，長屬雲雷，刃集紫庭，兵交絳雉。心存拯亂，志在扶危。」捨放史之輕文，習摸睒之重略。射隼高墉，安假玄妻之歎；前禽不失，足感孟德之」情。年甫弱冠，值獻武皇帝龍戰方始，玄黄未分，虔劉逆首贊大業。中興中，以軍」勳補都督，除後將軍太中大夫母極縣開國子，食邑四百户，遷右箱都督，轉子爲」伯，增邑一百户。太祖哀我隴蜀，獨隔皇天；忿彼逋誅，仍竄崤澠。乃命鷹揚，龐茲」九伐。轉左箱都督。斬馘褰旗，弔民罰罪。除使持節都督朔州諸軍事朔州刺史，尋」除征東將軍金紫光禄大夫母極縣開國公，又除使持節都督西夏州諸軍事西」夏州刺史。邙山之役，王受屒行師，有征無戰。復增邑兩百户，通前爲七百户。」世宗纂業，推爵叙勞，除征西大將軍儀同三司，尋除驃騎大將軍臨淄縣散子東」受陽大都督。高祖受禪，以王佐命元勳。啓弼王室，除開府儀同三司，别封東燕」縣開國子領兼中□，除使持節都督建州諸軍事建州刺史，轉離石大都督嵩嵐」領民都督黑水領民都督。天保之季，改開府三司，爲三師，食章武郡幹，加特進，除」使持節都督肆州諸軍事肆州刺史。肅宗御曆，重昌帝道，建侯裂壤，大啓山河。」以王經始屯夷，義彰窮險。封順陽郡王，除使持節都督朔州諸軍事朔州刺史□」博陵郡幹，大寧二年兼太尉公，除太子太師。但積善無驗，報輔乖徵。東流未已，西」光俄逝。春秋五十有七，以大寧二年二月薨於鄴，窆於晉陽大法寺。詔贈使持」節都督定瀛濟恒朔雲六州諸軍事定州刺史太尉公，王如故。賵物一千段，祭以」太牢，禮也。惟王含文挺□，□表逸群之資；俶儻難量，幼有不羈之志。方揚旌汧隴，」税駕江湄。追士季之文驅，同王濬之秉旆。奉鑾輅於梁山，告功成於岱嶺。豈圖」九萬未窮，負天之力忽盡；三千尚遠，送日之轡先徂。秦亡蹇叔，未足稱酸；鄭殞遊」喬，曾何比戚。粤以大齊河清元年歲次壬午八月戊戌朔十二日己酉葬於朔州」城南。門生故吏等恐文昭武烈，與春萼而俱消；鴻名茂績，共秋飄而競殞。相與式」鐫青石，誌美玄泉。其詞曰：」惟岳降神，誕兹哲人，應期匡贊，命世稱珍，侔伊媲吕，誇甫超申，三捨服楚，一進降」秦。偉哉盛烈，綽矣雄圖，月中射菟，日裏彈烏。平隴吞蜀，陵江滅吴，飄如拉朽，僬」似摧枯。經文緯武，非弛非張，威稜後服，德制先强。秩崇八命，衣加九章，若昆匡夏，如韋翼商。毀行祖道，龍輴巡路，蕭鼓晝鳴，哀歌夜呼。逝水東騖，流光西顧，墳」傾池滿，終貽狐兔。□天度八百年後開吾墓，改封更葬起丘墳，宜官享禄多福祚。」　山西壽陽出土。見《考古學報》一九七九年第三期《北齊厙狄迴洛墓》。

437 張胡仁墓誌

【磚誌】河清元年八月十八」日故人張胡仁墓。」　國家圖書館藏拓。

438 崔宣華墓誌

【誌蓋】闕

【銘文】齊故中堅將軍趙州長史李妻崔氏墓誌銘。」夫人諱宣華，博陵安平人也。昔首光玉勝，感帝馬於華陽；」言寫金」城，啓河民於渭水。源豐九派，基峻五成，長戟羅門，鳴鍾滿室。祖定」州恭公，父冀州儀同公，抱璧懷珠，是爲民鏡，忠誠冠世，乃曰天師。」夫人稟德降靈，資神挺秀，温恭孝悌，得自天然。加以少習藝能，長」閑禮節，言成綺靡，韻合鏗鏘。始知玉出高春，照廡何怪；珠生清漢，」耀夜非恐。及大夏云頹，高門致覆，風雨沾沐，荼蓼荐臻。夫人瀝血」盈衿，數米充饋，痛臨汝以興哀，念河平而流涕。至於攝裾從馬，舉」袂歸梁，進膳齊眉，祈天斷髮，訓踰萬石，教同三善，男成俊士，女號」英姬。縱使安定禮宗，河南貞義，以我方之，符節而可。豈直留連墳」史，軌蹈箴詩，蓋亦孔雀成文，帝蟬爲賦。方當儀形世表，容範庶姬，」踵馬芝之才義，繼班昭之文雅。而飛清上遠，徒聞報施，沈黄下薄，」終没佳人。以大魏永安元年六月廿四日卒於滎陽鄭里。春秋廿」有八。以大齊河清元年歲次壬午十一月丁卯朔十八日甲申將」祔先塋。嗟乎，案前神水，未見長生；肘後靈丸，寧能羽化。是以青松」夫委，朽素質於重陰；白日可期，振英聲於後葉。乃作銘曰：」袁門舊祉，楊氏餘休，方山並極，媲水争流。永傳刀佩，世畜銅鈎，室」斑卿士，庭列公侯。剋生邦媛，光華戚里，入帳窺圖，昇堂問史。性潔」冰露，質薰蘭芑，仁感兩鳧，孝遊雙鯉。暨執□巾，匹我良人，如桓從」鮑，若鄧歸荀。惟幬無垢，簟席成賓，恩慚西女，化切南鄰。馳光不止，」驚湍靡住，玉醴難逢，金漿罕遇。霜枯繡草，風摧綺樹，徒見縷辭，唯」聞漚賦。出宿郊野，親賓祖集，龍皐雲蒸，槐流水急。江潮尚反，荆雲」猶入，此地一歸，清風罷挹。山寒春柏，隴萃秋筠，白楊高竦，多風思」人。塼堂方暝，玄室無晨，刊兹幽石，寄後清塵。」

國家圖書館藏拓。

439

尒朱元静墓誌

【誌蓋】闕

【銘文】魏故使持節驃騎大將軍都督雲朔恒定燕州諸軍事恒定二」州刺史尚書左僕射大行臺開府儀同三司侍中特進司徒公」第一領民酋長永寧縣開國侯北海郡開國公合食邑三千户」叱列延慶妻陽平長郡君尒朱氏。郡君諱元静，北秀容人也。」其先蓋夏后氏之苗裔。至如尋熊鑿山之巧，收功於九折；逐龍」入穴之能，取智於九鼎。源流共四海俱深，基構與五山並極。始」同周邵，終若桓文。祖并州，股肱王室，惟良作牧，虎符未往，竹馬」已來。未珍趙璧，何求宋寶，不顧鋤金，寧須張袖。父司空，上辨天」途之錯，下明地道之廷，繼形垂象，擬蹤讖録。三年之效未泯，萬」載之功斯及。鸞聲珮響，異代傳音，金光玉豔，存亡不改。郡君生」有抱月之形，不藉二妃之譽，長現飲星之質，何須三后之名。然」温清左右，閨房婌慎。季姜定姜，不異其心，楚姬衛姬，豈殊其志。」母清河長公主，不待早亡。父相尋夙逝。郡君處長，鞠養於家，恩」同母愛，義似君嚴。至於崇姻結好，不假問禮而知；敦親緝睦，豈」待師範方解。教弟光德，授妹令儀。弟司徒公博陵王，播五教於」中鉉。二弟彭城王太宰，明德義上台。三弟尚書令，布文彩於華」列。四弟御史中丞，抗天門而秉政。五弟朝陽王，□牧三齊，敷音」京夏，迭相諮慎，終致榮華。

雖金張蟬冕之盛，楊袁軒旆之隆，方」之也未足云譬，比之也詎是其儔。郡君亡夫，奉先天而除僕射，」事後帝以拜司徒。至於折旋府仰，參謀得失，莫不類周王之任」父母，若楚王之信樊姬。然窈窕削成之麗，狀流風之迴雪；横彼」翠羽之研，若朝雲之散雨。先章婦德，後著母儀。永熙之季，良人」徂德，孤守二男，期□偕老。武平三年，相尋零落，天高地厚，叩訴」（下接誌陰）

【誌陰】無因。遂情斷慮，捨俗入道。知清雲」陰樹，識净水圖光。四心將發，三或」□遺。信若波斯之女，定似中天之」姨。方尋明晦，而求至理，豈若昏埃，」羅斯風燭。春秋七十有二，從於物」化。粤以大齊河清三年歲在甲申」正月庚申一日辛酉窆於鄴城西」南柏山之陽，高勝之地。乃作銘曰：」天山起岫，天漢横波，□龍導□，□」熊引河。二乘後契，九鼎先和，相因」□禮，乃□皇羅。藉此光□，誕兹」才美，似秋生月，如春出蔫。□十有」度，百兩□執，四德已□，六符難毁。」婉然在室，懷其婌慎，德備良人，才」□以胤。似苞金響，如含玉閏，知世」□□，□時難悋。捨亂歸静，除煩」□□，六度易解，九轉難識。天地俱」昏，山川並塞，轜輪一往，長宵永嘿。」

【誌陰下半部】墓誌」之銘。」　國家圖書館藏拓。

440 斛律氏墓誌

【誌蓋】齊故樂陵」王妃斛律」氏墓誌銘」

【銘文】齊故樂陵王妃斛律氏墓誌銘。」妃姓斛律氏，朔州部洛人，左丞相咸陽王之孫，司空鉅鹿公」之女。昔韋平鼎盛，公輔異時，袁楊剋阜，台鉉殊世，猶且氤氳」篆册，榮鏡終古。況乎上將神挺，元宰天縱，並刊名於甲令，俱」畫像於雲臺。良以冠蓋生民，度越前祀。若夫玉産荆岑，價傾」秦國；珠育漢水，光滿魏車。藴曜含華，在物稱麗，令儀淑德，居」人擅美。靈既攸纏，皎然獨立，夙禀絶群之操，弱有異人之姿。」非覽黄裳之易，坤德自遠；未窺彤筆之史，嬪風已洽。屬帝子」重光，中闈佇訓，眷言嘉偶，實在賢明。亦既來儀，騰暉雲路，畫」堂流彩，香殿凝華。風出雨入，若湘妃之降止；容静體閑，似洛」靈之微步。貞順之美，聲偃雅俗；交泰之盛，豫動人神。及吾王」建國，班瑞東夏，弘陰教於梁邸，暢柔風於楚室。娱樂未終，早」深埋玉之歎；芳菲始茂，奄同銷桂之悲。嗚呼，福善禍淫，有言」而已。河清二年八月十九日薨於鄴縣永康里第，春秋十有」五。歲次甲申三月己未朔二日庚申祔葬於武城西北三里。」乃爲銘曰：謚曰良戴妃。」於顯華族，靈慶不朽，惟國之棟，實朝之藪。世功世禄，可大可」久，且公且王，拜前拜後。倫標馬胤，采著荀門，才惟偶郭，貴止」妃袁。矧伊淑女，高闢帝閽，天爵已茂，人龍又尊。銀宮迴架，碧」室相拒，寶珥娙娟，畫輪容與。仙庭是宅，靈妃載佇，神寡報施，」雲無處所。署退寒襲，天迴地遊，咄嗟人世，零落山丘。松晨鳥」思，野瞑雲愁，空餘翠石，誌此陰溝。」

國家圖書館藏拓。

441 高百年墓誌

【誌蓋】齊故樂」陵王墓」誌之銘」

【銘文】齊故樂陵王墓誌銘。」王字百年，勃海條人也。太祖獻武皇帝之孫，肅宗孝」昭皇帝之子。崇基峻極，遠系悠長，運四海而君臨，配上」靈以光宅。斯乃驂馭百王，孕育三古，懸諸日月，不俟昌言。」若夫高陽之子，行父稱其忠肅；周文之胤，崇人謂之恭儉。」王之育德，隔世玄同，爰自弱年，含章挺映。止水儔其風鑒，」瑩玉譬其容表。登山學海，虛往實歸，帝典王墳，功倍師逸。故已價傾朱邸，聲洽紫宮。始以常山王世子起家散騎常」侍。文劍橫要，清蟬曜首，赤墀俟而增映，翠帳佇以生光。及」肅宗大漸，導揚末命，移寶圖於元子，奉神器於唐侯。」皇上義重天倫，慈深引進，備物典册，有隆焉爾。大寧初，封」樂陵郡王，食邑二萬户。而穹旻寡惠，霧露成痾，小年不永，」善言遽畢。齊以恨動衣簪，悼結旒冕。以河清三年中薨於」邸第。以歲次甲申三月己未朔二日庚申安厝在於鄴城」之西十有一里武城西北三里。刊石下泉，式旌餘美。乃作」銘曰：謚曰良懷王。」蒸哉寶業，赫矣皇靈，世君萬有，家奄四溟。仁深驪陸，道邁」胥庭，惟王載誕，疊曜重明。虹霞麗彩，松筠挺秀，忠信爲輿，」文史成囿。寢門問豎，成均齒冑，代邸勃興，龍闈迴構。大歷」有歸，靈命攸往，遂分夏玉，爰宅奥壤。宸心迺睠，列蕃斯仰，」□組傍飛，玄珮徐響。神造冥昧，報施多疑，輅車乘馬，哀以」□之。煙愁野月，鳥思松飈，貞石不朽，鴻猷在兹。」　國家圖書館藏拓。

442 閭炫墓誌

【誌蓋】齊御史中」丞赫連公」故夫人閭」氏之墓銘」

【銘文】齊御史中丞赫連公故夫人閭氏墓誌銘。」夫人諱炫，字光暉，代郡平城人，即茹茹國主步渾之玄孫也。」始則分源白帝，終乃光宅幽都。盛業鴻猷，千春弗隕。曾祖大」肥，相時而動，來賓有魏。朝嘉乃烈，親而貴之，尚隴西長公主，」拜駙馬都尉，錫爵滎陽公，尋授使持節安南將軍冀州刺史，」薨贈老生王。祖菩薩，冀州刺史晉陽公。父阿各頭，平原鎮將」安富侯。咸譬彼明珠，取珍於魏國；等兹神璧，見重於秦都。夫」人則滿月降神，列星授祉，高節聞於弱歲，盛美標於稚年。璨」若春林，皎如秋菊，譽乃騰於中谷，聲則飛於外閫。於是梧桐」茂矣，彩鳳仍臻；珊瑚烈焉，碧雞便往。中丞赫連公，望傾日下，」具瞻攸屬，彼兼名地，此事移天。乃弘其四德，宣其五道，未有」逕瓜歷李之嫌，曾無霧縠冰紈之麗。及珪璋載育，花蕚相暉，」或示斷織之謨，乍表辭金之訓。但降年不永，落彩春中。以魏」武定元年九月二日卒於林慮郡，時年三十有四焉。即以大」齊河清三年三月二十四日遷措於豹祠西南五里。式銘高」行，貽諸後人。其詞粤：」山高嵔迴，水浚流長，白精之裔，餘祉剋昌。家雄部落，世富公」王，陵谷自徙，光華未央。匪直才英，兼之令淑，心侔琬琰，氣方」蘭菊。女憲優閑，婦儀端肅，亦言作配，徽音逾穆。含珍曜寶，正」色端形，感深魚躍，誠允雞鳴。衛臣車轡，齊僕歌聲，一聞其事，」咸測其情。穆伯賢妻，文仲慈母，譬我風烈，孰分先後。露託寧」淹，塵栖詎久，未乘鳳鸞，奄均蒲柳。遂捐朝景，言尋夜臺，霜嚴」草落，風勁林摧。金聲空遠，玉質長灰，斯而弗勒，貞石焉哉。」　國家圖書館藏拓。

443 梁伽耶墓誌

【誌蓋】齊故梁」君銘記」

【銘文】齊故太尉府墨曹參軍梁君墓誌銘。」君諱伽耶，字巨威，安定烏氏人也。遠源遥緒，被之圖牒，□□□」□往册，□則價重前書。自茲以後，英賢相俟。曾祖金奴，清□□」□，標映一時。祖長命，德業優通，勳載盟府。父標，恪懃無怠，匪□」□□。仕至秘書監魏尹北豫州史君。弱志清□，卓爾不群，孝□」□深，敦□天至，博涉書史，尤長辭牘，通而不雜，方而有裕。故」□□□此□之。解褐太尉府墨曹參軍。譽滿公庭，聲高幕府。晉」□□□□□□□士競臻，異人總至，以君才兼文武，望重□」□，爰降敕旨，□往汾晉。雖軍書狎至，羽檄交馳，君應接監部，」□青餘□，懃書王績，簡□帝心。以劬勞多歲，除太尉府墨曹府」參軍。方冀駿足遠到，逸翮高搏，而盛業無永，方春賈秀。春秋卅」七，以河清元年十月九日卒於宣平行里。筮卜窆有良日，陵谷」□恒。懼薪火將催，松楸易落，是欲寄之貞礎，貽此令名。乃爲銘」曰：」□虎之珍，玄鳥之符，受讓帝禹，匡朝帝虞，梁伯存封，揚邑遷居。」□□□起，肇宗因國，早懋其功，且標其德，綜稱筆杪，敷傳風則。」□□馳譽，信美惟良，台儀論道，爕理攸鄣，世載有業，歷葉騰芳。」□人挺生，善聞餘慶，厥初筮仕，攝官從政，軍事是參，夫子之□。」□□王務，劬勞弗怠，清選簡能，求賢茲在，稟司崇邈，寔光僚□。」□□耿介，立行忠貞，如筠秉節，譬水爲清，無貪顯進，不競身名。」□□□□，既歎難逢，元化之道，空想前蹤，朝露已及，美葉何從。」□□落旐，隧帳迴轜，泉扃豈曙，曉日無期，親朋掩涕，徒馭興悲。」風□楊□，鳥鳴蒿里，絶野雲浮，深松霧起，刊銘作頌，徽猷斯紀。」河清四年歲次乙酉二月甲寅朔七日庚申。」國家圖書館藏拓。

444 封子繪墓誌

【誌蓋】齊故尚書」右僕射冀」州使君封」公墓誌銘」

【銘文】公諱子繪，字仲藻，勃海條人也。高基與積石同峻，靈源共委水争長。蓋以暉焕前經，可得而略。祖司」空孝宣公，父太保宣懿公。竝器重德尊，功成事立，畫像臺閣，配食宗社。公摛光漢澨，孕彩崐丘，無忝」良弓，剋荷堂構。軒蹄欲騁，大丙之駕可追；撫翼將飛，姑餘之望何遠。於是英聲允集，光價攸歸。雖在」兩髦之中，實弘四嶽之量。起家秘書郎中，濯纓已即，利賓伊始，緗素載序，廣内增華。既而魏道將季，」群兇作梗，勢甚東遷，禍同南闕。太祖獻武皇帝選徒誓衆，雷動晉陽，戎車東指，將清王略。公發自」信都，迎於釜口，亦既見止，憘得其人。即署開府主簿。俄而相府崇建，仍爲丞相主簿，加伏波將軍，掌」文墨。魏武之征巴漢，書檄專委楊脩；晉文之討淮南，軍謀唯在鍾會。儔今望古，差可寄言。中興初，除」左將軍散騎常侍，在通直，領中書舍人。豐貂右插，清蟬高映，既光侍從之儀，又兼敷奏之敏。稍遷征」南將軍光禄大夫。金章紫綬，復爲通直常侍，又兼黄門侍郎。天平中，除衛將軍右光禄大夫，常侍如」故。出爲平陽太守，加散騎常侍當郡都督。尋徵大行臺吏部郎中。所奉之主，太祖其人也。武定三」年丁太保公憂。孺慕泣血，杖不能起。九日不入水漿，三年未嘗鹽酪。太祖西征，徵公大都督，復居」吏部郎中，尋爲勃海太守。公威著言前，化行令表，亂繩自解，佩犢斯除。襲爵安德郡開國公，又加散」騎常侍，增秩一等。轉驃騎將軍，餘官如故。天保初，入爲太尉長史。其間再行南青，一行南兖事。六年，」除使持節都督海州諸軍事本將軍海州刺史。未及之任，朝廷以合肥衝要，地在必争，取威馭衆，非」公莫可，改授都督合州諸軍事合州刺史。九年，遷鄭州諸軍事鄭州刺史。所在樹政宣風，德音潛被，」民歌來暮，物有去思。十年，徵爲司徒左長史，仍行魏尹事，乾明初，除司農大卿，尋正京尹。皇建中，加」驃騎大將軍。大寧二年，除都官尚書，尋行冀州事。先日，司空太保二公竝臨冀部。至是公復行焉。三」葉本岳，世論歸美。公開襜望境，露錦還鄉，竹馬盈途，壺漿塞路。河清二年，除儀同三司。三年，暫行懷」州事。尋轉七兵尚書，仍換祠部。其年閏九月二十日遘疾終於京師，春秋五十二。公家傳鐘鼎，世紐」龜符，蔭籍清華，地望凝簡。金張蟬珥，彼自一時，楊袁公輔，我無多愧。而謙以自勖，貴不在身。車徒約」素，服用單儉。財酒聲色，勝達恒情。四者之來，在公非或。加以綱羅百氏，綜涉六經，雅練朝章，尤悉治」典。激察之行，每有耻而弗爲；彫蟲小技，固壯夫之所忽。驟總連率，頻作納言。再司河輔，累遊槐棘。蹤」迹盈於廊廟，佐吏遍於四海。愛箸歌謡，道光存没。嘉聲與東川競遠，勝範共南岳俱傳。方當改觀台」筵，增暉揆席，儵見捐珠，遽看罷市。詔贈使持節都督冀瀛二州諸軍事本將軍冀州刺史開府儀」同三司尚書右僕射，開國如故。以大齊河清四年歲次乙酉二月甲寅朔七日庚申歸窆於先公之」舊域。嗚呼，黄壚一閇，玄夜無期。從弟孝琰以爲陸機之誄士平，情則兄弟；潘岳之哀茂春，事實昆季。」是以謹撰遺行，用裁誌序。所恨少長懸隔，聚散閒之，素業貞猷，百不舉一。吏部郎中清河崔贍與公」禮闈中好，州里通家，摛綴之美，籍甚河朔。敬託爲銘，式昭不朽。其詞曰：」衡漳帶地，渤澥浮天，炳靈斯在，世濟推賢。丹青奄映，篆素蟬聯，兩河無絶，三古相傳。晉季擁旄，燕垂」避世，借資時雄，策名專制。中原重造，簪纓有繫，袞職更新，緇衣改弊。牧此冀方，三葉重光，俱銘鼎鉞，」竝載旂常。仍傳遠駕，剋構層堂，曜卿之子，公業不亡。振彩藍田，揚芬桂薄，曾是藴價，實唯天爵。望雲」高漸，臨淵載躍，掞藻王庭，讎書麟閣。掩紘河朔，授鉞參墟，蛇靈競爽，龍翼争擄。耿弇奉騎，彊華獻書，」妙同先覺，爰託後車。載筆行署，參儀幕府，密勿負閣，劬勞省户。一入紫宫，頻垂朱組，朝咨砥礪，士觀」規矩。絳水自清，潢池有兵，臥治本國，主諾堯京。龔朱埒美，邵杜齊名，教司俟贊，槐路揚聲。出總蕃麾，」入清京輦，遺蹤列棘，比威金鉉。文劍横腰，納言承冕，三階未協，六符方辯。海運不停，鵬圖奄駐，誰謂」藏山，忽歌晞露。桃蹊一斷，松風將暮，朝野躊躇，潸焉相顧。永言知己，追懷若人，友朋世篤，鄒魯相親。」行憂昔狀，德重先民，含毫雪涕，豈究清塵。」世子左丞相府參軍事寶蓋，次子寶相。」

河北景縣出土，見《考古通訊》一九五七年第三期《河北景縣封氏墓群調查記》。

445 薛廣墓誌

【誌蓋】齊故滎」陽太守」薛君銘」

【銘文】君諱廣，字安顗，河東河東人也。自王官啓夏，秉王朝周。宋國出以齊盟，騰」侯入而共長。承家命氏，儒默分流。謀子貽孫，珪璋相映。曾祖野豬，太尉簡」公。懸在旗常，銘諸戈鉞。祖虎子，儀同文公。左之右之，立功立事。父世遵，秦」州刺史。有細侯之盛績，兼叔子之清風。路轉民謳，名揚史筆。摇山之嶺，桂」樹相滋；瀛海之田，芝苗互秀。仍兼河岳，乃誕精靈，若璧光秦，如珠照魏。酬」梅對李，譽切賓談，策竹乘羊，驚駭市觀。既就朱藍之染，爰成廊廟之華。匡」鼎同其解頤，杜預方其有癖。以兹鴻漸，於此聞天。自家除員外散騎侍郎，」領侍御史。西漢繡衣，東京驄馬，持風自古，弘道由人。鷹隼慚於奮擊，豺狼」喪其肝膽。俄遷征虜將軍中散大夫東南道行臺郎中，仍轉行臺左丞。既」而徐州刺史尒朱仲遠肆厥强梁，據項籍之城，挾蚩尤之衆，儆吴請越，迫」楚陵陳，將拒唐堯之誅，思逆天王之命。時則皇靈兆朕，霸道權輿，地接六」國之郊，人有三方之顧。君乃揚徽袒左，非由魚石之封；奮辟同盟，言討華」臣之族。鯨鯢竄首，實有勞焉。虢鄶之郊，民猶恃嶮，萑蒲之澤，盜亦公行。錯」節爲難，方求利器。乃授君滎陽太守。鼓以春風，曝之夏日，韋絃迭舉，火水」相仍。魏郡之麓更生，勃海之繩還理。還平東將軍太中大夫東豫州驃大」府長史。士行佐劉，淵源相庾，眇然千載，同此一時。惟君聚義爲高，積仁成」富。兼金百溢，然託非疇，大國千乘，名言相伍。故以公才是囑，王佐斯瞻，取」寄齊鴻，方成蜀水。而康成夢歲，忽有辰巳之期；聲伯游洹，奄表瓊瑰之贈。」

春秋六十七，以大齊河清二年薨於成安縣脩仁里舍，即以河清四年歲」次乙酉二月甲寅朔七日庚申遷厝於野馬崗東壹十里所。碑上萬山，棺」浮灤水，乎嗟此室，還葬滕公。乃爲銘曰：」時惟皇祖，肇迹推輪，瓊芳玉潤，播祉潛神。龜祖迭襲，鐘鼎相因，篤生君子，」無競斯人。始自春華，及兹秋實，玉山孤秀，松風遠疾。入殿垂裾，登臺秉筆，」德高有命，師征以律。魏道淪覆，九域斯傾，黎苗怙亂，羿浞專兵。戈揚曉月，」劍負流星，乘機電斷，復地還城。亦既共治，爰求民瘼，浮虎遥屏，飛煌遠落。」河濟俟才，舟舫是託，方騰逸駕，遽遷空壑。山次近郊，途窮前路，旌緋行卷，」賓徒相顧。雲承落日，松昏朝霧，非復春秋，空交狐兔。」　國家圖書館藏拓。

446 崔德墓誌

【誌蓋】（素面無文。）

【銘文】君諱德，字子明，清河武城人也。自惟周楨幹，返葬營丘，因」食邑如爲氏，並有德如居禄。高軒華冕，歷代不窮。十二世」祖琰，魏中尉。九世祖岳，晉司徒。六世祖蔭，燕司農卿。曾祖」零延，宋庫部郎關内侯。祖敬友，梁郡太守。魏太保文宣公」之弟孫，奉朝請鵾之子。況乃出入藍田之浦，經過都梁之」谷。齠齔之年，兒中標異。論象即知斤數，觀虎莫變其神。可」謂龍駒鳳鷄，視之非遠者矣。年十五，禮傳大義，歷略於匈」

懷；彫蟲小賦，時存於筆下。若夫緑竹紅桃之苑，青山碧水」之池，莫不親迎上客，常置盈罇。井中車轄，塞涌泉如不生；」船上流杯，没酒波如復出。箜篌笙管之聲，四絃六孔之響，」兼以舞出天中，歌傳樑上。君歎曰：處高必危，有才當弊。五」十之年難至，大夫之位詎登。但事秉燭夜遊，優哉卒歲。何」其九折之吟忽及，百川之歎俄從。春秋卌三，河清四年二」月一日喪於五仿里。以大齊天統元年歲次大梁十月庚」戌四日癸酉乃葬於黄山之北、黑水之南、太保翁之墓所。」嗟乎。霜没仰斧之埏，風飈掛劍之樹。昔曹操雀臺，望墳無」益；孫皓飛閣，造冢徒然。其辭曰：」猗哉名哲，赫矣先人，瓊根玉幹，鳳羽龍鱗。仁德不絕，冠蓋」相因，威兼猛獸，澤帶陽春。復挺英奇，斯君暫現，蕭條山苑，」誰論貴賤。居諸運短，人命不長，百年何惜，中逝賢良。拱木」生風，宿草含露，樵薪尹秀，勿遊君墓。黄泉易暗，白日難開，」夜長無曉，那得還來。」

山東臨淄出土。見《考古學報》一九八四年第二期《臨淄北朝崔氏墓》。

447 趙道德墓誌

【誌蓋】闕

【銘文】齊故使持節都督趙安二州諸軍事驃騎大將軍趙州刺史開府儀同三司中書令河」陰縣開國伯戎安縣開國子趙公墓誌銘。」公諱□，字道德，安定臨涇人也。昔掌御尋仙，遊天謁帝，□因分晉，終成全趙，其流遂遠，」鬱爲鼎業。自發迹漢陽，爰宅河右，乃唯重世，光耀連暉。祖衆愛，冠軍將軍行益州事。威」加屬國，聲流行部。父天安，驪驤將軍益州長史。世德在民，歌謡相接。公早懷義烈，夙表」英奇，壯志雄圖，傾時動俗，水行□競，涇渭多□，義感市人，信下城邑，執戈杖劍，氣振關」中。及大樹已顛，黄河不塞，泠然京洛，□絶羅者。魏北海王元顥，假兵揚越，還盟諸侯。公」委質曳裾，周旋羈靮。既而將軍失律，總節無從。屬太祖懸餌掩罔，潛招英異。似魚遊」壑，如龍值雲。蒙除直蕩都督，加征虜將軍中散大夫，轉副都督，尋除正都督右將軍太」中大夫。外當禦侮，内侍帷幄，常典禁兵，有邁餘勇。世宗嗣業，增命勳賢，既錫珪器之」重，更切便煩之寄。補帳内親信正都督兼左右直長安西將軍，封河陰縣開國男，邑二」百户。加中軍將軍，行定州六州，又加鎮東將軍，尋除征西將軍，進男爲子，增户二百。」高祖揖讓受圖，更新寶□，茂功茂德，唯器唯名。除衛將軍，別封戎安縣開國子，邑四百」户。遷主衣都統，出爲廣武内史。張琴改瑟，風化如神。遷假節涇州刺史。尋授持節都督南」營州諸軍事南營州刺史。杖節擁旄，大弘聲教。加其雄城六州大都督除儀同三司，又」爲上儀同三司。入爲備身正都督，食高密郡幹。朝夕雲陛，左右鑾輿，忠亮之誠，譽」宣朝野。肅宗御極，賞册彌優，改河陰子爲伯，增二百户。除車騎大將軍假儀同三司。」大寧初，除儀同三司，又授定州六州都督定州中軍都督開府儀同三司驃騎大將軍。」榮命日隆，任遇斯重，恪懃堅固，衆論攸歸。天統初，授使持節北徐州諸軍事本將軍北」徐州刺史。方將馳驂露冕，清心明目，奄隨風電，命也如何。天統元年五月十日薨於晉」陽。詔贈使持節都督趙安二州諸軍事驃騎大將軍趙州刺史開府儀同三司中書」令河陰縣開國伯戎安縣開國子。其年十月十二日葬於鄴城西北十里。公孝以爲經，」信而成寶，移家事國，造次可。靈府無滯，識寤明敏，内定雌黄，外分皂帛，一言一論，皆即」其心。和而不同，剛而不撓，時經屯泰，迹著安危。送往事居，綢繆寵寄，重之明德，繼以忠」貞，操厲風霜，質逾金玉。六龍難抑，九地方遠，勒石幽泉，永旌餘烈。其詞曰：」皋繇之子，帝命唯功，地分三晉，家成六雄。漢川南紀，涇水西通，鳳飛他耀，繼德承風。珪」璋載挺，爲楨爲幹，世屬明夷，幼逢多難。雷震波駭，魚沉鳥散，忽撫風雲，高飛天漢。始於」草昧，爰及時雍，不渝似玉，歲晚知松。既勒周鼎，仍銘晉鐘，高車畫鹿，衮服爲龍。建旗舉」旆，踟躕駟馬，將牧海沂，翻歸泉下。風悲荒谷，雲愁曠野，徒望九原，蕭蕭松檟。」　國家圖書館藏拓。

448 刁翔墓誌

【誌蓋】無

【銘文】（磚質）齊故刁主簿墓誌銘。」祖師，燕中堅將軍定州司馬。夫人太山于氏。」父洛，徐州中兵參軍。夫人廣平宋氏。父讚，蘭臺侍郎吏部尚書。」君諱翔，字道翻，勃海饒安西鄉東安里人也。」蓋帝桔梗氏刁音之苗胄，高陽内史刁秀之」枝胤者矣。君佩韘志重，儀表攸備，弱冠雅量，」愍惠早成。建孝家門，樹信僚友。頻致雁書，辟」爲本州主簿。以去孝昌三年三月下旬，屬葛」暨滔天，横剪邦邑。君奮勇前驅，宣威寇敵，旅」援補微，遂俎軍首。時年五十有七。景以乾蔭」夙頃，慈顔早逝，倒憂在躬，偷貪視息。逮天統元」年歲次乙酉十月庚戌朔十日二〔一〕辛酉始構玄宮，祔」合墳壟。實痛松門之莫春，悲埏隧如無曉。其詞曰：」遠承芳胄，世襲鴻基，立身尚禮，孝敬爲徽，奉親竭力，」處第恭怡。日月虧昃，人事難停。泉宮永閟，一瞑千齡。君五男：長子明威將軍帳内統軍禮樂令曄，字元景。二子籍，字元文。」三子弘，字景文。四子瑜，字景珍。五子緒，字文業。」山東樂陵出土。見《考古》一九八七年第十期《山東樂陵縣出土北齊墓誌》。

注釋

〔一〕十日二，應作「十二日」。

449 張起墓誌

【誌蓋】闕

【銘文】大齊天統元年歲次乙酉十一月己卯朔六日甲申張府」君墓誌銘。宗人長兼參軍張景邕造。」君諱起，字安興，南陽白水人也。其先則秦漢之師，萬方規」矩。其官則累葉千重，門羅交戟。至如繼軌嬋連者，嗟不可」而言矣。祖欣，執固伐檀，待漣猗如舒錦。魏帝授雲州刺」史。君構善從神，肇靈自始。雅操鬱在沖年，金姿發於博」稔。少年志學，習五禮以立身；長如經國，善弓馬如偏巧。出」身揚烈明威二將軍。魏帝又以君體唅吉甫之度量，有」不吐之剛矛。巴蜀之民，風謡尚武，非德不弘，非威不服。故」魏帝天平二年，加寧朔將軍，除巴州曾口太守。君人境」海潤，林澤蒙麗，威武摧剛，恩風漸扇。土壤扶蔬，曾口鬱爾」獨春；德液生民，優握於是流演。亮園桃如太儉，豈謝四知」如流名。聽訟與邵伯齊倫，遂有甘棠之美詠。但琁璣有數，」曆算遷窮，春秋八十四如薨。葬於洪[一]山之陽，燕南趙地。」　國家圖書館藏拓。

注　釋

〔一〕洪，原作「哄」，疑即「洪」字。

450　盧脩娥墓誌

【誌蓋】齊祠部尚」書趙州刺」史崔公妻」盧夫誌銘」

【銘文】夫人諱脩娥，范陽涿人也。周太師以把旄錫履，漢侍中用」通儒受位。垂風邁德，衣冠不殞。祖青州敬侯，淵藪爲名。考」參軍君，珪璋表譽。桂月流晛，璧水效精，亦猶昭出班門，琰」生蔡室。夫人有資陰祉，且藉家休。婉嫕天然，幽閑率性。爰」總四德之埶，顧存七篇之旨。克播令聞，鬱爲邦媛。崔公北」州鼎族，羽儀多士，委禽成禮，同車作好。既而帶施槃帙，獻」加蘭芷。奉上惟恭，接下居順。茂祉攸萃，寢牀弄瓦。慈嚴俱」厚，日就月將。組織必盡其工，酒醴兼造其極。贊君子之業，」弘外成之美。風被二門，聲高一世。曾不比固南嶽，遽逐東」川。空聞上池之水，終深下世之痛。以天保二年二月乙亥」朔廿九日癸卯卒于鄴縣之脩人里舍，春秋卅七。以天統」二年二月戊申朔十四日辛酉祔於常山舊塋。海變成田，」山頽爲壤，故勒石於三泉，庶飛芳於萬夏。其銘曰：」地惟衣履，國判虛危，卿門有素，世德無訾。猶珪如璧，擢秀」分枝，陽資嶽眖，陰藉川祇。女德咸舉，婦道言極，佩臭總紳，」怡聲下色。柔非物奬，敬由天植，進退不違，浣濯爲飾。一遠」兄弟，終合英人，在和方瑟，居久如賓。協諧兩族，惇睦九親，」徽音允著，光裂惟新。母師爰屬，嬪儀可仰，溟瀆齊深，衆流」歸長。遽隨世促，翻從運往，儵乎風電，悠哉天壤。東龜告食，」北路言遵，輴嘶白驥，郊生素塵。山門遂掩，隴穴不晨，青青」松柏，將逕幾春。」　河北平山出土。見《文物》一九七三年第十一期《河北平山北齊崔昂墓調查報告》。

451 崔昂墓誌

【誌蓋】齊故祠部」尚書趙州」刺史崔公」墓誌之銘」

【銘文】君諱昂，字懷遠，博陵安平人也。累葉高才，光華漢篆，仍世能官，風聲晉策。自有魏□□，」人物更始。祖幽州景侯，望重業高，朝野傾注。考定州簡侯，體仁藉義，餘烈可仰。君桂樹」橋枝，珠林圓實，凌霜散馥，徹水飛榮，芬芳早襲，玲瓏夙著。乃因地而特辛，定無足而能」遠。既取貴天下，稱珍海内，固當呈異王闕，標奇國庭。夫其珪璋表質，宫角流韻，既温且」潤，和而不俗，學以聚之，應物能廣。太宰元天穆聞而嘉尚，辟爲行參軍，後加伏波將軍，」仍除給事中，加中堅之號，授奉車都尉。高祖神武皇帝季弟儀同開府定州刺史高」公上君爲屬。世宗文襄皇帝屈身佐相，開閤旌人，以君爲記室參軍。尋轉帝大行」臺郎中，加鎮遠軍號。帝入輔朝政，崇明軌律。以君體方履正，許以任重，擢授開府長」史。帝總京畿大都督，命君攝京畿長史。恪居直轡，肅震都輦，多歷歲序，雅有聲迹。轉」司徒右長史，拜尚書左丞。理劇撥煩，名動朝列。俄兼度支尚書。能高優陟，時無横議。又」敕攝都官事，以獄訟之重也。出兼太府卿。皇齊納禪，除散騎常侍兼大司農卿。以參」禪代典禮，封華陽縣開國男，食二百户。詔與朝士議定律令。仍受別旨，令相率約，」部分裁綴，勤力居多。轉廷尉卿，敕典京畿詔獄。入爲度支尚書，轉部官，遷七兵，仍攝」都官，遷中書令，猶攝都官，帶廣武太守，徙食濟北郡幹，兼尚書右僕射，仍便即正，俄遷」兼焉。未幾，轉光禄勳，尋徙太常卿，假儀同三司，復除儀同三司，又兼御史中丞，以公事」除名。逕年，授五兵尚書，復轉祠部。君家藉孝悌，門資禮讓，實弘世載，推薄居厚。綜涉孔」墨，雅尚綱維；歷覽申韓，顧存綱目。少有大度，意寄虛□，無用彫綺，深惇淳素。比陽原之」領袖，猶顏卿之鐵石。自家聞國，垂組飛纓，遷踰十官，□歷三紀。至於端揆仍班，台列其」中，錯節蟠根，寸地九坂，堅不可攻，嶮在難消，莫不利厥□斤，平其繩准，立斷枉直，動正」窊隆。工言莫能役其辯，巧詐無所措其術。氣厲霜雪，心潔冰水，寶非蘊玉，廉在辭金。至」如象魏憲典，宫閣條制，問疑則斷，辯或如響。胡廣之明達朝章，張純之曉習故事，彼稱」爲美，曾未足多。剛腸梗氣，嚴顏直道，當磨而弗改，可折而無撓。秉王臣之大節，懷體國」之高風。年未庚申，夢猶辰巳，徒聞蘭室之方，罕驗玉機之秘。嗚呼！以天統元年六月壬」子朔廿九日庚辰遘疾，終於鄴都之遵明里舍，春秋五十八。逝者不作，歸窆有期。」詔贈趙州刺史。以二年二月戊申朔十四日辛西安厝舊塋。昔密邑大夫，人氏終或；上」谷太守，名姓長疑。恐山冢之易淪，故傳聲於金石。其詞曰：」海則時乾，山亦云朽，悠悠横目，孰堪長久。嗟此英人，曾無上壽，遂持檀柘，落同蒲柳。大」風之國，爰有卿門，輦車北指，舊業猶存。千齡基構，百世子孫，猶龍還沼，如玉生崐。在家」必聞，入朝斯達，下筆成議，操刀咸□。謇愕臺府，抑揚省闥，端服逶迤，台儀菴藹。嗜慾俱」遺，清白在公，家無累積，室有縣空。貴能可賤，善仍令終，千秋一往，途遠今窮。出宿于郭，」言邁於野，客轉素車，旒隨白馬。岠山北鎮，呼沱東瀉，族墓層岡，行悲松檟。」長子謀，字君讚。第二字愔，字君和。第三子液，字君洽。

第四子天師。」第五子人師。長女適滎陽鄭思仁。第二女適趙郡李孝貞。第三女適范陽盧公」順。」　河北平山出土。見《文物》一九七三年第十一期《河北平山北齊崔昂墓調查報告》。

452 高肱墓誌

【誌蓋】齊故儀」同公」孫墓誌」

【銘文】君諱肱，字如肱，勃海條人也。門資磐石之固，世」保維城之業。祖儀同三司青州使君。秉德含弘，」來蘇在物。父驃騎大將軍開府儀同三司中領」軍。專總禁闈，威名方盛。觀夫珠潛溟海，璧潤荊」山，不有高深，孰蘊靈異。君神情桀立，崖岸恢舉，」龍子馳聲，鳳雛飛譽。曹童測象之妙，未爲通識；」王孺鑒虎之奇，誰云智勇。思叶風雲，調諧金石，」進退有度，容止可觀。雅俗佇其風規，家國俟其」梁棟。而垂天未效，奄從不秀。以皇建二年十一」月廿六日終于晉陽之第里，時年九歲。天統二」年二月廿五日葬於鄴北紫陌之陽。嗟乎，居諸」互始，屢移岸谷，寒暑交謝，每易榮枯。是用勒石」泉扃，庶遺芳不朽。乃爲銘曰：」璧出荊山，玉自藍田，雖云重寶，不雕不妍。豈如」令質，其鋒迴出，問望堂堂，德音帙帙。是稱孺子，」實標通理，辯日未儔，論月非擬。鵬翰漸就，豹變」垂成，南山欲下，北海將征。忽爲異世，奄閟泉扃，」千秋萬古，空挹餘聲。」　國家圖書館藏拓。

453 韓裔墓誌

【誌蓋】齊故特」進韓公」之墓誌」

【銘文】君諱裔，字永興，齊國昌黎賓屠人也。自祉潛鳥鼻，靈發虎眉，滅三妖於有成，致五精於虜」宋。其後垂纓戴冕，剖符錫爵，朱輪畫轂，踵武高門。祖冠軍將軍，鼎貴一時，德充寰宇。父大」司空公，畜價懷寶，聲高海内。公降靈純粹，稟質沖和，行合禮儀，動中規矩，含風雷之姿，藴」雲霞之氣，自負材力，罕有締交，釋宣威將軍給事中。逮魏失其鹿，中原鼎沸，赤縣之内，豆」剖瓜分。我神武皇帝，握玄女之兵，得黄人之祉，驅熊羆於朔野，蒸生民於塗炭。陳平緤」身亡楚，孫通削迹辭秦，千載一時，見機而作。遂託身奔走，中分麾下，真將軍也。好出奇兵，」以功除冠軍將軍中散大夫帳中領民正都督秦州武陽縣伯。元象年，除假節督西荆州」諸軍事本將軍西荆州刺史，尋安東將軍銀青光禄大夫寧州諸軍事寧州刺史，尋除中」軍將軍故城都督。是時邊烽亟動，羽檄屢驚，淮濟之間，不臣衿帶。以公爲南道都督。征侯」景於溻陽。公受蜃於社，建節南轅，擁猵虎之師，勒次飛之士。雖降城制邑，未藉蘇張之辭；」屠軍獲虜，實假孫吴之法。還除驃騎將軍儀同三司臨涇縣開國公故城大都督。天保元」年，除開府儀同三司，别封康城縣開國子。使持節涼州諸軍事涼州刺史，遷三角領民正」都督，又遷新城正都督，除使持節建州諸軍本將軍建州刺史。此地則北臨汾水，南面黄」河，斜指函谷之關，傍接飛狐之口，山川重叠，兇寇往來，馬未解鞍，人不安席。公撫孤恤老，」蔑臧宫之居廣陵；偃旗寢甲，忽祭肜之守遼東。進封高密郡開國公，遷東朔州刺史，食并」州鄉郡幹。天統元年，除特進使持節青州諸軍事驃騎大將軍青州刺史。地有十二之險，」俗承五家之法，車擊轂於途，人摩肩於市，鬭鷄走狗，彈箏蹋鞠，自成千邑，奸僞叢生。公將」弘一變，申之五禮。民忻時雨，吏懼嚴霜。惟體握芝蘭，門承舊業。盛範傳於鄉曲，清徽播於」朝野。每及葉零秋苑，花發春池，鞞鼓笙簧，紛綸間起。自策名公府，執笏王朝，出鎮入守，留」連羈勒。至於人疲馬邑，軍乏龍城，禱石祈泉，飛流泜涌。故得開襜千里，錫珪一方，憑驥足」於康衢，託鵬翼於四海。而日移庭午，月虧蓂葉，風燭不停，百年遽盡。以天統三年正月十」三日卒於青州治所，春秋五十四。詔贈使持節瀛滄幽三州諸軍事中書監三州刺史。」四時雖往，地軸不傾。故千秋歲，勒此鴻名。其詞曰：」三聖開基，二神弘胤，歸塘譬廣，削城方峻。地奄荆蠻，位高邗晉，嘉拊見封，寶劍無恡。自南」自北，乃公乃侯，門傳卿相，世業箕裘。篤生偉器，獨步無儔，潤被崖涘，精通斗牛。馳氣關右，」勝聲河外，五兵並時，兩鞬雙帶。戰亡否合，兵無小大，不避風雨，未持軒蓋。眷言出鎮，執羔」秉瓛，朱旗赫弈，文馬和鑾。風摧階蕙，霜敗庭蘭，遂聞仙鳥，來呼子安。沉沉古墓，寥寥荒隴，」思鳥悲鳴，哀笳互動。青松叢摇，白楊齊聳，一下幽扃，長乖瞻奉。」

山西祁縣出土，見《文物》一九

七五年第四期《山西祁縣白圭北齊韓裔墓》。

454 堯峻墓誌

【誌蓋】齊故儀」同堯公」墓誌銘」

【銘文】齊故開府儀同三司中書監征羌縣開國侯堯公墓誌銘。」君諱峻，字難宗，上黨長子人也。自榮光出塞，景星流翼，緑字臨壇，黄雲蓋斗，赤龍表三」河之符，玄龜挺五精之運，功格區宇，民莫能名。祖相州，允武允文，爲瑚爲璉。父常，侍郎，」問〔一〕令望，如珪如璧。君稟五岳之粹靈，含三辰之秀氣，角立傑出，孤飛獨遠。正光之末，政」出多門，山坼海飛，神亡鬼哭，自卿自相，稱帝稱王，羽檄朝馳，權烽夜起，荆蠻外叛，獯羯」內侵。于時君遂獎率同心，應斯占募，破茹茹於雁塞之下。永安二年，釋褐開府參」軍事。三年，破野頭侯豆陵步蕃等，蟻附蜂起，叛涣并肆，摧枯拉朽，實君之力。普太年中，」劉助擾攘，遊魂幽薊，私署位號，擅立君臣。君與兄雄戮力均心，登時擒剿。其年與兄共」舉定州，來相攀附。神武皇帝嘉其忠烈，除鎮遠將軍，右箱直寢。尒朱兄弟未識天機，」反拒白馬之關，翻塞飛狐之道，涉河右轉，遂届韓陵。君乃組甲厲兵，合什爲伍，投石拔」距，先鳴後殿。永熙失馭，委柄霄人。君既侍官，常倍輦轂。己君母兄在晉，敕徙南陽。及」罪竄南巢，政歸西伯，始展蓼莪之悲，方申鶺鴒之感。帝嘉迺誠，尋被敕行東荆州事。」天平元年兗州刺史樊子鵠馳傳西通，縈城北抗。大都督婁昭受脤專征，星言電掃。君」式總戎規，親當矢石，生禽南青州刺史大野胡野拔等，轞送晉陽。尋除輔國將軍，持節」東郡太守，當郡都督。武定元年，以邙山之勳，除使持節南岐刺史，賜母趙南陽郡君，仍」趙南陽郡君，仍除主衣都統、征羌侯。六年破侯景，取玄瓠之勳，除征西將軍、征羌縣開」國子，食邑三百。白魚入舟，黄龍出井，金木迭革，文質相沿，始垂衣裳，方申揖讓。君於爾」日獻赤雀焉。褒績酬庸，除開府儀同三司。陸法和羸糧擁衆，觀釁鄖郢，屢有馳檄，願舉」全州。清河王出師江上，以相應接。君總率樓船，親爲濟首。尋除使持節懷州諸軍事懷」州刺史。天統中，遇患在第。太上皇帝自幸其第，親相慰撫。吴漢臨終，方延法駕；王霸」至葬，始降鑾輿。比勢論榮，彼猶慚德。方當燮讃台鉉，助調鼎鼐，匹顓頊之重黎，比皇帝」之風后。有人無壽，凡百同哀。春秋六十二，大齊天統二年歲次丙戌六月七日遘疾薨」於臨漳縣永福里第。詔贈使持節都督趙安平三州諸軍事驃騎大將軍趙州刺」史開府儀同三司中書監開國侯。君少負俠氣，長播雄聲，耿介多才，慷慨有志。雖復孔」明之自比管樂，文和之見匹陳張，何以加也。粤已天統三年歲次丁亥二月壬寅朔廿」日遷葬于鄴城西北七里。不封不樹，恐樊績與寒暑同湮；無記無銘，慮洪名將風塵共」盡。敬鐫玄石，用表前脩，題美窮泉，方傳後裔。迺爲銘曰：」陶唐已降，仁義聿興，系流玄扈，原永丹陵。則天爲大，無德而稱，自時厥後，纓緌相仍。義」乃德輿，忠唯禮柄，展矣君子，職思無競。長劍陸離，豐貂晻映，功被絃管，德流歌詠。隨□」華夏，預披荆棘，每附龍鬚，恒依鳳翼。方廓八表，終遊九極，控地有期，沖天靡力。風□泉」□，月度山門，白楊霄闇，青松晝昏。石槨易朽，銅劍難存，唯當緗竹，不殞蘭蓀。」 河北磁縣出土。見《文物》一九八四年第四期《河北磁縣東陳村北齊堯峻墓》。

注　釋

〔一〕「問」字上漏刻一「令」字，原石如此。

455 吐谷渾静媚墓誌

【誌蓋】齊故堯公」妻吐谷渾」墓誌之銘」

【銘文】故驃騎大將軍開府儀同三司征羌縣開國侯堯公妻吐谷渾墓誌銘。」夫人諱静媚，河南洛陽人也。蓋其長原帶地，崇基極天，共削成而争高，與」迴復而競遠。雖年代逾往，聲德終傳，載籍垂芳，風流不墜。高祖柴，所謂吐」谷渾國主也。既以雄儁，開王西蕃。曾祖頭，汶山公，復以英機，建侯東魏。祖」豊，寧西將軍長安鎮將洛州刺史南中郎將汶山公。父仲寶，員外散騎侍」郎。並道茂當時，德流後胤。夫人稟柔和以誕質，資淑善以抽英。風貌若神，」信無慚於洛浦；儀形似畫，亦何媿於巫山。行乃楷模，德唯師範。故幽閑貞」一之操，無儔類以能方；織紝組紃之功，豈言辭所可喻。於是窈窕之望轉」隆，葛簟之德彌紹。加以藝尚形文，才兼清綺，遒辭超寶釵之作，美韻掩團」扇之篇。及百兩來迎，移天往配，言嬪君子，庇美斯屬。年十七，言適堯氏。時」公勳業既隆，門開黃閣，出蕃入輔，家稱擊鍾。賓客赴之若雲屯，士庶傾之」如風湊。而夫人竭忠言以奉上，盡仁恕以接下，不以富貴而憍，寧以豪華」興慠。莫不慕義忘生，感恩效死，遂使時有五袴之歌，世致攀轅之戀。斯皆」陰德仰助，豈無功焉。兼以天情儉素，立性謙虛，親執中饋，躬勞紡績。肅肅」虔恭，展敬於姑姊；恂恂逮下，盡忻於娣姪。何止六姻重其德迹，乃實四海」欽其景行。雖伯姬之稱婦禮，敬姜之號母儀，以此言之，詎有慚色。方當陵」戾霄漢，從遊太階，享彼遐齡，窮茲寵貴。豈謂福善無驗，禍仁奄及。春秋卌」有七，以天統元年六月三日薨於京師永福里第。粵以三年歲次丁亥二」月壬寅朔廿日辛酉合葬於鄴西漳北負郭七里。懼市朝之易改，冀丹青」以難滅，故述徽猷，傳之泉壤。其詞曰：」洪流淼淼，層構昂昂，既賢既哲，唯公唯王。千年不替，百世其昌，互握金紫，」迭映銀黃。餘祉所鍾，誕茲英淑，四德其舉，六行咸肅。內外用和，閨門以睦，」垂美葛簟，流芳灌木。上德闕配，妙簡良嬪，誰將偕老，言歸若人。習禮無斁，」摛揆日新，如何不弔，奄逐徂輪。錦衾夜設，繡帳晨開，形既不在，神徒往來。」鏡終委匣，衣會流埃，一言及此，嗚呼哀哉。云徂始爾，儵已三年，辭彼白日，」既此玄泉。兒女號慕，親御流連，百身靡贖，空嗟昊天。天長地久，事促華浮，」如日西逝，若水東流。宿草縈壟，拱木交丘，千春不署，徒勒芳猷。」河北磁縣出土。見《文物》一九八四年第四期《河北磁縣東陳村北齊堯峻墓》。

456 扈歲銘

【磚誌】天統五年四月廿六」日扈歲銘。」國家圖書館藏拓。

457 婁叡墓誌

【誌蓋】齊故假黃」鉞右丞相」東安婁王」墓誌之銘」

【銘文】王諱叡，字休□，太安狄那汗殊里，武明皇太后兄子也。觀夫崇墉厚趾，峭擬」削成，遠葉長枝，鬱同扶木。至乃世禄克昌之盛，締構積德之初，固已備諸圖篆，」可得而略。祖司徒公太原王，考南部尚書恒州刺史，並莊情秀發，膽略縱横，自」致青霄，大恢鴻烈。所以弓冶之業弗虧，緇衮之榮逾茂。昌家佐國，爰挺異人。氣」蘊風雲，才兼文武，質貞金玉，道備卷舒。淳粹和雅，孝慈謙慎，雄豪之望，時論推」揖。掃清之懷，獨得襟抱。不應州郡之請，豈屑王侯之幣。戢翼徘徊，俟時而作。永」安之末，凶胡肆梗，主弑國顛，皇綱幅裂。高祖神武皇帝膺白雀之貺，建黃鳥」之旗，静四海之群飛，雪萬國之憂耻。復禹祠夏，龕難定功。我爲禦侮，載宣其力。」中興初，以軍功除安東將軍挺縣開國子，遷使持節光州刺史，徵爲右衛將軍，」封九門縣開國公開府儀同三司，復封永寧縣開國男，除驃騎大將軍，封受得」縣開國侯領軍將軍，遷使持節瀛州刺史開府儀同三師，加特進，食常山郡幹。」皇建元年，併永寧、受得、九門三邑，封南青州東安郡王使持節豊州刺史，復爲」開府儀同三司，遷司空公，轉司徒公，換太尉公，除豫州道大行臺尚書令，遷大」將軍，封始平縣開國公，復除太尉公判領軍大將軍府事，尋以本官兼并省尚」書令，出爲使持節肆州刺史，遷大司馬，轉太傅，增邑一千，通前二千户，使持節」并州刺史，別封許昌郡開國公兼録尚書事，遷太師仍并州刺史。昔胡廣頻登」槐鉉，陳群久處臺閣，未兼連率之任，詎荷推轂之重。今則以師傅之尊，將相之」貴，總録帝機，訪求民瘼，庶績以之熙雍，黔黎以之康阜。抑當今之良牧，信一代」之名公。但報施參差，天道芒昧，忽捐館舍，摧我棟梁。武平元年二月五日薨於」位。天子舉哀，百僚赴弔。贈帛百萬匹，追贈假黄鉞右丞相太宰太師太傅使」持節都督冀定瀛滄趙幽青齊濟朔十州諸軍事朔州刺史開國王如故，謚恭」武王，禮也。以其年五月八日窆於舊塋。黄鶴雖呼，萬秋不寤；白日終見，千齡有」期。敬刊貞石，以誌泉户，式矜不朽，迺爲銘曰：」箕尾曜精，恒碣炳靈，眇尋鴻胄，無絶風聲。天錫純嘏，踵武清英，玉堂崇構，蘭蘇」播馨。世載其德，高明柔克，忠誠禮讓，虚淡淵嘿。言斯可範，行斯可則，三傑之英，」萬夫之特。水行將謝，蝟毛大起，霸后扶持，群方順紀。預勞櫛沐，參圖經始，揮翼」九霄，騁足千里。禁營五校，宿衛八屯，騎梟豹虎，士莊荆賁。仗設蘭錡，馬候期門，」督領斯寄，式遏攸存。坐而論道，比曜三台，洞啓黃閣，引辟英才。朝憑羽翰，政俟鹽梅，方爲虞」老，翻掩夜臺。追榮備典，龍旂鸞輅，騎吹悲翁，鐃歌芳樹。山飛暝雨，隴浮朝霧，死」如可贖，秦詩請賦。」山西太原出土。見《文物》一九八三年第十期《太原市北齊婁叡墓發掘簡報》。

458 暴誕墓誌

【誌蓋】齊故左」僕射暴」公墓銘」

【銘文】齊故開府儀同三司尚書左僕射雲州刺史暴公墓誌銘。」公諱誕，字安生，魏郡斥丘人。自有周建國，分掌邦畿，錫氏開家，玆焉」遂遠。若夫長源浩淼，比注江河，峻構岹嶢，齊高嵩岱。洎前劉握鏡，勝」以抗直登官；後漢膺符，泛以恩明作守。皆名書虎觀，形圖麟閣，非藉」耆舊之談，詎假歌謡之説。祖重，尚書郎散騎常侍。父袒，厲威將軍雁」門太守。俱騰令譽，並播清風，無勞揚攉，自可知矣。公效靈乾象，通氣」山澤，幼標聖目，少得神名。非出鍾山，自然成寶，不生漢水，直置爲珍。」德乃人師，行稱世範。時輩仰其高簡，士友挹其貞素。釋褐强弩將軍。」博德功著曩時，延壽績參前世，我居斯號，無慚往烈。累遷征南將軍」護羌中郎將。關右憚其嚴肅，夷俗敬之若神，雖鄧訓之馭黠羌，蔑以」加也。公孝自天然，忠由率性，言成典誥，行合規矩。文窮筆杪，武極鋒」端，横議推高，時瞻允愜。方當曜金魏闕，鏘玉紫庭，曾不憖遺，奄隨物」化。年五十有六，以魏孝昌元年七月十日卒於黄岴堆。子特進開府」儀同三司定陽王顯，勳業隆重，器望標華，爵邁群龍，位逾朝右，枝茂」本大，子貴父榮，光遠褒終，蓋惟舊典。以大齊武平元年閏月有」詔，追贈開府儀同三司尚書左僕射使持節都督齊雲二州諸軍事」雲州刺史，謚曰恭懿公，禮也。以其年五月癸丑朔九日辛酉奉迎奠」靈，遷葬於鄴城西北卅里永吉岡之上。嗟乎，陵移谷徙，瀛渤有桑田」之期；鐫石鏤金，永貽芳烈之盛。其詞曰：」綿哉華胄，系自隆周，代承冠冕，世襲風流。昂昂御史，剪惡如仇，恂恂」良守，禮教温柔。乃祖散騎，清風允穆，顯考雁門，墻宇重複。唯公載誕，」淳和令淑，芳同蘭蕙，勁逾松竹。藝優入仕，學贍登朝，禄由道洽，位以」德招。戎夷流詠，華夏騰謡，如何不壽，中路先彫。篤生令胤，雄才孤出，」憑風振音，摩霄騁逸。勳書王府，爵班高秩，禮及幽魂，榮寵斯溢。言背」華闕，將返佳城，龍吹夜警，鼉鼓辰鳴。楊園蕭索，薤曲凄清，一丘永矣，」千載揚名。」　國家圖書館藏拓。

459 宇文誠墓誌

【誌蓋】闕

【銘文】大齊故宇文君墓誌之銘。」君諱誠，字克明，太原晉陽人也。乃尚書」左僕射宇文公之族弟。因官徙鄴，已二」世矣。君生而穎邁，天性孝謹。以名門貴」胄，世代纘纓之姿，虛心下士，屈己求人。」又能遍覽典墳，遺名利如蔽蓰，備窮禮」義，操躬身若金玉。初爲司徒府參議主」簿，俄而轉尚書都官。旋因親老，矢志不」出。逍遥山林之間，跌宕煙霞之上。豈徂」輝易謝，逝水無停，春秋七十有三，天統五年八月終於私第。武平元年歲次壬」辰六月戊辰朔十九日甲申葬於鄴郡」西南三十里之高原，禮也。銘曰：皇矣」我君，謹慎惟明，松筠雅操，鐵石深衷。克」勤克儉，歿貽令名，聲⿺乚囟千載，與金石同。」 國家圖書館藏拓。

460 劉雙仁墓誌

【誌蓋】齊故劉」使君墓」誌之銘」

【銘文】齊故假節督朔州諸軍事朔州刺史劉公墓誌銘。」君諱雙仁，字德，廣平廣平人也。斬白蛇以統曆，膺赤伏以」承乾，削桐葉而分流，比太山而開國。且王且公，有文有武。」重龜疊印，以迄於兹。楊芬蘭畹，發彩桂林。載仁而行，抱義」而處。體韻平和，風姿秀逸。信重白璧，諾貴黃金。冬温夏清，」入窮養親之道；夜寐夙興，出盡事君之義。道廣能周，仁而」有勇。箭穿七札，弓引六鈞。丹浦緑林之陳，柏塞楡關之下，」恒擐甲而先鳴，亦稱雄而獨步。除平漠將軍羽林監，換安」西將軍銀青光禄大夫。職唯侍衛，任切扶持。獨噉白馬之」名，功高冠鶡之侶。除殷州高邑縣令。治均滅火，政等鳴琴。」暴虎出奔，災蝗不入。遷岦嵐都督。地鄰沙漠，境接邊荒。羽」檄不馳，勳庸斯在。於是年及期頣，反服閭閈，荷冠藜杖，對」酒鳴絃。二阮入林，有均先達；十舍時遊，事苻往彥。而逝川」不止，去影難留，忽矣山頹，俱嗟喪寶。春秋九十一，以齊武」平元年閏二月十日薨於宅。蒙贈假節督朔州諸軍事朔」州刺史。十一月十一日葬於鄴城西卌里。其爲銘曰：」門標將相，世有公卿，爰錫純嘏，載誕人莫〔一〕。蘭香桂馥，玉潔」冰清，丹〔二〕輿六藝，浮沉七經。弦韋靡用，水鏡慚明，智囊均美，」飛將齊名。勳高魚陣，勇冠龍城，六軍挺譽，百里馳聲。未窮」人爵，忽往藁亭，車馳魚躍，地協雞鳴。楸梧春緑，松栝冬青，」一棺永矣，百葉流馨。」　國家圖書館藏拓。

注　釋

〔一〕莫，當是「英」字之誤。
〔二〕丹，疑爲「舟」字之誤。

461 劉悦墓誌

【誌蓋】齊故泉」城王墓」誌之銘」

【銘文】齊故特進驃騎大將軍開府儀同三司廣州刺史濟陰郡開國公贈朔肆恒三州」諸軍事朔州刺史尚書右僕射泉城王劉王墓誌。」王諱悦，字優昕，太安郡狄那人也。豢夔龍於遂古，羈秦鹿於前朝。靈貺實纏，公侯」必復。同若華之四照，譬清瀾之九起。祖折，領民酋長。父跋，司農卿。並道播笙鏞，迹」光圖篆。王昴精生德，嶽神蘊祉，珠廷上表，岐掌外通。及鞭馬而出幽并，束髮而遊」燕薊，便以勇聞諸將，氣蓋雄兒。曁書劍縱横，出處淵嘿，耕道獵德，路義宅仁，俟草」昧之期，佇真人之運。而魏氏之季，王室始騷，玉弩上驚，金虎下噬。高祖神武」皇帝，受玄玦而攘夷，觀白雀而興霸，龔行九伐，將清四海。王比鄧禹之北渡，猶耿」況之南歸，亟立田疇之功，非止陶狐之力。以王爲親信，兼掌機密。至如寇迫韓陵，」飲傾其水，於是長轂雷動，高牙星接。王躡應龍之迹，窮騅馬之奔，一戎大定，七校」頒寵。除宣威將軍領民副都督，復拜前將軍太中大夫正都督。寄以宣攝，復任扶」持，鯨棟增華，驎隅更肅。乃封萬年縣開國子，食邑二百户。誓應金阪，贊陳穀壁。除」建州長平郡太守。位屬罷侯，治高循吏。召王爲左右大都督，尋除涇州刺史，入爲」主衣都統。屬秋風揚塵，氣聚群畜，遂乃雲車北上，神荼司事。王受言入幕，被羽先」鳴。敕賚馬十四，金銀千兩，縑數千段，給蔭丁一百五十户，除武衛將軍儀同三」司，食魯陽郡幹。王出衛三層，入宿九户，負扆嘉節，珥鶡悚威，復除上儀同三師，食」瑯琊郡幹，進子爲伯，增邑一百户，除雲州刺史。朱驂數舞，斑條彌振，入爲假儀同」三司，又除武衛大將軍。而宗子離心，金龜兆亹，國動漁陽之騎，府出渡遼之師。王」控鈐屈指，先聲後實，事平之後，加開府儀同三司。鈐閣旦啓，宦騎朝趨，笳吟紫騮，」鐃歌朱鷺，榮獎之盛，此焉斯允。及青羌赤狄，同惡相求，入晉地而射鵰，度涑川而」飲馬。王委深授節，顧重分麾，殪兕徒林，策勳盟府，拜新豐縣侯，除驃騎大將軍。盜」自函關，遂憑邛阜。王雁行出討，鷹揚會戰，丹浦以平，赤泉逾賞，拜臨戎縣開國公，」除汾州刺史，入除左衛大將軍，食博陵郡幹，除太常卿。在戎與祀，兼而有焉。而天」未悔禍，剪韮復生，斛律咸陽王出當敵國，受命端指。與王垂耳對談，運籌協契，耗」鄙滅號，匪夕伊朝。振旅之後，拜濟陰郡開國公，遷中護軍，尋加特進，除廣州刺史。」曾未述職，沉固彌留。武平元年七月中寢疾，十五日薨於家，春秋五十三。詔贈」朔肆恒三州諸軍事朔州刺史尚書右僕射。其年十一月十二日窆於鄴城西十」里。雖樂署傳聲，雲臺畫象，然襄王之墳，空藏玉曆，東平之墓，止記銅窗。豈似潤石」寒泉，盛德可久。迺作銘曰：珠明南海，玉潤西崐，猶彼上將，出自高門。書合孫」旨，劍與荆論，攀龍遠躍，附鳳遐翻。勳庸並懋，器服兼尊，摐金沸管，曳組乘軒。威而」且惠，直又能温，忽隨辰尾，遽下山泉。徒留王雁，空奄稠闇，儀形雖往，風烈如存。」

國家圖書館藏拓。

462 吴遷墓誌

【誌蓋】闕

【銘文】齊故使持節都督東雍州諸軍事驃騎大將軍儀同三司豳雍二州刺史武」平縣伯

吴公墓誌銘。」公諱遷，字松柏，勃海安陵人，其先太伯之苗裔，宋丞相楊州刺史吴金昌十」二世之玄孫。公體自王基，氣連天骨，禀資挺達，獨拔時英〔一〕。公少俠陵霄之氣，」長帶國士〔二〕之風。往因孝昌之末，永安之年，國涉多難，夷狄交侵。公乃建雄聲」於北土，奉主上於洛陽。天平之季，凶醜亂合，伊纏霧起，舉斧縱横。公蒙除廣」州長史，帶襄城太守。汝潁載清，蠻夷僉服，遐迹慕義，繦負來賓。天平三年，吴」楚不恭，侵淫王室。公從師薄伐，掠定淮楊，又北過寢窆，狄人不敢南望。遊入」龍帷，有補過之美。興和年中，除征東將軍金紫光禄大夫。天保元年中，除領」民正都督。乾明元年中，除直蕩都督。皇建年中，除直入正都督，封沙渠子。皇」建二年中，除車騎大將軍京畿直入正都督，食潁陽縣幹。河清三年中，除驃」騎大將軍瀛州六州右箱正都督。天統三年中，除直蕩正右箱都督。天統四」年中，封武平縣開國伯。天統五年中，除使持節豳州諸軍事豳州刺史，公榮」寵百驚，未見愠憘，嘯同丘壑，無異山園。卓尔群不，有清波之志。披雲之松，非」爲高也；開霞之月，北之闇耳。公倜儻於皎潔之秋，雄豪於虎步之歲。叱咤則」三軍稽顙，單醪注水，使戎徒醉滿。郁氣則風生，舉拂則河起。去食存信，不必」專古，三吐三握，良在其人。公授委恒重，終存體國，憂公忘家，孜孜不惓。」帝簡在心，分官優寵，問外之任，往無不捷。乃南討江濱，北極沙漠，立功立事，」終有力焉。方欲展效戎場，思定秦隴，志願未由，彼天不顧，倚伏難明，處〔三〕身泉」壤。春秋六十有九，薨於任。親賓灑泣，聖上愍惜。乃詔曰：故驃騎大將軍」豳州刺史吴伯遷，氣尚昭果，幹誠允著，方中武節，更參威禦，降年不幸，情以」悢然，宜優追錫，式兇〔四〕泉壤。可贈使持節都督東雍州諸軍事儀同三司東雍」州刺史。武平元年十一月庚戌朔十二日辛酉窆於鄴城西卅里，禮也。乃作」銘記。其詞曰：」鬱鬱青蘭，俄俄崇岱，班班緑文，落落朱績。含芳不已，誕茲餘愛，立功立事，在」史猶載。其一。自南徂北，案劍風雲，功革非常，里績超動。樂文好武，志尚多鄰，近」無不服，遠無不賓。其二。上天不弔，殲此良徒，籠雲之松，一朝摧枯。朋從嗟泣，含」生嗚呼，如可贖也，人百其軀。其三。災風激飈，禍雲忽臨，天長地久，在夜常深。狐」埸町疃，松柳蕭森，白骨無養，玉體永沉。」 北京大學圖書館藏拓。

注　釋

〔一〕英，原石作「莫」，據文義疑是「英」字之誤。
〔二〕土，應爲「士」字之誤。
〔三〕處，原石作「攄」，當時「據」字別體。此處據文義疑爲「處」誤字。
〔四〕兇，誤，應作「光」。

463 常文貴墓誌

【誌蓋】（無文字。）

【銘文】君姓常，諱文貴，字蔚榮，滄州浮陽郡高城縣崇」仁鄉脩義里人也。君夙能卓絶，自懷磈磊之風；」長居不群，非無亢朗之節。但春秋未高，瞻顔可」貴。大齊天保七年，旨遣杜尚書板除兖州羸」縣令。雖光貌西垂，東神莫轉。至皇建九年，復贈」青州樂安郡太守。不那烏兔遞遷，星機匝换，算」運懸車，忽委虞谷。嗣子領群，次子領賓，第三息」領標，第四息領臺等，哀慕號泣，深懷創鉅〔一〕痛；晝」夜啼恨，倍切靖樹之悲。各竭子道，思報劬勞。幼」子臺，親即取木邊山；第二息領賓等，訪工中壤，」柏槨以就，不失其制。大齊武平二年歲次辛卯」二月己卯朔四日壬午，轜輪祖柩，高墳備奄，永」固千齡，刊石銘之者矣。其詞曰：生能獨桀，死」亦孤雄，千神來奉，萬鬼競脩。情存亢朗，不變恒」風，地上五侯，泉下三公。」河北黄驊出土。見《文物》一九八四年第九期《黄驊縣北齊常文貴墓清理簡報》。

注釋

〔一〕「鉅」下當脱「之」字。

464 □道貴墓誌

【誌蓋】（無文字。）

【銘文】君諱道貴，南陽人也。其先或上延帝」命，或下降神符，既備良史，仍傳雅俗。」

君理韻淹通，風流遐曠，動必以義，言」不違道。孝昌之季，卜居此邑。鄉黨敬」其溫仁，物議推其高尚。以大齊皇建」二年詔授祝阿縣令。但與善無徵，云」亡奄及。以天統五年二月廿日終於」家庭。春秋七十有六。武平二年二月」十八日葬歷城之南三里。且墳壟易」移，陵隰非久，追鐫景行，以晰幽都。乃作銘曰：根深榦茂，源浚流長，」家風世範，累秀重芳。桂性芬馥，麻生」正直，孝友內弘，仁義外植。尺璧非貴，」唯德是寶，善積慶鍾，宜其壽考。樹松」新壟，奠酒虛室，一世不留，千秋永畢。」　山東濟南出土。見《文物》一九八五年第十期《濟南市馬家莊北齊墓》。

465　乞伏保達墓誌

【誌蓋】齊故鎮」將乞伏」君墓誌」

【銘文】齊故驃騎大將軍潁川太守齊昌鎮將乞伏君墓誌。」君諱保達，金城金城人也。其先蓋夏禹之苗裔。或種」德圖王，或立功稱霸。據西秦而虎視，擬東帝而龍飛。」曾祖亹，侍中中書監，即武元王之愛子。刷鴻鵠之羽，」集鳳凰之池。祖鳳，耻居關外，率衆來王。魏朝嘉之，授」金城伯。父悅，涇州刺史。德被管弦，愛遺民庶。君器總」方員，藝兼文武，起家參中軍大都督府軍事。建□常」之勳，受不次之賞。除冠軍將軍中散大夫。去病三軍」之最，叔夜七賢之美，一朝兼總，人無閒言。天保元年，」轉前鋒都督，進爵東垣縣子，別封建安縣鄉男，又除」驃騎大將軍，封化蒙縣散男。山河並誓，茅土俱傳，疇」庸之典，自古莫二。尋遷直蕩備身都督。持身有度，馭」下多方。揚干之僕不戮，諸葛之陣自整。常謂神聽孔」明，善人是福，而彼蒼多舛，曾不憖遺。以武平元年十」二月十一日□疾卒於青州，時年五十六。粤二年二月十八日窆於鄴」城西北七里紫陌之陽。詔贈本將軍潁川太守齊昌鎮將，禮」也。恐□往今來，陵移谷換，敢鐫貞石，敬勒芳猷。迺爲銘曰：」長發□緒，仍世有聲，餘休不昧，斯人挺生。角立傑出，夙知早成，爰初」□仕，實參武職。斬將標雄，賈勇騁力，遠圖未杲，小年已極。」□情悼遠，追加寵章，車旗有數，蕭管成行，一辭白日，永閟玄房。」 國家圖書館藏拓。

466 梁子彥墓誌

【誌蓋】齊故儀」同梁公」墓誌銘」

【銘文】齊故儀同三司大理卿豫州刺史梁公墓誌之銘。」公諱子彥，字子彥，安定天水人也。自發系命氏，世禄之華無絶；立功種德，大業□」美剋昌。將軍盛於漢家，并州重於魏室。皆所以輝煥圖牒，氤氳緗素者也。祖朝請，」望重縉紳，見稱當世。父雲州使君，身没名飛，久而不朽。公門惟積善，生稟降神。幼」挺黃中之異，長標白眉之目。善事父母，乃爲百行之先；繼以忠貞，彌成一心□本。」□風樹不息，毀慕過人。雖曾閔之儔，弗之尚也。既軫陳蕃掃除之志，遠符鄧艾指」畫之心。是以金匱玉韜之術，破蝨啼猿之伎，莫不洞發機心，盡窮其妙。起家員外」散騎侍郎。虎侯以雄姿見壯，典君以繞帳蒙親。備兹禦侮，理難其選。尋轉直閣將」軍，又授襄威將軍。及侯景反噬，稱兵内侮，遠與西賊潛相結附，遂使戎狄無厭，來」□有道。憑陵我城邑，摇蕩我邊疆，驅率犬羊，竊據汝潁，燎原不止，終須撲滅。於是」壘壁既興，爰命熊羆之旅；鞞鼓是聽，便思將師之臣。乃轉爲都督。裹糧坐甲，固□」是求，礫石投人，餘勇斯賈。及城陷，以軍功除寧遠將軍都督平陽子。洎魏氏樂推，」皇齊膺籙。凡厥腹心，皆蒙優賞。除中堅將軍，別封廣州南陽郡之郟城縣開國子。」開啓爾宇，雖曰謗庸，以功詔禄，猶爽僉議。又除直蕩正都督，食兖州平陽縣幹，郟」城子，又除平西將軍。武成皇帝愍彼參墟，久淪虐虜，隔我聲教，獨爲匪民。欲」使知稽服之有歸，識招携之以禮。令望攸俟，故假斯授。詔除假節督夏州諸軍」事夏州刺史，餘如故。又除衛將軍領軍長史。恪居官次，無殆晨宵，雖長文當任，□」規見表，毗贊所資，我無慚色。尋除假儀同三司，別封豫州遂寧縣開國子驃騎大」將軍散騎常侍。既崇衮秩，兼居文友，諒不虚授，時論爲榮。惟公崖岸峻整，風□□」要，寢處忠義，羈瑣禮樂，剛而不愎，仁而有勇。至於隳城壞邑，多所矜全。庸勳□□，」名器亦著，處以恭遜，行以周密。德大而心小，居高而志卑。所以譽滿邦家，聲之□」□。實宜羽翼飛鴻，鹽梅鼎實，岳峙淵停，永爲垣屏。既而四時相代，乃驗白駒之言；」一息不追，忽悲黃鳥之歎。以武平二年歲次辛卯二月己卯朔廿五日癸卯薨於」東明里宅。春秋五十八。贈使持節都督豫州諸軍事儀同三司大理卿豫州刺史。」粤其年四月戊寅朔廿日丁酉葬于野馬崗，北去王城廿里。滄海之中，浮棺終泛，」□山之下，沉碑已出。是知高岸爲谷，見日何期，故勒此他山，以傳盛美。乃爲銘曰：」將相有門，公侯復始，濬源引派，本枝鬱矣。世載衣纓，焕茲圖史，剋隆堂構，實惟夫」子。夫子篤生，少也騰聲，温如玉潤，芬若蘭馨。志符樂管，伎習從横，劍揮蛟截，矢發」猿鳴。爰自登朝，頻加顯級，圭組交映，青紫如拾。金龜是紐，穀璧斯執，身安道隆，宦」成名立。人生何遽，天道希微，未窮衮服，翻襲夷衣。徒崇禮數，空駕驂騑，維當終古，」□□清徽。」 國家圖書館藏拓。

467 劉忻墓誌

【誌蓋】齊故劉」使君墓」誌之銘」

【銘文】君諱忻，字始皐〔一〕，弘農胡城人也。八采崇基，龍顔峻宇。世」載揖讓之風，家傳寬仁之德。源流注而未捨，長河引而」□竭。曾祖耳，魏使持節衛將軍涇州刺史。蘊德苞時，道」□物表。褰帷望境，賈琮之化非淳；停□待信，郭伋之期」眇小。祖胡，濮陽太守。識懷閑雅，領袖壹時。父愷，建安太」守。志尚高清，羽儀當世，遂使衣冠不絶，嘉聲互起。所謂」□山之藪，非止卞玉；漢水之汭，詎在壹珠。君少而挺異，」幼實多奇，風度自遠，智亮淵曠。體備五德，身維百行。孝」弟之至，乃著家門，義讓之音，翻然成俗。實有杞梓之材，」寧非瑚璉之用。起家襲爵，爲平昌子。後加中堅將軍。佩」□升朝，飛纓參迥。雖職秩未高，才名穎出。方當託鳳□」□，附驥騁足，臻遠之效未申，物代之時奄及。春秋七十」有五，以武平元年庚寅十二月庚辰十八日丁酉卒於」鄴城北信義里。而相杵不聞，鄰哀振路，粤以武平二年」辛卯五月丁未三日己酉葬於武城北。然丹青非記，金」石可依，乃有鎸勒，用旌厥美。其詞曰：」四序不留，五才何已，則天成業，斬蛇繼起。根葉既繁，花」萼豈止，蕃屏名岳，剖符萬里。爰逮喆仁，珪璋爲質，孝友」內融，德音外逸。承官負爵，鏗鏘王室，亦既罷朝，逍遥□」□。人生詎幾，世路奄昏，排雲未上，地穴下奔。神顏已□，」□□徒存，假鏤斯石，昭德泉門。」國家圖書館藏拓。

注　釋

〔一〕觕，即「觸」字，「觸」俗體作「觕」。此因作人名字，姑依原誌。

468 逄哲墓誌

【誌額】（誌爲碑形。）逄君銘」

【銘文】君諱哲，字景智，北海下密人也。世習風雲之志，姓有□」化之儀。蘭芝識易可傳，玉鏡不磨自淨。殷齊侯逄伯陵之」後。祖豐，德過千金，智餘萬頃，青州次政鎧曹參軍。父民，爲」行汪汪，無已晏平之操。遂授北海太守。仁義之風尚存，冠」冕之業猶在。君善瓌瑋，美容貌，總六藝於匈中，摛文才」於懷抱。興和年中，鎮城大都督下府主簿。六翮孤飛，羽儀」之望已顯。高政大鎮城府，還爲主簿。千尋特秀，樑棟之器」先標。永安王政召爲部郡。昂昂與州府齊峰，鬱鬱共温」冬俱美。河南王政補爲祭酒。奉使出都，名流境外。安定」王政還爲祭酒。方欲輔翼龍門，成爲人軌，積善之德未隆，」變化之期奄至。以天統四年三月十二日終於邑里。粤以」武平二年歲次辛卯十月乙亥朔十日甲申窆於滍水之」南霞山之北大峠里。大義已祥，澐從禮制。其銘曰：」鄉稱佳士，俗號神人，如山倚日，如月開雲。儵忽奄化，路別」□塵，白楊蕭瑟，空拂秋春。金書易絶，玉鏡難同，魂歸郊」外，盡悉成空。」

（自外字以下五字刻於誌側。）

據《漢魏南北朝墓誌集釋》。

469 獨孤思男墓誌

【誌蓋】（素面無字。）

【銘文】齊故征西大將軍中書監開府儀同三司岐懷二州刺〔一〕」征羌縣開國伯堯難宗妻萇平郡君獨孤氏墓誌銘。」夫人諱思男，代郡平城人也。發系御龍，降祥赤雀，濫觴」激而遂遠，綿瓞積以不窮。學行相仍，衣纓繼軌，備諸前」載，於焉可略。父盛，魏中書侍郎散騎常侍南北部尚書」恒州刺史。獻可替否，並武鍾王；布政褰幃，齊肩賈郭。夫」人稟斯積善，資此淳和，六行茂於齠年，四德成於笄歲。」譽滿閨闈，芳流邦國，爰自高族，作配君子。事上能敬，接」下惟慈，織紝組〔二〕之工，蘋藻中饋之禮，皆出衿抱，並爲模」則。名播六姻，聲光兩姓。及頻歷二蕃，化行南國，調茲鼎味，」衮職有補，德音剋宣，實由內助。聖上嗟美，天保之年，」授建州莀平郡君。所天不幸，既切蓼莪之篇；良人莫贖，」復綴楊夫之誄。撫育稚孤，脩理家業，恭如有法，嚴如不」猛。雖大被招賓，厚褥延客，詒事論情，何所多媿。豈謂福」善無驗，禍仁濫及。春秋六十，武平二年七月廿六日卒」於臨漳香夏里。粤以二年十月廿二日祔葬於堯儀同」鄴西漳水北舊塋。懼神光捐遠，桑田或移，式鐫景仁，表」土泉穴。其辭曰：」降瑞開源，握符集命，崇其峻聳，本枝晻映。爰在伊人，年」膺餘慶，秉心淵嘿，行己謙敬。西日易催，東川難保，滿堂」日歇，薤露何早。風淒拱樹，霜凝宿草，鬱鬱佳城，芒芒天道。」

河北磁縣出土。見《文物》一九八四年第四期《河北磁縣東陳村北齊堯峻墓》。

注　釋

〔一〕「刺」下脫漏「史」字。

〔二〕「組」下脫漏「紃」字。

470

傅隆顯銘

【誌蓋】（素面無文。）

【銘文】大齊武平二」年歲次辛卯」十一月乙巳朔十六」日庚申，漁陽郡」功曹二代郡正解」褐平北將軍幽」州治中土垠雍奴」路漁陽四縣令」傅隆顯銘。」 北京懷柔出土。見《文物》一九六四年第十二期《北京郊區出土一塊北齊墓誌》。

【附同出墓磚】

【陽】安太二年五月廿三漁陽縣」令傅隆顯」

【陰】記」

471

徐之才墓誌

【誌蓋】齊故司徒」公西陽王」徐君誌銘」

【銘文】齊故太子太師侍中特進驃騎大將軍開府儀同三司使持節都督兖濟徐三州諸軍事兖州刺史録尚書事司徒公池陽縣開國伯安定縣開國子西陽王徐君誌銘。」王諱之才，字士茂，東莞姑幕人。夫嬀姜肇族，子姒命宗，近取諸身，遥取諸物。曰若君王之得姓也。高陽斯降，奄宅徐方，胙」土開家，秉珪承國。悦寶劍而不言，聞諸剋己；戒錙壇之盛迾，誰能去兵。自闢地於漢年，幹擅文於魏日，絶後光前，門多君」子。十二世祖饒，漢鬱林太守。屬陳聖陵遲，當塗駮雜，黄車受命，紫蓋程符，自他有耀，故世居江表。大父文伯，梁散騎常侍。」映三春之華，挺九秋之實。多能多藝，舉世知名。考雄，不幸早卒，終於員外散騎侍郎。龍駒千里，鳳子一毛，遺言餘迹，不没」天地。王名參圖讖，精著星辰，逢彼我時，生兹懿德。五歲誦孝經，八年通論語。方數小學，經耳得心；琴書衆藝，過目成手。十」三召爲太學生。受業於博士繆昭、后慶，禮經涉津，知齊施梁易旨，望表探微，射策舉高第。河東裴子野，彭城劉孝綽，並當」時標秀，命世宗府，累嘗試王機神，喪服疑義，辭若珠連，思侔泉涌，莫不倒絶，相顧缺然。十五丁員外君憂，如不欲生，鄰乎」滅性。太夫人丘氏，譬誘抑奪，僅而獲全。中衛將軍尚書令陳郡袁卬，民之望也，時以本任領丹楊尹。藉甚聲價，飢渴徽猷，」下車辟爲主簿。楊彪之雅歎韋康，方聞此名；郭太之盛稱王允，始歷兹途。鴻漸于干，亦足爲美。釋褐豫章王國左常侍。豫」章出牧淮夷，却轉鎮北府主簿。鍾此嬌主，嗣蹤魚石，顛沛之間，執于軍府。魏安豐王擁旌彭泗，恤刑新國，利獲顧榮，深期」關羽。既而鋒穎斯脱，皋澤有聞，爰發紫泥，言登絳闕。衣裾滿席，車騎填門，傾洛相招，諠動時俗。乃除散騎常侍在員外，尋」領尚藥典御。曹嘉此選，本藉先代之資；任愷兹班，實媿他山之舉。但以分環有日，尋箭無期，痛結當歸，悲纏銜索，頻表還」南，辭旨懇到。朝廷求忠於孝，弗遂斯請。明年轉通直散騎常侍，加安東將軍銀青光禄大夫。普太初，進散騎常侍中軍□」將軍金紫光禄大夫。師友僉歸，談議惟屬，煌煌加首，若若垂要。永熙即位，封昌安縣開國侯，食邑八百户，從班例也。武定」四年，除秘書監。職號典文，任專考異，追風任肅，競烈華嶠。及帝出乎宸，木運膺圖，數窮於亥，水精消録。譬稷契之出入唐」虞，若鄭王之始終魏晉。大齊天保元年，除侍中，餘官如故。其年別封池陽縣開國伯，食邑五百户。嘉謀良策，敷陳帷扆，切」問近對，啓沃聰明。談笑箴規，才優方朔；從容諷議，事溢簡雍。入履青蒲，出陪黄屋，密屬懿親，莫之逮也。五年除使持節都」督趙州諸軍事趙州刺史，將軍開府並如故。勢均羽翼，用切股肱，思媚一人，未遑之述。六年遷儀同三司。七年轉中書監。」馬防捧帚，望龍袞之清塵；張華執轡，仰鳳池之休烈。十年，換儀同三師，又除趙州刺史。陰鄧豪强，匹南陽之不問；京華衿」帶，猶北門之掌管。水火胥濟，琴瑟爰張，六條有序，九里云潤。乾明元年，徵金紫光禄大夫，俄轉左光禄大夫。皇建二年，除」使持節都督西兗州諸軍事西兗州刺史，竟不拜。河清三年，進開府儀同三司。天統元年，食南兗州梁郡幹。人倫師表，必」冥周行，天民無吉，用縻好爵。物不慊其高，世皆樂其守。即年別封安定縣開國子，加驃騎大將軍。二年，又除中書監，判并」省吏部尚書事。再登掌内，作貳銓衡，密勿絲組，清華水鏡。三年，遷尚書右僕射。先是編籍高平，故加兗州大中正。江彪斷」議，豈曰能賢；荀勖品題，曾何足算。四年，遷左僕射，尋加特進，仍除使持節都督兗州諸軍事兗州刺史。給鐃吹一部。表率」濟河，導德鄉邑，衮露華蟲，笳吟芳樹，衣錦之遊，於是乎在。五年徵詣晉陽，徙食兗州高平郡幹，又爲兗州大中正。武平元」年，除尚書左僕射。二年，遷尚書令，封西陽郡王，食邑二千户。又加侍中太子太師。荀樂之端揆東京，金張之喉舌西漢，長」沙之建國傳家，朗陵之教事喻德，方之蔑如也。昔苗賁在晉，終不爲卿；陳敬入齊，懼而辭仕。李斯獲抵，馬超見忌，飄颻羈」旅，吁可畏乎。非夫度量淳深，材藝宏達，虛舟任物，時女應世，安能遨遊兩姓，昇降十君，無害於刀尺之間，取容於津梁之」際，禄窮鍾鼎，位極旌珪者哉。重以博聞强記，漁獵遍於書府；華辭麗藻，綺績溢於翰林。白馬驪牛，辯同河霔；騰蛇飛燕，□」若雲起。絳宮玉帳之經，緑帳金丹之秘，師曠調鍾，京房吹律，皆洞彼淵玄，該茲要妙。但虞淵不駐，歸塘未已，懸車將老，岱」遊遽迫。武平三年歲次壬辰六月辛未朔四日甲戌，遘疾薨于清風里第，春秋六十八。簪纓殄瘁，文雅淪胥，悼結宸□，情」深子卯。詔曰：昔晉歎九京，漢嗟二隴，追往傷逝，義切名臣。故太子太師侍中特進驃騎大將軍開府儀同三司兗州大」中正食高平郡幹池陽縣開國伯安定縣開國子西陽王徐之才，理造希微，道該儒數，博識踰於畫地，精辯可以談天。自」發迹江表，來儀上國，值鍾石變響之辰，日月光華之旦。展誠效節，歷奉六君；春煦秋凄，年移三紀。任惟端揆，位極天卿，聲」動縉紳，望隆冠帶。方當崇之右學，置以東序，追夏后之尚齒，兼有虞之貴德，而閱水不留，奄焉徂殞。興言輟祭，嗟悼良深。」褒終加等，蓋有前烈，文物聲明，宜從優典。可贈使持節都督兗濟徐三州諸軍事兗州刺史録尚書事司徒公，將軍開國」王如故，禮也。自牖達庭，卜遠有日。其年十一月己亥朔廿二日庚申葬于鄴城西北廿里。彫戈鏤鼎，方懸日月，舊里佳城，」將傳昆嗣。銘云：」遐哉水帝，肇彼衛墟，綿綿瓜瓞，受命于徐。洎乃顯祖，猗歟那歟，邦之司直，譬以史魚。穆穆常侍，顒顒侍郎，重規沓矩，鳳翥」龍驤。所履無雜，發言有章，清風令範，貽厥我王。弱齡馳譽，一日千里，不測其深，未見其止。博聞精義，高談名理，辭窮五鹿，」辯藏三耳。學富山海，文諧鍾律，菁華既蘊，風飆自逸。王壽焚書，楊雲閣筆，豈伊發寐，非徒愈疾。生民之本，實惟孝敬，哀戚」之情，率由天性。幼丁荼蓼，長違温凊，去魯增悲，陟屺興詠。忠爲令德，撫我則后，天命有歸，順之無咎。鳴玉在佩，豐貂加首，」箴規潛閔，獻替左右。德優名立，學者朝端，爵傳甲令，位極天官。宣威論道，俗阜民安，廟堂斯策，鍾鼎方刊。懸烽未薄，高春」已鶩，哲人其萎，溘從朝露。國遵遺典，民思餘樹，萬夫之望，百身誰贖。皇情有悼，生榮死哀，詔葬于野，言歸夜臺。石扉行掩，」玉匣寧開，登高愴恨，極目徘徊。松間白雲，水流丹旐，山門馳獸，空城集鳥。寒望淒淒，歸徒擾擾，寂遼千歲，獨留華表。」國家圖書館藏拓。

472 崔博墓誌

【誌蓋】無

【銘文】崔博墓誌。」君諱博，字子孟，清河武城人也。文侯意如之苗裔。十」二世祖琰，魏中尉。八世祖岳，晉司徒。並已閨門孝友，」名備〔一〕海岱，仍爲冠冕，世有相承。祖敬友，本州治中，梁」郡太守，太保文宣公之弟。父鵾，解褐奉朝請，清河廣」州二太守。伯父鴻，黄門侍郎青州刺史度支尚書文」貞侯。君天姿聰朗，早著拔群。禀靈崇粹，千刃比而未」高；沖志難量，萬頃方而猶小。偉容貌，美鬚髯，性機辨，」能談謔。翰等泉流，辭同應響。弱冠驃騎府參軍，除鄃」縣令，俄遷徐州長史。輕財重義，志在育民。君以富貴」非事，乃有歸心，情念逝水，心緣風燭，於此旋歸，仍辭」禄位。開東閣以迎賓，拂高堂如待士。家豐懸榻之朋，」室滿重茵之侣。銜握靡謝楊雄，望月撫琴豈慚阮籍。」但芳薰易滅，奄與世辭，行路嗟吟，親朋雨淚。春秋五」十六，卒於澠水里。以大齊武平四年歲次癸巳十月」癸巳朔十日壬寅窆在黄山之陰。人生詎幾，倏若電」明，故刊文於貞石，冀萬古如流芳。乃爲銘曰：」良木既摧，哲人俄秀，一辭蘭室，長歸蒿里。邦邑悲號，」痛傷君子，芳肴徒設，淥酒空斟。魂兮焉在，寂寞無音，」唯留寶劍，獨挂松林。烈烈巖風，沉沉壟霧，泉扉忽掩，」千秋靡曙。」　山東臨淄出土。見《考古學報》一九八四年第二期《臨淄北朝崔氏墓》。

注釋

〔一〕備，原石作「[木+备]」。爲「[木+𤰇]」字異體。此文中爲「備」借字。

473 王氏墓誌

【誌蓋】齊故金」明郡君」墓誌銘」

【銘文】郡君王氏，太原祁人也。祖長逸，幽州刺史。岸宇孤秀，風神獨拔。父」安祖，馮翊太守。器分中和，儀量閑整。郡君禀資世緒，獨絶幽華，爰」自勝衣，察人識物。裾袖微動，玉室俟以增光；雕珮乍離，韻響遒而」更合。鄙吟咏之工，懃組紝之事。至於摶黍將移，尸鳩已集，百乘迭」暵，六禮相輝，柔順接下，孝於奉上。郡君是滄州刺史高公之妻也。」公諱建，字興國，勃海條縣人，神武皇帝再從弟。年初志學，許以」大成，彈冠膺命，果資遠略。中興初，除馬埸大都督，尋轉武衛將軍」散騎常侍，又遷驃騎將軍太府卿，尋除齊州刺史。武定中，侯景叛」逆，侵擾韓鄭。敕公令鎮北豫子城。西南滌蕩，賴公之力。復除滄州」刺史。公痾疹歲侵，燕邘未寄，以天保六年三月薨於晉陽。至武平」四年十月詔贈云：故驃騎將軍滄州刺史高建，風宇明暢，器識」標舉，任在先朝，效宣内外，方申寵寄，早從運往，言念周親，載懷傷」悼。可贈使持節都督冀幽安三州諸軍事開府儀同三司太常卿」冀州刺史。郡君冀靈期可保，大猷方申，豈謂逝水不留，奄違人世。」春秋六十六，以武平四年四月薨於脩義里。至其年十月詔贈」云：故滄州刺史高建亡妻王氏，高門挺載，備禮言歸，婦德母儀，聲」流閨閫，夜川不息，相尋運往，慎終追寵，特宜優命。

可贈夏州金明」郡君。仍以武平四年歲次癸巳十月癸巳朔十七日己酉祔葬於」鄴城西北之舊塋。天地無窮，川原可久，勒石幽埏，冀傳不朽。乃爲」銘曰：」帷坤播祉，降道爲神，開符表德，獻禮稱仁。芳猷永固，秀彩彌珍。珠」曰隨侯，寶言卞氏，工超組織，詠嗤臨水，琬琰未方，價尊可比。非師」非保，啓自天成，慈和體潤，孝友唯貞，内蓄外顯，玉質金聲。白駒忽」遠，黄鳥云飛，兩楹始夢，百祀催期，佳城乃立，大隧言歸。轜輪祖輴，」望壟悲傷，幽幽泉石，冥冥夜房，攸哉地久，邈矣天長。」　據《漢魏南北朝墓誌集釋》。

474 赫連子悅墓誌

【誌蓋】齊開府」僕射赫」連公銘」

【銘文】齊故侍中車騎大將軍開府儀同三司左僕射吏部尚書太常卿食貝丘縣幹赫連公墓誌。」公諱子悅，字士忻，化政代名人，自文命開大帝之基，淳維作引弓之長。沖源與帶地争流，高峰」與並天比峻。高祖勃勃，氣籠朔野，群俗宗推，遂有正朔，鬱爲大夏。曾祖倫，夏帝之第四子，酒泉」王太尉録尚書。祖豆勿于，知機其神，來賓魏室，頻牧雄州，大開書社。父儀同三司豳恒二州刺」史。君雅道神猷，邈乎出類，積善之應，實挺異人。公秉文經武之業，陶治埏埴之緒，筦簟仁義，苑」囿慈和，似叢竹之生筠，媲金山之銑出。起家爲征南府長史。公心懸明鏡，策若涌泉，鋒鍔横生，」動應利用。加奉車都尉，尋除濟州城局參軍。扶摇將舉，懸識二冥之心；照廡初陳，已表連城之」價。後值聖賢龍戰，玄黄落野，漢帝取子房之年，魏后得奉孝之歲。公緩頰一談，俄看前膝，若手」在身，如石投水。除征虜將軍西南道行臺郎中，復徙東南道大行臺右丞。于時元帥雖在，我應」籌畫。軍有奇正，竈或增減，隨機變化，動合孫吴。其年轉左丞。軍還，徙安東將軍定州長史。於時」秦隴妖僞，竊據洛水，騷彼下民，精魂莫守。高祖以良策在人，師不貴衆，急馹追我，還爲左丞。」公一入轅門，行謀罇俎，未徙堂陰，狡徒桑落。除開府長史，尋兼吏部郎中，仍轉林慮太守，除京」畿長史。公明閑簿領，剖析如流，曾未崇朝，絲繩併解。世宗總行臺之任，轉公爲右丞，尋徙征」西將軍臨漳令。又與中書令邢子才，梁州刺史魏收議撰新令。徙勃海太守，轉陽州刺史，尋徵」爲將作大匠，加車騎大將軍，除廷尉卿。公丹筆在手，必即天心。于定國哀矚取斷，張釋之正直」是剖，比我平詖，顜猶畫一。除南青州刺史。還京，除御史中丞。公一居專席，百司翹悚，肅我王度，」如玉如金。仍徙五兵尚書，食臨邑縣幹，夏州大中正儀同三司，又除使持節都督鄭州諸軍事」鄭州刺史，又除都官尚書，尋加開府，乃行北豫州事，徵還本司，改食貝丘縣幹。朝廷以盧毓山濤，譽流任舉；毛玠陳矯，聲著選曹。望古儔今，高論攸在，遂詔公兼吏部尚書。公激濁揚清，搜」奇簡異，草萊必進，管庫無遺。武平二年除太常卿。其年十月，周人請和，仍以本官除使持節侍」中騁周使主。公高軒喻蜀，長纓出關，辯若懸河，思侔雲雨。聲教於是西臨，秦兵不敢東向。反鄴，」除左光禄大夫。夫其性靈淳粹，節概清雅，履義基禮，懷仁種德，西京取類，共君倩以同規；東都」訪侣，與慈明而比操。持雄守雌，在益能損，達人後己，淵嘿雷聲。及資父事君，盡忠罄節，臨冰自」慎，色斯後舉，歲暮含貞，疾風轉勁。易俗有術，不關鍾鼓之聲；養民以禮，豈藉瑚璉之器。加以篤」好玄門，雅懷空寂，嗟白駒之易逝，惜玄炭之難留。皮紙骨筆，慇懃而未已；踐稱投林，庶譏而不」歇。逮龍服華身，熊車雷道，奇客羅庭，勝交滿室，宫高志下，在峻不巔。方欲扈金輿於岱岳，覿玉」檢於梁甫，鍾鳴漏盡，歲迫時催，俄隨運往，奄辭世上。以武平四年八月二十四日薨於鄴都里」舍，春秋七十三。詔贈使持節都督晉建二州諸軍事晉州刺史尚書左僕射開府儀同三司，」將軍如故。謚□□公，禮也。即以其年歲次癸巳十一月癸亥朔二十三日乙酉遷措於鄴城西」南十五里所。金石不朽，丹青易滅，嗟矣後人，式瞻盛烈。乃爲銘曰：」金行淪圮，水王未襲，聰勒狂飛，苻姚烏集。大人虎變，朔野雄立，福禄攸降，部落斯緝。嗣君明叡，」見機不待，南運圖溟，東流歸海。假我名位，出朝入宰，龍劍生風，蟲衣飈綵。珠生神水，玉出靈崐，」哲人挺秀，復踵高門。質懷金錫，氣發蘭蓀，言方繢錦，復比衢罇。弓旌萃止，衣冠從職，扣則鍾聲，」眡之玉色。詵詵僚友，來仰正直，武帳頻趨，文昌屢陟。天生王佐，自是其人，英規述聖，雄略兼神。」出擁麾傳，入駕班輪，盛德不已，暉光日新。

千歲有食，百年恨少，命也不還，平生遂了。途嘶白驥，」風飂素旐，長歸夜臺，冥冥莫曉。」 國家圖書館藏拓。

475 高僧護墓誌

【誌蓋】闕

【銘文】齊故通直散騎常侍贈開府儀同三司太常卿高君墓誌銘。」君諱僧護，字世公，勃海條人也。七廟玄菟」府君八世孫。導源姜水，播德於唐朝；忠烈」匡周，垂芳於齊國。祖太師太尉公録尚書」晉州刺史城皋王。父司徒公録尚書領軍」大將軍并州刺史淮陰王。君稟異挺生，資」靈積善。機惠辨悟，意等讓梨。孝性自天，有」如懷橘。父王偏所鍾愛，聖上每見稱奇。」故早預周行，幼加顯職。豈其天不與善，殲」我神童。奥以大齊武平四年十一月遘疾」薨於京師。時年六歲。窆於鄴城西紫陌河」之北七里。恐谷徙川移，乃爲銘曰：」帝源浩瀚，岳胤隆崇，精靈感降，弱播宏融。」冀保頤壽，世襲才雄，豈其朝露，神化如□。」悲及朝野，嘆感紫宮，聊鐫盛烈，永扇無窮。」 北京大學圖書館藏拓。

476 雲榮墓誌

【誌蓋】齊故開」府儀同」雲公銘」

【銘文】公諱榮，字顯樂，朔方人也。昔櫛風沐雨，大業稟於帝圖；疎河導源，歎」嗟仲尼之口。波流於是浩汙，根葉所以鬱槃。」連天徽赫，難得而稱焉。」大夏武皇帝，君之五世祖。曾祖那勿黎，大夏七兵尚書。屬家國失」德，衆畔民離，捨彼危邦，言歸樂土。入魏爲北部莫弗，藏姓爲口豆連」氏，漢言雲也。父庫堆，儀同太常卿朔州刺史。被物如神，郡國興太平」之訟。公氣協乾象，靈稟山川，少懷脱略，小道弗窺，粗閲六奇之旨，羞」爲一夫之業。且復家本朔方，往來燕薊，望胡桑如動思，涉寒水以增」懷。志在功名，心存躍馬。及魏道淩遲，九區靡沸，壯士輕身之日，君子」殉義之秋。屬神武皇帝躍潛淵之鱗，應出震之録，蹈機握杼，將織」八紘。遂以公爲帳内都督，遷征虜將軍中散大夫，又除撫軍將軍敷」城縣開國子，食邑五百户。同漢高之樊相，比魏武之許侯。典禁帷幄，」實爲心旅。仍除直盪正都督，食高唐縣幹，重封永寧縣開國侯。昔馬」援勳重，始號伏波；韓增寵高，止封龍額。我之功也，乃實加焉。又除假」儀同三司岐州刺史。其地西接寇場，南臨僞境，刁斗不息，鉀胄是衣。」君禦之以武，懷之以德。棄戚到戈，繦負而至。又除儀同三司平原縣」開國公。應玆台宿，調理陰陽，百姓富安，千城蒙賴。加開府儀同三司」西中大都督西中郎將。當方窮龜鵠之壽，盡身世之華，豈謂積善無」徵，奄摧良木。以武平四年十月九日薨於西中府，春秋七十。痛悼」皇情，爰下哀詔，贈趙安平三州諸軍事趙州刺史中書令，餘如故。」至五年正月十日厝於鄴城西廿五里。烏呼，羽陵之簡，既缺而不存」存；驎閣之圖，亦微漫其難久。若不憑諸琬琰，寄此夜臺，何以播我休」音，傳於來世者歟？乃爲銘曰：」洪基秀峙，雲構岧嶢，世有明德，傳諸雅謡。剋昌厥胤，實爲民儁，坐卧」廉虚，衣裳禮信。其如寶璧，更同瑜瑾，大人授手，我亦濡足。自北俎南，」驅馳驥騄，一沾雲雨，光華九族，裂壤分星，鏘金響玉。方隆天爵，極此」遐齡。如何不弔，奄次佳城，薤哥幽噎，宰樹萋菁，悲哉萬古，儻睹斯銘。」　北京大學圖書館藏拓。

477 李琮墓誌

【誌蓋】闕

【銘文】齊故李功曹墓銘。」君諱琮，字仲璵，趙國平棘人也。將軍牧御敵於全趙，司隸膺扶危於」潁漢。高門有亢，世不乏才。譬北別增鎮地之峰，東流積浮天之浪。曾」祖究州史君，祖幽州史君，冠蓋朝倫，儼作模楷。父潁州史君，風度閑」遠，鬱爲領袖。君濯自朱藍，學因弓治。比桂樹於幽山，辛香可味；同明」玉於鍾領，光澤皎然。禮作身基，仁爲行本，孝著閨門，信在遊舊。處厚」遺薄，採實捐華，賢賢易色，恂恂鄉黨。得真自我，不殉名利，輕財重義，」後已達人。往來行言，稠直如髮，率由天骨，不關虚矯。郡將酈伯偉召」爲功曹。性不驕誕，入朝泛愛，輸心委質，惟順在恭。與之言者，如受布」帛；與之交者，若飲醇醪。外闓内朗，明閑世事。文簿堆案，下筆如流，豸」角生疑，片言能折。既方公孝，時聞坐嘯之望；還類范滂，更聽晝諾之」語。期之眉壽，老而增智，月旦人品，准的州閭。漏晝易催，日斜不繫，歸」代宗而莫還，共公明而治鬼。武平二年五月丁未朔廿二日戊辰卒」於孝德里舍，時年五十有五。武平五年正月壬戌朔十二日癸酉祔」於先君之墓次。暑往寒來，天長地久，勒高風於玄隧，播芳塵而莫朽。」其銘曰：」南通陽魏，北接陰燕，地爲全趙，世挺英賢。松貞筠直，蘭馥芝鮮，本枝」盡茂，蘞蔓同然。種自龍媒，篤生奇士，似珠四照，如驥千里。心亡得喪，」色無愠憘，自本窮末，善終令始。優遊卒歲，載嘯載吟，一丘一壑，横古」横今。財色是擯，文史能婬，人之愛我，如玉如金。聞自古賢，少遊有語，」直道仕郡，風流容與。盛德涼温，州閭見許，好善能至，除惡必去。時屬」元龍，我爲季弼，意得魚水，上下和密。主耳忘身，周旋無失，年將十紀，」心之如一。寸陰不借，尺日俄淪，人生詎幾，飄若栖塵。一窀寒隧，非復」陽春，死可贖也，人百其身。」妻鉅鹿魏氏，父道寧，安東將軍瀛州驃騎府長史曲陽男。」子四人，君達、德藏、趙客、趙奴。達，劉氏生。妻鉅鹿魏氏，父仲超。客妻」(下接誌側。)博陵崔氏，父彦遐。女七人，德相，適太原王茂弘，丞相府」行參軍。和上，適博陵崔君弘，開府參軍事。瓌兒，適廣平段德」諧，直蕩都督。諧父平原王。阿停，適鉅鹿魏義堅，開府行參軍。」五男，適滎陽鄭金剛。六止，適渤海高世才。才父南安王神相。」

國家圖書館藏拓。

478 □昌墓誌

【誌蓋】闕

【銘文】君諱昌，字貳章，□燕□上谷□居庸」□□□□吉遷里人也。隨官□任，遂」止此土。□□□□之上，根植九泉之」下。秉爲北□□□□冰霜而立節。幼」存遠度，少建高□。□過七步之賢，才」超五行之雋。武藝殊倫，□□兼謀。囑」神武命世，同兹創業，洪勳茂績，無儔」而□。蒙除驃騎大將軍金紫光禄大夫。」既才充德美，□舉當時。理直永佩長」年，恒居聖世。奄忽塵□白日，霧奄青天。」以武平五年九月十日便□遭變。葬」於巖梁村東北三里故扶風王寺之」陰。然幻□之軀，必趣無常；泡沫之形，」會□消散。若不題名，記號終路，千夜」之疑，天□石無□以□遺之□。」國家圖書館藏拓。

479 魏懿墓誌

【誌蓋】闕

【銘文】大齊魏翊軍墓誌銘。」君諱懿，字惠貴，清都鄴人也。蓋軒轅黄帝之苗裔，魏文侯」之世胄。分城封鄴，迺祖迺考，遂爲氏焉。食邑鉅鹿，陪駕從」京。晉司徒公魏華之裔。祖業，魏道英烈，敵能先鋒，論功賞」黄龍陶城縣令。父□，雄桀祖風，文而乃雅，擢爲諫議大夫，」遷代郡太守。君□□自天，洞達空有，如□□而應生，無□」以爲實。凝心□素，志末世表，偉質冰□，旨辨清朗。内説則」法理昭顯，外論則超體無窮。故能在童不群，處衆穎異，篤」孝色養，不先嘗味，必在奉親，尊次其口，賑贍遐邇，均同昆」愛，遂使響茂□□，聲流朝廷。年始十八，坐家□爲蕩寇將」軍右尚令。但智奇錡鏑，動合規矩，遷輔國將軍揚州外兵」參軍。而壽春踰淮，地扃江□，閩越之逵衝，易心之端徑。矯」覘由途，真非難□。君性猛四思，兵嶮濳布，有輒猜葆，旌而」無遺。遷翊軍將軍散騎侍郎。將掃吴會，建□方岳，清一宇」宙，緝熙王道。有志不述，同兹逝水。年六十有五，以武平五」年歲次甲午十月戊子朔廿二日己酉薨於清風里。鄉鄰」奔痛，鳥哀殞尸。粤以其年十一月丁巳朔廿九日乙酉窆」於鄴漳之陰西門豹祠之西南。道表悲途，翅翼翳靈。其詞」曰：」川流凝海，獸尊龍夔，君淑含弘，具解無爲。孝慈均愛，獎贍」□虧，德感二儀，人鳥同悲。穹隆傍薄，高厚盈盈，品類感證，」□□能輕。君警遠境，江左□名，四大假俗，今善傳聲。」　國家圖書館藏拓。

480 鄭子尚墓誌

【誌蓋】鄭長」史銘」

【誌文】齊故驃騎大將軍陽州長史鄭君墓誌銘。」君諱子尚，字神昌，滎陽開封人也。自牛羊不踐，鸑鷟來鳴，躍」素鱗以啓業，詠緇衣而改弊。世襲忠貞，時曳尚書之履；家傳」儒雅，屢闢通德之門。祖萬，白道鎮將雲中太守。穆似春風，暖」如冬景。父乾，潼郡安陽二郡太守。肅同草偃，化若神行。君爲」世乃生，含靈載誕。韞驥足之千里，眪龍章之五色。周旋六藝，」脂粉八能。智囊運於心曲，理窟飛於舌杪。文如宿構，詎有夢」腸之疾；鳥應虛弦，何止貫心之伎。屬神武皇帝户遊丹雀，澤」聚雕雲，言刈翹楚，委以心腹，乃擢爲親信。釋褐奉朝請，尋除」中軍府士曹參軍，仍攝户曹騎兵之局，遷長樂王開府中兵」參軍。入贊中權，軍政資其獻納；出參莫府，鼎實藉其鹽梅。又」加驃騎大將軍，除陽州長史。顧瞻函谷，咫尺秦郊，地帶緣邊，」民多彼此。君來儀西服，毗化一方，比户有高枕之安，層城無」擊柝之警。但奔駒過隙，往矣不追，陽烏巢門，終焉已及。嗚呼，」積善貽報，方恨空言。春秋五十七，以武平五年五月廿一日」喪於伐惡城。即以十二月廿三日遷葬於鄴城西南廿五里。」山或飛移，海成陵陸，潤夫琬琰，誌載芳菲。其詞曰：」受命作周，分柯啓鄭，立功立德，或賢或聖。薑桂自辛，珠玉交」映，若人秀出，實憑餘慶。峻宇山峙，雅量淵□，孔懈□□，仁推」異才。仁義是服，文武兼該，濯鱗積冰，結綬歸來。□□□德，實」惟禦侮，翼亮鉤陳，恪勤斯取。贊台延譽，毗州善撫，□終千月，」忽夢二豎。昔年乘興，秉燭經過，今者對酒，無復當歌。山雲曉」咽，松風暝和，泉門不曙，此夜如何。」

國家圖書館藏拓。

481 元韶墓誌

【誌蓋】闕

【銘文】君諱韶，字叔胤，定州盧奴縣人也。帝顓頊之苗裔，」大魏之後，因封命氏，重基壘案。遠漢司徒公顯，食」邑盧奴，遂居京上。祖盛，驃騎大將軍常山郡守。諆」深荀彧，討越陳平。父壽，器宇淵弘，志識風遠，刺史」大楊公辟爲西曹書佐，在職而亡，追贈本郡中山」太守。公少好史籍，尤善弓馬，昆季四人，並以孝聞。」魏孝昌三年，兇奴入境，刺史侯行臺募令平□官」以靖境。大都督廣昌軍主指麾擒使〔一〕。事居湯雪，見」寵行臺，殊蒙錫賞。左丞相東南道大行臺洛州刺」史裴公牒舉爲洛州默佐將軍。司正士林，義深豪」贖。至齊武定七年寢疾而卒，春秋卌有三。所謂天」摧樑棟，地奄總人，唯壽傷悲。以武平六年歲次大」梁月□□□十八日壬申窆於涼上村南舊陵。泣」德含豪，乃刊銘曰：」積德重基，因封京上，門風孝悌，義施公望。文武重」愛，見重丞相，澡身浴己，纓冕榮養。功能殄寇〔二〕，」爵逾士先，筆默糾憚，朝廷稱賢。舉動禮則，容美形」妍，小大具瞻，莫不肅然。朝暉夜奄，玉燭藏光，」顯琴龍靈，淥停䤖弧，斷思績鴞聲。」北京大學圖書館藏拓。

注釋

〔一〕使，原石作「俀」。

〔二〕寇，原石作「寞」。

482 范粹墓誌

【誌蓋】闕

【銘文】齊故驃騎大將軍開府儀同三司涼州刺史范」公墓誌。公諱粹，字景純，邊城郡邊城縣人」也。自□迹陶唐，啓邑隨范。士多以矜喪見美，文」子因知人取譽。仍兹厥後，世禄相承，舊德前基，」風猷彌鬱。公資靈川岳，稟氣辰昂，方逞龍骨，」已振鳳毛。爰自千里超擬，三事將許。比德鍾繇，」倫功鄧禹。共羊祜以連鑣，與衛清而竝鶩。旻天」不弔，人之云亡，以武平六年四月廿日薨於鄴」都之天官坊，春秋廿有七。以五月一日遷厝於」豹祠之西南十有五里。庶傳不朽，用鐫玄石。乃」爲銘曰：新除東雍州刺史太傅卿。」既資帝嚳，又纂唐堯，御龍夏世，知人晉朝。承家」建國，立社笙茅，雄圖謇謇，德音昭昭。公侯載誕，」神儀允穆，節比貞松，才侔勁竹。殲我良人，如何」不淑，方都佳域，懸生拱木。人路飛泡，世事難希，」塗車菊馬，器魂衣。雲起朱蓋，風拂素旗，埏門忽」掩，何日言歸。」

河南安陽出土。見《考古》一九七二年第一期《河南安陽縣發現一座北齊墓》。

483 高潤墓誌

【誌蓋】齊故侍中」假黃鉞左」丞相文昭」王墓誌銘」

【銘文】王諱潤，字子澤，渤海條人。文穆皇帝之孫，高祖神武皇帝之第十四子，文襄、文宣、」孝昭、武成四帝之愛弟，皇帝之季父也。若夫長發濫觴之源，厥初綿瓞之緒，乘軒服衮」之華，握鏡配天之業，固以詳諸中汗，可得而略也。王德惟天縱，道實生知，體協黃中，思摽象」外。爰自髫翦，迄乎奇角，綽然有裕，卓爾無朋。陳王慚其七步，劉德愧其千里。及玄運告終，蒼」精革命，率由文祖之事，式遵繁昌之典。爰命親賢，利建侯服。封馮翊郡王，邑三千户。尋拜侍」中開府儀同三司。唐侯故墟，鮮虞舊國，南望沙丘，北臨易水，形勝之地，非親勿居，閫外之重，」惟賢是屬。乃除東北道行臺尚書左僕射定州刺史。頃之，改授開府儀同三師，增邑二千户。」尋變三師爲三司，仍爲開府，加授都督定瀛幽南北營安平東燕八州諸軍事，刺史如故。未」幾，除尚書左僕射。參酌元氣，燮諧治本，萬機斯緝，七政以齊。屬鶴籥初啓，雀窗佇訓，膺茲審」諭，入輔少陽。除太子太師。尋兼并省録尚書事。三川都會，二周舊壤，關河設險，是稱衿帶，推」轂作鎮，非親則賢。除河陽道行臺尚書令。坐制方面，事切分陜。被文德以來遠，設多方以誤」敵。威震南土，聲駭西戎。就拜司空公，行臺如故。俄遷司徒録尚書事，仍拜太尉公。頃之，遷大」

司馬。入爲司州牧。專席而坐，去節爲治，道成日用，化行期月。城狐於是斂迹，稷蜂爲之不起。」行馬之外，豪右肅然。復兼録尚書大司馬，州牧如故。食南青州幹，别封文城郡開國公，邑一」千户。進位太保，復除河陽道行臺録尚書事，尋遷太師，俄拜太宰，又出爲定州刺史。惟王衿」神簡令，風韻酋舉。玉質金箱，凝脂點漆。爛如巖電，軒若朝霞。高則難踰，清非易挹，懸鍾扣而」斯應，明鏡照而不疲。規謨宏大，志託玄遠。師文夢周，希顔慕舜，耻方管晏，羞道桓文。立言峻」於太山，吐論光於朝日。雖帝稱予季，王曰叔父，海内所瞻，天下不賤，虚己尊賢，傾心下士，敬」愛無怠，握吐忘倦。焚林榜道之賓，指平臺而結轍；談天炙輠之客，望碣宫而投軫。無不側席」虚右，擁篲先驅，禮重王前，恩踰隗始。所以富貴絶驕奢之期，膏粱無難正之弊。至於昏定晨」省，常以色養爲先；冬温夏清，耻用苦口爲治。奉美獻珍之日，慚見於先嘗；量藥節食之晨，媿」聞於後進。居家不嚴而治，行政肅以成風。仁孝自天而生，禮義由己而出。不授之於師傅，豈」假之於典模。所謂自家形國，由邇及遠者也。至若出膺連率，入據冢司，外總六條，内參百揆，」任寄之重，親賢莫二。巨川資其舟楫，神化佇其丹青。九德於焉可歌，三階所以增耀。俄而瓊」瑰在夢，臺駘作禍，翌日弗瘳，奄賓上帝。以武平六年八月六日遘疾，廿二日薨於州館。哀結」市人，痛感宸極，賻給之數，率禮有加。詔贈侍中使持節假黄鉞冀定滄瀛趙幽安平常朔」并肆十二州諸軍事左丞相太師録尚書事冀州刺史，品爵如故，謚曰文昭，禮也。粤以武平」七年歲次丙申二月庚戌朔十一日庚申遷定於鄴城西北三十里釜水之陰。雖香名將蘭」菊共遠，盛德與峴山俱傳，恐高岸之爲谷，紀芳烈於幽泉。乃爲銘曰：」上帝降靈，高門誕聖，河洛薦寶，神宗受命。世握玄珠，家傳金鏡，磐石惟永，本枝斯盛。爰稟正」氣，是生哲人，不疾而速，知機其神。因心則孝，任己以仁，斯言無點，其德有鄰。受兹分器，錫之」土宇，在漢猶倉，居周爲魯。出登方岳，入膺中輔，鼎味以和，衮闕斯補。承明時謁，駟馬從梁，高」臺芳樹，衮衣繡裳。左右相照，道路生光，侍遊西苑，陪騁北埸。雅愛人倫，尤好儒者，臣稱唐宋，」客曰枚馬。菟園之上，荆臺之下，繾綣遊從，縱横文雅。川流不捨，人生若浮，遽隨霄燭，奄□夜」舟。仙鵠叫壟，怪虎生丘，蕭蕭風月，秋非我秋。王薨時年卅三。」

河北磁縣出土。見《考古》一九七九年第三期《河北磁縣北齊高潤墓》。

484 傅華墓誌

【誌蓋】闕

【銘文】太妃諱華。清河貝丘人也。昔夢感商王，精託辰尾。大功朕於前載，休祉被乎後昆。太常」流譽於魏年，司隸騰芳乎晉策。本枝別幹，榮耀千祀。祖敬，河澗内史。父天民，濟南太守。」太妃門籍舊風，庭稟師訓，早稱貞静，夙擅幽閑。爰在弱笄，神姿挺映，禮法淳深，識量通」遠。婦德絶倫，不俟圖書之益；嬪儀迥秀，豈勞簪珥之光。口不擇言，目無邪視。淑問徽音，」表裹斯洽。及移天左避，作儷時髦，魴鯉可食，秦晉相偶。結髮之華，崔劉無以尚；齊體之」盛，袁馬不能踰。既而良人不幸，藐諸在室，晝哭夜歌，禮無違者。雖命之不淑，家亦屢空，」良冶折薪，未絶如帶。太妃志厲嚴霜，操明皦日。類馮姬之育子，猶翟母之携童。醴醇有」序，組織無倦，安兹儉薄，歷年永久。加以教深徙里，訓重輟湌，還魚戒廉，斷絲勸學，温牀」扇席，辯通得乎音旨；出告反面，仁智稟於儀形。故使志立閨門，譽華邦國，一德孔脩，□」能備舉。始則任鄰管隰，經啓霸圖，終乃寄切良平，宣贊王業，傍燮秦階，上康元首。舟楫」大水，羽翼蜚鴻。百乘接軫，不同仲由之歎；萬鍾就養，實異丘吾之感。惟子及孫，龍光滿」室，仍世之盛，遂古弗聞。太妃處貴能降，居益念損，衣無兼采，食不重味，目棄珍玩，耳絶」絲桐。擯落囂塵，袪洗累或，投心覺寶，束意玄門，潔齋静處，六十餘載。雖光次悲泉，齒踰」大耋，貞情苦行，未之或改。自非才高女典，德冠母師，人事乎積善之徵，天道錫流謙之」效，亦何能若此之裕乎？太妃以魏武定末除清河郡君，天統中進號平原郡長君，武平」初册拜宜陽國太妃。武平七年正月庚辰朔十四日癸巳遘疾薨於鄴城宣化里第。春」秋九十有四。悼結冕旒，哀動簪紱，賵襚之數，有隆焉爾。詔曰：宜陽國故太妃傅，操履」貞潔，識悟明允。女德母儀，聲表邦國。積善餘福，誕斯公輔。以兹燮理之才，實由義方之」訓。白駒過隙，逝水不留。奄淪窮壤，實深嗟悼。宜加禮命，用申朝典。可贈女侍中，宜陽國」太妃如故，謚曰貞穆。

粤以五月戊寅朔七日甲申祔於司空公之塋，秘丘長掩，芳烈不」傳，刊石幽扃，儻示來葉。其詞曰：」世篤潛祉，家韞餘烈，遠葉彌芳，長瀾不竭。乃祖邁種，依仁遊藝，顯考承基，清輝有晰。純」嘏彼祓，淑人挺生，九芝均美，八桂齊榮。柔風婉嫕，秀植貞明，鑒圖以處，待傳而行。亦既」來嬪，作合君子，内政靡忒，中饋惟理。既陳藻藴，兼綜麻枲，萊婦未儔，孟妻非擬。有行不」造，夙遘煢釐，毁身爲誓，哀以送之。援鏡守節，闔門避疑，梁求反幣，楚娉還輜。誕兹人傑，」功成亮采，撫翼翰飛，鬱爲時宰。陟屺晨望，倚閭夕待，百禄是宜，終孝斯在。母以子貴，寔」曰舊章，典制伊穆，車服有光。位尊養厚，行立名揚，通神感物，終然允臧。迹惟懿捨，心在」檀度，手握明珠，頂承清露。藏舟遽失，閲人已故，辰極載傷，衣纓永慕。青烏襲吉，廣柳東」□，風悽林野，霧掩山川。事留彤筆，像畫甘泉，陰溝不曙，貞石徒鐫。

附：趙彦深墓誌蓋

【該墓同出墓誌蓋一件】齊故使持節都」督齊兖南青諸」軍事齊州刺史」尚書左僕射司」空趙公墓誌銘。」

山東歷城出土。見《文物》一九八五年第十期《釋北齊宜陽國太妃傅華墓誌銘》。

485 顔玉光墓誌

【誌蓋】無

【銘文】（磚質）大齊文宣皇帝弘德夫人墓誌銘。」夫人顔氏，字玉光，齊州人。其先顔路之苗裔。聯」華紫極，易世相承，至於夫人。麗質天姿，自古未」有。婉約風流，終然獨絶。天保元年徵爲西朝嬪。時爲」帝上親寵，六宫敬侍。天保四年，託育隴西殿下，轉爲」弘德夫人。但」生之運難置，百年之期易先。武平七年歲在庚申，」時年卌七，八月廿六日薨於鄴城。昔西娥上月，一去不還；神女成」雲，終如難見。詔贈太妃。又以京輦浮危，帶山牢固，遂窆鄴城」西七十餘里石門之右。其詞曰：」美哉麗質，絶世無倫。華蓋紫極，君王寵親。何圖且埋形壤」墳。朝聞罷肆，人百其身。嗚呼哀哉，何道託神。」

河南安陽出土。見《考古》一九七三年第二期《河南安陽縣清理一座北齊墓》。

486 崔幼妃墓誌

【誌蓋】齊故太」姬崔夫」人之銘」

【銘文】齊故博陵郡君崔太姬墓誌銘。」夫人姓崔，諱幼妃，博陵安平人也。自神降常羊，□鈞滋水，既有石耳之名，實表玉璜之瑞。□□□」漢，□□世生，間關魏晉，名臣代有。祖饒陽恭侯辯，懷蘭秉蕙，動見清風。父儀同楷，玉色□□□□」生□。夫人襲彩芝田，騰芳桂薄，幼承師訓，早擅家風。容止端華，操尚明遠，俯仰折旋，動合嬪則。披」尋典記，顧問圖史，初有尚書之號，卒得博士之名。婉淑自然，孝感天至，非禮不言，非義不動。年在」幼沖，先君早世，嬰號孺慕，毀削絶人。豈真感被風雲，哀切神鬼。故亦林鳥變聲，櫪馬垂泣。司空文」簡公，一時龜鏡，當世偉人。理屬河魴，言刈其楚，集木遷喬，來嬪作好，義若芣苢，和似琴瑟。組紃織」紝之工，執巾奉醃之敬，顛沛必行，造次無怠。至於神衿爽悟，□問知機，小大以情，幽□咸照，聞東」識士，窺濱知賢，不食鮮禽之俎，未聽濮水之曲。恭承中外，親睦等夷，一有芳風，庶□咸仰。高祖」神武皇帝，位居二相，身眺八維，意切過庭，禮求盛族。乃爲第二息娉第□女焉。地接九天，庭羅百」兩，高門轉闢，洞户增輝。文簡公尺木一登，垂天漸運，摶扶摇以抑揚，軼雲氣而驤首，紱佩相榮，夷」嶮□莅，迹著民老，聲滿廟堂。雖知外表才賢，自成惠主，良由内有仁明，剋此陰德。俄而逝日忽流，」驚川易遠，鳴環徒想，舉案不追。夫人上禱七星，傍走群室，義若帷堂，禮成晝哭，緝諧閫内，訓育諸」孤，爲世叔之妻，成不疑之母。顯祖文宣皇帝道高納麓，位極登庸。我有懿親，命爵分土。縱使翟」母受□□之號，龐氏得安昌之名。人實異時，迹似同日，乃封博陵郡君。及捫天效祉，小君有任，使」是塗山之室，□異洽水之門。西漢王陳，無暇扶鼙，東京陰鄧，未議擁帚。皇朝庶□惟新，事多法革，」授受或異，徽秩未同，前哲後王，咸崇名號，姬姜之來，抑亦師古。天保二年，乃除太姬。朝服翟衣，寵」增禁内，夕乘□□，□□戚里。上銅街而北轉，歷馳道而南度。隆赫□□，□世榮之。加以德重庶姜，」望尊群母，注□□□心，屈一人之膝。性本淳和，雅崇撝退。珠璧盈前，□□

衿袍，庭走澮避之榮，□」鍾鼎食之貴，□如河漢，怳若浮雲。愛好沖虛，崇尚黃老，食止一珍，衣□□色。儉以自持，嚴而率下，」□臺絶浮雲之影，濯龍無流水之聲。自非蹈德履仁，正視貽教，何以□□太陰，剋生國母。既得黃」羊之社，兼膺積善之慶。銅鈎尚在，玉樹羅生，莫不檐爵析珪，懷□□□，上致雲霞，傍列旌棨。五子」告歸，鐃管相次，白珩連響，青蓋成陰。開歲發春，高秋杪節，或上板輿，□登輕輦，泛蓮舟於積水，卷」幬帳於高臺，歌奏正聲，絃調雅典，貴壽稱觴，欣欣如也。爰始洛都，至於鄴食，瞻彼崤函，實阻同氣。」悲言別鳥，泣對分荆，飲淚盡於百年，茹荼窮於四紀。同遊邳市，定絶平生，相遇漢宮，當是無日。迴」心釋典，刻意法門，洞識苦空，懸解常樂。帷屏象馬之翫，羅綺玉帛之珍，施捨無遺，藏篋俄盡。而虞」淵既夕，鍾漏將窮，窺掌亡珠，倚閭無見，衰痾增感，氣疹彌留，一瞬不停，萬事徒汪。以武平六年十」二月廿二日薨於鄴之道政里，春秋七十有四。七年十一月七日歸祔於司空文簡公之塋。日月」罷照，黃泉或開，勒此琬琰，遺諸後來。銘曰：」崐山峻極，赤水圓深，玉能生氣，珠亦成林。高賢磥珞，代出兼金，淑人窈窕，世仰徽音。琬嫕凝情，閑」和表質，麗匹穠李，明同皎日。早承庭訓，幼持兄筆，孝絶孔門，憂深魯室。既留珪璧，實等蘭蓀，言□」師氏，來儀盛門。車隨風轄，蓋逐魚軒，梁□謝敏，羊子慚言。初號女師，遂成婦道，芳蘭呈夢，陰暉□」抱。既膺鍾德，庶同偕老，一歎良人，空悲宿草。閶闔忽啓，照陽洞開，門高許郭，地壓娥邰。五侯同拜，」四馬俱來，軒旗納那〔一〕，笳管徘徊。德冠楚姬，節踰梁寡，聲滿日月，譽高朝野。静以治内，廉而御下，「竇」絶嬌人，梁兼駐馬。永言秦塞，生死離居，雲無寄響，雁絶歸書。留心真寂，託志清虚，浮生忽盡，「天道」焉如。四轜將引，三龜並吉，文物成行，哀榮總出。空遺一子，悲經數室，□□□□，□□□□。」　河北贊皇出土。見《考古》一九七七年第六期《河北贊皇東魏李希宗墓》。

注　釋

〔一〕那，原誌作「那」，疑爲「那」字別體。「納那」，同「納納」，衣帛濡濕貌。漢劉向《九歎·逢紛》「衣納納而掩露。」

487　李雲墓誌

【誌蓋】齊故豫」州刺史」李公銘」

【銘文】齊故車騎大將軍銀青光禄大夫濟南郡太守頓丘男贈使持節都督豫」州諸軍事豫州刺史李公墓誌銘。」公諱雲，字惠雲，黎陽衛國人也。昔虎鼻誕於虞年，時興畫像之法；遊龍挺」於周世，實弘無□之理。自後蘭柯布濩，桂葉氛氲，鳴玉赤墀，鏘金紫闥，衣」纓世襲，難得而具言矣。曾祖方叔，儀同三司頓丘獻王，魏文成皇元恭」后之父也。以外姻之重，啓封河衛。祖峻，開府儀同太宰羽真録尚書頓丘」宣王。父肅，侍中相州刺史穆公。並能文能武，不鏤自雕，藴觸琳琅，坐致天」爵。公稟河宗之氣，苞丘秀之靈。

孝敬之情，發於懷橘；友于之志，見於分棘。」父祖異之，因曰：此兒雲霄中人也。因定名焉。兼以藝有天機，伎非外習，辯」同河瀉，説論無窮，學海難量，爲山可仰，飛丸解難，撫弓猿落。然性存謙退，」不好先人，韜穎藏鋒，畫籌而已。以魏正光中北海王元氏宗英建旆徐部，」引爲田曹參軍。鳴鳳之飛，實惟鴻漸。至永安中，除員外散騎常侍，賞爵頓」丘縣男。普太年，除平東將軍太中大夫，又遷尚書左丞。公多才多藝，蹈履」折中，出參幕府，入居管轄，正色當衡，獨光朝右。又加鎮東將軍金紫光禄」大夫平原太守，蓋所以從班例也。蓋水衡所寄，民命是懸，自非妙辯水土」之原，深悉膺龍之畫，詎可當瓠子之洪波，處馮夷之徑路。乃以公載爲都」水使者，出除鉅鹿太守，又爲高密郡太守，入爲太中大夫，又除銀青光禄」大夫，復除齊州濟南郡太守。朝廷以公通於治典，所宰惟良，四守堯民，再」腰青此。民稱父母，吏號神明，往詠來蘇，還多卧轍。方覬調兹鼎實，燮是台」階，而大德未酬，小年遽盡。春秋七十有九，以武平六年八月遘疾薨於郡」之公舍。行號巷哭，感慟百城。爰惻聖衷，榮加二等。詔贈使持節都督」豫州諸軍事豫州刺史。以武平七年十一月十日葬於衛國。恐桑田有徙，」陵谷無常，式刊芳風，寄之泉户。其詞曰：」川岳降靈，載生賢哲，志籠霞表，氣高當世。富義不墜，與芳彌烈，有類瓊温，」何慚冰潔。其一。亦既從師，擁經問道，所尊唯德，昭車□寶。理契蒙莊，暗符黄」老，王平若遇，更應三倒。其二。飛纓入宦，正色當朝，德音穆穆，令範昭昭。高冠」映首，銀艾垂腰，摶扶未極，薤露俄消。其三。一辭城闕，爰歸夜臺，仙禽夕思，松」風日哀。晝天無曉，桐闇詎開，唯餘盛□，貽範方□。其四。」

河南濮陽出土。見《考古》一九六四年第九期《河南濮陽北齊李雲墓出土的瓷器和墓誌》。

北周

488 獨孤信墓誌

【誌蓋】闕

【銘文】周故柱國大將軍雍州刺史河内戾公墓誌。」曾祖有居斤。」曾祖母賀蘭氏。」祖初豆伐。」祖母達奚氏。」父者，使持節司空公冀州刺史。」母費連氏，長樂郡君。」公姓獨孤，諱信，字期彌頭，河南洛陽人。以周」之元年歲維星紀三月己酉薨於長安。時年」五十四。謚曰戾。四月壬申葬於石安之北原。」懼陵谷之貿遷，故刊石而誌焉。」妻如羅氏，廣陽郡君。」長息善，字弩引，使持節驃騎大將軍開」府儀同三司河州刺史長城郡開國公。」第二息藏，字拔臣，武平縣開國公。」第三息震，字毗賀周。」 國家圖書館藏拓。

489 賀屯植墓誌

【誌蓋】闕

【誌文】周故開府儀同賀屯公之墓誌。」公諱植，字永顯，建昌郡人也。其先侯姓，漢司徒霸之後。瓊」根盤鬱，歷千載而彌隆；寶葉駢羅，貫終古而獨茂。芳烈垂」而不窮，英聲著於方策。公稟川岳之休靈，資乾像之妙氣。」孝敬基於自然，仁讓發於天性。不競邑里之華，而存倜儻」之節。至如揮戈跨馬，氣籠六郡之奇；矚矢控弦，妙奪樓煩」之術。加以膽氣兼人，才武絶世。故能戰必有功，陣無不捷。」平竇賊於小開，剋恒農於陝虢。戮阿橋之封豕，摧沙苑之」長蛇。騁驍悍於洛陽，效武勳於隋陸。其餘功戰，難得詳言。」而公忠簡帝心，勳德諧懋，賞禄既當，寵榮斯及。歷位衛大」將軍右光禄大夫太子中舍人河陽郡守。稍遷使持節驃」騎大將軍開府儀同三司大都督義州諸軍事義州刺史」司倉大夫肥城縣開國公，食邑一千七百户。公率禮讓以」□民，總威惠以禦衆，供出納於儲宫，秉綸綍於玉府。褰帷」三載，民興五袴之謡；擁鉞十周，士懷赴火之節。魏前二年」十二月中，太祖文皇帝以公忠效累彰，宜加旌異，爰命」史官，賜姓賀屯氏。時推姓首，寔主宗祀。穆穆之訓，流美閨」門；惟馨之德，實臻嘏福。春秋五十八，以保定三年歲次癸」未正月廿三日遘疾薨於坊。主上嗟悼，賵賻有加，以保」定四年歲次甲申四月己丑朔廿一日戊申葬於豳州三」水縣棒川之良平原。追贈公使持節驃騎大將軍開府儀」同三司大都督光楊平三州諸軍事光州刺史肥城縣開」國公，謚曰斌公，禮也。陵谷不常，幽題或改，敬鎸玄石以誌」焉。世子定遠，次子定徽，次子定高，次子定國，」次子定周，次子定貴。」

國家圖書館藏拓。

490 □通墓誌

【誌蓋】闕

【銘文】公諱通，其先太原人也。粵乃仙嶽含靈，毓楨圖」而錫爵；誓淮分淑，應寶籙以開宗。是以三公列」而更榮，五侯封而載錫。自茲厥後，英髦不墜。祖」明濟，郡中喉舌，識度沖敏，志業詳確。父僧，隨州」主簿，鑒履清致，器量貞邃。公養志中和，資靈上」德。趨庭學禮，立身之道自宏；步月開襟，讓客之」風已遠。中爲今□，遊藝依仁，賞逸閒居，不希榮」祿。既而門巢結釁，百年之運已催；楹夢凝祥，九」泉之路俄涉。春秋六十有三，遘疾終於私第。嫡」子脩文、脩禮，哀絰露節，痛結榮泉。粵以大周天」和二年冬十月窆於東城縣東五十里崇德鄉」平原，禮也。東漸巨壑，波濤混瀁，西望層山，煙霞」出沒。頌德音而不朽，感生齡之倏忽。其詞曰：」惟鎬建官，惟唐命職，允文允武，克岐克嶷。開國」承家，禮儀不忒，皇天無親，誕生哲人。摳衣問道，」好古好新，如何不淑，奄喪斯文。前臨叢薄，後眺」荒邱，風搏素蓋，日慘丹旐。庶銘明德，永播芳猷。」 北京大學圖書館藏拓。

491 韓木蘭墓誌

【誌文】周使持節大將軍大都督」新義郡開國公韓木蘭。」天和三年歲次戊子十一月壬辰」朔十八日己酉銘。」　國家圖書館藏拓。

492　李賢墓誌

【誌蓋】大周柱」國河西」公墓銘」

【銘文】大周使持節柱國大將軍大都督原涇秦河渭夏隴成豳靈十州諸軍事原州刺史河西桓公墓誌銘。」公諱賢，字賢和，原州平高人，本姓李，漢將陵之後也。十世祖俟地歸，聰明仁智，有」則哲之監，知魏聖帝齊聖廣淵，奄有天下，迺率諸國定扶戴之議。鑿石開路，南越」陰山。竭手爪之功，成股肱之任。建國揄拔，因以爲氏。公即平涼府君之孫，司空公」原州史君之子。温恭之性，禀於自然，仁恕之心，非關師奬。風雨不能移其操，憘愠」未嘗形於色。鄉黨許其遠大，宗族稱爲萬頃。故能開其儀府，同斯鉉望。再莅河州，」三居本牧。擁節巴湘，作監軍於江外；利建茅社，啓土宇於河西。分竹燉煌，仍專萬」里之務；褰帷兆嶽，兼總六防之師。踐境臨民，每有來蘇之咏；秩滿旋闕，咸垂去思」之涕。若夫彈冠結綬，卌有七年；披堅陷敵，廿有一戰。遂得聲齊細柳，功超大樹。既」聯光於八宿，亦何殊於萬户。魏武君臣失和，迺睠西顧。大祖清掃關輔，以俟鑾」蹕。令公輕董千騎，奉迎六軍。行次西中，便得朝覲。于時疾風之始，非無去就。公受」詔居後，實有殿功。蓋聞積善之家，必有餘慶。故官爵隆於四世，子孫茂於八凱。略」叙一門之中，爲柱國者二、大將軍者三、開府者七、儀同者九、孤卿者六、方伯者十」有五焉。至於常侍、侍中之任，武衛、武率之職，總管、監軍之名，車騎、驃騎之號，冠蓋」交錯，劍珮陸離，胡可稱矣。大祖以皇帝春秋寔富，齊國公年在幼沖，令公挾」輔，義高師尚。故始納元妃，便當賀襚之禮；龍飛大寶，遂有合家之錫。方欲鹽梅九」鼎，論道三槐。日車未懸，山頽奄及。天和四年歲次己丑三月廿五日薨於長安，時」年六十有六。其年五月己丑朔廿一日己酉葬於原州西南隴山之足。皇帝追」保弼之勳，不拘恒例，爰降神筆，特贈柱國大將軍原涇秦河渭夏隴成豳靈十州」諸軍事原州刺史，謚曰桓公，禮也。夫人宇文氏，婉娩嬪風，優柔母德。草塵未永，薤」露先悲。朝雲已没，夜臺多稔。龜筮既從，別開埏塋。是日遷伉儷於蒿里，合雙魂而」同穴。懼黄壤之不恒，勒清徽於銘誌。」惟嶽降神，誕兹哲人，方金爲銑，比玉稱珍。少年提劍，弱齡縉紳，戈麾落日，馬逐秋」塵。功揚六輔，聲溢三秦，團團青蓋，瀰瀰朱輪。桂仍舒馥，山方壘仁，翻頽百刃，奄落」三春。帝憶枌榆，客思鄉里，柩辭京闕，魂歸桑梓。遷其伉儷，同斯巖趾，白楊合拱，清」徽永矣。」世子端，使持節車騎大將軍儀同三司大都督甘州刺史懷德公。」次子吉，平東將軍右銀青光禄大都督。」次子隆，使持節車騎大將軍儀同三司大都督適樂侯。」次子軌，師都督昇遷伯。次子詢，都督左侍上士。次子諲。次子綸。」次子孝忠。次子孝禮。次子孝依。次子孝良。次子抱罕。」一

寧夏固原出土。見《文物》一九八五年第十一期《寧夏固原北周李賢夫婦墓發掘簡報》。

493 步六孤須蜜多墓誌

【誌蓋】大周譙」國夫人」墓誌銘」

【銘文】大周柱國譙國公夫人故步六孤氏墓誌銘。」夫人諱須蜜多，本姓陸，吴郡吴人也。大夫出境，百越來庭；丞相勒兵，三江」席卷。高祖載，爲劉義真長史，留鎮關中。既没赫連，因即仕魏。臨終誡其子」孫曰：樂操土風，不忘本也。言念爾祖，無違此心。祖政，驃騎大將軍儀同三」司恒州刺史。父通，柱國大將軍大司馬文安郡公。匡贊經綸，參謀揖讓，名」高廣武，功重長平。夫人七德含章，四星連曜。敬愛天情，言容禮則。九日登」高，乍銘秋菊；三元告始，或頌春書。年十有四，聘于譙國。友其琴瑟，逾恭節」義之心；伐其條枚，實秉憂懃之德。鄴地登高之錦，自濯江波；平陽採桑之」津，躬勞蠶月。天和元年册拜譙國夫人。東武亭之妻，既稱有秩；南城侯之」婦，還聞受封。柱國殿下以若華分照，增城峻上，楊旌棘道，問政邛都。白狼」之溪，途艱黄馬之坂；荔支之山，地險蒲陶之國。夫人别離親戚，關河重阻。」夷哥一曲，未足消憂；猿鳴三聲，沾衣無已。是以天厲之疾，遂成沉痼。玉瀝」難開，金膏實遠。建德元年歲次壬辰七月辛丑朔九日己酉薨於成都，春」秋廿有一。即以其年十一月十一日歸葬長安之北原。詔贈譙國夫人，」禮也。夫人奉上盡忠，事親竭孝，進賢有序，逮下有恩。及乎將掩玄泉，言從」深夜，内外姻族，俱深節女之悲；三五小星，實有中閨之戀。殿下傷神秋月，」掩淚長松。

周季直之留書，更深冥漠；潘安仁之詞藻，徒增哀怨。豈言西河」女子，獨見銀臺；東海婦人，先逢金竈。太夫人早亡，夫人咸盥之禮，不及如」事。至於追葬之日，步從輴途，泥行卌餘里，哭泣哀毀，感動親賓。桂陽之賢」妻，空驚里火；成都之孝婦，猶掩江泉。嗚呼孝哉。銘曰：」艾陵及旆，椒山止戈，金精據嶺，昌閤凌波。西遊卿相，東裂山河，華亭冠蓋，」穀水弦哥。震維徙族，燕垂從宦，塞入飛狐，關連鳴雁。策預登阜，功參臨淛，」寶鼎留銘，雕戈餘贊。膺圖淑令，秉禮言歸，魚軒憑軾，澤雉文衣。珠爲桂鏡，」石有支機，行雲細起，迴雪輕飛。北降帝子，南麾蜀守，若水既開，靈山已」鏤。月狹猿啼，江神牛鬬，皇機北轉，日轡西迴，陽泉伏氣，陰律沉灰。鶴辭吴」市，鳳去秦臺。神光離合，燈影徘徊。雙流反葬，百兩迴旌，少女離位，夫人去」城。帷堂野設，帳奠郊行，山川奇事，風月無情。摇落丘隴，荒涼封域，樹樹秋」聲，山山寒色。草短逾平，松長轉直，節墳方固，貞陵永植。」 國家圖書館藏拓。

494 匹婁歡墓誌

【誌蓋】周少傅大」將軍普安」壯公墓誌」

【銘文】大周使持節少傅大將軍大都督恒夏靈銀長五州諸軍事恒州刺史普安壯公墓誌銘。」公諱歡，字□歡，雲州盛樂人也。宗緒之興，備諸方册。若乃晉國宣子，□嘉樹而留」□。漢世尚書，賜龍淵而表德。風猷弈葉，莫之與京。祖駒，含光抱質，官爲軍將。父買，」握瑜懷瑾，名播當塗。並立功立事，不殞其業。公資靈峻岳，稟氣中和，體識詳明，志」尚雄果。子南超乘，未得比蹤；申屠蹶張，曾何足喻。屬魏道云季，中原幅裂，人懷問」鼎，世若綴旒。公情存殉國，委身行陣，疾風知勁，寔著勳庸。解褐授統軍襄威將軍，」奉朝請，加別將，封上谷縣開國男。永安三年轉都督。及晉陽甲起，魏主西遷。公時」陪奉輿輪，備嘗艱險，進爵爲侯，加安東將軍。時鴻溝尚隔，官渡未夷，負海猶强，開」關屢出。公結髮戎旅，妙善孫吳。如雲如鳥之形，因山背水之勢，莫不深明權變，躬」先士卒。雙鞬並帶，二戟兼提。滕灌之驍雄，關張之勇扞，復見於兹矣。大統三年中，」征沙苑有功，加封八百，進爵爲公，授衛大將軍帥都督，除恒農郡守。弦韋並設，恩」化大行。俄轉大都督，尋加車騎大將軍儀同三司，賜姓匹婁氏。魏世郭淮，軍麾既」等；漢朝鄧騭，榮望斯同。暨鍾石變音，謳歌改運，皇周應曆，大弘褒賞。授使持節」驃騎大將軍開府儀同三司，改封普安縣開國公，食邑通所合三千六百户，除鄧」州諸軍事鄧州刺史。還朝補民部。天和五年授大將軍。屬東齊背約，競我汾方。公」受委臨戎，志在清復。於姚襄交戰，爲流矢所中。還京增疾，翻成大漸。春秋六十有」三，以天和七年正月廿五日薨於京師之第。公少懷節概，夙擅英略，居盈念損，處」險如夷，遇士有恩，臨敵能勇。屬車書未一，元戎啓行，攻城野戰，大凡五十，策勳行」賞，功恒居多。雖遇泣痍之恩，奄夫輔仁之效。致以悲纏宸極，痛結親賓。詔贈」本官，加少傅恒夏靈銀長五州諸軍事恒州刺史，謚曰壯，禮也。夫人文城縣君」尉遲氏，武威人，世傳令德，家擅清徽，性識柔明，音儀昭著。生甫十七，歸於壯公。以」魏前二年八月廿五日薨于華州鄭縣界，時年卅六。詔贈普安國夫人。以建德」元年歲次壬辰十一月廿二日合葬於雍州石安縣界。公孫羅剎，公第三息達之」子，年十二，不幸夭没。即與公同窆。竊以天迴地遊，寒暑於斯遽變；山飛谷徙，金石」所以不彫。乃爲銘曰：」巖巖基構，舄弈宗枝，龍軒豹飾，翠毦金羈。幽并好俠，燕趙多奇，高門誕慶，英風載」馳。時惟草昧，契闊兵戎，捐家事國，殉義忘躬。運籌帳裏，擐甲軍中，投醪感惠，賈勇」稱雄。大□標名，高旗載譽，功刊彝器，績宣玉府。威讋三邊，聲飛六輔，奄隨風燭，長」辭室宇。蕭悲五里，車尋九京，賓朋灑泣，服馬悲鳴。幽幽壟路，鬱鬱佳城，丘陵若徙，」冀識遺聲。」　陝西省博物館藏石。

495 何□宗洛墓誌

【磚誌】建德元年□」月廿日長□」縣故民何」□宗洛（下殘）」　國家圖書館藏拓。

496 郝氏墓誌

【誌蓋】南陽張」君妻郝」夫人誌」

【誌文】夫人郝氏者，蓋以雲州雲中郡人也。父淵，以前」齊秉要，世濟稱美，仍授驃騎大將軍奉車都尉。」夫人則公之長女也。夫人稟性幽閑，實有令淑」之風；奉事親親，常懷指心之痛。恒以四德爲基，」六行爲本。兼妙崇内相，洞識真如。年十有一，適」南陽人驃騎大將軍大都督張敬恩第二息滿」澤爲妻。雖復年幼初笄，早閑婦禮，孝性天然，温清無倦，志合泉流，方同律吕。何悟盛年，奄嬰此」疹，而梅實未摽，桂枝先落，一從逝水，悲笑難論。」夫人年十有六，以大周建德六年三月三日卒」於鄴城。還於此月十一日葬於廣都里漳河之」北四里。竊以桑田變海，□瘞無紀，不鐫貞石，熟」播蘭芬。銘曰：」春蘭方茂，忽被秋霜，神容始盛，復罷紅粧。離言」在耳，屏帶餘香，更興悲歎，舉意心傷。其一。節物易」睹，一笑難期，鏡臺休照，華堂掩輝。松楊簫颾，野」霧霏霺，閨宮永別，泉壤長歸。」

國家圖書館藏拓。

497 高妙儀墓誌

【誌蓋】雍州扶」風郡公」主之銘」

【銘文】扶風郡公主墓誌。」諱妙儀，冀州勃海人也。構趾壽丘，」開源若水，門有十德之號，家傳萬」石之榮。祖假黄鉞左丞相太尉公」冀州刺史貞平王。父驃騎大將軍，」開府儀同領軍大將軍趙郡王。四」輔莫不合儀，接下温仁，奉上恭肅，」四德六行，海内稱之。」

宣政元年薨於都邑，春秋十八。其」年四月廿三日葬於鄴城西北五」里。左俠清池，右帶名路，南通上苑，」北據林華。於是鸞鏡爲土，翠帳成」塵，勒芳猷於貞石，揚清風於後人。」　北京大學圖書館藏拓。

498 時珍墓誌

【誌蓋】闕

【銘文】僞齊在京爲荷王釋褐辟任齊安戍主」俗贈車騎將軍時珍墓誌。」君諱珍，字麗寶，鉅鏕菀鄉人也。昔三才」等昱，五緯俱明。瑩石磨玉，彫屏鏤密。似」漢主之金陵，像周王之王室。丘前復作」明堂、獸柱，師子荷門。選擇良工，鎸成雅」□。君既才同太傅，文類侍中，未語含」珠，流言綴玉。英侔稷下之奇，儒同泗上」之美。真是崔元對苻主之談無異，張仲」輔周王之説不悟。僞齊武平七年歲次」涒灘三月敦精朔二十七日奄閟。君春秋六十有八，卒於家廡。即是金烏晝殁，」玉兔霄淪，窅殪光珠，瑕殘弁璞。使和氏之哭荆山，隨侯之悲麗水。哀平喪璧，痛」何言哉。至大周宣政元年歲次降樓十二月神祐朔九日傳送，始遷於靈柩，塴」於丘宇。自即序德，刊銘勒誌。其詞曰：」稟生卓犖，立志超穎，智曉千門，才逾萬頃。」火屋□常，日車徒整，壹朝雁逐，奄竄丘井。」　國家圖書館藏拓。

499

寇胤哲墓誌

【誌蓋】魏故中」正寇君」墓誌銘」

【銘文】魏故汝北郡中正寇君墓誌。」君諱胤哲，上谷昌平人也。雍州刺史」河南宣穆公之玄孫，郢州使君昌平威公」之曾孫，順陽府君軌之孫，光州刺史遵」貴第二子。繼第五叔父遵略之孫。君」資蔭豪華，蟬連冠冕，氏繫之由，故可略」言。君幼而敏惠，徽音昭朗，智越成人，鄉」遂欽尚。年十有四，郡辟中正。才同舊割，」品物斯衷。秀而不實，云亡奄及。年十有」九，不禄於家。家禍之痛，嗚呼哀哉。天長」地久，陵谷遷移，若松門之有改，知人世」之在斯。」周宣政二年歲次己亥正月四日窆。」中正無子，第四弟懲以第三息文叡」繼後。」　國家圖書館藏拓。

500

寇熾墓誌

【誌蓋】闕

【銘文】魏故廣州別駕襄城順陽二郡守寇君墓誌。」君諱熾，字紹叔，上谷昌平人。高祖秦州哀公，曾祖雍」州宣穆公，郢州威公之孫，順陽府君軌第四子，繼第四叔父朝請南陽府君孚之後。永安三年，詔除伏」波將軍廣州別駕。君威以馭左，政以綏夏，撫荒悅近，」期月教成。詔遷長史。累加驃驤將軍金紫光禄大」夫。爲左之治雖隆，制錦之才不盡。俄宰襄城之郡，又」轉順陽大守。脩明禮，緝熙風俗；近者悦，遠者懷附。福」善無徵，禍釁奄及。春秋五十七，寢疾而殞。吏民哀號，」朝廷傷痛。以周宣政二年歲次己亥正月四日窆於」萬安山宣穆公之墓次。」夫人天水姜氏，詔除昌城縣君。」長子素，廣州主簿本州司馬都督博平縣開國男，穎」川陷没。妻裴氏，無子，以士璋長子文超繼後。」小子士璋，廣州主簿輔國將軍中散大都督德廣期」城襄城三郡守義安縣開國侯。妻郭氏。」長女順華，適天水姜曇進，本州主簿。」第二女婉華，適河東裴景徽，郡中正。」第三女將男，適天水趙子信。」第四女休華，適趙郡李思曜。」　國家圖書館藏拓。

501 薛夫人墓誌

【誌蓋】邵州使」君寇公」妻薛誌」

【銘文】周故邵州刺史寇嶠妻襄城君薛夫人墓誌。」夫人姓薛氏，河東人，邵州使君後妻也。秦雍刺史」駙馬都尉倪之曾孫，濟北太守祖洛第四女。資靈」淑氣，縱叡挺生，岐嶷發自齠年，令德彰於笄歲。漸」慈傅之訓，其奉夫也良；資承親之孝，其事姑也謹。」尊著九室，娣姒五人，上稱其德，下載其惠，未笄者」師其女容，既醮者範其婦禮。嬿婉忽違，嫿幃遽奄。」遂躡高行之風，仍踵共姜之節。前後夫人，各有二」子。夫人以眇眇之年，鞠孤孤之胤。豈唯淚隨見滿，」亦將悲與事殷。及四海分崩，二京圮隔，邵州叔」父，開府西安。元公舉家西赴，夫人亦隨入關，携小」抱大，終守元吉。魏大統十三年卒於長安，春秋卌」有五。前妻之子士綽幼殞。夫人哀傷，顦顇累年。遺」令瘞於左掖，示終身不忘夙心。邵州君先卒河」洛，夫人覊殯渭陽，存表同德之譽，没興殊域之恨。」今帝隆平，伊洛清謐。詔贈夫人廣州襄城縣君。」周宣政二年歲次己亥正月四日，夫人神柩歸于」洛陽，合祔於邵州使君之塋。」第三子士寬。第四子士宣。女柔華。」 國家圖書館藏拓。

502 梁嗣鼎墓誌

【誌蓋】闕

【銘文】黎州黎陽郡黎陽縣人掃」寇將軍武騎司馬梁嗣鼎。」其人孝敬慈善，志尚玄門。」武略兼備，早隨行旅。從父」入朝，蒙敕授官。以周大」象二年六月廿一日臨終，」願捨敕賜衣物，造金銀」像兩區，涅槃經一部。卒於」洛陽里。其月廿三日卜葬」北邙原。」 國家圖書館藏拓。

503 馬龜墓誌

【誌蓋】闕

【銘文】馬氏墓銘文。」君諱龜，字靈玄，扶風人也。自三皇合德，與日月而齊」明；五帝垂緒，流通於萬品。布姓七十九代，引緒卅六」王。是以秦漢魏晉。馬氏移方昔土。以去神嘉五年，其」祖馬征蒙敕除奉朝静。即是京師俊桀，才名遠著，」至真君七年蒙除銀清光禄大夫。出語成章，言同」珠玉。復除清何郡守。雖可榮禄稍隆，納物殊下。征」子馬神龜者，感神受業，秀出不群，□調高風，聲振邦」邑。以大魏武定元年爲山陽縣功曹。至五年敕除開府參軍事。至七年蒙除殿中將軍。至興和三年」蒙汲除郡守。但以歲將逝矣，不幸辭世。龜妻張氏，哲」婦成家，比五門而侍賓。八子之母，低昂而入室。遺金」弊席，託事君子。去建德六年蒙敕授漢陽郡君。但」亡當時，標名曆代，何其白髮相催，倏年以短，風莫亭，身」隨影滅。致使孝子投軀，順孫氣烈，日月將逝，葬於陰」山之北，故爲銘記。其辭曰：」埋根西域，引苗東夏，星羅四海，門止龍駕。坐家封侯，」在朝稱霸，德建名立，三公止話。剋念君子，有張有弛，」□術云暮，歸此故舍。大象二年十月廿一日。」

國家圖書館藏拓。

504 盧蘭墓誌

【誌蓋】大周故」盧大妃」墓誌銘」

【銘文】魏故使持節侍中驃騎大將軍開府尚書左僕射雍州刺史司空公始平」文貞公國

大妃盧氏墓誌銘。」大妃諱蘭，幽州范陽涿縣人也。燕王盧綰，漢祖共書；侍中盧毓，魏君同乘。」挺稱英彦，既與張華鄉里；諶有文詞，乃是劉琨中外。祖興宗，范陽太守。父」延集，幽州主簿。户牖陳平之邑，即以建侯；淮陰韓信之家，仍爲開國。衣錦」舊鄉，此之榮矣。大妃令淑夙聞，珪璋早茂，就學女史，觀圖内則，箴管線纊，」早習其儀，絺綌紘綖，有聞其禮。年十有七，歸于文貞府君。文貞羽儀宗室，」棟梁蕃屏。大妃輔佐君子，虔恭中匱，外言不入，内言不出，閫德既宣，閨儀」乃正。思其親也，則寒木生庭；孝其姑也，則江流入室。七德是備，足以事夫，」三從既成，尤能訓子。既而魏室多故，喪亂弘多，文貞殉節元戎，忠臣天下，」封墳式墓，宛在芒山。子安昌宣王，避東陵之酷，奉西遷之駕，又以明略佐」時，乘軺服衮。而關河阻隔，卅餘年，鋒鏑交横，死生離别，朝哭穆伯，墓哭文」伯，季氏之妻，可謂知禮。日月不居，風霜奄至，薨于長安，春秋六十有七。魏」大統十七年十月權瘞同州武鄉郡之北原。有孫孝矩，宦成名立，自魏讓」其德，周新其命，雖隔邢茅，猶爲滕薛。緬尋逮事，追戀剪髮之慈；言念抱孫，」無忘誦書之訓。今關塞既同，文軌已一，仰惟魂氣，無所不之。謹以大周大象二年歲次庚子十一月癸未朔廿日壬寅奉送靈合柩，葬於洛陽芒山」之舊陵。松櫝彫零，丘陵遠道，哀榮並極，存没俱悲。乃爲銘曰：」渤河西枕，常山北峙，鍾鼎相襲，公侯復始。帷彼鵲巢，惟斯麟趾，必齊之姜，」必宋之子。迓之百兩，于以言歸，辭親内傅，侍姆中闈。言容在禮，榆秋隨衣，」桑津蠶路，錦室鴒機。貞節小君，懃勞内政，下氣怡聲，温恭詞令。霜露哀感，」春秋虔敬，惟俎惟罍，爲粢爲盛。其事夫也，齊眉舉食，其教子也，移機斷織。」節義恭儉，勞謙謹敕，大懼滿盈，深譏抗極。在昔流寓，自魏之秦，提携關隴，」有尊有親。歲月悠遠，爲故爲新，百憂俱至，唯未亡人。孫曰孝矩，唯名與器，」上將克舉，天官有貳。以此歲德，在今星次，仰惟桑梓，還歸舊地。飄飖哥挽，」悽愴脩途，東望吾子，西望吾夫。銀蠶永卧，金棗長枯，親賓掩泣，奠送東都。」　國家圖書館藏拓。

505

李義雄墓誌

【誌蓋】無

【銘文】大周大象」二年歲次」庚子十二」月壬子朔」九日庚申。」開府參軍」事李義雄」之銘誌。」君諱雄，趙國柏仁縣」陰灌里人。父諱綱之。」俱時窆此，玄宫共域。」　國家圖書館藏拓。

高昌

506 索氏墓表

【誌蓋】無

【銘文】（磚質）章和七年丁巳歲十一月壬戌」朔十五日乙亥〔一〕，平遠府禄事參」軍張歸宗夫人索氏墓表。」 新疆吐魯番出土。見《高昌磚集》。

注釋

〔一〕朔日壬戌，十五日當爲丙子。

507 氾靈岳墓表

【誌蓋】無

【銘文】（磚質）章和十八年歲次壽星夏」六月朔辛酉九日己巳，田」地郡虎牙將軍内幹將轉」交河郡宣威將軍殿中中」郎領三門散望將，字靈岳，」春秋六十有七卒。氾氏之」墓表。」 新疆吐魯番出土。見《高昌磚集》。

508 田元初墓表

【誌蓋】無

【銘文】（磚質）永平元年歲在鶉」尾三月朔丙辰廿」四日己卯，交河郡」鎮西府兵曹參軍，」但旻天不弔，享年」六十有四。字元初，」田氏之墓表。」 新疆吐魯番出土。見《高昌磚集》。

509 畫承墓表

【誌蓋】無

【銘文】（磚質）章和十六年歲次析木之津冬」十二月己巳朔三日辛未，高昌兵部」主簿轉交河郡户曹參軍殿」中中郎將領三門子弟諱承，字」全安，春秋七十有八。畫氏之墓表。」夫人張氏，永平二年歲在鶉」火二月辛巳朔廿五日乙巳合葬。」上天愍善，享年七十有九。」 新疆吐魯番出土。見《高昌磚集》。

510 氾紹和墓誌

【誌蓋】無

【銘文】（磚質）和平二年壬申歲八月朔」丙申，鎮西府虎牙將軍領」內幹將氾紹和，七月廿七日」卒，春秋五十有八也。以八」月一日申時葬於墓也。」夫人燉煌張氏，享年六十二。」　新疆吐魯番出土。見《高昌磚集》。

511 孟宣宗墓表

【誌蓋】無

【銘文】（磚質）和平四年甲戌歲九月」朔甲申五日戊子，鎮西」府省事遷功曹吏，但旻」天不弔，享年五十有二，」寢疾卒。字宣宗，孟氏之」墓表。」　新疆吐魯番出土。見《高昌磚集》。

512 韓氏墓表

【誌蓋】無

【銘文】（磚質）建昌元年乙亥歲正月」朔壬午十二日水〔一〕巳，鎮」西府侍内幹將趙榮宗」夫人韓氏，春秋六十有」七寢疾卒。趙氏妻墓」表。」　新疆吐魯番出土。見《高昌磚集》。

注　釋

〔一〕水，據干支當作癸。以下諸誌同。

513
袁氏墓表

【誌蓋】無

【銘文】（磚質）建昌二年丙子歲十月朔壬」申廿八日己未〔一〕，鎮西府客」曹參軍録事參軍任叔」達妻張掖袁氏之墓」表。」　新疆吐魯番出土。見《高昌磚集》。

注　釋

〔一〕朔日壬申，廿八日當爲己亥。

514
任□□墓表

【誌蓋】無

【銘文】（磚質）建昌三年歲次星」記六月朔戊辰十」五日壬午，但旻天不」弔，享年五十有一。任□」□之墓表。」　新疆吐魯番出土。見《高昌磚集》。

515
麴氏墓表

【誌蓋】無

【銘文】（磚質）建昌四年戊寅歲二月甲子」朔十六日戊寅〔一〕，兵曹」司馬麴那妻喪於」

交河城西。白字阿度女。」麴氏之墓表。」 新疆吐魯番出土。見《高昌磚集》。

注　釋

〔一〕朔日爲甲子，十六日當爲己卯。

516 田紹賢墓表

【誌蓋】無

【銘文】（磚質）建昌五年己卯歲四月」朔戊午廿九日丁亥，鎮」西府兵曹參軍紹賢，但旻」天不弔，春秋卌有九，寢疾」卒。田氏之墓表。」 新疆吐魯番出土。見《高昌磚集》。

517 任氏墓表

【誌蓋】無

【銘文】（磚質）延昌元年辛巳歲十一月」朔辛卯廿五日乙卯，交河郡」客曹參軍録事參軍，春秋八十」有九。任氏之墓表。」夫人張掖袁氏。」 新疆吐魯番出土。見《高昌磚集》。

518 張氏墓表

【誌蓋】無

【銘文】（磚質）延昌□年壬午歲四月□」庚子十□□庚戌〔一〕，鎮西府」省事後□功曹，寢疾」卒。春秋□□八有葬於」西陵。張氏□□表。」　新疆吐魯番出土。見《高昌磚集》。

注　釋

〔一〕延昌二年歲次壬午，延昌下缺文當爲「二」字。四月朔日庚子，庚戌當爲十一日。則四月下缺文爲「朔」字。十字下缺文爲「一日」二字。

519 **張氏墓表**

【誌蓋】無

【銘文】（磚質）延昌三年水未歲十月朔」辛卯廿八日戊午。記室參」軍妻張氏之墓表。」客曹參令兵」將索演孫。」　新疆吐魯番出土。見《高昌磚集》。

520 **孟宣住墓表**

【誌蓋】無

【銘文】（磚質）延昌三年水未歲」十二月廿五日。孟」宣住之墓。」　新疆吐魯番出土。見《高昌磚集》。

521 王阿和墓表

【誌蓋】無

【銘文】（磚質）延昌五年歲在乙酉□」月朔水丑廿日壬申卒，」廿二日甲戌葬。」王阿和之墓表。」 新疆吐魯番出土。見《高昌磚集》。

522 史祐孝墓表

【誌蓋】無

【銘文】（磚質）延昌五年乙酉歲十」二月己酉朔十一日」己未，初鎮西府省事，」遷交河郡功曹史，轉」交河田曹司馬，追贈」高昌司馬，建康史祐」孝之墓表。」 新疆吐魯番出土。見《高昌磚集》。

523 曹孟祐墓表

【誌蓋】無

【銘文】（磚質）延昌七年歲御諏訾，」望舒建于隆〔一〕婁，上旬」五日日維析木。户曹」參軍曹孟祐，春秋六」十有一，於丁酉日戌」時寢疾卒。文表於」墓也。」 新疆吐魯番出土。見《高昌磚集》。

注釋

〔一〕隆，當作「降」。

524 賈氏墓表

【誌蓋】無

【銘文】（磚質）延昌七年歲御諏訾，」望舒建于實沈，下旬」二日日維辛卯。兵曹」參軍索守猪妻賈氏，」春秋六十有五。靈□□」文表於暮□。」 新疆吐魯番出土。見《高昌磚集》。

525 和氏墓表

【誌蓋】無

【銘文】（磚質）延昌九年己」丑歲十一月」丙戌朔卅日乙」卯。袁穆寅妻和」氏之墓表。」 新疆吐魯番出土。見《高昌磚集》。

526 令狐天恩墓表

【誌蓋】無

【銘文】（磚質）延昌十一年辛卯歲」四月朔戊寅六日水」未，前爲交河郡内幹」將，後轉遷户曹參軍，」字天恩，春秋六十有」八。令狐氏之墓表也。」　新疆吐魯番出土。見《高昌磚集》。

527 索守猪墓表

【誌蓋】無

【銘文】（磚質）延昌十二年壬辰歲」十一月朔己亥十五」日辛亥〔一〕，新除兵曹主」簿，後遷爲兵曹參軍」索守猪，敦煌北府人」也。春秋九十咸一，寢」疾卒於交河岸上。靈」柩葬之墓表。」　新疆吐魯番出土。見《高昌磚集》。

注　釋

〔一〕朔日爲己亥，十三日爲辛亥，疑十五爲十三之訛。

528 張阿□墓表

【誌蓋】無

【銘文】（磚質）延昌十二年歲御壽星，」望舒建於星記，下旬九」日日維丙辰。新除鎮西」府散望將□□省事，又」轉□□兵參軍，復遷爲」户曹司馬，字阿□，春秋」七十咸一，原出敦煌功」曹後也。靈柩葬題文於」墓。張氏之墓表者也。」　新疆吐魯番出土。見《高昌磚集》。

529
高氏墓表

【誌蓋】無

【銘文】（磚質）延昌十三年水巳歲」二月朔乙酉破上旬」三日己亥，□□爲交」河縣小門散望將□」疾於交河岸上，春秋七十有四。字忠賢。唐」妻高氏之墓表。」　新疆吐魯番出土。見《高昌磚集》。

530
任□愼妻墓表

【誌蓋】無

【銘文】（磚質）延昌十三年水巳」歲二月十四日，任」□愼妻墓。」　新疆吐魯番出土。見《高昌磚集》。

531
趙榮宗墓表

【誌蓋】無

【銘文】（磚質）延昌十三年水巳歲」二月朔丁酉十六日」壬子，今補撫軍府主」簿，復爲内幹將，更遷」爲内行參軍，痡疾於」交河岸上，春秋八十，」字榮宗。趙氏之墓表。」　新疆吐魯番出土。見《高昌磚集》。

532 曹氏墓表

【誌蓋】無

【銘文】（磚質）延昌十三年水巳歲」三月朔丙寅廿六日」辛卯，虎牙將軍索顯」忠妻曹氏寢疾卒，靈」柩葬。」文表於墓也。」

新疆吐魯番出土。見《高昌磚集》。

533 王舉奴墓表

【誌蓋】無

【銘文】（磚質）延昌十三年水巳歲」四月廿七日，客曹參」軍，春秋七十四咸」一，王舉奴卒于」西岸。」

新疆吐魯番出土。見《高昌磚集》。

534 毛弘弘墓表

【誌蓋】無

【銘文】（磚質）延昌十三年水巳歲十」月水巳朔廿六日戊午，」户曹主簿毛弘」弘之墓表。」

新疆吐魯番出土。見《高昌磚集》。

535 **張買得墓表**

【誌蓋】無

【銘文】（磚質）延昌十五年乙未歲七月」癸丑朔九日辛酉，鎮西府」散望將，追贈功曹吏，昊」天不弔，春秋五十有六，字買」得。張氏之墓表。」　新疆吐魯番出土。見《高昌磚集》。

536 **麴謙友墓表**

【誌蓋】無

【銘文】（磚質）延昌十七年丁酉歲」正月甲戌朔廿三日」丙申，故處仕麴謙友，」追贈交河郡鎮西府」功曹吏。麴君之墓表。」　新疆吐魯番出土。見《高昌磚集》。

537 **麴彈那墓表**

【誌蓋】無

【銘文】（磚質）延昌十七年丁酉歲七月壬申朔，」鎮西府帶閣主簿遷兵曹司馬」追贈高昌兵部司馬，字彈那，」春秋六十九，寢疾卒。夫人燉煌張氏。」麴氏之墓表。」　新疆吐魯番出土。見《高昌磚集》。

538 張神忠墓表

【誌蓋】無

【銘文】（磚質）延昌十九年己亥」歲三月朔壬辰二」日□巳，客曹主簿」張神忠，春秋五十」有五，寢疾卒於□」内。張氏之墓表。」 新疆吐魯番出土。見《高昌磚集》。

539 □儒子墓表

【誌蓋】無

【銘文】（磚質）延昌十九年己亥歲八月」己未朔十七日，寢疾卒。」昊天不弔，享年廿有」七。友朋悼傷，鄉閭悲悛。廿日」葬於墓。字儒子。」 新疆吐魯番出土。見《高昌磚集》。

無年月誌及殘誌

540 劉賢墓誌

（誌爲小碑形，螭首龜趺。）

【碑額】劉戍」主之」墓誌」

【銘文】君諱賢，字落侯，朔方人也。其」先出自軒轅皇帝。下及劉累，」豢龍孔甲，受爵於劉，因土命」氏。隨會歸晉，留子處秦，還復」劉氏，以守先祀。魏太武皇帝」開定中原，併有秦隴，移秦大」

【碑左側】姓，散入燕齊。君先至營土，因」遂家焉。但營州邊塞，地接六」蕃。君梟雄果毅，忠勇兼施，翼」

【碑陰】陽白公辟爲中正。後爲臨泉」戍主，東面都督。天不弔善，殲」此名哲。春秋六十有四，奄致」薨殂。州閭悲痛，鐫石文銘。其」詞曰：芒芒天漢，胶胶恒娥，嗚」呼哀哉，渠可奈何。嗚呼哀哉。」

【碑右側】君息僧沼，州西曹。息多興，」進士都督。息貳興，息康仁，」孫高和，孫德素，孫法愛。」　遼寧朝陽出土。見《考古》一九八四年第七期《北魏劉賢墓誌》。

541 元彧墓誌

【誌蓋】闕

【銘文】魏故使持節侍中太保領太尉公録尚書事大將軍都督定相二州諸軍事定州刺史臨淮王」墓誌銘。」王諱彧，字文□，河南洛陽人也。自樞電流暉，壽丘膺祉，世德與二離比耀，靈命隨四氣無窮。祖」懿王，居宗作相，□□播於丹青。父康王，蘊道摛光，英聲傳於緗素。王降神河岳，感慶星雲，夙稟」岐嶷之姿，□標殊異之量。精明内湛，符彩外發，體含珠玉，心懷琬琰。甫遊竹馬，已見千仞之奇；」始戲羊車，便□百□之自。孝爲心基，義成行本，早違陟岵，兼喪孔懷，訓育所資，寔唯聖善，倚門」有望，噬指□歸。母子二人，更相爲氣，雖家享萬鍾，室盈珍旨，日薦雙鯉，事由感應。上敦宗族，傍」穆親姻，學海靡窮，□□不已，百家浩蕩，異軫同歸，萬古攸緬，得門競入，手握靈蛇之珠，口運彫」龍之句，睹者□頤，聞則愈疾。信可以侔愛冬景，比質秋霜者矣。襲先爵濟南郡王。出應龍光，入」爲卿士，自茲厥後，位與德□，激水上征，陵雲高鶱，晨遊鴛沼，夕拜□門。一人乃睠，百僚注目，句」吴效命，負嶮未賓。王曾祖燕宣王，雄規傑出，闢地建功，悵望江湖，有懷吞噬，啓社臨□，用顯丕」績。後以郡在僞疆，地非國有，傍求沃實，改邑濟南。而王志存追舊，仁不忘本，詢之朝議，寔所難」違，還封臨淮，遥食魏郡。常伯任隆，獨坐務切，談諷所歸，繩准攸在。以我□心，式兼二事，抑揚名」教，弘獎風流，遐邇肅然，不嚴而治。非日非月之明，移風易俗之典，允鍾時彦，爰屬奉常。乃峻戎」號，來綏棘彩，周原奥壤，華陽全實，朱驂再轉，皂蓋仍移，六條剋宣，萬里載穆。宗伯之任，親屬斯」典，花蕚之寄，興替是階，乃捨蕃闈，來遊卿寺，俄居大理，兼掌治粟。自正光之末，艱虞互起，戍卒」跋扈，摇蕩疆塞，我求操斧，聿總元戎。屬天未悔禍，妖徒方熾，千城棄律，一繩靡維。既而徐兖兩」面之民法僧背誕，扇擾邊服，鳥虜魚寇，所在侏張。乃當會府，復應推轂，運七略於寸心，申九罰」於閫外。彭汴剋復，淮肥載清，積鉀陵山，横尸斷壑。方欲乘兹一舉，震蕩三吴，而踰時告勞，千金」日費，未極武怒，簡書言歸。蠢彼荆蠻，憑陵畿甸，弔民龕難，非王莫可。東旆始班，南轅尚戒，鬼出」電入，折朽摧枯，始若狐狸，終成兕虎。及外司江海，内管喉唇，賢戚以兼，負荷伊屬，敷陳五教，儀」形百揆。吴蜀軫懼，朝野歸心。值圮運有終，殷憂且至，人謀俄改，天命□移，崩榱之禍奄臻，捨玦」之慕空結。嗚呼！王風神閑曠，道置自遠，辭彩潤徹，無輩當時，出入承明，逶迤履道，光華振鷺，領」袖群龍。東閣晨開，西園夕宴，孫枝激響，芳醴徐行，涌泉時注，懸何不竭。府迹寰中，遊神擊表，方」膺仁壽，永持國命，遽捐華館，長即佳城。有詔贈使持節侍中太保領太尉公録尚書事大將軍」都督定相二州諸軍事定州刺史，王如故。岸谷互遷，金石難朽，刊之於幽壤，式彰斯盛烈。乃作」銘曰：」千齡眇眇，萬像茫茫，叶鈎曰帝，乘雲者皇。跨躡三古，苞籠百王，本枝磐石，如珪如璋。八才留稱，」五賢傳響，我有叡哲，曾峰秀上。出世栖神，入玄致賞，英猷尅邁，清虛獨往。遠遊加首，來謁承明，」風流鬱起，光華自生。居宗立譽，履道標名，薄言從仕，作楝作楨。摶氣不已，積風未息，切天揮翰，」臨雲矯翼。山高徒仰，海深詎測，德茂禮尊，功隆位極。既文且武，惟機與神，冠兹百辟，振彼四鄰。」屯平獻替，夷嶮經綸，綱紀邦國，舟楫生民。匪天莫高，日月照晉，匪地莫厚，山岳表鎮。邈矣君王，」配明北峻，滄浪降沴，輔仁愆信。慕均輟相，哀踰捨玦，猶是樑摧，方斯柱折。儲箴靡奏，騷辭罷製，」菟園長奄，醴酒誰設。池臺寂寂，宮館沉沉，人亡物在，悼昔傷今。聲明虛萃，禮數空臨，宿草知積，」雜樹連陰。苦霧晨闇，悲風夜吟，九京易即，一往難尋，前和式睹，後播徽音。」〔一〕　國家圖書館藏拓。

注　釋

〔一〕原誌無紀年。據《魏書·孝莊紀》，永安三年尒朱兆殺元彧。《魏書·元彧傳》載出帝贈太師太尉公。此誌當立于中興元年後。

542 元瑗墓誌

【誌蓋】闕

【銘文】魏故平北將軍殷州刺史元君之墓誌銘。」君諱瑗，字仲瑜，河南洛陽人也。景穆皇帝之曾孫，」京兆康王之孫，洛州刺史之子。」 國家圖書館藏拓。

543 **元使君墓誌蓋**（或認爲元顯墓誌蓋）

【誌蓋】魏故元」使君」墓誌銘」 國家圖書館藏拓。

544 **魏僧勖墓記**

【誌蓋】無

【銘文】河內宜」陽二郡」太守魏」僧勖記。」 國家圖書館藏拓。

545 **陸使君墓誌蓋**

【誌蓋】魏故涇州」刺史□陽」男陸使君」墓誌之銘。」 國家圖書館藏拓。

546 **高氏墓誌**

【磚誌】田鸞」祖男田子桀」妻高氏。」 國家圖書館藏拓。

547 **馬氏墓誌**

【磚誌】大原大陵都鄉建昌里部」曲督寧朔參軍呂猛妻馬。」　國家圖書館藏拓。

548 **曹永康墓誌**

【磚誌】故使持節儀同」大將軍曹永康。」　國家圖書館藏拓。

549 **元獻墓誌蓋**

【誌蓋】（殘碎）魏故濟」南王元」獻銘記」　國家圖書館藏拓。

550 **曹禮墓誌**

【銘文】君姓曹名禮，涼州東平郡壽張縣人也。周武」王之靈庶，曹叔鐸之英裔。弈世馳名，冠蓋齊土。」温志養禄，高門樹德。風□舞平之下詠歸□□」□□□。琴書自□，□□□歲。過（以下漫漶不清。）其詞曰：（以下不清。）□堂堂，愊志養神，行合管□。動成規矩，□□」有章，斌斌雜□，濟濟鏘鏘。李氏婉密，素□□」青，悲垂泉壤，仁戀分庭。一朝永絶，痛感崩城，」奄從晨露，長夜冥冥。彫山鏤象，冀善傳聲，月」□□果，應託仙靈，願□□上，捨此穢形。」　國家圖書館藏拓。

551 惠猛墓誌

【誌蓋】闕

【銘文】魏故□玄沙門都維那法師惠猛之墓誌銘。」法門緣姓陰氏，燉煌人也。靈源遐發，冠帶西州，才彥」世華，仰□□□法師承禮□之基蹈□□之□天情」□邈靈□□□□世而□居慕□□之聖迹□簪」適□□□□□□□神想□□窮□捨幽泮」若泳□□□□□□□□□之□日遠若乃昇坐」法□□□□□□□一起有□斯□久韻再揚無言」清穆□□□□□□□□□矣如翔鳳之降堯陛」高祖□□□□□□□□□□乃清談□□交想」移辰□□□之□□□□□二□□將□之矣」皇上□□道□遐□□□□□使之□□而神鑒一」踐玉石□□□□□□□□□□昇帝床入紫」幕言□□□□□□□□□□□□之預唯師獨之」矣（下殘泐）」〔一〕

國家圖書館藏拓。

注 釋

〔一〕該誌殘泐甚，無法斷句。

552 元澄墓誌

【誌蓋】闕

【銘文】(殘存二碎石)

【殘石一】(上殘)任城康王之嗣子(下殘)」(上殘)縱自天剋岐挺秀風譽湛(下殘)」(上殘)又襲悌懋性幽發優遊經圃(下殘)」

【殘石二】史寧□詳之幽(下殘)」(上殘)童已兼體(下殘)」　國家圖書館藏拓。

553 崔楷墓誌

【誌蓋】闕

【銘文】大魏殷州刺史崔公墓誌(下殘)」公諱楷，字模之，河南濟源(下殘)」而□氣節少年居□見有(下殘)」而□利避宦者口雖不富(下殘)」州刺史遭葛榮之難及圍城(下殘)」表請不得或勸以華□之宮(下殘)」食人之食者憂人之憂□獨往將(下殘)」肯固志葛榮逼城或勸以弱小避之(下殘)」遣幼子及次女夜出賊將□之遂追還賊(下殘)」至將士皆曰崔公不惜百口吾單何愛一旦(下殘)」奮臂爭戰遂□死之□而衆見公尸於(下殘)」藉中室之不能(下殘泐不清)」[一]　北京大學圖書館藏拓。

注釋

[一] 原誌殘闕年月。《魏書·肅宗紀》孝昌三年，正月辛巳，葛榮陷殷州，刺史崔楷固節死之。則此誌當立於孝昌三年後。

554
王君墓誌

【誌蓋】闕

【銘文】（上泐）王君墓誌銘。」（上泐）人也。鴻源浩瀚，盤根遠□□□」（上泐）常爲人表□幼在青□□□」（上泐）襄公徵爲郎中令非其好□」（上泐）永熙二年，上以窮桑故地捨」（上泐）我如流詔除冠軍將軍中散大」（上泐）從御定鼎都□以君假寐懃」（上泐）府參軍事攝□□將司馬興」（上泐）道德齊禮去刑援救□□旬」（上泐）匹壽非□□□類思遠靡」（上泐）及□迴暫駕□□□老幼」（上泐）馬反犢□朝教□□閣」（上泐）祐善川流（下泐）」　北京大學圖書館藏拓。

555
梁氏墓誌

【誌蓋】闕

【銘文】（僅殘存右下角。）（上殘）夫人梁氏墓誌」（上殘）使君前妻也河南」（上殘）第二女幼播清」（上殘）祥風神麗舉」（上殘）率由至性年」（上殘）案之容一（下殘）」　國家圖書館藏拓。

556 **殘墓誌**（首行存「所謂義結君子」等字）

【誌蓋】闕

【銘文】（殘，僅存後半部。）□□□□所謂義結君子，恩沾小民者□。□□□□□□」朔六日壬申卜窆于洛陽之西崗。泉扉一□，□□□□□□」玄石，以永徽塵。其辭曰：」昌暉綿邈，帝緒□隆，惟王厥載，系」彩上穹。既文既武，乃藝乃雄，體含聲烈，方王齊冰。粵自初服，」析瑞名蕃，西窮隴外，北盡沙原。威行霜靡，惠洽春暄，聲馳象」禁，還衛金門。出入惟允，譽光納言，詮鏡九流，民物攸尚。淵客」投干，山民佇眖，彝倫平秩，庶官斯亮。冕旒一人，於焉充纘，有」議必詢，有戎必行。飛旌漢域，揚旆楚亭，戰勝攻取，僞司雲傾。」江山聳矣，淮宛以平，出將入相，朝望攸居。旋陟端右，肅穆皇」樞，在榮念悔，處盈兹虛。方極謀猷，衆一車書，金玉不永，蘭桂」夙彫。堅芳委裂，雲岳墜霄，德思戎部，義結邦僚。人綱缺矣，誰」不興悼，卜云戒吉，松庭不遠。挽夫悽路，驥鳴長坂，僕馭夜□」啼，鉦鞞霄轉。馬援解鞍，廉頗息飯，刊兹幽石，垂勳來昆。」 國家圖書館藏拓。

557 **殘墓誌**（首行存「流」字）

【誌蓋】闕

【銘文】（殘誌，僅存左下部。）（上殘）流（下殘）」（上殘）安語魂軀已散荃傷露晨」（上殘）淑㜸泉夜寥寂松畫葱青惟」（上殘）唳楚鐸悽驚銘懿玄石千祀」　國家圖書館藏拓。

558 **殘墓誌**（首行存「平西大將軍兖州刺史」）

【誌蓋】闕

【銘文】（上殘）平西大將軍兖州刺史（下殘）」（上殘）帝皇之納德呈明帝（下殘）」（上殘）波將軍平陽郡守（下殘）」（上殘）三年以青州刺史（下殘）」（上殘）神龜二年（下殘）」（上殘）京兆五（下殘）」（上殘）春方長（下殘）」（上殘）大夫（下殘）」　國家圖書館藏拓。

附録

僞誌目録（包括疑僞）

郭達墓誌	北魏正始八年正月五日
陸章墓誌	北魏永平三年十月六日
王蕃墓誌	北魏永平五年十月二十七日
孟夫人墓誌	北魏延昌元年二月十五日
秦夫人墓誌	北魏延昌元年三月
何卓墓誌	北魏延昌元年五月
嚴震墓誌	北魏延昌二年四月十日
陳廞墓誌	北魏延昌二年十月
韓氏墓誌	北魏延昌二年十一月二十三日
元通墓誌	北魏熙平元年七月二十八日
元容墓誌	北魏熙平二年八月二十日
楊旭墓誌	北魏神龜初年七月癸酉
張澈墓誌	北魏神龜元年八月
王遷墓誌	北魏神龜二年二月
孔閏生墓誌	北魏神龜二年四月十八日

顔遷墓誌	北魏神龜四年十月
何彦詠墓誌	北魏正光元年四月
高舉神銘	北魏正光元年四月
唐雲墓誌	北魏正光元年九月十二日
叔孫協墓誌	北魏正光元年十一月十五日
于高頭墓記	北魏正光二年四月
秦龍標墓誌	北魏正光二年十二月六日
劉惠芳墓誌	北魏正光三年四月五日
尼慈雲墓誌	北魏正光三年八月一日
康健墓誌	北魏正光三年十月五日
綦儁墓誌	北魏正光四年十月九日
段峻德墓誌	北魏正光四年十一月二日
吴方墓誌	北魏正光五年六月三日
譚棻墓誌	北魏正光五年六月五日
薛孝通墓誌	北魏孝昌元年二月十日

吴瑱墓誌	北魏孝昌元年二月三日
卜文墓誌	北魏孝昌二年二月二十四日
元飄墓誌	北魏孝昌二年十月二日
元憙墓誌	北魏孝昌二年十月二十六日
朱奇墓誌	北魏孝昌二年十月
元恂墓誌	北魏孝昌三年三月七日
張敬墓誌	北魏孝昌三年九月十三日
彭忠墓誌	北魏建義元年九月二十六日
元廣墓誌	北魏建義元年十月四日
楊逸墓誌	北魏永安元年五月二十三日
鄭黑墓誌	北魏普泰二年三月十七日
元虔墓誌	北魏太昌二年十月
高珪墓誌	北魏永熙三年十月九日
張瓘墓誌	東魏天平元年十月七日
孫彦同墓誌	東魏天平三年正月

南宗和尚之塔	東魏元象元年五月
王尉墓誌	東魏興和六年
李祈年墓誌	東魏武定元年十一月八日
王子貴墓誌	東魏武定二年正月二十六日
楊鳳翔墓誌	東魏武定五年五月二十四日
□韶墓誌	東魏武定八年正月五日
房周陁墓誌	北齊天統元年十月二十四日
趙通墓誌	北齊武平二年六月四日
王早墓誌	北齊武平四年二月六日
王君墓誌	北周天和二年十月
劉桂墓誌	北周天和三年七月
長孫夫人羅氏墓誌	北周天和四年八月六日